한국경제사 Ⅱ

근대의 이식과 전통의 탈바꿈

한국 경제사

Ⅱ

근대의 이식과 전통의 탈바꿈

이영훈 지음

일조각

머리말

이 책은 원래 단권으로 집필된 『한국경제사』가 단지 분량이 많다는 이유로 기계적으로 나뉜 것의 후편이다. 내가 이 책을 집필하게 된 의도와 과정, 서술의 방법과 내용은 1권의 머리말과 제1장에서 설명되어 있으므로 거기를 참조해 주길 바란다. 그래도 혹 2권만을 읽게 되는 독자를 위해 1권의 내용이 어떠한지, 2권과의 관련은 어떠한지, 2권의 내용은 어떻게 요약되는지를 여기서 간략히 설명해 둔다. 나의 『한국경제사』는 한반도에서 문명이 성립한 이래 지금까지의 전 시기를 대상으로 인간의 경제생활이 전개되어 온 역사를 추적하고 있다. 나는 그 역사를 제1시대(기원전 3세기~기원후 7세기), 제2시대(8~14세기), 제3시대(15~19세기), 제4시대(20~21세기)로 구분한다. 시대구분을 일관하는 지표는 인간의 가족적, 사회적, 국가적 존재형태이다. 쉽게 이야기해서 기원을 전후한 시기에 어떤 무리에 속한 가운데 반지하 움집에서 살았던 인간들이 어떠한 과정을 거쳐 오늘날 극히 개성적인 한국인으로까지 진화해 왔는가라는 문제이다. 이하의 각 시대의 소개는 제1장의 제3절을 그대로 옮겨 온 것이나 다를 바 없다.

제1시대는 랴오둥遼東과 중원中原으로부터 새로운 형태의 청동기와 철기를 지닌 정치세력이 한반도로 들어오는 흐름과 더불어 열렸다. 기원후 2~4세기에는 소규모 가족이 소비생활의 단위로, 곧 개별 세대世帶로 자립하는 변화가 생겼다. 최초의 국가 고구려高句麗는 그것을 가리켜 연烟이라 불렀다. 당시 한반도의 인구는 대략 120만 명에 달하였다. 연은 아직 소비생활의 단위였을 뿐, 사회·경제생활을 이루는 대부분의 노동·생산과 수취의 과정은 세대복합체世帶複合體와 취락聚落에 의해 담당되었다. 세대복합체는 10개 연으로, 취락은 5개 세대복합체로 이루어짐이 보통이었다. 다수의 취락이 모여서는 읍락邑落을 결성했으며, 그 위에 여러 읍락을 통합한 소국小國이 군림하였다. 소국의 주요 역할은 전쟁, 토성·제방의 건축, 철·소금·특산물의 교역, 제사와 축제였다. 읍락과 소국의 실체는 족장사회族長社會였다. 이 사회의 귀족적 지배층은 공동체의 일반 성원을 노奴로 호칭하였다. 같은 호칭은 읍락과 국, 국과 국 사이의 정치군사적 신종관계에도 적용되었다. 노는 개와 같은 존재로 감각되었다. 연, 세대복합체, 취락, 읍락, 소국으로 상향하는 제1시대의 사회와 국가는 자연현상이나 동물에서 유추된 종교적 상징으로 통합되었다. 4세기 이후 고구려를 선두 주자로 하여 족장사회의 질서를 율령, 관료제, 불교로 대체하는 국가國家들이 출현하였다. 7세기 초 고구려는 그의 백성으로부터 포布와 조租를 수취하였는데, 포의 부담이 더 컸다. 조의 부담은 성인남자 1명에 연간 벼 1두斗에 불과하였다. 포와 조의 수취 단위는 개별 취락이었다. 취락은 아직 신분과 계급을 모르는 공동체사회였다. 탄수화물의 주요 공급원은 조와 기장 등의 밭작물이며, 벼농사는 유치한 수준이었다. 단백질의 주요 공급원은 수렵이었다. 이 같은 초기농경사회初期農耕社會는 중국 및 일본과의 교류가 활발한 가운데 그리스·로마까지 통상로가 이어진 활짝 열린 국제사회이기도 하였다.

제2시대는 신라新羅에 의한 삼국의 통일과 함께 열렸다. 신라는 전국을 왕토王土로 지배하였다. 8세기 초 신라는 백성에게 정전丁田을 지급하였다. 이 최초의 토지개혁에서 분배의 단위는 정丁이었다. 정은 일정 규모의 경지와 세대복합체의 결합을 말하였다. 신라는 정을 단위로 조와 공물을 수취하였다. 국가의 지배 단위가 취락에서 정으로 이동한 것은 농업의 발전에 따라 세대복합체의 자립성이 높아졌기 때문이다. 한국사에서 도작稻作 농업의 본격적인 전개는 8~9세기의 일이다. 그에 따라 신라의 인구는 7세기 말 100만 명에서 10세기 전반 300만 명으로 늘었다. 그럼에도 인간의 경제생활을 규정한 생태계는 여전히 복합적이어서 어로, 채취, 수렵, 양잠 등이 큰 비중을 점하였다. 신라는 귀족·관료·군인에게 녹祿을 대신하여 정으로부터 조나 공물을 수취할 권리를 지급했는데, 이를 사전私田이라 하였다. 대조적으로 왕실과 정부에 속한 정은 공전公田이었다. 사전은 점차 지배세력의 가산家產으로 변질해 갔으나 국왕으로부터 지급된 수조권收租權이라는 본질에는 변함이 없었다. 고려는 이 같은 신라의 지배체제를 충실히 계승하였다. 토지와 인구는 정 단위로 작성된 주첩柱貼이란 장부를 통해 파악되었다. 정의 해체를 방지하기 위해 토지의 임의적 매매와 경작은 금지되었다. 초창기 고려의 사전은 귀족의 사령私領과 같았으며, 이에 공전과 사전의 수조율收租率은 같지 않았다. 이 같은 이원적 지배체제는 고려의 중앙집권체제가 정비됨에 따라 점차 극복되었다. 11세기 후반 고려는 귀족·관료에게 사전을 대신하여 녹봉祿俸을 지급하였다. 12세기 초 고려는 전국의 농민을 전호佃戶라는 신분으로 규정하였다. 왕토를 빌려 경작하는 농민이란 취지였다.

제2시대의 농촌은 제1시대와 마찬가지로 공동체사회였으며, 토지소유를 매개로 한 사적인 계급·신분관계는 발달하지 않았다. 귀족, 관부, 사원에 속한 노비奴婢가 있었지만 소수에 머물렀다. 신라와 고려의 집권적 행정체제는 미숙하였다. 14세기 말까지 전국의 580여 군현 가운데 지방관이 파견된 곳은 절반에 미치지 못하였다. 제2시대의 두 왕조는 왕도王都에 집주한 귀족과 중앙군의 공동체가 군현으로 재편성된 제1시대의 읍락이나 소국을 군사적으로 지배하는 체제였다. 두 왕조는 재분배경제再分配經濟를 영위했으나 체계적이지 못하였으며, 시장의 성립은 초보적 수준이었다. 일본과의 관계가 적대적으로 바뀐 차이가 있긴 하지만, 제2시대의 바다는 여전히 열려 있었다. 13세기 중반 몽골제국에 복속한 이래 고려의 사회·경제는 크게 변하였다. 전란의 와중에서 귀족·관료에 대한 녹봉제가 해체되고 사전을 지급하는 토지제도가 부활하였다. 전란 이후 고려의 경제는 번성하였다. 무역이 활성화하고, 개간이 확충되고, 지역 간의 인구이동이 활발해지고, 농업생산력이 높아지고, 농민의 토지에 대한 권리가 강화되었다. 사회·경제의 공동체적 편성이 이완됨과 더불어 고려왕조는 몽골제국하의 동북 변방에서 성장한 군사세력에 의해 해체되었다.

제3시대는 1392년 조선왕조의 개창과 함께 열렸다. 당시 인구는 대략 600만 명이었다. 유교儒教를 국시로 삼은 조선왕조는 유교의 가르침에 따라 위계로 짜인 사회질서와 국제관계를 지향하였다. 조선은 명明의 제후국諸侯國으로 자처했으며, 그에 걸맞은 국가체제를 추구하였다. 제2시대까지 열렸던 바다는 굳게 닫혔다. 조선왕조는 전국의 군현에 지방관을 파견하여 중앙집권적 행정체제를 정비하였다. 전국의 토지는 제2시대에 이어 왕토로 간주되었으며, 농민은 왕토를 경작하는 전부佃夫의 지위로 규정되었다. 이전 시대와 마찬가지로 관료에게 수조지로서 사전私田이 지급되었지만, 16세기 전반에 중단되었다. 제3시대와 더불어 연작농법連作農法이 보편화했으며, 그에 따라 토지에 대한 농민의 관습적 권리가 강화되었다. 15세기 전반 조선왕조는 토지의 매매를 허가했으며, 16세기에는 자유롭게 방임하였다. 거의 천 년을 지속한 사전의 지급이 중단된 것은 토지가 일반 농민의 사유재산으로 바뀌었기 때문이다.

15세기 중반에는 토지와 인구를 따로따로 지배하는 국가체제상의 중대한 변화가 있었다. 토지는 양안量案에, 인구는 호적戶籍에 별개의 체계로 등록되었다. 어떻게 해서 이런 식의, 중국과 일본의 역사에서 찾기 힘든, 이원적인 지배체제가 생겨났는지는 내가 이 책에서 가장 어려워했던 대목이다. 어쨌든 그 과정에서 제2시대를 상징한 세대복합체 정丁이 해체되었다. 정을 대신해서는 제3시대의 상징으로서 호戶가 성립하였다. 호는 호수戶首의 가족과 그에 예속한 노비로 구성된 인적 결합을 말하였다. 정의 해체와 더불어 종래의 공동체사회는 신분제사회로 분해되었다. 호적에 등록된 모든 인간에는 특정의 역役이 부과되었다. 그리고 역의 귀천에 따라 인간의 사회적 지위가 양반兩班-상민常民-노비奴婢의 신분으로 차별되었다. 양반은 대개 고려의 귀족·관료·중앙군 출신이었다. 그들은 새로운 왕조가 들어서자 농촌으로 내려가 농장農庄을 개설하였다. 양반은 중앙군으로서의 역을 수행했으나 점차 유학幼學이나 학생學生과 같은 학문의 역을 특권적으로 부여받았다. 상민에게는 군역軍役이 강요되었는데, 토지의 유무나 다과를 묻지 않았기에 그 부담은 과중한 가운데 불공평하였다. 군역을 부담할 수 없는 가난한 농민은 노비로 떨어졌다. 조선왕조는 이전의 왕조와 달리 상민과 노비의 결혼을 허용했으며, 노비의 사회적 권리를 부정하였다. 노비는 왕실과 양반의 재산으로서 인구의 40%까지 팽창하였다. 왕실과 양반은 노비를 사역하거나 신공身貢을 수취하였다. 이 같은 인간에 대한 지배체제와 별도로 조선왕조는 토지로부터 조와 공물을 수취했는데, 공물의 부담이 더 컸다. 공물은 16세기까지도 한반도의 생태계가 복합적임을 반영하여 각종 과실, 어물, 피물, 공산품으로 이루어졌다. 농민에 강요된 공물의 과중한 부담은 조선왕조의 농노제적 지배체제를 상징하였다.

16세기 말 일본이 조선을 침공하였다. 뒤이어 청이 조선을 정벌하였다. 두 차례의 전란은 동아시아의 바다에까지 밀려온 대항해시대大航海時代의 여파였다. 이후 조선은 중국과 일본의 무역을 중계하는 지경학적地經學的 이점을 누렸다. 그에 따라 농촌에 정기시定期市가 성립하고, 동전銅錢이 유통되었다. 농업에서는 집약농법이 성숙하고 상품생산이 촉진되었다. 농가의 자립성이 제고됨에 따라 노비 인구가 감소하였다. 이 단계에 이르러 소규모 가족이 소농小農으로서 자립하였다. 17세기 후반 이래 조선의 농촌은 소농사회小農社會로 전진하였다. 때를 같이하여 조선왕조는 전국의 군현에 대량의 곡식을 저장하고 해마다 이를 농가에 분배하고 환수하는 재분배경제를 영위하였다. 백성의 살림살이를 안정시킨다는 성리학적 왕정王政의 이념은 18세기에 이르러 나름의 결실을 보았다. 그렇지만 위기가 시작되고 있었다. 18세기 중반 인구는 1,800만 명에 달하였다. 그에 따라 인간 사회와 자연과의 긴장이 격화하였다. 경제활동을 둘러싼 생태계는 17세기 이래 도작 일변으로 단순화하였다. 나무가 벌채되고 산지가 개간되어 산림이 황폐해졌다. 이는 도작의 생산성을 떨어뜨렸으며, 나아가 농촌시장을 위축시켰다. 곡물을 분배하고 환수하는 재분배경제도 서서히 해체되었다. 반상班常의 위계로 통합되어 온 사회질서도 현저하게 이완되었다. 그 와중에 청淸과 일본을 선두로 한 제국주의시대가 도래하였다. 개항과 더불어 개시된 미두米斗의 수출은 농촌경제의 회복을 도왔지만, 500년을 지속한 국가체제와 국제질서의 관성에 눌린 조선왕조는 내외의 위기를 극복하지 못하였다.

이상이 제1권의 요약이다. 뒤이은 제4시대는 일본의 조선 지배와 함께 열렸다. 1905년부터 40년간 이어진 일본의 지배는 그에 대한 현대 한국인의 모멸감이나 분노와는 별개로 서유럽에서 발원한 근대문명近代文明이 착실하게 이식되는 과정이었다. 그와 더불어 인류가 맬서스의 덫에서 해방되는 대분기大分岐의 역사가 한반도에서도 펼쳐졌다. 그것을 두고 경박하게 제국주의의 시혜施惠라고 해서는 곤란하다. 일본이 그러한 변화를 일으킨 것은 한반도를 그의 영토로 영구병합하기 위한, 엄청나게 큰, 도둑의 심보에서였다. 맨 먼저 화폐, 금융, 재정 제도가 근대화하였다. 뒤이어 1910~1920년대에 걸쳐 민법民法이 시행되고, 각종 재산권에 걸쳐 사유재산제도가 정비되었다. 그로 인해 사적私的 자치自治의 주체로서 개인個人이 성립하고, 그 개인을 출생하고 양육하는 천연의 공동체로서 가족家族이 제4시대의 상징으로서 탄생하였다. 더불어 공장·회사·점포·보험·신탁·거래소 등의 시장기구가 발달하고, 철도·도로·항만·통신 등의 사회간접자본이 확충되었다. 조선과 일본은 하나의 시장으로 통합되었다. 투자가 이루어지고 수출이 증가하자 1인당 소득의 증가가 인구증가 이상으로 빨라지는 근대적 경제성장이 개시되었다. 1930년대에 들어 일본제국의 판도가 만주와 중국으로 확장되자 그 배후로서 조선에 대한 일본의 투자가 증가하였다. 조선의 북부지방은 군사적인 중화학공업지대로 변모하였다. 농촌경제의 동향은 복잡하였다. 1910~1920년대 농촌경제는 인구증가와 지주제의 압력으로 불안정을 면치 못하였으나, 1930년대 이르러 총독부의 적극적인 사회정책과 농업개량에 힘입어 소농경제小農經濟의 전진을 보았다. 크게 보아 일정기日政期의 농촌사회는 17세기 이래 소농사회가 성숙해 온 장기지속의 연장선 위에 있었다.

일본제국주의가 해체된 이후 한반도의 남부는 미국이 중심이 된 세계체제에 포섭되었다. 신생 대한민국은 일정기에 걸쳐 유입된 근대문명을 충실히 계수하였다. 바로 거기가 남한과 북한이 이후 상이한 길을 걷게 된 운명의 갈림이었다. 해방, 분단, 전쟁으로 이어진 정치적 격동은 1인당 소득수준을 1910년대의 수준으로 떨어뜨렸다. 이후 1940년대의 수준을 회복하는 것은 1960년대 중반에 이르러서였다. 그사이 한국경제의 순환을 지탱하고 면방직을 위시한 기초공업의 건설을 지원한 것은 미국의 원조였다. 1963년부터 한국경제가 고도성장의 길에 진입한 것은 노동집약적 경공업이 일본에서 한국으로 건너오는 지경학적 조건의 변화에 촉발되어서였다. 이후 한국경제는 수출을 주요 동력으로 하는 고도성장의 국가혁신체제를 구축하였다. 한국경제는 주요 소재, 부품, 기계, 기술, 시장을 해외에 의존하는 조립형공업화組立型工業化의 경로를 따라 성장하였다. 박정희정부는 세계시장을 겨냥하여 대규모 투자를 감행하였다. 비료·시멘트·정유·화학 등의 기초공업에 이어 노동집약적 경공업과 중화학공업이 순차로 건설되었다. 대규모 투자에 따른 비효율과 낭비는 경영의 성과가 수출 실적으로 평가되었기 때문에 낮은 수준에서 통제되었다. 1997

년까지 이어진 고도성장은 정부가 주요 자원을 배분하는 가운데 세계시장에서 경쟁력을 갖춘 대규모 기업을 육성하고, 그 효과가 아래로 흘러 중소기업의 성장을 유도하는 적하식滴下式 개발 방식이었다. 민족주의 또는 국가주의에 입각한 권위주의정치가 그러한 자원 배분과 개발 방식을 뒷받침하였다. 정부-기업-노동자 사이에는 상호 유인과 협력의 체제가 성립하여 고도성장의 국가혁신체제를 지지하였다.

1988년 이른바 민주화시대가 열렸다. 이후 권위주의정치가 구축한 고도성장의 국가혁신체제는 이완되기 시작했으며, 1997년의 외환위기를 계기로 완전히 해체되었다. 이후 한국경제는 외관상 영미형英美型의 자유시장경제로 변모했지만, 국가경제의 효율성과 부문 간의 정합성이 떨어지는 비용을 지불하였다. 오늘날 한국경제는 대외의존도가 이례적으로 높고, 산업연관의 자급성이 점차 떨어지고, 부가가치율이 정체하고, 투자와 수출의 소수 대기업에 대한 의존이 너무 심하고, 국제경쟁력을 결여한 영세사업체가 팽배하고, 노동시장이 이중구조로 분절된 가운데 선진경제로의 추격 동력이 현저히 떨어지는 증상을 보이고 있다. 그럼에도 불구하고 이 나라가 지난 20년간 감속이긴 하나 성장의 추세를 유지한 것은 부가가치의 국제적 흐름에서 중류中流에 설 수 있었기 때문이다. 1990년대 후반 이래 중국을 비롯하여 동남아시아, 인도, 동유럽 등이 부가가치의 국제적 흐름에서 하류下流로 파고들었다. 다른 한편, 고도성장의 개발체제를 이끈 국가주의 문화는 감속성장기에 이르러 각종 규제를 양산하는 역사의 굴레로 그 역할을 바꾸었다. 그것은 한국 정치의 무능력이나 단견이라기보다 국가로부터 자율적인 사회나 단체의 성립이 미숙한 가운데 국가가 경제활동의 구석구석까지 개입해 온 아주 오래전부터의 역사적 조건에 기인하는 것이다. 오늘날 한국의 경제체제는 국가주의國家主義 시장경제이다.

이상이 제2권이 포괄하는 제4시대의 경제사이다. 한국사의 각 시대를 상징하는 인간의 가족적, 사회적, 국가적 존재형태는 같지 않았다. 크게 말해 그것은 제1시대의 연烟에서, 제2시대의 정丁으로, 제3시대의 호戶로, 제4시대의 개인個人으로 추이하였다. 나는 오늘날 한국경제의 국제적 위상이 중진국 상위권에 놓인 것과 이처럼 인간의 존재형태가 시대에 따라 높은 수준으로 진화해 온 것과는 내밀한 관련을 지닌다고 생각한다. 이 점을 학계가 공유할 토론거리로 제기하였다는 점이 이 책의 조그마한 성과이다. 한 가지, 주의를 환기할 점은 서로 다른 시대라고 해서 그 구분이 칼로 자른 듯이 절연截然할 수는 없다는 사실이다. 제2시대에 들어서도 제1시대의 부문이나 요소는 오랫동안 이어졌다. 그 점은 제3시대와 제2시대의 관계에서도, 나아가 제4시대와 제3시대의 관계에서도 마찬가지였다. 나는 제3시대 후반에 성립한 소농사회의 경제와 문화는 제4시대에 들어 오히려 안정되는 가운데 1970년대까지도 건재했다고 생각하고 있다. 한국의 근대화 과정은 이식된 근대가 전통을 누르거나 해체하는 단선單線의 과정이 아니라 전통이 근대의 도움을 받아 스스로를 재편성하기도 했던 복선複線의 과정이었다. 한국의 근대화는 특별히 유교적인, 그리하여 어디까지나 한국적인 과정이었다. 그 같은 관점에서 20세기 이후의 한국사를 전체적으로 재조명할 필요성을 제기했다는 점이 이 책의 또 하나의 조그마한 성과이다. 물론 저자의 주관적인 기대일 뿐이다. 과연 그러할지의 냉정한 평가는 독자의 몫으로 남기겠다.

2016년 10월 24일

이영훈

차례

제 9 장
종속과 개발

제10장
독립

제12장
역사의 굴레

【표 차례】

【그림 차례】

『한국경제사 I』 차례

제8장

근대의 이식

1. 일본의 조선 지배

보호에서 병합으로

한국을 보호국으로 지배하려는 일본의 야심은 1904~1905년 러시아와의 전쟁에서 승리함으로써 가까스로 실현되었다. 전쟁의 승리가 임박한 1905년 7월 일본은 미국과의 비밀회담에서 필리핀에 대해 어떠한 야심도 없음을 표명하고, 미국으로부터 한국에서 지도적 지위를 지님을 인정받았다(가쓰라-태프트각서). 동년 8월 영국은 일본의 한국에 대한 지도, 감리 및 보호의 권리를 승인하였다(제2차영일동맹). 동년 10월 미국의 주선으로 일본과 러시아 간의 강화조약이 성립하였다. 거기서 러시아는 일본이 한국에 정치, 경제, 군사상의 탁월한 이익을 가지며 한국을 지도, 감리, 보호할 권리를 지님을 인정하였다(포츠머스강화조약).[1]

드디어 운명의 날이 찾아왔다. 1905년 11월 일본의 특파대사 이토 히로부미伊藤博文가 고종高宗 황제를 알현하면서 그의 외교권을 일본에 넘길 것을 요구하였다. 그동안 무분별하게 외세를 끌어들여 한반도를 외세의 각축장으로 만듦으로써 두 차례나 전쟁을 유발했다는 것이 일본의 논리였다. 황제는 내용이야 어떻든 외교권의 형식만은 보존해 주길 애처롭게 요청했으나 무참히 거절당하였다. 황제는 일본이 제시한 조약안을 수정하여 협약을 체결하도록 그의 대신들에게 명하였다. 그의 충성스런 신하들은 일본이 어떠한 경우에도 한국 황실의 안녕을 보증한다는 1개 조를 추가하고, 한국이 부강富强의 실력을 회복하면 외교권을 반환한다는 취지를 조약 서문에 명기하기를 요구하였다. 이토는 이를 즉석에서 수락하였다. 이로써 한국을 일본의 보호국으로 하는 양국 간의 조약이 성립하였다(제2차한일협약, 을사조약).[2] 1906년 2월 한국의 외교권을 행사하고 한국의 내정을 감독할 통감부統監府가 설치되고, 초대 통감으로 이토가 자청하여 부임하였다. 이를 전후하여 한성漢城에 주둔한 각국의 외교사절은 자국민을 보호하기 위한 영사관만 남기고 철수하였다.

한국을 보호국으로 삼은 일본이 처음부터 1910년에 이루어진 병합倂合을 겨냥한 것은 아니었다. 그것은 지나친 결과론적 해석이다. 일본 정계의 여론은 한국을 부속 영토로 병합해야 한다는 급진적 주장부터 종

---

1 모리야마 시게노리 지음, 김세민 옮김(1994), 『近代韓日關係史硏究 ― 조선식민지화와 국제관계 ―』, 玄音社, 200~201쪽. 원저: 森山茂德(1987), 『近代日韓關係史硏究 ― 朝鮮植民地化と國際關係 ―』, 東京大學出版會.
윤덕한(2012), 『이완용평전』, 길, 203~205쪽.

2 原田環(2004), 「第二次日韓協約調印と大韓帝國皇帝高宗」, 『靑丘學術論集』 24, 1443~172쪽.
윤덕한(2012), 『이완용평전』, 205~222쪽.

속국, 자치식민지, 위임통치로 지배해야 한다는 점진적 주장까지 여러 가지 구상으로 착종하였다. 무엇보다 러시아가 일본의 한국 병합을 인정하지 않았다. 러시아는 일본의 한국에 대한 보호권을 무시하는 외교적 제스처를 취하기도 했으며, 무언가 상당한 보상을 받지 않고서는 한국 병합을 결코 용인하지 않을 태세를 보였다. 이토는 한국 병합에 따른 일본의 경제적 부담을 걱정했으며, 천 년 이상 독자의 국가를 꾸려 온 이민족異民族이 일본에 동화될 가능성에 회의적이었다. 그는 한국이 일본에 실질적인 병합과 다를 바 없는 종속국으로 포섭된 가운데 국가체제를 근대적으로 개혁하여 자치 능력을 높이는 길이야말로 일본에 득이 된다고 생각하였다.

이를 위해 이토는 통감으로 재임한 3년여 동안 사법제도를 정비하고, 중앙은행을 창설하고, 공립보통학교를 세우고, 식산흥업을 추진하는 등 이른바 자치육성정책을 펼쳤다. 그렇지만 그의 정책은 소기의 성과를 거두지 못하였다. 황제는 그의 빼앗긴 주권을 회복하기 위한 저항을 포기하지 않았으며, 이는 1907년 7월의 헤이그 밀사사건으로 이어졌다. 근왕주의勤王主義에 충실한 그의 신민들은 전국 도처에서 의병義兵 투쟁을 멈추지 않았다. 중앙 정계는 이토의 자치육성정책에 협력하는 것이 형식적이나마 주권을 보지保持하는 길이라고 생각한 일파와 학정을 일삼는 황제 권력 자체를 부정하고 일본으로의 편입을 주장하는 다른 일파로 분열하여 심하게 대립하였다.[3]

무엇보다 더 이상의 실험과 주저를 허용하지 않은 것은 급박하게 돌아간 만주滿洲 대륙의 정세였다. 1906년 일본은 을사조약을 근거로 간도間島에 거주하는 10만여 한국인도 자신의 관할하에 있다고 하면서 경찰을 파견하고 영토권을 주장하였다. 청은 일본의 주장을 완강하게 거부하

3 모리야마 시게노리 지음, 김세민 옮김(1994), 『近代韓日關係史硏究 — 조선식민지화와 국제관계 —』, 225~240쪽.

면서 미제未濟로 남아 있는 한국과의 국경 문제 해결을 요구하였다. 베이징北京에 주재한 미국의 외교관은 미국을 끌어들여 만주에 대한 일본의 이권에 맞서려는 청, 미국, 독일의 동맹 체결을 추구하였다. 이 같은 만주의 정세는 열강이 한국 문제에 다시 개입할 가능성을 배제하지 않았다. 1909년 7월 일본은 부랴부랴 한국 병합의 방침을 결정하였다. 동년 9월 일본은 청과의 협정을 성사시켜 간도에 대한 영토권을 포기하는 대가로 만주의 철도와 탄광에 대한 이권을 확보하였다(청일협정清日協定, 간도협약間島協約). 동년 10월 한국 병합에 소극적이던 이토가 만주 하얼빈에서 동양평화의 대의를 저버린 죄를 묻는 안중근安重根에 의해 피살되었다. 이토의 사망은 일본에서 한국 병합을 촉구하는 유리한 상황을 조성하였다. 동년 12월 미국이 만주철도의 중립화를 러시아, 영국, 일본에 제안하였다. 만주에 직접적 이해를 가진 러시아와 일본은 미국의 진출을 원치 않았다. 두 나라는 서둘러 만주의 이권을 분할하는 협상에 착수하였다(제2차러일협약). 그 과정에서 1910년 4월 러시아는 일본의 한국 병합을 최종 승인하였다. 동년 5월에는 영국이 이를 승인하였다. 이제 일본의 한국 병합을 가로막는 내외의 장애는 아무것도 없었다.[4]

1910년 7월 데라우치 마사타케寺內正毅가 새로운 통감으로 부임하였다. 그는 적당한 시기에 한국을 병합하라는 일본정부의 명령을 받고 있었다. 1907년의 헤이그 밀사사건으로 고종 황제는 태황제로 물러나고 심신이 병약한 순종純宗 황제가 등극해 있었다. 황제의 충실한 신하들은 데라우치에게 국호를 보존해 주고 황실이 왕호를 사용할 수 있도록 함을 병합의 조건으로 제시하였다. 일본은 이 두 조건을 수락하였다. 국호는 한국이 아니라 조선朝鮮으로 정해졌다. 이후 병합은 빠르게 진행되었다.[5]

---

4 모리야마 시게노리 지음, 김세민 옮김(1994), 『近代韓日關係史硏究 ― 조선식민지화와 국제관계 ―』, 241~269쪽.

5 新城道彦(2015), 『朝鮮王公族 ― 帝國日本の準皇族 ―』, 中央公論新社, 35~72쪽.

1910년 8월 22일 순종 황제는 그의 한국 통치를 일본 황제에게 양여하는 조칙을 내렸다(공식 발표는 29일). 같은 날 황제로부터 전권을 위임받은 한국의 총리는 일본을 대표하는 통감과 한국을 일본에 병합하는 내용의 조약을 체결하였다. 동 조약은 제1조에서 한국 황제는 "한국 전부에 관한 일체의 통치권을 완전히 또한 영구히 일본 황제에게 양여"하며, 제2조에서 일본 황제는 이를 수락하여 한국을 일본에 병합한다고 선언하였다. 뒤이은 6개 조는 일본 황제가 한국의 황제, 황실, 황족 및 그 후예의 지위와 명예를 보장하며, 이를 위해 필요한 세비와 자금을 지급하며, 훈공이 있는 한국 관리에게 작위와 은사금을 내리며, 한국인의 신체와 재산을 보호하며, 능력 있는 한국인을 관리로 등용한다는 내용으로 이루어졌다.[6]

그에 따라 일본 황제는 순종을 창경궁昌慶宮 이왕李王, 고종을 덕수궁德壽宮 이태왕李太王, 고종의 형 이희李熹와 고종의 아들 이강李堈을 공公으로 책립하였다. 이렇게 탄생한 조선의 왕공족王公族은 일본의 황족皇族에 준하는 대우를 받을 방침이었으며, 이는 왕세자 이은李垠이 일본 황실의 여인과 결혼함으로써 현실화하였다.[7] 왕공족을 관리하기 위해 조선총독부 산하에 이왕직李王職이 설치되었으며, 이왕직에는 연간 150만 원에 달하는 세비가 지급되었다. 일본 황제는 병합에 협조한 고위 관리 76명을 조선귀족朝鮮貴族으로 봉하였다. 나아가 일본 황제는 3,000만 원에 달하는 거액의 은사금을 조선귀족, 구한국관리(3,638명), 덕망과 연치年齒가 있는 양반·유생(3,150명), 향당의 모범이 되는 효자·절부(3,209명), 빈궁한 홀아비·과부·고아·독신(7만 902명)에게 뿌렸다. 은사금은 연리 5% 공채로 주어졌으며, 기명식을 원칙으로 하고 양도와 질입質入은 금지되었다.[8]

이로써 1392년에 개창한 뒤 518년을 이어온 조선왕조와 대한제국이 세

6 內閣法制局官報課,『官報』號外 隆熙 4年 8月 29日.

7 新城道彦(2015),『朝鮮王公族ー帝國日本の準皇族ー』, 73~81쪽.

8 朝鮮總督府,『朝鮮總督府官報』明治 43年 8月 29日 勅令 327·329호.
朝鮮總督府(1935),『施政二十五年史』, 22~24쪽.

계사의 무대에서 사라졌다. 1905년의 보호조약이나 1910년의 병합조약은 대한제국의 국제에 충실하게 규정되었다. 두 조약은 황제가 그의 개인적 권리를 처분하는 형식과 내용으로 이루어졌다. 조약을 비준하는 어떠한 대의권력도 존재하지 않았다. 1863년에 등극하여 44년을 치세한 고종은 열국쟁패의 제국주의시대에 그의 왕국을 살리기 위해 무엇을 해야 하는지를 알지 못하였다. 살아남기 위해서는 국가체제를 근대적 입헌국가立憲國家로 개편해야 했으며, 그를 위해 근대적 사권私權의 주체로서 국민을 흠정欽定해내야 했으며, 대외적으로 또 하나의 주권기관인 의회議會를 설치해야 했으며, 징병제를 실시하여 국방을 공고히 할 필요가 있었다. 불행하게도 고종은 이 같은 역사적 책무를 감당할 만한 개명군주가 아니었다. 그는 국가의 주권을 입헌제 형태로 재배치하려는 개명된 정치세력의 모든 시도를 탄압하였다. 그에게 있어서 왕업王業은 그가 조상으로부터 물려받은 가산家產에 지나지 않았다. 가산을 고수하기 위한 그의 처절한 노력이 완전히 실패하지는 않았다. 조선의 왕공족은 일본의 황실에 충실히 편입되었으며, 그 덕분에 종묘사직의 향화香火는 1945년까지 끊어지지 않았다.

동화와 차별

한국 황제가 그의 통치권을 완전히 그리고 영구히 양여했듯이 일본의 조선 지배 역시 완전하고 영구한 동화를 지향하였다. 1919년 3·1운동을 맞은 총독 하세가와 요시미치長谷川好道는 "조선과 내지內地의 관계는 열강과 그 식민지의 관계와 다르다. (중략) 조선은 우리 대륙 발전의 근거지로서 또 실로 본토의 외벽外壁이다. 혼연융화渾然融和하여 그 결합을 굳게 하는 것은 실로 제국의 존재 요건이다. (중략) 그들에게는 수천 년의 역사와 전통적 민족성이 있다. 동종동문同種同文이라도 그것을 하루아침에 동화해 버리는 것은 신법新法의 세위勢威로도 전혀 불가능한 일이다. 고로 통치의 방침은 동화주의를 따르지만 파괴주의는 아니고 점진주의가 되는 것을 요한다"라고 하였다.[9] 이 같은 하세가와의 입장은 일본의 지배층이 조선에 대해 공유하는 입장을 충실히 대변하였다.

요컨대 조선은 내지의 연장으로서 장차 일본에 완전히 동화될 지역이었다. 조선에 자치를 허락하여 고유한 풍속을 보전케 하는 것은 곤란하였다. 그것은 조선이 독립하는 길에 다름 아니어서 용납할 수 없었다. 그렇다고 수천 년의 역사와 전통을 파괴하여 동화를 강요할 수도 없었다. 바람직한 것은 점진적인 동화주의였다. 조선의 관습과 문화를 존중하되 그것의 고정화를 추구하지 않으며, 시세의 추이에 따라 새로운 관습이 생겨나면 그것을 채택하는 방식으로 동화를 추진해 간다는 것이었다. 이를 위해 일본어 사용, 일본인 이주, 일본인과의 혼인, 일본식 교육을 장려하여 일본을 수용하는 신진 계층을 양성할 필요가 있었다. 그렇게 조선인의 교양과 문화가 성숙하면 어느 단계에 이르러 조선인에게도 참정권을 부여함으로써 완전 동화를 실현한다는 것이었다.[10]

이 같은 일본의 지배 방침은 1945년까지 일이관지一以貫之하였다. 조선은 인구가 조밀한 지역이며, 비록 임금을 잃었지만 독자의 문명이 건재한 사회였다. 그 문명은 이후에도 완강하게 존속했으며, 오히려 발전하였다. 이 점에서 조선과 일본의 관계는 대항해시대 이후 서유럽 제국이 신대륙이나 다른 낮은 문명의 지역에서 개척한 식민지와 똑같지 않았다. 일제가 조선을 통치한 1910~1945년의 기간을 어떻게 부를 것인가와 관련하여 나는 우리의 부형들이 즐겨 사용한 왜정기倭政期 또는 일정기日政期가 오늘날 연구자들이 즐겨 사용하는 식민지기植民地期보다 더 적절하다고 생각한다. 이하 이 책에서 1910~1945년은 일정기로 칭해질 것이다.

점진적 동화정책은 통치의 현실에서 동화와 차별의 이중구조를 동반하

9 「騷擾先後策私見」, 『齋藤實文書』 1卷, 331~335쪽.

10 이승일(2008), 『조선총독부 법제 정책—일제의 식민지통치와 조선민사령—』, 역사비평사, 204~207쪽.

였다. 병합 이후 대한제국은 조선으로 개칭되었다. 일본정부는 신영토 조선에도 제국의 헌법이 시행되고 조선인도 일본인과 동일한 권리를 향유할 것이라고 했지만, 현실적으로는 헌법에 제외규정을 두어 조선을 헌법이 적용되지 않는 이법역異法域으로 규정하고 조선인과 일본인의 법능력法能力을 차별하였다. 조선인은 일본 국적을 취득했지만, 그것은 단지 외국에 대한 관계에서만 그러하였다.[11]

조선이 이법역으로 설정됨에 따라 조선총독은 일본정부 내에서도 독특한 지위를 점하였다. 조선총독은 천황에 직예直隸하는 지위로서 총리대신을 거쳐 천황에 상주上奏할 수 있는 권한을 가지며, 조선 내에서 육·해군의 통솔권과 제반 정무에 대한 통할권을 가졌다. 일본 총리대신의 조선총독에 대한 감독권은 법적으로 명시되지 않았다. 총독에게는 본국에서는 법률로 정해야 하는 사항을 그의 명령으로 대신할 수 있는 위임입법권이 주어졌는데, 이를 제령制令이라 하였다. 일본 의회는 타이완총독臺灣總督이 가진 입법권에 대해서는 그것을 위헌으로 규정하고 그것을 제약함에 성공했지만, 조선총독에 대해서는 별다른 문제를 제기하지 않았다.[12] 그만큼 조선은 대륙 진출을 위한 기지로서 천황에 직속하는 군부의 수장이 총독을 역임했던 특수 지역으로서 그 지위가 당연시되었다.

조선의 법률 체계는 일본에서 제정된 법률은 특별한 경우를 제외하고는 조선에는 시행되지 않는다는 기본 전제에 입각하였다. 전술한 대로 조선에서 시행할 법률은 총독의 명령, 곧 제령에 의거했고 이는 사후에 천황의 재가를 얻어야 하였다. 일본의 법률 가운데 조선에도 시행할 법률에 대해서는 칙령勅令으로 그 시행을 결정하였다. 칙령은 일본 각의의 결정이나 추밀원의 자문으로 성립하였다. 공업소유권, 회계, 화폐, 통신, 관세, 외환 등의 대외 관계, 전시기의 통제법령, 군대 관계와 같이 두 지역의

11 이승일(2008), 『조선총독부 법제 정책 – 일제의 식민지통치와 조선민사령 –』, 92~96쪽.
12 김낙년(2003), 『일제하 한국경제』, 해남, 35~40·45~46쪽.

제도적 통일성이 요구되는 영역이 칙령의 대상이었다. 일정기에 걸쳐 발포된 제령은 680건, 칙령은 130건이며 그 외에 내용상 당연히 조선에도 적용되는 일본의 법률이 40건이었다.[13]

제령 가운데는 1912년의 조선민사령朝鮮民事令이 조선의 전통 사회와 문화에 가장 포괄적인 영향을 미쳤다. 조선민사령은 조선에서의 민사에 관해서는 일본에서 시행 중인 민법, 상법, 파산법, 화의법, 민사소송법 등 23개의 법률을 의용依用한다는 것이다. 당초 통감부는 대한제국에 시행할 독자의 법전을 편찬할 목적으로 조선의 민사관습에 관해 광범한 조사 작업을 벌였다. 병합 이후 독자의 법전을 편찬한다는 방침은 폐기되었으며, 일본의 법률을 조선에 시행한다는 방침으로 전환하였다. 거기에는 조선은 일본 영토의 일부이며, 민사에 관한 한 조선인은 일본인과 동일한 지위를 누린다는 인식이 전제되었다.[14]

그런데 조선민사령은 조선인 상호 간의 법률행위, 친족과 상속, 부동산에 관한 물권에 있어서 조선 고유의 관습이 있을 경우 그에 따르도록 규정하였다. 이는 인간이면 누구에게나 적용될 민법의 보편주의를 전제하면서도 점진주의 동화정책에 따라 조선의 관습을 존중하는, 결과적으로 차별하는, 지배정책에 따른 것이었다. 이 관습의 범위와 내용을 어떻게 규정하고 성문화해 갈 것인가가 총독부의 조선 지배에 있어서 가장 어려운 문제의 하나였다.

민사 이외에 정치적 권리와 의무에 관한 일본의 법률로서, 예컨대 중의원衆議院선거법이나 병역법 등은 조선에 적용되지 않았다. 일정기에 걸쳐 조선인의 정치적 권리는 봉쇄되었다. 1920년 도道·부府·읍邑·면面의 수준에서 지방자치를 실시하여 자문기관으로서 협의회協議會를 구성하였

13 김낙년(2003), 『일제하 한국경제』, 46~47쪽. 제령 680건 중에서 개폐 규정 407건을 빼면 실질적인 제정 건수는 273건이다.

14 이승일(2008), 『조선총독부 법제 정책 — 일제의 식민지통치와 조선민사령 —』, 100~111쪽.

다. 협의회는 관선의선과 민선의선으로 이루어졌다. 민선의원의 선거는 재산을 기준으로 한 제한선거였으며, 선출된 의원의 다수는 일본인이었다. 1930년에는 협의회가 자문기관에서 의결기관으로 바뀌었지만, 일본인에 유리한 제한선거에는 변함이 없었다. 또 행정기관이 협의회의 의결을 취소하거나 정회와 해산을 명할 수 있는 등, 자치의 내용도 볼 것이 없었다.[15] 전시기에 이르러 병력이 부족해진 일본은 조선에서 징병제徵兵制를 실시하였다. 그에 따라 1945년 1월 조선인의 정치적 권리를 인정하여 본국 의회에 대표를 파견할 방침이 결정되지만 패전에 따라 실천에 옮겨지지는 못하였다. 요컨대 일본의 조선 지배는 점진적 동화정책에 따라 민사의 영역에서는 전반적으로 동일한 법체계를 운용했음에 비해 정치적 영역에서는 조선인의 법능력을 차별하였다. 일본의 조선 지배는 정치적 차별주의와 사회경제적 동화주의가 빚어내는 모순과 그에 따른 두 민족 간의 동태적인 긴장관계를 특질로 하였다.

동아시아자본주의

일본의 제국주의 국가로의 발돋움은 1894년 청일전쟁부터이다. 일본은 전쟁에서 승리한 대가로 청으로부터 타이완을 할양받았다. 1905년 러일전쟁에서 승리한 일본은 랴오둥반도의 관동주關東州를 조차하고 러시아가 건설한 남만주철도를 차지하였다. 1910년의 한국 병합은 제국주의 열강의 일원으로서 일본의 국제적 지위를 확고히 하였다. 1914년에 제1차 세계대전이 일어나자 일본은 독일에 선전포고를 하고 산둥반도에 있는 독일의 이권을 탈취하였다. 1917년에 러시아에서 혁명이 일어나자 일본은 시베리아에 군대를 파견하여 1922년까지 주둔시켰다. 또한 1931년에 일본은 만주를 점령하고 만주국滿洲國이란 괴뢰국가를 세웠다. 그에 대한

15 김낙년(2003), 『일제하 한국경제』, 42~44쪽.

국제사회의 비난이 거세게 일자 일본은 1933년에 국제연맹國際聯盟을 탈퇴하였다. 1937년에 일본은 중국 본토를 침략하여 중화민국과 전면전을 벌였다. 그 연장선에서 일본은 동남아시아로 진출하여 미국, 영국, 프랑스, 네덜란드 등 서구의 제국주의 국가들과 충돌하였다. 그에 맞서 미국이 석유 수출을 금지하자 일본은 1941년에 하와이의 미국 해군기지를 공격함으로써 미국과의 전쟁에 돌입하였다. 이후 3년 8개월의 사투 끝에 일본은 미국에 패했으며, 그와 더불어 청일전쟁 이후 판도를 확장해 온 일본제국은 해체되었다.

미국과의 전쟁에 돌입하기 전까지 일본의 경제는 그의 세력권의 팽창과 더불어 고속으로 성장하였다. 1910년까지 산업혁명을 수행한 일본자본주의는 1940년까지 조선, 타이완, 관동주, 만주를 포괄하는 범위에서 동東아시아자본주의라고 부를 만한 광역의 경제권을 구축하였다.[16] 두 차례의 세계대전을 사이에 둔 그 기간에 동아시아자본주의는 이례적인 수준의 고도성장을 구가하였다. 〈표 8-1〉은 1913~1938년 주요 국가의 수출 증가율을 비교한 것이다. 동기간 세계자본주의는 세계대전과 대공황의 충격으로 정체와 위기의 연속이었다. 세계의 수출은 연평균 0.6%의 성장에 불과했으며 영국, 독일, 프랑스의 수출은 오히려 감소하였다.

그에 비해 일본의 수출 성장률은 연평균 5.9%라는 이례적으로 높은 수준이었다. 동 기간 일본의 수출은 실질 규모에서 4배나 팽창하였다. 동아시아자본주의의 각 지역을 살피면 조선과 타이완의 수출 증가율이 일본을 훨씬 능가하여 13.0%와 8.4%에 달하였다. 시기적으로 일본의 수출이 크게 증가하는 것은 1920년대 후반부터이다. 그에 비해 조선과 타이완은 처음부터 급한 증가 추세를 지속하여 이 두 지역의 수출이 동아시아경제

16 堀和生(2010), 「東アジアにおける資本主義の形成 — 日本帝國の歷史的性格 —」, 『社會經濟史學』 76-3, 27~51쪽.

[표 8-1] 주요 국가의 수출 동향(1913~1938)

단위: 1913=100, %

연도	세계	영국	미국	독일	프랑스	일본	타이완	조선	만주	중국 관내	인도
1913	100	100	100	100	100	100	100	100	100	100	100
1914			98			95	127	131	102	87	70
1916			164			145	238	224	120	107	93
1918			121			170	245	342	141	98	79
1920	69	100	144		89	118	181	346	186	100	73
1922	77	85	108		93	126	277	473	185	111	78
1924	98	99	123	49	132	136	382	652	221	120	121
1926	111	87	139	80	134	174	422	740	259	118	95
1928	124	99	155	93	142	203	461	887	305	129	111
1930	121	86	131	102	130	211	505	800	275	116	88
1932	97	65	83	63	88	249	617	1,073	304	77	79
1934	102	70	89	54	92	337	581	1,372	338	94	92
1936	111	73	99	62	75	435	666	1,454	331	99	111
1938	115	71	126	61	82	400	703	1,888			
연평균 성장률	0.60	-1.43	0.97	-2.05	-0.84	5.95	8.46	13.02	5.23	0.16	0.47

출처: 堀和生(2010), 「東アジアにおける資本主義の形成 — 日本帝國の歷史的性格 —」, 『社會經濟史學』 76-3, 30쪽.

권의 성장을 견인했다고 이야기할 수 있다.[17] 수출뿐만 아니라 일본경제의 성장률 자체가 세계적으로 가장 높은 수준이었다. 1913년 일본의 1인당 실질국민소득을 100이라 할 때 1938년의 그것은 176이다. 그에 비해 미국, 영국, 독일의 경우는 각각 115, 127, 136에 머물렀다.[18] 일본의 수출

17 일본의 수출은 조선과 타이완의 수출을 포함한 것이다. 堀和生(2010), 「東アジアにおける資本主義の形成 — 日本帝國の歷史的性格 —」, 『社會經濟史學』 76-3, 29쪽.

18 동 기간 각국의 1인당 실질국민소득에 대해선 다음을 참조. Angus Maddison(2006), *The*

이 이례적으로 크게 증가한 것은 면제품 등의 경공업제품에서 높은 경쟁력을 발휘하였기 때문이다. 후발자본주의 일본은 1920년대에 이르러 면공업의 경쟁력에서 선발 영국을 따라잡았으며, 인도에서조차 영국산 면제품을 밀어냄으로써 세계시장에서 급격히 그 점유율을 늘려 나갔다.

일본의 무역수지는 1925년 이후 만성적인 적자에서 흑자로 돌아섰다. 그렇게 된 데에는 동아시아의 역내 무역이 큰 힘이 되었다. 1910년대 이후 일본은 급격한 공업화와 도시인구의 증가로 인해 식량 부족의 곤란에 직면하였다. 일본은 조선, 타이완, 만주로부터 쌀, 사탕, 대두를 수입하여 부족한 식량을 충당하였다. 그 양은 결코 적지 않아서 1938년의 경우 총수입의 1/3에 상당하였다. 이들 식민지로부터의 수입에 대해 일본은 파운드나 달러와 같은 국제통화로 결제할 필요가 없었다. 일본은 이들 지역의 통화를 일본은행권日本銀行券으로 무제한 확보할 수 있는 화폐·금융 제도를 구축하였다. 그 결과 일본은 외환의 부담 없이 식량 부족 문제를 해결했으며, 그것은 일본이 흑자국으로 돌아서는 데 큰 도움이 되었다.[19]

1930년대 이후 일본과 식민지와의 무역은 일본의 대외무역에서 점점 큰 비중을 차지하였다. 1931년 일본의 대식민지 수출은 그때까지 가장 중요하였던 대미국 수출을 능가했으며, 1937년 이후에는 다른 모든 국가로의 수출을 능가하였다. 식민지의 역할에도 변화가 생겼다. 식민지는 공업화의 성과에 힘입어 일본에 선철, 알루미늄, 섬유, 비료, 종이, 펄프와 같은 공업제품을 수출하였다. 1938년 이후 일본이 식민지로부터 수입한 공산품 총액은 미국, 영국 등 선진국에서 수입하는 공산품 총액을 능가하였다.[20] 식민지 상호 간에도 식료품과 공산품의 교역이 증진하였다. 일본이

World Economy, OECD, Appendix Tables pp.438~441·466~467·558~560.

19 堀和生(2010), 「東アジアにおける資本主義の形成 — 日本帝國の歷史的性格 —」, 『社會經濟史學』 76-3, 37쪽.

20 堀和生(2010), 「東アジアにおける資本主義の形成 — 日本帝國の歷史的性格 —」, 『社會經濟史學』 76-3, 44~45쪽.

중심이 된 동아시아자본주의는 자족적인 경제권으로 긴밀히 통합되는 가운데 급속히 팽창해 갔다.

동아시아자본주의의 성장은 그에 부속하는 지역에서 자본주의 경제체제를 확산하였다. 일본은 식민지에 일본의 법제와 시장기구를 이식하여 경제체제의 완전한 통합을 추구하였다. 일본은 타이완과 조선에서 토지조사사업土地調査事業을 실시하여 근대적인 토지소유권을 창출하였다. 근대적 재산권 제도는 토지를 넘어 모든 종류의 유체有體 및 무체無體 재산권에 걸쳐 포괄적으로 성립하였다. 일본은 식민지에 중앙은행을 설립하고 그로 하여금 일본은행권을 준비금準備金으로 한 통화를 발행하게 함으로써 화폐·금융시장을 통합하였다. 일본과 식민지 사이의 관세는 대부분 철폐되었으며, 대외적으로는 보호관세의 장벽이 높게 처졌다. 이 같은 제도적 개혁과 더불어 일본으로부터 대량의 자본이 식민지로 건너와 농업개발과 공업화에 투자되었다. 조선의 회사불입자본은 1925년 279만 원에서 1940년 1,604만 원으로 급증하였다. 동 기간 타이완의 그것은 357만 원에서 550만 원으로 증가하였다. 1929~1940년 조선의 공장노동자는 7만 8,000명에서 23만 1,000명으로 증가하였다. 타이완의 경우는 6만 3,000명에서 12만 6,000명으로 증가하였다. 조선과 타이완에서 자본주의 경제체제가 단기간에 급속히 확산될 수 있었던 것은 식량과 원료를 공급하고, 의류와 비료 등 공업제품을 구입하고, 공업부문에 노동력을 공급하고, 나아가 여타 산업에 자본을 조달하는 농업의 역할이 건전하게 수행되었기 때문이다. 그것은 오래전부터 이들 지역에서 성숙해 온 소농경제小農經濟의 역사적 저력이었다. 일본자본주의는 이들 지역의 소농경제를 포섭함으로써 후발자본주의로서의 핸디캡을 극복하고 나아가 급속히 성장할 수 있었다.[21]

21 堀和生(2010),「東アジアにおける資本主義の形成 — 日本帝國の歷史的性格 —」,『社會經濟史學』76-3, 50쪽.

일정기 조선경제의 역사는 일본이 중심이 된 동아시아자본주의와 그 궤를 같이하였다. 조선은 동아시아자본주의에서도 제1중심 일본을 둘러싼 제2중심으로 위치하였다. 일본이 동화의 목적으로 실행한 제도의 변혁은 조선에 자본주의 경제체제를 온전하게 이식하였다. 그 위에서 구축된 동아시아자본주의의 거대한 경제적 순환은 조선에서 자본주의의 급속한 발전을 견인하였다. 1945년 일본의 패전과 더불어 그 경제적 순환은 해체되었지만, 이후 점진적으로 재건되었으며, 1960년대 이후 한국경제의 고도성장을 지지하는 지경학적地經學的 조건으로 역할을 하였다. 20세기의 한국경제사는 일본을 중심으로 하는 동아시아자본주의의 역사와 별개로 설명되기 힘들다.

일정기에 걸친 제도적 변혁과 사회·경제의 변화는 크게 말해 16~18세기 서유럽에서 출현한 근대문명近代文明이 일본을 경유하여 조선에 이식되는 과정에 다름 아니었다. 성리학적性理學的 신분원리身分原理로 통합되어 있던 소농사회小農社會가 개인주의個人主義와 자유주의自由主義라는 전혀 이질적인 문명 원리와 대면하면서 갈등하고 접합해 가는 문명사文明史의 대전환(大轉換, Great Transformation)이었다. 21세기 초의 오늘에도 진행 중인, 접합接合의 순조로움과 뒤틀림이 반복적으로 길항拮抗하는, 그리하여 그 장기적 귀착이 어떠할지 감히 예단할 수 없는, 대전환의 출발이었다. 이하 인간 개체를 비롯하여 모든 종류의 경제적 자원에 걸쳐 전개된 근대적 변혁에 대해 순차로 고찰한다.

2. 인간

민법의 시행

1912년 3월에 공포된 조선민사령朝鮮民事令은 일본이 조선을 어떻게 통치할 것인가를 둘러싸고 병합 이후 총독부와 일본정부가 벌여 온 쉽지 않은 교섭의 산물이었다. 그 결과 일본정부의 민법民法 보편주의 입장이 관철되어 신영토 조선에서도 1898년에 제정된 일본의 민법이 의용되기에 이르렀다. 다만 조선인의 능력, 친족, 상속, 결혼 등 일본의 법을 그대로 시행할 수 없는 영역에서는 공적 질서에 저촉되지 않은 한 조선의 관습을 용인하였다. 그 점에서는 총독부의 구관주의舊慣主義 입장이 어느 정도 관철되었다고 할 수 있지만, 용인된 관습의 영역은 당초 총독부가 작성한 민법 초안에 비해 많이 축소되었다. 어쨌든 이로써 조선에 시행되는 민법은 일본민법의 성문법과 조선의 관습법이 병존하는 체제를 갖추게 되었다.[22]

민법의 제1조는 "사권私權의 향유는 출생으로부터 시작한다"고 하였다. 제2조에서는 외국인도 법령이나 조약에서 금지하는 경우를 제외하고는 사권을 향유한다고 하였다. 이로써 조선에 거주하는 모든 인간은 사권을 향유하는 주체로 공식 법인法認되었다. 이는 당대인들의 의식 여하와 관계없이 한반도에서 법의 역사가 출발한 이래 더없이 획기적인 사건이었다. 이를 계기로 한반도에 거주하는 모든 인간은 다른 사람과의 관계에서 자유롭고 평등한 존재로 법인되었다. 이로써 당장의 큰 변화가 일어난 것은 아니었다. 변화의 속도는 느렸다. 그렇지만 변화의 방향만큼은 확실하였다. 한국인은 점차 자유인으로 변모해 갔다.

민법의 기초를 이루는 사권이란 개념은 그 기원이 16~18세기 서유럽의 계몽주의啓蒙主義 정치철학에서 찾아진다. 로크J. Locke 등의 계몽주의자들은 사회와 국가가 성립하기 이전의 자연 상태에서 인간은 자유로운 존재라는 자연법自然法을 신봉하였다. 인간은 그 누구에게도 예속되지 않은 가운데 자신의 신체와 생명을 자신의 권리로 향유하는 존재이다. 인간이 자신의 생명을 보전하기 위해 그 누구의 소유도 아닌, 오직 신의 창

22 이승일(2008), 『조선총독부 법제 정책—일제의 식민지통치와 조선민사령—』, 109·111쪽.

조물인, 자연에 노동을 가하여 취득한 재화는 그가 독점적으로 향유할 권리로서 재산이다. 사회와 국가는 사권의 주체로서 자연상태의 인간들이 서로의 권리를 용인하고 보호하기 위한 계약의 결과로 도출된 것이다. 이 같은 근세 서유럽의 계몽주의 정치철학은 1776년의 미국혁명과 1789년의 프랑스혁명을 일으킨 원동력이었다. 널리 알려진 바이지만 프랑스혁명의 '인간과 시민의 권리선언'은 인간은 자유롭게 평등하게 태어났으며, 모든 정치적 결사의 목적은 자연적이며 침해할 수 없는 권리를 보전하는 것이며, 그 권리는 자유, 재산, 안전 그리고 압제에 대한 저항의 권리라고 선언하였다.[23]

혁명 이후 프랑스에서 최초로 제정된 민법전民法典은 이후 세계 각 지역으로 전파되었다. 여타 세계에서 사권의 개념이나 그를 지지한 자연법은 있지 않았다. 중국을 중심으로 하는 동아시아 세계에서 우주와 자연은 스스로 자급자족하는 유기체로 존재하였다. 인간사회는 그 거대한 유기적 질서의 일환으로 존재하였다. 그 속에서 개체로 자립하는 존재라는 인간상人間像은 상정되지 않았다. 인간은 수많은 층위와 복잡한 위계로 통합된 사회에서 각기 그가 놓인 자리가 마땅하게 요구하는 행동원리를 그 본성으로 하는 도덕적 존재였다.[24] 그런 가운데 조선왕조의 지배층이 공유한 성리학의 정치철학은 인간의 이기심에 대해 지나치게 적대적이었다. 조선성리학朝鮮性理學의 정신세계에서 공公은 공리公理로서 자연과 사회를 관통하는 변치 않은 도덕률을 가리켰다. 반면 사私는 사기私氣 또는 사욕私慾으로서 공에 의해 억압되고 순치되지 않으면 안 될 바였다. 이 같은 정치철학에서 사권이란 개념은 형용모순이었다. 조선성리학에서 자기를 보전하고 방어하려는 이기심의 자연성과 도덕성은 끝내 승인되지

23 이종은(2011), 『평등, 자유, 권리』, 책세상, 455~457쪽.

24 이종은(2011), 『평등, 자유, 권리』, 15·156·230·432~449쪽.

않았다.[25]

동아시아를 비롯한 비서구 세계가 서구에서 발생한 이질적 문명의 도전을 맞아 보인 대응의 양태는 다양하였다. 그 가운데 도전의 본질을 이해하고 살아남기 위해 그와 닮은꼴로 자신을 변혁함에 성공한 국가는 일본이 유일하였다. 1880년 일본이 열강과의 불평등조약을 폐기할 목적으로 민법의 제정에 착수할 때 일본의 지배층이 수용한 정치철학은 프랑스와 미국의 혁명가들이 신봉한 자연법과는 상이하였다. 일본의 지배층에 영향을 준 것은 다윈C. R. Darwin의 진화론進化論 및 그것을 사회 발전에 적용한 스펜서H. Spencer의 사회진화론社會進化論이 주류를 이루었다. 그들은 생존경쟁, 자연선택, 적자생존의 이론에 준거하여 사회적으로 우월한 사람들의 권리로서 재산권을 보호하는 것은 사회를 발전시키는 길이라고 간주하였다.[26] 그 결과 1898년에 제정된 일본의 민법은 국가주권의 소재와 원리를 밝힌 헌법보다 낮은 수준의, 주로 재산권에 관한 법률로서의 성격을 강하게 띠었다.

민법은 나라마다 상이한 국가체제와 문화의 배경에서 각기 상이한 형태로 수용되었다. 나라마다의 다양한 변용에도 불구하고 인간을 사권의 주체로 간주하는 민법의 기본 원리에는 변함이 없었다. 민법은 인간은 누구나 자유로운 존재로서 다른 사람과의 관계에서 자신의 문제를 스스로 다스린다는 '사적私的 자치自治의 원리'를 기본 원리로 하고 있다. 이 원리는 '소유권 절대의 원칙'과 '계약 자유의 원칙'으로 구체화한다.[27] 예컨대 민법 제176조는 "물권物權의 설정 및 이전은 당사자의 의사 표시 만에 인하여 그 효력을 발생한다"고 하여 '소유권 절대의 원칙'을 천명하였다. 또한 제96조는 "사기 혹은 강박에 인한 의사표시는 이를 취소할 수 있다"

25 이영훈(2010), 「대전환의 한국사적 조건」, 『時代精神』 46, 170쪽.

26 미즈바야시 다케시(水林彪)(2009), 「日本近代法體系의 歷史的 特質—帝國憲法(1889년)·明治民法(1898년)體制論—」, 『法史學硏究』 40, 52~53쪽.

27 高昌鉉(1997), 『法學原論』, 博英社, 241~242쪽.

고 하여 '계약 자유의 원칙'을 확인하였다.

민법이 추구하는 자유롭고 평등한 인간관계는 이미 보호국기(1905~1910)부터 사회생활의 곳곳으로 확산되고 있었다. 대한제국의 황제권력이 끝내 포기하지 않았던 사회와 정치의 신분원리는 외래권력에 의해 부정되었다. 통감부의 지방행정은 양반신분의 특권을 인정하지 않았다. 양반가의 자제들도 도로공사 등의 각종 부역에 동원되었다. 1909년 경상북도 예천군 용문면의 어느 양반은 그의 일기에서 "대저 을사乙巳(1905) 이후 양반과 이속吏屬들이 겁탈당하고 궁민窮民과 평민이 때를 만났는지라, 동리의 상한常漢들이 양반을 칭하고 옛날 호칭은 간데없고 다툴 때는 호이호군呼爾呼君하니"라고 적으면서 구질서의 해체를 한탄하였다.[28] 사회의 자유주의적 기풍은 민법의 반포 이후 더욱 확산되었다. 예컨대 민적民籍 또는 호적戶籍에 사람들이 등록될 때 그 이름은 인간다운 품위를 갖추어야 하였다. 조선시대에 천민의 이름은 개똥介同, 도야지道也知, 쇠돌金乭, 삼월三月과 같이 가축, 가축의 분뇨, 물상, 태어난 월을 표방하는 경우가 많았다. 1914년 총독부 총무국은 이 같은 이름은 민적에 등록될 수 없다는 통첩을 내렸다.[29] 오래전부터 천민에게 강요되어 온 오예汚穢의 관념과 상징이 이로써 불식되었다.

민법의 영향은 점진적이고 단계적이었다. 전술한 대로 조선인 상호 간의 법률행위에 대해서는 공적 질서와 충돌하지 않는 한 조선의 관습이 존중되었다. 예컨대 20세 미만 미성년자의 법률행위에 대해 법정대리인이 동의를 하거나, 심신心神상실자에 대해 금치산禁治産 선고를 하거나, 처妻의 법률행위에 대해 부夫가 허가하는 등과 같은 영역은 조선의 관습에 맡겨졌다. 조선인의 혼인 연령, 이혼, 상속, 재산 분할도 관습에 위임되었

---

28 李榮薰(2001), 「18·19세기 大渚里의 身分構成과 自治秩序」, 安秉直·李榮薰 編著, 『맛질의 農民들—韓國近世村落生活史—』, 一潮閣, 293쪽.

29 中原茂(1930), 『朝鮮戶籍必携集』, 三井印刷所, 288~290쪽.

다. 그렇기 때문에 민법이 조선인의 일상생활에 미친 영향은 간접적일 수밖에 없었다.

민법의 시행과 더불어 총독부는 조선의 관습에 대한 체계적인 조사에 착수하여 그것의 성문화를 추구하였다. 관습의 성문화는 관습에 위임되고 있는 민법의 조항을 축소하고 민법의 의용 범위를 확장하였다. 1921년에 이르러 총독부는 조선민사령을 개정하여 성년제도, 금치산제도, 후견인제도, 친족회제도, 처의 능력, 협의 이혼 및 재판에 의한 이혼, 분가, 절가絶家, 조혼 금지 등과 관련해서는 일본의 민법을 의용하기로 결정하였다.[30] 그에 따라 관습에 위임된 조선인 상호 간의 법률행위와 친족 및 상속의 영역은 점차 일본식으로 동화되어 갔다.

사유재산제도의 성립

민법의 의용이 가져다 준 즉각적이며 직접적인 효과는 모든 종류의 재산권에 걸쳐 근대적인 재산권제도가 성립하였다는 점이다. 민법의 기본 원리로서 '소유권 절대의 원칙'과 '계약 자유의 원칙'에 의해 지지되는 사유재산권은 조선왕조 시대에는 존재하지 않았다. 전술한 대로 사권의 자연성과 도덕성을 용인하지 않는 조선성리학의 정치철학이 그 배경을 이루었다. 전, 답, 대지에 한해서는 사실상의 사유재산권이 성립했으며, 조선왕조도 그것을 공인하였다. 그렇지만 그것을 제3자에 대한 절대적 권리로 법인하거나 증명하는 제도는 성립하지 않았다. 이외에 산림, 광물, 수산물 등의 자원에 대해 조선왕조는 그 사유적 권리를 끝내 용인하지 않았다.

그런 가운데 양반兩班과 상민常民의 사회적 인격을 차별하는 신분제가 강고하게 존속하였다. 그에 따라 일반 상민의 재산은 양반관료의 폭력적 침탈에 무방비로 노출되는 경우가 많았다. 그러한 일은 경제적 위기가 본

30 이승일(2008), 『조선총독부 법제 정책 — 일제의 식민지통치와 조선민사령 —』, 165~198쪽.

격화한 19세기 중반 이후에 노골화되었다. 상민에 대한 양반관료의 자의적 수탈은 19세기 후반 조선왕조가 직면한 정치적 혼란, 사회적 분열, 경제적 침체의 가장 중요한 요인을 이루었다. 그에 관해서는 1894~1897년 조선을 두루 여행한 비숍I. B. Bishop의 기록이 자주 인용되고 있다. 그녀가 보기에 조선의 농민이 게으른 진정한 이유는 가난이 최고의 방어막이며, 음식과 옷 이외에 그가 소유한 모든 것은 탐욕스럽고 부정한 관리들에 의해 언제든지 빼앗길 수 있다는 사실을 잘 알기 때문이었다.[31]

민법에서 재산권은 크게 물권과 채권債權으로 구분되었다. 저작권, 특허권, 의장권意匠權과 같은 무체 재산권은 별도의 단행법에 의하였다. 물권에는 점유권, 소유권, 지상권地上權, 영소작권永小作權, 지역권地役權, 유치권留置權, 선취특권先取特權, 질권質權, 저당권抵當權이 있었다. 이외에 민법은 조선의 관습에 따른 물권이 추가로 존재할 가능성을 배제하지 않았다. 국가는 이들 재산권의 절대성을 보증하고 보호하기 위해 등기登記제도를 운영하였다. 민법은 "부동산에 관한 물권의 득상得喪과 변경은 등기법의 정하는 바에 따라 그 등기를 하지 않을 때는 이로써 제3자에 대항할 수 없다"고 규정하였다. 언급되는 등기법은 1912년 3월에 공포된 조선부동산등기령朝鮮不動產登記令을 말한다. 동 법령은 부동산에 관한 권리의 등기에 대해 기타 법령의 특별 규정이 있는 경우를 제외하고는 일본의 부동산등기법에 의한다고 하였다. 그 외에 동 법령은 조선의 관습을 감안하여 종중 또는 문중도 등기의 권리자로 간주한다고 하였다. 다음으로 채권은 어느 특정인이 다른 특정인에게 일정한 행위를 하도록 청구할 수 있는 권리를 말한다. 채권 역시 일반적으로 계약에 의하여 성립하며, 채무자가 임의로 채무를 이행하지 않을 때 채권자는 그 강제 이행을 재판소에 청구할 수 있다. 계약의 내용에는 증여, 매매, 매려買戾, 교환, 소비대차, 사용대

31 이사벨라 버드 비숍 지음, 이인화 옮김(1994), 『한국과 그 이웃나라들』, 살림, 389쪽.

차, 임대차, 고용, 청부, 위임, 기탁, 조합, 종신정기금, 화해 등이 있었다. 그리고 채권의 소멸은 변제, 상쇄, 경개更改, 면제, 혼동의 방식에 의하였다.

민법이 취급하지 않은 무체 재산권이 성립하는 것은 1910년 8월에 공포된 '특허법 등을 조선에 시행하는 건'에 의해서였다. 동 법령은 일본의 특허법, 의장법, 실용신안법, 상표법, 저작권법을 조선에도 시행한다고 공포하였다. 이후 1921년에 개정된 특허법은 특허의 존속기간을 15년으로 정했으며, 특허 취득 후 3년 동안 계속 실시하지 않으면 그 권리를 취소할 수 있게 하였다. 1921년에 개정된 의장법은 물품의 형상·모양·색채 혹은 그 결합에 관계된 신규 공업적 고안으로서 의장을 배타적, 독점적으로 이용할 수 있는 권리를 등록하게 하고 그 존속기간을 10년으로 정하였다. 1921년에 개정된 상표법은 자기가 생산, 제조, 가공, 판매하는 상품을 표창하기 위해 상표를 전용專用하려고 할 경우 이를 등록할 수 있으며, 그 유효기간은 20년이라고 정하였다. 상표권은 여타의 무체 재산권처럼 이전이 가능했으며, 상표권자가 영업을 폐지할 경우에 자동으로 소멸하였다.

사유재산제도의 성립은 오늘날의 신제도학파新制度學派 경제학이 강조하고 있듯이 자본주의 시장경제체제의 성립에 있어서 가장 중요한 토대를 이룬다. 사유재산권의 성립은 거래의 불확실성에 기인하는 거래비용을 절감함으로써 거래의 대규모화, 장기화, 신용화를 촉진하고 새로운 기술혁신을 위한 투자를 유발한다. 법률에 의한 재산권의 엄밀한 정의와 다양한 속성의 구분은 자본의 결합, 유동, 축적을 촉진한다. 그러한 재산권 제도가 일정日政 초기에 민법과 기타 단행법의 의용에 따라 일본으로부터 고스란히 이식되었다. 그것은 일본인 지주와 자본가의 재산권을 보호하려는 직접적인 목적에서 시작되었지만, 법제의 보편주의에 따라 조선인도 그 혜택에서 배제되지 않았다. 그 토대 위에서 조선인도 참가하는 근대적近代的 경제성장經濟成長이 개시되었다.

호주제 가족의 출현

민법은 개인과 국가 사이에 천연의 혈연공동체로서 가족家族이 개재함을 전제한다. 민법이 인간을 사권의 주체로 법인함에 있어서 그 인간은 현실적으로 가족의 일원이다. 민법의 세계에서 인간은 가족의 일원으로서 자유롭고 평등한 존재이다. 그러한 전제에서 민법은 가족 내에서의 개인의 지위, 곧 가장家長과 가족 성원의 관계와 각각의 권리·의무를 규정한다. 1912년에 반포된 조선민사령은 가족에 대해 "호주戶主의 친족으로서 그 가家에 있는 자 및 그 배우자는 이를 가족으로 한다"고 정의하였다. 친족의 범위는 호주의 직계 존속 및 비속과 그 배우자, 방계친과 그 배우자로서 한계가 없었다. 다시 말해 가족은 호적상의 호戶, 곧 호주의 가家에 속한 혈연 친족집단을 가리켰다.

호주, 곧 가장은 가족 성원의 부양을 책임짐과 동시에 그 구성과 지위의 변동을 결정할 권리를 보유하였다. 가족 성원의 출생, 사망, 결혼, 이혼, 입양, 파양, 분가, 일가창립, 부적附籍, 이거, 개명과 같은 변동 사항은 호주의 동의와 신고를 통해서야 법적 효력을 발생하였다. 가족은 호주의 의사에 반하여 그 주거를 정할 수 없었다. 가장은 처의 재산을 관리할 권리를 가지며, 누구의 재산인지 불명확한 가족의 재산은 가장에게 귀속되었다. 민법의 세계에서 가족은 이 같은 호주의 가부장적 권리가 그의 상속자에게 승계되는 법적 단위로 존재하였다. 호에는 그의 법률적 주소로서 본적이 부대하였다. 본적의 공유는 가족 성립의 본질적 요건의 하나였다. 같은 가옥에 살더라도 본적을 공유하지 않으면 가족이라 할 수 없으며, 멀리 떨어져 살아도 본적을 공유하면 어김없는 가족이었다. 이처럼 민법상의 가족은 특정 주소에 등록되어 특정 호주의 통할하에 있는, 구체적인 생활 과정과는 괴리될 수도 있는, 추상화된 혈연공동체를 의미하였다.[32]

---

32 『新民法戶籍法』(1898), 積善館. 孫炳圭(2007), 「民籍法의 '戶' 규정과 변화 — 일본의 明治戶籍法 시행경험과 '朝鮮慣習'에 대한 이해로부터 —」, 『大東文化硏究』 57, 108쪽에서 재인용.

이 같은 가족의 개념이나 상응하는 실체는 19세기까지의 조선시대에는 존재하지 않았다. 우선 가족이라는 말 자체가 없었다. 가족이라는 단어는 민법과 함께 일본에서 유입되었다.[33] 조선시대에 가족에 상응하는 호칭으로서는 가권家眷, 가솔家率, 식구食口, 식솔食率 등이 있었다. 그렇지만 그것들의 실체는 민법이 상정하는 천연의 혈연공동체로서 가족과 상이하였다. 조선시대의 호도 마찬가지이다. 일반적으로 조선시대의 호라 하면 왕조의 인신지배체제에 편입된 백성의 존재형태를 말하였다. 호는 왕조에 대한 역役의 기초 단위임에 그 실체적 의미가 있었다. 호에 속한 성인 남자로서 역을 부여받지 않은 사람은 없었다. 조선왕조가 3년마다 호적을 작성한 것은 역을 부담할 인적 자원을 조사하고 그들을 역의 징수에 적합한 형태로 편성하기 위해서였다. 그 점에서 조선시대의 호는 자유인의 혈연공동체로 상정되는 민법상의 가족과 결정적으로 상이하였다.

조선시대의 호적은 모든 인구를 등록하지 않았다. 역을 부담할 수 없는 빈한한 처지의 세대는 호적에서 누락되었다. 실재한 세대의 대략 30~40%가 그러하였다. 그들은 노비奴婢, 고공雇工, 협인挾人과 같은 예속신분의 인구로서 그들을 비호하고 사역하는 양반신분이나 부유한 상민신분의 호에 부속하거나 그에 은닉하였다. 제6장에서 설명한 대로 후자를 가리켜 주호主戶, 전자를 가리켜 협호挾戶라 하였다. 조선시대의 호는 주호-협호 관계를 구조로 하였다. 이렇게 비혈연 인구를 포섭했다는 점에서 조선시대의 호는 민법이 상정하는 천연의 혈연공동체인 가족과 상이하였다.

17~18세기에 걸쳐 소농경제가 성숙했으며, 자립적 소농의 범주가 확충되었다. 그에 따라 전국의 호총도 크게 증가하였다. 노비 등의 예속인구가 줄고, 상당수의 협호가 주호로 승격하였다. 그럼에도 불구하고 주호-

33 정긍식(2008), 「한국의 호주제도에 대한 역사적 성찰」, 『식민주의의 정치적 유산』 (서울대학교 역사연구소 국제학술대회발표논문집), 207쪽.

협호의 관계로 짜인 호의 구조는 끝까지 불식되지 않았다. 생산력과 시장의 제약으로 소농 자립의 전반적 수준에는 어쩔 수 없는 한계가 있었다. 제7장에서 소개한 대로 대한제국기에 작성된 충청남도 7개 군의 양안에서 가대家垈의 약 1/3은 협호의 범주에 속하였다.

1907년 한국의 내정을 장악한 통감부는 경찰과 헌병을 동원하여 전국의 인구를 조사하기 시작하였다. 그 결과 1904년 141만 호와 592만 명에 불과하던 전국의 호구戶口가 1909년에 274만 호와 1,293만 명으로 대폭 증가하였다. 주호에 포섭된 협호를 포함하여 호적에 누락된 인구 모두가 세밀하게 조사된 결과였다. 연후에 통감부는 민적법民籍法을 공포하여 조선왕조의 호적과 상이한 형식의 민적을 작성하기 시작하였다. 민적의 양식은 일본 호적에 준하였는데, 본관本貫 칸을 설정하는 등 반드시 같지 않았다. 민적에는 모든 인구가 남김없이 등록되었다. 인간이면 누구나 국가적 공부公簿에 등록되어야 함은 마치 모든 형태의 재산권이 국가가 관리하는 등기부에 등록되어야 함과 동일한 원리였다. 민적상의 모든 인간은 그 사회적 지위와 무관하게 오로지 그의 이름, 출생연도, 가족관계, 본적만으로 평등하게 추상화된 존재였다. 바로 그 과정에서 앞서 설명한 바와 같은, 일체의 인신지배와 신분 차별로부터 해방된 인간 범주와 그들의 천연의 혈연공동체로서 가족이 탄생하였다.

〈그림 8-1〉은 경상북도 예천군 용문면 하학동下鶴洞에서 1910년을 전후하여 작성된 민적의 일례이다. 민적은 본적, 전 호주, 호주의 성명·부모·생년월일·본관, 호주가 된 원인과 연월일, 가족 성원의 성명·부모·본관·신위身位, 신위 변동의 사유로 이루어져 있다. 신위는 호주와의 관계를 말하였다. 모든 연도가 덴포天保, 메이지明治와 같은 일본 연호로 표기되어 조선인이 일본 황제의 신민이 된 상태를 잘 보여 주고 있다. 제5장에서 소개한 1606년 경상도 산음현의 호적과 제7장에서 소개한 1904년 경상남도 단성군의 호적과 대조할 때 민적은 다음과 같은 몇 가지 차별적 특징

【그림 8-1】 경상북도 예천군 용문면 하학동의 민적

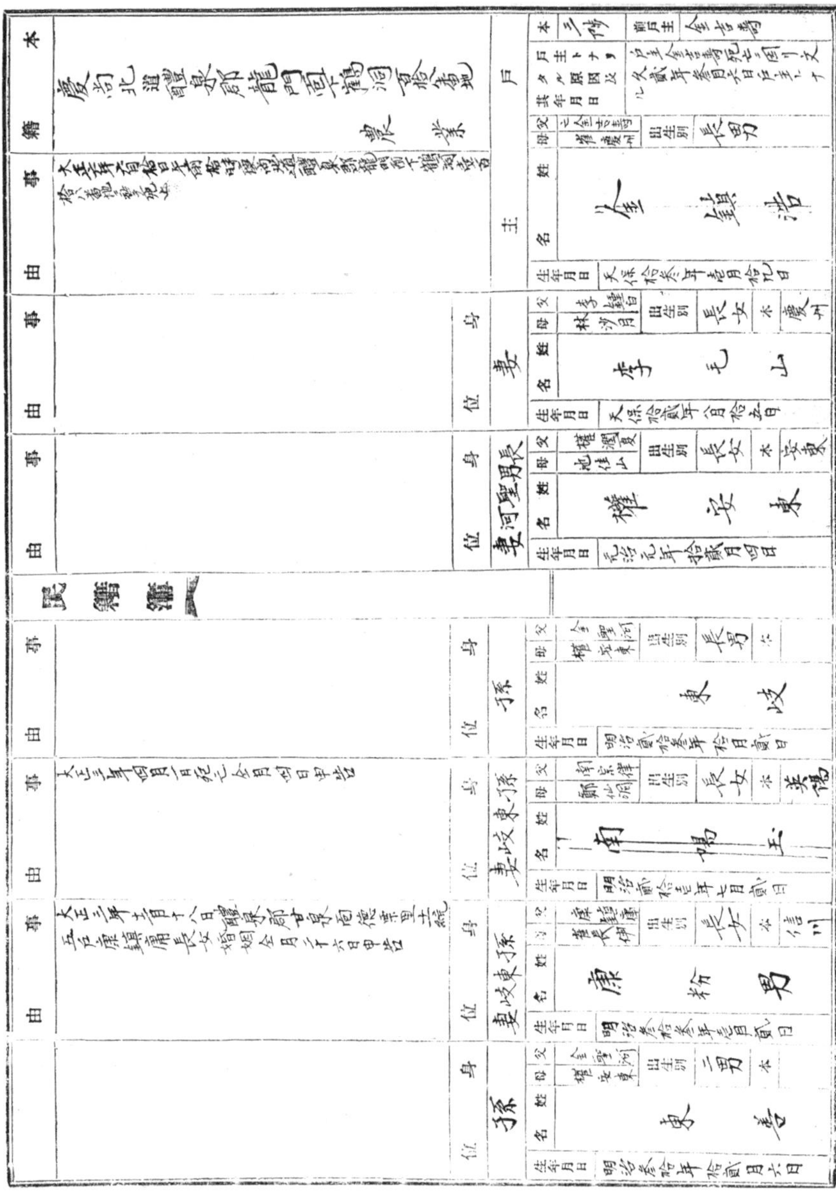

출처: 경상북도 예천군 용문면사무소.

을 보인다.

첫째, 모든 여성이 이름을 갖게 되었다. 1606년 호적에서 호주의 처는 배소사裵召史인데, 召史는 향음으로 '조이'이다. 조이는 이름이 아니고 상민신분의 여인에 붙는 상투적 표기이다. 1904년 호적에서 여성은 성姓 또는 씨氏만으로 표기되었다. 씨는 여성의 신분이 양반임을 나타낸다. 이처럼 조선시대의 호적에서 여성의 이름은 없었다. 실제 생활에서는 있기도 했지만 호적에 등록되지 않았다. 여성은 사회적으로 공인된 인격이 아니었다. 그런데 민적에서는 달랐다. 민법의 취지에 따라 여성도 자유인으로서 사회적 인격으로 공인되었다. 남성과 마찬가지로 모든 여성에는 이름이 붙었다. 민적의 작성은 여성 해방의 첫걸음이었다. 둘째, 1904년까지도 남아 있던 4조祖 세계世系의 추심이 사라졌다. 그것이 상징한 양천良賤 신분의 판별이 드디어 소멸한 것이다. 셋째, 모든 인간이 동일한 형식과 내용으로 등록되었다. 1904년 호적의 경우 호에 부속한 기구寄口와 고용雇傭은 몇 명이라는 숫자로만 표기되었다. 신원身元이 등록되지 않았기 때문에 엄밀히 말해 그들은 국가의 공민公民이 아니었다. 그러한 사적 예속민이 민적의 세계에서는 소멸하였다.

넷째, 1606년 호적에서는 물론, 1904년 호적에까지도 남아 있던 역 또는 직업의 표기가 사라졌다. 그것은 신분 차별의 상징이었다. 그에 반해 민적에 등록된 인간은 천연의 혈연공동체인 가족의 일원으로서 호주와의 관계에서만 그 지위가 규정되는 존재였다. 위의 예에서 본적 칸에 '農業'이라는 직업 표기가 이루어진 것에 대해 잠시 설명해 둘 필요가 있다. 이는 민적을 최초로 작성할 당시에 다른 목적으로 호주의 직업을 더불어 조사한 결과이다. 다른 지방의 민적에서는 민적 양식의 테두리 밖에 호주의 직업을 적기도 하였다. 이후 호주의 변경에 따라 새로운 민적이 작성될 때 이 같은 직업 표기는 사라졌다. 다시 말해 직업의 표기는 민적을 구성하는 본래의 요소가 아니었다.

앞의 예에서 가족은 호주 부처夫妻 2명, 자부子婦 1명, 손孫 2명, 손부孫婦 1명으로 이루어져 있다. 호주 부처의 자子는 이미 사망하였다. 변경 칸을 보면 다이쇼大正 3년(1914년) 4월 장손長孫의 부婦가 사망하고 그해 12월 새로운 손부가 혼인을 통해 가족 성원이 되었다. 1917년 6월에는 호주 김진호金鎭浩가 사망하였다. 그에 따라 그를 호주로 한 민적이 민적부民籍簿에서 제외되어 제적부除籍簿라는 공부로 옮겨졌다. 그리고선 장손을 호주로 하는 새로운 민적이 작성되었다. 그와 더불어 새로운 호의 역사가 개시되었다. 그러니까 〈그림 8-1〉의 자료는 경상북도 예천군 용문면사무소에 보관 중인 제적부에 철해져 있는 것이다. 이 같은 민적의 작성과 관리체계는 민법의 제정으로 성립한 호주제戶主制 가족이 형성, 확장, 해체하는 과정을 잘 드러내고 있다.

제4시대의 개막

한국인의 역사에서 국가 또는 사회 구성의 기초 단위로서 인간의 존재형태는 시대에 따라 같지 않았다. 그 점을 밝히고자 했음이 이 책에서 행해진 나의 3천 년 이상에 걸친 시간여행의 가장 중요한 과제이다. 제1시대(기원전 3세기~기원후 7세기)에 걸쳐서는 소비생활의 단위로서 연烟이라 불린 소규모 세대가 출현하지만 실제 국가구성의 기초 단위로 역할을 한 것은 50세대 전후의 취락이었다. 제2시대(8~14세기)에 들어서는 8세대와 8결의 토지가 결합한 정호丁戶라 불린 세대복합체가 국가구성의 기초 단위로 제도화되었다. 제3시대(15~19세기)에 있어서 국가구성의 기초 단위는 호戶로 바뀌었다. 정호에서 호로의 이행은 인구와 토지의 결합 구조가 해체되는 과정이었다. 호는 순전한 인적 구성으로서 단위 세대이거나 복수 세대의 결합이었다. 그 호가 20세기에 들어서 전항에서 설명한 호주제 가족으로 바뀌었다. 그와 더불어 한국사의 마지막 단계라 할 제4시대로서 근대 또는 현대modern age가 열렸다.

새로운 시대의 지표로서 호주제 가족은 일정기는 물론 이후의 대한민국기까지 개개 인간들의 사회적 삶에 있어서 다른 어느 것보다 심대한 영향을 미쳤다. 그럼에도 종래 연구자들은 그에 관해 큰 관심을 두지 않았다. 대부분의 연구자들은 일정기에 세계사적 범주로서 근대가 제도적으로 이식되었다는 관점을 거부하였다. 그들이 보기에 총독부가 시행한 일체의 행정은 조선인의 수탈과 말살을 위한 것 이상이 아니었다. 결과적으로 한국사에서 근대는 언제, 어떻게 성립하였나, 한국인은 언제부터 사적 자치의 주체로서 근대적 인간으로 바뀌었나라는 질문은 봉쇄되었다. 이 점은 오늘날 한국의 역사학과 사회과학이 사회·경제·문화의 현실에 대해 어떠한 설명력도 갖지 못하게 된 가장 심각한 장애로 작용해 왔다.

다른 한 가지 원인이 있다면, 호주제 가족의 성립 과정이 매우 완만하고 연속적이었다는 점이다. 그로 인해 많은 연구자들은 호주제 가족과 그에 상응하는 인간의 존재형태는 오래전부터 있어 온 것으로 착각하였다. 그 점은 오해이지만, 전후사정은 오해를 부를 만하였다. 제7장에서 설명한 대로 조선왕조의 인신지배체제와 신분 차별은 19세기 후반에 이르러 사실상 해체되었다. 대한제국기의 호적은 그 약간의 잔재를 보일 뿐이었다. 한국인이 사적 자치의 주체로서 성립한 것은 민법의 제정이라는 제도적 변혁을 통해서만은 아니었다. 오래전부터 인간을 역과 신분의 지배로부터 해방시켜온 전사前史가 있기에 가능한 일이었다. 한국인이 일본식의 호주제 가족이 도입될 때 저항하지 않고 오히려 쉽게 적응한 것은 한국인의 전통적 가족제 가운데 호주제와 친밀한 요소가 있었기 때문이다. 그것은 적장자嫡長子에게 그 권리가 계승되는 제사祭祀 관행이었다.

제6장에서 설명한 바이지만, 17~19세기에 걸쳐 재산상속은 장자우대의 분할상속에 의하였다. 장자를 우대한 것은 그가 제사의 권리와 의무를 계승하기 때문이었다. 적장자로 이어지는 제사의 봉행은 가계의 존속을 상징하였다. 제사의 상속을 통한 가계의 보존은 그에 속한 구성원이

양반신분임을 의미하였다. 가계의 존속이 4대에 걸치면 이를 종宗이라 하였다. 종은 4대조代祖를 공유하는 혈연집단을 문중門中으로 결속하였다. 종의 보존과 문중의 결속은 양반신분의 다른 무엇보다 뚜렷한 상징이었다. 반면 상민신분에게는 적장자로 이어진 제사의 상속과 문중의 결속이 없었다. 상민신분의 가에서 제사는 1~2대 부조父祖의 혼령을 위로하는 종교적 의미에 그쳤다. 제사의 상속을 통한 종의 창출과 문중의 결성은 사회경제적 지위를 상승시키기 위해 17~19세기의 한국인들이 그의 모든 정력을 다해 추구한 제1의 행동전략이었다.

1910년대의 한국인이 일본식의 호주제 가족이 도입될 때 그에 저항하지 않은 것은 호주戶主의 상속과 제사의 상속을 동일한 것으로 간주하였기 때문이다. 다시 말해 호주제 가족은 외래의 제도가 조선의 관습에 편입되면서 새롭게 형성된 제도라 할 수 있다.[34] 그렇게 성립한 호주제 가족은 이후 제사상속의 관습을 넘는 포괄적인 범위에서 한국인의 사회생활과 문화에 깊은 영향을 미쳤다. 두드러진 변화는 가족형태에서부터 나타났다. 제6장에서 설명한 대로 17세기 이래 상속제의 변화에 따라 부모와 적장자 부부의 결합으로 이루어진 직계가족直系家族이 확산되었다. 그렇지만 19세기 말까지 그 보급에는 한계가 있었다. 오랜 전통에 따라 부父와 적장자가 별도의 세대로 분리된 경우가 적지 않았다. 그런데 1910년을 전후한 민적의 작성과 1912년 민사령의 공포를 계기로 그때까지 별거해 온 부父와 자子의 세대가 하나로 합쳐지고 있었다.[35] 한국인 스스로 호주제의 의의를 수용하고 실천하였던 셈이다. 직계가족은 점차 한국인의 완성된 가족형태를 상징하게 되었다.

가족제의 변화는 점진적이었다. 민적 작성의 초기에는 구래의 빈한한

34 이승일(2008), 『조선총독부 법제 정책—일제의 식민지통치와 조선민사령—』, 238쪽.

35 孫炳圭(2006), 「한말·일제초 제주 하모리의 호구파악—光武戶籍과 民籍簿 비교 분석—」, 『大東文化硏究』 54, 20~21쪽.

협호들이 주호의 민적에 그대로 부적한 경우가 많았다.[36] 시간이 흐름에 따라 그들은 일가一家를 창립하여 독자의 호로 자립하였다. 가족제에 있어서 본격적인 변화는 1920년대부터이다. 전술한 대로 1921년에 조선민사령이 개정되어 그동안 관습에 위임되었던 조선인의 능력, 친족, 상속의 영역으로 민법의 의용이 확대되었다. 1922년에는 새로운 호적령戶籍令이 공포되었다. 그에 따라 일본의 가족제가 사실상 그대로 조선에 이식되었다. 민적이 작성되고 민법이 공포된 이래 10여 년간 한국인은 민법의 질서를 이해하고 그에 적응하였다. 협호 예속인은 사라지고, 여성은 해방되었다. 인간들은 사회적으로 평등해졌다. 그런 가운데 호주제 가족의 질서는 마치 오래전부터 있어 온 제 전통인양 하등의 마찰 없이 급속히 확산되었다.

그렇지만 그 구체적인 양태는 역설적이게도 호주제의 고향인 일본과 상이하였다. 일본에서와 달리 차남 이하는 결혼 이후에도 부를 호주로 하는 호의 구성원으로 머무는 경우가 일반적이었다. 현실적으로는 결혼과 더불어 부모 세대로부터 분리되어 가까운 곳으로 분가함이 보통이지만, 법적으로 분호分戶를 하지 않은 채 대가족大家族 상태를 유지하였다. 이 같은 상태는 부父가 사망하고 형兄이 호주를 승계한 후에도 한동안 이어졌다. 그사이 호는 20~30명의 대가족으로 부풀어 오를 수 있었다. 차남 이하가 분호를 행하여 독자의 호주가 되는 것은 부 사망 이후에도 수 년 뒤의 일이었다.[37]

호주제 가족은 이 같은 새로운 관행과 문화를 창출하였다. 그것은 제사의 상속, 종의 창출, 문중의 결속이라는 이전부터의 추세를 잇는 현상이었다. 새롭긴 하지만 연속적인 현상이었다. 그에 따라 동성同姓 친족집단이 널리 확산되었다. 구래의 양반신분에 국한된 현상만은 아니었다. 구

36 孫炳圭(2006),「한말·일제초 제주 하모리의 호구파악—光武戶籍과 民籍簿 비교 분석—」,『大東文化硏究』54, 16~19·23~25쪽.

37 이영훈(2015),「20세기 전반 彥陽의 小農社會」,『經濟論集』54-1, 서울대학교 경제연구소, 163~167쪽.

래의 상민신분도 그러한 추세에 동참하였다. 새롭게 작성된 민적은 호의 구성원에게 그들의 조상이 누구인지를 명시하였다. 상민신분에게 민적은 양반가의 족보族譜와 같은 기능을 하였다. 그리하여 구래의 양반과 상민을 물론하고 집집마다 4조를 제사하는 새로운 생활문화가 널리 확산되었다. 호주제 가족은 가가家家의 호주권과 제사의례를 매개로 정착하였다.[38] 그와 더불어 구래의 상민신분은 종의 창출과 문중의 결성을 통해 공식의 영역에서는 이미 사라진 양반신분을 추구하였다. 이렇게 근대는 전통을 부정하는 것이 아니라 전통에 업혀 이식되었다. 그 과정에서 전통은 소멸되지 않고 근대에 적합한 형태로 스스로를 재편성하였다. 제4시대에 걸친 근대화近代化의 역사는 근대와 전통이 상호 규정하는 복선複線의 전환과정이었다.

3. 토지

토지조사사업의 준비

1910년 8월, 대한제국을 병합한 직후, 총독부는 토지조사법土地調査法을 공포하였다. 그로부터 이후 8년간 전국의 토지를 대상으로 그 소유자, 가격, 면적 등을 조사하는 토지조사사업土地調査事業이 실시되었다. 동 사업은 일제가 그의 새로운 영토를 지배함에 있어서 '일반 시정施政의 근간'을 이루는 것으로 중시되었다.[39] 토지조사법의 공포에도 불구하고 토지조사사업은 곧바로 착수되지 못하였다. 무엇보다 토지재산권에 관한 실체 법규로서 민법이 아직 제정되지 않은 상태였다.

전국의 토지를 조사하려는 방침은 보호국기부터 논의되어 왔으며, 조금

38 홍양희(2005), 「植民地時期 戶籍制度와 家族制度의 變容」, 『史學硏究』 79, 200쪽.

39 朝鮮總督府臨時土地調査局(1918), 『朝鮮土地調査事業報告書』, 1쪽.

씩 준비가 진척되어 왔다. 1907년 통감부 산하의 부동산법조사회不動産法調査會와 법전조사국法典調査局이 조선의 토지제도에 대한 조사에 착수하였다. 일본인 학자와 관리들은 일반 인민의 토지에 대한 사적 소유권이 새삼스레 의심할 필요도 없이 광범히 성립해 있다는 결론에 도달하였다. 구래의 병작竝作, 곧 지주-소작관계에 있어서 소작농의 토지에 대한 물권적 권리는 성립해 있지 않은 것으로 조사되었다. 다시 말해 지주의 소유권을 그대로 법인해도 민사상의 문제는 발생하지 않을 것으로 판단되었다. 조선의 토지제도에서 가장 큰 문제는 사적 소유권의 일반적 성립에도 불구하고 그것을 공적으로 증빙할 제도와 공부公簿가 갖추어져 있지 않다는 점이었다.[40] 그들이 내린 이 같은 결론은 당시 토지제도의 실태와 모순에 관해 정곡을 찔렀다고 보인다.

조선왕조의 초창기에는 전국의 토지를 국유 또는 왕유로 간주하는 이념을 바탕으로 한 토지제도가 강건하게 운영되었다. 17세기 이래 그러한 이념과 제도는 현저하게 해체되었다. 경지는 아무런 제약 없이 자유롭게 매매되었으며, 그 소유자를 가리켜 전주田主 또는 답주畓主라 하였다. 17세기 후반부터는 양안量案에서조차 토지의 소유자는 주主라고 표기되었다. 그렇지만 소유자를 등록하고 증빙하는 제도는 마련되지 않았다. 실소유자가 바뀌어도 양안상의 전주와 답주는 교체되지 않았으며, 이에 양안은 소유권을 증명하는 공부로서 기능하지 않았다. 토지소유권을 입증하는 것은 민간에서 작성된 상속문기와 매매문기였다. 이들 문기文記는 원래 관청에 신고하여 입안立案이라는 증명을 받아야 했지만, 그 또한 오래 전부터 지켜지지 않았다.

민간의 관습에서 문기는 그 증명 능력을 인정받았지만 어디까지나 사사롭게 작성된 문서이기 때문에 제3자에 대해 확실한 대항력을 가질 수 없

40 宮嶋博史(1991),『朝鮮土地調査事業史の硏究』, 東京大學 東洋文化硏究所, 360~387쪽.

었다. 문기는 위조될 수 있었으며, 또 타인의 문기를 훔친 것일 수도 있었다. 그에 따라 민간에서는 크고 작은 소유권 분쟁이 끊이지 않았다. 그에 대처하여 대한제국은 전국적인 양전의 시행과 더불어 지계地契라는 증명서를 소유자에 발급하고자 하였다. 그렇지만 제7장에서 지적한 대로 체계적인 행정이 뒤따르지 않았을 뿐 아니라, 토지에 대한 백성의 소유권을 법인하려는 황제권력의 의지도 불투명하여 결국 실패하고 말았다. 이후 통감부는 일본인과 외국인이 조선에서 취득한 토지와 건물에 대한 소유권을 증명할 목적에서 토지가옥소유권증명규칙土地家屋所有權證明規則 등의 여러 법률을 공포하였다. 그렇지만 소유권의 권원權原을 이루는 문기에 위와 같은 근본적인 한계가 있었다. 일본인 사회로부터 제기된 이같은 문제점은 토지소유권에 대한 발본적인 조사로서 토지조사사업을 요구하였다.

토지조사사업을 준비해 온 다른 하나의 경로는 징세제도의 개혁이었다. 통감부는 징세과정을 장악하기 위해 1907년부터 결수신고서結數申告書 또는 결수연명부結數連名簿라는 새로운 징세대장을 만들기 시작하였다. 그에 따라 토지의 소유자는 매년 토지가 소재한 면面에 토지의 자호, 지번, 면적(두락), 결부, 주소 등을 신고해야 하였다. 결수연명부는 1911년까지 토지에 관한 온갖 정보를 담은 실질적 공부로서의 권위를 지니게 되었다. 1912년 4월 조선부동산증명령朝鮮不動産證明令이 시행될 수 있었던 것은 토지소유권의 권원부權原簿로서 결수연명부가 만들어져 있었기 때문이다. 그렇지만 결수연명부는 토지공부로서 몇 가지 중대한 결함을 안고 있었다. 1908년 소작인이 납세해 온 관행이 부정되고 지주 납세의 원칙이 정해졌다. 그렇지만 이후에도 지주가 소작인이나 마름[舍音]을 통해 납세하는 관행은 쉽게 불식되지 않았다. 1911년에도 결수연명부에 등록된 사람의 20%가 소작인이나 마름인 것으로 추정되었다. 또 다른 문제점은 구舊 양안상의 자호, 지번, 결부로는 토지의 객관적 위치와 면적을 정확히 파악하기 힘들다는 것이었다. 이상과 같은 문제점은 결국 토지조사

사업에 의한 토지대장의 작성을 기다려 해결될 수밖에 없었다.[41]

역둔토조사와 혼탈입지처분

1907년 헤이그 밀사사건을 계기로 고종 황제가 퇴위하였다. 이를 계기로 통감부는 그동안 미루어 온 황실재정의 개혁에 착수하였다. 그에 따라 황실의 소비생활과 제사를 맡아 온 15개 궁방宮房이 폐지되었다. 황실이 궁방을 통해 소유한 토지, 곧 궁방전은 국유지로 편입되었다. 궁방에 소속한 약 2,000명의 환관宦官·나인內人·숙수熟手·가자군架子軍은 약간의 보상과 더불어 해고되었다. 궁방이 시중 상인에 지고 있던 오래된 채무도 정리되었다. 궁방과 더불어 황실재정의 다른 한 축을 이룬 내장원內藏院도 폐지되었다. 1899년 내장원이 탁지부로부터 강제로 이관받아 관리해 온 역토驛土와 둔토屯土도 국유지로 돌려졌다. 황실의 소유지로 남은 것은 궁전·태묘太廟의 기지와 능陵·원園·묘墓의 부속 토지에 불과하였다. 황실재정은 정부재정의 일부로 편성되어 운영되었다. 이 같은 황실재정의 개혁은 1904년 전환국의 폐쇄에 이어 대한제국의 가산제적家產制的 특질을 해체하였다. 국유지로 편입된 궁방전, 역토, 둔토는 이후 역둔토驛屯土로 칭해졌다. 국유 역둔토의 창출은 나머지 모든 토지는 민유지로서 인민의 사유임을 의미하였으며, 그것은 이후 실시되는 토지조사사업의 대전제를 이루었다.[42] 그와 더불어 조선왕조의 백성 지배를 정당화해 온 왕토주의王土主義의 이념과 제도가 최종적으로 부정되었다.

통감부는 1909~1910년 역둔토에 대해 그 위치, 지목, 면적, 소작농을 조사하는 작업을 벌였다. 통감부는 역둔토로부터 지대를 수취하여 재정수입에 보태는 가운데 장차 역둔토를 동양척식주식회사東洋拓殖株式會社와 일본 이민에게 불하하여 일본인의 이주를 장려하고자 하였다. 그렇지

41 宮嶋博史(1991), 『朝鮮土地調査事業史の硏究』, 317~332·449~469쪽

42 宮嶋博史(1991), 『朝鮮土地調査事業史の硏究』, 349쪽.

만 이 같은 정책은 역둔토 농민의 강력한 저항에 부딪혔다. 농민들은 역둔토가 국유지가 아니라 원래 그들의 사유지라고 주장하였다. 전국적으로 약 12만 정보의 역둔토 가운데 2만 정보의 농민들이 통감부의 조사를 거부하였다. 통감부는 관헌을 동원하여 측량을 강행하였지만, 전라북도·전라남도·황해도 45개 면의 513개 동리에서는 주민의 완강한 저항으로 1912년까지 측량이 불가능한 실정이었다. 강제로 측량이 이루어진 역둔토에서도 분쟁의 소지는 여전하였다.

분쟁이 제기된 역둔토는 주로 이전의 궁방전과 둔토였다. 17세기에 생겨난 궁방전 가운데는 형식은 유토有土로서 궁방의 소유이지만 내용은 농민의 사실상 소유지로서 낮은 수준의 지대를 궁방에 납부해 온 것들이 많았다. 이들 사실상의 민유지인 궁방전은 1894년 갑오경장 당시에 제2종 유토로 범주화되었다. 제2종 유토는 그 애매한 소유구조가 정리될 기회도 없이 1907년에 궁방전이 폐기됨에 따라 국유지로 접수되었다. 개략적인 추계에 따르면 국유지로 접수된 궁방전의 66%가 이 같은 범주에 해당하였다.[43] 둔토에도 처음부터 사실상의 민유지로서 제2종 유토가 적지 않았다. 1899년 내장원은 새롭게 확보한 둔토에 대해 면적과 작인을 조사하고 지대를 인상하는 조치를 취하였다(광무사검光武査檢). 당시 상당수의 둔토에서 저항이 일었지만 황제권력의 강압으로 모두 진압되었으며, 그 상태 그대로 1907년에 국유지로 편입되었다.

당초 통감부는 황실 소유의 역둔토를 국유지로 편입함에 있어서 이 같은 분쟁의 가능성과 그 역사적 배경을 이해하지 못하였다. 총독부의 관리들이 국유지의 상당 부분이 농민들이 상속하거나 매득한 사실상의 민유지라는 인식에 도달하는 것은 예상치 못한 저항에 부딪히면서였다. 1911년 4월 총독부는 사실상의 민유지인 증거가 명확한 국유지에 대해

43 金載昊(1997), 「韓末 宮房田의 地代—『國有地調査書抄』의 分析—」, 金鴻植 외, 『조선토지조사사업의 연구』, 민음사, 291~296쪽.

도장관道長官의 재량으로 그 토지를 소유자에게 지급하는 조치를 취하였다(혼탈입지처분混奪入地處分). 그 결과 1914년 3월까지 대략 5만 8,000여 정보의 토지가 민유지로 처분되었다.[44]

전술한 대로 토지조사사업의 시행이 공식화한 것은 1910년 8월 토지조사법의 공포에 의해서였다. 그렇지만 이후 동 사업은 준비 부족과 주요 방침이 미확정인 가운데 시행착오를 겪어야 하였다. 무엇보다 국유지에서 벌어지고 있는 소유권분쟁에 대한 대책이 시급하였다. 이에 총독부는 위와 같은 혼탈입지처분을 통해 국유지에서의 분쟁을 어느 정도 무마하고 나서 전술한 대로 1912년 3월에 토지재산권에 관한 실체 법규로서 민법이 반포되는 것을 기다려, 1912년 8월에야 토지조사령土地調査令의 공포와 더불어 토지조사사업에 본격적으로 착수하였다.

지방행정제도의 정비

병합 직후 총독부는 지방행정제도를 정비하기 시작하였다. 종래 지방행정의 단위로서 군郡, 면面, 동리洞里는 그 수가 지나치게 많아 행정의 효율성이 떨어졌다. 중앙정부가 파견한 관리는 군에 그쳤다. 면과 동리의 책임자는 관리가 아닐 뿐더러 그 권한이 애매하였다. 또한 군, 면, 동리 간에는 경계가 명확하지 않았다. 총독부는 1914~1918년에 걸쳐 군, 면, 동리를 통폐합하였다. 군의 표준은 인구 10만 명에 면적 40방리方里로, 면의 표준은 800호에 면적 4방리였다. 기준에 미달하는 군과 면은 인근 군·면에 통합되었다. 그 결과 종래의 317개 군이 220개 군으로, 종래의 4,336개 면이 2,522개 면으로 통폐합되었다. 동리의 수도 1912년의 6만 2,532개에서 1917년의 2만 7,713개로 통폐합되었다. 지방행정 구역의 재편은 1912년 이래 본격화한 토지조사사업의 진행과정과 궤를 같이하였

44 李榮薰(1997), 「土地調査事業의 收奪性 再檢討」, 『조선토지조사사업의 연구』, 516~523쪽.

다. 토지에 대한 세부 측량이 이루어짐에 따라 행정구역을 합리적으로 재편할 인구, 경지, 산천, 도로 등의 지표가 명확해졌기 때문이다.

조선왕조 시대에 걸쳐 군, 면, 동리 간의 경계는 애매하였다. 어느 군에 소속한 면이 다른 군의 영역 내에 놓인 월경지越境地의 수가 1906년에 전국적으로 146개 면이나 되었다. 월경지의 기원은 한국사 제2시대까지 올라간다. 어느 군현에 속한 인구집단의 일부가 다른 군현으로 이주, 정착해도 여전히 원래 군현의 지배를 받은 데서 월경지가 생겨났다. 15세기 초 조선왕조는 월경지의 상당수를 정리했지만, 다 없어지지 않고 그대로 존속하였다. 1906년 대한제국은 월경지를 소재 군에 편입하는 조치를 취하지만, 그에 대한 조사가 불충분하여 47개 면이 1914년 최종 해소될 때까지 월경지로 남았다.[45] 월경지는 면과 면 간에도, 리와 리 간에도 있었는데, 그것들 역시 1917년까지 모두 해소되었다.

지방행정단위가 통폐합되고 월경지가 해소되는 과정에서 군, 면, 동리 간의 경계가 명확해졌다. 총독부의 토지조사사업은 조선왕조의 양전과 달리 답, 전, 대지, 임야, 도로, 구거溝渠, 유지溜池, 하천, 제방, 분묘, 잡종지 등 모든 종류의 토지를 그 대상으로 하였다. 모든 종류의 토지에는 필지별로 주소와 지번이 부여되었다. 주소와 지번이 부여되지 않은 토지는 아무리 심심산중과 절해고도일지라도 한 필지도 있을 수 없었다. 이로써 모든 종류의 토지자원을 대상으로 한 근대적인 행정체제가 정비되었다.

총독부는 면을 지방행정의 단위로 육성하였다. 각 면에는 면장이 책임자로 두어졌다. 면장은 도장관이 임면하며, 판임관判任官의 지위를 부여받았다. 면장에는 대개 면내의 자산가로서 구래의 향리나 향반鄕班 출신의 신흥세력이 임명되었다. 총독부의 시대가 열리면서 농촌사회의 지배계층은 구래의 양반신분에서 신흥세력으로 교체되었다. 면 아래의 동리에는

45 정요근(2014), 「GIS 기법의 활용을 통한 조선후기 越境地의 복원」, 『歷史學報』 224, 109~162쪽.

동리장洞里長이 임명되었는데, 1917년 구장區長으로 이름이 바뀌었다. 구장은 하나 내지 두 동리에 한 사람이 임명되었으며, 대개 무보수였다. 구장 역시 근검독농勤儉篤農으로 가계를 일구어 온 신흥세력으로 채워졌다. 지방행정의 중심은 동리에서 면으로 옮겨졌다. 면은 징세, 호적, 도로, 교량, 도선渡船, 하천, 제방, 관개, 배수, 시장, 조림, 농사, 양잠, 축산, 기타 산업, 묘지, 도살장, 상하수도, 전염병 예방, 소방消防, 수방水防 등의 업무를 포괄적으로 수행하였다.[46] 1930년 총독부는 면을 법인화하여 기채를 하거나 독자의 사업을 할 수 있는 능력을 부여하였다. 그와 동시에 그때까지 각 동리가 소유해 온 약간의 공유 재산이 면 재산으로 집중되었다.

이 같은 지방행정체제의 개편에 대해 지방세력이나 동리는 별다른 저항을 하지 않았다. 제7장의 말미에서 지적한 대로 20세기 초 농촌은 경지, 임야, 수리 등의 자원을 공동으로 소유, 용익, 관리하는 공동체사회가 아니었다. 그 같은 사회편성의 실태는 토지조사사업에 의해 제조된 토지대장에서 더없이 분명히 드러났다. 거의 대부분의 지방에서 경지, 임야, 수리시설은 개인에 의해 소유되었다. 가장 공공성이 강한 수리시설조차 개인의 소유였다. 예컨대 경상남도 울주군 언양면에는 25개의 유지溜池가 있었다. 그 가운데 면적이 1,000평 이하인 17개 가운데 16개는 개인의 소유이고, 1개만이 동리의 소유였다. 16명의 소유자 가운데 소재 동리의 주민은 8명이고, 나머지 8명은 타리, 타면, 심지어 타군의 사람이었다. 유지는 개인의 재산으로서 매매되고 상속되었다. 면적이 1,000평 이상인 대규모 유지는 9개인데, 이들은 모두 2명 이상의 공동명의로 소유권이 신고되었다. 소재 동리가 신고의 주체인 경우는 하나도 없었다. 소유권을 공동으로 신고한 2명 이상의 인간들은 동리의 하민下民들로서 동리를 대표하는 자격이 아니었다. 총독부는 이들의 신고를 기각하고 1,000평 이상의 9

---

46 金翼漢(1996), 「植民地期朝鮮における地方支配體制の構築過程と農村社會變動」, 東京大學大學院 人文社會系硏究科 東アジア歷史社會專門分野 博士學位論文, 41~86쪽.

개 유지를 모두 국유로 편입하였다.[47] 총독부의 지방행정체제 개편에 대해 농촌사회로부터 별다른 저항이 제기되지 않은 것은 이 같은 사회 편성의 실태에 구애되어서였다.

신고와 사정

토지조사사업은 소유자가 토지의 제반 사항을 해당 부府·면面에 신고하는 순서로 출발하였다. 소유권의 사정査定을 재판에 의한 사법 절차로 할 것인가 신고에 의한 행정 절차로 할 것인가는 논쟁거리였다. 그에 대해 총독부의 학자와 관리들은 인민의 사적 소유권이 광범히 성립해 있고, 지주-소작관계에서도 물권적 권리가 중첩하는 경우가 거의 없으므로 신고 방식을 취해도 별다른 부작용이 따르지 않을 것으로 판단하였다. 소유자들은 소정의 기한 내에 토지의 지목, 자호字號·지번地番, 4표四標, 면적(두락), 결부結負, 자신의 주소 등을 신고해야 하였는데, 지난 몇 년간 이루어져 온 결수연명부의 신고와 별 다를 바 없었다. 국유지에 대해서는 도장관이 신고의 주체가 되었다. 신고가 이루어지면 각 동리의 지주총대地主總代가 신고서를 결수연명부와 대조하여 이상이 없으면 날인하여 신고를 접수하였다. 만약 동일 토지에 2명 이상의 신고자가 있으면, 지주총대는 그 토지를 토지조사사업의 주무 관청인 임시토지조사국臨時土地調査局 산하의 분쟁지심사위원회紛爭地審査委員會로 이관하였다.

신고의 성과를 보면 임시토지조사국이 소유권을 사정한 전국의 총 1,910만여 필지 가운데 신고대로 사정된 것이 1,900만여 필지(99.48%)로서 절대적 다수를 차지하였다. 무신고지로서 국유지에 편입된 것은 주로 분묘나 잡종지인데, 8,944필지(0.05%)에 불과하였다. 이로부터 총독부가 예측한 그대로 일반 인민의 사적 소유권이 광범히 성립해 있는 가운데 신

47 이영훈(2015),「20세기 전반 彦陽의 小農社會」,『經濟論集』54-1, 103~108쪽.

고 방식의 조사가 효과를 거두었음을 알 수 있다.[48] 높은 비율의 신고가 이루어진 데에는 임시토지조사국의 주도면밀한 행정력도 주효하였다. 임시토지조사국은 신고를 반복적으로 홍보했으며, 무신고지에 대해선 연고자를 찾아 신고를 독려했으며, 신고의 기한을 연장하기도 하였다.

신고에 뒤이어 일필지조사一筆地調査가 행해졌다. 소유자는 자신의 이름을 적은 팻말을 필지마다 세우고 동리장과 이웃의 입회하에 토지 조사반調査班을 맞이하였다. 그 과정에서 아무런 이의가 제기되지 않으면 소유자의 사정은 완결된 것이나 다를 바 없었다. 그 과정에서 분쟁이 제기되면 조사반에 의한 화해가 종용되고, 화해가 성립하지 않을 경우 그 토지는 분쟁지심사위원회로 이관되었다. 동 위원회는 분쟁의 당사자들이 제시한 서류를 심사하여 소유자를 판정하였다. 이상으로 소유자에 대한 사정이 완료되면 임시토지조사국은 그 결과를 30일간 민간에 공시하였다. 사정의 공시는 1913년 11월 충청북도 청주군 청주면에서 시작하여 1918년 4월 평안북도 용천군 신도면에서 종료되었다.[49]

분쟁지 심사와 국유지 불하

분쟁지심사위원회에 접수된 분쟁은 도합 3만 3,997건에 9만 9,445필지에 달하였다. 소유자가 사정된 총 1,910만여 필지에서 분쟁지가 차지하는 비중은 0.52%에 불과하였다. 대부분의 분쟁은 소유권을 둘러싼 분쟁이었다. 당초 일필지조사 과정에서 경계를 둘러싼 분쟁이 적지 않게 제기되었는데, 대개 조사반의 종용으로 당사자 간의 화해가 성립하였다. 소유권 분쟁의 2/3는 민유인가 국유인가를 둘러싼 민간과 도장관 사이의 분쟁이었다. 나머지 민간 상호의 분쟁 가운데는 민간과 동양척식주식회사 간의 분쟁이 적지 않았다. 1908년 동양척식주식회사가 출범할 때 대한제국은

48 宮嶋博史(1991),『朝鮮土地調査事業史の硏究』, 526쪽.

49 朝鮮總督府臨時土地調査局(1918),『朝鮮土地調査事業報告書』, 415·437쪽.

약 1만 7,000정보의 국유 역둔토를 출자했는데, 분쟁이 일어난 것은 그 토지에서였다. 이 점을 고려하면 민간 상호의 분쟁이라 해도 그 상당 부분은 국유지를 둘러싼 민간과 도장관 사이의 분쟁과 같은 성질이었다. 다시 말해 토지조사사업 당시의 소유권 분쟁은 대부분 구래의 황실 소유로 1907년 국유지에 편입된 토지에서 제기되었다. 전술한 대로 1911~1914년의 혼탈입지처분에 의해 약 5만 8,000여 정보의 국유지가 도장관 재량으로 민유지로 처분되었다. 그럼에도 불구하고 나머지 국유지에서 위와 같이 대량의 분쟁이 제기되었다.

분쟁지심사위원회에 접수된 3만 건 이상의 분쟁 가운데 약 1만여 건은 분쟁의 요건을 갖추지 못한 것으로 판단되어 심사의 대상에서 기각되었다. 나머지 2만여 건에 대해 동 위원회가 내린 재결裁決에 관해 그 전체 내용을 전하는 자료는 전하지 않는다. 다만 몇몇 지방의 사례를 보면, 경성부京城府의 경우 총 230필지의 국유지를 둘러싼 분쟁에서 91필지가 민유지로 재결되었다. 경기도 파주군에서 있었던 269필지의 국유지 분쟁에서는 245필지가 민유지로 재결되었다. 반면에 경상남도 김해군 7개 면의 경우 455필지의 국유지 분쟁 가운데 353필지가 국유지로 재결되었다.[50] 여기서 보듯이 국유지 분쟁에서 총독부가 반드시 이기지는 않았으며 패배하는 경우도 많았다. 위원회의 심사와 재결을 특정 방향으로 유도하는 총독부의 의지는 존재하지 않았다. 위원회는 엄격히 문서주의文書主義에 입각하여 분쟁지마다 상이한 결론을 내렸다.

전술한 대로 임시토지조사국은 소유권 사정의 결과를 민간에 공시하였다. 그에 대해 이의가 있는 사람은 동 조사국 산하의 고등토지조사위원회高等土地調査委員會에 불복을 신청하여 재심을 청구할 수 있었다. 동 위원회에서 접수된 불복의 건수는 총 2만 148건에 달하였다. 그중에 85%

---

50 조석곤(2003), 『한국 근대 토지제도의 형성』, 해남, 142~145쪽.

는 당초 분쟁지심사위원회에 분쟁을 제기한 토지가 아니었다. 다시 말해 분쟁지심사위원회의 처분에 대한 불복은 그리 없었던 편이다. 그 대신 당초 신고, 일필지조사, 사정의 과정에서는 침묵하다가 뒤늦게 불복을 제기한 토지가 1만 7,000여 건이나 되었다. 이에 토지조사사업의 과정에서 제기된 분쟁은 모두 5만 건 이상에 달하였다. 고등토지조사위원회는 2만 148건의 불복 가운데 9,388건에 대해서는 재결을 행하고 나머지는 분쟁의 여건을 갖추지 않은 것으로 기각하였다. 재결이 내려진 9,388건 가운데 8,650건은 불복자의 주장을 채택한 것이었다. 그 가운데는 당초 민유지로 사정된 것에 도장관이 불복하여 국유지로 돌려진 것도 있지만, 대다수는 당초의 국유지 사정에 민간이 불복하여 민유지로 돌려진 것이었다. 그에 관해서는 김해군의 사례가 알려져 있는데, 당초의 국유지 사정에 대해 234필지의 불복이 제기되어 72%가 채택되었다.[51]

이상에서 보듯이 토지조사사업에서 제기된 국유지를 둘러싼 소유권 분쟁은 전반적으로 민간에 유리한 방향으로 처분되었다. 도별 국유지 면적의 변동을 추적한 연구에 따르면 혼탈입지처분에 의해 약 5만 8,000정보가 민유지로 처분된 1914년 3월 이후에도 1918년 3월까지 약 1만 3,000정보의 국유지가 민유지로 돌려졌는데, 분쟁지심사위원회와 고등토지조사위원회의 재결에 따른 것이었다.[52] 결과적으로 당초 12만 정보 이상의 국유지 가운데 7만 1,000정보의 토지가 혼탈입지처분과 임시토지조사국의 분쟁지 심사에 의해 민유지로 돌려진 셈이었다.

토지조사사업이 종결된 1918년 말 국유 역둔토의 면적은 12만 7,000여 정보였다. 1911년 이래 7만 정보 이상이 민유지로 돌려졌음에도 국유지가 여전히 당초의 규모를 유지한 것은 일필지조사의 과정에서 새롭게 찾아진 국유지가 적지 않은 가운데 정확한 측량으로 기존 국유지의 실제

51 조석곤(2003), 『한국 근대 토지제도의 형성』, 149~156쪽.

52 李榮薰(1997), 「土地調査事業의 收奪性 再檢討」, 『조선토지조사사업의 연구』, 520쪽.

면적이 증가하였기 때문이다. 당초 총독부는 국유지를 일본 이민에게 불하하여 일본인의 조선 이주를 장려할 계획이었다. 그렇지만 국유지에서의 분쟁이 심할 뿐더러 1910년대 일본경제의 호황으로 조선에 이주할 농민의 모집이 여의치 않았다. 1919년의 3·1운동을 계기로 국유지에서 소유권 분쟁이 다시 제기될 조짐이 일었다. 이에 총독부는 농업의 발전을 위해 자작농을 양성한다는 명분으로 1924년까지 대부분의 국유지를 조선인 연고緣故소작농에게 불하하였다. 불하는 토지의 법정 지가를 10년간 분할 상환하는 유리한 조건에 의했으며, 대부분의 연고소작농은 이를 환영하였다.[53]

요컨대 총독부는 일반 인민의 사적 소유권이 광범하게 성립해 있는 현실을 전제한 위에 신고 방식으로 소유권의 신고를 유도한 다음, 그 대부분을 근대적인 소유권으로 법인하였다. 그 과정에서 약 12만 정보의 국유지에서 소유권 분쟁이 발생하였다. 당초 구 황실 소유의 토지를 국유지로 편입한 총독부는 예상치 못한 소유권 분쟁에 직면하여 약 7만 정보 이상을 민유지로 처분하거나 심사를 통해 지급하였다. 나머지 국유지와 신규로 조사된 국유지는 1924년까지 조선인 연고소작농에게 불하됨으로써 그 역시 민유지로 돌려졌다. 그 결과 전국적 범위에서 일지일주一地一主의 근대적인 토지재산권이 확립되었다.

과세지가제

토지조사사업은 전, 답, 대지, 임야 등 모든 종류의 토지에 대해 소유자를 조사함과 더불어 그 지형地形과 지적地積을 조사, 측량하였다. 임야는 촌락에 부속하거나 경지에 개재介在한 것에 국한되었으며, 산지로서 임야는 별도의 임야조사사업을 통해 조사되었다. 전국을 평균 2.5km 간격의

53 李榮薰(1997), 「土地調査事業의 收奪性 再檢討」, 『조선토지조사사업의 연구』, 528~530쪽.

삼각점三角點으로 연결한 세밀한 측량의 결과 총 1,910만 7,520필지의 지형과 지적이 조사되었으며, 필지마다 〈그림 8-2〉와 같은 양식의 토지대장土地臺帳이 작성되었다. 새로운 토지대장은 매 필지의 동리, 지번, 등급, 지목, 지적地積, 과세가격, 소유자의 주소와 성명을 등록하였는데, 각각의 변동 사항을 연이어 기재할 수 있는 양식이라는 점에서 조선왕조의 양안과 상이하였다. 토지대장은 함께 제작된 지적도地籍圖와 더불어 군청과 재판소에 비치되어 토지에 관한 행정과 사법의 기초자료로 활용되었다.

제시된 예에서 보듯이 토지조사사업은 매 필지의 과세가격, 곧 지가地價를 조사하였다. 지가는 토지의 수확량, 곡가, 생산비를 조사하고 그로부터 산출되는 순수익을 당시의 지배적인 이자율로 나누어 토지의 수익자산으로서의 가치를 산출하는 방식으로 사정되었다. 매 필지의 수확량은 논에는 26등급을, 밭에는 18등급을 두어 등급별 표준생산고를 책정한 다음, 동리마다 중위中位의 표준지를 선정하여 해당 등급을 부과하고, 그와 비교하여 동리가 자율적으로 각 필지의 등급을 부여하는 방식으로 조사되었다.

총독부는 당초 이렇게 산정된 지가를 과세기준으로 하여 그것의 3%를 지세地稅로 부과할 계획이었다. 그런데 토지조사사업에 의해 조사된 경지면적은 당초 예상한 276만 정보를 훨씬 초과하는 487만 정보나 되었다. 이에 총독부는 당초의 과세율 3%를 1.3%로 인하하였다. 그 정도라도 총독부 재정의 자립을 달성함에 요구되는 지세 수입을 충당할 수 있기 때문이었다. 지가의 1.3%라면 지세가 총생산량에서 차지하는 비중은 4.9%로 계산된다.[54] 이는 당시 일본 농민이 그의 정부에 부담한 지세율의 절반이었다.

토지의 수익에 대해 그 일정 부분을 과세하는 과세지가제課稅地價制의 성립은 토지재산권을 안정시키는 데 긍정적으로 작용하였다. 비록 국가

54 宮嶋博史(1991), 『朝鮮土地調査事業史の研究』, 543쪽.

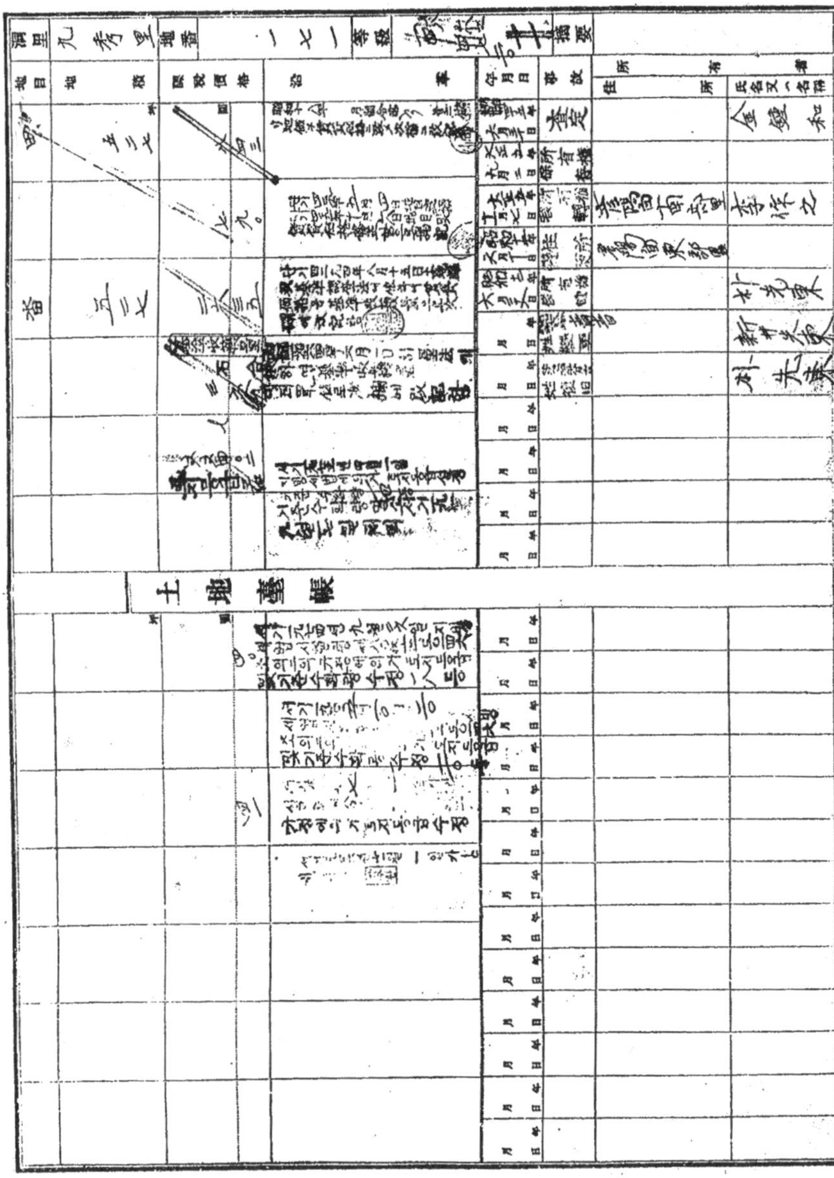

【그림 8-2】 경상남도 울주군 언양면 구수리의 토지대장

출처: 울산광역시 울주군청.

의 과세행위에 대한 조선인의 동의과정이 배제되었다는 한계가 명백하지만, 지세의 근거가 전국적 범위에서 공평히 사정되고 법률에 의해 예측 가능한 수준에서 안정적으로 부과되기 시작했기 때문이다. 조선왕조하에서 결세結稅는 같은 면적과 비옥도의 토지라 하더라도 그 부담이 면에 따라 나아가 군과 도에 따라 상이하였다. 심지어 같은 면내에서조차 동일 면적과 등급의 토지에 부과된 결세에 몇 배에 달하는 커다란 편차가 있었다.[55] 면적의 측량과 등급의 부여가 양전을 담당한 관리의 자의에 좌우되는 수가 많았기 때문이다.

1917년부터 지가를 기준으로 한 지세가 새롭게 부과, 징수되었다. 그 결과 〈표 8-2〉에서 보듯이 전국의 지세 총액은 이전의 977만여 원에서 1,144만여 원으로 17% 증가하였다. 그런데 도별 증감 상황은 실로 다양하였다. 강원도에서는 67%나 크게 증가한 반면 함경북도에서는 31%나 크게 감소하였다. 강원도에 이어서는 경기도, 평안북도, 경상북도, 경상남도에서의 증가가 컸던 반면, 함경북도에 이어 함경남도, 전라북도, 전라남도에서는 절대적으로 감소하였다.[56] 이는 구래의 결부제하에서 도별로 부과된 표준 등급이 정책적으로 차별되었기 때문이다. 예컨대 경기도에는 왕족과 고위 관료의 농장이 많아 표준 등급이 4~5등으로 낮게 책정된 반면, 중앙정부의 주요 세원을 이룬 전라도에서는 높은 2~3등의 표준 등급이 강요되었던 것이다. 이 같은 차별정책은 결과적으로 도별 결세 부담의 현격한 차이를 초래하였다. 과세지가제의 시행은 이 같은 자의적이고 차별적인 국가의 토지지배로부터 소유자와 그의 재산권을 해방시켰다.

토지조사사업에 의한 토지재산권의 근대적 확립은 토지시장과 토지금융을 활성화하였다. 1914년 토지매매에 인한 소유권 취득을 증명하는 등기는 4,963건에 불과했으나 1918년에 26만 1,609건으로, 1924년에 43만

55 조석곤(2003), 『한국 근대 토지제도의 형성』, 343~351쪽.

56 朝鮮總督府臨時土地調査局(1918), 『朝鮮土地調査事業報告書』, 685~686쪽.

[표 8-2] 신구 지세액의 비교(1917)

단위: 圓, %

도	구지세액	신지세액	차액	증감
경기	747,074	1,178,771	431,697	57.8
충북	546,901	599,370	52,469	9.6
충남	1,070,395	1,265,483	195,088	18.2
전북	1,188,125	1,141,281	-46,844	-3.9
전남	1,526,381	1,492,241	-34,140	-2.2
경북	1,254,820	1,707,545	452,725	36.1
경남	1,180,866	1,551,527	370,661	31.4
황해	893,855	967,141	73,286	8.2
평남	399,459	442,676	43,217	10.8
평북	264,609	360,023	95,414	36.1
강원	238,275	399,188	160,913	67.5
함북	333,117	231,680	-101,437	-30.5
함남	126,616	109,408	-17,208	-13.6
총계	9,770,493	11,446,334	1,675,841	17.2

출처: 朝鮮總督府臨時土地調査局(1918), 『朝鮮土地調査事業報告書』, 685~686쪽.

7,780건으로 증가하였다. 저당권의 취득을 증명하는 등기는 1914년 3,190건에서 1918년 3만 5,261건으로, 나아가 1924년 10만 5,860건으로 증가하였다. 그에 따라 금융기관에 의한 토지금융이 부쩍 활성화하였다.[57] 1920년대 총독부가 추진한 산미증식계획産米增殖計劃은 이같이 활성화한 토지금융을 주요 자금원으로 하였다.

57 裵永穆(2002), 『韓國金融史 1876-1959』, 개신, 173~179쪽.

수탈설 비판

토지조사사업은 일본의 조선 지배에 있어서 근간을 이루었던 만큼 일찍부터 역사가들의 주요 연구대상이 되었다. 1933년 박문규朴文圭는 이후 1970년대까지 토지조사사업의 역사적 이해에 있어서 가장 큰 영향력을 미친 논문을 작성하였다. 그는 토지조사사업에 의해 토지의 현실적 보유자이며 경작자인 농민들이 관습적으로 보유해 온 경작권耕作權이 부정된 반면, 지배층의 수조권收租權이 토지사유권으로 승인되었으며, 그에 따라 근대적 토지소유와 봉건적 지주제가 결합한 반봉건적半封建的 토지소유관계가 식민지 조선의 기본 구조로 성립했다고 주장하였다.[58] 마르크스주의 역사학자인 박문규는 토지조사사업의 이 같은 이해를 통해 식민지 조선의 당면한 과제가 반봉건적 토지소유를 철폐하고 농민적 토지소유를 성립시키는 반反제국주의 민족혁명임을 설파하고자 하였다.

해방 후에는 인정식印貞植, 이재무李在茂와 같은 마르크스주의 역사가들이 토지조사사업의 수탈성을 폭로하는 논문을 발표하였다. 박문규가 농민의 관습적인 경작권이 수탈되었다고 주장한 데 비해 이들은 농민의 소유권 그 자체가 총독부의 사기적 수법으로 약취되었다고 주장하였다.[59] 즉, 총독부는 소유권 관념이 희박한 농민들에게 복잡한 절차의 기한부 신고를 강요했으며, 그에 따라 대량의 미신고지未申告地가 발생하자 이를 국유지로 편입한 뒤 동양척식주식회사나 일본 이민에게 불하했다고 하였다. 그 과정에서 지주총대地主總代와 같은 친일 지주배가 무신고지를 자신의 소유지인양 신고하여 농민의 토지를 빼앗기도 하였다는 것이다. 이상과 같은 경작권 또는 소유권 수탈설은 1982년 신용하愼鏞廈가 토지조

---

58 朴文圭(1933), 「農村社會分化の起點としての土地調査事業に就て」, 京城帝國大學法文學會, 『朝鮮社會經濟史研究』, 刀江書院, 23~24쪽.

59 印貞植(1949), 『朝鮮農業經濟論』, 博文出版社, 52쪽.
李在茂(1955), 「朝鮮における'土地調査事業'の實體」, 東京大學社會科學研究所, 『社會科學研究』 7-5, 22~58쪽.

사사업에 관한 연구서를 출간함에 있어서 그대로 계승되었다.[60]

1960년대 이후 한국정부가 편찬한 중·고등학교 역사교과서는 이 같은 수탈설의 관점에서 토지조사사업을 서술하였다. 1967년 어느 교과서의 집필자는 총독부가 전국 농토의 40%를 사기적 수법으로 수탈하였다고 썼다.[61] 40% 그것은 어느 연구자도 언급한 바 없는 가공의 수치였다. 그렇게 자의로 만들어진 40% 수탈설은 이후 근 40년간 후속하는 역사교과서에서 줄곧 인용됨으로써 오늘날 대다수 한국인들의 토지조사사업에 대한 상식적 이해로 자리 잡았다. 총독부가 자행한 광범한 토지 수탈은 현대 한국인이 일본의 조선 지배에 대해 분노하는 가장 중요한 역사적 근거로 작용하고 있다.

박문규가 제기한 경작권 수탈설은 토지조사사업 이전의 토지제도와 소유관계에 대한 오해에서 비롯되었다.[62] 그는 조선왕조 말기에 농촌에서 광범히 존재한 병작제, 곧 지주-소작관계를 조선왕조 초기 국전제國田制 하에서의 전주田主-전객佃客관계로 착각하였다. 그는 14세기 말 조선왕조가 국전제에 입각하여 왕족·관료·군인에게 수조지 사전을 지급하고 일반 농민이 전객으로서 그 토지를 경작하여 관료 등의 전주에게 전세田稅를 납부한 관계가 그대로 20세기 초까지 존속한 것으로 오해하였다. 그렇지만 제5장에서 상술한 대로 왕조 초기의 수조지 지급제는 16세기 초에 그 운영이 중단되었으며, 이후 복구된 적이 없었다.

반면에 병작제는 15세기 전반 토지가 인민의 사실상의 사유지로 성립함에 따라 민간에서 자생적으로 발생한 임대차 관계였다. 그것은 처음부터 국가의 수조지 지급과 무관한 차원에 속하였다. 이후 병작제가 19세기까지 남부 지방을 중심으로 전체 경지의 2/3 이상으로 확산되어 감에 있

60 愼鏞廈(1982), 『朝鮮土地調査事業硏究』, 知識産業社.

61 이영훈(2005), 「국사 교과서에 그려진 일제의 수탈성과 그 신화성」, 『시대정신』 28, 162~165쪽.

62 李榮薰(1997), 「土地調査事業의 收奪性 再檢討」, 『조선토지조사사업의 연구』, 532~535쪽.

어서도 작인들의 병작지에 대한 경작권은 성립하지 않았다. 이에 관해서는 전술한 대로 통감부가 실시한 구래의 토지제도에 대한 광범한 조사를 참조할 수 있지만, 19세기 말 병작제의 실태에 관한 오늘날의 실증적 연구도 동일한 결론에 도달해 있다. 작인의 경작권이 성립하기 위해서는 임차기간이 장기간 안정된 가운데 작인이 토지개량이나 수리시설 개선을 위한 투자를 행할 필요가 있었지만, 19세기 말의 작인들은 그러한 선진적인 존재가 아니었다. 당시 작인들의 차경 기간은 평균적으로 3~4년의 단기에 불과하였다.[63]

소유권 수탈설이 토지조사사업 당시의 농민을 소유 관념이 희박한 가운데 신고의 의미를 알지 못한 미숙한 존재로 그린 것도 조선왕조 초기의 국전제가 19세기 말까지 존속했다는 오해에 기초한 것이었다. 결과적으로 소유권 수탈설은 19세기 말 조선 농민이 도달해 있는 발전 수준을 폄하하여 그들을 미개사회의 원주민으로 간주하는 오류를 범하였다. 토지조사사업을 맞이한 농민들은 매우 발달된 소유권 관념을 가지고 있었으며, 자신의 소유권을 보전하기 위해 토지조사사업의 여러 과정에 기민하게 대응하였다.[64] 그들이 신고가 무엇인지 몰랐다는 주장은 그야말로 더없이 심한 억단臆斷이었다. 농민들은 조선왕조 500년간 3년마다 호적을 신고해 왔으며, 1907년 이래는 결수연명부를 매년 신고하고 있었다.

총독부가 국유지 수탈에 광분하여 조선 농민의 저항을 일체 압살하였으며, 토지조사사업이 종료된 이후 광대한 국유지를 동양척식주식회사와 일본 농민에 불하하였다는 널리 유포된 속설은 토지조사사업에 관한 보고서를 상세히 읽지 않거나 동 사업으로 제작된 토지대장 등의 자료에 접하지 못한 게으름의 소치에 지나지 않았다. 사업의 진행과정에서 국유지

63 李榮薰(1995), 「開港期 地主制의 一存在形態와 그 停滯的 危機의 實相」, 『經濟史學』 9, 420~425쪽.

64 朴錫斗(1997), 「土地調査事業에 대한 地主家의 認識과 對應—全南 求禮郡 柳氏家의 事例를 중심으로—」, 『조선토지조사사업의 연구』, 449~504쪽.

를 둘러싼 분쟁은 신고된 필지 총수의 0.52%에 불과하였으며, 그에 대한 임시토지조사국의 심사는 문서주의에 입각하여 전반적으로 민간에 유리한 재결을 내렸다. 끝까지 국유지로 남은 12만 정보는 총 487만 정보의 경지에서 고작 2.5%였으며, 그것조차 1924년까지 조선인 연고소작농에게 유리한 조건으로 불하되었다.

내가 수탈론을 제기한 연구자들에 대해 더없이 실망하는 것은 그중의 어느 누구도 수탈의 현상 자체를 진지하게 추적한 적이 없기 때문이다. 그들은 그저 소설을 쓰듯이 책과 교과서를 썼다. 광범한 토지가 강압적으로 수탈되었음이 사실이라면, 거기에는 필경 누구도 어찌할 수 없는 격렬한 저항이 뒤따랐을 터이다. 일제의 억압이 사나워 숨을 죽일 수밖에 없었다 치더라도 불과 27년 뒤 해방을 맞았을 때 토지의 반환을 요구하는 민중의 외침이 봇물처럼 터져 나와야 하였다. 그렇지만 그러한 외침은 소문으로도 없었다. 결과적으로 수탈론의 연구자들은 그의 동포를 야만적 수탈에 저항할 줄도 모르는 노예적 존재로 그렸다.

토지조사사업은 19세기까지의 조선사회가 배양한 높은 수준의 사실상의 소유권을 전제한 위에 제도적으로 근대적 소유권을 원시창출原始創出하는 과정에 다름 아니었다. 일제는 토지조사사업이 종료된 지 불과 27년 뒤에 조선에서 철수하였다. 뒤를 이은 대한민국은 21세기 초 오늘날까지 토지조사사업이 남긴 토지대장과 지적도를 각종 토지 행정과 사법의 기초 자료로 정중하게 보관하고 요긴하게 활용하고 있다. 그럼에도 지금까지 역사교과서를 비롯한 각종 역사서에서 수탈설이 끊이지 않고 있는 것은 한국의 역사학이 소설과도 같은 민족주의 감정에 매몰된 가운데 아직 근대적인 경험과학으로 스스로를 정립하고 있지 못하기 때문이지 다른 무엇의 진지한 근거에 바탕을 둔 소치는 아니다.

4. 산림·수산물·광물

삼림령

조선시대의 산림은 왕조가 특별히 그 임상林相을 관리한 공산公山, 특정의 연고자가 없이 자유접근체제로 자원의 용익이 무제한으로 개방된 무주공산無主空山, 그리고 특정의 연고자에 의해 금양禁養, 수호된 사실상의 민유림民有林으로 나뉘었다. 17~19세기를 거치면서 산림에 대한 소유권 의식이 강화되어 사실상의 민유림이 크게 증가하였다. 그렇지만 사실상의 민유림이라 하더라도 그 권리가 자유접근체제를 부정할 정도는 아니었다. 민유림의 소유권은 대개 입목立木에 한정되었으며, 산지는 원근 주민이 나뭇가지를 치거나 낙엽 등 지피물地被物을 긁어 연료를 채취하는 관습적 권리에 개방되어 있었다.[65] 산림 소유제도의 이 같은 특성으로 인해 일부 공산公山을 제외한 전국의 산림은 18세기 이후 점차 황폐해졌는데, 특히 연고자가 없는 무주공산에서의 황폐가 극심하였다. 총독부의 산림정책은 무주공산이든 사실상의 민유림이든 법적으로 소유 주체를 창출해 내고, 그를 통해 산림에 대한 자유접근체제를 불식하면서 황폐한 산림을 녹화하는 것을 기본 과제로 하였다.

산림제도의 근대적 개혁은 1908년 보호국기에 제정된 삼림법森林法에서 출발하였다. 삼림법은 산림의 소유자에게 지적도를 첨부하여 소유권을 신고하도록 요구하였다. 그에 따라 1911년까지 약 52만 건 220만 정보의 산림이 민유림으로 신고되었다. 이는 실재한 민유림의 약 1/3에 불과하였다. 신고가 저조한 것은 산림에 대한 소유권 의식이 아직 애매한 가운데 새로운 법이 임야에 대한 과세를 위한 것으로 오해되거나 자신의 비용으로 측량을 해야 하는 부담 때문이었다. 삼림법은 형식적으로는 국유

65 이우연(2010), 『한국의 산림 소유제도와 정책의 역사, 1600-1987』, 일조각, 47~97쪽

림이지만 사실상 민유림이 널리 성립했던 산림의 실태에 대한 정확한 이해와 대책을 결여한 채 시행되었다.[66]

본격적인 개혁은 병합 직후의 조선임적조사朝鮮林籍調査부터였다. 그에 따라 전국적으로 대략 1,600만 정보의 산림이 존재하며, 그 6%가 구래 조선왕조가 공산으로 특별히 관리해 온 봉산封山·금산禁山·목장牧場·시장柴場이며, 그 46%가 연고자나 관리 기관이 없는 무주공산으로 국유림이며, 나머지 48%가 법적 내지 사실상의 민유림이라는 산림 소유권의 개략적 분포가 명확해졌다. 또한 성림지成林地가 32%, 치수발생지穉樹發生地가 42%, 무입목지無立木地가 26%라는 지극히 황폐해 있는 임상의 개황도 파악되었다.

조선임적조사는 총독부가 수행할 산림제도의 개혁과 임정林政의 과제를 분명히 해 주었다. 민유림으로 분류된 약 755만 정보 가운데는 산지를 오랫동안 금양한 연고로 사실상의 민유림이지만 어떠한 법적 근거도 갖지 않고 삼림법에 따라 소유권도 신고하지 않아 법적으로는 국유림에 속하는 것이 광대하게 존재하였다. 이들 사실상의 민유림에 어떠한 근거와 절차로 소유 주체를 만들어 낼 것인지, 그것이 시급히 요구되는 산림 녹화에 어떠한 방식으로 기여할 것인지가 총독부가 당면한 임정의 주요 과제였다. 총독부는 무주공산으로 방치되어 온 광대한 국유림에 대해서도 대책을 강구하여, 국유림을 군사나 학술의 목적에서 국유림으로 보존하고 경영할 필요가 있는 요존림要存林과 매각하거나 대부하여 민유림으로 돌려도 좋을 불요존림不要存林으로 구분할 방침을 세웠다.

이 같은 준비 작업을 거쳐 1911년 총독부 임정의 모법母法으로서 삼림령森林令이 공포되었다. 그에 따라 1908년의 삼림법은 폐지되었다. 삼림령의 핵심은 조림의 목적으로 국유림을 민간에 대부할 수 있으며 조림이 성

66 이우연(2010), 『한국의 산림 소유제도와 정책의 역사, 1600-1987』, 200~204쪽.

공할 경우 무상으로 민유림으로 양여한다는 조림대부제도造林貸付制度에 있었다. 그리고 비록 삼림법에 따라 소유권을 신고하지 않아 국유림으로 편입되었다 해도 오랫동안 산림을 관리해 온 연고가 있어 사실상의 민유림으로 존재하는 산림에 대해서는 그 연고자가 이미 조림대부제도에 의해 동 산림을 무상으로 대부받은 것으로 간주하고, 일정 기간이 지나 양여원讓與願을 제출하면 소유권을 취득할 수 있는 길을 열어 두었다. 삼림법에 따라 소유권을 신고한 산림이라도 해도 장기간 산림을 관리해 온 사실을 증명할 수 없는 경우에는 소유권 양여의 대상이 되지 않았다. 이처럼 삼림령은 기본적으로 조림 실적에 따라 소유권을 인정해 주겠다는 녹화주의綠化主義를 지향하고 있었다.[67]

이 같은 제도적 기반을 마련한 뒤 총독부는 우선 국유림에 대한 조사에 착수하였다. 국유림 조사는 전술한 대로 국유림을 요존림과 불요존림으로 구분한 다음, 다시 불요존림을 제1종 불요존림과 제2종 불요존림으로 구분하였다. 제1종 불요존림은 연고자가 전혀 없는 국유림이며, 제2종 불요존림은 장기간 관리해 온 연고자가 있는 사실상의 민유림으로서 삼림령에 의해 그 연고자가 조림대부제도에 의해 이미 무상으로 대부를 받은 상태로 간주된 산림이었다. 1911년부터 시작된 국유림 조사는 요존림과 제1종 불요존림을 대상으로 하였다. 제2종 불요존림은 1917년부터 시작될 임야조사사업에서 그 소유권을 사정할 예정이어서 조사가 미루어졌다.

국유림 조사는 1924년에 마무리되었는데, 그 결과 요존림 531만 정보와 제1종 불요존림 98만 정보의 국유림이 조사되었다. 원래 제1종 불요존림은 1910년 당시 전국적으로 대략 220만 정보라고 추정되었는데, 그 사이 14년간 학교 등 공동단체에 양여되거나 민간에 매각되거나 조림대부제도에 의한 대부가 진행되어 1924년까지 98만 정보로 축소되었다.[68] 국

67 이우연(2010), 『한국의 산림 소유제도와 정책의 역사, 1600-1987』, 205~239쪽.
68 이우연(2010), 『한국의 산림 소유제도와 정책의 역사, 1600-1987』, 242~287쪽.

유림 조사는 법적이든 사실상이든 민유림으로 존재한 산림을 구분하는 작업이기도 하여 결과적으로 1917년에 착수되는 임야조사사업의 일부분을 이루었다.

임야조사사업

1917년 총독부는 전국 임야의 지적을 측량하고 소유권을 사정하는 임야조사사업林野調査事業에 착수하였다. 토지조사사업에서와 마찬가지로 전국 임야의 소유자와 연고자는 지정된 기일 내에 부·면에 그의 권리를 신고하였다. 국유림은 관할 관청이 신고자가 되었다. 이후 임야에 대해 일필지조사가 행해지고, 분쟁지에 대해서는 특별위원회가 이를 심사하여 소유권을 사정하고, 그 결과를 공시하고, 불복 신청을 받아 이를 판결하는 진행과정은 토지조사사업과 거의 동일하였다. 민유림으로 사정된 것은 조선시대부터나 보호국기에 이미 민유의 법적 근거를 확보한 산림과 더불어 오랫동안 금양한 연고가 확실한 가운데 입목도立木度가 3/10 이상인 산림이었다. 그 결과 구삼림법 당시에 신고서를 제출하지 않아 국유림으로 편입된 가운데 삼림령의 조림대부제도에 의해 대부를 받은 상태로 간주된 사실상의 민유림의 일정 부분이 민유림으로 사정되었다.

임야조사사업은 1924년에 종료되었다. 그 결과 전국의 산림 1,617만 정보는 국유림 956만 정보(59%), 민유림 661만 정보(41%)로 나뉘었다. 국유림은 다시 요존림과 제1종 불요존림 618만 정보(38%)와 장차 민유림으로 양여될 예정인 제2종 불요존림 338만 정보(21%)로 구분되었다. 민유림으로 사정된 것과 제2종 불요존림을 합한 민유림의 실제 비중은 전국적으로 62%에 달하였다. 인구밀도가 높은 남부지방의 경우 민유림의 실제 비중은 89%에 달하였다. 이로부터 17세기 이래 진전되어 온 산림의 사유화가 임야조사사업을 통해 그대로 법인되었다고 이야기할 수 있다. 반면 북부지방의 경우 사람의 발길이 닿지 않은 오지에 방대한 원시림原始林이 존속하여 민유림의 비중은 48%에 머물렀다.

총독부는 1927년부터 제2종 불요존림, 곧 연고자가 있는 국유림을 연고자에게 양여하기 시작하였다. 연고자에 의해 양여가 신청된 임야는 총 334만 정보인데, 그 가운데 실제 양여가 허가된 것은 280만 정보였다. 학교나 조합과 같은 공공단체에 양여된 것도 있지만, 대부분은 사적인 연고자에게 양여되었다. 동 양여 사업은 1934년에 종료되었다. 이후에도 조림대부제도에 의한 대부와 조림 성공에 따른 민유림으로의 양여가 지속되었다. 그 결과 1930년대 말이면 전국의 산림 가운데 민유림이 65%로 증가했으며, 남부지방의 경우 그 비중은 92%에 달하였다. 조림대부제도의 실적을 보면 1910~1934년간 총 8만 2,295건에 136만 1,808정보에 달하였다. 민족별 구성을 보면 일본인이 2,375건에 64만 1,827정보이고, 조선인이 7만 9,920건에 71만 9,981정보였다. 건당 면적은 일본인이 270정보로 넓은 반면, 조선인은 9정보에 불과하였다. 일본에서 건너온 임업자본과 선진 기술이 조림대부제도에 적극 참여하여 전체 임야의 약 4%를 차지하였다.[69]

총독부의 산림정책에서 발견되는 한 가지 특질은 산림에 대한 촌락의 공동체적 관리를 장려하였다는 점이다. 종래의 자유접근체제하에서 촌락에 의한 산림의 공동체적 소유와 관리는 취약하였다. 삼림령은 국유림에 대해 현지 촌락이 조합을 결성하여 국유림을 공동으로 관리하고, 그로부터의 수익을 공동으로 용익하고, 조림에 성공할 경우 소유권을 공동으로 불하받을 수 있도록 하였다. 그에 따라 요존국유림을 대상로 국유림보호조합國有林保護組合이 결성되었으며, 모든 주민이 의무적으로 조합원이 되는 가운데 영림창營林廠의 감독하에 국유림의 공동 관리와 용익이 이루어졌다. 민유림에 대해서는 산림의 소유자를 구성원으로 하는 산림조합山林

---

69 이우연(2010), 『한국의 산림 소유제도와 정책의 역사, 1600-1987』, 258~356쪽.

組合이 결성되어 육림과 보호 업무를 담당하였다.

그렇지만 산림조합의 활동은 원활하지 않았다. 조합원의 산림 소유 규모는 대체로 영세하였다. 조합원의 주거지도 다른 동리, 면, 군에 걸쳐 있어 분산적이었다. 그런 가운데 동리 주민의 다수는 산림을 소유하지 않아 조합에 가입할 수 없었다. 그러한 현실에서 산림조합은 동리민이 관습에 따라 주변 민유림에 들어가 연료를 채취하는 것을 단속할 수 없었다. 1932년 산림조합은 해산되었다. 이후 총독부는 산림의 소유자와 동리의 주민이 공동으로 애림계愛林契 또는 식림계植林契를 결성하여 산림을 공동으로 관리하고 이용하도록 권장하였다. 애림계의 전국적 실태는 밝혀져 있지 않다. 1935년 충청북도와 전라남도의 경우, 전 동리와 산림의 대략 30~40%에서 애림계가 결성되었다.[70] 총독부의 산림정책에서 산림의 소유자와 촌락의 주민을 조합 또는 애림계로 편성한 것은 근세 일본에서 무라村가 산림을 공동 소유하고 그 용익권을 무라의 주민에게 배타적으로 허용했던 관행을 조선에 도입하려 했음을 의미하고 있다.[71]

요컨대 1930년대까지 단계적으로 수행된 산림 소유제도의 개혁은 산림에 대한 구래의 자유접근체제를 해체하고 국유림이든 민유림이든 소유 주체를 제도적으로 창출하는 것이었으며, 그 지향은 적극적인 녹화주의에 두어져 있었다. 이 같은 제도적 유인을 창출함과 동시에 총독부는 적극적인 조림정책을 펼쳤다. 1907~1942년에 약 82억 본의 묘목이 236만 정보에 식재되었다. 그 결과 극히 황폐했던 조선의 임야가 1930년대 말이면 꽤나 푸르러졌다. 전술한 대로 나무가 없는 무입목지는 1910년 전국 임야의 26%나 되었는데, 1942년까지 16%로 낮아졌다.[72] 종래 총독부의 산림정책이 조선의 산림자원과 민유림을 수탈하였다는 이해가 널리 받아

70 이우연(2010), 『한국의 산림 소유제도와 정책의 역사, 1600-1987』, 383~384쪽.
71 이우연(2010), 『한국의 산림 소유제도와 정책의 역사, 1600-1987』, 296~304·338~339쪽.
72 이우연(2010), 『한국의 산림 소유제도와 정책의 역사, 1600-1987』, 342~343쪽.

들여졌다. 그러한 통설은 조선의 전통 산림제도와 임상의 실태에 대한 이해를 결여한 가운데 총독부 산림정책의 전모를 세밀하게 검토하지 않은 연구자들의 유치한 수준의 억측에 불과하였다.

어업령

조선시대의 어업은 일정한 해역에 발, 나무통, 그물을 설치하여 고기를 잡는 비이동식 정치어업定置漁業이 주를 이루었다. 강이 바다로 들어가는 하구나 바다가 육지로 들어온 만이나 섬과 육지 사이의 해협과 같이 고기가 모이거나 들어오거나 지나가는 어전漁箭, 어조漁條, 어기漁基, 어장漁場 등이 그러한 곳이다. 그 밖에 이들 정치어업에 피해를 주지 않는 바깥 바다에서 이루어지는 이동식 어선어업漁船漁業이 있었다. 정치어업에는 발 등의 설치에 따른 자본이 소요되었으며, 이에 일찍부터 여기에는 자본을 투하한 개인이나 집단에 의한 사실상의 소유권이 성립하여 매매, 상속, 임대의 대상이 되었다. 한편 미역과 김이 자라는 곽전藿田과 태전苔田은 마치 나무가 자라는 임야와도 같은 것이어서 쉽게 사적 소유와 지배의 대상이 되어 왔다.

조선왕조는 산림천택山林川澤은 백성과 함께 공유한다는 왕정의 이념에 따라 이들 어장에서 생겨난 사적인 권리를 임야의 경우와 마찬가지로 공식으로 인정하거나 제도화하지 않았다. 16~17세기에는 궁방, 아문, 권세가가 어장을 절수折受하여 어촌을 지배했는데, 18세기 중엽의 균역법均役法 개혁에 의해 모두 혁파되었다. 이후 어장의 설치와 그에 대한 권리는 대개 어촌 주민을 주체로 한 것이었다. 지역에 따라서는 수영水營, 진鎭, 군현郡縣 등의 지방관청이 직접 어전을 설치하기도 했으며, 토호와 유력 상인이 자금을 선대하여 어촌을 지배하기도 했으나, 그리 일반적이지는 않았다. 균역법 이후 중앙정부는 전국의 어장에 대해 그 크기나 어업방식을 기준으로 어세漁稅를 수취하였다.[73] 그 외에 지방관청은 진상과 요역의 일환으로 관내 어민들로부터 현물이나 화폐로 어세를 수취하였다. 이들 어세는 대한제국기에 이르러 모두 내장원의 재원으로 흡수되었다.[74]

수산자원에 대한 어민들의 권리가 근대적인 소유권으로 법제화하는 것은 1908년의 어업법漁業法과 1911년의 어업령漁業令에 의해서였다. 이 두 법은 어업을 면허어업, 허가어업, 신고어업으로 구분하였다. 면허어업은 일정 수역을 사용하는 구래의 정치어업과 새로운 양식어업을 말하였다. 허가어업은 해양에서 전개되는 포경업, 트롤어선, 공선어선工船漁船 등을, 신고어업은 소규모 낚시업을 말하였다. 조선의 어민은 주로 면허어업에 종사하였으며, 근대화된 허가어업은 거의 일본인이 독점하였다. 그에 따라 어획고에 큰 차이가 있어 1930년 조선인 어민의 1인당 연간 어획고가 75원임에 비해 일본인 어민의 그것은 1,806원으로서 24배나 되었다.

어업령은 면허를 받은 어업자나 단체에게 어업권漁業權이란 권리를 부여하였다. 어업권은 상속, 양도, 공유, 저당, 대부의 대상이 되는 권리로 규정되었다. 그런데 상속의 경우를 제외하고는 모두 총독의 허가를 받도록 되어 있어 그 권리가 완전하지는 않았다. 즉, 어업령은 어업권의 물권적 권리를 부분적으로 인정하였을 뿐이다. 어업권의 존속기간도 10년으로 짧게 설정되었다. 어업권이 물권으로 완전히 정착하는 것은 1929년의 조선어업령朝鮮漁業令에 의해서였다. 동 어업령은 어업권은 물권이며 토지에 관한 규정을 준용한다고 하였다. 이에 어업권은 그 구역의 분할이나 변경 등을 제외하고는 매매, 증여, 저당, 임차 등 민법상의 모든 권리를 취득하였다. 어업권의 존속기간도 20년으로 길어졌으며, 갱신제更新制가 아니라

---

73 金玉根(1987), 『朝鮮王朝財政史研究』 (II), 一潮閣, 235~239쪽.
宋慶殷(2013), 「韓國에서의 近代的 漁業權 形成과 法制化」, 서울대학교 대학원 경제학부 박사학위논문, 67~91쪽.

74 楊尙弦(1997), 「大韓帝國期 內藏院 財政管理 研究－人蔘, 鑛山, 庖肆, 海稅를 중심으로－」, 서울대학교 대학원 국사학과 박사학위논문, 278~287쪽.

연장제延長制로 바뀜으로써 재산으로서의 안정성이 제고되었다.[75] 어업권의 확립은 어업에 대한 금융과 투자를 촉진하였다.

1911년 어업령의 한 가지 특질은 어업권의 주체로서 어업조합漁業組合의 존재를 인정했다는 점이다. 어업조합은 어업권을 취득하거나 대부받아 조합원의 어업에 관한 공동의 시설을 하는 것을 목적으로 하였다. 어업령은 조합에 재산권을 비롯한 제반 권리 및 의무의 당사자로서의 법인격을 부여하였다. 조합이 설립되면 구역 내 모든 어업자는 의무적으로 조합원이 되었으며, 조합이 취득하거나 대부받은 어업권의 범위에서 개별 어업을 행하였다.

조합이 어업권의 주체가 되는 전형적인 경우를 어촌이 조개나 미역을 채취하거나 지선망구地先網具로 고기를 잡는 제6종 면허어업에서 찾을 수 있다. 어업령은 어촌의 전용어장에 대한 어업권을 부여함에 있어서 어업조합이 어장의 유지계획서를 제출하도록 요구했으며, 결과적으로 어업조합만이 어업권을 갖게 하였다. 이 같은 방식의 어업권 설정은 어촌공동체가 어장을 총유적 재산으로 관리해 온 일본의 관행을 그대로 조선에 이식하려는 것이었다.[76] 이 같은 어업정책은 그 발상이나 효과에 있어서 마을을 국유림보호조합이나 애림계로 조직하고 공동의 용익권을 부여했던 산림정책과 그 궤를 같이 하고 있다. 어업조합은 전통 어촌사회의 존재양태와 거리가 있어서 느린 속도로밖에 보급되지 않았지만, 1929년까지 149개 조합에 6만 3,000명의 조합원을 확보하였으며, 해방 후의 혼란기를 거쳐 현행의 어촌계漁村契로 이어지고 있다.

광업령

광업에 있어서 근대적 재산권의 성립은 1906년의 광업법鑛業法이 그 출

75 한규설(2001), 『漁業經濟史를 통해 본 韓國漁業制度 變遷의 100年』, 선학사, 116~167쪽.
76 宋慶殷(2013), 「韓國에서의 近代的 漁業權 形成과 法制化」, 143~152쪽.

발을 이루었다. 전통시대에 있어서 모든 미채굴 광물자원은 왕의 소유에 속하였다. 그에 따라 당시까지 개발된 전국의 주요 광산은 모두 황실의 소유였다. 광업법은 광산 왕유王有의 제도를 폐기하고 모든 광물자원을 국유로 하였다. 그에 따라 기존의 황실 소유 광산도 모두 국유로 돌려졌다. 당초 황실의 반발을 고려하여 26개 군의 광산은 황실 소유로 남겨졌으나 1907년의 헤이그 밀사사건을 계기로 황실재산이 대대적으로 정리되면서 그것들마저 국유로 이관되었다.

광업법은 광산업자가 광물을 채굴할 권리를 사적 재산권으로 인정하였는데, 이를 광업권鑛業權이라 하였다. 광업법은 토지소유권으로부터 광업권을 보호하기 위해 광산업자가 토지소유자로부터 토지를 매입하거나 임차할 수 있도록 하였다. 광업권은 상속, 매매, 저당, 임대의 대상이 되었는데, 초기에는 관련 규정이나 제도가 미비하여 그 재산권의 행사에 제약이 많았다. 광업권의 허가에 있어서도 출원인이 복수일 경우 선원주의先願主義가 적용되지 않고 농상공부 대신大臣이 재량으로 선정할 수 있게 함으로써 정부의 자의가 작용할 여지가 컸다.[77]

이 같은 문제점은 1915년의 광업령鑛業令에 의해 크게 보완되었다. 동 광업령은 광업권을 물권으로 규정하고 관련 행위에 부동산에 관한 법률을 준용한다고 하였다. 이듬해에는 일반 부동산과 마찬가지로 광업권도 등기의 대상이 되었으며, 1919년에는 저당권의 설정에 따른 금융의 길도 열리게 되었다. 또한 1915년의 광업령은 토지수용에 관한 규정도 강화하여 1911년의 토지수용령을 광산에 준용함으로써 토지소유자에게 토지매각이나 임대를 강요할 수 있도록 하였다. 그렇지만 동 광업령은 광부의 노동조건에 관해서는 매우 소략한 관심밖에 기울이지 않아 광산업자의 광부 노동에 대한 착취를 방임하는 등의 식민지적 특질을 노정하였다.

77 朴基炷(1998),「朝鮮에서의 金鑛業 發展과 朝鮮人鑛業家」, 서울대학교 대학원 경제학과 박사학위논문, 77~80쪽.

광물자원에 대한 재산권의 성립과 더불어 민영광산의 개발이 꾸준하게 진척되었다. 광업권의 허여는 1906년 조선인 4건과 일본인 26건에서 출발하여 1915년까지 조선인 403건, 일본인 803건, 외국인 50건으로 증가하였다. 광업개발 역시 어업과 마찬가지로 일본인 광산업자에 의해 주도되었다. 초기 광업법의 제정을 추동한 것은 일본인들이었다. 광업개발은 처음에는 주로 사금광砂金鑛에 집중되었으나 점차 금, 철, 석탄, 흑연의 4대 광물로 확산되어 갔으며, 채굴 총액도 1907년 263만 원에서 1915년 1,052만 원으로 증가하였다.[78]

5. 화폐·금융

화폐정리

대한제국의 화폐제도는 1899년 이후 전환국典圜局이 백동화를 남발함에 따라 크게 문란해졌다. 전환국만이 아니었다. 궁중의 관리와 환관이 사주私鑄한 것도 있으며, 일본에서 위조되어 밀수입된 것도 많았다. 1904년 백동화의 유통 총량은 2,300만 원元 이상이었다. 그 가운데 전환국이 주조한 것이 1,700만 원이며, 사주와 위조에 의한 것이 600만 원이었다.[79] 사주와 위조가 성행함에 따라 백동화의 품위도 가지각색이었다. 1905년의 한 조사에 의하면 무려 576종이나 되었는데, 그중에는 어두워져야 통용되는 것도 있었다. 악화惡貨의 대량 유통은 물가를 급하게 끌어올렸다. 환율도 급등하여 1899~1904년 일본화폐에 대비된 백동화의 가치는 50% 이상 하락하였다.[80] 다른 한편 구래의 당일전과 당평當坪으로 개칭

78 朴基炷(1998),「朝鮮에서의 金鑛業 發展과 朝鮮人鑛業家」, 81~84쪽.

79 第一銀行(1909),『韓國貨幣整理報告書』, 51쪽.

80 吳斗煥(1991),『韓國近代貨幣史』, 韓國硏究院, 215~219쪽.

된 구당오전이 유통권을 달리하면서 그대로 쓰이고 있었다. 이 같은 화폐제도의 혼란은 정상적인 상거래를 저해하였으며, 특히 미곡의 수출과 대금업에 종사한 일본 상인에게 손실을 안기는 경우가 많았다.

1904년 8월 제1차한일협약이 체결됨에 따라 일본 대장성의 고위 관리 메가타 다네타로目賀田種太郎가 대한제국의 재정고문으로 부임하였다. 그는 1897년에 있은 일본의 금본위제 화폐개혁에 종사한 인물로서 대한제국의 화폐정리를 당면한 제1의 과제로 삼았다. 부임 직후 그는 전환국을 폐쇄하였다. 뒤이어 그가 밝힌 화폐정리의 기본 방침은 일본 제일은행의 한국지점을 대한제국의 금고로 지정한 다음, 일본에서 도입한 차관을 준비금으로 하여 동 은행으로 하여금 일본화폐와 등가의 제일은행권을 발행하는 것이었다. 그것은 금본위 화폐제도의 역사에서 금본위제 화폐를 준비금으로 하여 발행되는 금환본위제金換本位制의 범주에 해당하였다.

구화폐와 신화폐의 교환은 1905년 7월부터 개시되었다. 교환 비율은 구화 2원元에 신화 1원圓으로 정해졌다. 원래 구화 1원元은 일본 1엔圓과 등가이지만 백동화의 품위가 열악하여 환율이 배등하였기 때문이다. 그에 따라 구 백동화 1매는 신화 2전5분으로 교환되었다.[81] 그런데 실제 교환에 있어서 백동화는 갑甲, 을乙, 병丙 세 등급으로 차별되었다. 갑화甲貨는 신화 2전5분으로 교환되지만, 그보다 품위가 떨어지는 을화乙貨는 신화 1전으로 교환되었다. 병화丙貨는 화폐로 인정하기 힘들다 하여 폐기되었는데, 그 총액이 적게 잡아도 400만 원元을 초과하였다.[82] 이 같은 차등교환은 예정에 없던 정책으로 을화와 병화를 다수 보유한 조선인에게 큰 손실을 안겨 주었다.

1909년 11월 신구 화폐의 교환이 종료되었다. 교환된 신화폐는 852만

81 신화 1圓은 100錢이다. 그와 교환되는 舊貨는 2元, 곧 구 10兩으로서 구 100錢이다. 이는 구 2錢5分인 白銅貨의 40매에 해당한다. 곧 구 백동화 1매와 교환되는 신화는 2전5분이었다.

82 吳斗煥(1991), 『韓國近代貨幣史』, 269쪽.

원圓이며, 구화폐는 납세와 매수에 의한 것까지 포함하여 1,905만 원元이었다. 민족별 교환액을 보면 일본인이 51%, 한국인과 중국인의 합이 45%였다. 일본인은 백동화가 차등 교환될 것을 예상하고 양질의 백동화를 매집하는 전략을 구사하였다. 반면에 한국인은 백동화의 교환 가능성에 의구심을 품고 될 수 있는 대로 화폐를 처분하여 실물자산을 취득하는 방식으로 대응하였다. 그로 인해 교환이 완료되자 화폐자산의 절반 이상이 소수 일본인의 수중에 집중되고 말았다. 경상, 전라, 함경 등지에서 엽전의 회수는 백동화만큼 과격하게 이루어지지는 않았다. 매년 납세를 통해 회수되는 분량이 적지 않을 뿐 아니라, 동銅의 국제시세가 등귀함에 따라 엽전의 수출이 증가하여 유통량이 자연스럽게 감소하고 있었기 때문이다. 1909년까지 납세나 매수에 의한 엽전의 회수는 238만 원圓이며, 해외로의 수출은 398만 원이었다.[83]

화폐정리의 결과 한국 상인들은 격심한 화폐 부족에 시달렸다. 한국상인들은 돈 그림자도 구경하기 어려운 가운데 다급한 화폐수요를 메우기 위해 토지문서를 외국인에게 저당하였으며, 그렇게라도 하지 못하면 파산이 불가피한 실정이었다. 파산자는 한성에서만 "30만 원元 이상의 자 10인, 20만 원 이상의 자 20인, 10만 원 이상의 자 30인 이상, 5만 원 이상의 자 100인 이상, 1만 원 이상의 자 500인 이상"에 달하였다.[84] 1905~1909년 전국의 통화량은 2,200~2,400만 원의 수준에서 큰 변화가 없었다.[85] 그럼에도 화폐 부족이 그토록 심각했음은 화폐정리의 과정에서 화폐자산의 상당 부분이 일본 상인에 집중되었기 때문이다.

통감부는 한국 상인의 구제를 명분으로 일본에서 150만 엔의 차관을 도입하여 각지에 창고회사와 어음조합을 설립하였다. 이들 회사와 조합

---

83 第一銀行(1909), 『韓國貨幣整理報告書』, 130~133·137~141쪽.
84 姜德上(1965), 「貨幣整理事業に關する研究ノート」, 『駿台史學』 17, 137쪽.
85 吳斗煥(1991), 『韓國近代貨幣史』, 277쪽.

은 한국 상인의 재고와 어음을 인수하는 방식으로 금융을 제공하였다. 1906년에는 창고회사와 어음조합을 통합하여 11개 주요 도시에 농공은행農工銀行을 설립하였다. 또한 통감부는 1907년 일본정부의 대부금을 자본으로 하여 금융조합金融組合을 설치하고, 농민들에게 토지와 농우를 구입할 자금을 대출하였다. 1910년까지 금융조합의 지점은 130개로 확대되었다. 이 같은 과정을 거쳐 한국의 상인과 농민은 식민지 금융기구에 포섭되어 갔다.

1909년 통감부는 재정과 금융에 대한 지배를 강화할 목적에서 제일은행 한국지점의 화폐발행권을 유상으로 회수한 다음, 한국은행조례를 제정하여 대한제국의 중앙은행으로서 한국은행韓國銀行을 설립하였다. 한국은행은 은행권 발행, 국고금 관리, 금 매입 등 중앙은행의 업무를 수행함과 동시에 일반은행의 예금과 대출 업무도 수행하였다. 한국은행은 제일은행 한국지점의 임원과 행원을 그대로 인수하였으며, 이에 한국은행의 설립은 제일은행 한국지점이 식민지 중앙은행으로 개편된 것에 다름 아니었다.[86]

통화제도

1911년 3월 조선은행법朝鮮銀行法의 제정에 의해 한국은행은 조선은행朝鮮銀行으로 바뀌었다. 조선은행은 조선은행권朝鮮銀行券을 발행하였다. 조선은행법은 조선은행이 은행권을 발행함에 있어서 동액의 지불준비금을 확보할 필요가 있으며, 그 준비금은 금화金貨, 지금은地金銀, 일본은행태환권日本銀行兌換券으로 한다고 규정하였다. 이들을 가리켜 정화준비발행正貨準備發行이라 하였다. 그 밖에 일정 한도에서 보증준비발행이 가능했는데, 보증준비의 소재는 국채 및 확실한 증권이나 상업어음이었다. 또

86 裵永穆(2002), 『韓國金融史 1876-1959』, 51~53쪽.

한 제한외발행制限外發行이 예외적으로 인정되었는데, 이를 위해서는 일본 정부의 인가가 필요하며 소정의 발행세를 부담하였다.[87] 이 같은 발권제도는 정화준비 가운데 일본은행권이 포함된 점을 제외한다면 일본은행의 발권제도를 그대로 옮긴 것이지만, 다음과 같은 두 가지 점에서 그와 달랐으며 식민지적 특질을 면치 못하였다.

첫째, 조선은행권의 금金으로의 태환은 제도적으로는 보장되었지만 실제적 효력은 거의 없었다. 조선은행이 보유한 지금은地金銀의 양은 보잘 것 없으며, 준비금의 7할 이상은 일본은행권이나 국채로 채워졌다. 조선은행권은 사실상 일본은행권의 태환권으로서 일본은행권과 고정환율로 묶인 일종의 신용화폐에 다름 아니었다. 일반적으로 제국주의 국가는 본국의 통화를 그대로 식민지에 통용시키기보다 식민지 통화를 발행하여 본국 통화와 고정환율로 묶어 언제든지 취득, 교환할 수 있는 관계를 유지하는 방식을 선호하였다. 일제가 조선에서 실행한 통화제도도 그 같은 것이었다. 1930년대에 조선은행권을 일본은행권으로 흡수하자는 논의가 일본에서 일기도 했지만 결국 실현되지 않았다. 일본과 조선의 통화를 끝내 구별한 가장 중요한 이유는 유사시에 조선은행권이 "내지경제권內地經濟圈의 옹호를 위하여 하나의 완충효과"를 발휘할 것으로 기대되었기 때문이다. 실제로 중일전쟁(1937~1945) 기간에 조선은행권은 일본의 전비戰費 지출로 발생한 중국의 인플레이션이 일본으로 파급되는 것을 막는 방파제로서의 역할을 톡톡히 수행하였다.[88]

둘째, 일본은행권 준비제도는 1931년 일본에서 금본위 화폐제도가 폐지된 이후에도 그대로 존속하였다. 다시 말해 일본은행권이 금과의 태환성을 상실함에도 불구하고 조선은행권에 대해서는 일본은행권과의 태환성을 유지하기 위해 금본위제하의 준비제도와 유사한 제약이 끝까지 해

87 김낙년(2003), 『일제하 한국경제』, 256쪽.
88 김낙년(2003), 『일제하 한국경제』, 61~63쪽.

제되지 않았다. 이로 인해 총독부의 독자적인 재정 운영에 커다란 제약이 가해졌다. 예컨대 금본위제의 폐지 이후 일본정부는 일본은행 인수에 의한 공채의 발행이 가능해져 시장에 대한 재량적 개입을 행할 수 있으나 총독부의 경우 그 같은 개입은 불가능하였다. 총독부가 공채를 발행할 때 조선은행 인수에 의해서가 아니라 직접 일본의 금융시장에서 발행할 수밖에 없었던 것은 통화제도의 이 같은 식민지적 제약 때문이었다.[89] 반면에 조선으로 일본은행권이 유입됨에 따라 조선은행권이 증발되는 경로는 차단되지 않았다. 다시 말해 일본정부는 이미 불환지폐不換紙幣가 된 일본은행권을 다량 발행하는 방식으로 조선은행권을 쉽게 조달할 수 있었다. 중일전쟁기 중국에서 행한 일본의 전비 지출은 이 같은 경로를 통해서였다.

조선은행

식민지기의 금융기관은 조선은행, 식산은행殖產銀行, 동양척식주식회사, 일본계 지점은행, 조선에 본점을 둔 일반은행이 있었다. 이외에 금융조합이 있었는데, 은행과 마찬가지로 예대預貸 업무를 수행하였다. 조선에 진출한 일본계 지점은행은 1910년에 4개 은행 17개 지점이 있었는데, 이후 더 이상 늘지 않았다. 이들 금융기관은 조선에 대한 일본의 금융지배에서뿐 아니라 총독부의 제반 정책 추진에서 중추 기관으로서 역할을 하였다. 주요 금융기관의 대출 비중은 〈표 8-3〉과 같다. 처음부터 조선은행, 식산은행, 금융조합, 동양척식주식회사와 같은 특수금융기관 대출이 60% 이상의 지배적 비중을 차지하였다. 1910년대에는 조선은행이 전체 대출에서 31~34%의 큰 비중을 점하였으나 점차 줄어들고 식산은행과 그 계열인 금융조합의 비중이 증가하였다. 1930년대에 이르러 식산은행과 금

89 김낙년(2003), 『일제하 한국경제』, 256~257쪽.

【표 8-3】 금융기관별 대출의 비중(1912~1944)

단위: %, 천 圓

연도＼구분	조선은행	식산은행	금융조합	동양척식 주식회사	일반은행	대출 총액
1912	31.0	23.3	3.8	4.6	37.2	44,833
1916	34.5	19.6	4.4	9.0	32.5	64,700
1920	21.9	30.9	11.3	11.6	24.2	278,256
1924	15.4	41.0	13.1	9.5	21.0	444,656
1928	7.0	45.4	16.4	12.0	19.2	557,506
1932	9.9	44.9	17.0	11.9	14.6	752,882
1936	13.4	41.8	19.5	8.1	15.0	1,179,506
1940	23.3	38.3	14.7	6.0	15.8	2,429,112
1944	23.1	38.1	12.2	4.7	20.0	4,242,260

출처: 朝鮮總督府財務局,『朝鮮金融事項參考書』各年度版.
朝鮮殖産銀行,『朝鮮金融事情概觀』各年度版.
朝鮮銀行,『朝鮮銀行統計月報』各年度版.
비고: 대출 총액에는 저축은행의 몫이 포함되어 있다.

융조합은 전체 금융기관 대출의 60% 이상을 차지하였다.

조선은행은 중앙은행이지만 일반은행의 업무도 겸하였으며, 그로 인해 이와 같이 전체 금융기관의 대출에서 큰 비중을 차지하였다. 조선은행은 1910년대 중반까지 중앙은행으로서의 역할과 조선 내의 영업에 주력하였는데, 이후 영업 기반을 일본과 만주로 확장하였다. 조선은행의 역외은행화는 1917년 조선은행권이 관동주關東州와 남만주철도의 부속지에서 법화法貨로 인정됨에 따라 더욱 강화되었다. 이미 1918년에 조선은행의 대출 구성에 있어서 일본과 만주는 조선을 능가하였다. 만주가 일본경제권으로 통합된 데에는 조선은행권의 역할이 컸다. 그런데 제1차 세계대전에 따른 호황이 종식되자 만주와 일본에서 행한 대출이 절반 이상이나 부실화하였으며, 그에 따라 조선은행은 큰 위기에 봉착하였다. 이를 계기로 1924년 조선은행의 여러 업무는 일본 대장성大藏省의 통제하에 들게 되었으며, 그때까지 어느 정도 자율적으로 행사해 온 발권력도 큰 제약을 받게 되었다.[90] 이후 〈표 8-3〉에서 보듯이 조선 내 금융기관 대출에 있어서 조선은행의 비중은 7~10%로까지 줄어들었다.

조선은행은 1930년대 일본의 만주 침략을 계기로 다시 만주에서의 영업을 강화하였으며, 그 결과 만주 예금이 조선은행 총예금의 2/3나 되었다. 1937년 중일전쟁이 발발하자 조선은행권은 화북지방의 군용통화로 지정되었다. 그와 더불어 조선은행은 일본이 중국으로 군사비를 송금하는 통로로서 역할을 하였다. 조선은행은 중국연합준비은행中國聯合準備銀行과 예금협정을 체결하여 거액의 엔圓 자금을 확보하였다. 그 여유 자금으로 조선은행은 일본의 국채를 대량 매입하였으며, 그를 보증준비로 하여 조선은행권의 발행을 크게 늘림으로써 조선, 만주, 일본에서의 대출을 신장시킬 수 있었다. 조선 내 금융기관 대출에서 있어서 조선은행의 비중은 1940년 23%로까지 증가하였다. 그와 더불어 조선 내 일반은행에 대한 지배력도 강화되어 한성은행漢城銀行과 조선상업은행朝鮮商業銀行 등의 일반은행이 조선은행의 계열로 편입되었다.[91]

식산은행

식산은행殖産銀行은 산업금융의 목적으로 1918년 11개 도시의 농공은행을 통합하여 설립되었다. 식산은행은 납입자본의 5배, 나아가 15배에 해당하는 채권을 발행할 수 있었다. 식산은행의 채권은 일본과 조선의 우편저금과 간이보험簡易保險을 취급한 대장성 예금부자금에 의해 또는 일본 금융시장에서 어렵지 않게 소화되었다. 제1차 세계대전의 호황기를 거치면서 일본경제는 중화학공업 중심의 산업구조로 이행함과 더불어

---

90 裵永穆(2002), 『韓國金融史 1876-1959』, 122~127쪽.
尹錫範 外(1996), 『韓國近代金融史研究』, 世經社, 143~153쪽.

91 裵永穆(2002), 『韓國金融史 1876-1959』, 250~252쪽.
尹錫範 外(1996), 『韓國近代金融史研究』, 154~162쪽.

상당 규모의 과잉자본을 보유하게 되었다. 그 과잉자본이 식산은행의 채권이란 경로를 통해 조선에 유입하였다. 1936년까지 식산은행의 자금 조달에 있어서 조선 내 예금의 비중은 20~30%에 그치고 채권 발행을 통한 일본 자금의 유입이 50~70%를 점하였다.

식산은행은 풍부한 자금원에 힘입어 〈표 8-3〉에서 보듯이 1920년대 이후 금융기관의 전체 대출에서 40% 이상의 가장 큰 비중을 점하였다. 금융조합은 식산은행의 지원을 받는 계열 금융기관이었다. 이를 합한 이른바 식은계殖銀系의 비중은 60%를 넘었다. 식은계는 조선은행과 그 계열의 일반은행으로 이루어진 선은계鮮銀系를 자금력에서 능가하였다. 식산은행은 조선은행 및 일반은행과 달리 산업금융의 장기대출에 종사하였다. 식산은행의 대출에서 농업경영, 수리사업, 토지개량은 1918년 59%, 1930년 64%로 큰 비중을 차지하였다. 식산은행은 1920년대의 수리조합사업과 1930년대의 토지개량사업에 있어서 중심적 추진기구로 역할을 하였다. 1930년대 식산은행의 대출에서 공업의 비중은 2%를 넘지 않았다.[92]

1937년 중일전쟁 이후 식산은행의 성격은 농업 금융기관에서 군수산업 금융기관으로 바뀌었다. 식산은행은 임시자금조정법臨時資金調整法에 의해 조성된 군수금융軍需金融의 70%를 담당함으로써 군수산업금융의 중추기관으로서 그 역할을 하였다. 1939년 일본정부가 조선에 제공한 2억 원의 생산력확충자금은 식산은행을 통해 배분되었다. 1942년 일본에서 설치된 전시금융금고戰時金融金庫가 조선에 진출하자 식산은행은 그 창구 역할을 맡았다. 중일전쟁 이후 조선은행이 그의 발권력을 이용하여 만주와 중국으로 조선은행권을 공급하는 역할을 수행했다면, 식산은행은 산업투자은행으로서 총독부와 밀착하여 군수산업을 위한 금융기관으로 성장하였다.[93]

---

92 裵永穆(2002), 『韓國金融史 1876-1959』, 161~163쪽.

93 裵永穆(2002), 『韓國金融史 1876-1959』, 252~255쪽.

금융조합

1907년에 설립된 금융조합은 총독부 권력이 농촌사회에 깊숙이 침투하는 데 기여하였다. 금융조합은 토지와 경우耕牛의 구입자금을 대출하였을 뿐 아니라 농산물의 공동 구매와 판매, 창고 사업, 화폐 교환 등의 업무를 담당하였다. 1908년 금융조합의 수는 43개에 불과하지만 1940년까지 723개로 확산되었다. 금융조합은 당초 총독부의 자금 지원으로 활동을 시작했는데, 1918년 금융조합령金融組合令에 의해 예금, 대출, 어음할인, 다른 은행의 대리 업무를 취급하게 되어 금융기관으로 발돋움하였다. 1916년에 설립된 식산은행은 각 도의 금융조합연합회에 자금을 지원함으로써 금융조합을 식산은행의 계열로 편입하였다. 식산은행의 지원을 받은 금융조합은 상업 중심의 도시로도 진출하였다.[94]

그에 따라 도시금융조합이 생겨났지만 금융조합의 중심은 여전히 촌락금융조합으로서 농업금융을 기본 업무로 하였다. 금융조합은 보통대출의 25~40%를 토지 구입자금으로 대출하였다. 토지 구입자금의 대출은 시종일관 금융조합의 가장 중요한 업무였다. 토지개량자금은 1920년대 전반에 30%의 비중이었으나 1930년대에 들어 3% 이하로 줄었다. 경우 구입자금은 1920년대 초반까지 20%의 비중이었으나 이 역시 점차 줄었다. 그 대신 부채상환을 위한 대출이 늘어나 1930년대 중반 보통대출의 30%를 넘었다. 1930년대에 들어 금융조합은 총독부가 강력히 추진한 농촌진흥운동農村振興運動의 기구로 변모하였다. 농촌진흥운동의 일환으로 전개된 고리채 정리사업의 자금은 대부분 금융조합에 의해 공급되었다. 농촌진흥운동의 다른 하나인 자작농지설정사업의 자금도 대부분 금융조합이 공급하였다.

식산은행이 산업정책적으로 수리조합이나 지주 계층의 토지개량사업을

94 裵永穆(2002), 『韓國金融史 1876-1959』, 74~75·91~93쪽.

지원하여 농업생산력을 증진시키려 했다면, 그 계열인 금융조합은 사회정책적으로 중·하층의 농민을 대상으로 고리채 정리와 자작농지 설정을 위한 자금을 공급하였다. 식산은행과 금융조합은 총독부 산하의 정책금융기관으로서 대출의 대상과 용도에서 상호보완적 역할을 수행하였다. 중일전쟁 이후 금융조합은 전시통제기구의 말단으로서 그 업무와 기능을 강화하였다. 1942년까지 130만 명 이상의 농민이 자작농지 구입자금을, 58만 명 이상의 농민이 고리채 정리자금을 지원받아 대부분의 농민이 금융조합의 통제하에 들어갔다. 전시 말기가 되면 금융조합은 미곡의 강제수매에 따른 농가의 저축을 강제로 흡수하는 예금기관으로 변질하였다.[95]

일반은행

1910년까지 조선인 은행으로서는 한성漢城은행, 천일天一은행, 한일韓一은행, 밀양密陽은행의 넷이 있었다. 1912년의 은행령銀行令은 종전의 대금업자들이 수행하던 어음할인을 은행 업무의 하나로 지정하였다. 그에 따라 종래의 사설 대금회사들이 은행으로 전신하였다. 그 결과 1921년까지 경성의 경성은행과 해동海東은행, 구포의 구포은행, 대구의 대구은행과 경일慶一은행, 부산의 주일主一은행과 동래은행, 예산의 호서은행, 전주의 삼남은행, 광주의 호남은행, 함흥의 북선상업은행 등 21개의 일반은행이 설립되었다.[96]

일반은행의 설립에는 조선인 상인과 신흥지주가 주주와 임원으로 참여하였다. 은행의 설립은 개항기에 걸쳐 성장한 각지의 신흥지주들이 자본가적 금융업자로 전신하는 계기를 제공하였다. 그와 동시에 조선인의 유력 은행들이 일본인 은행으로 바뀌어 갔다. 1899년 황실의 출자와 서울의 유력 상인들이 설립한 천일은행은 1905년 화폐정리 당시에 위기에 봉

95 裵永穆(2002), 『韓國金融史 1876-1959』, 167~171, 293~301쪽

96 이영훈·배영목·박원암·김석진·연강흠(2004), 『한국의 은행 100년사』, 산하, 159~168쪽.

착하여 통감부의 금융구제를 받았다. 그 뒤 통감부가 최대 주주인 가운데 1911년 조선상업은행朝鮮商業銀行으로 개칭하였다. 조선상업은행은 이후에도 조선인이 은행장과 취체역取締役을 계속 맡아 조선인 은행으로서의 정체를 유지하였다. 동 은행은 서울 일원의 조선인 상인을 영업 기반으로 하였다. 그러다가 1924년 원산상업은행, 조선실업은행과 합병되면서 총독부의 적극적 개입으로 일본인 은행으로 바뀌어 버렸다. 1897년에 설립된 한성은행은 1904년 일본 제일은행의 계열로 편입되지만 역시 조선인이 은행장과 취체역을 맡은 조선인 은행으로 존속하였다. 한성은행은 병합 후 조선인 귀족의 자산을 관리하는 은행으로 지정되어 영업의 호조를 유지하다가 1923년 관동대지진關東大地震의 피해를 입어 부실화하였다. 이후 식산은행의 구제금융을 받음으로써 선은계에서 식은계로 이동하였는데, 그 과정에서 일본인 은행으로 바뀌고 말았다.

1928년의 은행령 개정은 은행을 허가하는 자본금의 수준을 높였으며, 그에 따라 군소 일반은행은 대부분 합병의 대상이 되었다. 합병을 주도한 것은 조선상업은행, 한성은행, 동일東一은행의 3대 일반은행이었다. 동일은행은 한일은행이 1931년 호서은행을 합병한 결과로 생긴 은행이다. 지속적인 합병의 결과 1942년까지 이 3대 은행만 남게 되었다. 그것도 1943년 한성은행과 동일은행이 합병하여 조흥朝興은행이 됨으로써 일반은행은 조선상업은행과 조흥은행 둘만 남게 되었다.[97] 일반은행의 대출은 〈표 8-3〉에서 보듯이 전체 금융기관의 대출에서 그 비중이 점차 하락하여 1912년에 37.2%나 되었으나 1930년대에는 15% 전후에 불과하였다. 일반은행의 주요 업무는 부동산, 상품, 유가증권을 담보로 한 상업대출에 있었다. 전시기에 이르러 일반은행은 금융조합과 마찬가지로 민간의 여유 자금을 흡수하여 국채 등 유가증권을 구입함을 주요 업무로 하였다.

---

97 이영훈·배영목·박원암·김석진·연강흠(2004), 『한국의 은행 100년사』, 189~205쪽.

일정기에 걸친 금융기관의 확충은 전국적 범위에서 통합적인 금융시장을 성립시켰다. 우선 금융의 공급이 확대됨으로써 이자율이 하락하였다. 1910년대 일반은행의 연이자율은 32~36%였다. 그것이 1940년대까지 16%로 하락하였다. 사설 대금업의 이자율도 같은 기간 35~38%에서 23~25%로 하락하였다. 농촌에는 전통적으로는 각종 계가 금융을 제공하였는데, 계의 이자율도 하락하였다. 전라도 영암, 광주, 남원과 경상도 경주 등지에서 확인되는 계의 이자율은 18세기 이래 1910년대까지 30~40%의 높은 수준이었는데, 1940년대까지 10%대로 낮아졌다.[98]

또한 이자율은 금융기관의 확충과 각종 교통·통신시설의 보급에 힘입어 지역 간에 수렴하는 추세를 보였다. 예컨대 사설 대금업의 도별 이자율은 1911년 10% 이상의 표준편차를 보였는데, 1930년대에 이르러 2%로 떨어졌다. 도별 어음할인율의 표준편차도 마찬가지였다.[99] 조선과 일본 간의 금융시장에서도 마찬가지 추세가 관철되었다. 예컨대 제일은행 부산지점의 예금이자율은 1890년대까지 도쿄지점과 오사카지점보다 2% 이상 높았지만 1910년 이후 거의 일치하였다. 제일은행 부산지점의 어음할인율은 1890년대까지 도쿄지점과 6% 이상의 격차를 유지하다가 1910년대에 3~5%로, 1920년대 이후 2% 미만으로 좁혀지는 추세를 보였다.[100] 이처럼 조선과 일본의 금융시장은 1920년대까지 사실상 하나의 단일시장으로 통합되었다.

---

98 김재호·박기주(2004), 「농촌 이자율의 장기변동, 1742-1953」, 이영훈 편, 『수량경제사로 다시 본 조선후기』, 서울대학교출판부, 139~145쪽.

99 김대현(2012), 「한국 근대의 금융과 투자」, 서울대학교 대학원 경제학부 박사학위논문, 35~40쪽.

100 김대현(2012), 「한국 근대의 금융과 투자」, 13~14·17쪽.

6. 재정

징세기구의 정비

1904년 대한제국에 부임한 일본의 재정고문은 화폐정리와 더불어 재정개혁에 착수하였다. 우선 제일은행의 각 지점과 출장소가 국고금을 취급하는 금고로 지정되었다. 그에 따라 정부재정의 모든 세입과 지출이 금고를 단일 창구로 하게 되었다. 금고제도가 마련되자 그때까지 성행한 외획外劃이 폐지되었다. 외획의 폐지는 조세금의 징수와 상납 과정에서 조세금을 상업자본으로 활용해 왔던 한국 상인에 적지 않은 타격을 가하였다.[101] 1906년 통감부는 지방행정에서 징세업무를 분리하였다. 그에 따라 종래 관찰사와 군수가 담당해 온 징세업무가 세무감稅務監과 세무관稅務官이 주도하는 새로운 징세기구로 이관되었다. 종래 군의 징세 실무는 서원書員이라 불린 향리 집단이 그들의 생업으로 수행해 왔다. 서원들은 경지의 일부를 숨기거나 진전陳田으로 허위 등록한 다음, 그로부터 나오는 조세를 그들의 소득으로 삼곤 하였다. 서원들은 통감부의 개혁에 징세대장을 숨기는 방식으로 심하게 저항하였다. 통감부는 징세업무의 원활한 수행을 위해 처음 2년간 서원들과 타협할 수밖에 없었다. 징세기구의 본격적인 개혁은 1907년 12월에 시행된 재무감독국관제財務監督局官制에 의해서였다. 그에 따라 재무감독국이 서울, 평양, 대구, 전주, 원산의 5곳에, 그 아래의 재무서財務署가 전국 231곳에 설치되었다. 재무감독국은 징세와 국고 업무만이 아니라 신구 화폐의 교환, 금융기관의 감리, 지방경제의 관리와 같은 기능을 수행하였다.[102]

1908년 재무감독국은 종래 서원들이 작성해 온 것과 전혀 상이한 양식

101 金載昊(1997), 「甲午改革이후 近代的 財政制度의 形成過程에 관한 研究」, 서울대학교 대학원 경제학부 박사학위논문, 312쪽.

102 金載昊(1997), 「甲午改革이후 近代的 財政制度의 形成過程에 관한 研究」, 323~336쪽.

의 결수신고서結數申告書 또는 결수연명부라는 새로운 징세대장을 조제하기 시작하였다. 토지의 소유자는 토지가 소재한 면에 토지의 자호, 지번, 지목, 면적(두락), 결부, 지세액, 소유자의 주소 및 성명을 신고해야 하였다. 새로운 징세대장이 만들어지자 서원들은 징세과정에서 배제되었다. 앞서 서술하였듯이 결수연명부는 1912년부터 토지조사사업이 실시될 때 신고의 기초 자료로 활용되었다. 징세기구가 새롭게 정비됨에 따라 지세 수입이 증대하였다. 우선 과세결수가 1905년 96만 결에서 1910년 102만 결, 1913년 107만 결로 증가하였다. 그런데 1905~1910년에 지세의 실수입은 215만여 원에서 600만여 원으로 3배 가까이나 증가하였다. 결당 지세액에는 변함이 없었다. 그럼에도 이같이 세수가 늘어난 것은 무엇보다 이와 같이 징세기구가 새롭게 정비된 덕분이었다. 1905년 이전에 지세의 실수입이 낮았던 것은 통일적인 금고제도가 결여된 가운데 조세금의 운송이 상인들의 외획에 맡겨져 다량의 미납과 체납이 상습적으로 발생해 왔기 때문이다.

통감부는 지세 이외에 여러 종류의 세원을 개발하였다. 1905년 일본이 관리해 온 관세 수입이 대한제국으로 이관되었다. 1907년 황실재정이 폐지됨에 따라 내장원이 징수해 온 광세鑛稅, 해세海稅, 삼세蔘稅 등이 정부재정으로 돌려졌다. 황실 소유의 역토와 둔토도 국유지로 이관되어 정부재정에 보탬이 되었다. 또한 1904년 142만 호에 불과하던 호총이 1909년까지 274만 호로 증가하였다. 그에 따라 호세戶稅의 실수입이 9만 5,345원에서 28만 3,547원으로 늘었다. 1909년에는 가옥세법, 주세법, 연초법이 제정되어 가옥세, 주세, 연초세가 부과되었다.[103]

1907년 제3차한일협약 이후 대한제국의 정부에 일본의 관리들이 차관次官으로 취임하였다. 이른바 차관정치의 개시와 함께 치안유지비를 비롯한 통치비가 급증하였다. 그와 더불어 도로·수도·항만 공사에 따른 재

---

103 이윤상(1996), 「1894-1910년 재정 제도와 운영의 변화」, 서울대학교 대학원 국사학과 박사학위논문, 267~277쪽.

정수요도 적지 않았다. 이와 같이 지세가 증징되고 새로운 세원이 개발되었지만 그것으로 증가하는 재정수요를 충당할 수 없었다. 부족분을 메우기 위해 통감부는 일본에서 차입을 행하거나 공채를 발행하였다. 차입과 공채는 1909년의 경우 세입예산 2,922만여 원 가운데 1,308만여 원이나 되어 45%의 큰 비중을 점하였다.[104] 1905년 대한제국은 외교권을 상실한데 이어 1907년 이후 재정적으로 일본에 깊숙이 종속되어 갔다.

총독부의 세입

일정기에 걸쳐 총독부재정은 일본 정부재정의 특별회계로 운영되었다. 일본이 총독부재정을 특별회계로 관리한 것은 본국 재정과의 수지를 분명히 함으로써 식민지경영의 효율을 기하기 위해서였다. 총독부재정의 편성 과정을 보면, 매년 7~9월 총독부 재무국이 각 국의 예산 요청을 수렴하고 조정한 다음, 10~12월에 본국 대장성에 예산안을 제시하고 사정査定을 받았다. 이어 대장성은 동 예산안을 의회에 제출하는데, 의회의 심의과정에서는 총독부의 정무총감政務總監과 재무국장이 출석하여 의원들의 질의에 답하였다.

일본정부와 식민지와의 재정관계는 이것만이 아니었다. 일본정부는 총독부특별회계와 별도로 식민지의 금융기관을 상대로 일본정부의 각종 회계와 관련된 지출과 수입을 행하였다. 대표적인 몇 가지 회계 종목을 들면 국채회계, 금자금회계金資金會計, 간이생명회계, 군사비회계 등이다. 가령 1930년대 후반에 크게 확대된 금자금회계의 경우, 일본정부는 조선은행에 자금을 예치하고 그것으로 조선에서 생산된 금을 매수하였다.[105]

한편, 총독부는 도, 부, 면·읍, 학교 등의 지방단체재정을 운영하였다.

---

104 統監府(1910),『第3次統監府統計年報』, 585쪽.

105 禹明東(1987),「日帝下 朝鮮財政의 構造와 性格」, 고려대학교 대학원 경제학과 박사학위논문, 4~10쪽.

이들 지방재정은 중앙재정과 달리 일본정부의 통제 밖에 놓였으며 총독부의 재량하에 있었다. 도와 부 등은 지방세와 국고보조금으로 마련된 자금으로 토목, 권업, 교육, 위생, 사회사업을 행하였다. 지방세는 지세 등의 국세에 일정 비율로 부과된 부가세, 호세와 같이 국세에서 지방세로 이관된 것, 그리고 가옥세와 같은 특별세 등으로 구성되었다. 읍·면은 원래 민적과 징세업무가 본래 업무였으나 점차 도 행정의 보조기능이 강화되면서 업무의 폭과 그에 따른 재정지출이 늘었다. 이외에 조선인 초등교육과 일본인 초·중등교육을 담당하는 공동단체와 학교조합의 재정이 지방재정에 포함되었다. 지방재정은 1910년대에는 그 규모가 별로 크지 않았지만, 1920년대 이후 토목, 권업, 위생, 교육의 재정수요가 증가함에 따라 1930년대에는 중앙재정의 4~5할에 달할 정도로 크게 확충되었다.

총독부재정의 세입은 조세, 관업官業·관유산업官有事業, 공채, 보충금으로 구성되는데, 각각의 크기와 비중은 〈표 8-4〉와 같았다. 우선, 보충금은 일본정부 일반회계로부터 총독부특별회계로의 이전을 말하였다. 초기에는 총독부재정의 비자립성을 반영하여 보충금의 비중이 20% 가까이나 되었다. 1910년대에 걸쳐 재정독립 계획이 추진되고 토지조사사업의 완료에 따라 지세가 증수됨으로써 1918년에 이르러 보충금의 이전은 중단되었다. 그렇지만 3·1운동 이후 문화정치文化政治에 따른 재정수요가 증대하자 다시 10% 가까이로 증가하는데, 이후 지속적으로 감소하여 1940년대에는 1~2%의 상징적 수준에 불과하였다.

조세는 1910년대에 걸쳐 30% 이상의 비중을 차지한 가장 중요한 세입원이었다. 조세수입의 비중은 1920년대 이후 점차 감소하여 1930년대 이후 20% 이하로 떨어졌다. 그 대신 관업·관유재산수입이 50% 이상의 지배적 비중을 차지하게 되었다. 조세에는 지세, 관세, 주세, 소득세 등이 있었다. 그 가운데 가장 큰 것은 지세인데, 1934년 이후 주세에 그 자리를 넘겨주었다. 그 다음은 관세인데, 1920년 이후 대일 이출세移出稅와 이입

【표 8-4】 총독부재정의 세입 구성

단위: 천 圓, %

연도 \ 구분	조세수입	관업·관유 재산수입	공채수입	보충금	기타	합계
1911~1913	13,235 (22.4)	13,733 (23.2)	12,001 (20.3)	11,567 (19.5)	8,632 (14.6)	59,168 (100)
1917~1919	30,404 (30.3)	22,917 (22.9)	13,454 (13.4)	2,667 (2.7)	30,831 (30.7)	100,273 (100)
1923~1925	36,807 (23.0)	67,947 (42.4)	16,115 (10.1)	15,535 (9.7)	23,803 (14.9)	160,207 (100)
1929~1931	43,286 (19.3)	122,475 (54.5)	13,989 (6.2)	15,456 (6.9)	29,375 (13.1)	224,581 (100)
1935~1936	70,096 (19.6)	187,849 (52.6)	23,522 (6.6)	12,872 (3.6)	63,018 (17.6)	357,357 (100)
1940~1942	261,904 (23.2)	485,064 (42.9)	157,556 (13.9)	13,529 (1.2)	213,107 (18.8)	1,131,160 (100)

출처: 禹明東(1987), 「日帝下 朝鮮財政의 構造와 性格」, 고려대학교 대학원 경제학과 박사학위논문, 61쪽.
비고: 1. 해당 기간의 평균치이다.
2. 전년도잉여금은 빠져 있다.

세移入稅가 폐지됨에 따라 점차 감소하였다. 주세는 1920년대에 걸쳐 조금씩 증가하여 1934년 이후 30% 이상의 큰 비중을 점하였다. 총독부는 1934년 제2차 세제개혁을 행하여 개인소득세를 창설하였다. 그에 따라 지주층의 완강한 반대를 무릅쓰고 소작료 수입에 대해 소득세를 부과하기 시작하였다. 이후 소득세가 조세수입에서 가장 큰 몫으로 증가해 갔다.[106] 소득세의 부과는 지주를 우대해 온 총독부의 지배정책이 크게 후퇴했음을 의미하고 있다.

1920년대 이후 총독부 세입에서 가장 큰 비중을 차지한 것은 철도, 우편, 전신, 전화, 전매, 영림營林 등에서 나오는 관업·관유재산수입이었다.

106 禹明東(1987), 「日帝下 朝鮮財政의 構造와 性格」, 72~104쪽.

1929~1931년 관업·관유재산수입이 차지하는 비중은 54.5%에나 달하였다. 총독부는 대한제국이 영위한 각종 관업을 인수하였을 뿐 아니라 각종 관업을 추가로 확보하였다. 그 가운데 가장 중요한 것은 철도였다. 특히 1930년대 이후 철도 수입은 총독부의 세입을 구성한 모든 항목 가운데 가장 규모가 컸다. 철도에 이어서 1910년대에는 우편, 전신, 전화가 중요했으며, 1920년대 이후에는 전매가 이것들을 능가하였다. 총독부는 1920년에 홍삼을, 1921년에 연초를 전매품으로 했으며, 기타 소금과 아편도 전매하였다.

조세와 관업·관유재산수입에 이어 중요한 세입원은 공채였다. 공채수입은 1920년대에 걸쳐 10% 이상의 비중을 점하였으며, 1930년대에 6%로 감소하나 전시기에 이르러 다시 10% 이상으로 증가하였다. 총독부는 철도 등 관업의 경영비를 충당하기 위해 공채를 발행하였다. 공채의 발행은 1911년의 조선사업공채법朝鮮事業公債法에 의거하였다. 공채의 발행에는 일본 의회의 동의가 필요하였다. 발행에는 한도가 있었는데, 1910년 5,600만 원에서 시작하여 1937년 8억 원으로 계속 늘어났다. 공채는 조선 내부에서 소화되기 어려웠다. 1912년까지는 조선은행이 인수했으나 통화 증발의 우려가 있어 1913년부터 일본 대장성 예금부와 일본정부 일반회계가 인수에 참가하였다. 특히 대장성 예금부의 공채 인수가 많았다. 이후 전시기가 되면 공채를 인수한 대장성 예금부 자금이 대부분 조선에서 조성된 저축으로 충당되어 총독부 공채가 사실상 조선 내부에서 소화되기에 이르렀다.[107]

총독부의 세출

총독부재정의 세출은 크게 통치비와 관영사업비로 구성되었다. 〈표

107 禹明東(1987), 「日帝下 朝鮮財政의 構造와 性格」, 111~118쪽.

[표 8-5] 총독부재정의 세출 구성

단위: 천 圓, %

연도 \ 구분	통치비	관영사업비	산업경제비	공채비	기타	합계
1911~1913	15,490 (30.7)	24,826 (49.2)	3,679 (7.3)	2,792 (5.5)	3,661 (7.2)	50,448 (100)
1917~1919	27,226 (39.2)	26,229 (37.8)	2,846 (4.1)	6,139 (8.8)	6,956 (10.0)	69,396 (100)
1923~1925	48,634 (32.3)	66,547 (44.2)	9,049 (6.0)	13,515 (9.0)	12,678 (8.4)	150,423 (100)
1929~1931	49,298 (23.1)	114,135 (53.4)	14,709 (6.9)	22,150 (10.4)	13,428 (6.3)	213,720 (100)
1935~1936	52,217 (17.2)	177,184 (58.2)	17,531 (5.8)	29,013 (9.5)	28,243 (9.3)	304,188 (100)
1940~1942	106,598 (10.7)	557,672 (55.8)	100,283 (10.0)	46,679 (4.7)	188,372 (18.8)	999,604 (100)

출처: 禹明東(1987), 「日帝下 朝鮮財政의 構造와 性格」, 고려대학교 대학원 경제학과 박사학위논문, 23쪽.
비고: 해당 기간의 평균치이다.

8-5〉에서 보듯이 이 두 항목이 일정기에 걸쳐 전 세출의 70~80%를 점하였다. 그런 가운데 통치비의 비중이 1910년대의 30~40%에서 1930년대 이후 10~20%로 줄고, 관영사업비가 1910년대의 30~40%에서 1930년대 이후 50~60%로 늘어나는 변화를 보였다. 그 다음으로는 공채비의 비중이 큰데, 발행된 공채의 원리 상환금을 말한다. 총독부가 직접 산업에 투자하거나 기업, 경제단체, 각종 시험장에 보조한 산업경제비産業經濟費는 1940~1942년의 전시기를 제외하면 6% 전후로 그리 큰 비중이 아니었다.

세출의 규모와 내용으로 볼 때 일정기에 걸쳐 총독부재정은 3단계로 전개되었다. 제1단계는 1911~1919년인데, 세출의 증가가 미미한 소극재정의 기간이다. 동 기간 세출은 1911~1913년 평균 5,047만 원에서 1917~1919년 평균 6,942만 원으로 1.4배 증가하였다. 그런데 제1차 세계대전에 따른 호황으로 물가가 1.8배 올랐기 때문에 재정의 실질 규모는 감소하였다. 동 기간 세출의 가장 큰 부분은 관영사업비인데, 토지 및 임야에 대한 조사사업과 철도·도로·항만 등의 토목공사가 그 주요 항목이었다. 통치비는 일반행정비와 사법경찰비로 이루어졌는데, 식민지 지배의 초기 여건을 반영하여 사법경찰비가 이후 어느 시기보다 큰 비중을 점하였다.

제2단계는 1920~1936년이다. 이 기간에 연간 세출은 1억 4,000여 만 원에서 3억 원으로 2배 이상 증대하였다. 동 기간의 물가는 정체적이며, 재정의 실질 규모는 그만큼 늘었다고 할 수 있다. 재정이 확충된 계기로는 1919년의 3·1운동을 중요한 요인으로 들 수 있다. 3·1운동에 충격을 받아 총독부의 지배정책은 문화정책으로 선회했으며, 그와 더불어 산업정책이 모색되었다. 1922년 관민합동의 산업조사위원회産業調査委員會가 소집되어 농림·수산업과 광공업의 발전, 철도·해운·도로·하천의 설치 및 개수와 관련하여 3억 원을 초과하는 투자계획을 수립하였다. 이와 별도로 산미증식계획이 입안되어 향후 15년간 2억 3,000여 만 원의 투자를 계획하였다. 이 같은 투자계획은 뒤이어 일본경제가 불황에 빠지면서 자금 조달이 어려워지자 대부분 무산되었다. 다만 산미증식계획은 1930년대 초까지 꾸준하게 추진되었다. 다른 한편 총독부는 철도망의 대대적인 확장을 위해 1927년부터 조선철도12년계획을 추진하였다. 철도망의 확장은 1920년대에 들어 조선의 공업화가 가시화되자 그 토대를 구축하기 위해서였다. 이 같은 이유로 철도와 토목을 주요 항목으로 하는 관영사업비가 제2단계에 걸쳐 부쩍 증가하였다.

제3단계는 1937~1945년의 전시기이다. 군수 확보를 위한 재정수요의 증가로 세출의 규모가 1937년 5억 3,000만 원에서 1943년 10억 원 이상으로 팽창했는데, 동 기간의 물가상승을 고려하면 실질 규모는 정체적이었다. 동 기간의 주요 특징은 전쟁으로 인한 군사관계비의 지출이

1935~1936년 0.6%에서 1940~1942년 10.4%로 크게 증가한 사실인데, 〈표 8-5〉에서는 그것이 기타의 증가로 반영되어 있다. 철도를 중심으로 한 관영사업비의 비중은 전시기에도 줄지 않았으며 오히려 증가하였다. 1937~1939년에는 조선철도12년계획의 마무리를 위해 투자가 증대하였으며, 1936년부터 착공된 중앙선의 부설이 1942년까지 이어졌다. 철도사업은 1937~1939년이 절정기인데, 전 세출에서 철도사업비가 차지하는 비중은 무려 42%에나 달하였다.[108]

이상과 같이 총독부재정의 세출 구성에 있어서 시종일관 가장 컸던 것은 철도를 중심으로 한 관영사업비였다. 총독부의 관영사업은 철도를 위시하여 전화·전신, 전매, 영림, 토목 등을 주요 내용으로 하였다. 관영사업은 전반적으로 적자 구조였다. 그 가운데 전매와 영림은 처음부터 흑자였다. 1920년 총독부는 홍삼과 연초의 전매사업을 시작했으며, 이후 전체 세입의 6~8%를 차지할 정도로 적지 않은 수익을 거두었다. 영림은 북부지방의 원시림을 벌채하여 그 수익을 남부지방의 식림植林에 투자하는 구조였다. 전화·전신은 1920년대 전반까지는 투자가 계속되어 적자였다가 이후 흑자로 돌아섰는데, 수익의 규모는 전매의 절반 정도였다.

반면 철도와 토목은 내내 적자 기조였다. 특히 철도의 경우 철도망의 지속적인 확충으로 수지가 개선될 여지가 없었다. 전술한 대로 총독부가 공채를 발행한 것은 주로 철도와 토목 공사에 따른 적자를 메우기 위해서였다. 예컨대 1935~1939년 철도사업의 적자는 1억 7,171만 원에 달했는데, 동 기간 공채의 발행액에서 원리금 상환을 제한 공채의 수지는 1억 6,873만 원의 흑자였다. 다시 말해 동 기간에 발행된 공채의 대부분은 철도사업의 적자를 충당할 목적이었다.

요컨대 총독부재정은 처음부터 철도, 토목, 전신·전화 등의 관영사업에

108 禹明東(1987), 「日帝下 朝鮮財政의 構造와 性格」, 11~57쪽.

대규모 투자를 행하였다. 바로 이 점에서 총독부재정의 가장 두드러진 특질을 확인할 수 있다. 그에 따른 재정 수요와 적자를 메우기 위해 총독부는 조세제도의 개선을 지속적으로 추진하였다. 일정기에 걸쳐 조세는 토지에 대한 수익세에서 대중수탈적인 소비세로, 나아가 소득세로 그 중심을 바꾸어 갔다. 조세제도의 이 같은 변천은 일정기에 걸쳐 대중적 소비시장과 자본가적 중산계층이 성장해 간 경제적 변화를 반영하였다. 관영사업의 대규모 적자를 메운 또 하나의 재원은 공채수입이었다. 그 점에서 총독부재정은 처음부터 본국 재정 및 금융시장과의 종속적인 관련에서 운영되었다고 할 수 있다. 그와 더불어 식민지에 자본주의 경제가 성장할 수 있는 사회간접자본의 토대가 마련되었다.

7. 시장기구

시장

여기서 시장이라 함은 경제학이 말하는 수요와 공급의 힘이 상호작용하여 균형가격을 성립시키는 추상적인 시장이 아니라 수요자와 공급자가 만나 거래를 행하는 구체적 공간으로서 시장을 말한다. 이 시장에 대해 총독부는 1914년 시장규칙市場規則이란 명령을 발하였다. 시장규칙은 모든 시장은 공공단체나 그에 준하는 자가 아니면 경영할 수 없다고 하여 시장 공영의 원칙을 분명히 하였다. 자격을 갖춘 단체나 개인이 시장을 개설하기 위해서는 도道장관의 허가를 얻어야 하였다. 총독부가 시장을 공영제로 장악하는 과정에서 토착 상인사회로부터 저항은 없었는데, 그것은 그때까지 시장의 개설과 경영을 상업적 권리로서 보유한 상인단체가 존재하지 않았기 때문이다.

시장규칙은 시장을 제1호시장, 제2호시장, 제3호시장의 세 형태로 구분하였다. 제1호시장은 일정 구역에 매일 혹은 정기적으로 다수의 수요자와 공급자가 화물을 매매하는 장소로서, 곧 재래시장을 말하였다. 제1호시장은 주로 농촌에서 5일마다 열려 온 장시를 가리켰다. 장시는 그 개설에 있어서 특별한 시설을 요하지 않았다. 가축이나 약재나 시탄柴炭을 거래하기 위해 정기적으로 또는 조석朝夕으로 열리는 시장도 제1호시장에 포함되었다. 제2호시장은 주로 도시에서 시민의 생활재료를 취급하기 위해 일정한 건물과 공동시설을 갖추고 20개 이상의 점포가 들어선 시장을 말하였다. 일정기에 도시에 거주하는 일본인이 늘어나자 그들을 주요 고객으로 하여 개설된 것이 제2호시장이다. 제3호시장은 위탁을 받아 경매競賣의 방법으로 곡물, 야채, 청과, 어물 등의 화물을 대량 거래하는 시장으로서, 곧 도시의 도매시장을 말하였다. 이 시장은 생산자로부터 판매를 위탁받은 도매상인과 소매상인으로부터 구입을 위탁받은 중매인仲買人으로 구성되었다. 도매상인과 중매인은 일정한 자격을 갖춘 자들로서 도장관의 허가를 얻을 필요가 있었다.[109]

제1호시장으로서 전통 장시場市는 1911년 전국적으로 1,084기를 헤아렸는데 이후 1940년까지 1,520기로 늘었다. 장시는 기본적으로 자급자족의 소농이 가정의 잉여생산품을 팔고 비자급 생활재료를 구입하는 시장이었다. 그러한 기능에서 장시는 소농경제의 재생산에 있어서 불가결한 요소를 이루었다. 장시에서의 거래액에 관해 총독부는 비교적 믿을 만한 통계를 남겼다. 그에 의하면 전국적으로 장시당 연간 거래액은 1911년 5만 2,000원에서 1940년 36만 9,000원으로 약 7배 증가하였는데,[110] 물가상승을 고려한 실질 증가는 2배 정도였다. 그만큼 일정기에 걸쳐 장시를 무대로 한 농가의 상품생산이 발전하였다.

장시를 구성한 다른 한편의 주체는 보상褓商과 부상負商으로 불리기도

---

109 趙炳贊(1992), 『韓國市場經濟史』, 東國大學校出版部, 149~181쪽.

110 朝鮮總督府, 『朝鮮總督府統計年報』 各年度版 「市場」.

한 행상들이었다. 행상은 장시와 장시를 순회하면서 지역의 잉여생산품을 외부로 반출하고 또 지역의 비자급 생활재료를 외부로부터 공급하였다. 농촌시장의 상인이 이동상인인 것은 정주상업定住商業을 성립시킬 수 없을 만큼 상업적 수요와 수익이 낮았기 때문이다. 상인들은 가족을 위한 생계소득의 확보를 위해 이동할 수밖에 없었다. 일정기에 걸쳐 농촌시장이 5일마다 열리는 정기시定期市의 형태를 벗어나지 못한 것은 소농경제의 상품생산이 기본적으로 비자급 생활재료를 구입하기 위한 단순상품생산의 수준에 머물렀기 때문이다.

시장규칙이 규정한 제1~3호시장 가운데 거래액이 가장 큰 것은 제1호시장이었다. 제1호시장의 비중은 1921년 92%에서 1938년 91%로 줄지 않았다. 반면 도시에서 새롭게 성립한 제2호소비시장과 제3호도매시장의 비중은 얼마되지 않았다. 1938년 제2호시장과 제3호시장은 그 수가 29기와 36기에 불과하였으며, 그 유통 비중도 4%와 5%를 넘지 않았다.[111] 후술하듯이 일정기에 걸쳐 도시가 발달하였다. 그럼에도 제2호시장과 제3호시장이 정체한 것은 도시의 조선인이 주로 도시에서 성립한 제1호시장을 이용하였기 때문이다. 예컨대 전국에서 가장 큰 규모의 상설시장인 서울의 남대문시장과 동대문시장도 주로 조선인의 생활재료를 공급하던 재래시장, 즉 제1호시장에 속하였다. 일정한 시설을 갖춘 제2호시장의 주요 고객은 소수의 일본인이었다. 경매가 이루어지는 제도화된 도매시장으로서 제3호시장은 조선 상인들에게 여전히 낯설었다. 조선 상인들의 도매거래는 제1호시장의 내외에서 활동한 전통적인 객주客主를 통해 이루어졌다.

점포

다른 한편 일정기에 걸쳐 도시부를 중심으로 정주상업의 점포店鋪가

111 文定昌(1941), 『朝鮮の市場』, 日本評論社, 205~206쪽.

발전하였다. 19세기까지 상설점포는 한성과 감영 소재지 같은 행정도시의 범위에만 국한되었다.[112] 한국 역사상 본격적으로 상설점포를 차려 놓고 장사를 하는 정주상업의 역사는 1920년대부터이다. 1940년의 국세조사國勢調査에 의하면, 1939년 8월 각종 재화의 판매업에 종사한 점포는 총 24만 6,740개에 달하였다. 1940년의 조사에서는 이들의 창업연대도 함께 조사되었는데, 1899년 이전이 587개(0.2%), 1900~1909년이 1,584개(0.6%), 1910~1919년이 8,340개(3.4%), 1920~1929년이 3만 2,595개(13.2%), 1930~1939년이 20만 3,634개(82.5%)이다. 1939년 8월 이전에 창업했다가 해산한 점포는 여기에 포함되지 않기 때문에 이들 수치는 시대가 올라갈수록 실재한 점포의 수를 과소평가하고 있다. 이 점을 감안하더라도 이 조사는 한국에서 정주상업의 역사가 사실상 1920년대부터임을 이야기하고 있다.[113]

이 조사에서 창업연대가 1868년 이전으로 올라가는 점포는 4개에 불과하다. 그 다음의 1868~1887년은 266개이다. 주목되는 바는 이들 270개 점포 가운데 경성(이전의 한성)에 소재한 것은 19개에 불과하다는 점이다. 반면 대구와 경상북도가 184개나 되었다. 19세기까지 한성의 상인들은 국역체제의 일환인 시전으로 편성되어 왕실, 정부, 관료에 재화를 공급하는 역을 담당하였다. 그들은 보호를 받았지만, 수탈의 대상이기도 하였다. 19세기까지 한성에서 상업이 순조롭게 성장할 수 있는 정치경제적 환경은 결여되었다. 20세기에 들어 한성의 상인들이 일본 상인과의 경쟁에서 대부분 쇠퇴해 버리고 만 것은 이 같은 역사적 배경 때문이었다. 예컨대 경성에서 활동한 전통 객주는 1915년만 해도 51호나 되었는데, 1924년까지 12호로 줄고 말았다. 그런 가운데 1924년 경성의 상설점포는 그

112 文定昌(1941), 『朝鮮の市場』, 107쪽.

113 朝鮮總督府(1940), 『國勢調査參考統計表 第五卷: 營業ノ種類營業繼續年數及企業ノ組織ニ依リ分チタル店舗數』.

수가 100을 넘지 않을 정도로 빈약하였다.[114] 반면 대구와 경상북도에서 19세기에 기원을 둔 점포의 수가 더 많았음은 상업 활동이 보다 자유로운 가운데 상인자본의 축적이 보다 높은 수준이었기 때문이다.

일반적으로 이야기하여 1920년대 이후 새롭게 등장한 정주상업은 전통적인 이동상업이 순조롭게 성장한 것은 아니었다. 예컨대 충청남도 홍주洪州 등 6개 군의 보부상단褓負商團에 속한 행상과 1920년대 이후 동 지역에서 출현한 상설점포를 대조한 연구에서 구래의 행상이 정주상인으로 전신한 사례는 확인되고 있지 않다.[115] 일정기의 정주상인은 시장의 확대와 더불어 새롭게 출현한 상인들이었다. 정주상업은 20여 개 도시를 주요 무대로 하였다. 1939년 전국의 점포 거래액은 41억 2,620만 원인데, 그 가운데 부府, 곧 주요 도시에서의 거래액이 65%의 비중을 차지하였다. 나머지 35%는 군청 소재지를 중심으로 한 중소도시에서의 거래였다. 이를 고려하면 농촌지역에서 정주상업이 성립한 정도는 일정기에 걸쳐서도 여전히 미약한 수준이었다.

도시의 정주상업은 장시를 중심으로 한 농촌시장과의 관계에서 중심시장으로 그 역할을 하였다. 철도의 부설과 함께 그 연변에 일본 상인의 주도하에 도시가 발달하였다. 일본 상인이 상권을 장악한 도시의 상설시장은 배후 농촌시장의 잉여농산물을 집하하고 무역항을 통해 들어온 공산품을 분배하는 도매 기능을 담당하였다.[116] 식민지의 전국적 유통은 농촌시장-도시시장-해외무역의 위계로 이루어졌다. 그 위에 도시의 정주상업은 도시와 해외무역 또는 도시와 도시의 공산품 거래를 취급하였다. 그 결과 도시의 점포 거래액은 농촌시장의 거래액을 훨씬 초과하였다. 1939

114 趙炳贊(1992), 『韓國市場經濟史』, 190~191쪽.

115 조영준(2009), 「19-20세기 보부상 조직에 대한 재평가 ― 元洪州六郡商務右社를 중심으로 ―」, 『경제사학』 47, 65~67쪽.

116 朴宣姬(1994), 「全北地域 定期市場의 特性과 變化 ― 朝鮮後期에서 日帝時代까지 ―」, 『地理教育論集』 34, 79~102쪽.

년 농촌시장의 거래액은 도시 점포 거래액의 36%에 불과하였다.[117]

회사

1910년 12월에 내려진 회사령會社令은 회사에 관해서는 일본에서 시행 중인 상법 가운데 회사에 관한 규정을 적용한다고 하였다. 동 상법이 규정한 회사에는 합명회사, 합자회사, 주식회사, 주식합자회사의 네 형태가 있었다. 예컨대 주식회사의 설립을 위해서는 7인 이상의 발기인에 의해 정관이 작성되고, 주주가 모집되고, 주금株金이 인수되고, 주주총회를 거쳐 취체역과 감사역이 선출되는 절차를 거쳐야 하였다. 그런데 회사령은 모든 회사의 설립은 총독의 허가를 얻어야 한다고 규정하였다. 여기에는 일본인이나 외국인이 조선에 본점 또는 지점을 둔 회사를 설립하는 경우도 포함되었다. 이 점에서 회사령은 회사의 설립을 신고주의로 규정한 일본의 상법과 크게 달랐다. 총독부가 회사 설립의 허가주의를 고집한 것은 일본으로부터 투기자본이 건너와 각종 폐단을 일으키는 것을 방지하고 기업의 건전한 발전을 장려하기 위해서라고 하지만, 실제로는 조선인 기업의 발전을 억압하거나 일본인과 외국인 자본을 포함하여 일체의 자본을 자신의 의도대로 통제하기 위해서였다고 지적되고 있다.[118]

회사령에 심하게 저항한 것은 조선에 투자할 의도를 지닌 일본의 기업가들이었다. 일본 의회에서는 총독부의 회사령이 위헌이라는 비판이 제기되기도 하였다. 1915년 이후의 호황기에는 조선방직朝鮮紡織과 같은 재벌계 대자본이 조선에 진출하여 회사를 설립하였는데, 그에 따라 투기자본을 억제하겠다는 회사령의 명분은 많이 약화되었다. 회사령은 3·1운동 이후 총독부의 지배정책이 문화정책으로 바뀜에 따라 1920년 4월에 폐지

117 木村光彦(1989),「定期市」, 安秉直·李大根·中村哲·梶村秀樹 編,『近代朝鮮의 經濟構造』, 比峰出版社, 300~303쪽.

118 小林英夫 編(1994),『植民地への企業進出 — 朝鮮會社令の分析 —』, 柏書房, 10~17쪽.
전우용(2011),『한국회사의 탄생』, 서울대학교출판문화원, 311~327쪽.

되었다. 이후 회사의 설립은 1912년의 상법에 따라 신고주의에 의해 자유롭게 설립되었다.

1911년 회사의 수는 152개인데, 회사령의 제약으로 1918년까지도 266개에 불과하였다. 이후 회사령의 철폐에 따라 1939년까지 3,581개로 증가하였다. 회사의 수는 통계에 따라 상이한데, 어느 자료에 의하면 1939년의 회사 총수는 5,628개나 되었다.[119] 조선인이 설립한 회사도 증가하여 1911년에는 27개에 불과했으나 1929년까지 362개 또는 595개로 증가하였다. 조선인 회사의 자본금 규모는 일본인 회사에 비해 영세하여 10~15%의 크기에 불과하였다. 그렇지만 1930년 후반에 들어 조선인 회사로서 자본금 10만 원 이상의 대규모 회사가 다수 설립되고 업종도 종전의 농업, 양조업, 금융업에서 광업, 부동산업 등으로 다양해져 일률적으로 일정기에 조선인 회사의 발전이 억압되었다고 이야기해서는 곤란하다.[120]

회사의 주요 형태는 1910년대에는 주식회사인데, 1925~1938년에는 합명·합자회사가 전체 회사의 절반을 넘었다. 이후 전시기의 통제에 따라 합명·합자회사가 급격히 줄어 주식회사가 절대적 비중을 점하였다. 조선인의 주식회사에 대한 이해가 어느 정도 보편화하는 것은 1930년대 후반부터이다. 예컨대 조선인 주식회사를 대표하는 경성방직京城紡織이 1919년에 설립되어 100만 원의 공칭자본금公稱資本金을 모두 불입하는 데에는 무려 14년의 세월이 소요되었다. 그만큼 주식은 토지에 비해 불안한 투자 대상이었으며, 이에 창업자의 친족조차 주식의 인수에 소극적이었다. 주주의 수도 당초 191명에서 1934년 66명으로 줄었다. 그런데 1935~1937년 공칭자본금을 300만 원으로 늘림에 있어서 증자금의 대부분은 다시 191명으로 늘어난 주주에 의해 무리 없이 소화되었다. 당시 경성방직은

---

119 朝鮮總督府,『朝鮮總督府統計年報』1939年度版, 210쪽.
朱益鍾(1991),「日帝下 朝鮮人 會社資本의 動向」,『經濟史學』15, 44쪽.

120 朱益鍾(1991),「日帝下 朝鮮人 會社資本의 動向」,『經濟史學』15, 65쪽.

연간 12%의 고배당을 실현했는데, 이는 토지수익률 8%를 훨씬 초과하였다. 이후 경성방직의 자본금은 1944년까지 1,000만 원으로, 주주의 수는 357명으로 증가하였다.[121] 그만큼 주식회사와 주식시장에 대한 대중적 이해가 확산되어 갔다.

거래소

자본주의의 역사에서 상품거래소商品去來所는 농산물처럼 작황의 변동에 따라 또는 출하의 계절성으로 인해 가격이 심하게 변동하는 것을 안정시키기 위해, 또 상품의 질을 검사하고 표준화함으로써 거래의 대규모화와 안정화를 추구하기 위해, 나아가 창고·보험·금융 등의 편의를 제공할 목적에서 주로 국제적 무역항에서 출현하였다. 한국사에서 상품거래소가 출현하는 것은 1893년 인천항에서 미두米豆를 수출하는 일본 상인에 의해서인데, 인천미두취인소仁川米豆取引所라 하였다. 이 거래소는 1910년까지 월간 거래고가 20만 석 내외에 불과했는데, 1910년대의 호황에 힘입어 1918년에는 390만 석을 거래하는 큰 시장으로 성장하였다. 그 정도면 일본의 오사카와 도쿄 거래소에는 못 미치지만 고베와 나고야 거래소는 능가하는 크기였다. 상품거래소는 1920년까지 조선 내에서 경성·부산·목포 등 9개 도시로 보급되었다.[122]

수출시장에서 미두를 취급하는 상품거래소가 크게 성장하자 1920년 총독부는 시장규칙을 개정하여 기존의 제1~3호시장에 이어 제4호시장을 추가하였다. 제4호시장은 매일 혹은 정기로 영업자가 집합하여 견본 혹은 상표에 의하여 상품 혹은 유가증권을 매매 거래하는 장소로 규정되었다. 그에 따라 상품거래소는 증권시장과 함께 제4호시장에 속하여 총독부의 규제를 받게 되었다.

---

121 주익종(2008), 『대군의 척후 — 일제하의 경성방직과 김성수·김연수 —』, 푸른역사, 269·378쪽.
122 文定昌(1941), 『朝鮮の市場』, 67~68쪽.

주식과 같은 유가증권을 거래하는 증권시장證券市場 역시 개항기의 일본인 사회에서 출현하였다. 1908년에는 경성에 유가증권을 거래하는 상점이 개설되어 농공은행이나 동양척식주식회사와 같은 유력 회사의 주식을 거래하였다. 1917년에는 도쿄의 주식매매상점이 경성에 지점을 설치하였다. 조선인도 이 증권시장에 참여하였으며, 전문적인 중매인으로 활약하는 사람도 나타났다. 1920년 회사령이 철폐되어 회사의 설립이 자유화하자 증권시장은 더욱 활기를 띠었다. 전술한 대로 1920년에 개정된 시장규칙에서 증권시장은 제4호시장에 속하게 되었다. 그와 동시에 총독부는 기존의 비공식적인 증권시장을 경성주식현물취인시장京城株式現物取引市場으로 제도화하였다. 이 거래소에 상장된 주식은 48종목에 달했으며, 1921년에는 연간 376만 주가 거래되는 호황을 누렸다. 그러다가 일본경제가 1923년의 관동대지진 이후 불황에 빠지자 크게 위축되었다.[123]

1931년에는 기존의 인천미두취인소와 경성주식현물취인소를 조선취인소朝鮮取引所로 통합하는 제도의 개혁이 있었다. 이 새로운 거래소는 미두부米豆部와 증권부證券部를 두어 두 상품을 거래하였다. 미두부의 미곡 선물시장先物市場을 보면 연간 거래고가 1932년의 1,797만 석에서 1937년 3,916만 석으로 증가하였다. 군산, 목포, 대구, 부산, 진남포를 합한 조선 내 미곡거래소의 총 매매고는 같은 기간 5,383만 석에서 1937년 7,601만 석으로 증가하였다. 이를 동년의 미곡 수출고와 비교하면 1932년에는 7배, 1937년에는 10배나 되었다.[124] 미곡 1석이 수출됨에 있어서 거래소 내의 투기적인 선물거래를 7회 내지 10회나 거친 셈이다. 1930년대에는 미두 수출의 선물시장에서 투기 바람이 거세게 일었다.

증권부의 증권시장도 못지않은 호황을 누렸다. 일본의 만주 진출과 더

123 李明輝(2000), 「植民地期 朝鮮의 株式會社와 株式市場 硏究」, 성균관대학교 대학원 경제학과 박사학위논문, 160~186쪽.

124 朝鮮取引所(1939), 『朝鮮取引所年報』, 65쪽.
朝鮮總督府, 『朝鮮總督府統計年報』 1933年度版, 223쪽; 1936年度版, 157쪽.

불어 조선의 공업화가 착실하게 진전된 것이 그 배경을 이루었다. 대량의 자본이 일본에서 조선으로, 만주로 흘러갔으며, 그에 따라 일본-조선-만주를 연결하는 광역의 증권시장이 성립하였다. 주식의 거래 실적을 보면 1932년에 연간 101만 주에 불과하던 것이 1937년에 448만 주, 1942년에 3,392만 주로까지 팽창하였다. 거래된 주식의 상당 부분은 일본과 만주에 본점을 둔 회사들의 주식이었다. 1938년 조선에 본점을 둔 회사의 주식은 총 거래고의 16%에 불과하였다. 조선의 거래소는 이른바 사진시장寫眞市場이라 하여 일본과 만주의 전일 종가終價를 기준으로 당일의 매매를 개시하는 종속적인 시장이었다.

그렇지만 1940년대에 들어 공업화의 성과에 힘입어 조선 회사의 주식은 보다 활발히 거래되었다. 그와 아울러 증권시장은 기업에 자금을 조달하는 본연의 기능을 수행하기 시작하였다. 예컨대 1942~1943년 조선에 본점을 둔 주식회사의 납입자본금은 총 7억 8,000만 원이나 증가했는데, 그 가운데 19%가 주식의 발행을 통하여 조달되었다.[125] 조선의 증권시장은 1940년대에 민간의 여유자금을 기업자금으로 공급하는 발행시장發行市場으로서 자리를 잡기 시작하였다. 앞서 소개한 전시기 경성방직의 자본금 확충이 그 좋은 예이다.

보험

조선에서 보험업이 생긴 것은 개항기에 외국 보험회사가 들어오면서부터이다. 1880년 일본의 동경해상보험東京海上保險이 제일은행 부산지점을 대리점으로 하여 조선에 진출한 것이 그 효시이다. 1884년에는 영국계 보험회사인 홍콩화재보험이 인천에 대리점을 설치하였다. 이후 1890년대까지 일본, 뉴질랜드, 상하이, 홍콩에 본사를 둔 외국 보험회사들이 그 뒤를

125 李明輝(2000), 「植民地期 朝鮮의 株式會社와 株式市場 硏究」, 129~131쪽.

따랐다. 이들 보험업은 대개 화재보험이나 해상보험을 취급하였는데, 러일 전쟁 이후 일본인의 조선 이주가 급증하면서 생명보험도 성립하였다.

조선의 경제성장에 따라 보험시장도 성장하였다. 수입보험료는 1910년 약 25만 원에 불과했는데 1937년까지 2,470만 원으로 증가하였다. 초기에는 보험가입자의 대부분이 일본인이었다. 1924년까지만 하더라도 생명보험의 신규 계약액 4,646만 원 중에서 인구의 2%에 불과한 일본인이 그 80%의 계약을 체결하였다. 이후 조선인의 보험 가입이 빠르게 늘어 1927년이 되면 조선인의 신규 가입이 전체의 50%를 넘어서게 되었다. 시장의 성장에 따라 보험회사 및 대리점 수도 큰 폭으로 증가하였다. 1913년 생명보험회사의 영업점이 461개, 손해보험회사의 영업점이 180개인데, 1937년까지 각각 3,504개, 4,799개로 크게 늘었다.[126]

보험회사의 대부분은 일본에 본점을 둔 일본계 회사였다. 개항기에 진출한 소수의 영미계 회사도 일정기에 걸쳐 존속하였다. 조선에 본점을 둔 보험회사는 보험업에 관한 별도의 법령과 제도가 마련되지 않았기 때문에 설립과 영업이 쉽지 않았다. 1921년 조선인 자산가에 의한 조선생명보험주식회사朝鮮生命保險株式會社가 자본금 50만 원으로 설립되지만, 일본 보험회사의 압도적인 우위에 밀려 겨우 명맥을 유지할 정도였다. 일본자본에 의한 조선 본점의 보험회사도 설립되었다. 1922년 조선은행과 식산은행이 법인주주로 참여하고 일본인 상공업자들이 주식공모의 형태로 참여하여 설립한 조선화재주식회사朝鮮火災株式會社가 대표적인 예이다.

총독부에 의한 관영보험도 있었다. 간이생명보험簡易生命保險은 저소득 노동자를 대상으로 한 비영리 목적의 소액 생명보험으로서 우체국에서 업무를 담당하였다. 1916년 일본에서 처음 실시되었는데, 조선에서는 생명보험업계의 반대로 1929년에야 실시되었다. 간이생명보험은 사업체 종

126 損害保險史料編纂委員會(1987), 『朝鮮保險統計年報 1910年-1943年』, 大韓損害保險協會, 14·16·211쪽.

사자들이 의무적으로 가입해야 하는 일종의 단체보험이기 때문에 조선인의 보험 가입 증가에 큰 역할을 하였다.[127] 중일전쟁 이후 간이생명보험은 조선의 여유 자금을 흡수하는 강제 저축기관의 역할을 하였다.

8. 철도와 조선경제

종관철도의 부설

총독부의 지배정책에서 시종일관 가장 중요한 사업은 철도의 부설이었다. 재정의 내역이 이야기하듯이 총독부는 사실상 거대한 철도회사와 다를 바 없었다. 〈그림 8-3〉은 일본의 조선 지배가 끝난 1945년 8월 당시의 철도망이다. 최초의 철도는 1899년 인천과 노량진을 잇는 경인철도京仁鐵道였다. 이 철도는 1900년 한강철교가 놓이자 오늘날의 서울역인 남대문역까지 연장되었다. 뒤이어 일본은 서울~부산과 서울~의주를 잇는 철도의 부설권을 장악했으며, 1905년 1월에는 경부京釜철도를, 1906년 2월에 경의京義철도를 완공하였다. 일본의 정치와 군부의 지도자들은 조선 지배와 대륙 진출을 위한 간선으로서 경부철도의 부설을 일본 국민의 애국적 국책사업으로 선전하면서 민간자본을 대대적으로 동원하였다.[128] 철도의 용지와 부설 노동력은 조선의 농민들로부터 값싸게 징발되었다. 뒤이어 1910~1914년에는 서울~원산의 경원선京元線과 대전~목포의 호남선湖南線이 부설되었는데, 이로써 경성을 중심으로 한반도의 남북을 X자형으로 관통하는 종관철도縱貫鐵道의 망이 완성되었다. 1911년에는 압록강 철교가 가설되어 경부·경의선은 만주의 안봉철도安奉鐵道(안동~봉천)와 접속되었다. 이로써 일본-대한해협大韓海峽-경부선·경의선-안봉철도로 이

127 生命保險協會(2000),『生命保險協會五十年史』, 57~58쪽.

128 정재정(1999),『일제침략과 한국철도(1892-1945)』, 서울대학교출판부, 61~72쪽.

[그림 8-3] 조선철도 약도(1945년 8월)

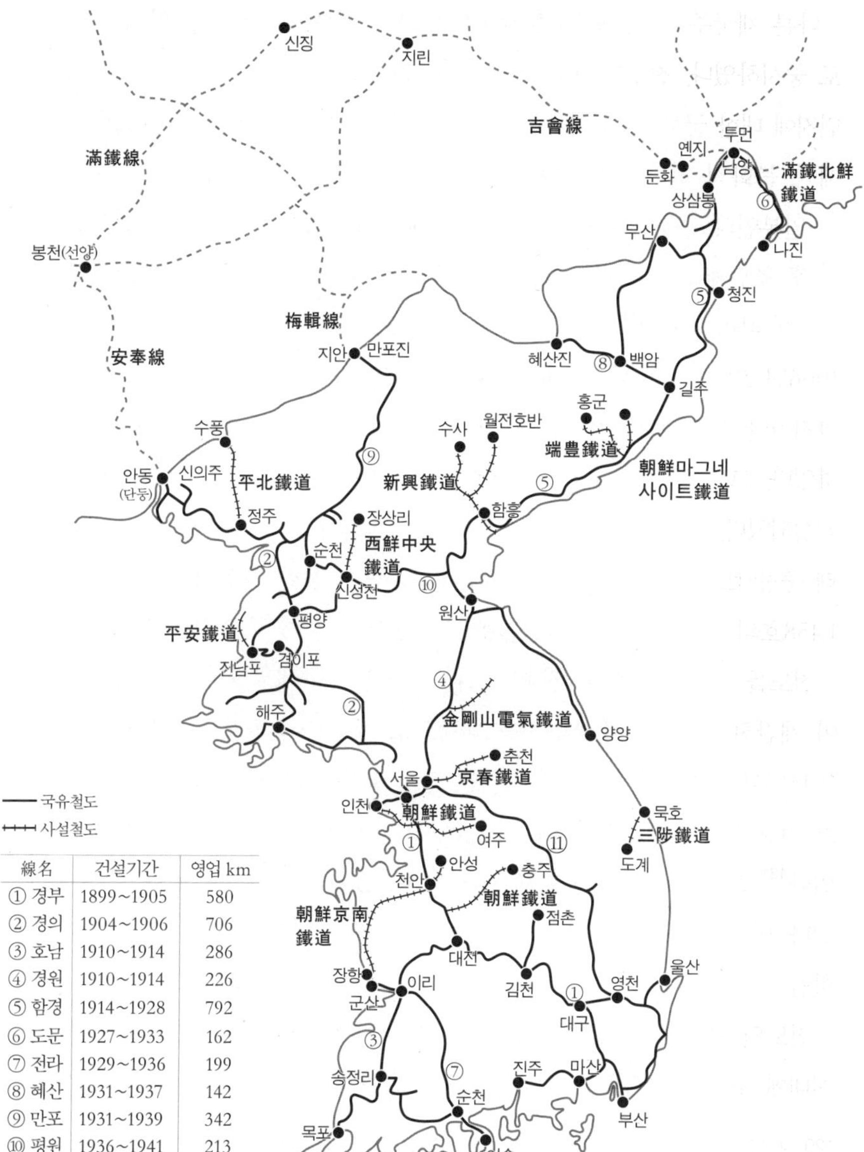

線名	건설기간	영업 km
① 경부	1899~1905	580
② 경의	1904~1906	706
③ 호남	1910~1914	286
④ 경원	1910~1914	226
⑤ 함경	1914~1928	792
⑥ 도문	1927~1933	162
⑦ 전라	1929~1936	199
⑧ 혜산	1931~1937	142
⑨ 만포	1931~1939	342
⑩ 평원	1936~1941	213
⑪ 중앙	1936~1942	383

영업 km는 支線을 포함함.

출처: 정재정(1999), 『일제침략과 한국철도(1892-1945)』, 서울대학교출판부, 156쪽.

어지는 일제의 대륙 진출을 위한 제1의 병참간선이 완성되었다.[129]

다른 제국주의 국가와 마찬가지로 일제는 철도를 군사적 팽창의 통로로 중시하였다. 철도는 군대와 군수의 대량 신속 수송의 수단으로서 식민지에 대한 군사적 지배를 강화함에 기여하였다. 또한 철도는 일제의 경제적, 문화적 침략의 향도嚮導로 역할을 하였다. 철도가 부설되기 전까지 일본인의 활동 범위는 주로 개항장에 한정되었다. 일본인들은 러일전쟁 후 조선에 대한 일본의 군사적 지배가 성립하고 경부선과 경의선이 부설됨에 따라 조선 내륙으로 진출하였다. 조선에 정주하는 일본인의 수는 1906년 2만 1,531호에서 1909년 4만 3,405호로 늘었다. 이 수는 1916년까지 9만 350호로 증가하는데, 그 70% 이상이 철도 연변의 도시에 정주하였다. 그와 더불어 교통의 요지에는 일본인이 주도하는 도시가 새롭게 건설되었다. 경부선과 호남선이 교차하는 대전이 그 대표적인 예이다. 원래 충청남도 회덕군 산내면 대전리大田里라는 조용한 마을이 1916년까지 1,458호의 대도시로 발전하였는데, 그 가운데 1,080호가 일본인이었다.[130]

철도를 따라 내륙으로 진출한 일본인들은 곳곳에서 황무지를 불하받아 개간하거나 저가의 열등지를 대량으로 매수하여 농장을 개설하였다. 1915년까지 일본인이 점유한 경지는 전체 경지의 5.4%에 달했으며, 100정보 이상을 소유한 일본인 대지주는 404명으로서 조선인 328명을 능가하였다.[131] 그들은 일본의 우량품종이나 개량농법을 그들의 농장에 도입하였다. 이에 철도는 조선의 전통 농업을 식민지적으로 재편하는 통로의 역할을 수행하였다.

철도의 부설은 조선의 전통 상업에도 심각한 충격을 가하였다. 전통시대에 주요 운송경로는 하천이었는데, 그것이 철도로 바뀌었다. 예컨대

129 정재정(1999), 『일제침략과 한국철도(1892-1945)』, 117~126쪽.

130 朝鮮總督府, 『朝鮮總督府統計年報』 1916年度版, 68~69쪽.

131 張矢遠(1989), 「日帝下 大地主의 存在形態에 관한 硏究」, 서울대학교 대학원 경제학과 박사학위논문, 60쪽.

1909년 경상도 낙동강 상류지역에서 쌀, 콩, 잡곡 등이 부산으로 반입되는 경로를 보면, 낙동강을 통하는 것이 5만여 석(일본석)으로 크게 줄어 있는 반면, 철도를 통한 것이 36만 석으로 대부분을 차지하였다. 그에 따라 낙동강을 주요 경로로 했던 전통 시장권이 1909년까지 거의 해체되고 말았다. 반면 철도를 따라서는 새로운 도시들이 성립하여, 전술한 대로 배후 농촌의 장시에 대해 중간시장 내지 중심시장으로 군림하였다.

철도와 함께 새롭게 생겨난 산업도 있었다. 철도로 실려 온 화물을 가정에 배달하는 소운송업이 그것이다. 철도가 개설되자 역전驛前에는 크고 작은 운송업이 족생했는데, 1926년 운송점의 수가 조선인 823개, 일본인 408개로서 총 1,231개에 달하였다. 조선인 운송점은 자본과 영업 규모가 영세하지만, 현지 사정에 밝고 조선인 고유의 단골 관계를 경쟁력으로 하여 부침을 거듭하면서도 일본인 운송점에 비해 수적 우세를 지켜갔다.[132]

철도망의 확충과 운송체계의 변화

1927년 총독부는 향후 12년간 1938년까지 3억 2,000만 원을 투자하여 1,696km의 국유 철도를 건설하고 336km의 사설 철도를 매수하겠다는 조선철도12년계획을 발표하였다. 이 계획은 같은 시기에 추진 중인 산미증식계획과 더불어 총독부의 양대 산업정책을 이루었다. 그에 따라 도문선, 혜산선, 만포선, 동해선, 경전선의 국철이 부설되었으며, 경남선, 전남선, 경동선, 전북선 등의 사철이 매수되었다. 동 계획은 예정보다 1년 늦게 동해선과 경전선의 일부를 제외하고 거의 완수되었다. 1936년부터는 또 하나의 내륙 종관철도로서 경성에서 경상북도 영천에 이르는 중앙선中央線이 부설되기 시작하여 1942년에 완공되었다. 1936년부터는 경부선과 경의선의 복선화가 추진되어 1945년 8월까지 대부분의 구간이 복선화하

132 정재정(1999), 『일제침략과 한국철도(1892-1945)』, 568~583쪽.

였다.

조선철도는 처음부터 일본이 지배한 만주철도와 밀접한 연관하에 운영되었다. 그로 인해 조선철도의 경영은 일시적으로 남만주南滿洲철도회사에 위탁되기도 하였다. 1933년 두만강 하구의 남양과 강 건너의 투먼圖們이 연결되었다. 같은 해에 삼상봉과 둔화敦化도 연결되었다. 그 결과 도문선(나진~남양)과 함경선(청진~삼상봉)이 만주의 길회선(지린吉林~회령)과 접속하게 되었다. 이로써 일본동북-동해-북선3항-북선철도-길회철도를 연결하는 이른바 북선北鮮루트가 개척되었다. 만주의 관동군關東軍이 주도한 북선루트의 개척은 일본이 만주로 진출하는 또 하나의 첩경으로서 대대적인 각광을 받았다.[133]

일정기에 걸쳐 철도에 의한 여객과 화물의 수송은 급속히 증가하여 여객의 수는 1910년의 243만 명에서 1938년의 4,505만 명으로 19배, 화물의 운송은 1,068톤에서 1억 3,923톤으로 13배 증가하였다. 여객과 화물의 운송은 만주철도와의 연계가 성립한 1930년대 이후, 특히 1937년의 중일전쟁 이후 급속하게 증가하였다. 철도가 운송한 화물의 내역은 조선경제의 변화를 잘 반영하였다. 1930년까지 운송 화물의 주종은 농산물이었다. 일본으로 수출되는 쌀과 만주에서 수입되는 콩이 운송의 주종을 이루었기 때문이다. 쌀 수출이 절정에 달했던 1926년에 농산물의 운송 비중은 톤수 기준으로 32%나 되었다. 이후 공업화의 영향으로 농산물의 운송 비중은 1938년까지 16%로 줄었다. 반면 광산물과 공산물의 운송 비중이 증가하였다. 광산물은 1934년부터 농산물을 제치고 제1의 운송 화물이 되었으며, 1938년 그 비중은 32%나 되었다. 광산물의 주종은 석탄이었으며, 1944년에는 석탄만으로 전체 화물의 32%를 차지하였다. 공산물이 농산물을 제치고 제2의 화물이 되는 것은 1938년부터인데, 주요

133 정재정(1999), 『일제침략과 한국철도(1892-1945)』, 158~166쪽.

화물은 면직물·비료·유산암모니아·금속·시멘트·종이 등이었다.[134]

철도의 역할이 변화해 갔음은 연락운수連絡運輸의 체계에서도 관찰되었다. 1910년대까지 철도 간 여객의 연락운수에 있어서 대한해협을 건너 일본철도에 도착하는 여객이 조선철도에 도착하는 여객보다 많았다. 당초 일본군의 병참간선으로 부설된 경부선과 경의선의 기능을 이 같은 연락운수의 실태에서 확인할 수 있다. 조선 내의 연락운수가 일본과의 연락운수를 능가하는 것은 1922년부터이다. 특히 공업화와 더불어 조선 내의 인구이동이 활발해진 1933년부터 조선 내의 연락운수가 부쩍 증가하였다. 또한 만주와의 경제적 연관이 심화되자 만주와의 연락운수가 강화되어 1940년부터는 일본과의 연락운수를 능가하였다. 여객 수송에 있어서 이 같은 연락운수 체계의 변화는 화물 운송에서도 마찬가지였다. 예컨대 일본으로 쌀을 수출하고 만주에서 대용 식량을 수입한 철도의 역할은 석탄 등 만주의 광산물을 조선에 수입하고 면제품 등 조선의 공산물을 만주로 수출하는 것으로 바뀌었다.[135] 요컨대 조선철도는 일본-조선-만주를 잇는 병참간선으로 부설되었지만, 공업화의 진전과 시장 연관의 심화로 점차 조선 내부의 연락운수를 강화하고 조선의 공산품을 외부로 수출하는 산업철도로 그 기능을 바꾸어 갔다.

항만·도로·통신

철도에 이어 총독부가 중점을 두어 시행한 관영사업은 항만과 도로의 개수를 위한 토목건축이었다. 1910년대에 걸쳐 총독부의 재정에서 토목건축비는 평균 11%의 적지 않은 비중을 점하였다. 그 이전, 통감부는 대한제국으로부터 연해 및 하천에 일본 선박이 자유롭게 왕래할 수 있는 권리를 취득하였다. 1908년에는 통감부의 보조하에 명령항로命令航

134 정재정(1999), 『일제침략과 한국철도(1892-1945)』, 407~415·426~430쪽.
135 정재정(1999), 『일제침략과 한국철도(1892-1945)』, 416~420쪽.

路가 개설되고 일본의 유력한 우선郵船·상선商船회사들이 취항하였다. 1906~1911년에는 인천, 부산, 진남포, 군산, 목포, 원산 등의 항구를 대대적으로 개축하였다. 항로의 신설과 항만의 개축은 완공되거나 부설 중인 철도와 밀접한 연관하에 이루어졌다. 이들 항구는 대개 철도의 종단항終端港으로서 열차와 기선을 연락할 수 있는 잔교棧橋 시설을 갖추었다. 기선의 수는 1910년 192척에서 1940년 2,140척으로 증가하였다.

또한 통감부는 정부 내에 치도국治道局을 설치한 다음, 도로의 신설과 개수를 시급한 과제로 추진하였다. 1907~1911년에 도합 2,693km에 달하는 도로가 신설, 개수되었다. 전국의 도로는 1등(폭 7.3m), 2등(폭 5.5m), 3등(폭 3.6m), 등외로 등급이 나뉘었으며, 그 관리 책임은 1, 2등은 중앙정부, 3등은 도장관, 등외는 부윤이나 군수가 맡았다. 도로망은 1937년까지 2만 7,732km로 확장되었다. 흔히 신작로新作路로 불린 1, 2등 도로는 양쪽에 폭 1m의 측구側溝가 만들어지고 연변에 가로수가 심어졌다. 도로를 달린 자동차의 수는 1911년에 고작 2대에 불과하였으나 1935년까지 7,130대로 늘었다(승용차 4,160대, 화물차 2,970대). 우편·전신을 취급한 각급 통신기관은 1905년에 512개 소所였으나 1940년에 1,246개 소로 확대되었다. 통신기관은 교통의 요지나 상업의 중심지에 위치하여 시장 정보를 전파하는 역할을 하였다. 예컨대 1940년 전국의 우편국소 784개 가운데 567개가 장시가 열리는 동리에 위치하였다.[136]

철도를 위시하여 항만, 도로, 통신 등의 확충은 시장을 확대할 뿐 아니라 지역 간의 시장통합을 촉진하였다. 1910년 16개 도시 간 미가는 평균 20%의 차율을 보였는데, 1938년에 이르러 3~4%의 차율로 축소되었다.[137] 시장의 통합은 철도망의 확충과 밀접한 연관을 맺었다. 철도가 놓인 지

---

136 박이택(2008), 『한국 통신사업에 있어서 지배구조와 고용구조 1876-1945』, 한국학술정보(주), 112~114·163~170쪽.

137 이영훈·박이택(2004), 「농촌 미곡시장과 전국적 시장통합, 1713-1937」, 『수량경제사로 다시 본 조선후기』, 267~272쪽.

방은 철도를 통해 바깥세상과 연결되고 통합되었다. 예컨대 철도가 놓이기 이전 전라북도 남원에서 무주에 이르는 소백산맥 이서의 내륙부는 연해부와 무관한 고립적 시장권이었다. 1906~1907년 전라북도의 연해부 12개 군에서 미가는 1석당 17~20냥임에 비해 동 시기 남원 등 내륙부 12개 군에서는 절반 수준인 8~11냥에 불과하였다. 이 같은 내륙부의 고립적 시장권이 해체되는 것은 1935년 전주에서 순천으로 가는 전라선全羅線의 개통에 의해서였다.[138]

138 이영훈·박이택(2004), 「농촌 미곡시장과 전국적 시장통합, 1713-1937」, 『수량경제사로 다시 본 조선후기』, 256쪽.

제9장

종속과 개발

1. 농업의 전개

인구와 경지

일정기 조선의 인구는 1925년의 국세조사國勢調査에 의해 처음으로 그 정확한 수가 조사되었다. 국세조사는 이후 5년마다 실시되었다. 그에 의하면 일본인과 외국인을 포함한 조선의 총인구는 1925년의 1,827만 명에서 1940년의 2,430만 명으로 증가하였다. 1910년의 총인구에 관해서는 몇 가지 추계가 있는데, 가장 최근의 추계에 따르면 1,633만 명이다.[1] 일본

1 차명수(2006), 「경제성장·소득분배·구조변화」, 김낙년 편, 『한국의 경제성장 1910-1945』, 서

인과 외국인의 수는 1910년 18만 명, 1925년 47만 명, 1940년 75만 명으로 증가하였다. 이들을 제외한 조선인의 총인구는 1910년 1,615만 명에서 1940년 2,355만 명으로 1.4배 증가하였다.

조선인의 실제 인구증가는 이보다 더 많았다. 일정기에 걸쳐 적지 않은 조선인이 일본과 만주로 이주하였다. 이들은 연말 상주인구를 대상으로 한 국세조사에 포함되지 않았다. 1910~1945년 일본으로 순유출한 조선인은 184만 명으로, 만주로 순유출한 조선인은 103만 명으로 추계되고 있다.[2] 그 외에 중국과 동남아시아로 유출한 인구가 있는데, 그리 많은 수는 아니었으며, 정확한 수는 알려져 있지 않다. 어쨌든 역외로 유출한 인구 약 287만 명을 합하면 조선인의 총인구는 1910년 이후 30년의 짧은 기간에 1.6배나 크게 증가하였다. 일정기는 인구 폭발의 시대였다.

19세기에 걸쳐 인구는 정체하거나 시기에 따라 약간 감소하였다. 언제부터 인구가 증가 추세로 반전했는지는 정확히 알 수 없지만, 지방에 따라서는 종두법種痘法의 보급이 확산되는 1880년대부터라고 지적되고 있다. 이후 보호국기와 일정기에 걸쳐 공중위생의 상태가 개선되고 전염병의 위협이 감소함에 따라 인구는 크게 증가하였다. 인구증가의 기본 요인은 사망률을 능가하는 높은 수준의 출산율에 있었다. 예컨대 1925~1930년의 조출산율粗出産率은 1,000명당 44.9명임에 임에 비해 조사망률粗死亡率은 26.2명이었다. 영양상태의 개선에 따른 사망률의 감소도 한 가지 요인이었다. 조사망률은 1925~1930년 1,000명당 26.2명에서 1940~1945년 21.9명으로 감소하였다.[3]

울대학교출판부, 300~307·521쪽.

2 朴在一(1957), 『在日朝鮮人に關する綜合調査硏究』, 新紀元社, 33쪽.
김두섭(1999), 「미군정기 남한 인구의 재구성」, 최영희 외, 『미군정기 한국의 사회변동과 사회사』 1, 한림대학교출판부, 150쪽.

3 Tai Hwan Kwon(1977), *Demography of Korea—Population Change and Its Components 1925-1966—*, Seoul National University Press, p.72·346.

인구에 비해 전답 경지의 증가는 정체적이었다. 경지 규모는 토지조사사업이 완료되는 1918년이 되어서야 그 정확한 면적이 알려졌다. 1918년 전과 답의 면적은 각각 280만 정보와 154만 정보로서 총 434만 정보를 헤아렸다. 이후 1940년에는 총 451만 정보였다. 1918~1940년에 걸쳐 고작 17만 정보, 3.9%에 불과한 증가였다. 그에 비해 동 기간의 인구는 1,827만 명에서 2,430만 명으로 33%나 증가하였다. 동기간 농업에 종사한 호의 수는 265만 호에서 304만 호로 절대적으로 증가하였다. 그로 인해 호당 평균 경지면적은 1.65정보에서 1.48정보로 감소하였다. 이로부터 일정기에 걸쳐 농촌사회에 꽤나 무거운 인구 압력이 가해졌다고 이야기할 수 있다. 약 280만 명에 달하는 대량의 인구가 일본과 만주로 빠져나갔지만, 인구 압력은 오히려 증가하였다. 일정기 농촌사회의 빈곤 문제는 높은 인구 압력을 주요 원인으로 하였다.

1910년대의 농업

1910년대 총독부의 지배정책은 토지·임야조사사업과 같은 제도적 기반과 철도·도로·항만 등 사회간접자본의 구축에 치중하였다. 농·공업의 발전을 위한 산업정책은 그리 적극적으로 추구되지 않았다. 총독부의 농업정책은 적은 비용을 들여 무너진 수리시설을 수축하고 일본의 우량품종을 보급하는 단기적 효과의 증산 정책에 그쳤다. 1915~1919년 농업개발을 위한 총독부의 재정지출은 다 합해도 400만 원이 되지 않았다. 제6장에서 소개한 대로 19세기에 걸쳐 전래의 제언堤堰과 보洑가 상당 부분 막히거나 무너져 제 기능을 상실하였다. 예컨대 전라북도 만경현의 경우 18세기 중엽 24개의 제언이 있었는데, 1906년의 조사에 의하면 그중 23개가 막혀 있었다. 막힌 제언은 언답堰畓으로 활용 중이었다.[4] 1909년

4 『光武十年四月日全羅北道萬頃郡各堤內冒耕執賭小名成册』, 奎章閣圖書 21146-38.

에 제언과 보를 수축하는 사업이 시작되었다. 이를 위해 농민들의 노동력이 동원되었으며, 통감부와 총독부는 필요한 자재를 보조하였다. 제언의 경우 언답을 국유지로 환수한 다음 준설을 행하였으며, 제방을 보강하였다. 보에 대해서는 취수구를 시멘트로 시설하여 내구성을 높였다. 이런 식으로 1918년까지 1,937개 소의 제언과 보가 수축되었으며, 그 결과 5만 1,800정보에 달하는 관개면적의 개선을 보았다.

1906년에는 수리조합조례水利組合條例가 공포되어 수리조합의 설립이 장려되었다. 수리조합은 조합원 5명 이상의 청원과 정부의 인가로 설립되었다. 조합구역에 토지를 소유한 이해 당사자들의 동의는 인가의 조건에 포함되지 않았다. 수리조합의 임원은 관리에 준하는 대우를 받았다. 조합비의 징수와 체납에 대해서는 국세인 지세의 징수와 체납에 관한 규정을 적용하였다. 이렇게 초창기의 수리조합은 사실상 정부조직의 말단 기구로서 위로부터 강압적으로 설립되었다.[5] 1917년에 새롭게 공포된 수리조합령水利組合令은 조합의 설립을 위해 토지소유자의 절반 이상의 동의를 얻도록 규정했는데, 이때부터 수리조합의 민간단체로서의 성격도 어느 정도 분명해졌다. 그렇지만 감독관청인 군郡이 감사를 파견하고 또 조합의 사업계획과 예산을 승인하였기 때문에 관변단체로서의 성격에는 변함이 없었다. 수리조합은 1918년까지 18개가 설립되었으며, 그에 의한 관개면적은 4만 2,300정보에 달하였다. 이처럼 1910년대에 걸쳐 제언 및 보의 수축과 수리조합의 설립을 통해 9만 4,100정보의 관개 개선이 있었지만, 전체 논 면적의 6%에 불과하였다. 1910년대 말 논의 관개율은 20%를 조금 넘는 낮은 수준을 면치 못하였다.[6]

총독부가 추진한 다른 하나의 증산정책은 일본에서 육성된 우량품종

5 李榮薰(1992), 「馬九坪水利組合의 展開過程과 歷史的 意義」, 李榮薰·張矢遠·宮嶋博史·松本武祝, 『近代朝鮮水利組合硏究』, 一潮閣, 138~142쪽.

6 朝鮮總督府殖產局(1922), 『朝鮮の灌漑及開墾事業』, 14쪽.

을 보급하는 것이었다. 널리 보급된 도종稻種은 조신력早神力, 곡량도穀良都, 다마금多摩錦의 세 가지이다. 이들은 소비小肥에 적합한 품종으로서 비료의 투여량이 적은 조선 농업의 사정을 고려하여 선택된 것들이다. 이들 품종의 생산성은 조선의 재래품종이 1정보당 8석 전후임에 비해 12석 전후의 높은 수준이었다. 우량품종은 1912년의 3%에서 1920년까지 전체 논 면적의 53%로 신속하게 보급되었다.[7] 그 이면에는 총독부의 강압적인 농정이 있었다. 농사의 조사와 지도를 위한 관리의 출장에는 신변 보호와 행정의 강압을 위해 헌병과 경찰이 동원되었다. 총독부는 10정보 또는 20정보 이상의 지주들을 군 단위의 지주회로 조직하고 협력을 강요하였다. 그에 따라 면마다 우량품종의 묘판이 설치되고 거기서 양육된 도묘稻苗가 농민들에게 배분되었다. 강압적이긴 했지만 우량품종의 보급은 1910년대에 걸쳐 일정한 증산효과를 거둔 것으로 평가되고 있다.[8] 우량품종은 밭작물에서도 보급되었는데, 그 속도는 논에 비해 그리 빠르지 않았다. 1920년 보리와 콩의 재배에서 우량품종의 비중은 각각 8%와 16%였다.

조선 농업의 식민지적 재편을 주도한 세력은 일본인 농장주들이었다. 러일전쟁 이후 조선에 대한 일본의 지배권이 확고해지자 많은 일본인들이 농업경영의 새로운 기회를 찾아 조선으로 건너왔다. 그 수는 이미 1910년에 2,254명이나 되었으며, 1915년까지 7,056명으로 급증하였다. 1915년까지 그들이 점유한 경지면적은 16만 9,000정보로서 1인당 평균 24정보였다.[9] 그 가운데는 100~200정보에 달하는 거대 농장도 드물지

---

7 朝鮮總督府農林局(1941), 『朝鮮米穀要覽』, 30~37쪽.

8 堀和生(1983), 「일제하 조선에 있어서 식민지 농업정책—1920년대 식민지지주제의 형성—」, 사계절 편집부 편, 『韓國近代經濟史硏究』, 사계절, 343~344쪽.
禹大亨(2001), 『韓國近代農業史의 構造』, 韓國硏究院, 27~28쪽.
우대형(2015), 「일제하 미곡생산성의 추이에 관한 재검토」, 『경제사학』 58, 53~103쪽.
차명수·황준석(2015), 「1910년대에 쌀 생산은 정체하였나?」, 『경제사학』 59, 77~104쪽.

9 朝鮮總督府, 『朝鮮總督府統計年報』 1915年度版, 106쪽.

않았다. 우량품종은 이들 일본인 농장주의 주도로 도입되고 보급되었다. 그들은 새로운 품종과 생산방식으로 초과이윤을 실현하였다. 이후 그것의 보급이 일반화하여 초과이윤의 기회가 사라지자 그들은 과수, 야채, 묘목, 제충국除蟲菊, 박하薄荷, 양잠, 양돈, 양계 등으로 나아가 기업적인 농업경영을 일구었다.[10]

일본인 농장주들이 주로 정착한 곳은 금강, 만경강, 동진강, 영산강, 낙동강 등의 하류 연해 지역이었다. 1915년 일본인 농업경영자 7,056명 가운데 73%가 이들 지역에 몰려 있었다. 이들 지역에는 하류河流와 조수潮水의 퇴적 작용으로 광대한 저습 미간지가 형성되어 있었다. 이의 개간을 위해서는 하류의 범람과 조수의 침입을 막을 견실한 제방의 축조와 그에 부수하는 관수·배수시설의 설치가 긴요하지만, 조선시대에는 그에 상응하는 수리·토목의 공학이 결여되었다. 전통 수리시설은 계수溪水나 하천을 이용한 소규모 제언과 보가 고작이었으며, 그에 따른 농지개발도 계간溪間과 그에 연접한 상류 평야부에 국한되었다. 17~19세기에 걸쳐 높은 인구 압력으로 하류 평야부에까지 개발의 경계가 확장되지만 잦은 홍수와 조수의 피해를 면할 수 없었다. 이들 하류 평야부와 연안 저습지가 본격적으로 개발되는 것은 일정기에 일본인들이 가지고 들어온 근대적인 수리·토목의 공학에 의해서였다. 그들은 이들 지역에 분포한 광대한 저습 미간지와 상습적인 침수지를 손에 물을 묻히고 좁쌀을 줍듯이 헐값으로 대량 매수한 다음, 제방을 쌓거나 관수·배수시설을 공사하여 비옥한 농장으로 개척해 갔다.

수리조합은 일본인 농장주들의 유력한 개척 수단이었다. 초창기의 수리조합은 대부분 일본인 농장주의 주도로 설립되었다. 그들은 관변단체 수

10 姜鋌澤(1939), 「朝鮮農業における生産システムの分化」, 『農業經濟研究』 15-3, 74~89쪽. 강정택 지음, 박동성 옮김, 이문웅 엮음(2008), 『식민지 조선의 농업사회와 농업경제』, YBM Si-sa, 210쪽.

리조합의 조직을 통해 구역 내외에 분포한 조선인 지주의 협력을 강요하거나 농민에 대한 통제력을 확보할 수 있었다. 수리조합이 벌인 개간사업의 비용은 총독부에 의해 특혜적으로 지원되었다. 예컨대 1908년에 인가를 받은 충청남도 논산의 마구평수리조합馬九坪水利組合이 1915년까지 투입한 총 5만 7,500원의 공사비는 전액 한호농공은행漢湖農工銀行의 대출에 의해 충당되었는데, 연부상환의 이자율은 평균 8~9.5%로서 일반대출 이자율 11~13%에 비해 유리한 조건이었다.[11]

산미증식계획

총독부의 농업정책이 단기적인 증산효과를 넘어 적극적인 개발정책으로 전환하는 것은 1920년부터 추진된 산미증식계획産米增殖計劃에서였다. 농업정책의 전환에는 일본 측의 요인이 크게 작용하였다. 일본자본주의는 제1차 세계대전을 맞아 전례 없는 호황을 누렸다. 서유럽의 제국주의 국가들이 동아시아에서 철수한 사이 일본자본주의는 그 공백을 메우면서 크게 성장하였다. 공업생산이 증가하고 도시인구가 팽창하였다. 공업의 구조도 경공업 중심에서 중공업 중심으로 바뀌어 갔다. 그에 비해 농업은 상대적으로 정체하였다. 그로 인해 도시인구의 식량이 부족해져 쌀값이 크게 올랐다. 1918년 전국의 주요 도시에서 쌀 부족에 항의하는 하층민의 폭동이 발생하였다. 이 같은 사태에 직면하여 일본정부는 해외에서 쌀을 수입하였는데, 그로 인해 무역수지의 적자가 커졌다. 이러한 전후 사정에서 일본정부는 일본과 동일한 자포니카계의 쌀을 생산하면서 동일 통화권인 조선의 식량 개발 가능성에 눈을 돌리지 않을 수 없었다.

조선 측의 요인으로서는 1919년에 일어난 3·1운동이 중요하였다. 3·1운동을 계기로 총독부의 지배정책은 종래의 강압적인 무단통치에서 회

11 李榮薰(1992), 「馬九坪水利組合의 展開過程과 歷史的 意義」, 『近代朝鮮水利組合硏究』, 151~152쪽.

유적인 문화정치로 전환하였다. 문화정치는 일본의 조선 지배에 협력하는 지주·자본가·상인·지식인 계층을 육성함으로써 일본의 지배체제를 밑바닥에서부터 안정시킴을 목적으로 하였다. 그를 위해 조선의 농업과 공업은 적극적으로 개발될 필요가 있었다. 그러한 취지에서 1921년 조선인 지주와 자본가도 참여한 산업조사위원회産業調査委員會가 소집되어 농업과 공업에 대한 대규모 투자계획을 수립하였다. 동 계획은 세계대전의 종식과 더불어 호황의 붐이 꺼지고 1923년의 관동대지진關東大地震으로 일본자본주의가 깊은 불황에 빠지게 되자 유야무야되고 말았다. 다만 쌀 부족이라는 일본경제의 급박한 사정에 떠밀려 조선에서 쌀을 증산할 계획만큼은 1920년부터 서둘러 시행되었다.

산미증식계획은 1920년부터 30년간 80만 정보의 논에 대한 토지개량과 모든 논에 대한 농사개량의 실시를 목적으로 하였다. 토지개량은 제언 등의 수리시설을 축설하여 관개를 개선하고, 개간과 간척 사업을 벌여 논 면적을 확충함을 말하였다. 농사개량은 우량품종을 보급하고, 시비량을 늘리고, 경종법耕種法을 개선함을 말하였다. 이 같은 장기적인 목적하에 동 계획은 우선 전반기 15개년에 약 43만 정보의 토지개량을 실시하여 900만 석의 쌀을 증산하고 그 가운데 460만 석을 일본에 이출하겠다는 목표를 세웠다.

그렇지만 동 계획의 추진은 순조롭지 못하였다. 예컨대 1925년까지 12만여 정보의 토지개량이 완수될 예정이었지만 실제로 달성된 것은 7만여 정보에 불과하였다. 사업이 부진했던 가장 중요한 원인은 토지개량을 추진할 사업자의 사업비 부담이 지나치게 무거웠기 때문이다. 총독부는 지주나 수리조합이 사업자가 되어 제언의 축설과 같은 토지개량사업의 계획서를 제출하면 그 타당성을 심사한 다음 사업비의 일부를 지원하는 방식으로 산미증식계획을 추진하였다. 그런데 총독부의 국고를 통한 지원금은 전체 사업비의 27%에 불과하였다. 사업비의 32%는 총독부가 알선하는 식산은행과 동양척식주식회사의 대부금으로 지원될 예정이었다. 그리고 나머지 41%는 사업자가 직접 부담해야 하였다. 지주들은 여유자금을 고율의 소작료를 수취할 수 있는 토지매입에 투자할지언정 성공 여부가 불투명한 토지개량에 높은 부담을 지면서까지 투자할 유인을 느끼지 못하였다.[12]

이에 1926년 총독부는 기존의 계획을 폐지하고 산미증식갱신계획産米增殖更新計劃이라는 새로운 계획을 수립하였다. 이 계획은 1937년까지 35만 정보의 토지개량을 실시하여 472만 석의 쌀을 증산하겠다는 보다 온건한 목표를 설정하였다. 사업자의 사업비 부담은 종전의 41%에서 7%로 대폭 낮아졌다. 그 대신 총독부가 알선하는 식산은행과 동양척식주식회사의 대부금은 종전의 32%에서 69%로 대폭 올랐다. 나머지 24%는 국고 지원이었다. 식산은행과 동양척식주식회사 대부금의 자금원은 일본 대장성 예금부의 자금이 그 절반이었고, 나머지 절반은 식산은행과 동양척식주식회사가 일본 금융시장에서 채권을 발행하여 조성하는 자금이었다. 대부금의 상환 이자율도 종전의 평균 10.2%에서 평균 7.4%로 많이 유리해졌다. 이와 더불어 총독부는 동 계획을 전담할 기구로서 식산국 산하에 토지개량부를 설치하고, 토지개량의 공사를 대행할 조선토지개량주식회사朝鮮土地改良株式會社를 설립하였다. 1926년에는 조선농회령朝鮮農會令을 발포하여 전국의 모든 산업단체, 지주회, 임의농회를 조선농회朝鮮農會로 조직하였다. 조선농회의 회원은 관청이 임명하였는데, 그 대부분이 면장, 면협의회 회원, 유력한 지주로 구성되었다. 조선농회는 300만 호의 전 농가를 대상으로 농사개량을 지도하는 등, 산미증식계획의 중요 추진기구로서 역할을 하였다.[13]

---

12 河合和男(1979), 「'産米增殖計劃'と植民地農業の展開」, 『朝鮮史叢』 2, 7~9쪽.

13 堀和生(1983), 「일제하 조선에 있어서 식민지 농업정책－1920년대 식민지지주제의 형성－」, 『韓國近代經濟史硏究』, 335~336쪽.

그렇게 의욕적으로 개시된 산미증식갱신계획은 처음 5년간은 공사 착수율이 예정을 초과하는 등 순조롭게 추진되었다. 사업의 민간 주체로서 수리조합의 결성은 1920~1925년에 54개였음에 비해 1926~1931년에는 125개나 되어 민간의 높은 참여율을 반영하였다. 그렇지만 동 갱신계획은 1932년 이후 사실상 중단되고 말았다. 1929년 미국에서 발생한 대공황大恐慌이 일본 농촌에 심각한 영향을 미쳤기 때문이다. 쌀값이 폭락하자 일본 농민들은 조선 쌀의 이입에 반대하는 운동을 벌였다. 일본정부는 자금 지원을 축소하고 동 계획을 중단하도록 총독부에 압력을 가하였다. 그에 따라 1932년 총독부의 토지개량부가 폐지되고, 1934년에는 조선토지개량주식회사도 해산되었다. 이미 진행 중인 사업은 1937년까지 서둘러 완공되었는데, 이로써 산미증식계획의 토지개량사업은 종결되었다. 1937년까지 준공된 토지개량은 총 15만 3,800정보로서 1926년에 예정한 35만 정보의 절반에 미치지 못하였다.[14] 1920~1925년의 7만 1,000정보를 합하면 산미증식계획은 1937년까지 도합 22만 4,800정보의 논에서 토지개량을 행한 성과를 거두었을 뿐이다.

이렇게 산미증식계획의 토지개량사업은 중도반단으로 끝나고 말았지만, 자금 부담이 그리 크지 않은 농사개량사업은 이후에도 계속되었으며 오히려 강화되었다. 예컨대 1934~1937년 농사개량을 위한 총독부의 알선 자금은 당초 계획치보다 1.8배나 많이 지원되었다. 앞서 지적한 대로 우량품종의 보급은 1910년대부터 추진되었다. 1920년에 이미 57%에 도달한 우량품종의 보급률은 산미증식계획의 농사개량사업으로 꾸준히 높아져 1935년에는 80%, 1940년에는 89%나 되었다. 시비施肥를 늘리기 위한 총독부의 정책은 1905~1915년 자급비료의 장려, 1919~1926년 화학비료의 소극적 장려, 1927년 이후 화학비료의 적극적 장려의 세 단계로

14 河合和男(1979), 「'産米增殖計劃'と植民地農業の展開」, 『朝鮮史叢』 2, 9~13쪽.

전개되었다. 퇴비 등 자급비료의 투입은 1920년대 전반 단보당 46관貫에서 1940년까지 188관으로 4배가량 늘었다. 그에 비해 화학비료는 1920년대 전반 단보당 0.5관에서 1940년 4.8관으로 9배나 증가하였다. 화학비료는 1930년 함흥의 조선질소비료공장朝鮮窒素肥料工場이 준공된 후 급속히 보급되어 이미 1936년에 금액으로 환산한 시비 총량에서 40%의 큰 비중을 점할 정도였다.[15]

전반적으로 평가하여 산미증식계획은 그 입안과 추진이 비체계적이었으며 소기의 성과를 거두지 못하였다. 동 계획이 목적한 증산효과가 뚜렷이 관찰되는 것은 역설적으로 동 계획이 사실상 중단된 이후의 일이었다. 예컨대 논 1단보당 미곡 생산량을 보면 1911~1913년에 0.808석의 낮은 수준에서 1916~1918년까지 0.933석으로 비교적 급하게 상승하였다. 이후 동 계획이 추진된 기간에는 오히려 정체하여 1930~1932년에는 겨우 0.975석에 불과하였다. 미작의 생산성이 다시 상승하는 것은 1933년부터이며 1936~1938년에는 1.434석의 최고 수준에 도달하였다. 이후 미작의 생산성은 전시통제에 따른 노동력과 물자의 부족으로 감소 추세로 돌아섰다.[16]

산미증식계획이 소기의 증산효과를 누리지 못한 것은 토지개량과 농사개량을 조화롭게 추진하지 못한 데 그 원인이 있는 것으로 지적되고 있다. 관개가 개선되고 비료 투여가 증가하면 그에 상응하는 품종이 개발되고 보급될 필요가 있다. 그런데 1920년대에 걸친 관개의 개선과 시비의 증가에도 불구하고 품종은 여전히 1910년대에 보급이 장려된 소비小肥에 적합한 것이었다. 총독부의 관리들은 조선 농업의 사정에 무지했으며 또한 오만하였다. 소비에 적합한 품종을 심고 물과 비료의 공급을 늘리자 도열병稻熱病의 피해가 만연하였다. 동일 품종을 오래 고수함에 따른 열

---

15 河合和男(1979),「'產米增殖計劃'と植民地農業の展開」,『朝鮮史叢』2, 14~18쪽.

16 단보당 미곡 생산량은『朝鮮總督府統計年報』1919년 이후 각 연도판에 근거하였다.

변퇴화劣變退化의 효과도 있었다.

총독부가 조선 농업의 사정에 걸 맞는 종자와 농법을 개발하기 위해 조선농사시험장朝鮮農事試驗場을 설립하는 것은 1929년의 일이다. 그에 의해 은방주銀坊主와 육우陸羽132호라는 신품종이 개발되어 1933년부터 보급되기 시작하였다. 이들 신품종은 많은 비료에도 견딜 수 있는 내비성耐肥性이 있었고 그 결과 은방주의 경우 기존의 우량품종보다 40% 이상의 증산효과가 있었다. 육우132호는 내랭성耐冷性에서 우수하였다. 1926년 이후 수리조합의 결성이 북부지방으로까지 확산되는데, 그에 따라 한랭한 기후에 적합한 새로운 품종이 요구되었다. 그에 부응하여 개발된 것이 육우132호이다. 이들 신품종은 남과 북에서 기존의 우량품종을 급속히 대체해 갔다. 산미증식계획에 따른 관개 개선과 비료 증투의 효과는 이들 신품종과 어울리면서 뒤늦게야 증산효과를 거둘 수 있었다. 그사이 두찬杜撰을 면치 못했던 총독부의 개발정책에 따른 희생은 적지 않았다.[17]

수리의 전진과 조선인의 대응

〈표 9-1〉에서 보듯이 일정기에 걸쳐 관개답의 면적은 1920년의 34만여 정보에서 1935년의 116만여 정보로, 나아가 1940년의 126만여 정보로 증가하였다. 이들이 논의 전체 면적에서 차지하는 비중은 같은 기간에 22%에서 71%로 높아졌다. 이 같은 괄목할 만한 관개의 개선은 산미증식계획의 성과만은 아니었다. 전술한 대로 1935년까지 실시된 동 계획에 의한 토지개량의 실적은 22만여 정보에 지나지 않았다.

관개설비에는 제언, 보, 양수기의 세 가지가 있었다. 〈표 9-1〉에서 '기타'는 이 세 가지가 결합한 복합적인 시설을 말한다. 이 가운데 제언, 곧 저수지를 통한 관개의 개선은 절대 면적에서나 상대 비중에서 증가하는

17 禹大亨(2001), 『韓國近代農業史의 構造』, 35~43쪽.

[표 9-1] 관개답 현황(1920~1940)

단위: 천 정보, %

구분 / 연도	관개답 면적	관개설비별				경영주체별			
		제언	보	양수기	기타	수리조합	공동	개인	기타
1920	341 (22)								
1925	764 (48)	112 (14.7)	437 (57.2)	18 (2.4)	197 (25.7)	59 (7.8)	440 (57.7)	220 (28.9)	42 (5.6)
1930	960 (59)	170 (17.7)	500 (52.1)	40 (4.2)	250 (26.0)	132 (13.8)	494 (51.5)	286 (29.8)	47 (4.9)
1935	1,161 (68)	243 (20.9)	582 (50.1)	53 (4.5)	284 (24.5)	210 (18.1)	563 (48.5)	329 (28.4)	57 (4.9)
1940	1,261 (71)	284 (22.6)	591 (46.9)	87 (6.9)	298 (23.7)	230 (18.3)	592 (47.0)	342 (27.2)	95 (7.5)

출처: 朝鮮總督府殖産局(1922),『朝鮮の灌漑及開墾事業』, 14쪽.
朝鮮總督府,『朝鮮總督府統計年報』, 1942年度版, 44~45쪽.
비고: 관개답 면적 열의 ( )는 답의 총면적에 대한 관개답 면적의 비중(%)이다.

추세였다. 저수지의 축설은 주로 산미증식계획의 지원을 받아 설립된 수리조합에 의해 추진되었다. 이로부터 일정기에 걸친 관개의 개선에 있어서 수리조합이 행한 주도적 역할을 확인할 수 있다. 표에서 보듯이 경영주체별 관개에 있어서도 수리조합의 절대 면적과 상대 비중은 증가하는 추세였다.

다음으로 경영주체별에서 개인은 주로 농장형의 대지주를 말한다. 1925년 그들에 의한 관개의 비중은 29%로 수리조합을 압도하였다. 전술한 대로 일정 초기에 일본에서 건너와 대하천 하류와 연해의 저습 미간지를 중심으로 대농장을 일군 일본인 지주들이 그 중심을 이루었다. 그들은 농장 주변의 폐제언을 농장 전용의 저수지로 재개발하거나, 인근 하천의 상류에 보를 설치하여 물을 끌어 들이거나, 동절기에는 양수기를 이용하여 하천수河川水나 보수洑水를 저수지에 저류하는 등의 복합적인 수리시설을 구축하였다. 이들 농장형 대지주에 의한 관개답의 상대적 비중은

1925년 이후 늘지 않지만 절대적 면적은 1925~1940년에 22만 정보에서 34만 정보로 12만 정보나 증가하였다. 식민지 조선의 농업개발은 이들 농장형 대지주를 첨병으로 하였다.

그렇지만 전통 소농사회로부터의 대응도 만만치 않았다. 하천수를 이용한 보는 전통적 수리시설을 대표하는데, 1925년 전체 관개답에서 57%로 가장 큰 비중을 점하였다. 이후 그 상대적 비중은 감소하긴 했지만, 절대면적은 15만 4,000정보나 증가하여 제언에 의한 증가에 필적하였다. 기타 설비에 포함된 보까지 고려하면 보의 역할은 오히려 증가하였을 수도 있다. 보의 설치와 운영의 주체는 대체로 동리였다. 표에서 보는 공동에 의한 관개가 바로 그것이다. 공동의 관개 역시 보와 마찬가지로 57%의 가장 큰 비중을 점하는 가운데 절대 면적에서 15만여 정보 증가하였다.

조선의 농민과 지주는 일본인이 주도하는 개간·간척 사업과 수리시설의 확충에 적지 않은 자극을 받았다. 그들은 동리 단위로 원동기原動機를 활용하여 하천수를 끌어올려 보수洑水를 보충하거나 동절기에 하천수를 보나 저수지에 저류하였다.[18] 나아가 조선의 중소지주와 부농들은 총독부가 주도한 산미증식계획에 적극적으로 참여하였다. 초창기 수리조합의 설립은 일본인 대지주에 의해 주도되었지만, 1926년 이후 산미증식갱신계획 기간에 설립된 수리조합은 거의 조선인 중소지주와 부농이 주도하였다. 1916~1932년에 설립된 88개의 수리조합 가운데 61개가 조선인의 주도에 의하였다. 이같이 일정기에 걸친 농업의 개발은 일본 자본의 주도하에 조선의 농업이 그에 종속적으로 재편되는 과정이지만, 그와 동시에 조선의 농민이 외부로부터의 도전에 대응하여 스스로를 근대적 경제주체로 개발해 가는 과정이기도 하였다.[19]

---

18 조선 농민의 이 같은 대응의 사례로서 李榮薰(1992), 「馬九坪水利組合의 展開過程과 歷史的 意義」, 『近代朝鮮水利組合研究』, 176~184쪽을 참조.

19 宮嶋博史(1992), 「植民地期 朝鮮水利組合의 全體像과 類型把握을 위하여」, 『近代朝鮮水利組合研究』, 39~49·66쪽.

농업의 구조변동

일정기에 걸쳐 미맥류, 잡곡류, 채소류, 과일류, 특용작물류, 가축·양잠류를 합하여 농산물 총액은 1911년 3억 5,800만여 원에서 1937년 15억 3,600만여 원으로 증가하였다. 물가상승을 고려한 실질 증가는 2.1배이다.[20] 농업생산은 1937년이 정점이며, 이후 전시기戰時期에 걸쳐 원료와 중간재의 부족으로 실질생산은 감소하였다. 두말할 것도 없이 농업에서 가장 큰 비중을 차지한 것은 미작米作이었다. 1911년 농산물 총액에서 미작이 차지하는 비중은 48%나 되었으며 이후 꾸준히 증가하였다. 일정기에 걸쳐 상당량의 미곡이 일본으로 이출되었으며, 미작의 발달은 그 같은 시장 조건에 크게 자극받았다. 1913년 일본은 조선 쌀에 대한 관세를 폐지했으며, 이후 조선 쌀의 일본 이출이 크게 증가하였다. 1910년대 초 미곡 총생산에서 이출미의 비중은 2~3%에 불과하나 1916~1920년까지 15%로 증가했으며, 1930~1935년에는 49%의 최고 수준에 달하였다.[21] 산미증식계획은 미곡을 계획대로 증산하는 데는 실패했지만, 미곡의 이출에서만큼은 소기의 성과를 거두었다.

일정기에 걸친 농업의 구조변동은 〈그림 9-1〉과 같다.[22] 미작의 비중은 1911년 48%에서 해마다 작황에 따른 기복을 보이면서 1937년 56%로까지 확대되었다.[23] 반면 맥류와 잡곡류는 해마다 미작과 대조적인 변동을 보이는 가운데 1911년 38%에서 1934년 27%로 감소하였다. 전시기에 들

---

20 김낙년 편(2006), 『한국의 경제성장 1910-1945』, 414·417쪽. 본문의 서술은 여기서 제시된 당년 가격으로 표시된 농산물 총액과 1935년을 100으로 한 농산물 디플레이터를 이용하여 각 연도의 실질생산을 계산한 결과이다.

21 村上勝彦 外(1984), 「植民地期朝鮮社會經濟の統計的研究(1)」, 『東京經大學雜誌』 136, 31쪽.

22 김낙년 편(2006), 『한국의 경제성장 1910-1945』의 414쪽에서 제시된 類別 농산물 생산액을 417쪽에 제시된 농업생산 디플레이터로 실질화한 결과이다. 414쪽의 유별 생산액 가운데 미맥류는 410쪽에 제시된 생산량을 기준으로 미류와 맥류로 분리하였다.

23 종래 일정기 농업의 구조변동을 가리켜 '米單作化'로 요약함이 일반적이었는데, 1911~ 1937년에 걸쳐 미작의 비중이 8% 정도 확대한 것을 두고 그렇게까지 일반화하기는 어렵다고 생각한다.

[그림 9-1] 농업생산의 구조변동(1911~1944)

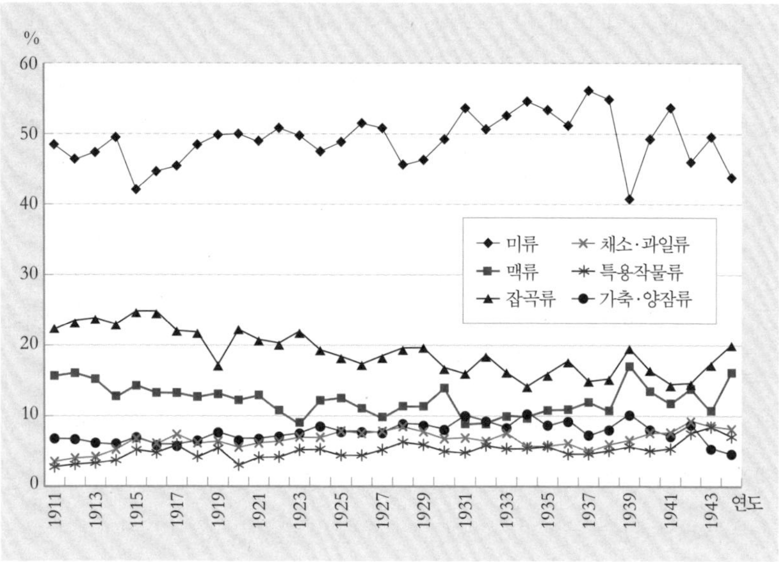

출처: 김낙년 편(2006), 『한국의 경제성장 1910-1945』, 서울대학교출판부, 410·414·417쪽.

어 미작은 노동력과 비료 등 중간재의 부족으로 후퇴하였는데, 그 대신 맥류와 잡곡류의 비중이 증가하였다. 이외에 채소·과일류, 특용작물류, 가축·양잠류 등에서 특이한 변동은 관찰되지 않는다. 1930년대 전반까지 가축·양잠류의 꾸준한 증대가 주목되는 정도인데, 잠견蠶繭의 증산이 그 원인이었다. 잠견의 생산량은 1911년에 726톤에 불과했으나 1934년에 2만 3,531톤으로 증가하였다. 잠견 생산은 1942년 이후 급속히 후퇴하여 1944년에는 7,064톤으로까지 줄었다. 그것은 일본이 생사生絲를 수출한 미국시장이 1941년 미국과 일본의 개전開戰으로 닫혀 버렸기 때문이다.

요컨대 일정기 조선의 농업은 1937년까지 실질생산이 2배가량 증가하는 가운데 미작이 확대되고 전작田作이 쇠퇴하는 구조적 변동을 보였다. 그것도 지역과 계층에 따라 상당한 차이가 있었다. 미작이 중심을 이룬 남부 평야지대에서는 전작만 아니라 양잠, 축산, 농산가공 등 비경종非耕

種 부문도 크게 쇠퇴하였다.[24] 전통 농업에서 있어서 전작과 비경종 부문은 자급경제의 토대를 이루었다. 이 부문의 쇠퇴에 따라 농가는 미작을 매개로 하여 상품생산과 시장경제에 보다 깊숙이 포섭되었다. 미작은 일본으로의 수출시장에 크게 규정되었다. 대지주와 상인들이 지배하는 그 시장에서 개별 농가가 잉여를 추구할 기회는 많지 않았다.

소농경제의 전진

〈그림 9-2〉는 1916~1940년 농지의 소유 및 경작 형태별 농가의 추이이다. 1932년까지 자소작농自小作農이 감소하고 소작농小作農이 증가하는 대조적인 추세가 뚜렷이 드러나 있다. 자소작농은 1916년 41%에서 1932년 26%로 감소한 반면, 소작농은 1916년 37%에서 1932년 55%로 증가하였다. 이후 1940년까지 자소작농과 소작농의 비중은 1932년의 수준을 유지하였다. 자작농自作農은 1926년까지 23% 수준을 유지하다가 1932년까지 19%로 줄었으며, 이후 역시 그 수준을 유지하였다.

종래 이 같은 농가 구성의 추이를 두고 일정기에 걸쳐 자본주의와 지주제의 압박을 받아 모든 계층의 농가가 경제적으로 몰락했다는 이른바 전층적全層的 하강분해下降分解라는 이해가 널리 수용되어 왔다. 그 같은 통설적 이해가 농촌경제의 전반적 실태를 어느 정도나 충실히 설명하고 있는지는 의문이다. 예컨대 소작농이 증가한 것은 자작농이나 자소작농이 몰락한 탓일 수도 있지만, 인구가 증가하여 기존의 자작농이나 자소작농으로부터 토지를 분여받지 못한 농가가 분가分家한 결과일 수도 있다. 1916~1931년에 순지주를 제외한 자작농, 자소작농, 소작농의 수는 262만 호에서 281만 호로 증가하였다. 자작농과 자소작농의 수가 165만 호에서 142만 호로 23만 호 감소한 대신, 소작농의 수가 97만 호에서 139

24 小早川九郎(1944), 『朝鮮農業發達史』(發達篇), 朝鮮農會, 574~578쪽.

[그림 9-2] 농지의 소유 및 경작 형태별 농가 구성의 추이(1913~1942)

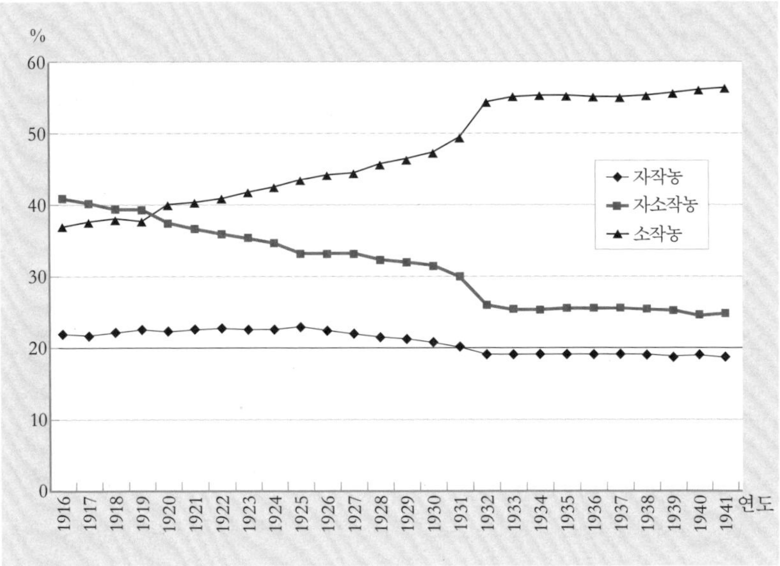

출처: 朝鮮總督府, 『農業統計表』, 1941年度版, 7~8쪽.

만 호로 42만 호나 증가하였다. 동 기간의 16개년에 있어서 자작농과 자소작농의 감소 합계가 소작농의 증가에 미치지 못하는 해가 10개년이나 되었다. 이로부터 알 수 있듯이 소작농의 증가 추세에는 소작농으로 순유입하는 농가의 증가 추세가 포함되었다. 이미 1890년대부터 팽창하기 시작한 인구는 1910~1920년대에 이르러 경지를 분여받지 못한 채 아버지나 형의 세대世帶에서 분가하여 순소작純小作으로 첫걸음을 내딛는 다수의 농가를 배출하였다. 그들이 1931년까지 증가한 소작농 수의 적어도 40%는 차지했다고 보인다.

자작농과 자소작농의 경제적 몰락이 뚜렷하게 진행된 것은 1926~1932년의 일이다. 전술한 대로 토지개량과 농사개량을 조화롭게 추구하지 못한 총독부의 농업정책이 그 같은 화禍를 초래하였다. 자작농과 자소작농의 몰락이 가장 격심했던 것은 1932년이다. 〈그림 9-2〉에서 보듯이 1932년 그해에 두 계층의 추세선이 단절적으로 꺾이고 있다. 곧 1929년 미국에서 발생한 대공황의 파도가 조선에까지 밀려온 것이다. 그로 인해 1930년 10월 이후 1931년 2월까지 현미 1석의 가격이 23.4원에서 13.7원으로 무려 40%나 폭락하였다. 이후 미가는 1932년 말까지 원래의 수준을 회복하지 못하였다.[25] 그사이 미작으로 생산구조가 편향된 농가에 가해진 충격은 실로 심각하였다. 1931~1932년 자소작농이 급감하고 소작농이 급증한 것은 이처럼 식민지 조선에까지 밀려온 세계 대공황이 직접적인 요인이었다.

이후 소작농이 증가하는 추세는 정지하였다. 1933년 이후에도 인구압력에 따라 소작농 수는 절대적으로 증가하지만 상대적 비중은 증가하지 않았다. 자작농과 자소작농이 더 이상 몰락하지 않았던 것이다. 1933~1941년 자소작농 수는 72만 호에서 안정되었다. 식민지지주제로부터 가해지는 고율 소작료의 압력이 여전한 가운데 자소작농 계층이 안정될 수 있었던 것은 전술한 대로 1933년 이후 미작의 생산성이 뚜렷하게 상승하였기 때문이다. 1933년 이후 미가가 회복된 것도 한몫하였다. 후술하듯이 총독부의 농업정책이 지주 중심에서 소농 중심으로 전환한 것도 유력한 배경을 이루었다. 요컨대 1933년 이후 조선의 농업은 자소작농을 중심으로 한 소농경제小農經濟의 전진을 보았다.

계층별로 농가의 경작규모가 어떠한 추이를 보였는지에 관해서는 1922년과 1938년을 비교하고 있는 〈표 9-2〉를 참조할 수 있다. 우선 3정보 이상을 경작하는 대농大農이 절대적으로나 상대적으로 감소하는 추세였음을 확인할 수 있다. 이들은 머슴 또는 일고를 고용하여 상품생산을 행하는 자본가적 기업농과 같은 존재인데, 일정기에 걸쳐 다로다비多勞多肥의 집약농법이 널리 보급됨에 따라 계층적으로 후퇴하였다. 〈표 9-2〉에

25 朝鮮總督府,『朝鮮總督府統計年報』1932年度版, 255쪽.

【표 9-2】 소유형태별·경작규모별 농가 수의 추이(1922~1938)

단위: 개, %

구분	연도	0~0.3정보	0.3~1정보	1~3정보	3정보 이상	합계
자작농	1922	107,819 (4.4)	172,390 (7.1)	179,016 (7.3)	94,453 (3.9)	553,678 (22.7)
	1938	71,686 (2.5)	206,065 (7.2)	201,812 (7.0)	63,882 (2.2)	543,445 (18.9)
자소작농	1922	222,605 (9.2)	329,431 (13.5)	263,747 (10.8)	98,628 (4.0)	917,411 (37.5)
	1938	115,730 (4.0)	377,209 (13.1)	273,238 (9.5)	48,116 (1.7)	814,293 (28.3)
소작농	1922	298,084 (12.2)	354,399 (14.5)	233,029 (9.5)	88,226 (3.6)	973,738 (39.8)
	1938	300,893 (10.5)	743,269 (25.9)	403,354 (14.1)	63,908 (2.2)	1,511,424 (52.7)
합계	1922	631,508 (25.8)	856,220 (35.0)	675,792 (27.6)	281,307 (11.5)	2,444,827 (100)
	1938	488,309 (17.0)	1,326,543 (46.2)	878,404 (30.6)	175,906 (6.1)	2,869,162 (100)

출처: 朝鮮總督府企劃部(1941),『朝鮮農業人口ニ關スル資料(其二)』.
비고: 雇農을 제외한 수이다. ( )는 농가 총호수에 대한 비율이다.

는 제시되어 있지 않지만, 도별 변동을 보면 특히 남부지방에서 이들 대농 계층의 후퇴가 뚜렷하였다. 그것은 남부지방의 농업이 북부지방보다 노동집약적이었기 때문이다.

0.3정보 미만을 경작한 영세농도 절대적으로나 상대적으로 감소하였는데, 그 역시 집약농법이 발달한 남부지방에서 보다 뚜렷하였다. 이들 영세농은 생계소득을 확보하기 위해 노동을 팔아야만 했던 반농반로半農半勞의 존재이다. 집약농법의 보급에 따라 이들을 고용했던 대농 계층이 후퇴하자 영세농은 그들로부터 방출된 소작지를 얻어 0.3정보 이상의 소농 계층으로 상승해 갔다. 농촌사회에서 구래의 노비奴婢 또는 협호挾戶와 같은 예속인의 사역에 유래하는 임노동 관계는 점점 쇠퇴해 갔다.

이렇게 상하 두 계층이 후퇴한 대신에 0.3~1정보와 1~3정보를 경작하는 중간층이 발달하였다. 0.3~1정보의 계층은 남부지방에서, 1~3정보의 계층은 북부지방에서 상대적으로 더 발달하였다. 그 역시 두 지방의 자연환경에 규정된 농법의 차이에 기인하였다. 이들 중간층은 가족노동에 기초한 자립적 소농의 범주였다. 일정기에 걸쳐 다로다비의 집약농법이 확대 보급되자 그를 생산력의 기반으로 하여 자립적 소농경제가 성숙하였다. 제6장에서 서술한 대로 17세기 이래 소농경제가 발전하였다. 위기의 시대인 19세기에 걸쳐 소농경제는 침체하였다. 1890년대 이래 미곡의 수출시장이 열리고 1910년대에 이르러 수리시설이 복구되고 우량품종이 보급되자 소농경제는 다시 성장의 추세로 돌아섰다. 1920년대 총독부 농업정책의 실패는 1926~1932년의 불황기에 소농경제에 커다란 피해를 안겼다. 이 같은 우여곡절을 겪은 소농경제는 1933년 이후 미작의 생산성이 상승하고 총독부의 농업정책이 소농 중심으로 선회하자 다시 한 번 전진前進의 발걸음을 내디뎠다.

인구 압력과 고율 소작료의 부담이 여전함에도 소농경제를 전진으로 이끈 중심세력은 1~2정보를 경작한 자소작농이었다. 1930년대에 이르러 이 계층은 금비金肥, 신품종, 개량농구의 확보에 있어서 하층 소작농보다 우월했으며, 그로 인해 두 계층의 생산성에 있어서 볼 만한 격차가 생겨나기 시작하였다. 이 같은 생산력의 토대에 기초하여 자본가적 부농富農이, 지주제의 여전한 우세에도 불구하고, 식민지 농업의 발전을 이끄는 또 하나의 세력으로 성립하였다고 지적되고 있다.[26]

26 張矢遠(1980), 「日帝下 農民層 分解의 樣相과 그 性格」, 차기벽 편, 『일제의 한국 식민통치』, 정음사, 169~227쪽.
禹大亨(2001), 『韓國近代農業史의 構造』, 83~92쪽.

지주제의 동향

제7장에서 소개한 대로 개항기에 걸쳐 새로운 형태의 지주제地主制가 성장하였다. 미곡의 대일 수출시장이 그 경제적 배경을 이루었다. 지주제의 성장 추세는 일정기에도 이어졌으며, 1933년이 되어서야 멈추었다. 그 사이 1918~1932년에 걸쳐 전답 총경지에서 소작지의 비중은 50%에서 56%로 증가하였다.[27] 농촌사회의 새로운 지배세력으로 등장한 지주 계층의 출신 배경은 다양하였다. 구래의 양반신분은 없지 않았지만 드물었다. 새로운 지배세력의 다수는 구래 군현의 행정을 세습해 온 향리鄕吏 출신이었다. 그들은 독농, 상업, 고리대 등으로 초기적 축적에 성공하였으며, 그것을 밑천으로 하여 변화무쌍한 미곡의 수출시장에서 특별한 성공을 거두었다. 이후 일정기에 걸쳐 이들 신흥세력은 총독부의 충실한 협력자로서 역할을 하였다. 이들은 금융조합, 수리조합, 지주회, 농회, 면협의회와 같은 총독부의 농촌 지배기구에 적극적으로 참여했으며, 나아가 간부로 활약하였다. 총독부의 지배정책은 이들 신흥세력을 매개로 하여 농촌사회의 말단에까지 침투하였다. 이들의 일부는 총독부의 중견 관료로까지 출세하였다. 1925년의 한 조사에 의하면 조선인 군수郡守 300명 가운데 260명이 향리 출신이었다.[28]

이들 신흥세력의 역사적 역할은 제국주의의 충실한 협력자 이상이었다. 일본이 조선을 그의 영구하고 완전한 영토로 동화시키기 위해 근대문명을 이식할 때, 그것을 수용하고 정착시킨 것은 주로 이들 신흥세력이었다. 이들은 지주로서 또 자본가로서 식민지자본주의의 발전을 이끌었다. 일본으로 유학하여 신학문을 익힌 그들의 자제는 실업實業에서 뿐 아니라 언론, 교육, 문학, 예술 등에서 계몽적 지도자로 활약하였다. 그들은 이후 식민지가 해방되어 대한민국大韓民國이라는 국민국가가 세워질 때 가

27 小早川九郎(1944), 『朝鮮農業發達史』(發達篇), 부록 제9표.

28 稻葉岩吉(1925), 「朝鮮社會史ノ斷面(下)」, 『東亞經濟研究』 9-3, 59~60쪽.

장 중요한 정치세력으로 부상하였다.[29]

일정기에 걸쳐 지주제가 성장하게 된 근원적 요인은 노동은 과잉인 반면 토지는 턱없이 부족한 생산요소의 부존조건이었다. 소작료율은 생산량의 평균 50% 수준이었다. 높은 소작료율에도 불구하고 소작지는 언제나 초과수요의 대상이었다. 토지가 워낙 부족하여 소득 증대에 기여하는 토지의 한계생산성이 높았기 때문이다. 실험적인 추계에 의하면 소작지에 대한 초과수요를 해소하기 위해서는 소작료율이 62~72%로까지 높아질 필요가 있었다. 소작지에 대한 초과수요는 심한 차지경쟁借地競爭을 유발했으며, 그 임대차 시장에서 지주는 늘 우세한 협상력으로 소작농을 압박하였다.[30]

자본주의의 발전이 초보적 단계여서 지주가 그의 지대수입을 투자할 다른 시장과 산업이 결여되었던 것도 지주제의 지속적 성장을 이끈 요인이었다. 토지는 다른 어느 자산보다 수익률이 높은 매력적인 투자대상이었다. 예컨대 1938년까지도 답과 전의 수익률은 각각 8%와 8.5%로서 주식의 수익률 6.1%를 능가하였다. 토지자산의 높은 수익률은 고율 소작료 때문만은 아니었다. 토지가격의 상승률은 미가나 도매물가의 상승률을 초과함이 보통이었다. 그것은 토지시장이 수요자독점의 시장이었기 때문이다.[31] 전술한 대로 1920년대에 걸쳐 자소작농이 몰락해 갔다. 미작으로 편향된 농가의 생산구조는 흉작의 충격에 취약하였다. 충격이 가해질 때마다 다량의 토지가 궁박판매窮迫販賣되었으며, 독점적 수요자인 지주들은 낮은 가격으로 토지를 집적하였다. 다음 해에 풍작이 들면 토지를 상실한 농가로부터 토지에 대한 수요가 발생한 반면, 지주들은 토지를 내놓지 않기 때문에 토지가격은 급하게 상승하였다. 이같이 수요자독점의 토

29 그레고리 헨더슨 지음, 박행웅·이종삼 옮김(2000), 『소용돌이의 한국정치』, 한울아카데미, 105쪽.

30 禹大亨(2001), 『韓國近代農業史의 構造』, 132~142쪽.

31 禹大亨(2001), 『韓國近代農業史의 構造』, 126~132쪽.

【표 9-3】 50정보 이상 대지주의 추이(1910~1942)

단위: 명

구분	연도	1910~1913	1925~1927	1930	1942
50~100정보	조선인	1,471	1,483	1,438	1,351
	일본인	35	129	251	642
	소계	1,506	1,612	1,689	1,993
100정보 이상	조선인	314	968	800	488
	일본인	79	201	301	567
	소계	393	1,169	1,101	1,055
	조선인	1,785	2,451	2,238	1,839
	일본인	114	330	552	1,209
	총계	1,899	2,781	2,790	3,048

출처: 張矢遠(1989), 「日帝下 大地主의 存在形態에 관한 硏究」, 서울대학교 대학원 경제학과 박사학위논문, 60쪽.

지시장을 만들어 낸 데는 앞서 지적한 대로 1920년대 총독부 농업정책의 책임이 적지 않았다.

지주제의 민족적 구성과 존재양태에도 적지 않은 변화가 잇달았다. 〈표 9-3〉은 도道 단위의 속지屬地를 기준으로 한 50정보 이상 대지주 수의 시기별 추이이다.[32] 1910년대 초기 이들 대지주의 중심은 압도적으로 조선인들이었다. 조선인이 총 1,785명임에 비해 일본인은 114명에 불과하였다. 이후 1927년까지는 지주제의 지속적인 성장기였다. 동 기간 조선인 지주와 일본인 지주는 함께 성장했는데, 일본인 지주의 성장세가 더 빨랐다. 이후 1930년을 전후한 공황기를 겪으면서 지주제의 성장세는 둔화되었다. 이후 1942년까지 조선인 대지주의 수는 감소한 반면, 일본인 대지주의 수는 꾸준히 증가하였다. 특히 100정보 이상의 대지주에서 그러한 변화가 두드러져 1942년 일본인이 567명인 반면, 조선인은 488명에 불과하

32 張矢遠(1989), 「日帝下 大地主의 存在形態에 관한 硏究」, 서울대학교 대학원 경제학과 박사학위논문, 60쪽.

였다. 이처럼 1930년대에 들어 지주제는 외연적인 확장보다는 조선인에서 일본인으로 그 중심이 교체되는 변화를 보였다.

일본인 지주가 조선인 지주보다 성장세가 빠른 가운데 1930년대에 들어 지주제의 중심으로 자리 잡게 된 것은 그들의 경영방식이 조선인 지주와 달랐기 때문이다. 일본인 대지주의 전형적인 사례를 소개하면, 그들은 자신의 농장에 전속하는 농사시험장을 설치하여 실험을 통해 최적의 종자와 비료의 종류를 선택하였다. 그들은 농장 내에 소작인촌小作人村을 건설하고 노동력이 풍부하고 근실한 소작농을 엄선하여 입주시켰다. 소작농의 노동과정은 농장주의 엄격한 통제하에 놓였다. 그들은 정해진 기일에 종자와 비료를 뿌려야 하였으며, 뒤이은 제초, 수확, 조제調製 등 일체의 노동과정에서도 농장주의 세밀한 감독을 받았다. 소작농에게 독자의 경영방식은 허락되지 않았다. 그들은 사실상 임료를 지급받는 노동자와 다를 바 없었다. 농장주는 자본가적 경영자였다. 일정기의 농학자들은 이 같은 경영방식의 대지주를 가리켜 동태적動態的 지주라고 이름을 붙였다. 동태적 지주는 주로 일본인 대지주로 이루어졌다. 예컨대 1936년 전라북도의 100정보 이상 일본인 대지주 50명 가운데 28명이 동태적 지주였다. 반면 조선인 대지주 70명 가운데 동태적 지주는 2명에 불과하였다.[33]

일본인 대지주와 대조적으로 조선인 대지주는 정태적靜態的 지주로 분류되었다. 그들은 농업경영에 직접 간여하지 않았다. 농업생산의 여러 과정은 오로지 소작농의 판단과 책임하에 꾸려졌다. 소작농의 선발과 소작료의 수취는 지주의 대리인인 마름[舍音]에 위임되었다. 마름은 지주를 대신하여 중산의 능력을 가진 비교적 부유한 농가를 중심으로 소작농을 선발하였다. 소작계약은 전통적인 구두계약을 따름이 일반적이었다. 조선인 대지주는 도시에 거주하는 부재지주가 많았다. 그들의 주요 관심은 소

33 禹大亨(2001), 『韓國近代農業史의 構造』, 103쪽.

자료의 양과 토지가격의 동향에 있었다. 조선인 지주로서 재촌지주在村地主는 지주경영의 합리화보다 촌락과 친족 공동체의 안정적 통합에 보다 많은 관심을 기울였다. 그들도 시세에 따라 점진적으로 동태적 지주로 바뀌고 있었지만, 농촌사회의 집단적 생존윤리를 대변하는 전통적인 유지有志로서의 역할을 포기하지는 않았다.[34] 1930년대에 걸쳐 대지주 계층이 조선인에서 일본인으로 대체되어 간 것은 이처럼 시장경제에 대응하는 방식에 있어서 커다란 차이가 있었기 때문이다.

드물긴 했지만 조선인 가운데도 동태적 지주가 있었다. 식민지 조선의 자본주의적 발전은 일본인의 독무대만은 아니었다. 이와 관련해서는 제7장에서 소개한 전라북도 고부군의 신흥지주 김씨가의 예가 널리 알려져 있다. 1914년 일본 유학에서 돌아온 김씨가의 후계자 김성수金性洙는 가문의 재력을 이용하여 경성방직京城紡織이라는 조선인으로서는 최초의 근대적 설비를 갖춘 면방직공장을 설립하였다. 김성수의 기업가 활동은 1920년 동아일보東亞日報의 창립으로 이어졌다. 경성방직은 1921년 일본 유학에서 돌아온 김성수의 동생 김연수金季洙에 의해 1939년까지 방추紡錘 25,600추와 직기織機 900대를 갖춘 대규모 면방직업체로 발전하였다. 김연수는 가문의 지주경영도 더욱 발전시켜 1931년까지 전라북도 연안 일대에 도합 2,500여 정보에 달하는 7개의 농장을 확보하고 동태적으로 경영하였다.[35] 동 지주 가문의 역사는 한국 자본주의의 역사적 기원이 개항기에 성장한 지주제와 지주자본의 공업자본으로의 전환에 있음을 웅변하고 있다.

이보다 규모는 작지만 전라남도 화순군 동복면의 오씨가도 조선인으로서 동태적 지주 내지 자본가적 농업경영자로서의 훌륭한 예를 보여 준다. 화순군에서 대대로 향리직을 세습해 온 오씨가 역시 개항기에 이르러

34 鄭勝振(2003), 『韓國近世地域經濟史 — 全羅道 靈光郡 一帶의 事例 —』, 景仁文化社, 165~169쪽.
35 주익종(2008), 『대군의 척후 — 일제하의 경성방직과 김성수·김연수 —』, 푸른역사.

급속히 토지재산을 축적하였다. 최초의 상업적 성공은 인삼, 목단, 대마와 같은 특용작물의 상업적 재배에서였다. 동 가문의 지주경영이 동태적인 농장제로 발전하는 것은 1924년 이후 일본 유학에서 돌아온 가문의 후계자 오건기吳建基에 의해서였다. 그는 소작농의 선발에 있어서 노동력, 경제력, 농구상태, 근실성 등을 면밀하게 평가했으며, 파종, 이앙, 예취刈取, 탈곡, 조제, 운반에 이르기까지 소작농의 노동과정을 세밀하게 지도하였다. 그는 농장의 사업 부문을 미작을 넘어 양잠, 임업, 축산, 정미, 제재製材, 상사商社로까지 다각화하였다. 그에 필요한 자금은 은행과 금융조합으로부터 조달되었다. 농장의 자본가적 경영에 성공한 그는 호남은행湖南銀行의 발기인으로 참여했으며, 나아가 동 은행의 대주주와 감사로 활약하였다.[36]

농가경제갱생계획

1932년 이후 총독부의 농업정책은 산미증식계획처럼 지주세력의 주도로 농업을 개발하고 증산을 추구하는 것을 지양하고 개별 농가의 재생산과정을 직접 장악하여 안정시키겠다는 일종의 사회개량정책으로 전환하였다. 그 배경에는 1920년대 후반 이후, 특히 1930~1931년의 공황기에 심하게 진행된 농가경제의 몰락이 있었다. 1924년 조선공산당朝鮮共産黨과 그의 지도를 받는 사회운동조직으로서 조선노농총동맹朝鮮勞農總同盟이 설립되었다. 이후 농촌사회에는 많은 수의 농민단체가 생겨나 주로 소작쟁의의 형태로 농민운동을 전개하였다. 1925~1931년 농민단체는 126개에서 1,759개로, 소작쟁의는 204건에서 676건으로 증가하였다.[37] 공산주의 이념에 영향을 받는 농민운동은 1930년대에 들어 북부 국경지대를 중심으로 적색농민조합赤色農民組合운동으로 발전하였다. 1931년에 일본

36 洪性讃(1992), 『韓國近代農村社會의 變動과 地主層』, 지식산업사.
37 박섭(1997), 『한국근대의 농업변동 — 농민경영의 성장과 농업구조의 변동 —』, 一潮閣, 177쪽.

의 군부는 만주를 점령하고 만주국滿洲國이란 괴뢰국가를 세웠다. 그 경제적 배경에는 대공황의 충격을 받은 일본자본주의의 위기가 있었다. 일본의 만주 진출은 조선의 군사적, 경제적 기지로서의 중요성을 강화하였다. 제국의 영광은 조선으로부터 추구되어야 하였다.[38] 만주의 배후로서 조선 농촌의 안정은 제국의 차원에서 추구되어야 할 절대 과제였다.

이 같은 내외 사정을 배경으로 하여 1932년 9월 총독부는 이른바 농촌진흥운동農村振興運動의 개시를 선포하였다. 총독부, 도, 군, 읍·면 단위별로 농촌진흥위원회가 조직되었으며, 각급 위원회는 운동의 원활한 수행을 위해 각종 행정기관, 학교, 금융조합, 수리조합, 조선농회와 같은 기구를 긴밀하게 통합하고 조정하였다. 농촌진흥운동은 농가경제갱생계획, 자작농지설정사업, 고리채부채정리사업 등과 같은 여러 사업으로 전개되었다. 농가경제갱생계획農家經濟更生計劃은 농가의 갱생을 위해 식량 충실, 금전수지 균형, 부채 근절의 달성을 목적으로 하였다. 이를 위한 운동의 원칙으로서는 농가의 기업적 영리가 아니라 자급자족을 추구할 것, 농가의 경영구조를 가급적 다각화함으로써 농가의 노동력을 완전히 소화할 것 등이 강조되었다. 당시 총독부의 조사에 의하면 조선과 일본의 농한기는 각각 196일과 67일로 큰 차이가 있었다.[39] 조선 농민의 연간 노동일이 일본보다 129일이나 적다는 것은 그만큼 농가의 생산구조가 경종耕種 부문에 편향된 가운데 각종 부업적 생산과 가공업이 결여된 상태를 의미하였다. 이에 가마니짜기, 베짜기, 면화 증산, 자급비료 증산, 양잠, 양돈, 면양綿羊 사육 등에 잉여노동력을 완전하게 이용하여 영농의 복합화와 가내 부업을 증대할 필요가 있었다. 또한 갱생계획은 정신생활운동으로도 추진되어 관혼상제비 절약, 절주, 절연節煙, 간식 폐지, 백의白衣 폐지, 조혼 타파, 미신 타파 등을 강조하였다. 총독부는 갱생계획을 통해 조선인의

38 박섭(1997), 『한국근대의 농업변동 — 농민경영의 성장과 농업구조의 변동 —』, 180~181쪽.
39 박섭(1997), 『한국근대의 농업변동 — 농민경영의 성장과 농업구조의 변동 —』, 182쪽.

전통적 생활습관까지 통제하고자 하였다.

갱생계획은 종전의 산미증식계획처럼 시설과 제도 위주에서 탈피하여 농가의 개별지도를 기본 방침으로 하였다. 이를 실행하기 위해 우선 지도부락指導部落을 지정하고, 그 가운데 하층 농가 약 40%를 갱생지도농가로 선정하였다. 선정된 개별 농가마다에는 면·군의 관리, 보통학교 교원, 금융조합 직원, 경찰 등이 지도담임자로 배정되었으며, 이들에 의해 농가의 노동력, 경지, 생산량, 자급비료량, 부채와 저축, 현금수지 등이 정기적으로 조사되었다. 갱생지도농가로 선정된 농가는 1933~1937년에 걸쳐 약 42만 호에 달하였다. 전국의 총 7만 4,864개 자연부락 가운데 약 30%가 지도부락으로 설정되고, 그 가운데 45%의 농가가 갱생지도농가로 지정된 결과였다.[40]

갱생지도농가는 부락을 단위로 하여 지도조합指導組合으로 조직되었다. 지도조합은 마을마다 그 명칭이 다양하였는데, 1939년이 되면 일률적으로 농촌진흥회農村振興會로 통일되었다. 지도조합은 5인조를 말단 조직으로 하였다. 조합은 매월 정기적으로 회합을 가지고 당월의 실적을 점검하였으며, 때로는 5인조 상호 간에 품평회나 경진회를 가졌다. 생산물을 공동판매하거나 소비재를 공동구매하는 협동조합으로서의 역할도 수행하였다. 조합에는 중심인물이 있어 운동을 선도하였는데, 부락에서 신용과 영향력이 있는 중견청년이 중심인물로 선발되었다. 이들은 각 도에 설치된 농사훈련소, 농민훈련소 등에 입소하여 교육을 받았다. 1936년에는 전국적으로 40개의 교육시설이 있어 연간 1,800명을 교육했는데, 이는 1941년까지 152개 시설에 9,497명으로 확장되었다. 교육의 내용은 농사실습을 넘어 황국신민皇國臣民의 정신을 주입하는 것이었다.[41]

---

40 鄭文鍾(1993), 「1930年代 朝鮮에서의 農業政策에 관한 硏究—農家經濟安定化政策을 中心으로—」, 서울대학교 대학원 경제학과 박사학위논문, 64~66쪽.

41 鄭文鍾(1993), 「1930年代 朝鮮에서의 農業政策에 관한 硏究—農家經濟安定化政策을 中心으로—」, 72~80쪽.

지도농가를 대상으로 한 1938년의 조사에 의하면 갱생계획은 어느 정도 소기의 성과를 거둔 것으로 드러났다. 우선 식량을 자급하게 된 농가가 소작농의 경우 26%에서 61%로, 자작농의 경우 58%에서 86%로 개선되었다. 농가의 비료비 지출은 소작농의 경우 2.3배, 자소작농의 경우 1.9배 증가하였다. 현금수지도 자소작농의 경우 수입이 206원에서 323원으로 117원 증가한 반면, 지출은 189원에서 273원으로 50원 밖에 증가하지 않아 뚜렷하게 개선되었다.[42] 전술한 대로 1930년대 후반 신품종의 보급과 비료의 증투에 힘입어 미작의 생산성이 뚜렷하게 상승하였다. 그와 더불어 갱생계획이 추구한 영농의 다각화와 자급자족화에 힘입어 농가경제는 상당한 정도로 안정되어 갔다.

조선농지령과 자작농지설정사업

농촌진흥운동의 다른 한 축을 이룬 자작농지설정사업自作農地設定事業은 소작농이 경작하는 소작지를 자작지로 만들기 위해 소작농에게 토지를 구입할 자금을 융자하는 사업이었다. 동 사업은 지주의 재산인 소작지의 소유권을 변동시키는 것으로서 대단히 지주억압적인 정책이었다. 실은 총독부가 지주-소작관계에 개입하여 소작농을 지지하는 방향으로 정책을 전환하는 것은 농민의 몰락에 따른 농촌사회의 불안정화가 현저해진 1920년대 후반부터였다. 1927년 총독부는 소작농의 소작권을 안정시키고 강화하는 내용의 '소작관행개선에 관한 건'이란 행정명령을 내렸다. 그 주요 내용을 보면, 소작기간은 3년을 내려갈 수 없으며, 지주가 바뀌어도 소작계약은 승계되어야 하며, 새로 지주가 된 자는 소작료를 올릴 수 없으며, 소작권은 상속된다는 등의 15개 항이었다. 총독부는 이 같은 방

박섭(1997),『한국근대의 농업변동 — 농민경영의 성장과 농업구조의 변동 —』, 185쪽.

42 鄭文鍾(1993),「1930年代 朝鮮에서의 農業政策에 관한 硏究 — 農家經濟安定化政策을 中心으로 —」, 216~220쪽.

향으로 행정지도를 강화하기 위해 각도에 소작관小作官이라는 고위직 관리를 파견하였다. 1932년에는 조선소작조정령朝鮮小作調整令이란 법을 제정하여 모든 종류의 소작쟁의를 지방재판소가 담당하여 조정을 행하거나 그에 대해 판결을 내리도록 하였다. 재판소의 위임을 받아 조정을 행할 기구로는 소작위원회小作委員會가 결성되었는데, 군수와 경찰서장 등이 참여하였다.[43]

이 같은 소작행정의 강화에도 불구하고 지주와 소작인 간의 분규는 끊이지 않았으며 오히려 더 심화되고 있었다. 이에 1934년 총독부는 소작지에 대한 지주의 재산권 그 자체에 실체법적인 제약을 가하기 위해 조선농지령朝鮮農地令을 공포하였다. 동 법령은 1927년에 내려진 행정명령을 그대로 성문화한 것이었다. 그에 따라 소작권은 제3자인 신지주新地主에 대해 대항력을 갖는 사회적 권리로 성립하였다. 또한 지주들은 소작료의 체납을 이유로 소작농을 함부로 교체할 수도 없게 되었다. 지주들은 조선농지령에 대해 거세게 반발했지만 총독부의 의지를 돌이킬 수는 없었다. 비슷한 소작입법이 일본에서도 시도된 적이 있지만 지주세력의 이해를 대변하는 귀족원貴族院의 심의 거부로 끝내 무산되고 말았음과 대조적으로 식민지의 지주들에게는 그들의 이해를 대변해 줄 정치세력이 없었다. 이후 소작지에 대한 소작농의 권리는 조선농지령의 법적 규제와 소작위원회의 활발한 조정에 힘입어 부쩍 강화되었다. 동 위원회에 의한 조정활동의 70% 이상은 소작농의 요구를 그대로 채택하는 것이었다.[44]

자작농지설정사업은 이 같은 소작 입법과 행정에서 한걸음 더 나아가 아예 소작지를 자작지로 돌리기 위한 반지주적 사회정책이었다. 지주들은 소작지를 팔라는, 군수와 경찰서장 등이 참여하는 농촌진흥위원회 또는 소작위원회의 권고에 순응할 수밖에 없었다. 자작농지설정사업은 총

43 박섭(1997), 『한국근대의 농업변동 — 농민경영의 성장과 농업구조의 변동 —』, 189~196쪽.
44 박섭(1997), 『한국근대의 농업변동 — 농민경영의 성장과 농업구조의 변동 —』, 196~201쪽.

독부, 조선농회, 금융조합의 세 기관에 의해 수행되었는데, 금융조합에 의한 사업과 실적이 가장 중요하였다. 동 사업을 위한 금융조합의 자금원은 일본 대장성 예금부와 식산은행으로부터의 차입으로 충당되었다. 금융조합의 사업 실적을 보면, 1940년까지 총농가의 36%인 109만 호에 호당 2.9단보의 자작지가 설정되고 이를 위해 총 2억 240만여 원의 자금이 대부되었다. 금융조합은 대부 농가를 효율적으로 관리하기 위해 연대보증의 계契를 조직하였다. 계는 보통 5명을 단위로 하였는데, 1935년 이후 식산계殖産契로 그 이름이 통일되었다. 식산계와 앞서 소개한 갱생계획의 5인조는 사실상 동일한 조직이었다.[45]

요컨대 총독부는 농촌진흥운동의 체계적 추진을 위해 한편으로는 정신운동의 형태로 농가경제갱생계획을 전개하면서 다른 한편으로는 자작농지설정사업의 형태로 그에 대한 물적 지원을 행하였다. 1920년대까지만 해도 총독부 권력은 지주세력을 대리인으로 하여 농촌사회의 외곽에 머물렀지만, 농촌진흥운동 과정에서 농촌사회의 내부까지 깊숙이 침투하였다. 농촌 소농사회小農社會의 주민들이 그들의 일상생활에서 새로운 국가권력의 간섭과 통제를 실감하게 되는 것은 1930년대에 들어서였다. 1930년대 후반이 되면 기존의 지주세력을 어느 정도 대체하면서 자작농 내지 자소작농 출신의 중심인물 내지 중견청년이 농촌사회의 새로운 엘리트세력으로 부상하였다. 그것은 자소작농을 중심으로 한 소농경제 전진의 사회정치적 표현이었다.

45 鄭文鍾(1993), 「1930年代 朝鮮에서의 農業政策에 관한 硏究 — 農家經濟安定化政策을 中心으로 —」, 124~140쪽.

2. 첫 공업화

공업화의 첫걸음

제7장에서 소개한 대로 1911년 조선의 산업총생산에서 광공업의 비중은 4%에 지나지 않았다. 1907년 5인 이상 직공을 고용한 공장은 70개에 불과하였으며, 그것도 1900년 이후 진출해 온 일본인 공장이 대부분이었다. 19세기의 정체와 위기를 경과한 나머지 조선의 공업은 더없이 낮은 수준에 머물렀다. 이 같은 조선경제가 병합 이후 공업화를 경험하게 되는 것은 시장경제의 논리에 따른 자연스런 흐름이었다. 우선 1910년대에 걸쳐 시장경제의 제도와 기구가 일본에서 이식되었다. 그 위에 조선경제와 일본경제가 단일 시장으로 통합되었다. 1913년에는 조선 쌀의 수입에 대한 일본의 관세가 철폐되었다. 1920년에는 조선과 일본의 수출입 무역에 있어서 일부 사치품을 제외한 대부분의 품목에서 관세가 폐지되었다. 경제체제의 동질화와 시장의 통합은 일본경제의 동향에 긴밀히 규정되는 가운데 조선의 공업화를 촉발하였다.

1910년대의 조선경제는 비교적 급속한 성장세를 보였다. 1911~1920년 조선의 산업총생산은 1935년 가격으로 8억 4,130만 원에서 12억 3,226만 원으로 1.5배 증가했으며, 연간 성장률은 5%에 달하였다. 성장을 주도한 것은 광공업과 서비스업이었다. 산업총생산에서 광공업의 비중은 4%에서 7%로 증가하였다.[46] 공장 수는 252개에서 2,068개로 증가하였다. 그렇지만 대부분의 공장은 매뉴팩처, 곧 공장제 수공업의 수준을 넘지 못하였다. 공장 수가 뚜렷하게 증가한 업종은 요업, 철공업, 정미업, 인쇄업, 양조업 등이었다. 이들 공장은 대부분 조선에 정착한 일본인 사회에서 자생한 것들이었다. 동 기간 산업총생산에 있어서 서비스업의 비중은

46 김낙년 편(2006), 『한국의 경제성장 1910-1945』의 370쪽에 제시된 '경제활동별 국내총생산과 국민총소득(1935년 가격)'에서 계산한 것이다.

21%에서 23%로 증가하였다. 제8장에서 소개한 대로 1905년 이래 은행, 보험, 회사, 시장, 거래소, 철도, 항만, 도로 등에서 근대적인 제도와 기구가 이식되었다. 그에 따라 도소매업, 음식·숙박업, 통신·운수·창고업, 금융, 부동산중개업 등의 서비스업이 발달하여 시장의 확장을 도왔다. 제도의 이노베이션은 사회적 분업과 시장의 확장을 촉진하여 경제성장을 유발하는 효과를 발휘하였다.

첫 공업화는 일본인 상공업자에 의해 주도되었지만, 그에 뒤따라 조선인도 공장을 설립하였다. 경제성장의 효과로 조선인의 소득과 생활수준이 높아지는 가운데 생활양식도 점차 일본을 닮아 갔다. 일본에 유학하거나 일본인 공장에서 훈련을 받은 조선인 기술자가 증가하였다. 이 같은 시장과 기술 조건에 힘입어 1911~1920년 조선인 공장은 66개에서 943개로 증가하였다. 1910년대 후반이 되면 요업, 철공업, 정미업에서 조선인 공장의 수는 일본인 공장을 능가하였다. 이외에 조선인 공장이 성장한 주요 업종은 조선인 고유의 기호에 바탕을 둔 시장이었다. 염직, 재봉, 편뉴編紐, 피혁, 제지 등이 그러한 분야였다. 이들 전통적 기호에 기초한 시장에서 일본인 공장은 찾아보기 힘들었다. 이 분야의 조선인 공장은 1910년대 후반의 호황기에 경성을 중심으로 성장하였다.

1917~1919년 일본경제는 제1차 세계대전으로 인해 공전空前의 호황을 맞았다. 조선경제도 수출미의 가격이 폭등함으로써 동반 호황을 맞이하였는데, 그에 따라 조선인의 전통적 생활양식에 기초를 둔 시장도 확대되었다. 예컨대 일본에서 수입방적사와 개량직기를 도입하여 소폭직물小幅織物을 생산하는 염직공장의 수는 1911년 12개에서 1917년 83개로 증가하였다. 일본에서 수입된 광폭직물廣幅織物이 지배하는 면포시장에서 이들 공장이 그런대로 번영을 누린 것은 전통 한복韓服에 부수하는 대님과 허리띠를 제작하는 틈새시장을 확보하였기 때문이다. 1915년에는 면사를 모시와 같은 느낌으로 가공하는 방법이 개발되어 조선인의 기호에 맞는

면포 틈새시장을 일구었다.[47] 그렇지만 그 틈새시장의 전망은 밝지 않았다. 조선인의 복식 생활은 급속히 서구식으로 바뀌어 갔으며, 그에 따라 대님·허리띠·모시의 수요는 점차 줄어들었다. 그러한 추세에서 소폭직물을 생산하는 업체가 일본산 광폭직물이 지배하는 시장에서 살아남기는 힘들었다. 1918년 제1차 세계대전이 종식되자 그에 편승했던 호황도 사라졌다. 1917년에 83개나 되었던 염직공장은 1920년에 29개로 줄어들었다. 1910년대 조선의 염직업을 대표한 경성직뉴와 같은 비교적 큰 규모의 회사들마저 대개 1920년대 중반을 넘기지 못하고 문을 닫았다.[48] 식민지 조선에 있어서 민족공업이 독자의 시장권을 확보하면서 성장을 지속할 여지는 거의 없었다.

전술한 대로 1910년대 총독부의 산업정책은 농업개발에 중심을 두었다. 총독부는 조선경제의 공업화에 큰 관심이 없었다. 총독부는 오히려 조선의 공업화에 소극적 내지 부정적 입장이었다. 그 배경에는 조선은 일본의 공산품시장으로 존재해도 충분하다는 인식이 있었다. 그 같은 정책 기조에서 총독부는 회사령을 통해 일본자본의 무분별한 유입과 회사의 설립을 규제하였다. 그렇지만 1910년대 후반 일본자본주의의 급격한 팽창은 총독부의 이 같은 산업정책에 변화를 요구하였다. 상당수의 일본자본이 조선으로 건너와 회사의 설립을 신청하기 시작하였다.

1910년대 후반 일본의 면직공업은 경이로운 속도로 팽창하였다. 제1차 세계대전으로 아시아시장에서 후퇴한 영국을 대신하여 일본의 면방직공업은 인도의 면사 수입시장의 1/4을, 중국의 면사 수입시장의 1/2을 장악하였으며, 나아가 중국 본토에 방적·직포공장을 진출시켰다. 그 일환으로 1917년 일본 미쓰이三井 재벌계의 자본이 조선으로 건너와 부산에 조선

47 주익종(2008), 『대군의 척후 — 일제하의 경성방직과 김성수·김연수 —』, 118~121쪽. 柳尙潤(2009), 「高度成長期以前 韓國 中小織物業의 展開過程, 1910-1960」, 서울대학교 대학원 경제학과 박사학위논문, 22~26쪽.

48 주익종(2008), 『대군의 척후 — 일제하의 경성방직과 김성수·김연수 —』, 122~123쪽.

방직朝鮮紡織을 설립하였다. 조선방직은 자본금 500만 원에 영국산 최신식 방적기 1만 2,500추와 광폭직기 608대의 생산설비를 갖추었다.[49] 조선방직은 조선에서 설립된 최초의 대규모 근대적 공장이었다. 조선방직은 이미 조선의 시장을 지배하고 있는 일본 동양방적東洋紡績의 면포와 경쟁하면서 착실한 성장을 거듭하였다. 조선방직의 설립은 조선경제가 종속적인 이식자본주의移植資本主義로 발전해 가는 역사적 경로를 상징하였다. 그것만은 아니었다. 조선방직의 설립은 자력으로 공업화를 모색하던 조선의 자산계층에게 충격을 주었다. 그에 따라 경성에서 민족계의 경성방직京城紡織이 창설되는데, 그에 대해서는 후술할 예정이다.

대자본의 진입

1920년대에 들어 일본자본주의는 1920년의 전후공황戰後恐慌, 1923년의 관동대지진, 1927년의 금융공황, 1930년의 쇼와공황昭和恐慌이라는 연속적 충격을 받았다. 사회와 경제의 혼란이 심해지자 일본정부는 국가체제를 안정시키기 위해 자본에 대한 통제를 강화하였다. 1923년에는 공장법工場法을 개정하여 방적업에서 심야노동을 금지하는 등, 공장노동의 최저 기준을 강화하였다. 1925년에는 치안유지법을 제정하여 공산주의운동에 대한 단속을 강화하는 한편, 보통선거법을 제정하여 국민 대중으로 참정권을 확대하였다. 1926년에는 노동쟁의와 동맹파업을 허용하는 치안경찰법의 개정이 이루어졌다. 1931년에는 연속되는 공황의 대책으로 중요산업통제법重要產業統制法이 제정되었다. 이 법은 방적·철강·시멘트 등 생산설비가 과잉인 중요 산업에서 경쟁 제한을 목적으로 카르텔을 결성케 하고 이를 통해 정부의 산업에 대한 통제를 강화하기 위한 것이었다.[50] 그에 따라 기업의 신규 투자에는 많은 제약이 따랐다. 일본의 독점자본은

49 주익종(2008), 『대군의 척후 – 일제하의 경성방직과 김성수·김연수 –』, 124~130쪽.
50 金宗炫(1991), 『近代日本經濟史』, 比峰出版社, 199·226쪽.

국내의 제반 규제로부터 벗어나 조선과 만주로 진출하기 시작하였다.

1926년 일본의 신흥재벌인 일본질소비료日本窒素肥料(이하 일본질소)가 조선에 진출하였다. 이는 1917년의 조선방직에 이어 일본의 대자본이 조선에 진출한 두 번째 사례를 이루었다. 그 직접적 유인은 조선 북부지방에서 발견된 대규모 전력자원에 있었다. 총독부는 1911~1914년 발전수력자원에 대한 제1차 조사에 이어 1922~1929년 제2차 조사를 행하였다. 그 결과 조선의 북부지방에 하천유역변경방식河川流域變更方式에 의한 대규모 전력자원이 존재함을 확인하였다. 그것은 부전고원赴戰高原에서 압록강으로 유입하는 부전강赴戰江과 장진강長津江을 댐으로 막아 호수를 조성한 다음, 부전령赴戰嶺과 황초령黃草嶺에 터널을 뚫어 호수 물을 함흥咸興 방면으로 역류시켜 200m 이상의 낙차를 확보함으로써 얻게 되는 전력자원이었다.

일본질소는 이탈리아에서 개발된 카자레식 암모니아합성법을 도입하여 산업화에 성공한 일본의 신흥재벌이었다.[51] 일본질소는 암모니아합성에서 중간재라 할 수 있는 전기의 부족에 늘 고통받고 있었다. 조선 북부에 잠재한 대규모 전력자원이 알려지자 일본질소는 곧바로 조선 진출을 결행하였다. 1926년 일본질소는 자본금 2,000만 원의 조선수전주식회사朝鮮水電株式會社를 설립하였다. 뒤이어 1927년에는 자본금 1,000만 원의 조선질소비료주식회사朝鮮窒素肥料株式會社(이하 조선질소)를 설립하였다. 이 두 회사의 자본금 합계는 조선은행과 조선철도 다음으로 세 번째를 차지할 정도로 대규모였다. 〈그림 9-3〉은 부전강과 장진강에 건설된 댐(언제堰堤)과 호수, 취수구와 철관로鐵管路, 발전소와 송전망 등의 위치와 형태, 그리고 흥남항에 건설된 조선질소공장 등을 그린 두 회사의 사업 약도略圖이다.

조선수전주식회사와 조선질소는 1927년부터 공장 건설에 착공하여

51 姜在彦 編(1985), 『朝鮮における日窒コンツェルン』, 不二出版, 92~93쪽.

【그림 9-3】 함흥 방면 일본질소비료주식회사의 사업 약도

출처: 日本窒素肥料株式會社(1937),『日本窒素肥料事業大觀』.

1929년에는 흥남공장 제1기공사와 부전강 제1발전소를 각각 완공하였으며, 1930년대에는 여기서 얻은 수익을 재투자하여 그 사업규모를 비약적으로 확대시켰다. 1936년 조선질소의 질소고정 능력은 연간 10만 톤으로 세계 5위였다.[52] 조선질소는 화학비료의 대량 공급을 통해 조선의 농업 발전에 이바지하였다. 나아가 조선질소는 다각적인 소재연관을 통해 유지油脂, 화약, 석탄화학, 금속정련 등을 포괄한 전기화학콤비나트를 흥남 일대에 건설하였다. 이 세계적으로 유수한 규모의 전기화학콤비나트는 해방 후 북조선에서 건설된 사회주의 경제체제의 구조에도 큰 영향을 미쳤다.

일본질소에 뒤이어 일본의 다른 대자본도 값싸고 풍부한 원료, 노동력, 시장을 찾아 조선에 진출하기 시작하였다. 1925~1929년 대략 14개의 대규모 자본이 조선에 진출하여 공장을 건설하였다. 미쓰이三井계의 군제제사郡是製絲, 미쓰비시三菱계의 조선중공업, 가네보鐘紡계의 가네가후치방적鐘淵紡績, 가타쿠라片倉계의 가타쿠라제사片倉製絲 등이 그 대표적 예이다. 식민지 조선에서 종업원 수백 명의 대규모 공장이 건설되는 것은 1920년대 후반이 그 실질적인 출발이었다.

공업화정책의 추이

총독부가 조선으로 건너오는 일본 대자본에게 지원을 제공하는 수준을 넘어 적극적인 유치정책을 펼치는 것은 1930년대부터이다. 1931년에 부임한 우가키 가즈시게宇垣一城 총독은 일본의 군부를 대표하는 정치가였다. 그는 만주사변으로 본격화한 일본의 만주 침략을 지원할 병참기지兵站基地로서 조선의 전략적 가치를 중시하였다. 그는 일본을 정공업지대精工業地帶로, 만주를 농업지대로, 양자를 연결하는 조선을 조공업지대粗

52 姜在彦 編(1985), 『朝鮮における日窒コンツェルン』, 218~219쪽.

工業地帶로 하는 동북아의 지역경제권을 구상하였다. 우가키는 중요산업 통제법이나 공장법과 같은 일본의 법을 조선에 시행함을 미루면서 일본의 자본가들에게 조선을 "자본의 자유로운 낙토"라고 선전하였다.

자본을 유치하기 위해 그가 우선적으로 중점을 두어 노력한 부문은 전기사업이었다. 그는 전기를 값싸고 대량으로 공급하기 위해 1940년까지 수력 70.6만KW와 화력 12만KW를 발전하고 송·배전할 계획을 세웠으며, 이를 위해 조선전기사업령朝鮮電氣事業令을 제정하였다. 그에 따라 1931~1937년에 발전량이 4배나 증가하였다. 송전 부문에서는 조선을 북부와 남부로 나누어 북부는 조선송전주식회사가, 남부는 조선전력주식회사가 분담하여 독점하였다. 배전 부문에서는 종래의 60개 사를 남부, 중부, 서부, 북부의 4대 배전회사로 통합하였다. 총독부는 회사 설립의 출자금을 여러 이해 관계자에게 분담시키고 영업이익을 균점하게 함으로써 회사의 영업이 특정 민간자본에 몰입되지 않게 하는 방식으로 풍부하고 저렴한 전력의 개발과 배분이라는 국책사업의 목적을 달성하였다.[53] 이 같은 방식으로 민간자본을 동원하여 국책사업을 성취하는 총독부의 기업·산업정책은 이후에도 여러 민간회사의 설립과정에서 관철되었다.[54]

또한 우가키는 조선으로 건너오는 일본의 방직·모직 자본에 대량의 원료를 값싸게 공급하기 위해 1933년부터 남면북양정책南棉北羊政策을 펼쳤다. 면화의 증산과 관련해서는 1952년까지 실면實綿 6억 근을 생산한다는 면화증산개정계획이 세워졌다. 그에 의해 남부지방을 중심으로 면작 농가와 경지가 크게 증가하였다. 면양緬羊에 대해서는 1934년 이후 30년간 400만 마리를 개량 증식한다는 면양증식계획이 수립되었다. 이를 위

53 정안기(2014), 「1930년대 電力國策, '朝鮮送電(주)'의 연구」, 『東方學志』 166, 183~226쪽.

54 정안기(2014), 「1930년대 조선형특수회사, '조선중공업(주)'의 연구」, 『사회와 역사』 102, 231~275쪽.
정안기(2014), 「1930년대 朝鮮型特殊會社, '朝鮮林業開發(주)의 연구」, 『경제사학』 57, 39~79쪽.

해 각지에 국립종양장國立種羊場을 증설하고 각종 장려금과 보조금을 지급하였다. 그 밖에 우가키는 북선개척, 산금장려의 정책을 추진하였다.

이 같은 총독부의 공업화정책은 본국 정부의 승인과 지원을 얻지 못하였다. 일본의 상공성은 산업통제의 효력을 떨어뜨린다는 이유로 총독부의 공업화정책에 반대하였다. 상공성은 조선에서도 중요산업통제법을 시행할 것을 요구하였다. 그에 대해 총독부는 조선의 공업은 발전 수준이 낮아서 일본에서와 같은 통제가 필요 없다고 반박하였다. 어쨌든 1937년 중일전쟁이 개시되기 전까지 조선의 공업화는 일본제국 내에서 명확한 지위나 역할을 부여받지 못하였다.[55] 조선이 일제의 대륙 침략을 위한 병참기지로 역할을 부여받고 그에 따라 제국 차원에서 공업화가 추진되는 것은 그 이후이다. 그 이전 5년간 시행된 조선의 공업화정책은 우가키 총독의 개인적 구상에 따른 것인데, 그럼에도 자본을 유치하고 공장을 증설하는 데 일정한 성과를 거두었다. 예컨대 종업원 200명 이상의 일본인 대공장은 1932년 43개에서 1937년 92개로 증가하였다.

근대적 경제성장

일제하 조선의 산업별 생산, 산업구조, 국민총소득에[56] 대해서는 1978년 서상철徐相哲이 처음으로 추계를 시도하였다.[57] 1988년에는 일본 히토쓰바시一橋대학의 미조구치 도시유키溝口敏行 팀이 조선의 국민총소득과 각 계정을 추계하였다.[58] 2006년에는 한국 낙성대경제연구소의 김낙년金

---

55 김낙년(2003), 『일제하 한국경제』, 해남, 170~172쪽.

56 국민총소득(Gross National Income)이란 한 해에 한 국가 안에서 새롭게 창출된 소득의 총합을 말한다. 1910~1945년 조선은 일본의 순전한 부속영토였다. 그렇지만 여기서는 조선, 곧 한반도를 독자의 경제단위로 상정한 위에 일정기에 걸친 경제적 변화를 살핀다는 취지에서 국민총소득이란 용어를 사용하기로 한다.

57 Sang Chul Suh(1978), *Growth and Structural Changes in the Korean Economy 1910-1940*, Cambridge: Harvard University Press.

58 溝口敏行·梅村又次 編(1988), 『舊日本植民地經濟統計—推計と分析—』, 東洋經濟新報社.

洛年 팀이 미조구치 팀의 추계를 보정하여 더욱 완벽하다고 평가되는 추계를 제시하였다.[59] 점차 개선되어 온 이들 추계는 공통으로 조선경제가 비교적 급속한 성장 추세였음을 보여 주고 있다. 이는 종래 조선경제가 일제의 수탈을 받아 점점 피폐해지기만 했다는 통설을 부정하는 것으로서 일정기에 관한 한국인의 역사의식에 적지 않은 충격을 미쳤다.

김낙년 팀의 추계에 의하면 1910~1940년 조선의 국민총소득은 1935년 가격으로 1910년 9억 4,208만여 원에서 1940년 27억 4,576만 원으로 증가하였다. 연평균 성장률은 3.7%이다. 동 기간 조선의 인구는 1910년 1,633만 명에서 1940년 2,430만 명으로 증가하였다. 인구의 연평균 성장률은 1.33%이다. 그에 따라 1910~1940년 1인당 실질소득은 연평균 2.37% 증가하였다.[60] 총소득의 증가율이 총인구의 증가율을 능가하여 1인당 실질소득이 지속적으로 증가하는 '근대적 경제성장'은 18~19세기 서유럽에서 산업혁명이 일어남에 따라 처음 나타난 현상이다. 그 이전 수만 년에 걸쳐 인류의 경제사는 총소득이 증가하면 인구도 따라 증가하여 1인당 실질소득에 개선이 없는 '맬서스의 덫'에 걸려 있었다. 한국인들이 그 덫에서 벗어나는 것은 일본의 부속영토로 병합된 1910년 이후부터이다. 그 실질적인 출발은 제7장에서 소개한 대로 농업생산이 오랫동안 침체 내지 감소하다가 증가의 추세로 반전한 1890년대부터라고 짐작된다.

1910~1940년의 연간 성장률 3.7%는 세계의 다른 지역에 비해 이례적으로 높은 수준이다. 〈그림 9-4〉는 동 기간 조선, 일본, 미국, 영국, 독일, 인도, 멕시코의 1인당 실질소득의 추이이다. 1910년의 소득을 다 같이 100으로 한 다음 1940년까지의 추이를 비교한 그림이다. 동 기간 세계자본주의는 정체와 위기의 연속이었다. 그림에서 보듯이 1910년대 미국, 영국, 독일 등 주요 국가의 1인당 실질소득은 정체하였다. 1920년대는 상승

59 김낙년 편(2006), 『한국의 경제성장 1910-1945』.

60 차명수(2006), 「경제성장·소득분배·구조변화」, 『한국의 경제성장 1910-1945』, 300~306쪽.

【그림 9-4】 주요국의 실질소득 성장(1910~1940)

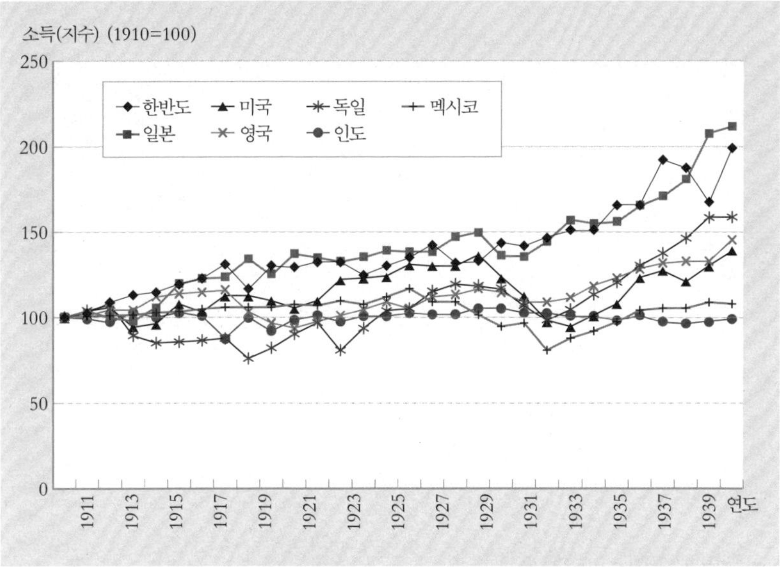

출처: 한국은 김낙년 편(2006), 『한국의 경제성장 1910-1945』, 서울대학교출판부, 360·372쪽.
여타 나라는 Angus Maddison, *The World Economy*, OECD, pp.438~441·466~467·558~560.

의 추세였으나 1929년의 대공황을 맞아 급속하게 하락했으며, 1933년이 되어서야 회복세를 보이기 시작하였다. 인도, 멕시코와 같은 후진지역은 시종일관 정체를 면치 못하였다. 그에 비해 일본은 가장 높은 성장률을 꾸준하게 이어갔다. 제8장에서 지적한 바이지만 20세기 전반 동아시아자본주의의 중심으로서 일본이 보인 경제성장은 세계에서도 이례적인 것이었다. 그 일본에 포섭된 조선경제 역시 급한 성장 추세를 보였다. 조선경제의 연간 성장률이나 시기별 동향은 일본과 거의 일치하였다. 이는 두 지역이 하나의 시장으로 완벽하게 통합되었기 때문에 나타난, 조금도 이상하지 않은 자연스런 현상이었다.

지속적인 경제성장은 조선의 산업구조를 공업이 중심이 된 근대적인 형태로 바꾸어 갔다. 〈그림 9-5〉는 1910~1940년에 걸쳐 농림어업 1차산

[그림 9-5] **산업구조의 변화**(1910~1940)

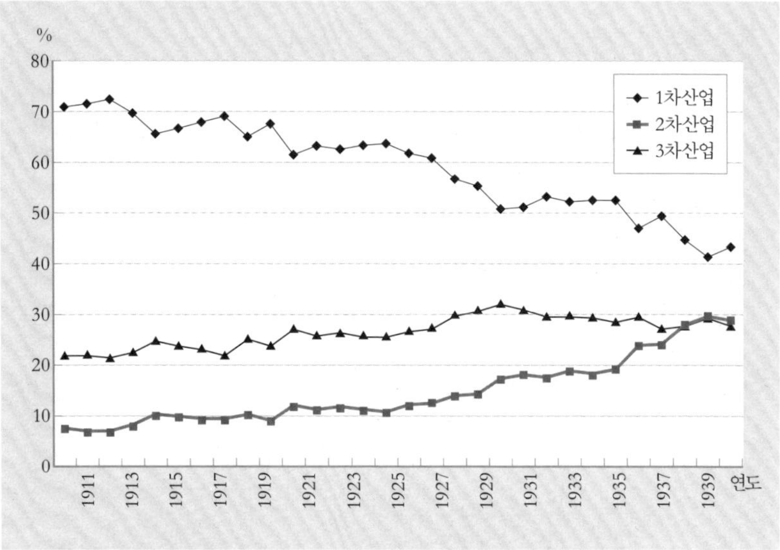

출처: 김낙년 편(2006), 『한국의 경제성장 1910-1945』, 서울대학교출판부, 367~368쪽.
비고: 1차산업=농업+임업+수산업.
2차산업=광업+제조업+전기가스 수도업+건설업.
3차산업=도소매음식숙박업+운수창고통신업+금융부동산 및 사회 서비스업+사회 및 개인 서비스업.

업 비중이 70.6%에서 43.1%로 줄고, 광공업 등 2차산업 비중이 7.5%에서 29.0%로, 서비스업 3차산업 비중이 21.7%에서 27.8%로 늘어났음을 보여 주고 있다. 2차산업의 비중이 두드러지게 증가하는 것은 1920년대 후반부터인데, 전술한 대로 그때부터 일본의 대자본이 조선으로 건너오기 시작했기 때문이다. 이후 15년간 조선은 급속한 공업화의 물결에 휩쓸렸다.

성장요인

〈표 9-4〉는 1912~1940년 민간소비, 정부지출, 투자, 수출로 이루어진 국내총생산(GDP)의 지출 구성 추이이다. 이를 통해 경제성장을 이끈 주요 동력을 살필 수 있다. 민간소비의 비중은 1920년대 중·후반을 제외하

[표 9-4] 국내총생산의 지출 구성(1912~1940)

단위: %

구분 연도	민간소비	정부지출	고정자본형성	재고 증감	수출	수입
1912	95.0	5.0	4.8	-0.9	5.5	12.0
1914	90.5	5.1	4.5	1.2	7.6	10.7
1916	89.4	5.3	4.3	2.2	11.4	12.6
1917	90.6	4.0	4.9	-0.4	10.8	12.7
1918	88.4	2.8	5.4	1.8	12.0	12.1
1920	83.2	4.9	5.2	6.2	10.9	13.3
1922	88.9	6.4	6.7	0.8	11.8	13.9
1924	95.8	5.6	5.0	-3.9	18.7	17.0
1926	94.1	5.4	5.4	-0.3	19.8	19.6
1928	96.7	6.0	7.2	-4.8	21.1	23.8
1930	88.1	7.9	8.8	4.7	19.8	26.1
1932	84.7	6.8	6.5	2.3	22.3	21.9
1934	89.4	6.0	7.9	-3.6	26.9	27.7
1936	88.1	5.5	11.0	-2.2	27.0	31.6
1938	83.2	5.9	11.7	-3.5	28.8	30.8
1940	78.4	5.5	15.3	7.0	23.1	33.1

출처: 김낙년 편(2006), 『한국의 경제성장 1910-1945』, 서울대학교출판부, 361~362쪽.
비고: 원자료에 제시된 '통계상의 오차' 항은 생략되었다.

면 1912년 95%에서 1940년 78.4%까지 줄곧 감소하는 추세였다. 정부지출의 비중에는 큰 변화가 없었다. 경제성장에 가장 크게 기여한 부문은 수출이었다.[61] 1912년 수출의 비중은 5.5%에 불과했는데, 1938년 28.8%로까지 꾸준하게 상승하였다. 국내총생산에서 수출입 무역의 비중, 곧 대외의존도는 1912년 17.5%에서 1940년 56.2%로 증가하였다. 조선경제는

61 일정기의 제반 자료는 일본과의 무역을 移出과 移入, 만주 및 기타 외국과의 무역을 輸出과 輸入으로 구분하고 있지만, 여기서는 양자를 통틀어 輸出과 輸入으로 칭한다.

일정기에 걸쳐 급속히 개방적인 구조로 변모하였다.

그 다음으로 중요했던 것은 고정자본형성, 곧 투자였다. 투자는 1920년대 전반까지는 별다른 증가세를 보이지 않다가 1920년대 후반부터 늘어나기 시작하여 1926년 5.4%에서 1934년 7.9%로, 나아가 1940년 15.3%로까지 증가하였다. 투자는 특히 1930년대 후반에 활발하였다. 요컨대 조선의 경제성장에는 줄곧 수출이 중요 요인으로 작용하는 가운데 1920년대 후반 이후 투자가 또 하나의 중요 요인으로 가세하였다.

수출품의 구성을 보면 미곡 등의 곡물류가 지배적 비중을 차지하였다.[62] 쌀의 비중은 1920년대까지 전체 수출의 50% 이상이었다. 1930년대 이후 곡물류의 비중은 점차 감소하여 1938년에는 40%로 낮아졌으며, 이후 전시기戰時期에 걸쳐서는 20% 전후까지 더욱 줄었다. 그 대신 늘어난 것은 석탄 등의 광물류였다. 광물류의 비중은 1920년대까지 5~6%에 머물다가 1933년 이후 부쩍 증가하여 1938년에는 17%에 달하였다. 이에서 보듯이 식민지 조선은 중심부 일본의 수요에 따라 그에 부족한 식량과 원료를 공급하는 역할을 수행하였다.

수출품의 구성에서 관찰되는 또 하나의 특징은 1920년대 이후 공업화의 효과에 따라 공산품의 수출이 꽤나 증가하였다는 점이다. 예컨대 조선에서 성립한 섬유·직물공업은 1921년 이후 면사, 면제품, 인견사 등을 만주로 수출하게 되었다. 그에 따라 섬유직물류의 비중이 1921년 11%에서 1930년 17%로 증가한 다음, 1939년까지 15%의 비중을 유지하였다. 1930년대에는 화학제품류가 꾸준히 증가하여 1930년대 말이면 섬유직물류와 비슷한 비중을 차지하게 되는데, 그것은 전술한 대로 조선질소朝鮮窒素의 설립에 따라 화학공업이 발전한 효과였다.

수입품의 구성에서는 면제품 등의 섬유직물류가 가장 큰 비중을 차지

---

62 김낙년 편(2006), 『한국의 경제성장 1910-1945』, 505~508쪽.

하였다. 1910년대 후반 섬유직물류의 수입 비중은 35~40%나 되었다. 청일전쟁 이후 일본산 면제품은 조선시장을 공략하여 전통 토포산업土布產業을 해체하였다. 조선은 일본과 1차산품 미곡을 수출하고 2차산품 면제품을 수입하는 종속적 분업관계에 들어갔다. 그런데 1920년대 이후 조선에서 근대적인 면방직공업이 성립함에 따라 섬유직물류의 수입 비중은 1910년대 후반 35~40%에서 1938년 25%로 감소하였다. 그 대신 금속기계류의 수입이 증가하였다. 1928년 이전까지 금속기계류의 수입은 대개 10% 이하였는데, 1938년까지 20%로 증가하였다. 금속기계류의 수입이 증가한 것은 조선의 공업화에 따른 기계·부품의 수요가 증가하였기 때문이다. 그 외의 수입품으로는 광물류와 화학제품류가 각기 15% 전후의 비중을 차지했는데, 그 역시 공업화에 따른 연료 및 중간재의 수요에 기인하였다. 조선의 수입시장에서 관찰되는 한 가지 특징은 1924~1930년 곡물류의 수입이 12~20%의 적지 않은 비중을 차지하였다는 점이다. 이는 동 기간 미곡의 왕성한 대일 수출에 따라 만주에서 부족한 식량을 수입하였기 때문이다.

이상과 같은 조선의 무역 구성은 일본이 중심이 된 동아시아경제권에서 조선의 위상과 역할이 어떠하였는지를 잘 대변하고 있다. 조선은 중심부 일본이 필요로 하는 원료와 식량을 공급하는 역할을 시종 충실하게 담당하는 가운데, 1920년대 이후 일본에서 기계류와 중간재를 수입하여 공업화를 이룸으로써 만주로 섬유직물과 화학제품을 수출하게 되었다. 조선의 수입에 있어서 대일 수입은 1911년의 60%에서 1938년의 86%로 계속 증가하였다. 조선경제는 완제품, 중간재, 부품, 원료의 확보에서 일본경제에 점점 깊숙이 종속되어 갔다. 수출시장에서도 1930년대 전반까지는 대일 수출이 90% 이상의 압도적 비중을 차지하였다. 이후 만주로 향한 조선의 공산품 수출이 증가하여 만주시장의 비중이 1933년 4%에서 1939년 18%로 증가하였다. 조선경제는 일정기에 걸쳐 대일 종속이 더욱

[표 9-5] 조선의 국제수지(1911~1943)

단위: 천 圓

구분 / 연도	상품수지	서비스수지	소득수지	경상이전수지	투자수지
1911	-26,690	235	-2,381	22,185	966
1921	-6,839	-710	-24,328	41,459	63,816
1931	12,951	3,064	-49,592	34,242	121,079
1937	-82,240	-8,938	-82,777	62,565	224,074
1943	-344,446	-40,373	-159,981	49,763	629,497

출처: 김낙년(2004), 「식민지기 조선의 '국제수지' 추계」, 『경제사학』 37, 37~38쪽.

심화되는 가운데 공업화의 효과로 동아시아경제권 내에서 아류亞流 중심으로 올라서는 변화를 보였다.

조선경제의 성장을 이끈 또 하나의 요인은 고정자본형성, 곧 투자였다. 전술한 대로 국내총생산에 있어서 투자의 비중은 1920년대 후반부터 늘어나기 시작하였으며, 특히 1930년대 후반 이후 활발한 증가세를 보였다. 수출입 무역은 1935년 이후 증가세가 둔화되는 가운데 1939년부터 절대규모가 감소하였다. 일본정부의 전시통제에 따른 무역제한이 그 원인이었다. 1935년 이후 조선경제의 성장을 주도한 것은 투자였다. 전술한 대로 중일전쟁 이후 일본제국의 수준에서 조선의 병참기지화, 곧 군수공업화 정책이 결정되었다. 그에 따라 일본의 군수 관련 기업이 활발하게 조선으로 건너와 공장을 건설하였다.

〈표 9-5〉는 1911~1943년 조선의 대외거래 수지收支를 제시한 것이다.[63] 상품수지, 곧 일반 상품과 금은의 무역에 따른 수지는 1930년대 전반의 한두 해를 제외하고는 조선이 줄곧 적자를 면치 못하였다. 쌀이 대량으로 일본으로 수출되었지만, 그보다 더 많은 공산품과 기계류가 수입

63 김낙년(2004), 「식민지기 조선의 '국제수지' 추계」, 『경제사학』 37, 37~38쪽. 원표에 있는 '오차 및 누락' 항은 생략하였다.

되었기 때문이다. 서비스수지는 운수, 여행, 보험 수지를 말하는데, 해당 서비스업이 대부분 일본 소재 기업에 의해 영위되었기 때문에 그 역시 적자 기조였다. 소득수지는 조선에 대한 투자의 이자 및 배당금과 조선에 거주하는 일본인에 대한 급료로서 일본에 송금된 것을 말하는데, 당연히 적자 기조였다.

반면에 경상이전經常移轉수지와 투자수지의 경로를 통해서 대량의 자금이 일본에서 흘러들어와 흑자 기조를 이루었다. 경상이전수지는 총독부 재정에 대한 일본정부 보조금과 조선에 주둔하는 일본군의 군사비를 위한 일본정부의 지출을 말한다. 1937년에 중일전쟁이 발발한 이후로는 일본정부의 중국으로의 군사비 송금이 조선은행을 통해 이루어졌기 때문에 그를 통해서 대량의 자금이 조선으로 유입되었다. 투자수지는 조선에 대한 일본 기업의 투자에 따른 자금의 유입을 말한다. 조선에 대한 일본의 투자는 1920년대까지만 해도 농업개발을 위한 일본정부와 민간의 자금이 식산은행이나 동양척식주식회사와 같은 특수금융기관을 통해 들어오는 것이 주류였다. 그러다가 1920년대 후반부터 일본의 대기업이 조선으로 진출하기 시작하였는데, 1930년대 후반에 이르러서는 군수공업화의 추진에 따라 상당수의 중화학 및 금속기계 대기업이 붐을 이룰 정도로 줄을 이어 조선으로 넘어왔다. 〈표 9-5〉에서 1937년 이후의 투자수지가 급속하게 팽창한 것은 그 때문이다.

이 같은 식민지 조선의 대외거래 구조는 본국에 식량과 원료를 수출하고 그로부터 발생한 잉여자금마저 본국 금융기구에 의해 처분되었던 인도나 타이완과 같은 식민지의 그것과는 꽤나 상이하였다. 조선은 일본에 식량과 원료를 공급하였지만 그것 이상으로 일본으로부터의 투자가 있어서 공업화를 이루는 특별한 대외거래의 구조를 지녔다.

공업화의 진전에 따라 공업의 형태는 전통적인 가내공업이 쇠퇴하고 근대적인 공장제 공업이 성장하는 변화를 보였다. 〈표 9-6〉에서 보듯이

【표 9-6】 공업에 있어서 가내공업의 비중

단위: 백만 圓, %

연도	공산액	가내공업	동상비
1916	83.1	52.4	63.1
1918	178.0	117.1	65.8
1921	257.0	184.2	71.7
1923	290.2	171.0	58.9
1925	324.0	181.0	55.9
1928	352.7	157.8	44.7
1932	329.5	170.5	51.7
1934	473.9	215.8	45.5
1936	730.8	283.9	38.8
1938	1142.6	335.2	29.3
1940	1873.6	423.7	22.6

출처: 김낙년(2003), 『일제하 한국경제』, 해남, 179쪽.

총공산액에서 가내공업이 차지하는 비중은 1916년과 1921년 사이에 63%에서 72%로 오히려 증가하는 추세였다. 대외무역이 증가하고 국내시장이 활성화하자 공장제 공업보다 가내공업이 더 큰 자극을 받아 더 빠른 속도로 성장한 것이다. 그만큼 이 시기까지 공장제 공업의 발전은 낮은 수준에 머물렀다. 이후 가내공업의 비중은 1928년까지 44.7%로 낮아졌다. 이 시기에 이르러 비로소 근대적 형태의 공장제 공업이 가내공업을 능가하였다. 이후 1930년대에 걸쳐 공장제 공업이 비약적으로 성장하자 가내공업의 비중은 더욱 낮아져 1940년에는 22.6%에 불과하게 되었다. 그렇다고 해서 가내공업이 절대적으로 위축된 것은 아니었다. 공장제 공업의 성장이 빠른 속도여서 상대적 비중이 낮아졌을 뿐, 〈표 9-6〉에서 보듯이 가내공업의 생산액은 1930년대에 걸쳐서도 증가하는 추세였다. 가내공업이 절대적으로 감소하는 것은 전시통제가 강화된 중일전쟁 이후라고 짐작된다. 그럼에도 전체 공산액 가운데 20% 이상의 비중을 유지하며 일정 말기까지 뿌리 깊게 존속하였다.[64]

1935년 당시의 가내공업 실태를 소개한다. 동년 조선의 농가는 총 305만 호이다. 그 가운데 255~261만 호가 가내에서 된장과 간장 등의 보조 식품을 제조하여 자급하였다. 112만 호가 참기름·들기름 등의 식물유지를 짜서 자급하거나 시장에 내다 팔았다. 각종 직물업을 영위한 농가는 제사製絲가 30만 호, 면직이 79만 호, 견직이 27만 호, 마직이 73만 호였다. 짚으로 새끼를 꼬는 농가가 173만 호, 가마니를 짜는 농가가 78만 호였다. 새끼꼬기와 가마니짜기는 농촌진흥운동으로 강요된 가내부업인데, 농가의 현금 수입에 도움이 되었다. 가내공업 가운데 공장제 공업보다 생산액이 큰 품목을 열거하면 견직·마직·한지·탁주·간장·된장·면류麵類·볏짚제품 등이었다. 그 밖에 생사·백목면·소주에서도 가내공업의 비중은 상당하였다.[65] 이들은 모두 조선인의 전통적 기호에 기초한 소비재였다.

가내공업은 농가의 부족한 농업 수입을 보충하는 수입원으로서 농가의 자급적 재생산구조를 지지하였다. 가내공업의 시장적 토대는 농촌 장시였다. 농민들은 장시에서 가내공업의 원료를 구입하고 장시에다 생산품을 출하하였다. 일정기에 걸쳐 장시는 1911년의 1,084기에서 1940년의 1,520기로 크게 증가하였다. 장시의 확산과 더불어 농가의 가내공업도 발전했으며, 이는 자급적 재생산구조의 소농경제를 지지하였다. 요컨대 일정기의 공업화는 도시부에서 근대적 형태의 공장제 공업이 급속히 성장하는 가운데 부차적이나마 농촌부의 가내공업도 더불어 성장하는 복합적인 경로로 이루어졌다.

64 김낙년(2003), 『일제하 한국경제』, 180~181쪽.

65 김낙년(2003), 『일제하 한국경제』, 182~183쪽.

공장제 공업의 발전

가내공업의 완강한 존속에도 불구하고 공업화를 주도한 것은 근대적 형태의 공장제 공업이었다. 공장에 대한 정의는 시기에 따라 달랐다. 1911~1912년은 "종업원 10인 이상을 사용하는 공장 또는 원동기를 가진 공장"으로 정의되었다. 1913~1928년은 "직공·도제를 합하여 제조시기에 1일 평균 5인 이상을 사용하는 공장 또는 원동기를 가진 공장 또는 1개년의 생산액이 5,000원 이상인 공장"으로 정의되었다. 따라서 1928년까지는 종업원이 2명이라도 원동기가 있으면 공장에 포함되었다. 이때까지는 공장이라 해도 가내공업과의 경계가 불투명하였다. 1929년부터 공장의 정의는 보다 엄밀해져서 종업원의 수를 단일 기준으로 하여 "5인 이상의 직공을 사용하는 설비를 갖거나 상시 5인 이상의 직공을 사용하는 공장"으로 바뀌었다.[66] 이때부터 공장과 가내공업과의 경계가 명확해졌다고 할 수 있다.

〈표 9-7〉에서 보듯이 공장 수의 동향은 업종별로 또 시기별로 차이가 있었다. 1934년 공장의 총수는 5,126개를 헤아렸다. 공장이 가장 많았던 업종은 식료품공업으로서 2,268개나 되었다. 이 업종의 공장은 주로 정미소와 양조장을 가리켰다. 대량의 쌀이 일본으로 이출되자 수출가공업의 형태로 정미업精米業이 발전하였다. 1926년까지 급하게 증가하던 공장 수가 1926~1930년에 갑자기 주춤한 것은 1929년부터 공장에 대한 정의가 엄밀해졌기 때문이다. 다시 말해 그 이전까지 식료품공업의 공장 가운데는 사실상 가내공업에 속하는 것이 많았다. 특히 양조업釀造業의 경우가 그러했다고 보인다. 1938년 이후 공장 수가 크게 감소하는 것은 전시통제로 인해 쌀의 자유시장이 폐지되고 대일 수출과 사치적 소비가 억제되었기 때문이다. 일정 초기의 식료품공업은 일본인에 의해 주도되었다. 1922년 식료품공업에서 조선인 공장의 비중은 34.4%에 불과하였다. 그런

66 朝鮮總督府,『朝鮮總督府統計年報』各年度版「工業」참조.

【표 9-7】 업종별 공장 수 및 조선인 공장 수의 추이(1918~1940)

단위: 개, %

전체 공장 수	1934년 현재	기간별 증감					
		1918~22	1922~26	1926~30	1930~34	1934~38	1938~40
방직	336	-22	109	62	66	172	160
금속	232	276	0	-83	1	37	20
기계기구	292	-	-	-	68	241	156
요업	312	161	100	-148	-2	-7	77
화학	902	143	47	218	387	679	-5
목제품	206	71	67	-30	43	121	147
인쇄업	258	42	83	11	43	54	12
식료품	2,268	390	865	194	180	131	-330
가스·전기	268	2	26	-15	17	?	?
기타	52	137	24	-169	62	122	281
합계	5,126	1,200	1,321	40	865	1,550	518

조선인 공장 수	1922년 비율	조선인 공장의 기간별 증감					1938년 비율
		1918~22	1922~26	1926~30	1930~34	1934~38	
방직	67.7	-22	30	29	67	143	66.1
금속	55.9	145	-51	-55	4	10	56.9
기계기구	-	-	-	-	23	126	38.5
요업	62.4	100	85	-114	8	-12	63.3
화학	86.0	136	-8	174	334	471	75.0
목제품	19.0	3	11	-4	23	60	34.9
인쇄업	25.6	14	28	3	32	56	48.1
식료품	34.4	144	591	231	209	117	62.6
가스·전기	4.2	1	6	-5	1	-3	0
기타	33.3	4	-15	-39	22	39	31.8
합계	46.1	525	677	220	723	1,007	59.8

출처: 김낙년(2003), 『일제하 한국경제』, 해남, 189쪽.

데 1938년까지 62.6%로 증가하였듯이, 식료품공업에 있어서 조선인 공업가의 역할은 점점 커져 갔다. 특히 1926~1934년의 경우 공장 수의 증가분 이상으로 조선인 공장이 증가하여서 조선인 공장이 일본인 공장을 활발하게 대체해 갔다고 보인다.

1934년 당시 식료품공업에 이어서 공장이 많았던 업종은 902개의 화학공업이었다. 1929년까지 화학공업을 주도한 것은 고무신 제조업이었다. 고무신이 조선인의 신발로 보급된 것은 1910년대 중반부터였다. 조선에 거주한 일본 상인들이 일본제 고무신을 수입하여 팔기 시작하였는데, 구래의 짚신에 비해 내구성이 탁월하여 점차 조선인의 주목을 받게 되었다. 그러자 1919년경 평양의 조선인 상인 가운데 일본의 고무신공장에 점원을 파견하여 기술을 익히게 한 다음 직접 고무신공장을 차리는 기업가가 나타났다. 그는 고무신을 조선의 전통 신발과 같은 형태로 제작하는 혁신을 행하여 조선인들에게 큰 인기를 끌었다. 특히 여성용 고무신이 그러하였다. 이후 전국의 주요 도시를 중심으로 조선인의 수요를 겨냥한 고무신공장이 생겨나기 시작하였는데, 서울과 평양이 그 중심이었다. 서울은 남조선시장을, 평양은 북조선시장을 차지하였다. 1925년까지 모두 31개 고무신공장이 생겨났는데, 그 가운데 조선인 공장이 20개로 다수를 차지하였다. 이 업종에서 선구를 달린 평양의 고무신 공장주들은 1930년대에 들어 만주로 진출하였다. 그들은 만주의 실정에 맞는 고무 방한화防寒靴를 개발하여 만주에서 큰 인기를 끌었다.[67]

1929년 홍남의 조선질소가 가동을 시작하자 동 공장의 유지공업이 화학공업의 새로운 주자로 등장하였다. 당시 동해에는 정어리 떼가 대규모로 회유하였다. 이에 정어리기름을 짜서 비누 등 유지공업의 원료로 조선질소에 납품하는 착유업搾油業이 동해안에서 발달하였다. 〈표 9-7〉에서

67 趙璣濬(1973), 『韓國企業家史』, 博英社, 327~343쪽.

보듯이 1930~1938년에 1,000개 이상의 화학공장이 설립되었는데, 그 상당 부분은 정어리 착유업이었다. 고무신공업과 마찬가지로 정어리 착유업도 조선인에 의해 주도되었다. 1938년 화학공업에서 조선인 공장의 비중은 75%의 높은 수준을 유지하였다. 이후 전시기에 조선인의 화학공업은 정체를 면치 못하였다. 전시통제로 인해 고무신 제조에 필요한 말레이시아산 생고무의 수입이 두절되었기 때문이다. 1940년 이후에는 동해에서 정어리 떼의 회유가 갑자기 중단되었는데, 그에 따라 정어리 착유업도 크게 위축되었다.

식료품공업과 화학공업에 이어 조선인 공장 수의 착실한 증가를 보인 것은 방직업이었다. 동 직물업에서 면사, 면포, 견사, 인견사 등의 시장은 시종일관 일본제 수입품과 일본에서 건너온 조선방직, 동양방적, 가네가후치방적과 같은 소수의 대자본에 의해 지배되었다. 조선인 공장으로서 이들 대자본과 경쟁한 것은 경성방직이 유일하였다. 그럼에도 〈표 9-7〉에서 보듯이 방직업의 공장 수는 조선인 공장을 중심으로 1920년대 이래 증가하는 추세였으며, 1934년 이후에는 더욱 급하게 증가하였다. 방직업에서 조선인 공장의 비중은 1922년에 67.7%, 1938년에는 66.1%의 다수를 점하였다. 그렇게 된 것은 일본의 대자본이 침투하지 않은 틈새시장인 메리야스공업에서 영세 규모의 조선인 공장이 번창하였기 때문이다.

메리야스는 기계로 짠 온갖 종류의 편물編物을 말한다. 메리야스공업은 1900년대 후반 평양 등에서 1~2대의 편직기編織機를 설치하고 양말을 직조하는 가내공업에서 출발하였다. 메리야스공업이 공장제 공업으로 발전하는 것은 1919년 이후이다. 때를 같이하여 양복을 착용하는 학생의 수가 크게 늘고 고무신도 널리 보급되었다. 무엇보다 양말은 구래의 버선에 비해 신기가 편리하였다. 이러한 배경에서 양말에 대한 수요가 크게 늘자 전국 주요 도시에서 양말공장이 속속 생겨났는데, 평양이 그 중심을 이루었다. 평양의 양말공장 수는 1925년 18개에서 1938년 64개로 증가하였다. 1925년의 18개 공장 가운데는 직공 수가 100명이 넘는 대규모 공장이 2~3개 있었다. 1920년 중반 이후 평양에 공업용 전기가 보급되자 상당수의 공장이 수직기手織機에서 자동직기自動織機로 전환하였다. 그와 더불어 평양의 메리야스공업은 모자, 타월, 내의로 생산을 다변화하였으며, 고무신처럼 활발하지는 않으나 제품의 일부를 만주로 수출하였다.[68]

1930년대 후반에 조선인 공장의 증가가 두드러진 또 하나의 부문은 기계기구공업이었다. 앞서 지적한 대로 1930년대에 걸쳐 발전량이 크게 증가하고 전국적 범위에서 송·배전망이 정비되었다. 서울을 비롯한 주요 도시에는 공업용 전기가 대량으로 값싸게 공급되었으며, 그에 따라 전기를 동력으로 하는 원동기의 보급이 확산되었다.[69] 1930년대 후반 조선인의 생활용품이나 생산도구의 제작과 관련하여 조선인의 기계기구공업이 발전한 것은 이 같은 동력원의 변화에 힘입어서였다. 그런데 1938년 기계기구공업에서 조선인 공장 수의 비중은 38.5%에 불과하였다. 1937년 이후 북부지방에 일본 대자본에 의한 군수공업이 활발하게 건설되었는데, 그 상당 부분은 기계기구공업이었다. 군수공업의 건설은 그에 각종 부품을 공급하는 일본인 기계기구공업의 발전을 촉진하였다.

이상에서 명확하듯이 일정기에 걸친 공장제 공업의 발전에 있어서 조선인 공장의 역할은 적지 않았다. 조선인 공장의 성장 실태를 일본인 공장과 대비하여 명확히 밝힌 연구로는 〈표 9-8〉이 널리 알려져 있다.[70]

---

68 梶村秀樹(1967), 「日帝時代(前半期)平壤メリヤス工業の展開過程」, 『朝鮮史硏究會論文集』 3, 114~140쪽.
梶村秀樹(1968), 「日帝時代(後半期)平壤メリヤス工業の展開過程」, 『朝鮮史硏究會論文集』 5, 146~168쪽.
朱益鍾(1994), 「日帝下 平壤의 메리야스工業에 관한 硏究」, 서울대학교 대학원 경제학과 박사학위논문.

69 김대현(2007), 「식민지기 전력기관의 보급과 중소공업의 발달」, 서울대학교 대학원 경제학부 석사학위논문, 16~25쪽.

70 許粹烈(1993), 「日帝下 朝鮮人工場의 動向—1930年代 『朝鮮工場名簿』 分析을 中心으로—」, 安秉直·中村哲 共編, 『近代朝鮮 工業化의 硏究—1930-1945』, 一潮閣, 122쪽.

[표 9-8] 민족별·규모별 공장 수의 추이(1910~1938)

단위: 개

구분	조선인							일본인						
연도	휴	1	A	B	C	D	합계	휴	1	A	B	C	D	합계
1910	3	2	27	3	3	1	39	2	6	78	16	7	3	112
1911	1		58	3	2	3	67	2	11	128	26	11	6	184
1912		3	85	7	1	2	98		17	163	28	11	8	227
1913		11	119	5		1	136		68	265	28	17	11	389
1914		10	158	4	1	2	175	2	54	341	28	28	12	465
1915		3	198	3	2	1	207	4	66	409	30	33	17	559
1930	49		2,119	43	12	10	2,233	43		1,804	83	42	41	2,013
1932	46		2,375	48	15	8	2,492	49		1,885	99	31	43	2,107
1934	96		2,753	77	17	14	2,957	61		1,866	123	56	62	2,168
1935	98		3,053	91	24	19	3,285	53		2,000	152	73	68	2,346
1936	131		3,212	96	29	16	3,484	53		2,047	163	97	73	2,433
1937	103		3,480	124	31	16	3,754	46		2,135	161	111	92	2,545
1938	228		3,562	122	35	16	3,963	89		2,086	214	126	112	2,627

출처: 許粹烈(1993), 「日帝下 朝鮮人工場의 動向」, 安秉直·中村哲 共編, 『近代朝鮮 工業化의 研究—1930-1945』, 一潮閣, 122쪽.

비고: 1. '휴'는 휴업, '1'은 종업원 수 4인 이하, A는 종업원 5~50인, B는 50~100인, C는 100~200인, D는 200인 이상을 말한다.
2. 1930년대의 조선인 공장에는 중국인 공장이 포함된다.

1910년대만 해도 공장 수의 증가는 일본인에 의해 주도되었다. 1915년 당시 일본인 공장은 559개임에 비해 조선인 공장은 207개에 불과하였다. 그런데 1930년이면 조선인 공장이 2,233개로 일본인 공장 2,013개를 능가하였다. 이후 양자의 차이는 점점 더 벌어져 1938년 조선인 공장은 3,963개로 전체의 60%를 차지하였다. 표에서 보듯이 조선인 공장은 A그룹, 곧 종업원 5~50인의 영세 규모가 대부분이었다. 반면 비교적 규모가 큰 B그룹 이상에서는 일본인 공장이 훨씬 많았다. 특히 200명 이상의 D그룹의 경우 일본인 공장은 증가 추세인 반면, 조선인 공장은 정체적이었다. 민족별 공장 생산액에 관한 통계를 구할 수는 없지만, 시종일관 일본인 공장이 압도적 비중을 차지하였음이 분명하다. 두말할 것도 없이 일정기에 걸친 첫 공업화의 경험은 일본인에 의해 주도되었다.

그렇지만 종래의 이른바 식민지수탈론植民地收奪論이 상정해 왔듯이 조선인 상공업자들이 일정기의 공업화 과정에서 오로지 배제되거나 수탈을 당해 몰락했다고 주장해서는 곤란하다. 비록 영세 규모이긴 하지만 조선인 공장은 공장 수에 관한 한 증가 추세를 주도하였으며, 전체 공장 생산액에서 차지하는 비중도 조금씩 늘었다고 짐작된다. 그들의 활동 무대는 일본의 대자본이 진출하지 않은, 조선인의 전통 기호에 바탕을 둔, 틈새시장인 경우가 많았다. 그러한 한계에서나마 조선인 공장은 나름의 혁신을 추구했으며, 나아가 만주시장으로까지 진출하였다. 이 같은 첫 공업화의 경험은 해방 이후 한국인이 그들의 실력으로 공업화를 추진할 때 소중한 자양분으로 그 역할을 하였다.

자본전환의 실태

일정기 회사 주주의 구성이 어떠하였는지는 근대적 경제성장 또는 첫 공업화를 주도한 세력이 누구였는지, 조선의 자산계층인 지주와 상인이 그에 대해 어떻게 대응하였는지와 관련하여 흥미로운 연구주제이다. 이 같은 문제의식에서 일찍부터 여러 연구자에 의해 주요 회사의 주주 명단과 대지주와 상인의 명단을 대조하는 분석이 이루어져 왔다.[71] 일정기 회사와 관련된 자료나 통계는 모든 회사를 대상으로 하고 있지 않다. 알려진 자료는 납입자본금이 일정 규모 이상인 회사로서 전체 회사의 1/3 또

71 張矢遠(1989), 「日帝下 大地主의 存在形態에 관한 研究」, 143~210쪽.
許粹烈(1989), 「日帝下 朝鮮人會社 및 朝鮮人重役의 分析」, 安秉直·李大根·中村哲·梶村秀樹 編, 『近代朝鮮의 經濟構造』, 比峰出版社, 354~387쪽.
김낙년(2003), 『일제하 한국경제』, 142~162쪽.

[표 9-9] 민족별·업종별 회사 수 및 자본금의 추이(1925~1939)

단위: 개, 천 圓

구분 / 업종	회사 수				자본금			
	조선인 회사		일본인 회사		조선인 회사		일본인 회사	
	1925	1939	1925	1939	1925	1939	1925	1939
은행업	11	3	8	6	1,073	586	7,098	7,345
보험업	1	1	1	1	13	13	125	125
금융신탁업	16	34	25	49	187	456	511	1,928
철도업	0	0	4	14	0	0	2,810	5,944
운수창고업	5	29	41	75	48	395	790	2,106
전기업	3	0	21	15	27	0	720	22,874
제조업	12	55	40	139	246	1,085	1,408	19,500
양조업	2	67	19	49	11	761	187	1,490
정미업	1	19	13	23	10	176	318	775
인쇄업	5	7	7	23	93	238	72	297
농업	9	59	49	104	699	2,026	2,246	5,266
수산업	2	10	18	55	150	239	530	1,290
광업	0	17	6	89	0	1,229	503	15,665
상업	48	152	100	284	621	1,834	1,824	5,920
기타 업종	2	32	40	193	11	824	571	4,427
합계	117	485	392	1,119	3,189	9,862	19,713	94,952

출처: 김낙년(2003), 『일제하 한국경제』, 해남, 149쪽.

는 1/4만을 대상으로 하고 있다. 이에 자본금이 영세하거나 회사로 등기되지 않은, 수적으로는 월등히 많은 개인 사업체나 공장의 주주 구성과 자본금의 원천에 대해서는 여전히 잘 알 수 없는 실정이다. 〈표 9-9〉는 이 같은 문제점을 전제하면서 업종별, 시기별, 민족별 회사의 수와 자본금의 추이를 제시한 것이다.

회사 총수는 1925년 509개에서 1939년 1,604개로 증가했는데, 조선인 회사는 117개에서 485개로 증가하였다. 회사 수에 관한 한 조선인 회사의 비중은 23%에서 30%로 증가하였다. 그렇지만 조선인 회사의 자본금은 일본인 회사에 비해 영세하였다. 1925년 조선인 회사의 평균 자본금은 2만 7,256원임에 비해 일본인 회사의 그것은 5만 288원으로 1.8배였다. 이 차이는 1939년까지 더욱 커졌다. 1939년 일본인 회사의 평균 자본금은 8만 4,856원으로 조선인 회사의 2만 329원보다 4.2배나 컸다. 그 사이 조선인 회사는 수적으로는 증가하였지만 개별 회사의 자본금 규모는 오히려 작아졌다. 자본금의 총액에서 조선인 회사가 차지하는 비중도 13.9%에서 9.4%로 크게 줄었다. 이 같은 현상은 1930년대에 들어, 특히 중일전쟁 이후의 군수공업화정책에 따라 자본금 규모가 월등하게 큰 일본인 회사가 대거 조선으로 들어왔기 때문이다.

종래 1930년대 말 조선인 회사의 자본금 비중이 10%에도 미치지 못함을 두고 식민지적 억압에 기인한 조선인 회사의 저발전이 지적되어 왔지만, 실태에 충실한 이해라고 할 수 없다. 그 같은 차이는 1930년대에 일본에서 대자본이 건너옴에 따라 발생한 상대적 격차이며, 조선인 회사는 그 수와 자본의 크기에서 절대적으로 성장하고 있었다. 더구나 이 통계가 전체 회사 가운데 상층부 1/3 또는 1/4만을 대상으로 하고 있음에 유의할 필요가 있다.

1925년 조선인 회사가 가장 많았던 업종은 상업이다. 뒤를 이어서는 금융신탁업, 제조업, 은행업, 농업의 순이다. 1939년까지의 변화를 보면 상업회사가 여전히 가장 많은 가운데 농업, 제조업, 양조업 부문에서 회사 설립이 두드러졌다. 대조적으로 은행업과 전기업에서는 회사가 감소하였다. 은행업의 경우 1925년 11개 회사가 1939년 3개로 줄었는데, 1930년대에 걸쳐 지방은행이 전국은행으로 합병되는 과정에서 조선인 지방은행이 소멸하였기 때문이다. 전기업에서도 송·배전 업무가 전국적으로 4대 회사에 분할되는 과정에서 조선인 회사의 희생이 강요되었다.

그 외에 자본금 면에서 1939년까지 뚜렷한 신장을 보인 부문은 광업이다. 대공황 이후 세계경제는 금본위 통화제도의 붕괴에 따라 몇 개의 통화 블록으로 분할되었다. 블록 간의 거래는 지금地金을 결제수단으로 하게 되었다. 일본은 부족한 금을 보충하기 위해 조선 금의 증산을 추진하였다. 그에 따라 민간에서는 금광 개발에 대한 투자가 활발하게 이루어져 투기 붐이 일 정도였다. 1930년대에 걸쳐 광업회사의 수와 자본금이 큰 폭으로 증가한 것은 이 같은 시대적 배경에서였다.

회사자본의 구성에서 지배적 지위의 대주주는 동양척식주식회사, 조선신탁은행과 같이 일본에 본점을 둔 법인 주주였다. 공업화의 동력은 역시 일본으로부터의 투자였다. 법인 주주를 제외한 개인 주주는 대지주나 대규모 곡물상 출신이 많았다. 주요 회사의 개인 주주 명단과 50정보 이상의 지주 또는 곡물을 취급한 상인의 명단을 대조하면, 조선인 회사의 경우 대표의 33~37%가 지주·곡물상 출신으로 확인되고 있다. 지주·곡물상이 대표로 취임한 회사는 농업·정미업에서 특히 높았으며, 뒤이어 은행업·제조업·금융신탁업에서 그러하였다. 특히 제조업의 경우 1935년까지 회사 대표의 거의 절반이 지주·곡물상 출신이었다.

개인 주주가 납입한 자본금 가운데 지주와 곡물상의 기여분은 1925년 29%에서 1939년 47%로 증가하였다. 역시 농업과 정미업에서 가장 높았으며, 기타 부문에서도 27%에서 33%로 상승하는 추세였다. 다만 제조업에서는 1925년 50%에서 1939년 16%로 낮아졌다. 이같이 특이한 동향은 지주·곡물상의 자본전환이 1920년대까지만 해도 고무신·메리야스와 같은 제조업의 틈새시장을 겨냥하여 활발하게 이루어지다가 1930년대 이후 주로 상업, 농업, 광업, 금융업 등 기생적이거나 투기적인 부문으로 방향을 틀었기 때문에 생긴 것이다.[72]

72 김낙년(2003),『일제하 한국경제』, 142~162쪽.

이상과 같이 일정기 조선인 회사의 자본금 원천은 미곡의 대일 수출이라는 식민지적 시장 조건에 규정되어 성장한 지주·상인자본에 있었다. 일정기 첫 공업화의 경험은 일본으로부터의 투자를 주요 동력으로 하는 가운데 수출시장에서 성장한 지주·상인자본을 다른 한편의 내적 동력으로 하였다. 다만 1930년대가 되어 제조업이 자본전환의 대상에서 부차적 위치로 밀려나고 말았음은, 내적 동력이라 하지만 자본축적 수준의 제약이나 일본 자본의 억압에 따른 성장의 한계는 명확했음을 이야기해 주고 있다.

'대군의 척후'

제조업으로 자본전환을 이룬 조선인 지주·상인 가운데 일본 대자본과의 경쟁에서 살아남고 나아가 번창하기까지 한 사례로는 경성방직이 거의 유일하다. 그 외에 유통업에서 일본의 유명 백화점과 경쟁한 화신백화점和信百貨店이 유사한 사례로 거론될 수 있을 정도이다. 이미 두어 차례 언급한 적이 있지만, 경성방직의 역사를 간략히 소개한다. 경성방직을 창립한 전라북도 고부군의 김씨가는 인근의 군산이 개항장으로 지정되고 배후 평야지대의 쌀이 일본으로 수출되기 시작하는 시장 환경을 배경으로 1880년대 말과 1910년대 초에 걸쳐 전국적으로 유수한 대지주 가문으로 입신하였다. 1908년 가문의 후계자인 김성수(1891~1955)는 일본으로 유학을 떠나 와세다早稻田대학을 졸업하고 1914년에 귀국하였다. 김성수는 곧바로 사립 백산학교白山學校의 설립을 추진했으나 총독부가 불허하자 1915년 재정난에 빠진 중앙학교中央學校를 인수하였다. 1917년 그는 역시 재정난에 처한 소폭직물 생산업체인 경성직뉴京城織紐를 인수했으며, 이를 계기로 기업가로 활동하기 시작하였다. 동년 일본 재벌계 자본으로서 최초의 근대적 면방직업체인 조선방직이 부산으로 진출하였다. 이에 자극을 받은 김성수는 1919년 자본금 25만 원, 직기 100대의 방직업

[그림 9-6] 경기도 시흥군 북면 영등포리 일대(1930년 전후)

출처: 朝鮮總督府(1933~1935), 『朝鮮の聚落』 前篇.

체인 경성방직을 창립하였다. 자본금 가운데 김씨가의 지분은 14~15%에 지나지 않았고, 나머지는 김성수의 권유를 받은 전국의 유명 지주·상인의 출자와 일반 공모에 의해 충당되었다. 경성방직은 경기도 시흥군 북면 영등포리에 공장을 지었다. 〈그림 9-6〉은 1930년을 전후한 시기의 영등포리 일대이다. 한 중앙의 공장이 경성방직이다. 주변은 아직 농토이다. 좌상단에 영등포역과 역전 광장이 보인다. 오늘날 번화한 도심을 이루는 이곳은 1930년까지만 해도 한산한 농촌부였다. 거기에 조선인에 의한 최초의 대규모 근대적 공장으로 경성방직이 들어섰다.

경성방직은 조업을 시작하기도 전에 파산의 위기에 처하였다. 회사의 경영을 위임받은 사람이 부주의하게도 설비 자금을 오사카의 면제품 선물

시장에 투자했다가 거액의 손실을 본 것이다. 김성수는 아버지를 설득하여 가문의 토지재산을 담보로 하여 식산은행으로부터 8만 2,000원의 거액을 차입하여 위기를 수습하였다. 뿐만 아니라 자본금 15만 원의 추가 납입을 단행하였으며, 대량의 실권주失權株가 발생하자 이를 동생 김연수(1896~1979)로 하여금 인수케 하였다. 이를 계기로 경성방직은 김씨 가문의 소유가 되었다. 이후 경성방직은 1920년대에 걸쳐 수입 면제품과 조선방직이 지배하던 면제품 시장에서 살아남는 데 성공하였다. 1936년 경성방직은 창립 이래의 숙원이었던 방적공장을 건설함으로써 방적-직포의 일관공정 생산체제를 확보하였다. 1939년 경성방직은 방추 2만 5,600추와 직기 900대를 갖춘 대규모 면방직업체로서 동양방적, 가네가후치방적, 조선방직과 더불어 조선 4대방大紡의 일원으로서 그 지위를 확고히 하였다.

창업자 김성수는 1920년 동아일보東亞日報를 설립하고 1932년 보성전문학교普成專門學校를 인수함으로써 언론가와 교육가로 사회적 역할을 바꾸었다. 경성방직은 1920년대까지 전문경영인의 손에 맡겨졌으며, 이후 김성수의 동생 김연수가 경영의 책임을 지게 되었다. 김연수 역시 일본 유학생 출신으로서 교토京都제국대학 경제학부를 졸업하였다. 경성방직을 맡기까지 김연수는 가문의 농장 경영을 확장하거나 은행 경영에 종사하였다. 1935년 경성방직의 사장에 취임한 김연수는 황해도와 평안도 3곳에 조면繰綿공장을, 경기도 시흥에 표백·염색공장을 설립하였다. 1939년 김연수는 만주국으로 진출하여 서울의 경성방직과 동일한 규모의 남만방적南滿紡績을 설립하여 1943년부터 조업에 들어갔다. 뿐만 아니라 김연수는 남만주 6개 소에 대규모 농장을 개간하였다.

일정 말기 김연수는 국내와 만주에 걸쳐 도합 5만 5,800추의 방추와 2,025대의 직기를 갖춘 2개의 대규모 면방직업체를 운영하였으며, 역시 국내와 만주에 걸쳐 도합 14개 소 6,322정보의 농장을 경영하였으며, 기타 제사·고무·맥주·산림개간의 4개 방계사를 보유하였다. 그 밖에 철도·가스·조선·항공기·금속정련 등 수많은 업종에 투자하여 주주로서 활동하였다. 이처럼 김씨 가문은 근대적 대기업으로 성공한 최초의 사례가 되었을 뿐 아니라 최초의 대규모 기업집단을 형성하였다.

종래 경성방직에 관한 연구자들의 평가는 그리 우호적이지 않았다. 그 이유는 경성방직이 경영 위기에서 탈출하기 위해 총독부로부터 보조금을 지급받았으며 그로 인해 총독부의 지배정책에 협조하였다는 것이다. 그 점에서 경성방직을 창설한 김씨가의 민족주의는 결국 타협적인 자치운동自治運動으로 변질해 갈 수밖에 없는 한계를 안고 있었다는 것이다. 이 같은 평가를 주도한 김용섭金容燮에 의하면, 김씨가의 자본전환은 근·현대 한국사에 있어서 지주계급의 주도로 전개된 반봉건적半封建的 예속자본주의의 길을 모범적으로 대변하는 것이었다.[73]

다른 한편 카터 에커트Carter J. Eckert는 경성방직이 총독부의 보조금을 받지 않았더라면 초기의 손실을 감당할 수 없어서 살아남지 못했을 것이라고 판단하였다. 또한 에커트에 의하면 경성방직은 총독부의 보조금뿐 아니라 식산은행으로부터 저리의 융자를 받는 특혜를 누렸으며, 나아가 면사·기계·부품의 조달과 기술자의 훈련 등, 기업 경영의 많은 면에서 일본의 거래처로부터 우호적인 지원을 받았다.[74] 그런 이유에서 에커트는 경성방직을 일제가 낳고 기른 자식과 같다고 하여 '제국의 후예'라고까지 비유하였다. 에커트는 경성방직으로 대표되는 조선인 기업가들은 그러한 태생적 한계로 인해 그들의 동족에 대해 건전한 정치적 지도력을 발휘할 수 없었으며, 나아가 전시기에 일제에 협조함으로써 해방 후 그들

73 金容燮(1979),「韓末·日帝下의 地主制—事例4: 古阜 金氏家의 地主經營과 資本轉換—」,『韓國史硏究』19, 123~129쪽.

74 카터 J. 에커트 지음, 주익종 옮김(2008),『제국의 후예—고창 김씨가와 한국자본주의의 식민지적 기원 1876-1945—』, 푸른역사, 133·141~142쪽. 원저 Carter J. Eckert(1991), *Offspring of Empire: The Kochang Kims and the Colonial Origins of Korean Capitalism*, University of Washington Press.

의 동족에 의해 배척될 수밖에 없는 처지가 되고 말았다고 혹평하였다.[75]

경성방직이 남긴 각종 회계자료가 세밀하게 검토된 것은 불과 몇 년 전의 일이다. 주익종朱益鍾은 창업 이래 1945년까지 경성방직의 일기장日記帳 등 각종 회계자료로부터 매년의 대차대조표와 손익계산서를 작성하였으며, 그를 근거로 생산, 재고, 자금의 전반적인 흐름을 세밀하게 파악함에 성공하였다. 창업 초기에 경성방직이 봉착했던 도산의 위기는 은행 차입과 자본금의 추가 납입으로 훌륭하게 극복되었으며, 이후 1945년까지 자금 흐름의 경색으로 위기에 봉착한 적은 없었다. 경성방직은 조업 초기에 이미 손익분기점을 통과하였으며, 작긴 하지만 해마다 이익을 남겼다. 총독부의 연간 보조금 2만 5,000원이 없었더라면 생존할 수 없었을 것이라는 에커트의 판단은 억측에 불과하였다. 보조금은 총독부가 면방직업의 장려를 위해 선발자인 조선방직에 훨씬 거액을 지급해 오던 것이다. 총독부는 민족차별이라는 비판에 직면하여 경성방직에도 보조금을 지급하였는데, 경성방직만을 위한 특별한 배려는 아니었다.[76] 경성방직이 식산은행으로부터 특혜 금융을 받았다는 에커트의 주장도 근거가 없기는 마찬가지이다. 경성방직에 대한 식산은행의 대부 조건은 다른 업체와 차별이 없었다. 에커트가 일본의 상사와 기업이 경성방직에 제공했다고 본 갖가지 은택도 실은 장기적이며 고정적인 시장거래에 일상적으로 따라붙는 호혜적인 수준 이상이 아니었다.[77]

주익종은 일본의 대자본과의 경쟁에서 살아남고 또 만주로까지 진출했던 경성방직의 경쟁력으로 다음 다섯 가지에 주목하였다. 첫째는 기업주와 경영진이 공유한 기업 이념으로서 강력한 민족주의, 둘째는 기업의 건실한 재무구조, 셋째는 당대 최고의 엘리트집단으로 구성된 경영진의 우

75 카터 J. 에커트 지음, 주익종 옮김(2008), 『제국의 후예—고창 김씨가와 한국자본주의의 식민지적 기원 1876-1945—』, 281·354쪽.

76 주익종(2008), 『대군의 척후—일제하의 경성방직과 김성수·김연수—』, 216~221쪽.

77 주익종(2008), 『대군의 척후—일제하의 경성방직과 김성수·김연수—』, 163~164쪽.

수한 경영능력, 넷째는 종업원의 선진기술을 학습할 수 있는 능력, 다섯째는 대중의 민족주의 감성에 호소하여 시장을 개척하였던 마케팅 전략이다. 주익종은 이상을 종합하여 경성방직을 '뛰어난 학습자' 또는 '성공적인 후발자後發者'로 높이 평가하였다.[78]

일정기의 유명한 문학가이자 사회비평가인 이광수李光洙는 유통업에서의 화신백화점과 제조업에서의 경성방직을 '대군大軍의 척후斥候'에 비유하였다.[79] 언젠가 민족의 독립과 함께 대군처럼 큰 기세로 수많은 기업이 세워질 터인데 화신백화점과 경성방직이 그 척후병과 같다는 뜻이다. 역사는 이 불운했던 지식인의 희망찬 예견대로 흘러갔다. 주익종이 그의 경성방직에 관한 연구서의 이름을 '대군의 척후'로 붙인 것은 이 같은 유래에서이다. 선행 연구에 비해 주익종의 경성방직 연구는 기업사企業史 연구의 방법에 충실하였다. 그에 비하면 김용섭과 에커트는 일제의 지배라는 환경에서 경성방직이 민족의 독립운동에 충실했는가 하는 정치적 기준으로 경성방직에 접근하였던 셈이다. 그런 기준에서 경성방직이 기업의 창설과 경영을 위해 총독부와 접촉하고 그의 협력을 얻어 내고 또 그에 협력한 일체의 기업가 활동을 예속적, 반민족적, 반민중적으로 규정했으며, 나아가 기업의 존속까지 그러한 예속적 관계하에서 가능했다고 억측하였다.

이후 해방, 건국, 그리고 오늘날까지의 국가건설과 경제발전의 과정을 되돌아볼 때 한국의 현대사는 김용섭과 에커트가 기대한 대로 민족적이며 민중적인 경로로 전개되지는 않았다. 해방 후 경성방직의 창립자 김성수를 중심으로 한 자산계층이 해외에서 귀환한 독립운동세력과 협력하여 미국의 지원하에 자유민주주의와 시장경제체제에 입각한 국민국가를 건

78 주익종(2008), 『대군의 척후 — 일제하의 경성방직과 김성수·김연수 —』, 344~355쪽.

79 李光洙, 「實業과 精神修養」, 『朝鮮日報』, 1935년 4월 14일. 주익종(2008), 『대군의 척후 — 일제하의 경성방직과 김성수·김연수 —』, 5쪽에서 재인용.

설하려고 했을 때, 그에 대한 일반 민중으로부터의 지지는 결코 작지 않았다. 김성수를 비롯한 일정기의 자산계층이 해방 후 그들의 동족으로부터 배척되었다는 에커트의 주장은 심한 정치적 편향에 입각해 있을 뿐이다. 그러한 주장은 원래 대한민국의 성립에 저항한 공산주의자들에 의해 제기된 것이다. 그럼에도 불구하고 최근에 이르기까지 그 같은 주장이 국내외의 역사가들에 의해 부주의하게 답습되어 왔음은 그동안 일정기에 관한 연구가 얼마나 정치적으로 심하게 오염되었던가를 잘 보여 주고 있다.

노동자 계층의 성립

공장제 공업이 발전하자 더불어 근대적 형태의 노동자 계층이 성장하였다. 〈표 9-10〉은 1918년 이래 광공업에 종사한 노동자 수의 추이를 보이고 있다. 1918년 공장 종업원은 남자종업원과 여자종업원으로, 1930년 이후는 남자직공, 여자직공, 사무·기술자, 기타로 세분되었다. 1920년 5만 5,000명이던 공장 종업원은 1934년에 13만 9,000명으로 늘었고, 이후 1940년까지 29만 5,000명으로 더욱 급하게 증가하였다. 이들 직공이 모두 근대적 형태의 임노동자는 아니었다. 공장의 기준은 종업원 5명 이상의 사업체인데, 그 가운데 원동기를 갖추지 못한 공장제 수공업이라 할 생산형태가 적지 않았기 때문이다. 그런데 〈표 9-8〉에서 살폈듯이 종업원 50명 이상의 공장 역시 1930년대 중반부터 급한 증가세를 보였다. 그에 따라 전체 노동자 가운데 점점 더 많은 부분이 근대적 형태의 임노동자로 바뀌어 갔다.

직공의 업종별 분포를 보면 1931년에는 식료품공업의 직공 수가 가장 많았다. 이는 그때까지 공장 수의 증가가 식료품공업에 의해 주도되었기 때문이다. 이후 1941년까지 직공 수가 가장 많은 업종은 화학공업으로 바뀌었으며, 그 다음은 방직공업이었다. 식료품공업은 3위로 밀려나 있었다. 1930년대의 공업화가 화학공업과 방직공업에 의해 주도되었음은 앞

【 **표 9-10** 】 **광공업 부문 노동자 수의 추이**(1918~1940)

단위: 천 명

구분 / 연도	공장 종업원					광부	
	남자종업원	여자종업원			합계		
1918					47	37	
1920	45	11			55	16	
1922	44	10			55	18	
1924	58	15			73	19	
1926	55	17			72	23	
1928	63	23			87	29	
	남자직공	여자직공	사무·기술자	기타	합계	광부	토건노동자
1930	56	28	10	8	102	31	
1932	61	29	11	10	111	64	44
1934	74	39	14	11	139	96	60
1936	98	51	16	23	188	140	118
1938	124	59	21	27	231	206	193
1940	157	73	28	36	295	249	291

출처: 호리 가즈오 지음, 주익종 옮김(2003), 『한국 근대의 공업화 - 일본 자본주의와의 관계 -』, 전통과 현대, 116쪽.

서 지적한 그대로이다.

다음으로 〈표 9-10〉에서 광부의 수를 보면 1920년대까지는 정체적이었다. 광부의 수는 1930년대에 들어 급하게 증가하는데, 그 증가세는 공장 직공의 증가세보다 빨랐다. 총독부의 산금産金정책에 따라 금광 개발이 가속되었기 때문이다. 거기에다 1930년대 후반이면 전시경제의 수요로 석탄과 철광의 개발이 활발해져 광부의 수를 격증시켰다. 그 외에 1930년대 후반부터 토건노동자가 크게 증가하여 1940년이면 공장 직공의 수와 비슷해졌는데, 이는 이 시기 북부지방에서 철도·항만·댐·공장의 건설과 개량을 위한 토목공사가 대규모로 펼쳐졌기 때문이다.

〈표 9-10〉에서 1930년 이후 공장, 광산, 토건업에서 새롭게 고용된 노동자를 헤아리면 70만 명 이상이다. 그 외에 상업과 통신·교통업에서 고용이 증대하였다. 이 같은 공업화와 산업구조의 개편에 따른 고용의 급속한 증대는 노동시장에서 그에 상응하는 변화를 몰고 왔다. 1930년부터 조사되기 시작한 실업률은 부府·읍邑의 경우 1930~1940년에 12.5%에서 3.5%로 낮아졌다. 면面의 경우는 12.1%에서 1.8%로까지 낮아졌다. 이처럼 1940년이 되면 완전고용을 넘어 노동력의 부족을 운운할 정도로 고용이 확대되었다.

도시부에서 노동시장을 중개한 직업소개소의 활동을 보면, 1931년만 해도 구인求人 수는 1만 8,140명임에 비해 구직자求職者 수는 3만 6,002명으로 노동의 초과공급 상태였다. 그런데 1941년이면 구인 수가 6만 3,191명임에 비해 구직자 수는 6만 2,523명으로 근소하나마 초과수요로 바뀌었다. 취업의 내용도 1931년에는 가내사용인으로서 여자의 취업이 중심을 이루었는데, 1941년에는 광공업 남자노동자의 취업으로 중심이 바뀌었다. 직업소개소의 기능이 실업자를 구제하는 사회정책인 것에서 광공업·토건업으로 노동력을 원활하게 공급하는 경제정책적인 것으로 옮겨갔다고 하겠다.[80]

양적인 팽창에도 불구하고 조선의 노동자는 대부분 비숙련의 자유노동자였다. 노동과 자본의 관계는 숙련이 결여된, 단순노동 중심의 형식적인 관계에 머물렀다. 그것은 이전 전통시대에 있어서 공업화의 경험이 빈약하고 근대과학이 발전하지 못한 가운데 노동자의 교육 정도가 낮았기 때문이다. 1935년까지 적령기 아동의 초등학교 취학률은 20%가 되지 않았

80 호리 가즈오 지음, 주익종 옮김(2003), 『한국 근대의 공업화 — 일본 자본주의와의 관계 —』, 전통과 현대, 114~121쪽; 원저 堀和生(1995), 『朝鮮工業化の史的分析 — 日本資本主義と植民地經濟 —』, 有斐閣.

다. 기업이 필요로 하는 기술자와 숙련공은 대부분 일본인으로 충당되었다. 공장의 노동과정은 일본인 기술자와 숙련노동이 조선인 비숙련노동을 통제하는 구조로 이루어졌다. 그러한 조건이 충족되는 한에서 총독부는 조선인을 대상으로 한 기술 및 숙련 교육에 큰 관심을 두지 않았다.

예컨대 1938년까지 철도학교의 졸업자 가운데 조선인의 비중은 10.7%에 불과하였다.[81] 1941년 총독부는 전시동원체제의 원활한 수행을 위해 직업능력의 신고를 강제하였다. 그에 따라 등록된 기술자의 구성을 보면, 조선인이 30%, 일본인이 70%였다. 기계를 조작할 수 있는 기능에 따라 직공을 1~3급으로 분류할 때 1급 직공에 있어서 조선인의 비중은 11%에 불과하였다. 당시 조선에 거주한 일본인의 인구비중은 3%가 못 되었다. 그럼에도 불구하고 기술자와 1급 직공의 구성에서 일본인이 절대 다수를 점하였다. 조선인 노동자는 노동과정에 있어서 일본인 기술자와 기능공을 보조하는 위치에 놓였을 뿐이다.[82]

그렇다고 조선인의 자기 개발을 위한 노력과 성과가 전혀 없지는 않았다. 1940년대에 들어 중일·태평양전쟁이 깊어지자 적지 않은 일본인 기술자와 숙련공이 병력으로 동원되었다. 공장마다 그들이 떠난 자리를 메우면서 조선인 노동자들이 기술과 숙련의 정도를 높여 갔다. 1944년 조선질소의 흥남 비료공장에서 최상등 역부공원役付工員 451명 가운데 조선인은 154명(34%), 920명의 상등공원上等工員 가운데 조선인은 607명(66%)의 비중을 점하였다.[83] 전시기에 걸쳐 조선인 노동자는 질적으로 부쩍 성숙하고 있었다.

---

81 鄭在貞(1989),「朝鮮總督府 鐵道局의 雇傭構造」,『近代朝鮮의 經濟構造』, 451쪽.

82 安秉直(1989),「植民地朝鮮의 雇傭構造에 관한 硏究—1930년대의 工業化를 중심으로—」,『近代朝鮮의 經濟構造』, 402~426쪽.

83 安秉直(1988),「日本窒素における朝鮮人勞動者階級の成長に關する硏究」,『朝鮮史硏究會論文集』 25, 176~177쪽.

3. 이식 근대의 양상

도시의 발달

조선에 이식된 근대문명의 양상은 제국주의 본국이나 여타 정상국가正常國家에서의 그것과 본질적으로 다를 바 없었다. 근대가 펼쳐진 주요 공간은 도시이다. 일정기에 걸쳐 근대의 이식과 더불어 도시가 발달하였다. 도시, 곧 부府의 수는 1925년 12개에서 1940년 20개로 증가하였다. 조선왕조의 수도 한성부漢城府는 병합 직후 경성부京城府로 개칭되었다. 1920년 경성부의 인구는 25만 명을 조금 넘었다. 그 가운데 조선인은 18만 명이며, 나머지는 일본인과 외국인이었다. 18~19세기 한성부의 인구는 20만 명 전후였다. 이를 고려하면 병합 이후 경성부의 조선인 인구는 조금 줄은 셈이다. 이후 경성부의 인구는 1930년 39만 명, 1935년 44만 명, 1945년 99만 명으로 늘어났다. 그사이 1936년에는 인접한 시흥군, 고양군, 양주군 일부를 포섭하여 부역府域이 대폭 확장되었는데, 편입지의 인구는 24만 명이었다. 경성을 비롯하여 평양, 부산, 청진, 대구, 인천 등 6대 부의 인구는 1930년의 88만 명에서 1940년의 202만 명으로 증가하였다. 전체 인구에서 6대 부가 차지하는 비중은 5.8%에서 11.6%로 2배 증가하였다. 그 10년간 6대 부로의 인구유입은 1936년의 부역 확장에 따라 편입된 인구를 제외하면 대략 60만 명 정도였다.

도시인구의 팽창을 두고 종래 그것을 주변부 국가에서 나타나는 과잉도시화 현상으로 간주하는 경향이 있었다.[84] 즉, 공업화에 따른 끌어당기기pull 효과가 아니라 농촌에서 과잉인구를 밀어내기push 효과로 비생산적인 잡업부雜業部를 중심으로 한 도시의 확장이 이루어졌다는 것이

---

84 金哲(1965),『韓國の人口と經濟』, 岩波書店, 169~171쪽.
橋谷弘(1990),「植民地都市としてのソウル」,『歷史學硏究』 614, 7~15쪽.
橋谷弘(1992),「NIEs都市ソウルの形成」,『朝鮮史硏究會論文集』 30, 121~147쪽.

다. 이 같은 견해는 일제하 조선에서 전개된 첫 공업화의 양상과 더불어 인구이동의 실태가 세밀히 밝혀짐에 따라 설득력을 잃게 되었다. 일정기의 인구이동은 이동의 범위에 따라 역외域外, 도외道外, 도내道內로 구분된다. 이 가운데 가장 규모가 큰 것은 일본과 만주로의 역외이동이었다. 그에 대해선 다음 절에서 구체적으로 소개할 예정이다. 도외이동의 규모는 1925년 이후 5년마다 시행된 센서스 자료로부터 추정할 수 있는데, 1925~1930년에 17만 2,000명, 1930~1935년에 15만 2,000명, 1935~1940년에 58만 1,000명으로서 도합 90만 5,000명이었다. 1930년대 전반까지만 해도 도외이동은 연간 3~4만 명으로서 그리 큰 규모는 아니었다. 그것이 부쩍 활성화하는 것은 1930년대 후반이다. 도내이동의 규모에 관해서는 추계가 없으나 대체로 도외이동과 비슷했다고 짐작되고 있다.

이 같은 국내 인구이동의 대부분이 부로 몰려들어 도시인구의 팽창을 가져왔다. 1930년대에 걸쳐 전술한 6대 부 이외에 인구가 1만 명 이상 증가한 도시를 열거하면, 충청북도의 음성, 평안남도의 진남포, 강원도의 삼척·강릉·영월, 함경남도의 원산·함흥·단천, 함경북도의 성진·경흥·무산 등이다. 인구증가가 가장 컸던 도는 경성과 인천을 안고 있는 경기도였다. 경성과 인천 주변에서는 방직업, 기계기구업 등의 공업이 발달하였다. 다음은 함경북도이다. 함경북도에서는 중화학공장의 건설과 항만·철도·도로의 토목공사가 활발하였다. 대조적으로 인구를 가장 많이 배출한 도는 경상북도, 경상남도, 전라북도로서 농업지대였다.[85]

인구이동의 요인으로서는 지역 간 산업구조의 차이와 거리가 가장 중요하였다. 곧 2·3차산업의 비중과 증가율에 있어서 지역 간 차이가 클수록, 그리고 인접한 지역일수록, 순 이동자의 비율이 높았다. 다시 말해 인

---

85 朴基炷(2000), 「1930年代 朝鮮의 產業變化와 人口移動」, 『經濟史學』 28, 76~89쪽.

구이동의 적극적인 요인은 공업화에 따른 도시부의 끌어당기기 효과였다. 1930년대까지 인구이동의 규모가 작은 것은 역시 공업화의 수준이 낮았던 데 원인이 있으며, 1930년대 후반부터 군수공업을 중심으로 한 공업화의 급속한 진전이 도시부로 향한 다량의 인구이동을 유발하였다. 도시부 잡업층의 성장도 공업화와 도시인구의 증가에 맞추어 서비스업이 발전한 결과이지 주변부적 과잉도시화의 현상은 아니었다.[86]

1940년 경성부는 인구 90만 명 이상으로서는 유일한 대도시였다. 그 다음이 평양인데 30만 명이 못되었다. 경성부는 정치뿐 아니라 경제, 사회, 문화 등 모든 방면에서 조선에 이식된 근대문명을 상징하였다. 도시의 아스팔트, 수은등, 쇼윈도, 마네킹, 백화점, 고층건물, 엘리베이터, 카페, 그리고 그 사이를 오고가는 양복을 입고 양장을 한 모던 보이와 모던 걸은 근대를 환상의 꿈으로 전달하는 도시의 상징이었다.[87]경성부 전체가 그러한 것은 아니었다. 청계천을 자연스런 경계로 하여 그 북쪽의 북촌, 곧 종로를 중심으로 한 조선상인의 전통적 상권은 침체하였으며 점차 위축되어 갔다. 19세기까지 왕도의 상권을 장악했던 상인들은 새로운 운송수단과 유통경로, 새로운 상품과 시장에 적응하지 못하고 몰락해 갔다. 대조적으로 번창한 것은 청계천 남쪽의 남촌으로서 본정本町(현 충무로), 황금정黃金町(현 을지로) 일대에 분포한 일본인 상가였다.[88] 이곳 시장의 화려함과 선진적 기풍은 조선인의 선망의 대상이었다. 경성부의 조선인들은 북촌이 아니라 남촌에서의 쇼핑을 즐겼다.

이 같은 경성부의 공간구성은 이식된 근대의 지배구조를 반영하지만 그 관계가 언제까지 고정적이지는 않았다. 1932년 종로 네거리에 박흥식朴興植의 화신백화점이 문을 열었다. 남촌을 상징하는 미츠코시三越백화점에

86 朴基炷(2000), 「1930年代 朝鮮의 產業變化와 人口移動」, 『經濟史學』 28, 95~101쪽.

87 신명직(2006), 「식민지 근대 도시의 일상과 만문만화」, 박지향·김철·김일영·이영훈 엮음, 『해방 전후사의 재인식』 1, 책세상, 235~256쪽.

88 박은숙(2007), 『서울의 시장』, 서울특별시시사편찬위원회, 171~174쪽.

비해 자본금이 1/10에 불과한 초라한 규모지만, 화신백화점은 곧바로 민족적 자존심의 상징으로 번창해 갔다. 1937년에 완공된 화신백화점의 신관은 엘리베이터를 구비한 지상 6층의 건물로서 당시 조선인이 건립한 최대, 최고의 건물이었다. 화신백화점은 경성에 온 지방의 조선인이 놓칠 수 없는 관광 코스가 되었다. 1934년 박흥식이 전국에 화신의 연쇄점을 차리기 위한 광고를 냈을 때 응모한 지방 상인은 3,000명을 헤아렸다.[89] 이광수가 또 하나의 '대군의 척후'로서 지목한 화신백화점은 전시경제의 와중에서도 1943년까지 번영하였다. 조선에 이식된 근대는 일본인 기업가와 상인의 독점물만은 아니었다. 조선의 근대화는 일본인의 뒤를 따라 조선인 기업가와 상인의 대열이 형성되는 모방, 학습, 경쟁의 과정이었다.

농촌시장의 동향

일정기의 조선경제가 근대화된 도시부와 전근대의 농촌부가 상호 무관하거나 대립적인 이중구조를 이루었다는 이해는 해방 후 한국인들이 일정기에 관한 연구를 개시할 때 공유한 전제이자 선입관이었다. 제국주의가 이식한 근대는 조선의 식량, 자원, 노동력을 수탈하기 위한 기지로 그 역할을 하였을 뿐이라는 이해는 한국인의 강한 민족주의 정서와 어울리면서 그럭저럭 1980년대까지 지배적 학설로 군림하였다.[90] 1990년대 이후 새롭게 전개된 경제사 연구는 이 같은 통설적 이해에 수정을 가하였다. 새롭게 작성된 일종의 산업연관표에서 공업과 농업 또는 도시와 농촌의 산업적, 시장적 연관은 의외로 긴밀한 것으로 드러났다. 예컨대 1929년 조업을 개시한 조선질소의 비료는 대부분 국내의 농촌시장에서 판매되었다. 그로 인해 농가의 상품생산자로의 성격이 강화되었다. 보다 많은

---

89 박은숙(2007), 『서울의 시장』, 194~197쪽

90 이 같은 연구사의 흐름과 관련해서는 다음을 요긴하게 참조할 수 있다. 김낙년(2003), 『일제하 한국경제』, 3~16쪽.

농산물이 공업의 원료나 중간재로 공급되었으며, 역으로 보다 많은 공산품이 농업의 기자재로 구입되었다.[91] 이 같은 통합적 산업연관은 공업화의 속도가 급해진 1930년대에 이르러 보다 뚜렷한 모습으로 부각되었다. 그사이 농촌시장의 동향은 어떠하였던가.

농촌경제의 재생산은 5일마다 열리는 장시場市를 무대로 하였다. 장시의 총수는 1911년 1,084기에서 1940년 1,520기로 늘었다. 장시가 증설된 곳은 주로 산간과 북부 지방이었다. 예컨대 강원도, 평안남도, 평안북도, 함경남도, 함경북도 5개 도에서 장시는 1911년 353기에서 1940년 645기로 292기나 증가했는데, 그것은 같은 기간에 전국적으로 증가한 장시의 67%에 해당하였다. 경상, 전라 등 남부지방에서 증설된 장시도 산간지방이 중심이었다. 장시는 대개 인구 1만 3,000명을 전후한 범위에서 1기가 개설되었다. 그 결과 1911년만 해도 북부·산간지방의 5개 도에서 1개 장시권의 반경이 10~16km나 되었던 것이 1940년에는 6~10km로 줄었다. 인구가 늘고 상업적 거래와 수익이 증가하자 교통사정의 개선에 힘입어 산간지방에까지 장시가 촘촘하게 들어서게 되었다. 제8장에서 소개한 대로 장시의 연간 거래액은 1911년 5만 2,000원에서 1940년 36만 9,000원으로 증가하였다. 물가상승을 고려한 실질 거래액은 약 2배의 증가였다. 장시는 농가가 잉여생산물을 내다 팔고 비자급 생활재료를 구입하는 단순상품생산 또는 소상품생산이 영위된 곳이다. 일정기에 걸쳐 장시의 실질 거래액이 2배나 증가하였음은 그만큼 농가의 상품생산자로서의 성격이 강화되었음을 이야기하고 있다.

거래액의 팽창과 더불어 장시 상호 간에는 기층基層시장-중간中間시장-중앙中央시장의 위계가 성립하였다.[92] 시장의 이 같은 위계는 18~19세기

---

91 김낙년(2003), 『일제하 한국경제』, 217~241쪽.

92 스키너Skinner는 중국의 전통시장을 하층의 standard market, 중간의 intermediate market, 상층의 central market으로 그 통합적 위계를 설명하였다. G. William Skinner(1964, 1965), *Marketing and Social Structure in Rural China*, Association for Asian Studies, Part One.

의 전통시대에는 그리 분명하지 않았는데, 일정기에 이르러 시장경제가 농촌부에 깊이 침투함에 따라 뚜렷하게 성립하였다. 맨 아래의 기층시장은 대개 2~3개 면의 범위에서 면사무소나 금융조합의 소재지에서 열린 연간 거래액 1만 원 미만에서 10만 원 내외에 이르는 소규모 시장을 말하였다. 1938년 기층시장은 전국적으로 1,010여 기에 달하였다. 그 위에 군청 소재지를 중심으로 연간 거래액 20~50만 원의 중간시장이 들어섰다. 1938년 중간시장은 전국적으로 300여 기를 헤아렸다. 맨 위층의 중앙시장은 2~3개 군 범위의 교통 요지에 연간 거래액 100만 원 내외의 시장을 말하는데, 1938년 전국적으로 대략 100기가 있었다.[93] 중간시장과 중심시장에는 상설점포가 들어섰다. 그들은 기층시장에서 온 행상을 상대로 도매상업을 영위하였다. 이 같은 위계의 맨 위층에는 무역항과 대도시를 무대로 한 수출입 무역시장이 자리를 잡았다. 장시의 연간 거래액과 연간 무역액은 밀접한 연동성을 보였다.[94] 이는 장시가 수출입 상품의 집산 기구로 기능하였음을 이야기하고 있다. 일정기의 농촌 장시는 비록 오지奧地의 영세한 것일지라도 이 같은 전국적 범위의 위계와 순환에 포섭되어 있었다.

농촌 장시의 실질 거래액이 2배나 증가하였음에도 불구하고 5일마다 열리는 그 정기성이 좀처럼 극복되지 않은 이유를 설명하기는 쉽지 않다. 1938년 전국의 1,458개 장시 가운데 95%는 이전 시대와 마찬가지로 5일장이었다.[95] 장시를 순회하는 행상의 수가 전국적으로 얼마였는지는 알기 힘들다. 행상의 상당 부분은 반농반상半農半商의 존재였다. 개별 지방의 예로는 충청남도 홍주 등 6개 군에서 활동한 보부상단이 알려져 있다. 다

이를 양필승이 번역하기를 기층시장, 중간시장, 중앙시장이라고 하였다. 스키너 G. 윌리엄 지음, 양필승 옮김(2000), 『中國의 傳統市場』, 신서원, 19~30쪽.

93 文定昌(141), 『朝鮮の市場』, 日本評論社, 137~139쪽.
이재하·홍순완 지음(1992), 『한국의 場市—정기시장을 중심으로—』, 民音社, 104~107쪽.

94 木村光彦(1989), 「定期市」, 『近代朝鮮의 經濟構造』, 290~291쪽.

95 趙炳贊(1992), 『韓國市場經濟史』, 동국대학교출판부, 156쪽.

소 불규칙한 추세이긴 하지만, 동 상단에 속한 행상의 수는 1880년대까지 최대 100명을 넘는 경우가 없었는데, 이후 꾸준하게 늘어 1930년대가 되면 200명을 넘기도 하였다.[96]

행상의 수적 증가를 두고 곧바로 시장의 발전을 거론하기는 힘들다. 전술한 대로 일정기 농촌사회의 빈곤은 과람한 인구증가가 제1의 원인이었다. 그에 따라 농사만으로 생계를 유지하기 힘든 순소작의 빈농층이 팽창하였다. 그들은 농한기에 어촌으로 나가 어염魚鹽을 떼어 주변 농가에 파는 도부장사에 종사하였다. 농민이 상인으로 활동하는 데에는 어떠한 제도적, 기구적 제약이 없었다. 그러한 사회적 배경에서 행상의 수가 2배 증가하면, 설령 장시 거래액이 2배 증가해도 개별 상인의 실질소득에는 변함이 없었다. 그들은 생계소득을 벌기 위해 여전히 여러 장시를 순회할 수밖에 없었다. 장시의 정기성이 좀처럼 극복되지 않았음은 이 같은 농촌사회·경제의 실태가 배경으로 작용하였을 것이다.

다른 한편 총독부는 시장규칙을 통해 장시의 개설과 운영을 세밀하게 통제하였다. 장시는 조선인이 군집하는 유일한 공간이었다. 총독부는 치안의 관점에서 장시에 대한 통제를 늦추지 않았다. 1930년대에 이르러선 농가의 소득증대를 목적으로 농산물 검사제가 시행되고 부락 단위의 공동출하共同出荷가 강제되었는데, 이로써 장시의 새로운 거래 주체로서 농회農會와 산업조합産業組合 등의 역할이 커졌다. 이 같은 유통정책은 장시를 무대로 한 행상의 활동을 위축시켜 그들의 상업적 성장을 저해하였다. 이는 장시의 정기성이 완강하게 유지된 다른 한편의 요인을 이루었다.

맨 아래의 기층시장은 비록 전국적 위계질서에 포섭되긴 했지만 최상층의 무역시장 또는 도시의 중심시장과는 멀리 떨어져 있었다. 기층시장에까지 밀려온 근대문명의 파고는 미약하였다. 농가의 재생산구조에서 상

96 조영준(2009), 「19-20세기 보부상 조직에 대한 재평가 — 元洪州六郡商務右社를 중심으로 —」, 『경제사학』 47, 57쪽.

품생산의 비중은 늘어나는 추세이지만, 그들의 대부분은 여전히 자급적 생존을 가정경제의 최우선 전략으로 추구하는 소농이었다. 기층의 소농사회에서 형성된 시장, 화폐, 상품에 대한 일상적 감각은 오늘날의 그것과 자못 상이하였다. 다음은 한국인의 넓은 사랑을 받는 고전인 이효석李孝石이 1936년에 발표한 소설 『메밀꽃 필 무렵』의 첫 부분이다. 강원도 봉평장蓬坪場이 파할 무렵 허생원과 조선달이란 두 행상이 주고받은 대화와 뒤이은 행동거지이다.

> "그만 거둘까?"
> "잘 생각했네. 봉평장에서 한번이나 흐뭇하게 사본 일 있을까. 내일 대화장에서나 한몫 벌어야겠네."
> "오늘밤은 밤을 새서 걸어야 될걸?"
> "달이 뜨렷다?"
> 절렁절렁 소리를 내며 조선달이 그날 산 돈을 따지는 것을 보고 허생원은 말뚝에서 넓은 휘장을 걷고 벌여 놓았던 물건을 거두기 시작하였다.

여기서 소설가 이효석은 "돈을 산다"는 표현을 두 차례 되풀이하고 있다. 상인들의 돈벌이를 그렇게 표현하는 것은 1930년대의 조선인으로서는 매우 친숙한 생활용어였다. 그것은 17세기 말 동전이 처음 보급될 때 조선인들이 그에 대해 가졌던 감각과 일치하고 있다.[97] 동전은 모든 재화의 일반적 가치척도와 보편적인 교환수단이 아니었다. 동전은 특수한 목적과 기능을 위해 구입해야 했던 재화의 일종이었다. 그래서 돈을 버는 것을 "돈을 산다"고 하였다. 그 같은 언어생활이 1930년대까지 이어졌음은 비록 근대가 이식되었지만 농촌사회의 기층부에서는 18~19세기의 전통적 경제질서가 그대로 살아 숨 쉬고 있었음을 이야기해 주고 있다.

---

97 이에 관해서는 제6장의 '동전의 유통' 항을 참조.

생활수준

일정기의 조선이 근대적 경제성장을 경험했다는 사실에 대해 오늘날의 많은 역사가들은 그 사실을 아예 인정하지 않거나, 인정은 하더라도 그것이 조선인의 생활수준 개선에는 별로 기여하지 못했다는 주장으로 대응하고 있다. 조선인의 생활수준과 관련하여 널리 형성된 선입관은 일본이 조선의 쌀을 수탈하여 조선인의 식량 사정이 극도로 악화되었다는 것이다. 예컨대 중·고등학교에 보급된 역사교과서는 예외 없이 조선인의 연간 쌀 소비량이 1912년의 0.772석에서 1930년의 0.451석으로 40% 이상이나 감소하였다고 기술하고 있다. 쌀의 소비가 그렇게 감소한 것은 사실이지만, 만주로부터 수입된 기장[黍]·조[粟]·콩[豆]·팥[太]과 같은 잡곡류를 고려하면 곡물 소비량은 그리 감소하지 않았다. 그 위에 감자·고구마와 같은 보조식품의 소비 증대를 고려할 필요가 있다. 거기에다 비곡물류의 소비 증대를 추가로 고려할 필요가 있다. 예컨대 같은 기간 1인당 육류 소비는 1.2배, 채소와 과일은 2.6배, 어패류는 3.3배, 장류는 1.5배, 기타 가공식품은 1.6배 증가하였다. 이들을 모두 고려한 종합적 계산은 아직 이루어지지 않았지만, 1인당 칼로리 섭취량이 과연 감소했는지는 확실하지 않다.[98]

생활수준은 식료의 소비만이 아니라 의복, 주거, 의료, 교통, 교육, 문화 등 다른 비목費目의 소비와의 비교에서 종합적으로 검토될 필요가 있다. 〈그림 9-7〉은 1911~1939년에 걸친 1인당 소비지출의 구성과 그 추이를 보이고 있다. 식료품비의 비중이 줄곧 낮아지고 있는데, 이는 가계의 소득수준이 높아지면 식료품비의 비중이 낮아진다는 엥겔의 법칙에 따른 것이다. 그 대신 다른 비목의 소비가 증가하고 있다. 예컨대 같은 기간 실질액으로 식료품비의 증가는 2배에 그친 반면, 의복비와 교육·문화비는 4.6배, 보건의료비는 15.1배, 교통·통신비는 11.4배나 증가하였다.[99] 소비

98 주익종(2006), 「민간소비지출의 추계」, 『한국의 경제성장 1910-1945』, 207~208쪽.
99 주익종(2006), 「민간소비지출의 추계」, 『한국의 경제성장 1910-1945』, 206쪽.

[그림 9-7] 소비지출의 비목별 구성의 추이(1911~1939)

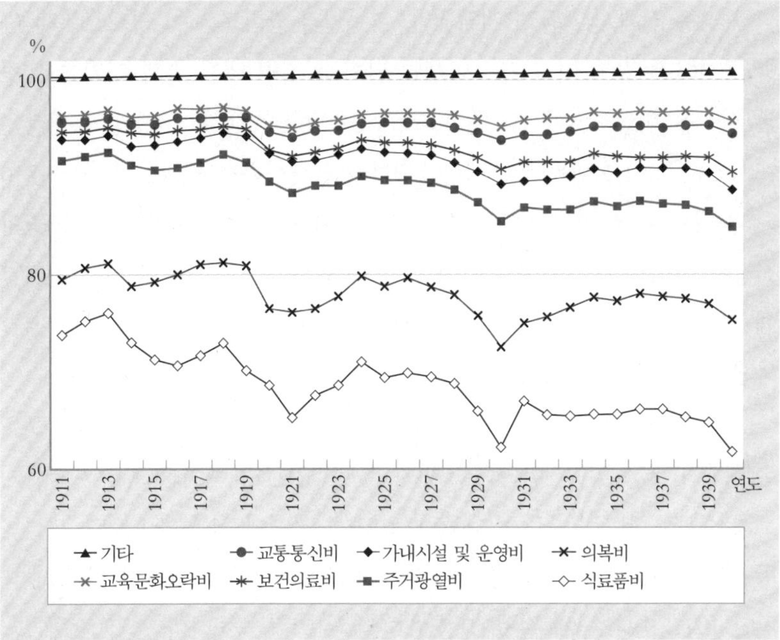

출처: 주익종(2006), 「민간소비지출의 추계」, 김낙년 편, 『한국의 경제성장 1910-1945』, 서울대학교출판부, 206쪽.
비고: 각 선은 아래 비목과의 누적 합(%)을 나타낸다.

지출의 이 같은 다양화와 고급화는 일정기에 걸쳐 조선인의 생활수준이 전반적으로 개선되었을 가능성을 강하게 시사하고 있다.

생활수준의 변동을 측정하는 또 하나의 신뢰할 만한 지표는 신장身長의 추이이다. 일정기를 전후한 시기에 태어난 사람의 완전히 성장한 신장에 관한 집계 데이터로는 총독부가 관보官報에 고시한 행려行旅 사망자에 관한 신체 정보가 가장 신뢰할 만하다. 행려 사망자라 함은 여행 도중에 죽은 사람으로서 시신을 찾는 연고자가 없는 경우를 말한다. 익사, 철도 사고, 자살 등으로 죽은 사람도 포함하지만, 대개는 거지, 아편 중독자, 한센병자 등으로 가난과 질병으로 사망한 최하 계층에 속하는 사람들이다.

총독부는 이들의 연고자를 찾기 위해 관보에 사망자의 나이와 신장을 비롯한 각종 신체 정보를 고시하였다. 김두얼과 박희진은 이 정보로부터 사망 당시의 추정 나이가 25~30세인 남자를 추려 내어 출생 시기별로 평균 신장을 비교하였다. 그 결과 1881~1890년 출생자 1,027명의 신장은 158.4cm, 1891~1900년 출생한 2,011명의 신장은 159.2cm, 1901~1910년 출생자 2,183명의 신장은 159.6cm, 1911~1920년 출생자 1,125명의 신장은 160.2cm로 나타났다. 이 같은 행려 사망자의 신장 추세는 일정기에 걸쳐 조선인의 영양상태가 전반적으로 개선되었음을 어느 정도 명확하게 이야기해 주고 있다.[100]

도시의 비숙련 노동자에 지급된 실질임금의 추이에 관한 연구도 같은 결론에 이르고 있다. 비숙련 노동자의 실질임금의 추이를 둘러싸고서는 오래전부터 상반된 주장이 대립해 왔다.[101] 근년에 이루어진 보다 개선된 방법의 추계는 도시 비숙련 노동자의 임금이 시기별로 진폭을 보이긴 하지만 1911~1942년에 걸쳐 연평균 0.4%의 느린 속도나마 증가 추세였음을 밝히고 있다. 지역별로는 남조선보다 북조선에서 증가 속도가 빨랐는데, 이는 두 지역의 공업화의 속도에 차이가 있었기 때문이다. 남조선 농업노동자의 실질임금에 관한 데이터도 1900년대를 최저점으로 하여 상승하는 추세임을 보여 주고 있다. 이 같은 실질임금의 추세는 도시와 농촌에서 하층민의 생활수준이 조금씩 개선되었음을 전하고 있다.[102]

인구의 추이도 생활수준의 변화를 반영하는 종합적 지표로 인정되고 있다. 앞서 소개한 대로 일정기에 인구가 크게 증가하였으며, 조사망률粗

100 Duol Kim, Heejin Park(2011), Measuring living standards from the lowest: Height of the male *Hangryu* deceased in colonial Korea, *Explorations in Economic History* 48, pp.590~599.

101 尾高煌之助(1975), 「日本統治下における朝鮮の勞動經濟」, 『經濟研究』 26-2, 145~158쪽. 許粹烈(1981), 「日帝下 實質賃金(變動)推計」, 『經濟史學』 5, 213~246쪽.

102 이우연·차명수(2007), 「식민지 조선의 임금 수준과 구조」, 『경제사학』 43, 47~50쪽.

死亡率의 감소가 그 원인이었다. 1910년대 초 3.5%의 조사망률은 1940년대 전반까지 2.3%로 1.2%p 하락한 반면, 조출생률粗出生率은 3.8%에서 4.3%로 0.5%p 상승하였다.[103] 조사망률의 저하는 주로 영유아 사망률의 저하에 기인하였다. 그에 따라 출생 시의 기대여명期待餘命은 1925~1930년의 37.39세에서 1930~1935년의 39.94세, 1935~1940년의 40.85세로 길어졌다.[104]

많은 후진국에서 인구의 지속적 증가는 경제성장의 효과라기보다 보건·위생상태가 개선된 결과였다. 조선에서도 마찬가지였다. 총독부는 질병의 퇴치를 위해 효과적인 집행력을 갖춘 보건·위생제도를 구축하였다. 총독부는 콜레라, 천연두, 발진티푸스 등 감염성 질환을 통제하기 위해 예방접종을 시행하고 식수와 음식 등 오염원을 소독하였다. 총독부는 특이하게도 보건·위생업무를 경찰의 소관으로 하였다. 경찰은 보건·위생의 개선을 위해 강제력을 동원하였는데, 그것은 조선인이 각종 감염성 질환으로부터 해방되는 데 도움이 되었다.

소득분배

일정기에 걸쳐 조선인과 일본인 간의 소득분배가 어떠한 변화를 보였는지는 그에 관한 조사가 이루어진 적도 없을 뿐더러 관련 자료도 별로 없어서 헤아리기 어려운 문제이다. 그런 가운데 민족 감정에 기초한 억측이 구체적인 분석을 대신해 온 경향이 없지 않았다. 어느 연구자는 일정기의 경제성장을 일본인만의 잔치로 치부했으며, 조선인의 소득수준에는 아무런 개선이 없었다고 주장하였다.[105] 민족별 소득수준이 점점 큰 차이

---

103 Tai Hwan Kwon et el.(1975), *The Population of Korea*, The Population and Development Studies Center, Seoul National University, p.12, 23.

104 Tai Hwan Kwon(1977), *Demography of Korea—Population Change and Its Components 1925-1966—*, pp.303~305.

105 예컨대 허수열은 일정기의 경제적 변화를 '개발 없는 개발'로 비유하였다. 개발이 이루어지

로 벌어졌음은 짐작하기 어려운 일이 아니다. 경제성장의 주요 동력인 투자가 일본인 자본가와 지주에 의해 주도되었기 때문이다. 대조적으로 조선인의 대다수는 영세 소농이거나 비숙련 노동자였다. 그렇다고 해서 이 사실이 조선인의 소득수준이 마냥 정체했음을 보증하지는 않는다. 앞서 소개한 대로 조선인의 생활수준은 전반적으로 개선되고 있었다. 그런 가운데 점점 많은 수의 조선인이 자산 계층으로 편입되었을 가능성을 배제할 수 없다.

전술한 대로 1910~1940년에 걸쳐 조선의 실질 국민총소득은 2.9배나 증가하였다. 1인당 실질소득은 연평균 2.37% 성장하였다. 그렇게 늘어난 소득이 모조리 인구비중 3% 미만인 일본인의 차지였다면, 다시 말해 조선인의 소득수준에 아무런 변화가 없었다면, 어떠한 모순이 생기는지에 관해서는 흥미로운 시뮬레이션이 있다. 그에 의하면 일본인이 성장의 과실을 독식할 경우 조선에 거주하는 일본인의 소득수준은 본국 일본인의 그것보다 무려 6배나 높아지게 된다. 물론 그러한 일은 현실적으로 있지 않았다. 실제로 있은 것은 조선인의 소득수준도 일본인에 비해 느리긴 했지만 증가했다는 사실이다.[106]

소득분배의 실태와 요인에 관한 구체적인 연구로는 경성부에서 영업세를 납부한 영업자들을 모집단으로 하여 영업자의 인종, 영업세·영업소득의 크기, 자본형태, 영업형태와 품목 등의 상관관계를 분석한 박기주의 논문을 유익하게 참고할 수 있다. 그에 따르면 과연 영업소득의 불균등은 점점 심화되고 있었다. 예컨대 1922~1938년 평균 세액이 106원에서 204원으로 증가하는 사이에 최상층 20%의 납부 세액이 전체 세액에서 차지하는 비중은 70%대에서 80%대로 증가하였다. 영업소득의 불균등도가

긴 하였으나 조선인과는 아무런 관련이 없는, 일본인만을 위한 개발이었다는 취지이다. 그에 의하면, 일정기 조선인의 소득수준은 오히려 하락하였다. 허수열(2005), 『개발 없는 개발』, 은행나무 참조.

106 주익종(2006), 「민간소비지출의 추계」, 『한국의 경제성장 1910-1945』, 208~211쪽.

높아지는 원인을 분해하면, 예상 밖으로 민족 간 불균등보다 민족 내 불균등이 훨씬 큰 영향을 미쳤다. 즉, 일본인과 조선인 간의 소득 격차보다는 일본인 상호 간 또는 조선인 상호 간의 격차가 소득 불균등의 심화에서 보다 중요한 요인으로 작용하였다. 그런데 조선인 상호 간보다 일본인 상호 간의 소득 격차가 더 심하였다. 영업소득의 불균등도가 전반적으로 커진 것은 전체 영업소득 가운데 상호 간의 격차가 더 큰 일본인의 몫이 점점 많아졌기 때문이다.

자본의 형태와 소득의 불균등과의 관계를 살피면 회사와 개인의 차이가 중요하였다. 개인의 경우 영업규모의 한계가 있어서 소득의 격차에는 한계가 있지만, 회사의 경우 영세 회사와 거대 회사 간의 차이가 현격하였다. 이에 회사의 비중이 큰 업종에서 소득의 불균등이 더 심하였다. 일본인 상호 간이 조선인 상호 간보다 불균등이 더 심했던 것도 일본인의 영업에 있어서 회사의 비중이 컸기 때문이다. 또한 영업형태와 품목에 따라서도 영업소득의 불균등에 차이가 있었다. 회귀분석에 의하면 회사자본이면서 영업형태가 제조업이고 영업품목이 토목건축·운수품인 경우에 영업소득이 가장 높았다. 이러한 요인들을 통제했을 때 민족 요인, 곧 일본인이냐 조선인이냐의 차이는 영업소득의 차이와 유의한 상관관계를 보이지 않았다. 다시 말해 민족 간의 소득 격차가 벌어지고 있었던 것은 대부분 자본형태, 영업형태 및 품목의 요인으로 설명될 수 있는 것이었다. 이들 요인을 제외한 민족 요인으로서 교육 수준의 차이나 정치적 지위의 차별 등을 상정해 볼 수 있겠으나 소득수준에 유의한 영향을 미치지는 않았던 것으로 드러났다.[107]

요컨대 일정기에 민족 간과 계층 간의 소득분배가 악화된 것은 1920년대 이래 일본으로부터 제조업에 종사하는 회사형태의 대자본이 유입된

107 박기주(2007), 「식민지기 경성부의 영업소득 불균등」, 『경제사학』 43, 67~95쪽.

것이 가장 큰 원인이라 할 수 있다. 일본인 영업자의 25%가 회사형태임에 비해 조선인 영업자의 회사형태는 9%에 불과하였다. 또한 조선인은 자본과 기술의 결여로 인해 일본인에 비해 제조업 영업자의 비중이 낮았으며, 주로 영세한 판매업이나 부가가치율이 낮은 가공업 수준의 제조업에 종사하였다. 이러한 자본형태나 영업형태 및 품목의 차이가 결과적으로 민족 간의 소득 불균등을 초래하였다. 그런데 일본인 상호 간에도 같은 원인이 작용하여 소득의 불균등도는 조선인보다 오히려 더 심하였던 것이다.

이 같은 소득분배의 구조가 조선인의 소득수준이 개선되고 있었음을 부정하는 것은 물론 아니다. 전국적 범위의 영업세 납부자 가운데 조선인의 비중은 1930~1938년에 63.7%에서 71.5%로 증가하였다. 영업세 납부자의 상위 25%에 해당하는 20원 이상의 납부자 가운데 조선인의 비율은 동 기간에 41.5%에서 52%로 늘어났다. 물론 영업세 1,000원 또는 1만 원 이상의 대규모 영업체에서 조선인의 존재는 드물었다. 이 같은 지표는 소득분배가 악화되는 가운데서도 조선인의 소득수준은 올라가고 있었음을 대변하고 있다. 경제성장의 과실이 모조리 일본인의 차지였다는 주장은 현대 한국인의 민족주의 정서에 부합하기는 하나 실제의 역사와는 거리가 먼 억측에 지나지 않는다.

교육

총독부의 교육정책은 1911년의 조선교육령朝鮮教育令에서 명확하듯이 "충량忠良한 국민을 육성"함을 기본 목적으로 하였다. 이를 위해 총독부가 그 보급을 가장 중시한 것은 초등교육기관인 보통학교普通學校였다. 보통학교에서는 조선인을 '충량한 국민'으로 동화시킬 목적에서 일본어와 일본역사 교육이 이루어졌다. 대조적으로 총독부는 이 같은 방침에 충실하지 않은 사립학교의 설립을 억제하였다. 또한 총독부의 교육정책은 조선인과 일본인을 차별하였다. 우선 학제부터 달라서 조선인에게는 초등교육으로 보통학교 4년과 중등교육으로 고등보통학교 4년의 학제를 적용한 반면, 일본인에게는 소학교 6년과 중학교 5년을 적용하였다. 조선인에게는 초등교육이 교육의 한계로 간주되었는데, 초등교육기관의 이름이 보통학교로 붙여진 것도 그 때문이었다.

조선인의 교육에 대한 열의도 낮은 수준이었다. 근대적 교육기관으로서 보통학교 제도는 1906년 통감부에 의해 마련되었다. 조선인은 강요된 교육제도에 거부반응을 보이고 입학을 기피하였다. 이 같은 사정은 1918년까지 큰 변화가 없었다. 보통학교의 수도 1910년 471개 교에서 1918년 507개 교로 정체하였으며, 취학률도 0.9%에서 2.9%로 아주 낮은 수준이었다. 그 대신 1910년대에 걸쳐 전통적 서당書堂 교육이 확대 보급되었다. 1911년 전국의 서당 수는 1만 6,540개였는데, 1920년까지 2만 5,482개로 증가하였다. 서당 가운데 10% 정도는 한문 이외에 다른 것도 교육하는 개량서당이었다.[108]

근대적 교육에 대한 조선인의 태도가 달라지는 데에는 1919년의 3·1운동이 큰 영향을 미쳤다. 3·1운동은 조선인에게 근대적인 민족의식을 일깨우는 일대 계기였다. 조선인 사이에서는 언젠가 독립을 성취하기 위해 교육을 받고 실업을 일으켜야 한다는 각성이 일었다. 그에 따라 교육 수요가 늘어 보통학교 취학률이 1918년의 2.9%에서 1925년 13.4%로 급증하였다. 그사이 총독부의 교육정책도 보다 적극적인 것으로 전환하였다. 1918년 말에는 보통학교의 보급을 3개 면에 1개 교로 확대한다는 정책이 취해지고, 1922년까지 이를 완수하였다. 그에 따라 보통학교 수가 1918년 507개에서 1922년 946개로 늘었다. 1922년에는 조선교육령을 개정하여 보통학교를 6년제로, 고등보통학교를 5년제로 늘려 일본인과의 교육기간 차별을 없앴으며, 그 위에 3년제 혹은 4년제의 전문학교專門學校를 두

---

108 古川宣子(1995), 「日帝時代 普通學校體制의 形成」, 서울대학교 대학원 교육학과 박사학위논문, 125~135·140~144쪽.

었다. 보통학교의 수는 이후에도 계속 증가하였다. 1929~1936년에는 1개 면 1개 교의 정책이 추구되어 목표를 달성하였다. 1936년 보통학교 수는 2,504개에 달하였으며, 1943년까지 3,855개로 증가하였다.[109]

보통학교 취학률은 1925년 이후 경제사정의 악화로 주춤하였는데, 1933년부터 다시 급하게 증가하였다. 여기에는 세제 개편에 따른 지방재정의 확충으로 보통학교의 수업료가 인하된 것이 좋은 영향을 미쳤다. 1920년대까지 취학률이 부진한 데는 높은 수업료의 부담이라는 원인이 있었다. 1933년 이후 그 부담이 낮아지자 하층농의 자녀까지 취학할 수 있게 되었다.[110] 보통학교의 취학이 장래의 소득을 증대시키리라는 기대는 그리 확실하지 않았다. 보다 확실한 기대는 무학無學에 대한 차별의 해소, 곧 사회적 지위의 상승에 있었다.[111] 그러한 교육의 기대효과는 수업료 인하의 효과와 함께 조선인 부형들로 하여금 그들의 자제를 보다 많이 보통학교에 입학시키게 하였다. 조선인의 보통학교 취학률은 1932년 15.8%에서 1943년 47.0%까지 급하게 상승하였다. 그 가운데 남자의 취학률이 훨씬 높아 1943년에는 무려 61.1%에 달하였다. 총독부는 조선인의 교육열에 자극되어 1946년부터 보통학교를 의무교육으로 전환할 계획을 세우기도 하였다.

1920년대까지 대부분의 조선인의 학교교육은 보통학교에서 끝이 났다. 중등학교, 곧 고등보통학교[고보高普], 여자고등보통학교[여고보女高普], 상업학교, 농업학교, 수산학교, 직업학교, 사범교師範校로의 진학자는 극히 드물었다. 총독부의 교육정책에서도 조선인의 중등교육은 홀대되었다. 1934년까지 총독부는 1개 도 1개 고보의 방침을 고수하였다. 전국적으로 공립 고보의 수는 15개에 불과하였다. 여고보는 1개 도에 1개 교에도 못

109 簡易學校를 포함하면 보통학교 수는 1936년 3,253개, 1943년 5,418개가 된다. 古川宣子(1995), 「日帝時代 普通學校體制의 形成」, 140쪽.

110 박기주(2012), 「식민지기 조선인 초등교육 확대의 통계적 분석」, 『경제사학』 52, 111쪽.

111 오성철(2000), 『식민지 초등 교육의 형성』, 교육과학사, 219쪽.

미쳤다.

총독부가 중등교육을 확충하는 것은 그에 대한 사회적 수요가 팽창하는 1930년대 중반 이후이다. 예컨대 고보, 상업학교, 농업학교의 입학경쟁률은 1936~1937년에 무려 6 대 1이나 되었다. 사범학교의 경쟁률은 7.5 대 1이었다. 중등교육에 대한 수요가 폭발한 것은 이때부터 본격화한 공업화에 따라 고학력자에 대한 수요가 크게 증대하였기 때문이다. 특히 광공업계의 기술 인력이 태부족이었다. 그에 따라 중등학교 졸업자의 취직률이 높아졌으며, 1930년대 말이 되면 업체 간에 졸업생 쟁탈전이 벌어질 정도였다.[112]

이 같은 변화에 부응하여 총독부는 1936년 고보를 1개 도에 2개 교까지, 여고보를 1개 도에 1개 교까지 증설할 방침을 세웠다. 중일전쟁 이후에 강화된 내선일체內鮮一體와 황민화皇民化 교육정책도 그에 영향을 미쳤다. 1938년 조선교육령이 개정되어 조선인과 일본인 간의 학제 구분이 폐지되었으며, 그에 따라 고보와 여고보는 일본인 학교와 마찬가지로 중학교中學校와 고녀高女로 통칭되었다. 아울러 중학교의 설립에 대한 각종 통제도 완화되거나 폐기되었다.

그 결과 1935~1943년에 걸쳐 인문계 중학교·고녀의 수는 85개 교에서 150개 교로 증가하였다. 동 기간 각종 실업계 학교는 65개 교에서 118개 교로, 사범학교는 4개 교에서 15개 교로 증가하였다. 인문계와 실업계를 합하여 입학생 총수는 1935년 9,565명에서 1942년 2만 1,213명으로 증가하였다. 그럼에도 불구하고 중등교육에 대한 수요는 모두 충족되지 않았던 모양이다. 1930년대 중반부터 일본의 중학교로 유학하는 조선인 학생의 수가 부쩍 증가하였다. 그 대부분은 조선에서 중등학교에 진학할 기회를 찾지 못하여 바다를 건너간 학생들인데, 1939년 그 수가 1만 2,500

---

112 朱益鍾(1998), 「1930년대 중엽 이후 朝鮮人 中等學校의 擴充」, 『經濟史學』 24, 106~114쪽.

명이나 되었다.

중등학교의 활발한 설립에는 조선인 자산가의 적극적인 참여가 있었다. 총독부는 중학교의 설립에 해당 지역 주민들에게 일정 수준의 기부금을 요구하였다. 그에 대해 주민 모두가 조금씩 부담을 나누기도 했지만, 대부분의 경우는 지역을 대표하는 조선인 자산가가 그 부담을 떠안았다. 조선인 자산가가 자발적으로 재산을 출연하여 사립 중학교를 세우는 경우도 있었다. 조선인 자산가가 중등학교 설립에 적극 참여한 것은 조선인이 근대 학문을 익혀서 실력을 양성하는 것이 조선인의 사회적 지위의 개선에 도움이 된다는 공익의 입장에 충실해서였다. 교육이야말로 언젠가 이루어질 조선의 독립을 예비하는 길이라고 믿는 사람도 적지 않았다.[113]

일정기에 이루어진 초등·중등 교육의 확충은 기업가, 기술자, 숙련공, 상인, 은행원, 회사원, 공무원, 군인 등의 다양한 형태로 조선의 인적자본을 두텁게 축적하였다. 이 점이야말로 해방 후의 한국이 일정기로부터 물려받은 가장 소중한 역사적 유산이었다. 특히 보통교육의 대중적 확충은, 후진국의 경제개발에 관한 여러 연구가 공통으로 지적하고 있듯이, 근대적인 공장노동과 기술에 적응, 학습, 개량할 수 있는 노동자 계층을 성립시켰다는 점에서, 해방 후 한국경제의 발전을 지지한 중요한 전제조건을 이루었다.

복선의 전환

인구의 다수가 거주한 농촌에 근대가 이식되고 제 나름의 형태로 정착해 가는 과정을 구체적으로 추적하는 것은 매우 흥미로운 연구주제이다. 농촌 주민들의 일상생활에서 새로운 변화가 뚜렷이 감지되는 것은 대개 1920년대 후반부터가 아니었을까 싶다. 면과 면을 연결하는 신작로가 닦

113 朱益鍾(1998),「1930년대 중엽 이후 朝鮮人 中等學校의 擴充」,『經濟史學』24, 119~135쪽.

이고, 그 위를 버스와 트럭이 정기적으로 다니고, 그를 위해 면의 시가지가 정비되고, 전기가 들어오고, 정미소와 양조장이 설립되고, 장시를 오가는 행상과 농민의 행렬이 북적이고, 상설점포가 자리를 잡고, 신문사지국·카페와 같은 문화시설이 들어서는 것도 그 무렵부터였다. 면사무소 소재지를 중심으로 벌어진 이 같은 변화를 주도한 계층은 대개 구래의 향리·향반 출신으로서 근검과 독농으로 가정경제를 일구어온 신흥세력이었다. 1939년 13개 부와 68개 읍·면에서 지방선거가 실시되어 1,344명의 부·읍·면의원이 선출되었다. 그들의 직업 구성을 보면 상업이 가장 많아서 237명이고, 그 다음이 회사원과 변호사였다. 확실히 개인의 능력과 성취에 바탕을 둔 근대의 물결은 도시부를 넘어 농촌부에까지 일렁였다.[114]

그렇지만 같은 농촌부에서도 면 소재지를 넘어 사방의 동리로 들어가면 상황은 딴판이었다. 거기서 근대의 모습을 구경하기는 힘들었다. 거기서는 구래의 질서가 온존했을 뿐 아니라 면 소재지까지 밀려온 근대로부터의 영향을 받아 오히려 재건되고 강화되었다. 비록 이민족이 지배하는 체제이지만, 정치가 평온하고 사회·경제가 안정되어 간 것이 그 배경을 이루었다. 1925년 경상북도 예천군 용문면 대저리에서는 실로 30년 만에 단오절 축제가 열렸다. 성황제도 복구되었다. 1927년 대저리를 지배한 양반가문의 일원은 그의 일기에 "성황제가 끝난 후 동리민이 동사洞舍에 모여 배불리 먹고 취하고 웃고 즐기니 이 또한 태평기상太平氣象이 아닌가"라고 적었다. 사회가 안정되자 양반신분을 결속하는 계契가 다시 체결되었다. 대저리에서는 그것을 유계儒契라 하였다. 세상이 달라진 만큼 유계에는 구래의 상민 출신이 다수 포함되었다. 양반신분은 융통성 있게 개방적으로 재편성되었다. 그렇지만 유계의 결성 자체는 그에 가입하지 못한 상민신분의 존재를 전제하였다. 철따라 동회洞會가 열리면 양반과 상

114 이영훈(2015), 「20세기 전반 彦陽의 小農社會」, 『經濟論集』 54-1, 서울대학교 경제연구소, 154~158쪽.

민은 신분의 차별에 따라 자리를 달리하였다. 상민들의 발언권은 인정되지 않았다. 곳에 따라서는 양반이 마을의 하민을 동원하는 두레 풍속이 재건되었다. 양반가의 장례에 하민들은 상여꾼으로 동원되었다. 이처럼 반상 신분제는 비록 정치·사회의 공식 영역에서는 사라졌지만, 동리에서 펼쳐진 일상생활에서는 새로운 모습으로 재편되어 인간들을 차별하고 결속하는 질서로 존속하였다.[115]

친족집단의 결성과 양반문화의 실천을 통해 가문의 사회적 지위를 개선하려는 18~19세기 소농사회小農社會의 행동원리는 20세기 전반의 일정하에서도 변함이 없었다. 전장에서 소개한 대로 호주제 가족의 성립이 그를 위한 제도적 환경을 조성하였다. 새로운 가족제는 호주와 그의 적장자와의 가족적 결합을 강화하였다. 호주 부부와 적장자 부부로 맺어진 직계가족이 조선인의 표준적 가족형태로 널리 확산되었다. 나아가 차남 이하의 소가족도 호주인 부父가 생존하는 한 동일 호의 구성원으로 머무는 경우가 많아졌다. 차남 이하는 결혼 후 가까운 곳으로 사실상 분가하지만, 부를 봉양하고 형제간의 친목을 고양하기 위해 부를 호주로 하는 법제적 가족의 성원으로 오랫동안 남았다. 그에 따라 가족의 규모가 점점 커졌다. 예컨대 1912년 경상남도 울주군 언양면의 호적에서 호당 인구수는 4.83명이었다. 그것이 1942년까지 7.16명으로 증가하였다.[116] 호당 인구수는 호주가 장수할 경우 최대 40명에 달하기도 하였다.

매우 흥미롭게도 가족의 규모와 신분의 고하는 밀접한 연관이 있었다. 양반신분의 가족은 일반적으로 상민신분의 가족보다 규모가 컸다. 이 차이는 1950년대까지 점점 좁혀졌다. 이는 호주를 중심으로 한 가족결합의

---

115 李榮薰(2001),「18·19세기 大渚里의 身分構成과 自治秩序」, 安秉直·李榮薰 編著,『맛질의 農民들—韓國近世村落生活史—』, 一潮閣, 291~295쪽.
이영훈(2014),「한국사회의 역사적 특질: 한국형 시장경제체제의 비교제도적 토대」, 이영훈 엮음,『한국형 시장경제체제』, 서울대학교출판문화원, 393~399쪽.

116 이영훈(2015),「20세기 전반 彥陽의 小農社會」,『經濟論集』54-1, 163~167쪽.

【표 9-11】 언양면 각 리에서 15호 이상 친족집단 수와 소속 호수의 추이(1912~1962)

구분 \ 연도	1912	1922	1932	1942	1952	1962
면의 호수 (A)	1,534	1,655	1,808	1,924	2,038	2,361
친족집단 수	17	22	27	34	34	45
소속 호수 (B)	321	422	537	696	744	1,052
비중 (B/A, %)	20.9	25.5	29.7	36.2	36.5	44.6

출처: 이영훈(2015), 「20세기 전반 彦陽의 小農社會」, 『經濟論集』 54-1, 172쪽.

강화가 가정경제의 안정과 사회적 지위의 개선을 추구하는 개별 농가의 전략적 선택이었음을 시사하고 있다. 전술한 대로 일정기에 걸쳐 소농경제의 전진이 있었다. 다로다비多勞多肥 집약농법의 보급과 농촌시장의 발전이 한편의 요인이라면, 호주제 가족의 확산을 통한 가족결합의 강화가 다른 한편의 요인으로 작용하였다.

호주를 중심으로 한 가족결합의 강화는 자연스럽게 친족집단의 확산을 초래하였다. 농촌사회에 있어서 고조-증조-조-부로 이어지는 종계宗系를 중심으로 한 친족집단의 결집은 일족의 사회적 신분이 양반임을 판별하는 가장 중요한 준거가 되었다. 〈표 9-11〉은 경상남도 울주군 언양면 14개 리에 있어서 리당 15호 이상이 집거하는 동성 친족집단의 수와 그에 속한 호수의 시기별 추이이다. 1912년 언양면에 분포한 친족집단의 수는 17개, 그에 속하는 호수는 321호로서 전체 호수에서 20.9%의 비중을 차지하였다. 그것이 1942년에는 34개와 36.2%, 1962년까지는 45개와 44.6%로 증가하였다. 인구의 증가, 소농경제의 안정, 호주를 중심으로 한 가족결합의 강화가 자연스럽게 그러한 추세를 이끌었다.

농촌 마을이 동성 친족집단을 주요 구성원으로 하는 이른바 동성부락同姓部落으로 변해 가는 추세는 비단 언양면 뿐만 아니라 전국적인 현상이었다. 1930년 전국의 6만여 마을 가운데 동성부락의 비중은 대략 48% 정도로 추정되고 있다.[117] 나아가 친족집단의 지방 간 내지 전국적 연합이 추진되었다. 도로와 철도의 부설에 따른 교통사정의 개선이 그 같은 경향을 촉진하였다. 이 같은 시대적 풍조를 타고 많은 인구가 점점 양반신분으로 격상하였다. 일정기의 농촌사회는 한편에서는 개인의 자립, 능력, 성취에 따른 근대의 물결과 다른 한편에서는 전통적 생활 윤리, 문화, 신분 감각으로 통합된 친족집단의 확산이라는 복선複線의 전환을 경험하였다.[118]

농촌을 지배해 온 양반사회의 문화도 건재하였다. 일정기에 걸쳐 정통 양반신분은 은둔하였다. 그들은 오랑캐 왜적倭敵이 지배하는 난세에 위험한 곳을 피하여 은둔하면서 조종祖宗 500년과 소중화小中華의 정통을 회복할 성인聖人의 출현을 고대하였다. 그들이 성현의 제사나 수연壽宴을 위해 모인 자리는 곧잘 문장을 겨루는 시회詩會로 이어졌다.

明道川 가에 숨은 선비 있으니
위험한 때를 만나 아늑한 곳을 택하여 사는구나
집이 산속에 있어 숲과 샘을 즐기는데
나이가 還甲에 미칠 만큼 세월이 흘렀도다
堂 앞에서 밤을 줍노라면 어린아이들 몰려들고
梅花 아래서 잔을 기울이며 훌륭한 선비들과 어울렸네
밥 짓는 연기 긴 물가에 맑은 뜻이 있으니
이곳에서 逍遙하는 것 외에 다시 무엇을 구하리요[119]

---

117 이영훈(2014), 「한국사회의 역사적 특질: 한국형 시장경제체제의 비교제도적 토대」, 『한국형 시장경제체제』, 394쪽.

118 이영훈(2014), 「한국사회의 역사적 특질: 한국형 시장경제체제의 비교제도적 토대」, 『한국형 시장경제체제』, 393~399쪽.
이영훈(2015), 「20세기 전반 彥陽의 小農社會」, 『經濟論集』 54-1, 171~173쪽.

119 "明道川邊有逸士 遭時危險擇居幽 家留山巷林泉樂 年洎桑蓬歲月流 堂前索栗雛形近 梅下同觴鳳隊遊 烟霞長渚清意味 逍遙此外更何求." 이영훈(2009), 「성리학 전통에 비친 대한민국의 건국」, 『정신문화연구』 32-2, 39쪽.

이는 1933년 충청북도 충주군 동량면 하천리에 은둔한 김인수金麟洙라는 유생이 참가한 어느 시회에서 뽑힌 걸작이다. 난세에 몸을 숨긴 어느 일사逸士의 조용하면서도 넉넉한 시심詩心을 읽을 수 있지 않은가. 그 배경에는 그들의 은둔을 옹위한 소농경제와 친족집단이 있었다. 그렇지만 그 모순의 태평천하太平天下는 그리 오래 지속되지 못하였다. 전쟁의 시대가 찾아온 것이다.

4. 전시경제의 조선

엔圓 블록의 동향

1929년 10월 미국의 주식시장이 붕괴하였다. 이후 미국경제는 1935년까지 이전에 알지 못했던 깊은 불황으로 빠져들었다. 국민총소득이 거의 절반으로 감소하였으며(〈그림 9-4〉 참조), 근로자의 40%가량이 실업자가 되었다. 미국의 불황은 세계로 번져 나갔다. 미국에 다량의 곡물을 수출하던 동유럽이 가장 먼저 큰 타격을 입었다. 뒤이어 유럽의 은행시장이 붕괴하였다. 대공황大恐慌이 전 세계로 확산된 것은 국제경제의 중심이 존재하지 않았기 때문이다. 영국은 더 이상 그럴 능력이 없었으며, 미국은 그럴 의지가 없었다. 그 과정에서 1920년대까지 그런대로 잘 통합되어 온 자본주의 세계경제체제가 해체되었다. 각국 정부는 불황을 극복하기 위해 금본위제에서 이탈하여 관리통화제도로 이행하였다. 세계경제는 영국, 미국, 독일, 일본을 기축으로 하는 몇 개의 통화 블록으로 분열하였다.

일본경제는 1920년대 후반에 이미 심각한 금융공황을 경험하였기 때문에 다른 선진국에서 비해 대공황의 타격을 비교적 적게 입었다. 그럼에도 불구하고 1930~1932년에 국민총소득이 10% 가까이 감소하는 불황을 면치 못하였다. 일본 역시 금본위제에서 이탈하여 관리통화제도로 이

행하였다. 1931년 9월 일본의 군부는 만주로 진출하여 만주국滿洲國이란 괴뢰국가를 세웠다. 그에 대한 국제사회의 비판이 거세게 일자 일본은 국제연맹國際聯盟에서 탈퇴하였다. 이후 일본인에게는 1945년까지 이어지는 전쟁의 시대가 막을 열었다. 1937년 중일전쟁中日戰爭이 본격화한 이후 일본을 중심으로 한 엔圓 블록은 전쟁 수행을 위해 더욱 긴밀한 계획과 통제의 체제로 통합되었다. 엔 블록은 일본이 중심부를, 조선·타이완·사할린의 식민지가 제1환을, 만주의 준準식민지가 제2환을, 중국 관내關內의 점령지가 제3환을, 나아가 1940년 이후 편입된 남방南方의 점령지가 제4환을 이루는 동심환同心環의 서열 구조로 이루어졌다. 각 환은 중심부 일본과의 거리, 산업연관, 부존자원의 조건에 따라 엔 블록의 전체적 재생산을 위한 고유한 역할을 부여받았다.

일본이 블록 차원에서 전쟁 수행을 위한 주요 물자의 생산과 분배의 계획을 수립하는 것은 1939년 1월의 생산력확충계획生産力擴充計劃에서이다. 아직 남방을 포함하고 있지 않은 이 계획은 식민지와 점령지로부터 선철, 철광석, 면화, 양모, 펄프, 공업염工業鹽 등을 수입하고 일본이 보통강강재, 특수강강재, 비철금속, 생고무, 기계류 등의 고급생산재를 공급하는 구조를 설정하였다. 조선, 타이완, 사할린의 식민지가 엔 블록 전체에서 30% 이상의 공급을 담당할 품목으로는 철광석, 알루미늄, 연鉛, 자동차휘발유, 중유重油, 무수無水알콜, 공업염, 인견펄프, 제지용펄프, 금 등이었다.[120]

〈표 9-12〉는 이 가운데 보통강강재, 선철, 철광석, 석탄, 알루미늄의 지역별 증산계획과 그 실적치를 보여 준다. 이로부터 일본이 엔 블록에서 가장 기대했던 자원의 공급처는 만주였음을 알 수 있다. 1941년 계획치에서 선철의 32%, 철광석의 60%, 석탄의 24%가 만주로부터 공급될 전망이었다. 1938년과 1941년의 실적치를 비교하면 생산력확충계획이 일정 정

120 金子文夫(1994), 「植民地·占領地支配」, 大石嘉一郎 編, 『日本帝國主義史』 3(第二次大戰期), 東京大學出版會, 400~403쪽.

【표 9-12】 일본의 생산력확충계획과 실적

단위: 천 톤, 알루미늄은 톤, %

구분		1938년 실적	1941년 목표	1941년 실적	1943년 목표	1943년 실적
普通鋼鋼材	일본	4,803(91.3)	7,260(86.1)	4,212(88.4)	7,400(90.2)	4,101(84.6)
	조선	88(1.7)		91(1.9)		95(2.0)
	만주	367(7.0)	1,038(12.3)	459(9.6)	730(8.9)	576(11.9)
	화북	-(-)	130(1.5)	4(0.1)	70(0.9)	78(1.6)
銑鐵	일본	2,618(69.4)	6,362(62.0)	4,210(70.6)	7,180(72.2)	3,946(62.7)
	조선	293(7.8)		278(4.7)		514(8.2)
	만주	855(22.6)	3,325(32.4)	1,417(23.8)	2,160(21.7)	1,728(27.5)
	화북	9(0.2)	571(5.6)	61(1.0)	600(6.0)	102(1.6)
鐵鑛石	일본	787(15.4)	5,700(30.7)	1,334(12.3)	5,100(25.6)	2,708(17.7)
	조선	928(18.2)		1,693(15.6)		2,364(15.5)
	만주	3,192(62.6)	11,200(60.3)	4,236(39.0)	7,300(36.7)	5,397(35.3)
	화북	193(3.8)	1,689(9.1)	3,598(33.1)	7,500(37.7)	4,805(31.5)
石炭	일본	48,684(71.5)	78,182(59.1)	55,602(50.1)	87,000(52.1)	55,538(50.3)
	조선	3,419(5.0)		6,803(6.1)		6,589(6.0)
	만주	15,988(23.5)	31,910(24.1)	24,147(21.7)	45,000(26.9)	25,320(22.9)
	화북	-(-)	22,300(16.8)	24,522(22.1)	35,000(21.0)	22,922(20.8)
알루미늄	일본	17,513(77.1)	126,400(89.4)	56,080(70.3)	285,000(89.1)	114,057(76.2)
	타이완	4,605(20.3)		12,547(15.7)		14,498(9.7)
	조선	-(-)		3,120(3.9)		12,529(8.4)
	만주	600(2.6)	15,000(10.6)	8,039(10.1)	35,000(10.9)	8,557(5.7)

출처: 金子文夫(1994), 「植民地·占領地支配」, 大石嘉一郎 編, 『日本帝國主義史』 3(第二次大戰期), 東京大學出版會, 402쪽.

도의 성과를 거두었음을 알 수 있다. 그렇지만 1941년의 계획치와 실적치를 비교하면 후자가 전자에 훨씬 미달하여 동 계획의 수행이 결코 원활하지 않았음을 알 수 있다. 그 이유는 1939년 유럽에서 발발한 제2차 세계대전에 있었다. 일본은 고급생산재의 생산에 필요한 주요 물자와 부품을 영국을 위시한 유럽과의 무역에서 구해 왔으나 세계대전의 발발로 그러한 관계가 어려워졌기 때문이다. 그로 인해 일본은 중심부로서 엔 블록에 고급생산재를 공급하는 역할을 충실히 수행할 수 없었고, 결과적으로 엔 블록 전체의 생산력확충에 차질이 발생하였다.

이러한 어려움을 돌파하기 위해 일본은 1940년 7월 남방으로의 진출을 감행하였다. 프랑스가 독일에 항복하고, 독일·이탈리아·일본의 추축동맹樞軸同盟이 결성된 것이 그 정치군사적 배경을 이루었다. 일본이 점령지 동남아시아에서 기대한 주요 자원은 주석, 생고무, 보크사이트, 옥촉서玉蜀黍, 마닐라삼, 크롬광, 남양재南洋材, 무연탄, 석유 등인데, 특히 석유에 대한 욕구가 강렬하였다. 예컨대 미국과의 전쟁을 벌이기 전 일본이 세운 석유의 수급 계획에서 그 78%가 남방에서 확보될 계획이었다.

대동아공영권大東亞共榮圈의 구호와 함께 감행된 일본의 남방 진출은 주지하듯이 미국과의 군사적 충돌을 초래함으로써 결국 일본제국 전체의 붕괴로 이어졌다. 미국은 일본의 남방 침략에 맞서 미일통상항해조약美日通商航海條約을 파기하고 석유를 포함한 산업물자의 수출을 단계적으로 금지하였을 뿐만 아니라 동남아시아를 통과하는 일본의 해상보급로를 차단하였다. 1940년 일본은 469만kl의 석유를 확보하였는데, 미국으로부터의 수입이 291만kl, 인도네시아로부터의 수입이 116만kl로서 전체의 93%를 차지하였다. 미국의 대일 무역 폐쇄와 해상보급로 차단으로 1941년 일본의 석유 수입은 141만kl로 줄어들었다. 나아가 미국은 1941년 9월 미국에 소재한 일본의 자산을 동결하였다. 궁지에 몰린 일본은 미국과의 전쟁을 피하기 위해 중국으로부터의 단계적 철수까지 고려한 협상을 모색했으나 중국정부의 저항과 미국 군부의 강경 노선에 부딪혀 실패하였다.[121]

121 三輪宗弘(2004),『太平洋戰爭と石油 ― 戰略物資の軍事と經濟 ―』, 日本經濟評論社, 97~121쪽.

1941년 12월 일본은 하와이 진주만의 미국 해군기지를 기습 공격함으로써 1945년 8월까지 이어진 태평양전쟁太平洋戰爭에 돌입하였다. 전쟁 이후 일본의 석유 사정은 더욱 악화되었다. 인도네시아로부터의 수입량은 1942년에 62만kl, 1943년에 111만kl, 1944년에 21만kl로 줄어들었다. 무엇보다 미국 해군의 공격으로 해상수송력이 크게 위축되었음이 가장 큰 원인이었다. 태평양전쟁기에 엔 블록의 숨통을 쥔 것은 해상수송력이었다.[122]

석유를 비롯한 주요 자원의 부족으로 인해 엔 블록에 대한 일본의 공급 능력은 크게 위축되었다. 그런 가운데 일본의 엔 블록 경영은 주변부에 대해 자원의 공급만을 강요하는 수탈적인 구조로 바뀌었다. 〈표 9-12〉에서 1941년과 1943년의 실적치를 비교하면 일본 내에서의 생산이 정체 내지 감소하고 있을 뿐 아니라 엔 블록 전반에 걸쳐서도, 철광석과 알루미늄이 조선과 타이완에서 증산된 정도를 예외로 한다면, 정체와 감소는 마찬가지였다. 〈표 9-12〉에서 보듯이 1943년 조선은 엔 블록 전체에서 선철의 8.2%, 철광석의 15.5%, 석탄의 6.0%, 알루미늄의 8.4%를 공급하는 위치에 있었다.

엔 블록은 1944년 이후 해상수송력의 마비에 따라 모든 품목에 걸쳐 생산이 격감하면서 붕괴의 길에 들어섰다. 그에 대응해서 일본은 석탄, 철광석, 식량에 한정하여 일본, 조선, 타이완, 만주, 중국 화북 간의 공급과 배분을 조정하여 자급경제를 모색하는 계획을 추진하지만, 1944년 후반이 되면 해상에서의 안전 항해가 조선과 일본 사이의 바다로 축소되어 그마저 원활히 수행되지 못하였다.

〈표 9-13〉은 일본의 수출입 무역에서 엔 블록 각지의 비중과 그 추이를 보이고 있다. 1937년 일본의 대외 수출에서 엔 블록의 비중은 53.5%였다. 나머지 46.5%는 영국, 미국 등 엔 블록 밖으로의 수출이었다. 수입

---

122 金子文夫(1994), 「植民地·占領地支配」, 『日本帝國主義史』 3(第二次大戰期), 407~410·429쪽.

[표 9-13] 일본의 대 엔 블록 수출입 무역의 추이(1937~1944)

단위: 백만 원, %

구분	연도	무역총액	타이완	조선	만주(관동주)	중국 관내	남방	합계
수출	1937	4,189	6.6	17.6	14.6	4.3	10.4	53.5
	1938	3,939	8.3	23.4	21.6	7.9	5.6	66.8
	1939	5,163	6.9	23.8	25.0	8.8	4.7	69.2
	1940	5,378	7.4	24.6	22.1	12.7	5.7	72.5
	1941	4,349	8.0	31.1	23.7	14.5	7.2	84.5
	1942	3,479	9.4	39.1	28.5	15.0	6.6	98.6
	1943	3,038	9.6	36.9	26.2	16.5	9.6	98.8
	1944	2,189	5.5	35.1	28.9	22.3	7.3	99.1
수입	1937	4,766	8.6	12.0	6.2	3.0	7.6	37.4
	1938	3,794	11.1	18.7	10.5	4.3	6.6	51.2
	1939	4,164	12.2	17.7	11.2	5.2	6.5	52.8
	1940	4,609	9.5	15.6	9.0	7.4	10.2	51.7
	1941	4,027	9.0	19.0	10.5	10.8	11.5	60.8
	1942	2,894	13.8	25.7	18.9	23.4	14.4	96.2
	1943	2,930	10.0	24.4	13.7	31.4	15.0	94.5
	1944	3,127	6.9	30.8	14.6	40.0	6.4	98.7

출처: 金子文夫(1994), 「植民地·占領地支配」, 大石嘉一郎 編, 『日本帝國主義史』 3(第二次大戰期), 東京大學出版會, 402쪽.

의 62.6%도 엔 블록 밖으로부터였다. 그러한 개방구조의 무역이 전쟁과 더불어 점차 블록 안으로 닫힌 폐쇄구조로 바뀌었다. 그런 가운데 조선이 수출과 수입 모두에서 일본의 가장 중요한 상대로 부상하였다. 특히 해상수송이 마비된 1943년 이후 조선과의 무역이 크게 증가하였다. 두 지역 간의 무역에서는 군수공업軍需工業을 위한 금속기계류가 지배적 비중을 차지하였다. 그만큼 조선에서의 군수공업 발전을 위한 일본의 투자가 활발한 가운데 그 생산물이 다시 일본으로 이동하여 일본에서의 군수공업을 지탱하였던 것이다. 1944년 이후가 되면 조선에서 일본으로의 수출품 가운데 쌀을 비롯한 직접적 생활재료의 비중이 크게 증가하였다. 이는 전쟁 말기에 이르러 조선이 쌀·면포·소금 등 일본 내의 소비재까지 공급하는 역할을 맡게 되었기 때문인데, 그로 인해 조선 내의 생활수준이 크게 억압되었다.

전시경제의 전개

전시체제하의 조선경제는 이상과 같은 엔 블록의 전체적 동향과 밀접한 연관을 맺었다. 조선의 공업화가 엔 블록 차원의 과제로 제기되는 것은 1936년 10월의 조선산업경제조사회朝鮮産業經濟調査會에서였다. 중일전쟁의 개전을 앞두고 병참기지로서 조선의 중요성이 부각됨에 따라 조선의 대대적인 공업화를 위한 자금 및 물동 계획이 최초로 공식적인 논의의 대상이 되었다. 동 조사회는 광공업의 비약적인 진흥을 추진하기 위해 조선의 광물자원에 대한 조사와 개발을 촉진하며, 제철·금속·조선·액체연료 등의 분야에 장려금과 각종 특전을 부여하는 진흥책을 제의하였다.

1937년 일본의 임시자금조정법臨時資金調整法이 조선에서도 시행되었다. 이를 통해 전체 산업을 군수산업(갑종), 군수관련사업(을종), 평화산업(병종)으로 구분하고, 군수산업과 군수관련산업에 자금과 원료를 집중시키는 법적 근거가 마련되었다. 평화산업에 대한 자금과 원료의 배정은 제한되었다. 군수산업과 군수관련산업에 자금을 공급할 금융기관으로는 식산은행이 지정되었는데, 이를 계기로 종래 주로 농업금융에 종사해 온 식산은행의 역할이 바뀌게 되었다.

만주와 중국 관내에서처럼 별도의 종합적 투자금융기관이 신설되지 않은 것은 이미 조선이 일본의 식민지로서 일본경제에 깊숙이 동화되어 기존의 금융기관으로도 새로운 역할을 감당할 여건이 조성되어 있었기 때문이다. 조선은 내지內地의 연장으로서 전시경제戰時經濟의 수행을 위한 독자의 통제정책이나 금융기관을 갖추지는 않았다.[123] 그렇다고 총독부의 입장이 일본정부의 그것과 전적으로 일치하는 것은 아니었다. 총독부는 조선의 공업 수준이 일본과 같지 않기 때문에 일본에서와 같은 철저한 통제정책이 불필요하다는 입장을 고수하였다. 총독부는 일본정부의 통제정책을 시차를 두고 선별적으로 실행하였을 뿐이며, 그로 인해 조선에서의 전시통제戰時統制는 일본에서만큼 체계적이거나 철저하지 않았다.

총독부는 군수산업에 자금을 원활히 공급하기 위해 1937년 조선은행법을 개정하였다. 종래 조선은행권은 금이나 일본은행권을 준비로 한 정화준비正貨準備와 국채·회사채 등을 준비로 한 보증준비保證準備의 두 가지 경로로 발행되었다. 총독부는 보증준비의 발행한도를 5,000만 원에서 1억 원으로 늘렸으며, 이후 국채의 일부를 정화준비로 간주함으로써 보증준비 발행이 1/3을 넘을 수 없다고 한 발행제한을 사실상 무효화하였다. 이로써 통화량이 급속히 팽창할 길이 열려 조선은행권의 발행고는 1937년 말 2억 8,000만 원에서 1940년 말에는 5억 8,100만 원으로, 나아가 1944년 말까지 31억 3,600만 원으로 급팽창하였다. 총독부는 통화량 증가에 따른 인플레이션 압력을 완화하기 위해 관민일치官民一致의 저축증강운동을 전개하였다. 각급 행정단위에 저축 목표액이 할당되고 이를 위해 천인예금天引預金과 각종 공제저축이 강요되었다.[124]

전술한 대로 엔 블록이 조선에 주로 요구한 것은 철광석, 석탄 등의 광물자원이었다. 1938년에 총독부는 조선중요광물증산령을 발포하여 광물의 증산을 촉진하였다. 증산의 주요 대상이 된 것은 철광석, 석탄과 같은 기초적 자원과 군수공업을 위한 텅스텐, 몰리브데넘, 망간, 흑연, 형석, 마그네사이트 등이었다. 이 법령은 이들 광물의 생산, 유통, 소비에 대한 통

123 金子文夫(1994),「植民地·占領地支配」,『日本帝國主義史』3(第二次大戰期), 420쪽.

124 金子文夫(2007),「占領地·植民地支配」, 石井寬治·原朗·武田晴人 編,『日本經濟史』4(戰時·戰後期), 東京大學出版會, 216~218쪽.

제와 더불어 광업회사에 대한 보조금 지급, 물자 및 노동력의 우선적 배급, 생산책임제 시행, 광산을 위한 도로와 송전망 확충 등을 규정하였다. 이에 근거하여 1940년에는 조선광업진흥회사朝鮮鑛業振興會社가 설립되었다. 이 같은 지원에 힘입어 1942년까지 주요 광물의 생산량이 3배나 늘었다. 이와 별도로 총독부가 증산에 박차를 가한 것은 금이었다. 세계경제가 몇 개의 통화 블록으로 분할된 이래 금은 블록 간 거래의 결제수단으로 그 중요성이 높아졌다. 총독부는 1938년 조선산금5개년계획을 실시하여 1942년까지 109톤의 금을 증산하였다.

조선에서의 전시경제정책이 일본과 원활한 체계를 갖추는 것은 1938년 9월의 조선총독부시국대책조사회에서였다. 이 조사회는 일본에서 마련 중인 생산력확충계획과 보조를 같이하여 1941년까지 주요 업종별 생산목표량을 구체적으로 정하였다. 대상이 된 업종은 경금속, 석유 및 그 대용품, 소다, 유안, 폭약, 공작기계, 자동차, 철도차량, 선박, 항공기, 피혁 등이었다. 동 조사회는 이들 업종별로 생산량의 확충 방법과 지원책을 명시하였다.[125]

이 같은 정책적 환경이 조성됨에 따라 앞서 언급한 대로 일본으로부터 대량의 자본이 조선으로 이동하였다. 1938~1944년에 걸쳐 대략 40억 원가량이 조선으로 투자되었는데, 그것은 동 기간 일본의 만주 투자보다는 조금 작지만 타이완과 남방 투자에 비해서는 월등한 규모였다. 자금의 이동 경로나 투자의 주체는 시기별로 상이하였다. 1938~1941년에는 식산은행과 동양척식주식회사와 같은 특수금융기관의 투자가 민간회사의 투자를 능가하였다. 농업금융에서 군수금융으로 역할을 바꾼 식산은행은 채권을 발행하여 일본정부가 조성한 전시금융금고戰時金融金庫의 자금을 확보하고 이를 주로 군수 관련 광산회사에 융자하였다. 1942~1944년에는 투자의 규모가 1938~1941년의 5억 2,000만 원에서 34억 8,000만 원

125 金子文夫(2007), 「占領地·植民地支配」, 『日本經濟史』 4(戰時·戰後期), 212~214쪽.

으로 급증하였는데, 그 대부분인 33억 원 이상이 민간회사의 투자였다. 이 시기에 이르러 일본의 군수 기업들이 대거 조선의 북부지방으로 이동하였다. 주목할 점은 민간회사의 투자 33억 원 가운데 조선 지점의 출자나 조선 내에서의 차입이 19억 원이나 되었다는 사실이다. 다시 말해 1942년 이후가 되면 조선은행의 통화증발이나 민간에 강요된 천인예금 등으로 조성된 과잉유동성이 조선으로 건너온 일본인 회사에 군수공업의 건설 자금으로 대부되고 있었다.[126]

군사공업의 건설

전술한 대로 1936년 10월에 소집된 조선산업경제조사회는 조선을 병참기지로 육성할 목적에서 조선造船 등 군수·군사공업의 건설을 모색하였다. 이에 직접 부응하여 1937년 7월 부산 영도에 자본금 300만 원의 조선중공업주식회사朝鮮重工業株式會社가 설립되었다. 이 회사는 조선에서 1,000톤급 이상의 강선鋼船 건조능력을 가진 유일한 조선소였다. 이전까지 조선의 조선소는 모두 소형 목선의 건조공장에 불과하였다. 조선중공업은 한국에서 근대적 조선공업의 선구가 되었다. 동 조선소의 설립에는 동양척식, 식산은행, 조선우선朝鮮郵船과 같은 국책회사와 일본의 조선공업을 대표하는 미쓰비시중공업이 참여하였다.

설립 이후 이 회사는 1939년 일본정부가 블록 차원에서 추진한 생산력 확충계획의 지원을 받아 조선 시설을 지속적으로 확충하여 1941년 말에는 연산 2만 톤의 선대船臺 5기, 연산 7,000톤과 2,000톤의 선거船渠 2기 등을 갖추었으며, 1945년 8월 종전終戰 당시의 종업원은 1,000명을 상회하였다. 강선 제조에 필요한 자재·기구를 포함하여 고급 기술자는 모두 일본에서 공급되었으며, 강선의 발주처도 모두 일본 군부와 유력 해운회

126 김낙년(2003), 『일제하 한국경제』, 88~89·98~106쪽.

사였다. 동 조선소는 종전까지 총 112건의 신조新造를 수주하였으며, 그 가운데 59척의 제작을 완료하였다.[127] 일본 본토와 지근至近 거리의 부산항에 건립된 이 대형 강선 조선소는 일제가 조선에 건설한 이식형 군사공업의 상징이었다.

그렇지만 전시기에 건설된 군사공업의 중심은 북부지방이었다. 남부지방에 건설된 군사공업은 그 수가 얼마 되지 않았다.[128] 북부지방은 천혜의 광물자원으로 인해 일찍부터 일본 대자본의 투자대상이었다. 북부지방에 들어선 최초의 대규모 공장으로는 일본광업日本鑛業의 진남포공장이 효시였다. 1915년에 지어진 이 공장은 동·아연·금·은·텅스텐 등을 생산했는데, 1940년대에 이르러 종업원 규모가 5,000명에 달하였다. 1918년에는 일본제철日本製鐵이 겸이포에 제철소를 건립하여 선철·강괴·압연재를 생산하였으며, 뒤이어 1919년에는 오노다小野田시멘트가 평양으로 진출하여 시멘트공장을 지었다.

북부지방에 일본의 대자본이 본격적으로 투자되는 것은 앞서 소개한 대로 1926년 일본질소의 흥남 진출부터였다. 1929년 조업을 개시한 일본질소, 곧 조선질소는 1930년대에 걸쳐 비료, 유지·화약, 카바이드, 소다식품, 금속제련으로 사업을 다각화해 갔다.[129] 조선질소는 1931년에는 유지공장을, 1935년에는 화약공장과 카본공장을, 1936년는 또 하나의 암모니아·카바이드공장을 준공하였다. 나아가 조선질소는 광물자원의 개발에

---

127 배석만(1994), 「1950년대 大韓造船公社의 자본축적 시도와 실패원인—자본축적과정에서 歸屬企業體의 역할 분석—」, 『釜山史學』 25·26, 162~164쪽.
裵錫滿(2006), 「日中戰爭期朝鮮重工業株式會社の設立と経營」, 『朝鮮史研究會論文集』 44, 136~141쪽.

128 전시기에 남부지방에서 건설된 군사공업으로는 부산의 조선중공업주식회사 외에 인천의 朝鮮機械製作所가 알려져 있다. 배석만(2009), 「일제시기 조선기계제작소(朝鮮機械製作所)의 설립과 경영(1937-1945)」, 『인천학연구』 10 참조.

129 現代日本産業發達史研究會(1968), 『現代日本産業發達史』 [Ⅷ 化學工業(上)], 交詢社出版局, 389쪽.

도 투자하여 1929년 일질광업개발日窒鑛業開發을 설립하여 북부지방 11개 곳에 금·은·동·형석·유화철·니켈을 캐는 광산을 경영했으며, 1939년에는 선철과 강괴를 생산하는 제철소까지 건립하였다.

1937년 중일전쟁의 발발과 더불어 북조선의 공업화에는 더욱 큰 박차가 가해졌다. 조선을 병참기지로 육성하기 위한 엔 블록 차원의 정책에 호응하여 상당수의 일본 기업이 북조선으로 진출하였다. 어떤 기업이 얼마나 많이 북조선으로 진출했는지의 전반적 실태는 기무라 미쓰히코木村光彦와 아베 게이지安部桂司의 포괄적인 조사에 의해 비로소 알려졌다. 2003년 그들이 출간한 보고서에 따르면, 1945년 8월 일본이 패전할 당시 북조선에 소재한 일본인 광업회사와 제조업공장은 자본금 50만 원 이상의 대규모로 한정하더라도 170개에 달하였다.[130] 그중에서 설립연도를 알 수 없는 것이 17개이며, 1911~1936년에 설립된 것이 58개, 1937~1945년에 설립된 것이 95개이다. 요컨대 중일·태평양전쟁 기간에 자본금 50만 원 이상의 대규모 일본 기업이 적어도 95개 이상이나 조선의 북부로 진출하였다.

그 가운데 1937~1941년에 진출한 일본 기업은 광업회사가 23개, 제조업공장이 28개이다. 일본의 광업회사가 북조선으로 진출하는 것은 1910년대부터이지만, 1927년까지만 해도 4개 회사에 불과하였다. 이후 대공황을 맞아 조선산 금에 대한 관심이 높아지고 총독부의 유인정책도 작용하여 1928~1936년에 13개의 광업회사가 북조선으로 진출하였다. 그 뒤를 이어 전시기 1937~1941년에 23개의 광업회사가 진출하는데, 그 주요 부

130 木村光彦·安部桂司(2003), 『北朝鮮の軍事工業化—帝國の戰爭から金日成の戰爭へ』, 知泉書館. 조선 북부지방으로 건너온 일본 기업의 수는 이 책의 221~254쪽에 실린 「資料1 1944-45年の北朝鮮鑛工業にかんする資料: 企業·工場の概要」에 열거된 업체 명부와 그 설립연도로부터 직접 헤아린 것이다. 광업회사의 경우 여러 곳에 광산이 있더라도 하나의 회사로 헤아렸다. 그에 비해 제조업공장의 경우, 한 회사에 속한 설립연도를 달리하는 여러 곳의 공장은 따로따로 헤아렸다.

문은 아무래도 전시경제의 수요에 부응하여 철광석이었다. 1939년에 설립된 무산茂山철광개발은 투하자본 6,371만 원에 광부의 수가 3,350명에나 달하였다.

같은 기간에 북조선으로 진출한 28개의 제조업공장은 선철·강괴·알루미늄·마그네슘 등 금속공업이 주류를 이루었다. 물론 그 원료원은 북조선의 광물이었다. 활발히 채굴된 북조선의 광물은 상당 부분 일본으로 이출되지만, 점점 더 많은 부분이 북조선에 건설된 금속공업의 원료로 충당되었다. 1938년 진남포에 건설된 알루미늄을 생산하는 조선경금속朝鮮輕金屬의 종업원 수는 3,000명을 넘었다. 1941년에도 종업원 1,000명을 넘는 알루미늄·마그네슘 등의 비철금속 공장이 평양, 용암포, 진남포에 건설되었다. 그 외에 주목할 만한 것으로는 인견공업을 들 수 있다. 1939년에 일본의 가네가후치방적과 대일본방적은 평양, 신의주, 청진에 종업원 1,000~2,000명 규모의 인견 펄프·스프와 인견사 공장을 건설하였다.

뒤이어 1942~1945년에는 13개의 광업회사와 31개의 제조업공장이 북조선으로 진출하였다. 이전 시기에 비해 광업회사의 진출은 주춤해진 반면, 제조업공장의 진출은 더욱 활발하였다. 제조업의 중심은 알루미늄 등의 비철금속이 주를 이루었으며, 종업원 1,000명 이상의 대규모 공장이 31개 중에서 13개나 되었다. 이 시기 일본의 금속·기계공업이 조선의 북부지방으로 이동한 데에는 미국 공군의 공습을 피하여 공업시설을 소개疏開하기 위한 취지도 있었다.

전시기 북조선에 건설된 공업 가운데는 병기 제작의 군사공업이 포함되었다. 예컨대 1942년에는 미쓰이광산조선비행기제작소가 설립되어 종전까지 도합 18대의 비행기를 제작하였다. 이 비행기 제작소의 시설은 월 45대의 비행기를 제작할 수 있는 규모였다.[131] 일본군의 평양병기제조소

131 木村光彦·安部桂司(2003),『北朝鮮の軍事工業化—帝國の戰爭から金日成の戰爭へ』, 240쪽.

는 1918년 도쿄포병공창 소속의 조선병기제조소朝鮮兵器製造所로 설립되었는데, 1945년 당시 주요 생산품은 탄환과 폭탄으로 월간 19만 발의 생산능력을 갖추었으며, 종업원 규모는 무려 6,000명이나 되었다.[132] 전시기에 북조선에 건설된 금속·기계·화학공업은 군수공업을 넘어 군사공업軍事工業으로까지 발전하였다.

전시기에 긴박하게 건설된 군수·군사공업의 경영이 반드시 순조로웠던 것은 아니다. 1942년 이후에 건설된 31개 공장 가운데는 1945년 8월까지 건설 중이거나 생산실적이 전혀 없는 것이 6개나 되었다. 1943년 이후 엔 블록의 해상수송력이 마비되면서 중심부인 일본이 기초 자재와 설비를 공급할 능력을 점차 상실한 것이 그 주요 원인이었다. 예컨대 1943년 12월 원산에 설립된 조선조선공업주식회사朝鮮造船工業株式會社는 총독부가 엔 블록 내의 선박 부족 현상에 대응하여 150톤급 소형 목선을 제조할 목적으로 건설한 조선소였다. 동 회사는 설립과 더불어 유력 해운사로부터 16척의 조선을 수주하지만, 비교적 넉넉한 자금사정에도 불구하고, 1945년 8월까지 완성한 것은 2척에 불과하였다. 선박 엔진의 부족이 그 기본 원인이었다.[133] 전시 말기가 되면서 이 같은 문제점은 모든 공장에서 점점 심각해지고 있었다.

1930년대에 걸친 북부지방의 급속한 공업화는 조선의 지역별 산업 배치에 큰 변화를 초래하였다. 1910년대 전반에는 인구와 경지가 밀집한 남부지방이 전체 국민총생산의 66%를 차지하였는데, 이 비율은 1930년대 말까지 58%로 낮아졌다. 그와 동시에 2차산업 제조업의 중심이 북부지방으로 이동하였다. 1930년대 말 남부지방은 농업과 서비스업이 여전히 높은 비중을 차지하지만, 제조업의 비중은 40%가 되지 않았으며, 전기·

---

132 木村光彦·安部桂司(2003), 『北朝鮮の軍事工業化—帝國の戰爭から金日成の戰爭へ』, 46쪽.

133 배석만(2008), 「태평양전쟁기 조선총독부의 국책조선소 건설 추진과 그 귀결—朝鮮造船工業株式會社의 사례—」, 『韓國史硏究』 143, 403~407쪽.

건설업에서는 더 낮은 수준이었다.[134] 이 같은 변화의 추이는 이후에도 계속되어 1945년경이면 북부지방의 국민총생산이 남부지방을 능가하였을 것으로 짐작된다.

〈그림 9-8〉에서 보듯이 전시기에 걸쳐 북조선 곳곳에 석탄·철광·경금속 등의 광산이 개발되고, 시멘트·화학·금속·조선·기계 등의 공업이 건설되었다. 이들 광산과 공업 지대는 철도를 통해 긴밀히 연결되었다. 제8장에서 소개하였듯이 총독부는 1927~1938년에 걸쳐 조선철도12년계획을 추진하였으며, 그에 따라 도문선·혜산선·만포선이 부설되었다. 뒤이어 1941년에는 평양과 원산을 연결하는 평원선이, 1944년에는 백암과 무산을 연결하는 백무선이 완공되었다. 이들 국철 이외에 민간회사에 의해 12개의 사철이 부설되어 광산과 공장을 연결하였다. 1937년 이후 일본에서 다수의 기업이 북조선으로 옮겨 올 수 있었던 것은 이같이 기반시설로서 철도망이 구비되어 있었기 때문이다.

총독부는 또 하나의 기반시설로 전기사업에도 투자를 계속하였다. 조선과 만주국의 경계를 이루는 압록강은 대규모 수력발전의 자원을 안고 있었다. 1937년 총독부는 만주국과 압록강의 수력자원을 공동으로 개발, 경영하자는 협정을 체결하여 조선과 만주에 각각 자본금 5,000만 원의 발전회사를 설립하였다. 조선 측 회사에는 일본질소, 동양척식, 조선송전이 출자하였다. 1941년 압록강 하류역인 삭주군 수풍동水風洞에 대규모 수력발전소가 가동을 시작하였다. 1943년 11월에 완공된 수풍댐은 길이 900m, 낙차 106m로서 단일 댐으로는 세계 최대인 70만KW의 발전 능력을 자랑하였다. 수풍댐에 의한 풍부하고 저렴한 전력 공급은 북조선에 경금속과 같은 전력 다소비형 군수·군사공업의 급속한 발전을 뒷받침하였다.[135]

134 김낙년(2008), 「일제시기 우리나라 GDP의 도별 분할」, 『경제사학』 45, 33쪽.

135 정안기(2016), 「1930년대 식민지 공업화와 조선형특수회사 연구—조선압록강수력발전(주)

[그림 9-8] 전시기 북조선의 산업 약도

출처: 기무라 미쓰히코·아베 게이지 지음, 차문석·박정진 옮김(2009), 『전쟁이 만든 나라, 북한의 군사공업화』, 미지북스, 12쪽.

비고: 1. ━은 종전 시기의 철도 노선이다.
2. ○은 종점과 주요 역을 표시한 것이다.
3. 광산물은 석탄, 철광, 흑연, 마그네사이트만 대표 산지를 표시하였다.

〈그림 9-8〉에서 보듯이 북조선의 철도는 만주국의 철도와 연결되었다. 이 같은 철도망은 북조선의 중화학공업과 만주경제와의 산업연관을 심화시켰다. 북조선에서 생산된 섬유, 금속, 기계는 만주로 공급되어 만주국의 전시경제체제를 지원하였다. 북조선의 중화학공업은 그 지방의 풍부한 광물자원에 기초했으며, 개발자금도 점차 조선에서 조성된 여유자금에 의존하였다. 이같이 북조선의 공업은 시장, 원료, 자금 면에서 점점 중심부 일본으로부터 자립하는 경향을 보였다.[136] 요컨대 전시기에 걸쳐 조선의 북부지방은 세계적으로 유수한 중화학공업지대로 변모하고 있었다. 1945년 8월 북조선은 인구 1인당 철도길이와 발전량에서 제국의 중심부 일본을 능가하였다.[137] 일본제국주의는 1945년 8월 이후 그 지방을 통치하게 된 소련과 북한의 공산주의세력에게 더없이 풍족한 유산을 남겼다.

조선인 공업의 동향

1942년 이후 총독부는 군사적 보안을 이유로 광공업생산에 관한 통계를 발표하지 않았다. 그 때문에 이후 1945년까지 조선의 광공업생산이 어떠한 추이였는지, 특히 조선인 공업의 동향이 어떠하였는지 확실치 않은 부분이 많다. 박기주와 류상윤의 추계에 의하면 광공업생산은 1941년이 정점이었다.[138]1937년 남조선의 광공업생산은 1955년 가격으로 1,176억여 원인데, 1941년까지 1,688억여 원으로 44%나 증가하였다. 수입 원자재의 부족에도 불구하고 전쟁 수행을 위한 생산력확충계획이 그런대로 볼 만한 성과를 거두어 연간 10% 이상의 고성장을 이룬 결과였다. 이후

의 사례—」(초고).

136 木村光彦·安部桂司(2003), 『北朝鮮の軍事工業化—帝國の戰争から金日成の戰争へ』, 108~112쪽.

137 木村光彦·安部桂司(2003), 『北朝鮮の軍事工業化—帝國の戰争から金日成の戰争へ』, 116~119쪽.

138 박기주·류상윤(2010), 「1940·50년대 광공업 생산통계의 추계와 분석」, 『經濟學研究』 58-3, 73쪽.

광공업생산은 1942년 1,452억여 원, 1943년 1,436억여 원, 1944년 1,154억여 원으로 후퇴하였다. 태평양전쟁의 영향을 받아 1942년 광공업생산은 1941년에 비해 14% 감소하였다. 광업은 강력한 증산정책으로 별 영향을 받지 않은 반면, 공업이 15%나 감소하였다. 1943년은 큰 변화 없이 대체로 1942년의 수준을 유지하였다. 이후 1944년의 광공업생산은 1937년 수준으로 후퇴하였는데, 공업이 21%나 크게 감소하였기 때문이다. 이후 1945년은 두말할 것도 없이 파국이었다. 이처럼 전시기 조선의 광공업은 1941년까지 호황의 붐을 누리다가 1943년까지는 그럭저럭 현상을 유지하였으며, 이후 엔 블록의 해상수송이 마비됨에 따라 동반 파국의 길로 들어섰다.

전시기의 조선인 공업도 대개 같은 추세였을 것이다. 조선인 공업의 동향은 전시통제에 따라 부문별로 큰 차이가 있었다. 〈표 9-7〉에서 소개했듯이 1938~1940년 사이에 주로 정미소와 양조장으로 이루어진 식료품공업의 공장이 330개나 감소하였는데, 그 60% 이상이 조선인 공장이었다. 식료품공업은 소비가 억제된 대표적인 평화산업이었다. 화학공업의 공장 수도 감소하였는데, 이전까지 정어리기름을 짜는 소규모 공장이 워낙 많이 있었기 때문이다. 대조적으로 방직, 기계·기구, 목제품, 기타 공업에서는 공장 수가 크게 늘어 같은 기간 전국의 공장 총수가 518개 증가하였다. 예컨대 전국의 공장 총수는 1938년의 6,624개에서 1940년의 7,142개로 증가하였으며, 그 가운데 조선인 공장은 1939년 4,185개나 되었다.[139]

조선인 공업의 동향에 관해서는 평양의 메리야스공업의 예가 잘 알려져 있다. 앞서 지적하였듯이 평양의 메리야스공업은 일정기의 조선인 공업을 대표하는 위치에 있었다. 1937년 중일전쟁이 발발한 후 일본은 외환

---

139 許粹烈(1993),「日帝下 朝鮮人工場의 動向－1930年代『朝鮮工場名簿』分析을 中心으로－」,『近代朝鮮 工業化의 研究－1930-1945－』, 139쪽.

사정의 악화로 원면原綿을 충분히 확보할 수 없었으며, 그로 인해 생산업체를 대상으로 원면과 면사의 배급제를 실시하였다. 조선에서도 1938년 5월부터 면사의 배급제가 실시되었다. 나아가 총독부는 생산된 면제품의 판매도 적극 통제하여 최고가격을 설정하거나 소비자에게 배급제를 실시하였다. 이 같은 통제정책을 원활하게 수행하기 위해 모든 생산업자와 판매업자는 동업조합으로 조직되었다. 평양의 메리야스 공업자는 모두 평양막대소공업조합平壤莫大小工業組合에 가입했으며, 동 조합으로부터 면사를 배급받아 메리야스제품을 생산하였다.

이같이 통제기구가 정비되는 과정에서 메리야스 공업자의 수가 증가하였다. 면사를 배급받기 위해서는 조합에 가입해야 하였으며, 그에 따른 수익이 적지 않았기 때문이다. 배급된 면사의 양은 전쟁 이전의 사용량보다 확실히 줄었지만 생산, 가격, 판매가 당국에 의해 통제되는 가운데 일정 정도의 수익이 보장되었다. 게다가 면사 배급량의 30% 정도는 비생산적 소모로 인정되었기 때문에 업자들은 제품의 30% 정도를 암시장에 팔아 고수익을 올릴 수 있었다. 이 같은 요인 때문에 평양의 양말 제조업자 수는 1930년 중반 70여 명에서 1939년 100명 가까이로 증가하였으며, 1941년까지도 조금 증가하였다.

전시기에 방직공업과 기계·기구공업을 중심으로 조선인 공장이 증가한 것은 대개 이 같은 전시통제에 따른 수익 보장의 효과 때문으로 보인다. 1941년까지 그런대로 현황을 유지하던 평양의 메리야스공업은 원료 면사의 부족이 한층 심각해진 1942년 이후 크게 위축될 수밖에 없었다. 예컨대 양말의 생산고는 1942년 5월까지 월 15만 타打 전후를 유지하였으나 동년 6월 이후 월 2~4만 타로 떨어지고 말았다. 이 같은 평양의 메리야스공업의 상황은 원료와 자재의 통제가 심했던 여타의 소비재공업에서도 마찬가지였을 것이다.

다시 1940년 이후 전국의 공장 수를 보면 1940년 7,142개에서 1943년,

1만 3,293개로까지 꾸준하게 증가하고 있었다. 조선인 공장의 수는 구체적으로 알려져 있지 않으나 1943년의 경우 8,000개 이상이었다고 짐작된다. 방직, 기계기구, 요업, 목재업 등이 그 주요 부분이었다.[140] 공업의 생산이 전반적으로 정체하거나 위축하는 시기에 공장 수가 증가한 것은 통제정책에 따라 동업조합에 등록되는 구래의 가내공업자나 신규 참입자參入者의 수가 증가한 탓이기도 하지만, 총독부의 산업·기업정책도 한몫하였다.

전쟁이 깊어짐에 따라 엔 블록 내에서 조선경제의 역할은 점점 커져 갔다. 1942년 일본정부는 엔 블록을 몇 개의 소경제권으로 나누고 소경제권 내의 협력을 강화하는 정책을 추구하였다. 그에 따라 조선, 만주, 화북, 화중이 하나의 소경제권으로 편성되는 가운데 조선에 중심으로서의 역할이 부여되었다. 특히 만주와의 협력 관계가 전면적으로 강조되었다. 조선과 만주 사이의 국경 세관은 폐지되었으며, 이로써 사실상 국내교역이라 할 정도로 두 지역 간의 무역이 확대되었다. 그와 더불어 일본을 대신하여 만주에 공업제품을 공급하는 병참기지로서의 조선의 역할이 점점 강조되었다.[141] 이 같은 엔 블록의 전반적 형편에 규정되어 총독부의 산업정책은 시종 증산정책에 무게를 두었으며, 이는 기업정책과 관련하여 중소기업의 육성으로 나타났다. 총독부는 일본에서 시행 중인 기업 정비에 대해서는 조선경제의 수준은 그러한 정책을 요하지 않는다는 소극적인 입장을 취하였다.

총독부가 일본에서처럼 기업 정비에 나서는 것은 1942년 5월 기업정비령의 발표에 의해서였다. 그렇지만 1943년까지는 기업의 업종 전환과 상호 합병을 동업조합에 위임하였으며, 이를 강제적으로 추진하지는 않았다. 그 결과 1943년까지 전국의 공장 수는 증가하는 추세였다. 총독부가 어느 정도 강제력을 가지고 기업 정비에 임하는 것은 1944년부터이다. 그

140 김인호(1998), 『태평양전쟁기 조선공업연구』, 신서원, 191~196·323~326쪽.
141 김인호(1998), 『태평양전쟁기 조선공업연구』, 99~104쪽.

에 따라 전국의 공장 수가 1943년 1만 3,293개에서 1944년 1만 2,187개로 8% 정도 감소하였다. 감소의 정도로 보아 1944년 이후에도 기업 정비에 관한 총독부의 의지는 그리 강하지 않았다고 보인다. 일본에서는 강압적인 기업 정비에 의해 기업 수가 대폭 감소하고 영세 공장의 시설이 철거되어 다른 용도로 전환되었다. 조선에서는 그렇게 강압적으로 정비할 만한 기업군 자체가 성립해 있지 않았다는 사실이 총독부의 느슨한 통제 정책의 배경이 되었다.[142]

다시 메리야스공업의 상황을 보면 총독부의 기업정비령에 호응하여 1943년 3월 동업조합이 자율적으로 군소업자를 정리할 방침을 확정하였다. 이와 더불어 총독부의 지원하에 일본으로부터 군제郡是, 미쓰비시三菱와 같은 대자본을 유치하여 조선편직주식회사朝鮮編織株式會社라는 자본금 200만 원의 대기업을 창설하여 서울과 평양 등에 대규모 공장을 짓고 제품을 중국에까지 수출할 계획이 마련되었다. 그 결과 동 회사를 중심으로 기업 정비가 행해져 1944년 3월까지 전국의 722개 메리야스업체가 174개로 통합되었다. 주로 편직기 5대 이하의 소규모 업체가 합병의 대상이 되었다.

그렇지만 더 이상의 기업 정비는 행해지지 않았다. 조선인 소유의 유력 메리야스업체는 한사코 합병을 거부하였다. 조선편직주식회사도 원료와 자재 공급이 원활하지 못해 소기의 실적을 올리지 못하였으며 결손만 누적되었다. 조선인 업자의 병합 거부에 대해 총독부 당국은 강권을 발동하면서까지 합병을 유도하지는 않았다. 기업 정비의 목적은 업체의 수를 줄여 통제를 용이하게 함에 있었지, 조선인 자본을 말소하는 데 있지 않았기 때문이다. 조선인이 소유한 유력 메리야스업체는 극심한 원료난 가운데서도 종전 당시까지 그럭저럭 명맥을 유지하였다. 그들의 기업가로서

---

142 김인호(1998), 『태평양전쟁기 조선공업연구』, 357~374쪽.

명맥이 끊어진 것은 해방 후 북조선을 점령한 공산주의세력에 의해서였다. 종래 일정기의 조선인 공업을 대표하는 메리야스공업이 전시기에 이르러 총독부의 통제정책에 의해 모두 일본의 대자본에 흡수되고 말았으며, 그 과정에서 조선인 자본가는 아무런 저항을 하지 않을 정도로 제국주의 권력에 깊숙이 포섭된 상태였다는 이해가 제시되기도 했으나 근거 없는 추측에 불과하였다.[143]

인구의 유출

〈그림 9-9〉는 일정기에 걸친 조선인의 역외 유출, 곧 일본과 만주로의 인구이동의 추세를 보이고 있다.[144] 1919년까지 인구의 주요 유출처는 일본보다 만주였다. 1911~1919년 20만 3천여 명이 만주로 이동하였는데, 주로 북부지방의 가난한 농민이 국경을 넘어 북간도에 정착하는 양상이었다. 3·1운동 후 총독부는 만주에서 고양된 독립운동을 억압하기 위해 국경을 엄하게 단속하였으며, 이후 만주로의 이민은 크게 줄었다. 〈그림 9-9〉에서 보듯이 만주로의 이민이 다시 활성화하는 것은 1931년 만주사변 이후이다. 만주사변을 계기로 총독부는 조선의 과잉인구를 해소하기 위해 만주로의 단체이민을 추진하였다. 그 결과, 민간의 자발적 이민도 더해지고 해서, 1931~1937년에 29만 2천여 명의 조선인이 만주로 순유출하였다. 당초 만주국의 관동군은 치안을 이유로 조선인의 이민을 그다지 환영하지 않았다. 관동군이 조선인 이민을 적극 수용하는 것은 1938년부터이며, 그에 따라 국책회사로서 선만척식주식회사鮮滿拓殖株式會社가 설

143 朱益鍾(1994), 「日帝下 平壤의 메리야스工業에 관한 研究」, 225~230쪽.

144 일본으로의 연도별 인구유출에 관해서는 朴在一(1957), 『在日朝鮮人に關する綜合調査研究』, 22~33쪽을 참조. 만주로의 연도별 인구유출에 관해서는 金哲(1965), 『韓國の人口と經濟』, 28쪽과 김두섭(1999), 「미군정기 남한인구의 재구성」, 『미군정기 한국의 사회변동과 사회사』 1, 150쪽을 참조. 〈그림 9-9〉에 제시된 만주로의 인구유출은 金哲이 제시한 연도별 유출인구를 김두섭이 제시한 5년 단위의 유출인구 합계에 근거하여 수정한 것이다.

【그림 9-9】 일본과 만주로의 인구유출(1911~1945)

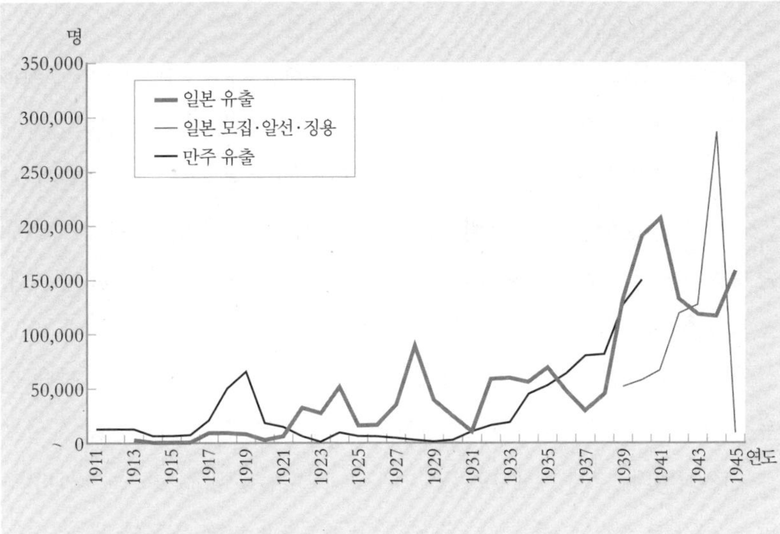

출처: 朴在一(1957),『在日朝鮮人に關する綜合調査硏究』, 新紀元社, 22~33쪽.
金哲(1965),『韓國の人口と經濟』, 岩波書店, 28쪽.
김두섭(1999),「미군정기 남한인구의 재구성」, 최영희 외,『미군정기 한국의 사회변동과 사회사』 1, 한림대학교출판부, 150쪽.

립되었다. 동 회사에 의해 추진된 국책 농업이민은 1941년까지 대략 10만 명의 실적을 거두었다. 그렇지만 자발적 이민이 훨씬 많아 1938~1940년에 만주로 순유출한 인구는 36만 4천여 명이나 되었다. 만주로의 인구유출은 1940년이 정점이었다. 1911~1940년에 걸쳐 만주로의 인구 순유출은 도합 102만 6,309명으로 추계되고 있다.

다른 한편, 조선인의 일본 도항은 1910년대에 걸쳐 누적 인구가 3만 4,000명에 불과하였으며, 일본정부도 그에 대해 별다른 제약을 두지 않았다. 1919년부터 일본정부는 치안과 실업 대책으로 조선인의 일본 도항을 억제하기 시작하였다. 일본으로 도항할 사람은 거주지 경찰서에서 여행의 목적과 목적지를 밝히고 여행증명서를 취득해야 하였다. 1925년부터는 부산과 같은 주요 항구의 경찰서가 거주지 경찰서에서 발급한 여행

증명서를 다시 심사하는 방식으로 규제가 강화되었다. 그럼에도 도항의 목적이나 취업처가 확실한 경우 도항을 금지할 근거는 없었다.

규제의 강화에도 불구하고 도항 인구는 1920년대에 연평균 3만 5,000명, 1930년대에 연평균 7만 2,000명으로 증가하는 추세였다. 이에 1920~1938년에 누적 74만 2,000명, 연평균 4만 명 정도의 조선인이 일본으로 순유출하였다. 인구의 유출은 경기변동의 영향을 받아 연도별로 큰 폭의 변동을 보였다. 이주의 형태는 시간의 흐름에 따라 달라져 갔다. 초기의 이주는 주로 단신 이주로서 단기취업이 목적이었다. 예컨대 1932년까지 일본에 거주하는 조선인 인구의 연간 증가는 일본으로의 연간 순유출보다 적었다. 이주자의 3할가량은 취업 계약이 만료된 다음 조선으로 귀환하였다. 그에 비해 1933년 이후가 되면 일본에 거주하는 조선인의 연간 증가는 연간 순유출을 능가하였다. 가족과 함께 일본에 영구 정착하면서 자녀를 출생하는 인구가 많아졌기 때문이다.

일본으로 건너간 조선인은 주로 도쿄, 오사카, 효고兵庫, 후쿠오카福岡와 같은 광공업 지대에서 도시 하층민으로 정착하였다. 1935년 규슈九州에 정착한 5만 3,817명의 취업처를 보면 잡노동이 30%, 토건업이 17%, 광업이 15%, 공업이 15%, 상업 10%였다.[145] 이들이 받는 임금은 조선의 노동자에 비해 높았다. 예컨대 1927~1929년 지쿠호筑豊 탄광지대에 취업한 채탄부의 일급은 1.5~2.0원, 월 소득은 36~38원이었다. 이는 같은 시기 조선의 도시노동자에 비해 2~3배 높은 수준이었다. 그 같은 고임금 조건이 상당수의 조선인을 일본으로 건너가게 만들었다.

일본에 정착한 조선인 사회는 조금씩 그 사회경제적 지위를 개선해 갔다. 예컨대 규슈 후쿠오카 현에 이주한 조선인이나 그 다음 세대 가운데 관공리, 교사, 의사, 사무원으로 성공한 사람은 1930년만 해도 21명에 불

145 坂本悠一(1998), 「福岡縣における朝鮮人移民社會の成立—戰間期の北九州工業地帶を中心として—」, 『靑丘學術論集』 13, 191쪽.

과하지만, 1940년에 310명, 1943년에 586명으로 증가하였다. 1925년 일본에서 보통선거제가 실시되자 조선인도 참정권을 인정받아 투표에 참여하였다. 예컨대 1929년 12월 후쿠오카 현의 조선인 1만 8,090명 가운데 1930년 2월의 중의원衆議院 선거에서 유권자로 인정된 사람은 2,724명이며, 그 가운데 1,883명이 투표에 참가하였다. 1933년부터는 조선인들이 밀집한 지역에서 지방의회 선거에 입후보하는 조선인들이 나타났다. 1945년까지 후쿠오카 현에서 지방의원으로 입후보한 조선인의 연인원은 33명이며, 그 가운데 17명이 당선되었다.[146]

〈그림 9-9〉에서 보듯이 일본으로의 인구유출은 1939년부터 연간 10만 명 이상으로 갑자기 크게 증가하였다. 1941년이 그 정점이었는데 무려 20만 8,000여 명에 달하였다. 1939년부터 도항 인구가 급증한 것은 중일전쟁 이후 일본에서 저임금의 노동력이 크게 부족해졌기 때문이다. 이에 먼저 정착한 이민자가 그의 가족이나 친족을 초청하여 취직을 알선하는 이른바 연쇄이민의 기회가 크게 증가하였다. 후술하듯이 1939년부터는 전시체제의 일환으로 조선인 노무자의 동원이 시작되었다. 그렇지만 1942년까지는 자발적인 이주가 강제적인 동원보다 더 많았다. 1939~1942년의 자발적 이주는 도합 67만 1,000여 명임에 비해 동원은 29만 9,000명에 불과하였다.

자발적 이주의 물결은 태평양전쟁이 개시된 1942년 이후 잦아들었다. 상당수의 이주자가 점점 격해지는 미국 공군의 일본 공습을 피하여 조선으로 귀환하기 시작하였다. 그럼에도 종전에 이르기까지 연간 10만 명 이상의 자발적 이주가 끊이지 않았다. 1945년 8월 전쟁이 끝났을 때 일본에 거주하는 조선인은 피동원자를 포함하여 총 240만여 명에 달하였다. 이 가운데 175만여 명이 1946년 3월까지 귀환하였다. 귀환하지 않은 65만여

146 坂本悠一(1998),「福岡縣における朝鮮人移民社會の成立—戰間期の北九州工業地帶を中心として—」,『靑丘學術論集』 13, 196·211~212쪽.

명은 일본에 정착한 지 오래된 이민사회의 구성원들이었다.

일본으로의 이주자를 배출한 지방은 주로 일본과 가까운 동해와 남해의 연안지역이었다. 1940년 재일 조선인 총 119만 명 가운데 전라남도, 경상남도, 경상북도 3개 도 출신이 81%를 차지하였다. 이주자를 가장 많이 배출한 도는 경상북도인데, 1940년 당시 도내 총인구의 17%가 일본으로 넘어가 있었다. 경상남도는 11%, 전라남도는 8%였다.[147] 동리 단위의 이주 실태에 관해서는 경상남도 울주군 울산읍 달리達里의 예가 널리 알려져 왔다. 1935년에 이루어진 조사에 의하면 달리에 본적을 둔 주민 131호 637명 가운데 121명, 곧 19%가 일본에 거주하는 중이었다. 1930~1935년에 결혼한 달리의 처녀 22명 가운데 6명이 일본행 결혼이었다.[148] 일본에 이주한 조선인 청년이 고향의 처녀를 배우자로 구하였기 때문이다. 일본행 결혼은 처녀들에겐 좋은 조건의 결혼이었다. 그만큼 일본으로의 이주는 가난한 농촌에서 보다 나은 세계로 나갈 수 있는 선택받은 기회로서 선망의 대상이었다.

근년에 이루어진 울주군 삼동면에 관한 보다 체계적인 조사에 의하면 동면의 총 1,031호 가운데 이주자 1명 이상을 배출한 호는 216호나 되었다. 일본으로의 이주 농가는 상대적으로 부유한 계층에 속하였다. 예컨대 삼동면에서 전체 농가가 소유한 경지는 평균 0.39정보임에 비해 이주자를 배출한 호는 0.47정보였다. 1.5정보 이상을 소유한 상층 농가 51호 가운데 20호(40%)가 이주자를 배출하였음에 비해 1.5정보 미만의 980호 가운데서는 196호(20%)에 불과하였다.[149] 일정기 국내의 인구이동 양상을 보면 도내의 근거리 이동은 가난에 밀린 인구배출의 형태이지만, 도 간의

147 外村大(2004), 『在日朝鮮人社會の歷史學的硏究』, 綠蔭書房, 58쪽.

148 강정택 지음, 박동성 옮김, 이문웅 엮음(2008), 『식민지 조선의 농업사회와 농업경제』, 247~254쪽.

149 김성남(2008), 「식민지기 일본으로의 인구유출에 관한 사례연구 — 현 울산광역시 울주군 삼동면 사례 —」, 서울대학교 대학원 경제학부 석사학위논문, 15·34~41쪽.

원격지 이동은 새로운 취업기회가 전제된 인구흡인의 형태였으며 상대적으로 부유한 계층이 주를 이루었다. 일본으로의 이주는 후자의 유형에 속하였다.

노동력의 동원

전시체제에 의한 조선인 노동력의 동원은 1937년 총독부의 관알선官斡旋 정책이 그 출발이었다. 이는 북조선에서 활발하게 벌어진 토목공사, 광산개발, 군수공업건설이 소요하는 방대한 노동력을 충당할 목적에서 총독부가 사업주와 노동자와의 고용관계를 알선하고 감독하는 정책이었다. 알선은 도청이 주관하는 도내알선과 총독부 내무국이 주관하는 도외알선으로 구분되는데, 북조선으로의 이동은 주로 남부지방을 대상으로 한 도외알선을 통해서였다.

중일전쟁 후 일본정부는 조선인의 노동력을 체계적으로 동원하기 시작하였다. 1940년 일본의 기획원은 도합 42만 5,000명의 조선인을 동원하여 일본과 조선 내부에 배치할 계획을 세웠다. 그에 따라 총독부는 1940년 노무자원勞務資源조사를 실시하여 조선 내에서 동원 가능한 인원수를 산출하였다. 같은 해 총독부는 노동력의 수급을 확실히 조정할 목적으로 조선직업소개령을 공포하여 종래 실업대책으로 운영되어 온 직업소개소를 노동력의 재분배기관으로 바꾸었다. 1941년에는 국민직업능력신고령과 종업원이동방지령 등을 공포하여 전국의 노동력 자원을 보다 구체적으로 파악한 뒤에 그 이동을 제한하면서 군수산업 등으로의 강제적 배치를 강화하였다.[150]

총독부의 관알선에 의한 조선 내에서의 동원은 이 같은 전체적 동원 계획에 뒷받침되어 1942년 이후 부쩍 강화되었다. 〈표 9-14〉에서 보듯이

---

150 金子文夫(2007), 「占領地·植民地支配」, 『日本經濟史』 4(戰時·戰後期), 221~223쪽.

【표 9-14】 **전시기 조선인 노동력의 동원**(1937~1945)

단위: 명

구분 / 연도	조선			일본				만주	중국	남방
	일반노무		군요원	일반노무			군요원	군요원		
	도외	도내	(징용)	내지	사할린	남양	(징용)			
1937	11,965	-	-	-	-	-	-	-	-	-
1938	19,516	74,194	-	-	-	-	-	-	-	-
1939	45,289	113,096	-	49,819	3,301	-	-	145	-	-
1940	61,527	170,644	-	55,979	2,605	814	65	656	15	-
1941	45,802	313,731	1,085	63,866	1,451	1,781	5,396(4,895)	284	13	9,249
1942	47,397	333,976	1,723	111,823	5,945	2,083	4,171(3,871)	293	50	16,150
1943	57,596	685,733	1,976(648)	124,286	2,811	1,253	4,691(2,341)	390	16	5,242
1944	236,547	2,454,724	13,575(9,555)	296,432			24,071(21,071)	1,617	294	5,885
1945	158,312	-	15,532(11,220)	10,622			31,603(30,606)	467	347	
합계	683,951	4,146,098	33,891(21,423)	712,827	16,113	5,931	69,997(62,784)	3,852	735	36,526

출처: 金子文夫(2007), 「占領地·植民地支配」, 石井寬治·原朗·武田晴人 編, 『日本經濟史』 4(戰時·戰後期), 東京大學出版會, 222~223쪽.

비고: 1. 군요원의 (징용)은 내수.
2. 일본의 일반노무의 1944, 1945년도는 지역별 내역이 불명하여 사할린과 남양을 합한 것이다.
3. 남양의 1942년도에는 징용 135명을 포함한 것이다.

1945년까지 이루어진 도외동원은 68만 4,000명, 도내동원은 414만 6,000명의 대규모였다. 1943년 이후 일본의 패전이 가시화함에 따라 조선 내에 비행장을 비롯한 각종 군사시설을 건설하기 위한 토목공사가 활발하게 벌어진 것이 그 배경을 이루었다. 동원의 실태에 관해서는 연구가 충분하지 않은데, 도내동원의 경우 1938년 일본에서 공포된 국민총동원법國民總動員法에 따라 조선에서 편성된 근로보국대勤勞報國隊 형태가 많았다고 보인다. 피동원자의 회고에 따르면, 근로보국대를 통한 동원은 읍·면이 동리별로 동원 규모를 할당하고 사업주나 그의 대리인이 이들을 사업장으로 인솔하여 대개 30일간 집단 야영을 하면서 노동하는 방식이었다. 피동원자에게는 법이 정한 소정의 임금이 지급되었다. 도합 414만 명에 달하는 도내동원은 이 같은 근로보국대를 통한 단기동원의 연인원을 말한다. 거기에는 임금을 과다 청구하기 위해 동원 수를 과장한 사업주의 허위보고가 어느 정도 포함되었을 가능성이 있다. 1944년 10월 이후는 1939년 일본에서 발동된 국민징용령國民徵用令이 조선의 내부동원에도 적용되는데, 주로 북조선으로의 도외동원을 위한 것이었다. 〈표 9-14〉에 제시된 1944~1945년의 도외동원 약 39만 명은 대부분 국민징용령에 의한 것이었다.

일본, 사할린, 남양 등지로의 역외동원이 시작되는 것은 1939년부터이다. 같은 해 총독부는 일본 기업의 요구에 부응하여 그들이 조선에서 노동자를 모집募集하는 데 행정적인 편의를 제공하였다. 이후 1941년까지 17만 명 정도가 일본으로, 1만 명 정도가 사할린과 남양으로 모집에 의해 이동하였다. 총독부는 1942년 2월부터 행정 당국의 책임하에 일정 지역으로부터 일정 양의 노동력을 사실상 강제적으로 동원하여 일본 기업과의 고용관계를 맺어 주는 관알선을 개시하였다. 기존의 모집에 의한 동원정책은 노동력 충원의 효과가 그리 크지 않았다. 전술하였듯이 1941년까지 일본으로의 자발적 이주는 해마다 증가하는 추세였으며, 모집에 응한 조선인의 상당수는 모집을 이주의 기회로 활용하였다. 그들은 일본에 도착한 지 얼마 되지 않아 다른 취업의 기회를 찾아 도망쳤는데, 도망자의 비중은 거의 1/3에 달하였다.[151] 거기에는 이미 일본에 정착해 있는 조선인 이민사회로부터의 유인이 크게 작용하였다. 이에 관이 보다 적극적으로 나설 필요가 제기되어 관알선으로 정책 전환이 이루어졌다. 〈그림 9-10〉은 1942년 관알선에 의해 충청남도 당진군에서 일본 홋카이도北海道 샤쿠베쓰尺別 탄광으로 동원된 조선인 광부들의 단체사진이다.

---

151 朴慶植 編(1975), 『在日朝鮮人關係資料集成』 4, 三一書房, 704~706쪽.

【 **그림 9-10** 】 **일본 홋카이도 샤쿠베쓰 탄광의 갱부**(1942)

출처: 일제강점하강제동원피해진상규명위원회(2006),『강제동원기증자료집』, 60쪽.
비고: 1942년에 동원된 충청남도 당진군 당진읍의 정승득이 위 가운데에 있다. 갱부의 다수는 조선인으로 보인다.

1942~1943년 관알선에 의한 일본, 사할린, 남양으로의 노무동원은 24만 8,000명에 달하였다.

1944년 9월부터는 관알선을 대신하여 국민징용령에 의한 징용이 역외 동원의 주요 수단이 되었다. 이때부터는 공권력에 의한 직접적인 동원인 만큼 임금, 작업시간, 집단숙식과 같은 고용관계의 세부 사항이 관의 적극적인 통제와 감독하에 놓이게 되었다. 피징용자의 가족에 대한 원호제도도 마련되었다. 징용은 조선인의 의사에 반하여 강압적으로 이루어졌다. 현대 한국인들이 가지고 있는 강제동원에 대한 쓰라린 기억은 대개 1944년 9월 이후의 피징용 경험에서 형성된 것이다. 징용에 의해 일본으로 동원된 인원수가 얼마인지는 정확히 알 수 없다. 징용이 1944년 9월부터임을 고려하면, 그해에 동원된 총 29만 6,432명 가운데(〈표 9-14〉) 약 1/3이 피징용자였다고 보인다. 1945년 이후는 미국 잠수함의 활동으로 일본으로의 도항이 매우 힘들었다. 그로 인해 〈표 9-14〉에서 보듯이 1945년의 동원 규모는 1만여 명에 불과하였다. 요컨대, 1939~1945년에 걸쳐 모집, 관알선, 징용에 의한 조선인의 역외동원은 총 73만 4,000여 명에 달하였다.

이상의 노무동원과는 별도로 〈표 9-14〉에서 보듯이 일본군에 의한 군요원의 동원이 1939년부터 이루어졌다. 군요원의 동원은 작업장이 군사시설이라는 점이 다를 뿐, 그 목적과 형태는 일반 노무동원과 사실상 동일하였다. 일본에서 이루어진 군요원의 동원은 1941년부터 징용에 의하였는데, 이는 일본에 거주하는 조선인을 대상으로 하여 일본의 국민징용령이 발동된 것이다. 조선에서의 군요원 동원은 1944년 징용제가 시작되기 전에는 주로 군에 의한 모집이었다. 모집된 군요원은 대개 동남아시아나 남양군도로 파송되었다. 거기서 그들은 군사시설을 위한 토목공사에 종사하거나 포로수용소의 감시원으로 배치되었다. 1945년까지 모집과 징용에 의해 동원된 군요원은 총 14만 5,000명에 달하였다. 이외에 일본군에 의한 병력의 동원이 있었다. 총독부는 1938년 육군특별지원병령과 1943년 해군특별지원병령을 공포하여 지원병을 모집하기 시작하였다. 1944년부터는 조선의 건강한 청년을 일본군으로 공식 동원하는 징병제徵兵制가 실시되었다. 그에 따라 1945년 8월까지 징병된 조선 청년의 수가 얼마인지는 정확히 알려져 있지 않은데, 대략 8~9만 명에 달하였을 것으로 추측되고 있다.

지주제의 쇠퇴

1940년 총독부는 전시경제에 따른 미곡 수요의 증대에 대비하여 조선증미계획朝鮮增米計劃을 세웠다. 동 계획은 향후 10년간 토지개량과 경종법 개선을 통해 도합 680만 석의 쌀을 증산할 목적을 세웠다. 1942년에는 계획치를 대폭 상향 조정한 조선증미갱신계획朝鮮增米更新計劃이 수립되고, 동 계획의 추진기관으로 조선농지개발영단朝鮮農地開發營團이 설립되었다. 그렇지만 이들 계획은 문서상의 계획으로 그치고 말았다. 대규모 노무동원에 따른 노동력 부족에 더하여 전시통제에 따른 비료·강재 등 자재의 부족으로 미곡 생산은 오히려 감소하였다. 조선의 미곡 생산은 1941년 2,488만 석을 정점으로 한 뒤 1944년까지 1,605만 석으로 크게 감소하였다. 미곡뿐 아니라 농업생산 전반이 감소하였다. 예컨대 1935년 가격을 기준으로 한 1941년과 1944년의 실질 농업생산 총액은 각각 12억 3,000만여 원과 9억 7,000만여 원으로서 무려 21%나 감소하였다.[152]

미곡을 비롯한 농업생산이 위축되는 가운데 총독부는 식량의 집하, 유통, 소비에 대한 통제를 강화하였다. 이미 1939년에 총독부는 미곡의 자유시장을 폐지하였다. 그에 따라 미곡의 취급은 허가제로 바뀌었으며, 미곡의 유통과 수출을 독점 관리하는 국책회사로 조선미곡시장주식회사朝鮮米穀市場株式會社가 설립되었다. 1940년부터는 경성부에서부터 미곡의 배급제가 실시되어 점차 지방도시로 확대되어 갔다. 이와 보조를 같이하여 농가로부터 미곡을 공정가격으로 강제 매수하는 공출제供出制가 시행되었다. 미곡 공출제는 전시기 총독부가 실시한 식량, 연료 등 약 23개 품목에 달하는 생필품 배급제의 중요한 기초를 이루었다. 1943년에는 조선식량관리령朝鮮食糧管理令이 공포되어 식량의 가격조정 및 배급통제를 담당할 기구로서 조선식량영단朝鮮食糧營團이 결성되었다.[153]

미곡의 공출제는 1940년 12월 미곡의 과잉지역을 대상으로 한 부분적 시행으로 시작되었다. 1942미곡연도(1941년 12월~1942년 11월)부터는 미곡

---

152 김낙년 편(2006), 『한국의 경제성장 1910-1945』, 414·417쪽에서 계산하였다.

153 田剛秀(1993), 「植民地 朝鮮의 米穀政策에 관한 研究—1930-45년을 중심으로—」, 서울대학교 대학원 경제학과 박사학위논문, 137~181쪽.

【표 9-15】 **전시기의 미곡 공출**(1941~1945)

단위: 천 石, %

미곡연도	생산량(A)	공출량(B)	농가보유량	B/A
1941	21,527	9,208	12,319	42.8
1942	24,886	11,255	13,631	45.2
1943	15,687	8,750	6,937	55.8
1944	18,719	11,957	6,762	63.9
1945	16,052	9,634	6,418	60.0

출처: 田剛秀(1995),「1940년대 韓國의 米穀統制政策」,『經濟史學』 19, 224쪽.
朝鮮經濟通信社(1949),『朝鮮經濟統計要覽』, 36쪽.
비고: 미곡연도는 전년도 12월부터 금년도 11월까지를 말한다. 생산량은 달력연도의 생산량을 말한다.

의 자유판매가 완전히 금지되고 공출제가 전면적으로 시행되었다. 농가는 자가식량분을 제외한 모든 미곡을 공출해야 하였다. 1943미곡연도부터는 미곡뿐 아니라 맥류도 공출의 대상이 되었다. 총독부는 지주의 소작료 수취를 금하고 소작농으로부터 직접 소작료를 공출하였다. 지주에게는 그 공출대금만 지급될 뿐이었다. 공출에 대해서는 장려금이 지급되었다. 지주에게는 출하장려금만 지급된 반면, 생산자에게는 생산장려금도 지급되었다. 이처럼 공출제의 시행에 있어서 지주는 생산자에 비해 불리한 대우를 받았다. 총독부는 공출을 강화하기 위해 1943년산 미곡에 대해서는 사전할당제, 1944년산 미곡에 대해서는 농업생산책임제를 실시하였다. 이 같은 강압적 정책에 따라 〈표 9-15〉에서 보듯이 미곡의 총생산에서 공출이 차지하는 비중은 1941년 42.8%에서 1944년 63.9%로 크게 증가하였다. 같은 기간에 미곡의 생산이 크게 감소하였음에도 불구하고 공출량이 증가함에 따라 농가의 식량 사정은 크게 악화되었다.[154]

총독부의 전시통제정책은 일정기에 걸쳐 농촌사회를 지배해 온 식민지 지주제植民地地主制에 커다란 타격을 가하였다. 전술한 대로 총독부의 지

154 田剛秀(1995),「1940년대 韓國의 米穀統制政策」,『經濟史學』 19, 220~227쪽.

주-소작관계에 대한 개입과 통제는 1934년 조선농지령의 제정에서부터 줄곧 강화되어 온 추세였다. 전시기에 들어 총독부는 식량의 증산과 농촌 주민의 동원을 목적으로 지주제에 대한 억압적 자세를 한층 노골화하였다. 1939년 총독부는 소작통제령小作統制令을 공포하였다. 동 법령은 지주의 소작료 인상을 금하였을 뿐 아니라, 부府·군郡·도島의 소작위원회가 필요할 경우 소작료율을 변경하거나 적정 소작료를 결정할 수 있도록 하였다.[155] 나아가 전술한 대로 소작농을 대상으로 직접 공출함으로써 지대를 수취할 지주의 권리를 크게 제약하였다. 게다가 소작농에 대해서는 생산장려금과 출하장려금이 지급된 반면, 지주에 대해서는 출하장려금만 지급되었다. 이 같은 차별대우로 인해 1943미곡연도의 경우 지주의 공출미 1석당 수익금은 소작농의 65%에 불과하였다.

이 같은 통제정책으로 인해 지주 계층이 다량의 소작지를 보유할 경제적 유인은 현저히 감소하였다. 그들은 소작지를 방출하기 시작했으며, 그에 따라 소토지를 소유한 하층농이 전시 말기에 부쩍 성장하였다. 예컨대 1942~1945년 경상북도 예천군 용문면에서는 소유지가 0.5정보 미만인 하층농의 소유지 합계가 215.1정보나 순증가한 반면, 1정보 이상을 소유한 상층농 내지 지주층의 소유지 합계는 179.3정보나 감소하였다.[156] 그 결과 1942년 이후 용문면 주민의 농지소유에서 불평등도는 현저하게 완화되었다. 이 같은 용문면에서의 변화는 강원도 원주군 호저면의 토지대장을 이용한 다른 연구에서도 마찬가지로 확인되고 있다.[157] 경기도 이천군 모가면에서도 꼭 같은 현상이 관찰되었다. 모가면의 『면세일람面勢一覽』(1936~1943)에 의하면 1942년까지 농가의 계층별 구성에 큰 변화가

155 박섭(1997), 『한국근대의 농업변동 — 농민경영의 성장과 농업구조의 변동 —』, 203~205쪽.

156 홍제환·이영훈(2008), 「일제 말기 조선 농촌의 경제동향, 1935-1944—경북 예천군 용문면 소토지소유자 증가 추세를 중심으로—」, 『경제사학』 45, 118~121쪽.

157 조석곤(2005), 「토지대장으로 살펴본 토지소유구조의 변화 — 원주시 호저면의 사례를 중심으로—」, 『농촌경제』 28-2, 1~23쪽.

없다가 1943년에 이르러 갑자기 자작농이 25호에서 54호로, 자소작농이 187호에서 484호로 증가한 대신, 소작농이 603호에서 319호로 감소하는 변화를 보였다.[158] 모든 지역에서 다 그렇지는 않아서 전라북도 김제군 죽산면에서와 같이 일본인 농장을 중심으로 하여 식민지지주제가 강고한 지역은 해방을 맞을 때까지 농가의 계층별 구성에서 큰 변화가 없었다.[159] 이러한 지역적 차별성을 전제한 위에 공출제를 비롯한 전시통제가 본격화한 1942년 이후 전국적인 범위에서 식민지지주제가 쇠퇴하면서 소규모 자작농 내지 자소작농이 부쩍 성장했다고 이야기해도 좋을 것이다.

하층농이 농지를 구입할 자금력은 어디서 나왔는가. 이와 관련하여 우선 1932년 이래 금융조합의 주도로 실시되어 온 자작농지설정사업이 전시기에 이르러 한층 강력하게 추진되었음에 주목할 필요가 있다. 전술한 대로 금융조합은 일본 대장성이 조선에서 조성한 간이생명보험의 자금을 빌려 이를 자작농지의 구입자금으로 농가에 대부하였다. 이를 금융조합의 여러 대부 가운데 특별대부特別貸付라 하였다. 특별대부는 금융조합이 식산은행으로부터 자금을 받아서 행한 보통대부普通貸付보다 유리한 조건이었다. 그 특별대부가 1942~1943년에 이전 5년간의 합 1,667만 원보다 훨씬 큰 3,223만 원으로 증가하였다. 동 기간 하층농의 농지소유가 증가한 것은 금융조합의 특별대부를 자금원으로 하였기 때문이다.

이와 더불어 앞서 살핀 대로 방대한 농촌인구가 노무자나 군요원으로 도내, 도외, 일본, 만주, 남양 등지로 동원되었음을 고려할 필요가 있다. 그들이 취득한 임금의 일부는 본가로 송금되었다. 1941년 제주도의 경우 일본으로의 도항자로부터 연간 100만 원이 송금되어 왔으며, 그들이 귀환할 때 지참하는 금액 또한 연간 100만 원에 달하였다. 1944년 『대륙동

---

158 『利川郡募加面面勢一覽』, 경기도 이천군 모가면 면사무소 소장.

159 조석곤(2005), 「토지대장으로 살펴본 토지소유구조의 변화 — 김제시 죽산면의 사례를 중심으로 —」, 『동향과 전망』 65, 293~322쪽.

양경제大陸東洋經濟』라는 잡지는 조선에 과잉구매력이 발생하고 있다면서 그 유력한 원인으로 일본에 간 노무자들의 송금을 지목하였다.[160] 전국적으로 어느 정도의 금액이 피동원자에 의해 송금되거나 지참되었는지 그 전모를 파악할 수는 없지만, 우편환을 통한 송금의 추세로부터 그 대략의 양상을 짐작할 수 있다. 일본으로부터의 우편환 송금이 부쩍 증가하는 것은 1939년부터이다. 1938년 일본으로부터의 우편환 송금은 3,138만 원인데, 1939년에 4,737만 원으로, 1942년까지 8,237만여 원으로 증가하였다. 이외에 만주, 중국, 남양으로부터의 국제우편환이 있었다. 이 우편환 역시 이 지역으로 동원된 노무자나 군요원의 송금이었다고 보이는데, 그 규모가 1938년 1,583만여 원에서 1942년 1억 2,202만여 원으로 급증하였다.[161]

이렇게 형성된 농촌의 과잉유동성이 전시통제에 의한 소비재 부족과 맞물려 간이생명보험을 비롯한 민간저축의 팽창을 초래하였으며, 그것이 자작지 설정을 위한 금융조합 특별대부의 커다란 증가를 가능케 했다고 이야기할 수 있다. 피동원자의 송금이나 귀환 시에 그들이 지참한 화폐자산이 금융조합을 통하지 않고 곧바로 농지 구입으로 연결되었을 수도 있다. 예컨대 경상남도 울주군 삼동면의 경우 일본으로 도항한 사람을 포함한 가족의 농지소유는 도항 전 평균 0.47정보에서 도항 5년 후에 0.64정보로 증가하였다.[162] 이민이든 동원이든 도항이 농지소유를 늘리는 계기로 작용하였음을 이로부터 확인할 수 있다. 요컨대 전시기에 걸쳐 식민지지주제는 쇠퇴하였으며, 소토지소유의 하층농이 성장하고 있었다. 그 같은 경향은 이미 1930년대 총독부의 농촌정책에서 발단한 것인데, 전시

160 홍제환·이영훈(2008), 「일제 말기 조선 농촌의 경제동향, 1935-1944—경북 예천군 용문면 소토지소유자 증가 추세를 중심으로—」, 『경제사학』 45, 132쪽.

161 朝鮮總督府, 『朝鮮總督府統計年報』 1942年度版, 170~171쪽.

162 김성남(2008), 「식민지기 일본으로의 인구유출에 관한 사례연구—현 울산광역시 울주군 삼동면 사례—」, 43~45쪽.

기에 이르러 한층 뚜렷하게 관철되었다. 이 같은 전시기 농촌사회의 동향은 그대로 해방 후의 농지개혁農地改革으로 이어졌다. 농지개혁은 종래 생각되어 왔던 것만큼 단절적이지 않았다.

'노예상태'

1943년 11월 22일 이집트 카이로에 미국, 영국, 중국의 수뇌부가 모였다. 3국의 수뇌는 세계대전 이후 일본의 지배하에 있는 만주, 한국, 타이완을 처리할 방침에 대해 협의하였다. 그들이 합의한 공동선언은 12월 1일 이란 테헤란에서 소련의 동의를 얻은 후 발표되었다(카이로선언). 선언 가운데 한국에 관한 부분은 다음과 같다. "위 3대 강국은 한국 인민의 노예상태enslavement에 유념하여 적절한 과정을 거쳐 한국이 자유롭고 독립적인 나라가 될 것임을 결의하였다."[163] 이후 일본의 지배에서 해방된 한국인은 그들이 일본에 의해 노예로 지배되었다고 간주하였다. 여러 가지 원인이 있겠지만, 이 카이로선언이 큰 영향을 미쳤다. 1953년 일본과 국교를 체결하기 위한 외교 회담에서 한국정부의 대표는 카이로선언 중의 '노예상태' 구절을 언급하면서 일본이 한국인의 생명, 재산, 경제적 기회를 부당하게 수탈했다고 주장하였다.[164]

일본이 지배한 35년간 한국인이 과연 노예상태였는지는 지금까지 서술한 그 기간의 사회경제적 변화를 돌이켜 볼 때 수긍하기 힘든 주장이다. 노예상태의 본질은 법적 권리의 박탈에 있다. 총독부의 제반 통치에서 노골적으로 한국인의 권리를 부정하거나 차별할 목적으로 법령이 제정되거나 정책이 추구된 적은 없었다. 동 기간 한국인의 인구는 크게 늘었다. 그럼에도 1인당 소득수준이나 종합적인 생활수준은 악화되지 않았다. 오히려 어느 정도의 개선이 있었다고 함이 실태에 가깝다. 인구증가의 속

---

163 정일화(2010), 『카이로선언』, 선한약속, 24~57쪽.

164 박진희(2008), 『한일회담—제1공화국의 對日정책과 한일회담 전개과정—』, 선인, 180~181쪽.

도 이상으로 소득증가의 속도가 빨랐던 것은 일본으로부터의 투자와 일본으로의 수출 때문이다. 경제성장의 추진력이 일본 측에 있었기 때문에 민족 간의 소득분배가 악화된 것은 사실이다. 그렇지만 한국인의 사정도 조금씩 좋아지고 있었다. 교육의 보급과 사회적 기회의 확대에 따라 점점 더 많은 한국인이 근대적 부문으로 이동하였다. 총독부는 보다 많은 한국인을 그의 지배체제로 포섭하였다. 1942년 총독부와 부속 관서에 근무하는 한국인은 총 7만 4,005명으로서 일본인 총수 7만 7,484명과 비등하였다. 공립보통학교의 교원 총 2만 6,128명 가운데 61%가 조선인이었다. 도·부·읍 회의원과 면 협의회원 총 2만 5,415명 가운데 93%가 조선인이었다.[165] 그 외에 전술한 대로 약 2만 4,000개의 점포를 소유한 상인과 8,000개 이상의 공장을 경영한 실업가들이 있었다. 공장, 광산, 토목공사에 종사하는 노무자는 100만 명에 가까웠다. "1945년경, 적어도 수십만의 사람이, 추정컨대 200만 명 이상의 사람들이 농촌을 떠나 공장노동자, 기술자, 실업가, 관료와 기타 화이트칼라, 직업군인, 전문가 등이 되었다."[166] 세대 수를 기준으로 대략 20~30%의 한국인이 일정기에 걸쳐 전통 소농사회에서 근대적인 부문으로 삶의 터전을 옮겼다. 약간의 주의력만으로도 쉽게 관찰할 수 있는 이 같은 현상은 그 시대의 조선인이 노예 상태에 있지 않았음을 이야기해 주고 있다.

그럼에도 해방 후의 한국인은 그들이 일본의 노예였다고 주장하였다. 정부가 앞장서서, 역사가들이 뒤를 따라 그러한 생각을 널리 전파하였다. 그러한 추세는 그 시대와 멀어질수록 점점 강해졌다. 이 사실은 어느 후진 민족에 있어서 역사가 사실에 입각하여 과학적으로 정립된다기보다 정치적 필요에 따라 환상으로 지어질 수도 있음을 보여 주고 있다. 제8장

165 나미키 마사히토(2006),「식민지 시기 조선인의 정치 참여—해방 후사와 관련해서—」,『해방 전후사의 재인식』1, 664~675쪽.

166 카터 J. 에커트(2006),「식민지 말기 조선의 총력전·공업화·사회변화」,『해방 전후사의 재인식』1, 651~652쪽.

에서 소개한 대로 1960년대 이후 한국의 역사교과서는 총독부가 토지조사사업을 통해 전국 농토의 40%를 수탈하여 국유지로 삼거나 일본 이민에게 나누어 주었다고 쓰기 시작하였다. 그것이 역사적 사실과 얼마나 동떨어진 환상인지에 대해서는 제8장에서 소개하고 비판하였기 때문에 여기서 다시 부언하지 않겠다.

마찬가지로 역사교과서는 일본이 조선의 쌀을 수탈했다고 쓰기 시작하였다. 예컨대 교과서에 의하면 1933년의 쌀 생산량은 1,630만 석인데, 수탈량은 870만 석이었다. 그 결과 "대다수의 우리 농민은 기아선상에서 허덕이다가 농촌에서 만주로 새 삶의 터전을 찾아 유랑의 길을 떠나거나 화전민으로 전락할 수박에 없었다."[167] 여기서 수탈은 정당한 대가를 치르지 않고 폭력적으로 빼앗는 행위를 말한다. 그래서 기아가 초래된다. 그렇지만 이 같은 서술은 어느 한 대목도 사실이 아니다. 쌀은 시장기구를 통해 일본에 수출되었을 뿐이다. 그 결과 조선 측의 소득은 증가하였다. 쌀의 주요 수출업자는 전국 답 면적의 13%를 차지한 일본인 농장주였다. 총독부가 일본인 농장주의 쌀을 약취하여 반출할 도리는 없었다. 교과서의 집필자들은 재산권의 확립이라는 제도적 기초 위에서 작동하는 시장경제의 논리에 대해 알지 못하였다. 수탈 환상은 그것을 조장한 정치적 계기와 별개로 이 같은 몰지성의 토대 위에서 빚어진 것이다.

21세기 초 오늘날의 한국인이 가장 분개하는 일본의 수탈은 전시기 노동력의 강제동원이다. 그에 대해 2003년에 제작된 어느 역사교과서는 다음과 같이 썼다. "일제는 국가총동원법에 따라 전시에 필요한 노동력을 강제 징발하였다. 이렇게 징발된 사람들은 탄광과 금속광산, 토목과 건축공사장, 군수공장 같은 곳에서 노예처럼 혹사당하거나 목숨을 잃었다. 이들의 임금은 일본인 노동자의 절반 수준 밖에 되지 않았으며, 그나마 공

167 국사편찬위원회·1종도서연구개발위원회(1990), 『고등학교 국사』(하), 154쪽.

제되는 것이 많아 실제로 받는 돈은 얼마 되지 않았다."[168] 이 같은 기억을 형성해 온 여러 매체에 의하면 강제동원은 행인을 납치하는 식의 노예사냥 방식으로 이루어졌다. 한국인은 탄광에서 위험한 갱내 작업에 배치되었으며, 잦은 사고로 많은 인명이 희생되었다. 임금은 지불되지 않거나 지불되더라도 각종 공제로 거의 없는 편이나 다를 바 없었다.

이 같은 일종의 노예기억奴隷記憶 역시 경험적 근거를 결여한 환상이기는 마찬가지이다. 앞서 소개하였듯이 1939년 이래 1945년까지 모집, 관알선, 징용의 방식으로 대략 73만 명의 노무자가 일본으로 동원되었다. 관알선에서 면에 할당된 인원을 충당하는 과정에서 강제라 할 만한 경우가 전혀 없지는 않았다. 그렇지만 모집이나 관알선은 기본적으로 2년 기한의 노동계약으로서 피동원자의 자발적 의사가 전제되지 않고서는 성립할 수 없는 관계였다. 이와 관련해서는 다음의 두 가지 사실을 아울러 고려할 필요가 있다. 하나는 1939년부터 1945년까지 도합 100만 명 이상이 자발적으로 일본으로 이주하였다는 사실이다. 〈그림 9-9〉에서 보았듯이 일본으로의 이주는 1941년의 20만 명 이상을 정점으로 하여 줄어들긴 하지만 1945년까지 해마다 10만 명 이상의 규모였다. 일본에서 발생한 다량의 취업 기회와 높은 수준의 임금이 연고이민의 형태로 조선인을 빨아들이고 있었다. 크게 보아 모집과 관알선은 그러한 두 지역에 걸친 노동시장의 조건에 규정된 노동 공급의 경로였을 뿐이다. 다른 한 가지는 모집과 관알선으로 일본에 도착한 노무자의 30%가, 지역에 따라서는 50% 이상이, 6개월 이내에 도망하였다는 사실이다. 임금 수준이 더 높은 도로공사나 각종 토목공사 현장으로 이동한 것이다. 도망에는 현지 조선인사회에 속한 브로커의 활동이 있었다. 적지 않은 노무자가 도망한 사실은 그들이 처음부터 모집과 관알선을 일본으로의 도항 기회로 활용할 셈이었

168 김한종 외(2003), 『고등학교 한국근·현대사』, ㈜금성출판사, 162쪽.

음을 이야기해 주고 있다.

조선인 노무자의 60% 이상은 탄광에서 노동하였다. 그 90% 이상이 채탄, 굴진掘進, 운반 등과 같은 갱내 작업에 종사하였다. 조선인 광부의 갱내부坑內夫 비중은 일본인 광부에 비해 더 높았다. 그것은 힘들고 위험한 갱내 작업을 수행하던 일본인 청년들이 군인으로 징집을 당한 뒤에 그 빈자리를 조선에서 건너간 젊은 노무자들이 채웠기 때문이다. 조선인만을 의도적으로 위험한 갱내 작업에 몰아넣은 것은 아니다. 갱내 작업은 조선인 노무자만 한 것이 아니다. 조선인 노무자는 대개 미숙련노동자로서 갱내에서 벌어지는 작업을 체계적으로 감당할 능력이 없었다. 갱내 작업은 대개 일본인과 조선인이 혼합된 조組를 단위로 이루어졌다. 숙련노동의 일본인이 선산先山으로서 채탄과 굴진을 맡으면, 미숙련노동의 조선인이 후산後山으로서 긁어모으고 운반하는 역할을 맡았다. 광산에서 사고로 사망하거나 부상을 입을 확률은 광산에 따라 상이하지만 대개 1% 전후였다. 조선인의 상해율이 일본인보다 더 높았던 것은 위험한 갱내 작업에 종사하는 비율이 더 높았기 때문이다.[169] 그렇지만 같은 갱내부라면 상해 확률은 조선인이나 일본인이나 마찬가지였다.

조선인 노무자를 일본으로 건너가게 한 것은 높은 수준의 임금이었다. 1944년 규슈 탄광지대의 조선인 노무자를 대상으로 한 포괄적인 조사에 의하면 월평균 임금 150원 가운데 식대, 저금, 기타로 공제되는 것이 88원으로서 58.7%이고, 나머지 62원은 노무자 본인의 처분에 맡겨졌다. 그 가운데 본가로 송금한 것이 평균 40원으로 26.7%이며, 본인의 용돈으로 지출한 것이 22원으로 14.7%였다. 이 같은 사정은 다른 지역의 탄광에서도 대개 마찬가지였다. 조선인 광부의 임금이 일본인 광부에 비해 적었던 것은 사실이다. 그것은 민족에 따른 차별이라기보다 숙련 수준에 따른 차

169 이우연(2015), 「戰時期 일본의 조선인 노무동원과 탄광의 노동환경」, 낙성대경제연구소 워킹페이퍼 2015-10.

[그림 9-11] 충청남도 서천군 근로출동대

출처: 일제강점하강제동원피해진상규명위원회(2006), 『강제동원기증자료집』, 113쪽.

등 지급의 결과였다. 조선인과 일본인에 적용된 임금체계는 동일하였다. 일본인 광부는 대개 장기근속의 숙련노동자임에 비해, 조선인 광부는 근속 연수가 길지 않은 미숙련노동자였다. 일본인 광부와의 임금 격차는 조선인 광부의 숙련이 축적됨에 따라 조금씩 해소되는 추세를 보였다.[170] 조선인 노무자가 아무런 보수도 받지 못하고 위험한 노동에 혹사당하기만 했다는, 오늘날 한국인이 보유하는 노예기억은 1960년대 이후 어떤 정치적 계기에 의해 만들어진 것이다.

조선인 노무자는 고향에서 출발할 때부터 귀환할 때까지 단체생활을 하였다. 토목건축현장에서 그들은 대개 50명 단위로 한바飯場라고 불린 숙사宿舍에 수용되었다. 한바의 주인은 현지에 정착한 조선인 이민자인 경우가 많았다. 그는 노무자들에게 식사를 제공하고 회사를 대신하여 급

---

170 이우연(2016), 「戰時期(1937~1945) 일본으로 동원된 조선인 炭·鑛夫의 임금과 민족 간 격차」, 『경제사학』 40-2, 165~173쪽.

료를 정산하고 지불하였으며, 노무자의 부탁을 받아 송금 업무를 대행하기도 하였다. 탄광에서는 요寮라고 하는 회사의 기숙사에서 단체 생활을 하였다. 〈그림 9-11〉은 충청남도 서천군에서 일본 야마구치山口 현 우베宇部 시 히가시미조메東見初 탄광으로 간 노무자들의 단체사진이다. 이들은 스스로를 국가의 부름을 받은 근로출동대라고 불렀다. 맨 앞 열에는 이들을 인솔하거나 관리한 탄광의 노무계 몇 사람이 앉았다. 다음 열은 소남료昭南寮라는 탄광기숙사에 있는 식당의 여인들이다. 나머지는 서천에서 건너간 조선인 청년들이다. 한바와 요에서의 생활과 관련하여 일본인 노무계는 조선인 노무자 사이에 성하게 벌어지는 도박 풍조에 관해 적지 않은 기록을 남겼다. 휴일이 되면 그들은 주변 시가지로 외출하여 영화, 연극, 요리, 술, 간식을 즐겼다. 그러나 패전의 기운이 깊어진 1944년 9월부터 6개월간 동원된 피징용자의 경우는 달랐음이 분명하다. 그들의 작업, 숙식, 이동, 여가에는 군대식 규율이 강요되었다. 그렇다고 해서 그들을 노예로 볼 수 없는 것은 군대로 끌려간 군인들이 노예가 아니었음과 마찬가지 논리이다.

제10장

독립

1. 해방과 분단

연합국의 조선 방침

1945년 8월 15일 일본은 연합국에게 항복을 선언하였다. 이로써 1941년 12월부터 시작된 태평양전쟁이, 길게는 1937년부터의 중일전쟁이 끝이 났다. 아울러 미국·영국·소련과 독일·이탈리아·일본이 충돌한 제2차 세계대전이 종식되었다. 대전 중인 1941년 8월 미국과 영국의 정상은 전쟁 이후의 세계질서에 관한 기본구상을 발표하였다(대서양헌장). 그 주요 내용은 양국은 영토의 확대를 추구하지 않으며, 관계 주민이 스스로 정치체제를 선택할 권리를 존중하며, 강탈된 주권과 자치가 회복되기를 희망하며, 나아가 인류 평화를 확립하는 안전보장제도를 설립한다는 것이었다. 대서양헌장은 1942년 연합국 26개국 대표가 모여 결의한 연합국공동선언으로 이어져 연합국이 공동으로 수행하는 전쟁의 목표가 되었다. 연합국공동선언은 1945년 6월 미국 샌프란시스코에서 50개국이 참가한 국제연합United Nations(이하 유엔)의 창설로 이어졌다. 이로써 1870~1940년대에 걸친 제국주의 세계체제가 사실상 막을 내렸다.

세계대전의 종식과 더불어 조선인은 일본제국주의의 지배로부터 해방되었다. 그렇지만 세계대전 이후의 새로운 국제질서 속에서 조선인의 운명은 결코 평탄하지 않았다. 조선인들은 해방과 독립을 주체적으로 맞이할 준비가 되어 있지 않았다. 해외에서 전개된 독립운동은 이념적 대립으로 인해 크게 분열되어 있었다. 중국 화중華中지역과 미국에서 독립운동을 한 세력은 대개 개인의 자유와 재산권을 존중하는 자유민주주의 이념을 추구한 반면, 중국 화북華北과 만주滿洲에서 독립운동을 한 세력은 중국공산당의 지도하에서 공산주의 혁명을 추구하였다. 화중과 미국의 독립운동세력 내부에도 이념과 인맥의 차이에 따른 갈등이 적지 않았다. 국내의 독립운동세력도 좌우로 분열된 상태였다. 실력양성을 통해 민족의 독립을 성취하고자 한 자유민주주의세력은 전시체제戰時體制의 성립과 함께 사실상 독립운동을 포기하고 일제의 전쟁 수행에 협력하였다. 공산주의세력의 독립운동은 총독부의 엄혹한 탄압을 받아 지하로 잠복하였다. 그들은 국내외 정세에 어두웠으며, "아닌 밤중에 찰시루떡 받은 격으로" 해방을 맞이하였다.[1]

일본과의 전쟁에 들어간 미국은 전쟁 이후 조선을 어떻게 처리할 것인가를 검토하기 시작하였다. 1942년 미국 국무부 산하의 여러 위원회와 그

---

1 이영훈(2013), 『대한민국역사』, 기파랑, 52~67쪽.

에 자문한 민간의 전문기구는 전쟁 이후 조선을 일본에서 분리하여 독립시킨다는 방침을 정하였다. 다만 조선이 오랫동안 일본의 지배를 받아 당장 독립할 능력이 없기 때문에 일정 기간 조선에 이해관계를 갖는 강대국의 신탁통치가 행해질 필요가 있다고 하였다.[2] 1943년 11월 카이로에서 미국, 영국, 중국의 세 정상이 모였다. 거기서 미국의 루즈벨트 대통령은 조선을 신탁통치할 방침을 제시하고 다른 두 정상의 동의를 얻었다. 곧 이어 테헤란에서 열린 미국, 영국, 소련의 정상회담에서 루즈벨트는 조선에 대한 이 같은 방침에 대해 스탈린의 동의도 획득하였다. 그 결과 1943년 12월 1일 테헤란에서 발표된 카이로선언은 조선 문제에 대해 "세 강대국은 조선 인민의 노예 상태에 유념하여 조선이 적절한 과정을 거쳐서 자유롭고 독립적인 국가가 될 것임을 결정하였다"고 천명하였다. 이 선언은 1910년 조선이 일본에 병합된 이후 국제사회가 조선에 관해 공개적으로 행한 최초의 언급이었다. 인용문 중의 "적절한 과정을 거쳐서"는 일정 기간의 신탁통치를 의미하였다. 나아가 카이로선언은 일본으로부터 타이완, 만주, 태평양군도 등 그의 모든 식민지와 점령지를 박탈함으로써 일본제국을 완전히 해체할 것을 결의하였다.[3]

카이로선언에서 천명된 조선에 대한 방침은 이후 연합국 정상들의 몇 차례 회담에서 재확인되었다. 1945년 2월 흑해 연안의 얄타에서 열린 미국, 영국, 소련의 정상회담은 소련이 미국과 일본의 전쟁에 참여하며 미국과 공동으로 일본을 점령한다는 방침을 정하였다. 1945년 8월 6일 미국이 일본의 히로시마廣島에 사상 최초로 원자폭탄을 투하하자 8일 소련은 일본에 대해 선전포고를 하고 9일부터 조선에 그의 군대를 진입시키기 시작하였다. 반면 미국군은 한반도로부터 약 1,000km나 멀리 떨어진 오키나와沖繩에 있었다. 미국은 소련이 조선 전체를 점령하는 것을 막기 위

2 정용욱(2003), 『해방 전후 미국의 대한정책』, 서울대학교출판부, 19~48쪽.
3 정일화(2010), 『카이로선언』, 선한약속, 24~56쪽.

해 소련에게 북위 38도선을 군사분계선軍事分界線으로 제안하였다. 소련은 미국과 일본 본토의 공동점령에 참여할 목적에서 미국의 제안을 수락하였다.[4] 미국이 그의 군대를 38도선 이남에 진주시키는 것은 9월 8일부터였다. 이로써 조선에 대한 미국과 소련의 분할점령체제가 성립하였다.

미군정하의 정치

남조선에 진주한 미국군은 9월 20일 조선총독부朝鮮總督府를 폐지하고 재조선미국육군사령부군정청在朝鮮美國陸軍司令部軍政廳을 설치하였다(이하 미군정美軍政). 미국군은 미군정이 향후 조선인의 자유롭고 독립된 국가를 건설하기 위한 임시정부가 세워질 때까지 38도 이남의 조선을 통치하기 위해 연합국 총사령관 휘하의 미국군에 의해 수립된 유일하고 합법적인 과도정부임을 선언하였다.[5] 점령 초기의 미국은 영국, 소련, 중국과 함께 국제민간행정기구를 구성하여 조선을 일정 기간 신탁통치할 계획이었다. 그에 따라 미국 국무부는 남조선에 진주하는 미국군에게 일본군의 무장해제와 치안유지를 기본 과제로 지시하였다. 미군정의 지위와 역할은 연합국의 신탁통치를 받게 될 조선인의 임시정부가 들어설 때까지 한시적으로 존속하는 점령기구로 규정되었다. 남조선에 구축되어 있는 일본의 지배기구를 청산하거나 미국식의 자유민주적 개혁을 행하는 것은 미군정에 부여된 주요 과제가 아니었다. 미군정은 조선인의 결사, 언론, 출판 등의 시민적 자유를 허용하였지만, 정부를 칭하는 정치단체나 정부를 조직하기 위한 정치활동은 일체 인정하지 않았다.

미군정은 총독부의 통치제도와 관료기구를 그대로 계승하였다. 1945년 11월 미군정은 법령 제21호를 발하여 구 총독부가 발포하고 법률적 효력을 지닌 규칙, 명령, 고시는 미군정이 별도의 명령으로 폐지할 때까지

4 김학준(2008), 『북한의 역사』 1, 서울대학교출판부, 648~650쪽.
5 양동안(2001), 『대한민국건국사』, 현음사, 121쪽.

전 효력으로 존속한다고 선언하였다. 또한 총독부, 도청, 부府, 면面, 촌村의 행정조직과 국장, 과장, 부윤, 군수, 경찰서장, 세무서장, 면장, 촌장, 그 이하의 직원은 별도로 개정되거나 폐지되기까지 그대로 존속한다고 하였다.[6] 이후 미군정이 폐지하거나 신설한 행정조직은 얼마 되지 않았다. 미군정의 성립과 더불어 일본인 관리와 경찰은 모두 해임되어 본국으로 귀환하였지만, 조선인 관리와 경찰은 그대로 현직을 유지하였다.

조선을 신탁통치하려는 미국의 방침은 1945년 12월의 모스크바협정으로 구체화하였다. 모스크바에 모인 미국, 영국, 소련의 외상外相은 조선에 민주적 임시정부를 세우며, 이를 지원하기 위해 남조선의 미국군 대표와 북조선의 소련군 대표로 구성되는 공동위원회를 구성하며, 이 위원회가 임시정부의 수립을 위해 조선의 정당 및 사회단체와 협의하며, 이 위원회가 임시정부와 협의하여 최장 5년간의 신탁통치에 관한 안을 만들어 미국, 영국, 소련, 중국 4대국의 공동심의에 부치자는 내용의 협정에 서명하였다.

당시 남조선의 조선인들은 상이한 이념의 두 정치세력으로 대립하였다. 하나는 박헌영朴憲永을 영수로 하는 조선공산당朝鮮共產黨 중심의 공산주의세력이었다. 조선공산당은 약 20만 명의 당원을 보유하였다. 일정기日政期에 걸쳐 자본주의 경제가 발전함에 따라 노동자와 빈농을 지지기반으로 하는 공산주의세력이 성장하였다. 해방과 더불어 그들은 가장 잘 조직된 정치세력으로 등장하였다. 그들은 모스크바협정에 찬성하였다. 그들은 임시정부에 일정한 지분을 가지고 참여한 다음, 조선 전체를 공산화할 꿈을 꾸었다.

다른 하나의 정치세력은 미국과 중국 화중에서 귀국한 이승만李承晚과 김구金九 중심의 독립운동세력과 이들을 지원한 국내의 지주·자본가 및

6 韓國法制硏究會 編(1971), 『美軍政法令總攬』(國文篇), '法令第21號' 139쪽.

시민적 중산층이었다. 해방을 맞아 국내의 부르주아 계층은 한민당韓民黨이라는 정당을 조직하여 공산주의세력에 맞섰다. 이들 정치세력은 그 이념적 지향이 다양하였지만, 공산주의의 계급독재와 소련 중심의 국제노선을 반대하는 점에서는 공통이었다. 이들 반反공산주의 정치세력은 모스크바협정에 의한 임시정부의 수립과 4대국의 신탁통치가 조선을 공산화할 위험성이 있다고 판단하고 그에 반대하였다. 이승만과 김구가 조직한 반탁反託운동은 조선공산당이 지도한 찬탁贊託운동과 격렬하게 대립하였다. 이외에 김규식金奎植과 여운형呂運亨을 중심으로 하는 중도우파와 중도좌파의 정치세력이 있었지만, 대중을 정치적으로 동원할 수 있는 능력에는 한계가 있었다.

1946년 3~5월 미국군 대표와 소련군 대표는 모스크바협정에 따라 서울에서 공동위원회를 개최하여 임시정부의 수립에 착수하지만 실패하였다. 소련군 대표는 모스크바협정을 거부하는 남조선의 정치세력을 공동위원회에 참여시킬 수 없다고 주장하였다. 그 같은 소련의 주장은 임시정부를 공산주의세력과 그에 동조하는 중도세력만으로 구성하겠다는 의도로 미국으로서는 용납할 수 없는 것이었다. 미소美蘇공동위원회는 결렬되었다. 소련이 무엇 때문에 그 같은 극단적 요구를 내걸었는지는 명확하지 않지만, 당시 북조선에서 진행 중이던 인민민주주의적 개혁을 남조선의 반공反共세력으로부터 보호하고 기정사실화하기 위한 정치적 계산이 있었음을 부정하기는 힘들다. 일정기에 걸쳐 성장한 남조선의 반공세력은 그리 간단하게 부정될 수 있는 약체가 아니었다.

세계대전 이후 미국 국무부의 조선 정책은 연합국의 일원인 소련과 협조하여 세계질서를 건전하게 재편할 수 있다고 믿는 진보주의자들에 의해 주도되었다. 소련과의 공동위원회가 결렬되자 미국 국무부는 소련에 적대적인 남조선의 반공세력을 정치 현실에서 배제하고, 그 대신 남조선의 중도우파와 중도좌파를 합작시켜 대표적인 정치세력으로 육성할 것을 미군정에 지시하였다. 이미 북조선에서는 공산주의세력에 의한 북조선임시인민위원회北朝鮮臨時人民委員會가 조직되어 사실상의 정부로 기능하고 있었다. 그에 대응하여 미국은 남조선을 대표하는 정치기구로서 좌우합작위원회左右合作委員會와 과도입법의원過渡立法議院을 만들어 장차 성립할 통합적 임시정부에 대응하려고 하였다. 1946년 10월 미군정의 지원하에 중도 정치세력 간의 좌우합작이 성립하였으며, 동년 12월에는 민선의원 45명과 관선의원 45명으로 이루어진 남조선과도입법의원이 문을 열었다.

그보다 앞서 1946년 3월 미군정은 주요 부처의 책임자로 조선인을 임명하였다. 뒤이어 1947년 6월 미군정은 법령 141호로 38도선 이남을 통치하는 입법, 사법, 행정 부문 등, 미군정의 조선인 기관을 남조선과도정부南朝鮮過渡政府라고 개칭하였다. 과도정부에는 13부 6처와 중앙경제위원회, 인사위원회가 설치되었다. 이처럼 형식적으로는 조선인을 책임자로 하는 정부 부처가 성립하였지만, 실질적인 권한은 여전히 미군정에 있었다. 과도정부 각 부처의 회의에는 미국인 고문이 참여했으며, 그들은 회의의 결정을 거부할 수 있는 권리를 보유하였다.

우파 반공세력을 배제하고 중도세력으로 과도정부를 구성한 미군정의 노력에도 불구하고 1947년 5월에 다시 열린 미소공동위원회는 실패하였다. 당시 많은 우파 정당과 단체가 공동위원회의 초대를 받기 위해 모스크바협정을 지지한다는 서약서를 제출하였다. 그럼에도 그들은 신탁통치를 반대하는 연합단체에서 탈퇴하지 않았다. 나아가 남조선과도입법의원의 다수 의원은 한민당을 중심으로 하는 우파 정치세력에 속하였다. 그들의 주도하에 과도입법의원은 신탁통치 반대를 결의하였다. 이 같은 상황에서 공동위원회의 소련군 대표는 신탁통치에 반대하는 단체는 공동위원회에 참여할 수 없다는 이전의 주장을 되풀이하였다. 미소공동위원회는 최종적으로 결렬되었다.

미국과 소련은 이미 냉전冷戰에 진입하고 있었다. 공동위원회가 실패하자 미국은 소련의 반대에도 불구하고 1947년 9월 조선 문제를 유엔에 상정하였다. 동년 11월 유엔은 조선 전역에서 유엔의 감시하에 인구비례에 의한 선거를 실시하여 의회를 구성하며, 그 의회가 남북에 걸친 통일정부를 수립하며, 이후 90일 이내에 조선에서 미국군과 소련군은 철수한다고 결의하였다. 유엔은 이러한 과정을 감시할 임시위원단을 파견하였다. 그에 따라 동년 12월 미군정이 그동안 추진해 온 좌우합작위원회는 해산하였다.

북조선의 공산주의세력은 유엔의 임시위원단이 38도선 이북에 들어오는 것을 거부하였다. 유엔은 임시위원단이 접근 가능한 지역에서만이라도 총선거를 실시하라고 결의하였다. 그에 따라 1948년 5월 10일 동 위원단의 감시하에 남조선의 범위에서 사상 최초로 자유보통선거가 실시되었다. 그 결과 동년 5월 30일 국회國會라고 불리는 최초의 의회가 소집되었다. 국회는 새롭게 세워질 나라의 국호를 대한민국大韓民國으로 정하였으며, 헌법의 제정에 착수하여 7월 17일에 이를 공포하였다. 헌법에 따라 국회는 이승만을 초대 대통령으로 선출하였다. 동년 8월 15일 초대 정부는 대한민국정부의 성립을 세계에 선포하였다. 대한민국정부는 이날 밤 자정을 기해 미군정으로부터 남조선에 대한 일체의 통치권을 인수하였다. 동년 12월 유엔총회는 대한민국정부를 합법적 정부로 승인하였다. 그에 근거하여 1949년 1월에는 미국이, 뒤이어 1950년 3월까지 자유진영의 26개국이 대한민국을 승인하였다. 이로써 조선인은 남조선의 범위에서 1910년 대한제국大韓帝國이 망한 뒤 38년 만에 대한민국이라는 새로운 주권국가를 건립하였다.

남조선을 3년간 점령하고 통치한 미국의 정책은 잘 준비된 것이 아니었다. 미국 국무부는 소련과의 건전한 협조로 조선에서 미국의 이익에 충실한 국가를 세울 수 있으리라는 비현실적인 목적을 추구하였다. 미국은 조선의 역사에 무지하였다. 미국은 지주, 자본가, 상인, 전문적 지식인을 중심으로 하는 조선의 반공세력이 그들의 역사에서 구현하고 있는 진보적 의의를 무시했으며, 일반 민중에 대한 그들의 정치적 동원력을 과소평가하였다.[7] 남조선의 경제에 대한 미군정의 정책은 더욱 준비되지 않은 것이었다.

경제의 혼란

제9장에서 지적한 대로 1940년 조선경제의 대외의존도, 곧 국내총생산에 대비된 수출입 무역의 비중은 56.1%의 높은 수준에 달해 있었다. 조선경제는 일본-조선-만주를 잇는 상품과 자본의 거대한 순환 속에 깊이 포섭되어 있었다. 일제의 패망은 그 거대한 순환의 해체를 의미하였다. 그 위에 남북분단은 더욱 커다란 충격이었다. 소련군은 북조선을 점령한 직후인 8월 24일에 남북을 연결하는 경원선과 경의선 철도를 차단하였다. 이로써 남과 북 사이의 대형 물류가 중단되었다. 뒤이어 소련군은 38도선에 경비부대를 배치하여 남북의 도로 통행을 통제하기 시작하였다. 9월 6일에는 남과의 전화·전보를 차단하고 우편물 교환을 금지하였다. 38도선은 군사분계선을 넘어 점차 사회·경제의 실질적인 분단선으로 고착되어 갔다.

일정기에 걸친 조선경제의 공업화는 남조선보다 북조선에서 급속하게 이루어졌다. 1930년대 이후 북조선에서 군수 관련의 중화학공업이 활발하게 건설됨에 따라 전체 공업에서 남조선의 비중은 점점 감소하였다. 전체 공산액에서 남조선의 비중은 1910년대 초에는 65%나 되었지만 1940년에는 45%로, 나아가 1944년에는 36.5%로 하락하였다.[8] 두 지역 간의 산업구조에도 뚜렷한 차이가 생겨났다. 1940년 공업의 지역별 분포를 보

---

7 이영훈(2013), 『대한민국역사』, 113~115쪽.

8 박기주·류상윤(2010), 「1940·50년대 광공업 생산통계의 추계와 분석」, 『經濟學硏究』 58-3, 60쪽.

면 생산액 기준으로 방직공업의 85%, 기계공업의 72%, 식료품공업의 65%가 남조선에 위치한 반면, 화학공업의 82%, 금속공업의 90%, 가스·전기공업의 64%가 북조선에 분포하였다.[9] 이 같은 산업구조의 지역적 차이는 남조선과 북조선의 상호의존을 심화시켰다. 분단은 이 같은 구조의 조선경제에, 특히 북조선으로부터 철을 비롯한 1차 금속, 각종 중간재, 비료 등을 공급받고 있던 남조선의 경제에 심각한 타격을 가하였다.

일본의 항복 선언과 더불어 금융시장은 곧바로 큰 혼란에 빠졌다. 다음 날 8월 16일에만 약 2억 원의 예금이 은행에서 빠져나갔다. 급격한 예금인출을 맞아 전국의 은행은 1주일 뒤면 지불불능 사태를 맞이할 것으로 예상되었다. 조선은행朝鮮銀行은 황급히 일본으로부터 미발행 조선은행권과 일본은행권을 공수하여 그에 대응하였다. 그 결과 조선은행권의 발행고는 8월 15일 49억 원에서 10월 18일 88억 원까지 급증하였다.[10] 발행고 증가분의 약 60%는 귀환을 서두르는 일본인 관리, 군인, 회사원의 월급, 퇴직금, 여비 등으로 인출되었다. 나머지 40%는 총독부와 일본군의 철수비와 진주하는 미국군의 접대비 등 정치적 목적에 투여되었다.[11]

조선은행의 통화 증발에도 불구하고 일반은행의 자금 사정은 악화되었다. 일반은행의 예금고는 1945년 7월 말 44억 원에서 9월 말까지 17억 원으로 급하게 감소하였다. 예금인출은 조선인에 의해서도 광범하게 이루어졌다. 비상시국에 믿을 수 있는 것은 현금뿐이었다. 전시기에 억눌렸던 소비의 폭발도 예금인출을 가속하였다. 1945년 10월부터 본격화한 일본인의 철수로 경제는 더욱 큰 혼란에 빠졌다. 식민지경제의 중추신경은 일본인 자본가와 기술자에 의해 장악되어 있었다. 그들이 대거 귀환함에 따라

9 朝鮮經濟通信社(1949), 『朝鮮經濟統計要覽』, 72쪽.

10 李淵植(2009), 「解放 後 韓半島 居住 日本人 歸還에 關한 研究」, 서울市立大學校 大學院 國史學科 博士學位論文, 81쪽.

11 정병욱(2003), 「해방직후 일본인 잔류자들－식민지배의 연속과 단절－」, 『역사비평』 64, 134~137쪽.

[그림 10-1] 남조선 광공업생산액의 추이(1937~1960)

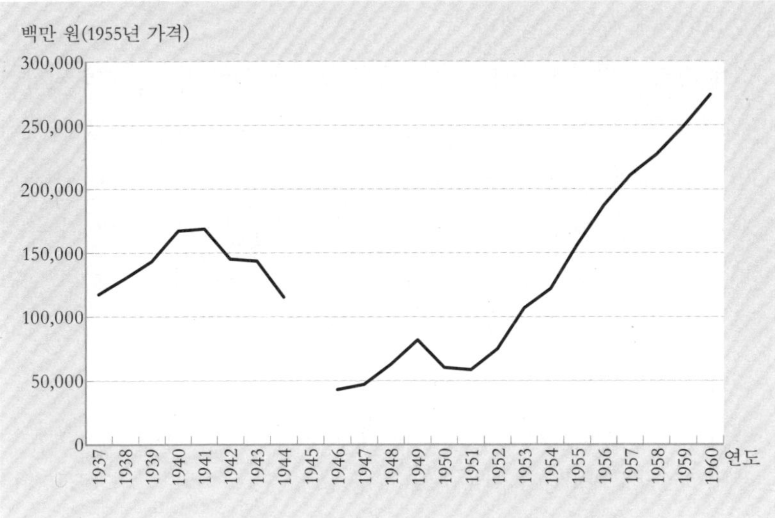

출처: 박기주·류상윤(2010), 「1940·50년대 광공업 생산통계의 추계와 분석」, 『經濟學硏究』, 58-3, 73쪽.

많은 회사와 공장이 문을 닫았다. 그로 인해 대량의 부실채권不實債權이 발생하자 대부분의 금융기관은 사실상 지불불능의 공황 상태에 빠졌다.[12]

〈그림 10-1〉은 1955년 가격으로 표시된 남조선 광공업생산의 추이를 나타낸 것이다. 제9장에서 서술한 대로 해방 이전의 광공업생산은 1941년이 정점이었으며, 이후 1944년까지 급하게 감소하는 추세였다. 그런데 1946년의 광공업생산은 430억 5,100만 원으로 1944년의 1,154억 700만 원의 37%에 불과하였다.[13] 해방과 분단의 경제적 충격이 얼마나 컸는지를 이를 통해 알 수 있다. 그사이 상당수의 공장이 원료, 부품, 기술, 시장의 애로로 문을 닫았다. 미군정 노동부의 조사에 의하면 1946년 11월 5인 이상 종업원을 거느린 사업체는 5,249개로서 1944년 6월의 9,323개보

12 이영훈·배영목·박원암·김석진·연강흠(2004), 『한국의 은행 100년사』, 산하, 256~259쪽.

13 박기주·류상윤(2010), 「1940·50년대 광공업 생산통계의 추계와 분석」, 『經濟學硏究』 58-3, 73쪽.

다 44%나 감소하였다. 종업원 수는 30만 1,000명에서 60%나 감소한 12만 2,000명에 지나지 않았다.[14]

그에 따라 대량의 인구가 실업 상태에 빠졌다. 미군정 노동부에 의하면 1946년 11월 전국적으로 110만 2,000명의 실업자가 있었다. 그 가운데 63만 7,000명이 해외에서 귀환하거나 북조선에서 월남한 이른바 전재실업戰災失業에 해당하였다. 나머지 46만 5,000명이 해방과 분단에 따른 경제적 순환의 마비에 기인한 경제적 실업이었다. 공공부문을 포함한 실업률은 생산이 다소 회복된 1947년에도 서울에서 30%, 경기도에서 24%나 되었다.[15]

해외동포의 유입은 경제의 혼란을 부추겼다. 1947년 11월까지 일본으로부터 111만 7,000명이 귀국하였다. 중국, 만주, 타이완, 남양군도南洋群島, 하와이 등에서 유입한 인구는 122만 2,000명에 달하였다. 1946년 2월 북조선에서 급진적인 토지개혁이 행해졌다. 그에 의해 지주를 비롯한 자산 계층이 고향에서 추방되었는데, 그들 대부분은 남조선으로 내려왔다. 그 수가 1948년 8월까지 대략 66만 명이나 되었다. 해방 당시 남조선 인구는 총 1,614만 명이었다. 이후 1949년 5월에 행해진 조사에 의하면 대한민국의 인구는 총 2,017만 명이었다. 그사이 403만여 명의 인구가 증가하였다. 이 가운데 자연증가를 제외한, 귀환이나 월남에 따른 증가는 대략 277만 8,000명으로 추산되고 있다.[16] 이들의 상당수는 도시에 체류하면서 팽배한 실업인구를 형성하였다.

통제경제와 구호원조

미군정의 경제정책은 점령지 남조선에서 질병과 폭동을 예방하기 위해

14 李大根(2002), 『解放後·1950年代의 經濟』, 삼성경제연구소, 141쪽.

15 李大根(2002), 『解放後·1950年代의 經濟』, 122·143쪽.

16 김두섭(1999), 「미군정기 남한인구의 재구성」, 최영희 외, 『미군정기 한국의 사회변동과 사회사』 1, 한림대학교출판부, 153~156쪽.

직접적인 생활재료를 안정적으로 공급함에 최우선의 역점을 두었다. 이를 위해 미군정은 남조선에서 자급 가능한 물자를 최대한 확보함과 더불어 모자라는 식량, 연료, 의약, 위생품 등을 미국 육군성에 요청하여 수입하였다. 이 같은 구호행정의 수준을 넘어 경제의 회복과 성장을 위한 체계적인 경제정책은 준비되지 않았다. 점령 초기인 1945년 10월 미군정은 성급하게도 구 총독부의 전시통제경제를 상징하는 미곡의 공출제供出制와 배급제配給制를 철폐하였다. 미군정의 조치는 농민과 소비자의 환영을 받았지만, 곧이어 미곡시장에서 대혼란을 일으켰다.

해방이 농업에 가한 충격은 그리 크지 않았다. 남조선의 미곡 생산고는 1943년 262만 톤, 1944년 199만 톤, 1945년 249만 톤, 1946년 234만 톤의 추이를 보였다.[17] 두류, 잡곡류, 소채류의 생산에도 큰 변화가 없었다. 다만 맥류의 생산만큼은 해방 이후 크게 감소하였는데, 북조선에서 내려오는 비료의 두절이 그 원인이었다. 미곡의 생산량에는 큰 변동이 없었지만 그동안 억눌렸던 농민들의 미곡 소비는 크게 증가하였다. 술, 떡, 엿 등의 소비도 증가하였다. 육류의 소비도 무질서한 도살과 함께 크게 증가하였다. 남조선의 육우는 1944년에 88만 6,842두였는데, 1945년에 59만 7,085두로 한 해만에 33%나 감소하였다. 돼지도 24만 두에서 19만 두로 감소하였다.[18]

1945년 8월과 1946년 6월 사이에 물가는 평균 3배 등귀하였다. 그 사이 통화량의 증발은 얼마 되지 않았다. 물가의 상승은 기본적으로 수요의 폭발과 공급의 부족이라는 실물요인에 의하였다. 전시기에 쌓인 강제저축이 민간수요의 폭발을 뒷받침하였다. 농촌에서 소비가 폭발하자 미곡을 비롯한 농산물이 도시로 반입되지 않거나 크게 줄었다. 도시에서는

17 한국농촌경제연구원 편(2003), 『보정 농업통계표: 1910-2001년』, 229쪽.

18 朝鮮銀行調査部, 『朝鮮經濟年報』 1948年度版, 1~64쪽.
大韓民國農林部, 『農林統計年報』 1953年度版, 104쪽.

미가가 폭등하고 상인의 매점매석이 성행하였으며, 도처에서 쌀을 구하기 위한 소란이 발생하였다. 미군정은 황급하게 통제경제로 복귀할 수밖에 없었다.

1946년 1월 말 미군정은 미곡수집령米穀收集令을 발표하여 전년도산 미곡을 대상으로 농가로부터 자가식량을 제외한 잉여미곡의 수집에 나섰다. 그렇지만 실적은 목표치의 12.4%에 불과했으며, 그로 인해 1946년 도시부의 식량 수급需給은 최악의 상태를 면치 못하였다. 이후 1946년산과 1947년산 미곡을 대상으로 한 수집 실적은 목표치 대비 29%와 36%로 개선되었다. 농민들에게 강요된 수집가격은 시중가격의 1/3에 불과하였다. 농민들은 미군정의 수집정책에 반발하였다. 1946년 10월 조선공산당이 사주하여 경상북도 지방에서 농민폭동이 일어난 것은 미군정의 미곡정책에 대한 농민들의 반발이 그 한 가지 배경을 이루었다.

미군정은 미곡에 이어 맥류, 소금, 담배, 인삼, 의약품, 사탕, 석탄, 석유와 같은 주요 생활재료에 대해서도 강제적인 수집과 배급 정책을 실시하였다. 1946년 5월 미군정은 경제통제에 관한 법령을 공포하여 중앙경제위원회, 경제자문위원회, 중앙가격행정처, 중앙식량행정처를 설치하였다. 중앙경제위원회는 국내 생산의 목표 설정, 수출입의 품목과 수량 결정, 기계·동력·연료·노동력의 배치, 부족한 상품의 수집과 배급, 가격의 안정과 통제 등, 경제통제에 관한 제반 정책을 기획하고 조정하는 최고기관이었다. 중앙가격행정처는 중앙경제위원회의 정책과 보조를 같이하여 주요 물품의 최고가격을 설정하는 등, 물가의 안정을 기본 임무로 하였다. 중앙식량행정처는 식량의 수집, 이동, 저장, 배급에 관한 정책을 담당하였다.[19]

미군정은 통제정책을 원활하게 시행하기 위해 대외무역을 통제하였다. 대외무역은 미군정에 의한 관영무역과 민간무역으로 구분되었다. 관영무

19 韓國法制硏究會 編(1971), 『美軍政法令總攬』(國文篇), '法令第90號', 218~222쪽.

역은 미국정부로부터 주어지는 구호원조의 달러로 식료품, 석유, 원면, 생고무, 비료, 시멘트, 철도용품 등 주요 원자재를 수입함을 말하였다. 이들 수입품의 구성과 배급은 미군정에 의한 경제통제의 기초를 이루었다. 민간무역에 대해 미군정은 1946년 1월 대외무역규칙對外貿易規則을 공포하여 민간의 자유로운 대외거래를 금지하였다. 무역업자는 미군정의 면허를 얻어야 했으며, 수출과 수입은 미군정의 허가를 얻어야 하였다. 미군정은 경제 상황에 따라 쌀의 수출을 금지하거나 수출입 품목과 수량을 초긴급, 긴급, 준긴급의 등급으로 구분하여 일일이 통제하였다. 수입품의 판매대금은 조선환금은행朝鮮換金銀行에 예치하여 수출품 구매에만 사용하였다.

민간무역에 대한 이 같은 통제정책은 한동안 아무런 효력이 없었다. 민간무역을 통제할 부처로서 상무부의 무역국과 재무부의 세관이 설치되고 활동을 개시한 것은 1946년 8월부터였다. 그사이 해방 후 1년간의 민간무역은 아무런 통제 없이 공공연한 밀무역으로 이루어졌다. 1946년 초부터 중국 화북과 만주로부터 일본군이 남기고 간 물자를 정크선에 싣고 인천항에 들어오는 중국 상인들이 많아졌다. 남조선은 설탕, 중국술, 땅콩 등을 수입하는 대신에 대두박大豆粕, 가죽신, 대마大麻 등을 수출하였다. 무역은 물물교환의 방식이었다.[20]

민간무역의 규모는 1946년 2억여 원에서 1947년에 32억 원, 1948년에 161억 원으로 증가하였다. 1946년의 수치는 세관이 8월에 설치되었으므로 과소평가된 것이다. 이 점을 고려하더라도 미군정기 민간무역의 회복 속도는 빨랐다고 할 수 있다. 무역의 주요 상대는 이전의 일본에서 홍콩과 중국으로 바뀌었다. 1946~1948년 홍콩을 포함한 대중국 수출은 평균 77%의 큰 비중이었던 반면, 대일본 수출은 13%에 불과하였다. 수입의 경우는 중국발 수입이 32%, 미국발 수입이 15%, 영국발 수입이 9%로 보

---

20 차철욱(1998), 「미군정기 민간무역정책과 무역업자의 활동」, 『文化傳統論集』 6, 慶星大學校 韓國學硏究所, 116~118쪽.

다 다변적이었는데, 일본발 수입은 4.3%에 불과하였다.[21] 해방과 동시에 일본과의 민간관계가 두절되고 홍콩과 중국의 무역상에 의한 정크선 무역이 민간무역을 주도하면서 그러한 변화가 생겼다.

미국정부의 구호원조로 이루어지는 관영무역은 민간무역보다 월등한 규모였다. 예컨대 1947년 관영무역은 664억 원으로 민간무역 32억 원의 21배나 되었다.[22] 남조선에 대한 미국정부의 원조는 점령지역행정구호원조(GARIOA원조)로 시작되었다. 이는 점령지에서의 식량 부족, 전염병, 폭동 등에 대처하기 위한 긴급 구호를 목적으로 한 원조로서 식료품, 피복, 의약품, 연료, 석유류 등이 주된 품목이었다. 이외에 점령지역경제부흥원조(EROA원조)가 있었다. 이는 점령지에서의 긴급한 경제복구용 원조로서 철광석, 중유, 면화, 건축자재, 화학약품 등의 원자재가 주된 품목이었다. 이 두 가지 경로를 통해 미군정기에 걸쳐 약 5억 210만 달러의 원조가 도입되었다(〈표 10-5〉 참조). 식량 부족이 미군정이 대처해야 할 가장 긴급한 상황이었기 때문에 품목별로는 소맥을 비롯한 식량이 전체의 41.6%를 차지하였다. 두 번째로 많이 들어온 것은 비료를 비롯한 각종 농업자재로서 18.8%였고, 그 다음이 피복류(10.2%), 석탄 등의 고체연료(8.1%), 석유류(4.9%)의 순서였다.

민간무역과 달리 관영무역에서는 일본의 비중이 컸다. 그것은 일정기에 건설된 조선의 공업설비가 대부분 일본제이고, 공업의 재건을 위해서는 일본으로부터 부품과 자재가 공급되어야 했기 때문이다. 예컨대 GARIOA원조에 의한 수입품의 15%는 일본에서 구매되었는데, 주로 기계부품과 화학제품이었다. 섬유공업의 부품으로 방추紡錘는 1946년 11월부터 수입이 개시되었는데, 그 결과 전국의 방추 수가 1946년 말 19만 2,000추에서 1947년 말 24만 7,000추로 증가하여 방직공업의 재건을 뒷

21 李大根(2002), 『解放後·1950年代의 經濟』, 129쪽.

22 朝鮮經濟通信社(1949), 『朝鮮經濟統計要覽』, 183쪽. 미화 1달러를 540원으로 平價한 결과이다.

받침하였다. 그 밖에 해방 이전에 비해 기차가 50%의 수준에서 운행을 계속하거나 기관차의 수리와 열차의 조립이 이루어질 수 있었던 것은 일본에서 관련 부품이 수입되었기 때문이다.[23]

관영무역에 의한 수입품은 정부의 각 부처나 그 대리기구를 통해 민간에 배급되었다. 공업용 원료와 부품은 상무부나 협회를 통해 각 공장에 분배되었다. 그 대가로 미군정은 각 공장의 생산물을 확보하여 금융조합연합회나 상인단체를 통해 민간에 배급하였다. 공산품의 배급은 미군정이 농촌에서 식량을 강제로 수매收買할 수 있는 근거가 되었다. 요컨대 미군정의 통제정책은 미국정부의 구호원조와 그에 기초한 관영무역을 중요한 물적 기초로 하였다. 그를 통해 부족한 식량이 직접 보충되었으며, 공업생산이 회복되었으며, 생필품의 배급과 식량의 수매가 원활하게 이루어질 수 있었다.[24]

이 같은 통제정책의 순환이 성립함에 따라 남조선의 경제는 회복되기 시작하였다. 광공업생산은 〈그림 10-1〉에서 보듯이 1946년의 100억 6,900만 원을 최저점으로 하여 1948년까지 146억 9,800만 원으로 2년간 46%의 급한 속도로 회복되었다. 1945년 8월부터 1948년 8월까지 도합 1,075개의 회사가 신설되었다. 회사가 가장 많이 설립된 부문은 토건업(179개), 무역업(153개)이었으며, 뒤이어 제조공장(94개), 운수업(60개), 화학공업(55개), 기계공업(56개), 섬유공업(43개)의 순서였다.[25]

그렇지만 미군정의 통제정책은 구 총독부만큼 체계적이거나 강력하지 못하였다. 예컨대 중앙경제위원회가 통제 품목을 지정하는 것은 1946년 5월 말이지만 중앙가격행정처가 그들의 최고가격을 공시하는 것은 6월 말로 상당한 시차가 있었다. 그사이에 상인들은 물자를 은닉하거나 매점할

23 車喆旭(1998), 「미군정기 한일무역의 성격」, 『釜大史學』 22, 370~380쪽.
24 車喆旭(1998), 「미군정기 한일무역의 성격」, 『釜大史學』 22, 381~386쪽.
25 朝鮮銀行調査部, 『朝鮮經濟年報』 1948年度版, III-192~195쪽.

수 있었다. 최고가격의 통제도 별 효과가 없었다. 사회가 심한 계급대립에 휘말려 효율적인 통제가 불가능하였기 때문이다. 미군정의 재정은 세수稅收가 부족하여 적자였다. 이에 식량 수집에 필요한 자금은 조선은행의 통화 증발을 통해 이루어졌으며, 이는 인플레이션을 조장하였다. 결국 미군정의 최고가격제는 시행 1년 만에 정부가 원료를 공급하는 제품만을 대상으로 하는 부분적 통제로 후퇴할 수밖에 없었다. 물자의 배급은 커다란 이권이었으며, 그 권리를 둘러싼 정부 부처 간의 갈등과 민간기구 간의 다툼도 적지 않았다. 이는 효율적이고 공정한 배급을 저해하였다.

일본재산의 귀속

해방 당시 조선에 거주한 일본인의 수는 대략 70만 명 정도였다. 그 외에 일본군이 약 30만 명 있었다. 70만여 명 민간인의 40%는 관리, 법률가, 교사, 의사 등 전문직 종사자이고, 19%는 공업 종사자, 18%는 상업 종사자들이었다. 식민지 경제와 사회의 중핵은 이들이 장악하고 있었다. 이들의 63%는 남조선에 거주하였다. 해방 이후 이들 일본인은 일본으로의 귀환을 서둘렀다. 조선과 일본을 완전히 분리한다는 미국의 방침에 따라 미군정은 1945년 10월부터 군인, 경찰, 관료, 민간인의 순서로 그들과 가족을 일본으로 송환하였다. 남조선에 거주한 지 오래되거나 남조선에서 태어난 일본인 가운데는 잔류를 희망하는 사람이 있었다. 그럼에도 불구하고 1946년 1월 미군정은 일본인의 총철퇴령을 내렸으며, 그에 따라 동년 3월까지 대부분의 일본인이 남조선을 떠났다.[26]

남조선에 진주한 미국군은 최초의 포고에서 "주민의 소유권은 이를 존중한다"고 하였다. 그 '소유권' 가운데는 일본인의 소유권도 포함되었다. 해방 후 조선인들은 일본인의 재산을 조선에 대한 수탈의 결과로 간주하

---

26 李淵植(2009), 「解放 後 韓半島 居住 日本人 歸還에 關한 硏究」, 서울市立大學校 大學院 國史學科 博士學位論文, 97~107쪽.

였다. 그들은 미군정이 일본인의 재산을 보호함에 거세게 반발하였다. 그에 대응하여 9월 미군정은 법령 제2호를 발포하여 일본정부, 그 대리기관, 그에 속한 국민, 회사, 단체, 조합, 기타 기관이 소유한 금, 은, 예금, 채권, 기타 모든 재산의 매매, 이동, 수출 등을 미군정의 관리와 허가하에 두었다. 이에 조선인이나 미국인 등이 일본인 재산을 취득할 때는 거래의 내역을 신고해야 하며, 일정 기간 금지를 당하지 않은 뒤, 거래 대금을 조선은행의 관련 계좌에 예치해야 하였다. 재산을 판 일본인은 생활비에 한하여 대금의 일부를 인출할 수 있었다.[27]

그런데 일본인의 재산을 사실상 인정한 법령 제2호는 동년 12월 6일에 발포된 법령 제33호에 의해 완전히 부정되었다. 동 법령은 1945년 8월 9일 이후 일본정부, 그 대리기관, 그에 속한 국민, 회사, 단체, 조합, 기타 기관이 남조선에서 소유하는 모든 종류의 재산(이하 일본재산으로 통칭)의 소유권은 동년 9월 25일부로 미군정이 취득하고 소유한다고 선언하였다. 8월 9일을 시점으로 잡은 것은 일본이 항복의 의사를 연합국에 전달한 것이 그날이기 때문이라고 이해되고 있다. 그에 따라 남조선에 소재한 모든 일본재산은 9월 25일로 소급하여 미군정의 재산으로 귀속되었다. 뒤이어 미군정은 동년 12월 31일까지 일본재산을 관리하거나 소유하고 있는 사람들에게 재산의 자세한 내역을 신고하도록 명령하였다.[28]

미군정이 갑자기 기존의 방침을 뒤집고 남조선에 소재한 모든 종류의 일본재산을 몰수한 배경과 원인은 분명하지 않다. 재산권이 인정되자 적지 않은 일본인이 남조선에 잔류할 의사를 가졌다. 남조선과 일본을 완전히 분리할 방침을 세운 미국으로서는 이를 저지할 필요가 있었는지 모른다. 전술한 대로 법령 제33호를 발한 다음 달, 1946년 1월 미군정은 일본

27 韓國法制硏究會 編(1971), 『美軍政法令總攬』(國文篇), '法令第2號', 121쪽.

28 韓國法制硏究會 編(1971), 『美軍政法令總攬』(國文篇), '法令第33號', 149쪽; '財產管理令第2號', 797쪽.

인의 총철퇴령을 내렸다. 이외에 당시 무분별하게 벌어지고 있던 조선인에 의한 일본재산의 점거, 취득, 처분을 통제할 목적도 있었다고 보인다. 일본인이 대거 철수하면서 그들의 사업체와 주택은 조선인 연고자에게 맡겨지거나 방기되는 경우가 많았다. 일본인 공장의 경우, 조선인 종업원들이 공장자주관리위원회工場自主管理委員會를 결성하여 공장을 경영하고 나아가 소유권까지 확보하고자 하였다. 자주관리운동은 처음에는 공장의 시설을 보존하고 경영을 유지하기 위한 순수한 동기로 출발하였으나, 점차 미군정이 지정한 관리인과 충돌하거나 내부 파벌 간의 대립으로 갈등을 빚거나, 좌익 노동단체와의 연계를 통해 정치적으로 급진적 성향을 드러내는 부작용을 빚었다.

1945년 8월 15일 이후 조선에 남겨진 일본재산의 규모가 얼마인지에 대해서는 1946년 9월 일본정부와 주일 연합국최고사령관총사령부(GHQ)가 공동으로 조사한 자료가 있다. 그에 의하면 조선에 남겨진 일본재산은 총 52억 4,650만 달러에 달하였다.[29] 이는 1945년 8월 당시 조선의 국부國富 총량의 근 80%를 차지하는 거액으로 평가되고 있다. 그것은 일본이 조선을 보호국으로 삼은 이후 40년간 행한 제반 공적, 사적 투자의 누적이었다.[30] 그것의 소유주체별, 남북지역별 분포는 〈표 10-1〉과 같다.

소유주체별 분포는 기업 소유가 35억여 달러로서 67.6%, 정부 소유가 10억여 달러로서 19%, 개인 소유가 7억여 달러로서 13.4%였다. 지역별로는 남조선에 22억 7,000만여 달러(43.4%), 북조선에 29억 7,000만여 달러(56.6%)였다. 기업 소유에서는 500개 대기업의 소유가 89%의 압도적 비중을 차지하였다. 나머지 500개 중기업, 500개 소기업, 3,800개 영세기업의 재산은 다 합쳐도 얼마 되지 않았다. 상위 1,500개 기업 소유의 산업별 분포를 소개하면 농·어업의 1차산업이 4.1%, 제조업·광업·전기업의

29 한국학중앙연구원 편(2005), 『해방 직후 한국 소재 일본인 자산 관련 자료』, 선인, 69쪽.
30 李大根(2015), 『歸屬財產의 硏究』, 이숲, 23~28쪽.

[표 10-1] 해방 당시 재조선 일본재산

단위: 달러, %

구분	남조선	북조선	합계
기업	1,333,393,416	2,210,674,940	3,544,068,356(67.6)
1) 500개 대기업	1,032,305,416	2,130,475,940	3,162,781,356(60.3)
2) 500개 중기업	99,459,000	23,603,000	123,062,000(2.3)
3) 500개 소기업	43,679,000	11,846,000	55,525,000(1.1)
4) 3,800개 영세기업	94,800,000	23,700,000	118,500,000(2.3)
5) 기타 잡다한 재산	63,150,000	21,050,000	84,200,000(1.6)
정부	449,202,006	549,024,674	998,226,680(19.0)
개인	492,940,000	211,260,000	704,200,000(13.4)
합계	2,275,535,422	2,970,959,614	5,246,495,036(100.0)

출처: 한국학중앙연구원 편(2005), 『해방 직후 한국 소재 일본인 자산 관련 자료』, 선인, 69쪽.
비고: 1. 육·해군 재산 제외.
2. 1달러=15円.

2차산업이 84.3%, 건설·토목·운수·금융·보험·무역·상업의 3차산업이 11.6%였다. 1차산업과 3차산업의 기업은 주로 남조선에 분포하였다. 그에 비해 2차산업의 기업은 70% 이상이 북조선에 위치하였다.[31] 2차산업의 주요 업종은 화학, 철강, 제련, 경금속, 광업, 전기업 등으로 다름 아니라 1930년대 이래 북조선에 진출한 일본의 군수 관련 중화학공업이었다. 〈표 10-1〉에서 보는 북조선에 위치한 500개 대기업이 바로 그것들이다. 그들의 재산만도 21억 3,000여 달러로 전체 일본재산의 41%라는 큰 비중을 차지하였다. 이같이 일본재산의 핵심부는 북조선에 남겨진 중화학공업이었다. 정부 소유의 일본재산은 철도, 도로, 항만, 전신, 전화와 같은 사회간접자본이 주를 이루었다. 개인 소유의 일본재산은 주택, 농지, 농구, 과수원, 자동차 등과 상점, 여관, 식당 등의 비법인非法人 사업체를 말하였다.

31 한국학중앙연구원 편(2005), 『해방 직후 한국 소재 일본인 자산 관련 자료』, 68쪽.

이들 일본재산은 이후 귀속재산歸屬財産으로 불리었다. 미군정은 남조선의 귀속재산을 관리할 기구로 군정청 내에 관재처管財處를 설치하고 총책임자로서 재산관리관財産管理官을 임명하였다. 일정기에 동양척식주식회사를 비롯하여 일본인 기업과 개인이 소유한 남조선의 전답 경지는 총 26만 8,619정보로 전체 농지의 12.3%에 달하였다. 이외에 3만 7,697정보에 달하는 과수원, 뽕밭, 대지 등이 있었다. 이들 귀속농지를 접수, 관리하기 위해 미군정은 신한공사新韓公社를 설립하였다. 공장과 광산 등 귀속사업체의 경우 미군정은 관리인을 지정하여 경영을 위임하였다. 관리인은 귀속사업체에 연고가 있는 자로서 직원, 주주, 거래상인 출신이 많았다. 귀속사업체와 아무런 연고가 없이 오로지 미군정과의 연고를 이용하여 관리인으로 지정되는 경우도 있었으며, 그 가운데는 경영 능력이 의심스러운 자들도 포함되었다.[32]

귀속사업체의 수가 어느 정도였는지는 관련 통계가 들쑥날쑥하다. 1948년에 이루어진 미군정의 조사에 의하면 귀속사업체는 총 2,447개에 달하였다. 그 가운데 공장은 1,901개였다. 공장에 관해서는 1947년 10월 말 미군정 상무부가 조사한 별도의 통계가 있는데, 1,573개였다. 당시 남조선의 공장은 총 5,432개에 달했는데, 귀속공장은 그것의 28.5%를 점하였다. 귀속공장의 종업원 비중은 그보다 큰 55.4%였다. 이로부터 귀속공장의 규모가 일반 공장보다 훨씬 컸음을 알 수 있다.[33]

귀속은행歸屬銀行으로는 총독부의 중앙은행인 조선은행을 비롯하여 식산은행, 조선저축은행, 조선상업은행, 조흥은행 등이 있었다. 그 밖에 일본에 본점을 둔 은행의 지점들이 있었는데, 이들 지점은행은 모두 미군정에 의해 조선에 본점을 둔 은행들에 접수되었다. 귀속은행에 대해서는 조

32 김기원(1990), 『미군정기의 경제구조 — 귀속기업체의 처리와 노동자 자주관리운동을 중심으로-』, 푸른산, 126~144쪽.

33 김기원(1990), 『미군정기의 경제구조 — 귀속기업체의 처리와 노동자 자주관리운동을 중심으로 —』, 29~32쪽.

선인도 주식을 소유하였다. 이에 귀속은행이라 함은 엄밀히 말해 일본인이 소유한 은행 주식에 대한 귀속을 말하였다.

미군정은 귀속재산을 이후 성립할 조선인 정부에 이관할 방침이었지만, 1946년 북조선에서 행해진 급진적인 토지개혁에 대응하여 신한공사의 귀속농지歸屬農地만큼은 서둘러 민간에 불하하였다. 귀속공장歸屬工場에 관해서도 1947년 3월 자산가치 100만 원 이하의 소규모 공장을 재산관리관의 재량으로 민간에 불하할 수 있게 하였다. 이 같은 미군정의 방침은 조선인 정부의 수립 이후로 처분을 미루어야 한다는 여론의 저항에 부딪혔다. 불하된 사업체도 239개로서 그리 많지 않았다. 1948년 10월 미군정은 귀속재산 모두를 대한민국정부에 이관하였다. 당시에 작성된 자료에 의하면 각종 범주의 귀속재산의 가치는 총 3,053억 원에 달하였다. 그 가운데 1,812개의 사업체 가치가 2,171억 원으로 가장 큰 비중을 차지하였다. 1948년도 한국정부의 세출 예산이 351억 원이었으므로 귀속재산의 가치는 그것의 9배나 되는 거액이었다.[34]

사회개혁

일제하의 농촌사회를 지배한 지주제地主制는 제9장에서 서술한 대로 전시기에 들어 현저히 정체 내지 후퇴하였다. 그럼에도 해방 후 남조선의 농촌사회는 여전히 지주제의 강한 지배하에 있었다. 1945년 말 소작지의 비중은 논 128만 정보에서 70%, 밭 104만 정보에서 56%나 되었다. 농가 총수 206만여 호 가운데 자소작과 순소작의 소작관계농은 83.5%의 절대다수를 점하였다.[35] 미군정은 이 같은 농촌사회의 구조가 농민들이 공산주의 이념을 수용할 호조건으로 작용할 수 있다고 경계하였다. 1945

34 김기원(1990), 『미군정기의 경제구조 — 귀속기업체의 처리와 노동자 자주관리운동을 중심으로 —』, 37~39쪽.

35 朝鮮銀行調査部, 『朝鮮經濟年報』 1948年度版, 1~29쪽.

년 10월 미군정은 법령 제9호로써 상당수의 농민이 가혹한 소작료하에서 '반노예적' 상태에 있는 것을 '국가비상사태'로 규정하고 기존의 계약이 어떠하든 모든 소작관계에 있어서 소작료는 수확의 1/3을 넘지 못한다고 선언하였다. 또한 동 법령은 지주가 임의로 소작권을 해제하거나 변동하는 것을 금지하였다.[36]

1946년 2월 북조선에서 지주의 토지를 무상몰수하고 소작농에게 무상분배하는 급진적인 토지개혁이 행해졌다. 그에 자극을 받아 미군정은 남조선에서도 토지개혁을 행할 방침을 정하고 그에 관한 기본 정책의 검토와 관련 법안의 제정에 착수하였다. 1947년 초 미군정은 토지개혁안을 남조선과도입법의원에 상정하였으나 큰 진전이 없었다. 당시 대다수 의원들은 지주 출신으로 토지개혁은 조선인의 정부가 수립된 이후로 미룰 일이라는 핑계로 미군정의 개혁안에 소극적이었다.[37]

토지개혁의 추진이 여의치 않자 미군정은 그가 처분권을 가지고 있는 귀속농지에 대한 매각을 단행하였다. 1948년 3월 미군정은 귀속농지매각령을 발포하여 신한공사의 귀속농지를 관련 소작농에게 매각하였다. 계약 조건은 연평균 생산량의 300%를 15년간 분할 상환하는 것이었다. 농가의 자경自耕 한도는 2정보로 설정되었으며, 이를 초과하는 농민에게는 매각하지 않았다. 귀속농지의 매각은 1948년 9월까지 전답 19만 9,029정보를 50만 5,072호에 매각하는 실적을 거두었다.[38]

미군정은 1945년 10월 법령 제14호로써 최저임금제最低賃金制를 시행하였다. 그에 따라 숙련, 반숙련, 미숙련별로 일급日給 임금의 최저수준이 정

---

36 韓國法制硏究會 編(1971), 『美軍政法令總攬』(國文篇), '法令第9號', 128~129쪽.

37 金聖昊·全敬植·蔣尙煥·朴錫斗(1989), 『農地改革史硏究』, 韓國農村經濟硏究院, 331~338쪽.

38 金聖昊·全敬植·蔣尙煥·朴錫斗(1989), 『農地改革史硏究』, 358~383쪽. 같은 책 383쪽에 의하면 답 15만 4,050정보를 구입한 농가는 38만 3,659호, 전 4만 4,979정보를 구입한 농가는 12만 1,413호이다. 답과 전을 함께 구입한 농가가 있을 것이므로 귀속농지를 구입한 농가 총수로서 본문에서 언급한 50만 5,072호는 답과 전을 구입한 戶數의 단순합계를 가리킨다.

해졌다. 동년 12월에는 수많은 사업체에서 빈발하고 있는 노동쟁의에 대처하기 위해 미군정청에 중앙노동조정위원회를, 각 도에 도道노동조정위원회를 설치하였다. 이 위원회는 조정 판결이 내려지기까지 파업을 중단시킬 권한을 가졌다. 나아가 1946년 7월 미군정은 노동문제에 관한 기본정책을 공포하여 노동자가 자율적으로 민주적 노동조합을 결성하고 단체협약을 위해 대표를 선출할 수 있는 권리를 인정하였으며, 이를 감독할 부서로서 기존 상무부 내의 노동국을 노동부로 승격시켰다.[39]

당시 남조선의 노동운동은 그를 둘러싼 정치적 상황에 규정되어 좌익과 우익이 격렬하게 헤게모니를 다투는 장으로 변질해 있었다. 1945년 11월 조선공산당의 영향하에 조선노동조합전국평의회朝鮮勞動組合全國評議會(이하 전평全評)라는 전국적 노동조직이 출현하였다. 그에 맞서 우파 반공세력은 1946년 3월 대한독립촉성노동총동맹大韓獨立促成全勞動總同盟을 조직하였다. 조선공산당은 1946년 7월부터 미군정에 폭력으로 맞서는 극좌노선으로 전환하였다. 그 출발은 9월 미군정의 감원 조치에 반발하여 일어난 철도국 경성공장京城工場의 파업이었다. 그에 호응하여 전평이 주도하는 전국적 범위의 노동자 총파업이 벌어졌다. 그에 대응하여 미군정은 경찰과 우익 청년단체를 경성공장에 투입하여 파업을 진압하였다.

전평의 총파업에 자극을 받은 미군정은 1946년 9월 14세 미만 아동의 노동 금지, 14~18세 아동의 중공업重工業 및 유해한 작업장에서의 취업 금지, 21세 미만 여성의 광산이나 채석장 등 힘든 공사장에서의 취업 금지 등의 개혁안을 발표하였다. 아울러 1일 8시간, 주 48시간의 최고노동시간제가 실시되었다. 노동시간은 주 60시간까지 연장할 수 있으나 이 경우 초과수당이 지급되어야 하였다.[40] 조선공산당의 노선 전환과 더불어

---

39 韓國法制硏究會 編(1971),『美軍政法令總攬』(國文篇), '法令第14號', 133쪽; '法令第34號', 150쪽; '法令第97號', 289~290쪽.

40 韓國法制硏究會 編(1971),『美軍政法令總攬』(國文篇), '法令第112號', 321~331쪽; '法令第121號', 354~357쪽.

남조선은 점차 미국으로서는 패배할 수 없는 이념 투쟁의 전장이 되어 갔다. 미군정의 진보적 노동정책도 이 같은 정치정세의 산물이었다. 노동자의 권리를 보호하기 위한 미군정의 노동입법은 당시 물가가 급등하고 실업률이 30%에 달했던 경제의 실정과 동떨어졌으며, 이에 실질적인 구속력을 갖지 못하였다.[41] 미군정의 제반 사회개혁은 공산주의세력의 공세에 맞서기 위한 취지에서 고안되었지만, 그것들은 이후 성립하는 대한민국정부의 제반 사회입법社會立法을 강하게 규정하였다.

미국군의 남조선 진주가 조선인의 정신생활에서 변화를 초래하기 시작한 것은 교육 현장에서부터였다. 미군정은 총독부의 군국주의軍國主義 교육이념과 교육체제를 폐지하였다. 미군정이 추구한 새로운 교육정책은 교육기회의 보편적 확대와 "자유를 향유할 수 있는 공민적公民的 자질을 적극적으로 연성鍊成하는"[42] 민주주의 이념의 확산이었다. 1945년 11월 미군정에 의해 조선교육심의회朝鮮教育審議會가 소집되었는데 동 심의회에는 대개 미국과 친화적인 기독교계와 한민당의 인사들이 주류를 이루었다.[43] 사회주의 이념의 지식인도 초대되었지만, 정국의 경색과 더불어 점차 배제되었다. 1946년 3월까지 활동한 동 심의회는 조선인의 심각한 문맹文盲 상태와 폭발하는 교육 수요에 대응하여 시급히 초등교육을 의무교육제義務教育制로 실시할 것을 건의하였다. 미국의 GARIOA원조에 재정을 의존한 미군정은 의무교육제를 시행할 여력이 없었다. 그 대신 학교를 증설하고 교사를 양성하여 교육기회를 확장하는 데 적지 않은 지출을 행하였다. 그 결과 전국의 초등 보통학교는 1945년 12월에 2,937개 교, 교원 2만 3,474명, 학생 163만 7,723명에서 1947년 5월까지 3,314개 교, 교

41 李大根(2002), 『解放後·1950年代의 經濟』, 112~122쪽.

42 손인수(1992), 『미군정과 교육정책』, 민영사, 225쪽에서 재인용.

43 김용일(1994), 「미군정기 조선교육심의회에 관한 교육정치학적 고찰」, 『教育問題研究』 6, 321~324쪽.

원 3만 519명, 학생 218만 3,449명으로 늘어났다.[44]

북조선의 정치와 경제

해방 후 북조선의 정치와 사회는 남조선만큼 혼란스럽지 않았다. 북조선을 점령한 소련군과 그에 협력한 공산주의세력이 정치와 사회를 확실하게 장악하였기 때문이다. 소련은 북조선에 장차 소련과 같은 공산주의체제의 국가를 건설하려고 하였다. 소련의 그 같은 의도는 1945년 9월 14일 소련군 사령부가 발표한 '인민정부수립요강'에서 숨김없이 드러났다. 동 요강의 제1조는 "소비에트 연방은 끝끝내 노동자 농민의 정권을 수립하자고 소련, 미국, 영국, 중국의 4국 회담에서 제안할 것"이라고 하였다. 그리고 이를 위해 토지개혁을 실시하고, 친일파를 숙청하고, 개인경영을 특별한 감시하에 둔다고 하였다.[45] 제2차 세계대전의 전승국인 소련은 그와 국경을 맞대고 있는 점령지에 그와 우호적인 체제의 국가를 세우는 것을 그의 양보할 수 없는 권리로 간주하였다. 전술한 대로 점령 직후 소련군이 38도선 이남과 이북의 인적 왕래, 물적 교류, 통신을 통제하거나 차단한 것은 이 같은 정치적 의도에서였다.

소련군은 조선인들로 하여금 지역 행정을 담당할 인민위원회人民委員會를 조직하도록 유도하였다. 인민위원회는 좌우 성향의 인사들을 다 포괄하되 공산주의자들이 주도권을 장악하도록 구성되었다. 소련군은 각 도별로 총독부의 관리들에게 행정권을 인민위원회에 인계하도록 명령하였다. 소련군은 남조선에서 미국군이 그러했던 것처럼 직접 군정을 실시하지는 않았다. 소련군은 어디까지나 해방군으로 남아 주민의 환심을 사는 가운데 그들의 의도대로 인민위원회를 통제하고 조정하는 점령정책을 펼쳤다.

---

44 朝鮮通信社(1947), 『1948年度版 朝鮮年鑑』, 298쪽.

45 김학준(2008), 『북한의 역사』 1, 780~781쪽.

북조선에 대한 소련의 방침은 9월 20일 스탈린이 극동 소련군사령부에 내린 비밀지령에서 보다 현실적인 형태를 취하였다. 거기서 스탈린은 "북조선에 반일적 민주주의정당·조직의 광범위한 블록을 기초로 하는 부르주아민주주의정권을 확립할 것"이라고 지시하였다.[46] 이 말은 공산주의자들이 후진지역에서 혁명을 추구할 때 흔히 쓰는 상투적 표현이었다. 즉, 공산당의 주도하에 자본가와 지주 세력을 배제한 광범한 민족민주통일전선民族民主統一戰線을 형성하고 이를 통해 공산주의혁명을 위한 제1단계로서 부르주아민주주의혁명을 수행한다는 것이다. 동 혁명은 나라에 따라 반제반봉건反帝反封建민주주의혁명, 인민人民민주주의혁명, 신新민주주의혁명 등으로 다양하게 불렀다.

이후 소련은 겉으로는 미국과 공동위원회를 통해 조선에 통일적 임시정부를 세우는 작업을 진행시켰지만, 속으로는 북조선에서 공산주의체제로 향한 독자의 정부를 세우는 작업을 늦추지 않았다. 이를 위한 첫걸음으로서 시급한 것은 북조선에 공산당을 조직하는 일이었다. 소련은 전쟁 중에 연해주 하바롭스크에서 보호하고 있던 김일성金日成을 그 일의 적임자로 선택하였다. 김일성과 그의 동료들은 소련군의 지원 아래 동년 10월 평양에서 '공산당 서북5도 당책임자 및 당열성자 대회'를 개최하고, 조선공산당북조선분국朝鮮共産黨北朝鮮分局을 창설하였다. 이 조직은 곧이어 북조선공산당北朝鮮共産黨으로 바뀌어 서울의 조선공산당으로부터 독립하였다. 북조선공산당은 조선의 당면한 과제를 반제반봉건민주주의혁명으로 설정하고 북조선을 이 혁명의 수행을 위한 '민주기지民主基地'로 규정하였다.

또한 소련군은 각급 인민위원회를 개편하고 강화하였다. 소련군은 친일적 요소를 숙청한다는 명분 아래 인민위원회에서 공산주의에 반대하는

46 이정식(2006), 「냉전의 전개과정과 한반도 분단의 고착화 — 스탈린의 한반도 정책, 1945」, 박지향·김철·김일영·이영훈 엮음, 『해방 전후사의 재인식』 2, 책세상, 41쪽.

인사들, 주로 일정기에 실력양성운동에 종사했던 민족주의 인사들을 제거하였다. 인민위원회는 소련군과 공산당에 매우 순종적인 기구로 되어갔다. 11월 소련군은 5도인민위원회연합회를 열어 북조선의 중앙행정기관으로서 북조선5도행정10국을 설립하였다. 행정10국의 조직에는 공산당의 주도권을 확실히 하되 민족통일전선의 명분을 살려 여러 당파의 인사를 안배하였다.

그때까지 북조선에서 자유민주주의자와 민족주의자들은 조만식曺晩植을 지도자로 하는 조선민주당朝鮮民主黨을 중심으로 명맥을 유지하였다. 이들은 동년 12월의 모스크바협정을 계기로 사실상 북조선에서 추방되었다. 조선민주당은 연합국의 신탁통치 계획을 반대하였다. 소련군은 조만식을 연금하였으며, 나머지 조선민주당의 간부들은 정치적 박해를 피해 남조선으로 내려왔다. 이를 계기로 북조선의 정치에서 비非공산주의세력은 자취를 감추었다. 그런 가운데 1946년 2월 북조선의 사실상의 임시정부로서 북조선임시인민위원회가 수립되었다.

1946년 3월 23일 북조선임시인민위원회는 미소공동위원회에 의해 세워질 통일적 임시정부가 반드시 실현해야 할 '20개조 정강政綱'을 김일성의 이름으로 발표하였다. 그 주요 내용은 일제 통치의 온갖 잔재를 숙청할 것, 일제가 만든 법률과 재판기관을 철폐할 것, 반동분자와 반민주주의분자와 무자비하게 투쟁할 것, 전체 인민의 자유와 재산을 보장할 것, 주요 산업과 대기업을 국유화할 것, 개인 수공업과 상업의 자유는 허락할 것, 지주들의 토지를 몰수하고 농민에게 무상으로 배분할 것 등이었다.[47]

동 정강은 일정기를 통해 조선에 이식된 근대문명近代文明의 원리와 토대를 거의 전면적으로 부정하였다. 인민의 자유와 재산은 보장된다고 하였지만, 그것을 보장하는 민법民法을 비롯한 모든 법률과 재판기구가 폐

47 김학준(2008), 『북한의 역사』 2, 서울대학교출판부, 268~272쪽.
金榮秀(2000), 『韓國憲法史』, 學文社, 1074~1075쪽.

기되고 말았다. 반동분자와 반민주주의분자로 몰린 지주와 자본가의 자유와 재산권은 우선적으로 박탈되었다. 일반 인민의 자유와 권리도 민주개혁이라는 구호 아래에서 전제적으로 행사된 정치권력의 재량에 맡겨졌다. 사권私權의 주체로서 '개인個人'이란 범주는 이후 북조선의 역사에서 사라졌다.

동 정강에 앞선 3월 5일 무상몰수와 무상분배의 급진적인 토지개혁이 행해졌다. 해방 당시 북조선에서도 남조선과 마찬가지로 지주제가 농촌사회의 지배적 관계를 이루었다. 1943년 총 경지 198만여 정보 가운데 58%가 소작지였으며, 자소작농과 순소작농의 소작관계 농민이 전체 농가의 74%를 차지하였다. 토지개혁은 지주, 자작농, 민족반역자, 사원, 종교단체 등 약 42만 3,000호로부터 100만 정보의 토지를 무상으로 몰수하여 토지가 없거나 적은 72만 5,000호에게 무상으로 분배하였다.[48] 지주는 다른 군으로 이사해야 자경 농지를 분배받을 수 있었는데, 그들 대부분은 다른 군이 아니라 남조선으로 내려왔다. 토지개혁은 고농雇農과 빈농貧農이 주도한 농촌위원회農村委員會에 의해 약 20일 만에 완수되었다. 농민들에게 분배된 것은 형식적으로는 토지의 소유권所有權이었다. 그렇지만 토지개혁법은 토지의 매매나 임대를 금지하였다. 만약 사정이 생겨 토지를 경작할 수 없게 되면 그 토지는 국가에 반환되었으며, 다른 농민에게 분배되었다.[49] 실제 농민들에게 분배된 것은 직접적인 노동에 기초한 경작권耕作權에 불과하였다. 그것도 물권物權으로서의 권리라기보다 국가에 의해 임의적으로 부여된 것에 불과하였다. 전국의 토지는 사실상 국유화하였다.

토지개혁이 완료된 다음 북조선임시인민위원회는 각종 곡물의 수확량

48 (북한)국가계획위원회(1961), 『1946-1960 조선민주주의인민공화국 인민경제발전 통계집』, 59~60쪽. 李憲昶(1999), 『韓國經濟通史』, 法文社, 526쪽에서 재인용.

49 기무라 미쓰히코(2006), 「파시즘에서 공산주의로—북한 집산주의 경제정책의 연속성과 발전」, 박지향·김철·김일영·이영훈 엮음, 『해방 전후사의 재인식』 1, 책세상, 749~750쪽.

의 25%를 현물세로 수취하는 법을 공포하였다. 나머지 75% 곡물에 대한 농민들의 권리도 완전하지 않았다. 북조선은 총독부가 전시기에 시행한 공출제를 폐기하지 않았다. 공출제는 1945년 가을 수확부터 양곡성출운동糧穀誠出運動으로 이름을 바꾸어 그대로 존속하였다. 1946년 3월 임시인민위원회는 1939년을 기준으로 하여 쌀과 기타 곡물의 파종면적과 생산량을 계획하였다. 이를 위해 전국의 각 마을을 생산돌격대로 조직했으며, 각 농가에 생산책임량을 부과하였다. 동년 8월 임시인민위원회는 곡물의 수매 계획을 발표하였다. 수매는 현금이나 소금, 비료, 성냥, 기타 공산품과 직접 교환하는 방식으로 이루어졌으며, 북조선소비조합北朝鮮消費組合이 이 일을 맡았다. 수매제는 양곡을 넘어 원면, 누에, 짚 제품, 육류, 심지어는 산나물에 이르기까지 확대되었다. 현물세와 수매제의 압박으로 해방 후 북조선 농민들은 사실상 여분의 식량이 없었다. 여분이 생기면 곧바로 소비조합에 팔도록 강요되었다.[50] 해방 후 북조선의 농민들은 총독부와 지주제의 지배로부터는 해방되었지만 보다 강력한 전체주의적 국가권력에 예속되어 갔다.

'20개조 정강'에 따라 주요 산업시설과 대기업을 국유화하는 것은 1946년 8월에 공포된 중요산업국유화령重要產業國有化令에 의해서였다. 그를 통해 과거 일본인이나 친일 자본가들이 소유한 1,034개의 중요 시설을 일거에 국유화하였다. 그 결과 1946년 말 북조선의 전체 경제에서 국영 사회주의경제가 차지하는 비중은 기업 수의 90%, 공산액의 72%라는 지배적 비중을 점하였다. 그 밖에 개인수공업자와 민족자본가가 존속하였는데, 이들은 1947년부터 생산합작사 또는 초보적 수준의 생산협동조합으로 조직되었다. 이로써 북조선의 경제체제는 국유화된 중요 산업을 중심으로 한 사회주의 요소가 우세한 가운데, 농업과 소상공업에 있어서

50 기무라 미쓰히코(2006), 「파시즘에서 공산주의로―북한 집산주의 경제정책의 연속성과 발전」, 『해방 전후사의 재인식』 1, 743~748쪽.

소상품생산의 개인영업이 존속하고, 그 외에 협동조합 형태의 생산이 혼재하는 이른바 인민민주주의경제人民民主主義經濟로 재편되었다. 그 위에 1947년부터 농업과 공업의 주요 부문에 목표 생산량이 할당되는 등, 사회주의 계획경제가 초보적으로 출범하였다.

해방 후 북조선의 광공업은 남조선과 마찬가지로 심한 혼란에 빠졌다. 해방과 동시에 많은 시설이 갑작스런 조업 중단으로 훼손되었다. 생산시설은 지방 인민위원회에 의해 접수되었으며 그 과정에서 일본인 자본가와 기술자는 철수하거나 추방되었다. 북조선을 점령한 소련군이 초기 4개월간 발전기나 알루미늄제조기 등과 같은 주요 공업시설을 전리품으로 철거해 가거나 중요 물자를 반출한 것도 혼란을 부추겼다.[51] 소련군의 약탈적인 철거나 반출은 1945년 11월 이후 중단되었다.

광공업의 생산 재개를 추진한 소련군은 일본인 기술자가 이전의 직장으로 복귀하도록 독려하였다. 1945년 말부터 소련군은 일본인 기술자와 기능공의 등록을 명령했으며, 그에 따라 1946년 초까지 평양에서 2,158명이, 함경남도에서 1,106명이 등록하였다. 그들에게는 주택과 월급이 넉넉하게 주어졌다. 1946년 10월 북조선공업기술총연맹일본인부가 결성되었으며, 여기에 868명의 일본인 기술자가 등록하였다. 그들의 일부는 노동영웅의 칭호를 받기도 하였다. 그들은 자신들이 건설한 공장에 대한 애착으로 또는 공산주의체제의 건설에 대한 공감으로 그들의 기술을 조선인에게 전수하였다. 동년 9월 흥남에서는 일본인 기술자를 교원으로 하는 흥남공업기술전문학교와 공업대학이 설립되었다. 그들은 1947년 봄 일본과 소련의 교섭이 성립된 후 정식으로 귀환하기 시작했으며, 대부분 1948년 7월까지 본국으로 철수하였다.[52]

51 기무라 미쓰히코·아베 게이지 지음, 차문석·박정진 옮김(2009), 『전쟁이 만든 나라, 북한의 군사공업화』, 미지북스, 214~230쪽.

52 기무라 미쓰히코·아베 게이지 지음, 차문석·박정진 옮김(2009), 『전쟁이 만든 나라, 북한의 군사공업화』, 234~246쪽.

초기의 혼란이 진정되면서 북조선의 공업은 조금씩 정상화되어 갔다. 소련의 조사에 의하면 1946년 8월 국유화된 주요 기업 1,034개 중에서 828개가 조업을 재개하고 있었다. 그럼에도 1946년의 공산액은 1944년에 비해 26%에 불과하였다. 이후 1948년까지 북조선의 공업은 비교적 급속히 회복되어 1946년에 비해 2.6배나 성장하였다. 그 결과 소련의 조사에 의하면 1948년의 공산액은 1944년의 67%에 달하게 되었는데, 이에 관해서는 소련의 조사가 1948년의 공산액을 과장했다는 비판적인 견해도 없지 않다. 회복의 정도는 공업의 각 부문마다 상이하였다. 원료와 중간재의 공급이 비교적 용이한 면방직을 비롯한 경공업의 1948년 실적은 1944년을 능가하였지만, 많은 중간재와 부품의 원활한 공급이 요구되는 화학공업이나 비철금속공업은 40~50% 수준에 머물렀다. 소련군이 수풍댐의 발전기 2기를 철거한 탓에 전력 생산도 85%에 머물러 해방 이전의 수준을 회복하지 못하였다.[53]

1948년 8월 15일 남조선에서 대한민국이 건립되자 9월 9일 북조선에서는 조선민주주의인민공화국朝鮮民主主義人民共和國의 수립이 선포되었다. 그 일주일 전에 공포된 인민공화국의 헌법은 인민공화국의 주권은 인민에 있으며 인민의 자유와 권리는 보장된다고 하였다. 그렇지만 그 자유와 권리는 정치적 선언에 지나지 않았다. 예컨대 언론·출판·결사·집회의 자유는 보장된다고 하였지만 "조국과 인민을 배반하는 것은 최대의 죄악이며 엄중한 형벌에 의하여 처단된다"는 지극히 자의적으로 해석될 수 있는 조항이 설치되었다. 그로 인해 정치적으로 자유로운 비판이나 주장은 사실상 불가능해졌다. 3권분립의 원리에 따른 사법부의 독립성이 보장되지 않은 것도 문제였다. 재판소의 재판관들은 공산주의자들이 지배하는 도·시·군의 지방정부인 인민위원회에 의해 선출되었으며, 그로 인해 사법

53 기무라 미쓰히코·아베 게이지 지음, 차문석·박정진 옮김(2009), 『전쟁이 만든 나라, 북한의 군사공업화』, 252~288쪽.

부는 사실상 행정부에 종속되었다.

동 헌법은 공화국의 생산수단은 국가, 협동단체, 개인에 의해 소유된다고 하였다. 그 가운데 가장 우세한 것은 국가소유였다. 전술하였듯이 1946년 말 북한의 공업시설은 90% 이상 국유화된 상태였다. 동 헌법은 국가소유가 우세한 가운데 개인소유가 그를 보조하는 인민민주주의경제를 지향하였다. 헌법은 개인소유가 보호된다고 했지만 정치적 허울에 불과하였다. 인민민주주의경제체제는 공산주의로 나아가기 위한 과도적 체제에 불과하였다. 실제 북한 정권은 6·25전쟁이 끝난 뒤 농업의 집단화를 시작하여 1958년에 국유화를 완료하였다. 이후 북한에서는 개인의 소유와 경영은 사라졌다. 개인의 소유를 부속물로 한 인민민주주의경제체제는 고작 10년을 존속했을 뿐이다. 이후 1972년 북한 정권은 헌법을 개정하여 북한에서 계급의 대립과 착취는 영원히 사라졌으며, 생산수단은 국가 및 협동단체의 소유라고 규정하였다. 개인소유는 근로자들의 개인적 소비를 위한 소유로서만 인정되었다.[54]

이 인민공화국이 성립한 이래 오늘날까지의 경제사는 이 책의 서술 범위를 벗어나 있다. 그에 관한 기초 통계나 사료가 극히 빈약한 가운데 몇몇 참고할 만한 연구 성과도 신뢰성이 충분하지 않기 때문이다. 이하 이 책의 서술은 북위 38도선 이남에서 전개된 대한민국의 경제사에 국한되어 있다. 그에 따라 여기까지 조선朝鮮 또는 조선인朝鮮人으로 불러온 국명이나 인종명은 지금부터 한국韓國과 한국인韓國人으로 바꾸어 부르기로 한다.

54 金榮秀(2000), 『韓國憲法史』, 1096~1097쪽.

2. 국가경제의 첫걸음

건국의 역사적 의의

크게 말해 대한민국은 1876년의 개항 이후 이 땅에 들어온 서유럽 기원의 근대문명을 수용한 세력에 의해 세워진 나라이다. 근대문명을 수용한 최초의 정치세력은 서울의 명문 양반가의 자제들로 이루어진 개화파였다. 그들은 갑신정변, 갑오경장, 독립협회를 통해 조선왕조의 국가체제를 입헌군주제로 바꾸고 부국강병과 식산흥업을 추구하는 개혁을 시도하였지만 실패하였다. 뒤이은 보호국기에는 전국적으로 전개된 애국계몽운동을 통해 한층 광범한 근대문명세력이 형성되었다. 조선왕조(대한제국)가 망한 뒤 그들의 일부는 만주, 중국, 미국으로 망명하여 독립운동에 헌신하였다. 1919년 3·1운동 이후 중국 상하이上海에서 결성된 대한민국임시정부大韓民國臨時政府는 구래의 왕조체제를 폐지하고 민주공화국을 건설할 것을 선언하였다. 임시정부가 제정한 임시헌법臨時憲法은 인민의 기본권으로서 종교, 언론, 통신, 거주 이전 및 재산의 자유를 보장하였다. 다른 한편 국내에서는 장차 이루어질 독립에 대비하여 근대문명의 실력을 양성하는 세력이 성장하였다. 식민지 자본주의의 급속한 발전과 더불어 조선인 사회에서도 자본가, 지주, 상인, 은행원, 언론인, 법률가, 의사, 교사, 숙련공, 하급 관료 등으로 이루어진 자본가적 내지 시민적 계층이 성립하였다. 실력양성운동은 이들에 의해 전개되었다.

이렇게 일정기에 걸쳐 성장한 근대문명세력이 미국에 의해 일본제국주의가 해체되고 동아시아 국제질서가 재편성되는 천우신조의 국제정세를 맞아 새롭게 건립한 근대국민국가가 대한민국大韓民國이다. 미국은 일제를 해체하였지만, 그가 점령한 북위 38도선 이남의 한반도에 어떠한 국가를 세울지에 대한 계획이 분명치 않았다. 미국은 소련과의 협조를 통해 미국에 우호적인 국가를 세울 수 있으리라는 환상에서 장래가 불투명한 좌우합작을 추진하였다. 근대문명세력은 공산주의세력과 대립하였을 뿐 아니라 미국의 위협에 가득 찬 좌우합작 노선을 거부함으로써 대한민국의 건국을 이끌어냈다. 세계대전 이후 유라시아대륙의 2/3는 공산화의 물결에 휩쓸렸다. 그 거대한 역사의 파도에 맞서 대륙의 동쪽 끝에 사마귀처럼 붙은 한반도 남반부에 자유민주주의自由民主主義의 국가가 건립된 것은 근대문명세력이 구축한 강력한 반공反共의 보루를 배제하고서는 설명할 수 없는 일이다.

대한민국의 초대 대통령으로 선출된 이승만李承晩은 청년기에 개화파 인사인 서재필徐載弼로부터 자유민권사상의 교육을 받고 독립협회에 참여하였다. 대한제국이 패망한 뒤 이승만은 미국에서 자유민주주의 이념의 독립운동을 이끌었다. 1919년 상하이에서 성립한 대한민국임시정부는 이승만을 초대 임시대통령으로 선출하였다. 1945~1948년 그는 해방된 조선에서 자유민주주의 이념에 입각한 새로운 나라를 건립하는 데 다른 사람과 나누기 힘든 커다란 공로를 남겼다. 이러한 연고의 인물이 초대 대통령으로 선출된 것은 대한민국이 조선왕조 말기의 자유민권운동과 대한민국임시정부의 역사적 정통성을 계승하여 세워진 나라임을 상징하였다. 조선왕조의 역사와 대한민국의 역사는 이승만을 매개로 하여 연속성을 갖는다. 1948년의 대한민국 건국은 1392년 조선왕조의 개창 이래 오랫동안 한국인을 포섭해 온 성리학性理學을 대신하여 자유민주주의라는 외래 이념이 한국인의 정치·사회생활을 통합하는 새로운 원리로 자리 잡는 문명사적文明史的 대전환이었다.[55]

그 대전환의 초입에 놓인 신생국의 앞날은 결코 순탄하지 않았다. 건국에 참여한 여러 정치세력은 공산주의를 배척함에는 공통적이었지만, 그들의 이념적 지향이나 정치적 선택에는 많은 편차가 있었다. 사회주의자로서

55 이영훈(2013), 『대한민국역사』, 145~147쪽.

의 정체正體를 유지하면서 단지 소련의 제국주의 노선을 혐오하여 대한민국 건국에 참여한 세력도 있었다. 유엔 임시위원단의 북한 입경入境이 거부된 1948년 2월까지만 해도 대한민국의 성립은 불투명하였다. 건국 사업은 총선거가 실시된 5월 이후 3개월의 짧은 시간에 허둥지둥 이루어졌다.

초대 국회가 선택한 정부형태는 이 같은 모순을 그대로 반영한 매우 불완전한 것이었다. 국회에서 다수세력을 차지한 한민당 중심의 국내파 근대문명세력은 대통령大統領과 부통령副統領을 국회가 간접선거하고, 대통령이 지명한 국무총리도 국회가 인준하는, 사실상 권력의 중심이 국회에 두어진 정부형태를 구성하였다. 초대 대통령 이승만은 이 같은 국회 중심의 정부형태를 거부하고 국민이 대통령을 직선하는 강력한 대통령중심제 정부형태를 추구하였다. 건국 이후 한국의 정치는 곧바로 심각한 정쟁의 소용돌이에 휘말렸다. 이승만은 그가 국민에 대해 보유한 카리스마를 동원하여 대통령 직선제를 관철하였지만, 그 과정에서 그야말로 상징적 지위에 불과한 부통령도 국민이 직선하는 기이한 정치제도가 출현하였다. 1950년대의 정치사를 관통한 이 같은 모순은 결국 1960년의 4·19의거를 맞아 폭력적으로 해소되었다. 이후 이승만과 그의 경쟁세력은 시차를 두고 함께 쓰러졌다. 대한민국이 정부형태를 대통령 직선제에 기초한 대통령중심제로 확정하는 것은 1962년 제5차 헌법개정에서였다. 정부형태를 결정하는 데 이처럼 14년의 세월이 소요되었음은 1948년의 건국 사건이 한국인이 걸어야 할 나라만들기nation-building의 험난한 여정에서 고작 한 걸음의 출발에 지나지 않았음을 이야기해 주고 있다.

신생국은 세계를 향해 정치적 독립을 선포하였지만 경제적으로는 지독한 비자립의 상태였다. 정부의 재정수입은 1950년대에 걸쳐 거의 절반이 미국의 경제원조로 충당되었다. 한국정부의 제반 정책은 미국정부의 통제와 간섭으로부터 자유롭지 않았다. 이 나라가 그로부터도 해방되어 사실상의 독립을 쟁취하는 것은 미국의 경제원조가 정부재정에서 차지하는 비중이 10% 이하로 낮아진 1968년부터였다. 나라를 세운 지 20년만이었다. 그사이 하늘과 땅 사이에는 혼란, 빈궁, 부패, 퇴폐가 가득하였다. 그러했던 신생국이 그때까지 살아남은 것은 1948년의 건국 이상으로 기적과 같은 일이었다.

헌법상의 경제질서

1948년 7월 17일에 제정된 건국헌법은 "정치, 경제, 사회, 문화의 모든 영역에서 있어서 각인의 자유, 평등과 창의를 존중하고 보장"하였다(제5조). 또한 헌법은 개인의 재산권을 보장하였으며(제15조), '각인의 경제상 자유'를 인정하였다(제84조). 이들 조항에 근거하여 헌법학자들은 대한민국의 경제체제가 통상적으로 자본주의資本主義로 불리는 자유시장경제自由市場經濟로 성립하였다는 이해를 공유하고 있다.[56] 대한민국의 건국은 공산주의의 계급독재와 계획경제에 반대한 여러 정치세력의 연합으로 이루어졌다. 개인의 자유와 재산권은 보호되어야 한다는 점에서 건국에 참여한 여러 정치세력은 일치하였다.

그렇지만 헌법이 지향한 자본주의 또는 자유시장경제는 그것이 서유럽에서 발흥할 때의 고전적인 형태와는 자못 상이하였다. 1948년 당시 한국인들에게 자유시장경제의 기초가 되는 개인個人, 자유自由, 재산권財産權의 이념은 수입된 지 얼마 되지 않은 생소한 것이었다. 건국 당시 다수의 한국인은 여전히 자급적 농업으로 생계를 영위하였으며, 그들의 정신생활은 전통 성리학의 질서에 포섭되어 있었다.[57] 다수의 한국인에게 개인, 자유, 재산권의 개념은 천박한 이기심利己心의 발로로 오해되기 쉬웠다. 그 점은 세월이 60년이나 지난 지금까지도 크게 변하지 않고 있다.[58]

56 강정민(2005), 「제헌헌법의 자유주의 이념적 성격」, 『정치사상연구』 11-2, 88쪽.

57 이영훈(2009), 「성리학 전통에 비친 대한민국의 건국」, 『정신문화연구』 32-2.

58 한국에서 自由主義의 역사를 지배세력의 기득권 추구를 위한 利己主義의 역사로 이해하는 대표적 연구로는 다음을 들 수 있다. 이나미(2001), 『한국 자유주의의 기원』, 책세상.

'개인'이나 '자유'는 '민족'이나 '평등'과 같은 집단적 범주에 비해 정치적 설득력에서 취약하였다. '개인'이나 '자유'는 '민족'과 '평등'으로 대체되거나 그것들로 오해되었다.

그러한 가운데 헌법은 근대국가를 건립하기 위한 법적 요식의 일환으로서 제정되었다. 헌법은 사회 내부에서 이해관계를 달리하는 계층이나 집단 간의 장기에 걸친 투쟁과 타협으로 도출된 것이 아니었다. 대공황大恐慌 이후의 세계경제에서는 케인스주의에 입각한 혼합경제混合經濟가 지배적 흐름을 이루었다. 그와 별도로 독일의 마르크스주의자들은 제1차 세계대전 이후 자본주의의 기본 질서를 인정한 위에 경제적 평등을 추구하는 사회민주주의社會民主主義로 전향하였다. 건국헌법의 제정에 참여한 법률학자와 정치세력은 이 같은 세계적 사조에 깊이 규정되었다. 헌법은 일제하에서 법학 교육을 받거나 문관시험에 합격하여 관료로서 경력을 쌓은 젊은 법률가들의 '책상 앞' 작업으로 만들어졌다.[59] 그들은 정치에 관해서는 미국헌법을, 경제에 관해서는 독일 바이마르공화국헌법을 참조하였다.[60]

건국헌법이 안고 있는 절충헌법으로서의 특질은 헌법이 보장하는 개인의 자유나 재산권의 이중구조로 표출되었다. 헌법 제18조는 재산권과 관련하여 "재산권은 보장된다. 그 내용과 한계는 법률로써 정한다"고 하면서 "재산권의 행사는 공공복리에 적합하여야 한다"고 규정하였다. 이는 독일 바이마르공화국헌법의 해당 규정을 그대로 옮겨 온 것인데,[61] 이후 몇 차례의 헌법 개정에서 그대로 계승되어 현행 헌법에 이르고 있다. 근

---

59 실제 南朝鮮過渡政府의 憲法起草分科委員會의 위임을 받아 헌법초안의 작성을 주도한 兪鎭午는 당시의 사정을 다음과 같이 회고하였다. "내가 실지로 책상 앞에 앉아 憲法草案 작성에 착수한 것은 그해(1947년: 인용자) 겨울放學 때의 일이다"(兪鎭午(1980), 『憲法起草回顧錄』, 一潮閣, 22쪽).

60 柳璲鉉(1987), 「第1共和國 憲法制定過程」, 『한국의 사회와 문화』 7, 209~211쪽.

61 金孝全(1986), 「韓國憲法과 바이마르 憲法」, 『公法研究』 14, 18~19쪽.

대 서유럽에서 재산권은 개인의 국가권력으로부터의 자유를 근저에서 지지하는 자연법적 권리의 하나로 인식되었다. 건국헌법 이래 현행 헌법에 이르기까지 대한민국의 헌법이 규정해 온 재산권은 그와 성격이 다른 것이다. 개인의 재산권은 공공복리에 제한되는, 또는 그에 부속하는, 상대적 권리에 지나지 않았다. 헌법이 보장한 개인의 경제적 자유도 보다 상위의 가치에 제약되었다. 헌법 제84조는 "대한민국의 경제질서는 모든 국민에게 생활의 기본적 수요를 충족할 수 있게 하는 사회정의社會正義의 실현과 균형 있는 국민경제國民經濟의 발전을 기함을 기본으로 삼는다. 각인의 경제상 자유는 이 한계 내에서 보장된다"라고 규정하였다.

이렇게 건국헌법은 개인의 재산권과 자유를 상대적 가치로 규정한 위에 경제체제의 구체적 형태에서는 자유시장경제와 사회주의를 섞어 놓은 혼합경제체제를 지향하였다. 그 경제체제에서 주요 자원과 산업은 국유로 관리, 경영되어야 하였다. 예컨대 헌법 제85조는 광물 기타 중요한 지하자원, 수산자원 등은 국유로 한다고 규정하였다. 뒤이어서는 "중요한 운수, 통신, 금융, 보험, 전기, 수리, 수도, 가스 및 공공성을 가진 기업은 국영 또는 공영으로"하며, "대외무역은 국가의 통제하에 둔다"고 규정하였다(제87조). 나아가 사영기업에 대해서는 법률이 정하는 바에 의해 "국방상 또는 국민생활상 긴절緊切한 필요에 의하여 사영기업을 국유 또는 공유로 이전하거나 또는 그 경영을 통제, 관리"할 수 있다는(제88조) 제약이 가해졌다. 해방 후부터 정치적 과제로 제기되어 온 농지개혁과 관련해서는 "농지는 농민에게 분배하며, 그 분배의 방법, 소유의 한도, 소유권의 내용과 한계는 법률로 정한다"고 함으로써 그것을 기정사실화하였다(제86조).

요컨대 건국헌법의 경제질서는 경제활동에 있어서 개인의 자유와 방임을 특징으로 하는 고전적인 자유시장경제는 결코 아니었다. 중요 자원과 산업을 국유화하고, 사영기업과 대외무역을 국가의 통제하에 둔다는 점에서 건국헌법의 경제체제는 전형적인 혼합경제체제였다. 헌법에 내포된 사회주의적 요소는 국민 기본권의 일환으로서 노동자의 권리를 규정한 제18조에서 "영리를 목적으로 하는 사기업私企業에 있어서는 근로자는 법률의 정하는 바에 의하여 이익의 분배에 균점均霑할 권리가 있다"고 규정한 데서 가장 극명하게 드러났다. 이 조문은 원래 헌법초안에 없던 것인데, 국회의 심의과정에서 공산주의와의 대결에서 꼭 필요한 것이라는 긴급제안이 발의되어 진지한 검토나 토론도 없이 채택된 것이다.[62]

근로자의 이익균점권을 포함하여 헌법이 지향한 혼합경제체제는 당대의 한국인들이 일반적으로 공유한 민족주의 또는 평등주의라는 집단적 감성을 가장 중요한 동력으로 하였다.[63] 헌법이 정부에 부여한 경제에 대한 권리가 지나치게 강하다는 일부 의원의 우려에 대해 대한민국임시정부 광복군光復軍의 총사령관을 지낸 이청천李青天은 다음과 같이 반론하였다. "우리는 자유를 위하여 평등을 위하여 잘살고 고르게 살자는 기본이념이기 때문에 (중략) 전체주의라는 공산주의체제와 무제한 자본주의를 취하지 않고 국가권력으로서는 철두철미 민족주의로 나가야 되겠습니다. 경제적으로는 사회주의로 나가야 되겠습니다. 이것은 다시 말하면 민족사회주의民族社會主義입니다."[64]

이처럼 '민족사회주의'의 호소력과 공감대는 컸지만 그것을 엄밀히 정의하거나 실천하기는 힘들었다. 한국인들은 그들의 자립적이며 공동체적인 국가경제의 건설에 힘차게 나섰지만 무엇을 해야 할지, 어디로 가고 있는지 잘 알지 못하였다. 중요 산업의 기업을 국영으로 한다는 헌법의 규정은 비현실적이었다. 현실적으로는 이미 국영화된 수많은 귀속사업체들

62 黃承欽(2001), 「제헌헌법상의 근로자의 이익균점권의 헌법화과정에 관한 연구」, 『公法硏究』 31-2, 299~320쪽.

63 장동진(2005), 「대한민국 제헌과정에서 나타난 자유주의—정부형태, 기본권, 경제제도를 중심으로—」, 『정치사상연구』 11-2, 79쪽.

64 장동진(2005), 「대한민국 제헌과정에서 나타난 자유주의—정부형태, 기본권, 경제제도를 중심으로—」, 『정치사상연구』 11-2, 77쪽에서 재인용. 원문을 약간 수정하였다. 건국헌법의 기본 지향이 '민족사회주의'임은 다른 의원에 의해서도 주장되었다. 같은 논문, 69쪽 참조.

이 있었지만, 대부분의 귀속사업체는 적자이거나 가동 중단의 상태였다. 그럼에도 그것들을 지원할 신생 정부의 재정 능력은 터무니없이 빈약하였다. 곧 이은 한국전쟁의 파괴와 그에 따른 혼란은 정부의 관리 능력을 더욱 제약하였다.

중요 자원과 산업을 국영으로 관리한다는, 나아가 사영기업을 국유로 돌릴 수 있다는 헌법의 경제조항은 신생국의 정체성에 대한 외부의 의구심을 불러 일으켰다. 미군정의 법률 고문관은 한국인들이 사회주의 색채가 지나치게 농후한 헌법을 만들고 있다는 우려를 표명하였다. 이후 한국정부에 경제원조를 제공하기 시작한 미국은 한국정부가 재산의 국가소유 원칙을 포기하고 사유권과 자유기업의 원리를 채택하지 않는다면 원조의 제공은 곤란하다고 압력을 가하였다. 그에 대해 이승만 대통령은 한국은 원칙적으로 자유기업 제도의 기초를 가지고 있으며, 우리는 사기업이 자신의 완전한 책임을 감당할 수 있는 시기를 앞당기기 위해 부지런히 일하고 있다고 대답하였다. 그는 헌법의 조속한 개정을 약속하였다.[65]

1954년 11월 제2차 헌법개정이 있었다. 이 개헌은 이승만 대통령의 종신집권을 허용한 것으로 악명이 높지만, 헌법상의 경제질서와 관련해서는 자유시장경제의 제도적 기초를 놓았다는 획기적 의의를 지니고 있다. 개정된 헌법은 광물 등 중요 자원의 국유 원칙을 폐기하였다. 또한 운수, 통신, 금융 등 중요 산업의 기업을 국영 또는 공영으로 한다는 원칙도 폐기하였다. 대외무역만큼은 법률이 정하는 바에 따라 국가의 통제하에 둔다고 하였다. 공공의 필요에 따라 사영기업을 국유 또는 공유로 이전하거나 그 경영을 통제할 수 있다고 한 조문도 법률로 규정한 특별한 경우를 제외하고는 그렇게 할 수 없다는 것으로 바뀌었다. 건국헌법이 규정한 근로자의 이익균점권은 누구도 그 시행을 주장하지 않았기 때문에 사문死文으로 방치

65 辛容玉(2006),「大韓民國 憲法上 經濟秩序의 起源과 展開(1945~1954)」, 高麗大學校 大學院 史學科 博士學位論文, 267~272쪽.

되었다. 그것이 폐지되는 것은 1962년의 제5차 헌법개정에서였다.[66]

이처럼 건국헌법이 지향한 혼합경제체제는 과도적인 것이었다. 그것은 특정 정치세력에 의해 강고하게 이루어진 이념적 선택이라기보다 건국을 둘러싼 제약조건에 규정된 현실적 대응이었다. 한국인들이 집단적으로 공유한 평등주의는 정치적 이념이라기보다 그들이 역사로부터 물려받은 문화와 같은 것이었다. 한국인의 역사에서 국가가 중요 자원과 산업을 통제하는 것은 자연스럽게 이어져 온 전통이었다. 조선왕조도, 뒤이은 조선총독부도 중요 자원과 산업을 국영으로 지배하였다. 일정 말기에 구축된 통제경제체제는 미군정기를 거쳐 그대로 대한민국정부로 인계되었다. 일본이 남기고 간 중요 산업의 기업들은 자연스럽게 국유화된 사업체로 귀속되어 있었다. 건국 초기의 혼합경제체제는 이 같은 역사적 조건에 규정된 현실적 대응이었을 뿐이다.[67] 이후 전개된 정치와 경제의 변화는 그와 상이한 선택을 요구했으며, 그것은 제2차 헌법개정에 이르러 자유기업주의로 발전하였다. 시행착오와 모색의 과정은 이후에도 계속되었다. 다시 말해 1948년에 성문화한 헌법상의 경제질서는 이후 한국인들이 그들의 몸에 걸맞는 경제체제를 모색하기 위해 걷게 되는 긴 여정의 첫걸음에 다름 아니었다.

거창하게 내걸린 혼합경제체제의 깃발과 그것을 뒷받침하는 민족사회주의 이념과 별도로 건국헌법은 소리 없이 일정기 이래의 시장경제체제를 계승하였다. 건국헌법 제100조(부칙)는 "현행 법령은 이 헌법에 저촉되지 아니하는 한 그 효력을 가진다"고 하였다. 바로 이 부칙 조항에 의해 1905년 이래 이 땅에 구축되어 온 시장경제체제의 제반 제도와 기구들이

66 鄭然宙(1986), 「우리 憲法上 經濟條項의 變遷에 관한 硏究」, 연세대학교 대학원 법학과 석사학위논문, 36~42쪽.

67 건국헌법상의 경제질서에 대한 이 같은 해석은 1954년 3월 주한 미국대사관의 코넬리J. W. Connely가 작성한 '대한민국헌법 경제조항에 관한 보고서'에 잘 정리되어 있다. 辛容玉(2006), 「大韓民國 憲法上 經濟秩序의 起源과 展開(1945~1954)」, 327~329쪽 참조.

미군정을 거쳐 대한민국으로 이어졌다. 인간을 사권私權의 주체로 법인하고 그의 인격권과 재산권을 규정한 민법民法은 일본어로 쓰인 그대로 신생국의 민법으로 의용依用되었다. 신생국이 자신의 민법을 모국어로 정비하는 것은 1948년 9월 민법 편찬을 위한 위원회가 결성된 이후 9년을 넘긴 1958년 2월의 일이었다. 새로운 민법이 제정되었지만 그 형식과 내용은 대부분 그간의 의용민법에 충실하였다. 민법만이 아니라 대다수의 법령이 그러하였다. 대한민국이 자신의 상법商法을 제정하는 것은 1962년의 일이며, 그때까지는 1912년 조선민사령朝鮮民事令이 의용을 결정한 일본의 상법이 통용되었다. 아이러니하게도 신생국은 식민지 기원의 제반 법제를 계승함으로써 사권의 주체로서 '개인'을 보전함에 성공하였다. 그 점은 1946년 북한의 공산주의자들이 일제가 지배의 목적으로 부식扶植했다는 이유로 일체의 법과 재판기구를 폐기한 것과 좋은 대조를 이루었다. 대한민국이 식민지 유산으로서 보전한 '개인'은 이후 이 나라의 경제를 그 초라한 출발에도 불구하고 융창하게 만든 근본 동력이었다.

기획처와 부흥계획

경제의 부흥과 개발을 위한 초대 이승만정부의 의지는 정부조직 내에 기획처企劃處를 설치하는 것으로 구체화하였다. 기획처는 경제에 관한 종합적 계획을 수립하고 정부 예산을 편성하는 기구로서 국무총리 산하에 설치되었다. 기획처는 예산국, 경제계획국, 물동계획국, 물가계획국의 4개 국으로 구성되었다. 이외에 기획처는 정부 7개 부를 대표하는 7인과 산업계·금융계·학계를 대표하는 6인으로 구성된 경제위원회를 두었다. 경제위원회는 국무회의에 제출된 종합적 경제계획에 관하여 국무원國務院의 자문에 응하는 기구였다.[68] 기획처의 경제위원회와 4개국은 미군정하의 중

68 國務院은 대통령과 국무총리 기타의 국무위원으로 조직되는 합의체로서 대통령의 권한 내에 있는 중요 국책을 의결하는 초대 정부조직상의 기구를 말한다. 國務會議는 국무원의 회

앙경제위원회, 중앙가격행정처, 중앙식량행정처 등을 계승하는 기구였다.

초대 정부가 미군정의 통제기구를 계승하여 기획처를 신설하였음은 전술한 대로 대한민국의 경제질서가 계획경제를 수반하는 혼합경제체제를 지향하였음과 밀접한 연관을 지녔다. 기획처가 예산 편성의 권한을 갖느냐 여부는 정부조직법의 제정 과정에서 가장 큰 논쟁거리였는데, 정부 각 부처의 이해를 조정하고 종합적인 경제계획의 수립을 촉진하는 취지에서 결국 기획처의 권한으로 낙착되었다.[69] 다시 말해 기획처의 설치는 초대 정부의 경제에 대한 통제와 계획의 의지를 반영하였다.

당시의 객관적인 시장 상황도 자유방임을 허용할 여건이 못 되었다. 농업의 생산기반이 취약한 가운데 식량 사정은 여전히 불안정하였다. 정부는 1948년 10월 양곡매입법糧穀買入法을 제정하여 총독부와 미군정에 이어 양곡의 강제수매 정책을 이어갔다. 정부는 총독부의 전시통제기구에 기원을 둔 조선생활품영단朝鮮生活品營團에 위탁하여 농가의 식량과 종자를 제외한 여분의 양곡을 지정가격으로 강제 매입하였다. 이를 위해 각 군·읍·면·동리마다 지주, 자작농, 독농가가 참여하는 양곡대책위원회가 조직되었다. 강제로 수매한 양곡을 기초로 정부는 도시에서 가구家口의 인구수를 기준으로 한 균등배급제를 시행하였다.

이 같은 상황에서 초대 정부는 기획처의 신설을 통해 주요 물자의 생산, 유통, 분배를 통제함으로써 경제의 부흥과 개발을 추진하였다. 기획처는 경제정책의 효율적 수행을 위해 각종 산업단체의 정비, 산업별 협동조합의 설립, 세제 개혁, 인구센서스, 국세조사 등을 추진하였다. 1949년 4월 기획처가 수립한 산업부흥産業復興5개년계획과 5개년물동계획物動計劃이 국무회의를 통과하였다. 산업부흥5개년계획은 전력, 철강, 석탄, 조선,

---

의체를 말한다.

69 강광하·이영훈·최상오(2008), 『한국 고도성장기의 정책결정체계—경제기획원과 정책추진기구—』, KDI, 19~21쪽.

시멘트 등 14개 주요 광공업 및 에너지 부문을 대상으로 향후 5년간의 연차별 증산 목표치를 제시하였다. 예컨대 철강의 경우 1949년의 3,500톤에서 1953년의 8만 8,000톤으로 25배 이상의 증산을 계획하였다. 5개년물동계획은 농산물·수산물 및 주요 광공업 생산물의 생산과 수출입에 관한 계획으로서 5년 뒤 당해 물자의 국내 수급需給을 안정시켜 국가경제의 전반적인 자급자족 달성을 목적으로 하였다. 이에 근거하여 정부의 각 부처는 나름의 증산계획을 수립하였는데, 농림부의 농업증산3개년계획, 수산청의 수산업5개년계획, 상공부의 석탄생산5개년계획, 전력電力증강계획 등이 그것이다.[70] 이들 최초의 경제계획들은 증산에 필요한 주요 자금원으로서 경제원조를 제공하는 미국정부의 입장이 한국정부와 달라 마찰을 빚는 가운데 곧이어 한국전쟁이 발발하자 저절로 폐기되고 말았다.

1948년 4월 미국은 소련과의 냉전이 본격화하자 마셜플랜에 따라 경제협력법(Economic Cooperation Act, ECA)을 제정하여 서유럽에 대규모 원조를 제공하기 시작하였다(ECA원조). 동년 12월 미국정부는 한국에 대해서도 ECA원조 1억 1,650만 달러를 제공키로 하고 한국정부와 한미경제원조협정韓美經濟援助協定을 체결하였다. 그에 따라 서울에 주한경제협조처駐韓經濟協助處가 설치되어 기존의 GARIOA원조를 승계하였다. ECA원조는 소비재를 중심으로 한 기존의 원조와 달리 한국경제의 부흥을 위해 탄광 개발, 화력발전소 신설, 비료공장 건설, 교통·수리시설 보수에 필요한 시설재의 제공을 계획하였다. 다른 한편 한국정부는 미국과의 원조협정에 따라 대충자금(對充資金, counterpart fund)의 계정을 설치하여 원조물자의 판매대금을 예치하였으며, 이를 재원으로 종합적인 부흥계획을 추진하고자 하였다.

그렇지만 한국경제의 부흥을 위한 경제정책의 기본 지향에 있어서 미

---

70 李大根(2002), 『解放後·1950年代의 經濟』, 173~176쪽.

국정부의 입장은 한국정부와 크게 달랐다. 미국정부는 통제와 계획의 필요성을 부분적으로 인정하면서도 한국정부가 재정 균형과 통화량 억제를 통해 경제안정을 우선적으로 추구할 것을 요구하였다. 양국의 상이한 입장은 쉽게 조율되지 않았다. 1950년 1월 양국 정부는 양측 5명씩으로 구성되는 한미경제안정위원회韓美經濟安定委員會를 설치하고 동 위원회의 주도하에 경제안정15원칙을 추진하는 데 합의하였다. 그에 따라 재정적자를 줄이기 위한 정부 기구의 축소, 세율의 인상, 공공요금의 인상, 귀속재산의 불하, 공기업에 대한 보조금 삭감, 국내생산체제의 합리화, 최저임금제의 조속 실시 등이 추진되었다. 그 같은 미국정부의 압력을 받아 기획처의 핵심 기구인 경제계획국이 폐지되었다. 기획처의 경제위원회도 사실상 활동을 중단하였다. 한미경제안정위원회는 경제위원회를 대신하여 대통령과 국무회의에 경제정책을 건의할 수 있는 권한을 부여받았다.[71] 곧이어 발발한 한국전쟁을 계기로 미국정부는 한국경제의 운용에 더욱 깊숙이 간여하게 되었다.

농지개혁

해방과 더불어 지주제를 폐지하고 농민에게 토지를 분배하는 개혁은 정파의 좌우를 불문하고 누구도 거역할 수 없는 시대의 대세를 이루었다. 그렇지만 개혁의 이념이나 구체적인 방안을 둘러싸고 정파 간에 적지 않은 차이와 대립이 있었다. 조선공산당을 중심으로 하는 좌파 정치세력은 1946년 2월 북한에서 시행된 바와 같은 무상몰수와 무상분배의 개혁을 주장하였다. 이 급진적 개혁안은 1946년 하반기에 좌파 정치세력의 극좌 투쟁 이후 영향력을 상실하였다. 그에 비해 미군정이 지원한 좌우합작위원회에 참여한 중도세력은 누진체감의 유상몰수와 무상분배의 개혁안

71 강광하·이영훈·최상오(2008), 『한국 고도성장기의 정책결정체계—경제기획원과 정책추진기구—』, 28쪽.

을 주장하였다. 대지주의 토지는 무상에 가깝게, 중소지주의 토지는 적절한 보상으로 수용한 다음, 농민에 대한 분배는 무상으로 한다는 이 절충안은 그럴듯한 명분에도 불구하고 구체적 실현성이 없었다. 정부가 그에 따른 막대한 재정 부담을 감당할 능력이 없었을 뿐 아니라, 토지를 분배받을 농민도 이를 환영하지 않았다. 무상으로 농민들에게 분배될 것은 논리적으로 경작권일 수밖에 없는데, 농민들이 갈구한 것은 완전한 권리의 소유권이었기 때문이다. 이 중도파의 개혁안은 좌우합작운동의 좌절과 더불어 슬그머니 사라지고 말았다.[72]

대한민국의 건국을 주도한 세력은 자본주의의 기본 원리에 입각하여 유상몰수와 유상분배의 개혁안을 지지하였다. 이승만 대통령은 토지개혁의 명분을 반공체제의 구축, 자유민주주의 정치체제의 수립, 그리고 공업발전을 위한 자본의 형성에서 구하였다. 그에게 토지개혁은 국민군의 양성과 더불어 후진국이 독립을 이루고 공산주의혁명을 방지함에 있어서 가장 우선적으로 추구해야 할 과제였다. 이승만의 개혁안은 사회민주주의 노선으로 또는 미국식의 사회개량주의정책으로 농민문제의 해결을 기대한 지식인과 농민단체의 지지를 받았다.[73]

유력한 지주 및 자본가 계층의 이해를 대변하는 한민당도 토지개혁에 반대하지 않았다. 그들은 처음에는 소작관계 입법을 통해 지주제를 개선하거나 국가가 소작지를 모두 유상으로 수용하는 국가소작제國家小作制를 주장하였으나 공산주의에 대항하여 체제를 수호한다는 명분에 밀려 결국 토지개혁에 찬성하였다. 한민당은 유상몰수와 유상분배의 원칙에 찬성하면서도 지주에게 유리한 보상정책을 추구하였다. 그들은 토지를 수용당한 지주에게 귀속사업체를 우선 불하하여 지주의 기업가로의 전

72 金聖昊·全敬植·蔣尙煥·朴錫斗(1989),『農地改革史硏究』, 345~346쪽.
73 김성보(2001),「입법과 실행과정을 통해 본 남한 농지개혁의 성격」, 홍성찬 편,『농지개혁 연구』, 연세대학교 출판부, 136~141·144~150쪽.

신轉身을 지원해야 한다고 주장하였다.[74]

전술한 대로 건국헌법은 농지를 농민에게 분배하는 개혁을 기정사실화하였다. 거기에는 이상과 같은 논쟁을 거쳐 도달한 유상몰수와 유상분배의 원칙이 전제되었다. 그에 따른 농지개혁법農地改革法이 국회에 상정되는 것은 1949년 3월의 일이다. 당시 제헌국회에서는 지주세력의 한민당이 다수를 점하였다. 그들은 토지를 분배받는 농가가 10개년 연부年賦로 국가에 상환하고 지주가 보상받을 토지가격을 토지의 연평균 생산량의 300%로 정하고자 하였다. 그에 대해 국회의 혁신적 소장파 의원들과 농림부의 개혁적 관료들이 반발하였다. 동년 6월 국회를 통과한 농지개혁법이 정한 상환율과 보상률은 각각 125%와 150%의 파격적으로 낮은 수준이었다. 상환율과 보상률의 차액은 정부재정의 부담으로 돌려질 수밖에 없는데, 당시의 빈약한 재정 형편이 이를 허락하지 않았다. 이에 농지개혁법 개정안이 상정되어 1950년 2월 상환율과 보상률을 150%로 통일한 농지개혁법이 국회를 최종 통과하였다.

농민들의 입장에서는 유상분배라고 하나 수확량의 30%를 현물로 5년간 상환하면 소유권을 획득하는 매우 유리한 조건이었다. 지주세력에 대해서도 여러 가지 보상과 혜택이 주어졌다. 농지를 매수당한 지주에게는 지가증권地價證券으로 보상이 이루어졌으며, 희망과 능력에 따라 정부가 벌이는 사업에 우선적으로 참여할 기회가 부여되었다. 분배의 대상은 자경지 3정보 이상의 전답 농지로 한정되었다. 이에 지주가 3정보 이내를 자경하려고 할 경우 그 농지는 분배의 대상에서 제외되었다. 그 밖에 과수원, 종묘種苗, 상전桑田, 기타 다년생 식물재배지, 염전, 500평 이내의 채마밭, 위토位土 등도 제외되었다. 지주가 정부, 공공단체, 교육기관에 기부한 토지도 제외되었다. 이 같은 조항들을 통해 농촌의 전통 양반가와 지주

74 金聖昊·全敬植·蔣尙煥·朴錫斗(1989), 『農地改革史硏究』, 339~342쪽.
김성보(2001), 「입법과 실행과정을 통해 본 남한 농지개혁의 성격」, 『농지개혁 연구』, 141~143쪽.

가는 상당한 정도로 가문의 위세를 보존할 수 있었다. 1946년 2월 북한의 토지개혁이 전통사회를 아예 전복시켜 버린 것과 대조적으로 남한의 농지개혁은 전통사회를 상당한 정도로 보전한 사회개량주의정책이었다.

1950년 2월 농지개혁법이 국회를 통과하자 정부는 그 시행에 박차를 가하였다. 이승만 대통령은 농지분배가 춘경기를 넘지 않도록 "만난萬難을 배제하고 단행하라"는 유시를 농림부에 하달하였다. 이에 농림부와 지방정부는 농지개혁법이 공포되는 3월 10일을 전후하여 분배농지일람표分配農地一覽表의 작성을 완료하고, 이를 일정 기간 공시한 다음, 대개 4월 말까지 분배대상 농가에게 농지분배예정통지서農地分配豫定通知書의 발급을 완료하였다.[75] 동 통지서의 발급은 법적으로 토지소유권의 이전을 의미하지는 않았지만, 사실상 농지분배의 실현을 확인하는 의미를 지녔다. 당시 부산일보는 농지분배예정통지서의 발급에 대해 이는 "오늘부터 이 땅은 당신에게 분배하게 되었다"는 것을 의미하며, 그리하여 "오늘이야말로 진정한 우리 대한민국의 전국적인 해방의 날"이라고 감격해 마지않았다.[76] 이승만정부에 의한 농지개혁의 신속한 실행은 곧이어 발발한 한국전쟁의 과정에서 농촌 주민을 그의 충실한 국민으로 남게 함으로써 대한민국을 수호함에 크게 공헌하였다.

반면 지주에 대한 보상으로서 지가증권의 발급은 한국전쟁으로 인해 1951년 1월부터 개시되었다. 이후에도 지가증권의 발급은 지지부진하여 법정 보상기한을 넘긴 1957년에야 겨우 마무리되었다. 그사이 전쟁에 따른 하이퍼인플레이션으로 지가증권의 실질가치는 크게 하락하였다. 당초 농지개혁법이 의도하였던 지주층의 산업자본가로의 전신은 극히 제한적일 수밖에 없었다.

다른 한편, 전술한 대로 1948년 3월 미군정은 신한공사가 관리 중인 귀

75 金聖昊·全敬植·蔣尙煥·朴錫斗(1989),『農地改革史硏究』, 996~999쪽.

76 김성보(2001),「입법과 실행과정을 통해 본 남한 농지개혁의 성격」,『농지개혁 연구』, 158쪽.

속농지 19만 9,000여 정보를 소작농에게 매각하였다. 매각 조건은 연평균 생산량 300%를 15개년 연부로 상환하는 것이었다. 이 사업은 한국정부에 인계되었다. 1949년 신한공사는 7만 4,000여 정보의 귀속농지를 추가로 매각하였다. 양년에 걸쳐 신한공사가 매각한 귀속농지는 총 27만 3,000정보에 달하였다. 정부는 귀속농지의 상환율과 농지개혁의 상환율이 상이한 문제점을 해소하기 위해 1951년 4월 귀속농지관리특별조치법을 제정하여 두 상환율을 소급하여 통일했으며, 나아가 두 농지의 관리체계를 통합하였다. 이에 역사적으로 농지개혁이라 하면 미군정에 의한 귀속농지의 매각도 포함하는 것으로 정의될 필요가 있다.

농지개혁의 의의

농지개혁의 분배 실적은 〈표 10-2〉와 같다. 귀속농지를 포함하여 분배된 소작지의 누계는 1951년 말 57만 5,000정보에 달하였다. 이는 1945년 말 귀속농지를 포함한 소작지 총면적 144만 7,000정보의 39.7%에 불과하다. 종래 이 사실에 근거하여 농지개혁에 대한 평가는 일반적으로 부정적이었다. 말하자면 한민당을 중심으로 한 지주세력이 개혁을 지연시킴으로써 상당수의 소작지가 사전에 방매되어 분배의 대상에서 누락되었으며, 지주가 소작지를 사전방매하면서 소작농에게 강요한 지가는 법적 상환가격 이상의 수탈적인 것이었으며, 지주자본을 산업자본으로 전환시키고자 했던 개혁의 목적은 전시戰時 인플레이션으로 실패하였으며, 결과적으로 저생산성의 영세 소농만 양산함으로써 지주제의 재생을 막을 수 없는 불철저한 개혁이었다는 것이다.[77]

이 같은 농지개혁에 대한 평가는 1980년대 이후 농지개혁에 대한 실증

---

77 兪仁浩(1975),『韓國農地制度硏究』, 栢文堂.
櫻井浩(1976),『韓國農地改革の再檢討』, アジア経濟硏究所.
金炳台(1981),「農地改革의 평가와 반성」, 김병태 외,『한국경제의 전개과정』, 돌베개, 35~65쪽.

[표 10-2] 해방 이후 소작지 면적의 추이

단위: 천 정보, %

구분 / 연도	농지	자작지	소작지 면적			소작지의 자작화 면적				소작지율
			계	귀속농지	일반농지	계	귀속농지처분	정부매수분배	지주의 임의처분	
1945년 말	2,226	779	1,447	273	1174	-	-	-	-	65.0
1947년 말	2,193	868	1,325	273	1052	122	-	-	122	60.4
1949년 6월	2,071	1,400	671	74	597	654	199	-	455	32.6
1951년 말	1,958	1,800	158	0	158 (74*)	512	74	302	136	8.1 (4.3**)
누계						1,288 (100.0)	273 (21.2)	302 (23.4)	713 (55.4)	

출처: 金聖昊·全敬植·蔣尙煥·朴錫斗(1989), 『農地改革史硏究』, 韓國農村經濟硏究院, 1029쪽.
비고: * 는 농지개혁법에 의한 분배제외 면적, **는 이를 제외했을 때 1951년 말의 소작지율.

적인 연구가 개시됨에 따라 부정되었다. 〈표 10-2〉에서 보듯이 지주의 임의처분, 곧 사전방매는 71만 3,000정보에 달하였다. 새로운 연구는 이 사전방매도 농지개혁의 불가피성에 규정되어 지주가 농지를 투매한 것인 만큼 농지개혁의 성과로 간주되어야 한다고 주장한다. 사전방매의 지가가 상환가격보다 높았다는 것도 오해이며 실제로는 대동소이하거나 그 이하인 경우가 많았다. 충청남도 서산군에서 조사된 사전방매 81건의 경우, 방매 지가가 법정 상환가격 이하인 것이 38건이나 되었고, 법정 상환가격의 2배 이상으로서 확실히 수탈적이라고 할 만한 것은 4건에 불과하였다.[78]

게다가 새로운 연구는 지주자본의 산업자본으로의 직접적 전신은 실패하였지만, 간접적인 경로를 통해서는 적지 않은 성과가 있었다고 주장하고 있다. 농지개혁의 과정에서 적지 않은 사업잉여事業剩餘가 발생하였다. 예컨대 귀속농지의 상환금은 16억 7,000만 원이나 되었는데, 성질상

78 蔣尙煥(1985), 「農地改革 過程에 관한 實證的 硏究」, 연세대학교 대학원 경제학과 석사학위논문, 100쪽. 金聖昊·全敬植·蔣尙煥·朴錫斗(1989), 『農地改革史硏究』, 1032쪽에서 재인용.

전액 정부의 수익이 되었다. 정부는 그것의 58%를 농업개발에 투자하였다. 정부가 지주로부터 매수하여 분배한 일반농지의 상환금 계정에서도 1970년까지 18억 3,000만여 원의 사업잉여가 발생하였다. 그것은 농민들로부터의 상환곡은 현물로 받지만, 지주에 대한 보상곡은 당해 연도의 법정가격으로 환산된 현금으로 지급되기 때문에, 다시 말해 시가와 법정가격의 차이로 인해 발생한 것이었다. 정부는 사실상 지주를 수탈하여 조성한 사업잉여의 40%를 농업개발을 위한 각종 사업에 투자하였다.[79]

또한 지주에게 발행된 지가증권은 초기의 증권시장을 활성화하고 귀속사업체의 불하와 자본 형성을 촉진하였다. 예컨대 1949~1955년 증권회사의 거래 총액 107억여 원 가운데 73%가 지가증권의 거래였다. 귀속사업체의 불하에서는 불하대금으로 지가증권의 납입이 인정되었다. 기업가들은 증권시장에서 액면가의 25~70% 가격으로 구입한 지가증권으로 불하대금을 납입하였는데, 액면가의 전액을 인정받았다. 이처럼 농지개혁은 간접적인 경로로 지주자본을 산업자본으로 전환하고 축적함에 기여하였다.[80]

어쨌든 농지개혁으로 인해 〈표 10-2〉에서 보듯이 1945년 말 65%에 달하던 소작지의 비중이 1951년 말까지 8.1%로, 법적으로 인정된 소작지를 제외하면 4.3%로 크게 감소한 것은 부정할 수 없는 사실이다. 이로써 조선왕조 시대의 병작제竝作制에 역사적 기원을 둔, 개항開港 이후 크게 성장하여 일정기 농촌사회의 기본 구조를 이루었던 지주제가 해체되었으며, 그와 더불어 한국 현대의 자작농체제自作農體制가 창출되었다. 농지의 분배가 곧바로 농업생산력을 끌어올리고 농가경제의 사정을 개선한 것은 아니었다. 단기적으로는 구래의 지주제가 담당해 온 권농勸農의 역할이 폐지된 반면, 그를 대신할 정부나 농민단체의 역할이 충분하지 않아 농업

79 金聖昊·全敬植·蔣尙煥·朴錫斗(1989), 『農地改革史硏究』, 1045~1057쪽.
80 金聖昊·全敬植·蔣尙煥·朴錫斗(1989), 『農地改革史硏究』, 1057~1065쪽.

생산이 정체한 측면도 있었다.[81] 그렇지만 농지개혁이 고율 소작료의 굴레에서 농가를 해방시킴으로써 농가의 생활수준을 높이고 안정시킨 효과를 부정하기는 어렵다.[82] 농지개혁이 창출한 자작농체제는 1960년대 이후 한국 농업이 겪게 되는 혁명적인 변화의 토대를 이루었다.

역사의 긴 안목에서 볼 때 대한민국의 농지개혁은 17세기 이래 20세기 전반까지 장기추세로 진행되어 온 소농경제小農經濟의 발전을 전제하고 계승하였다고 말할 수 있다. 성숙한 소농경제를 전제하지 않은 토지개혁은 중남미와 아시아의 여러 후진국의 경험에서 보듯이 성공하기 힘들다. 사회주의 중국과 동유럽에서 행해진 급진적인 토지개혁은 인구수를 기준으로 한 기계적 평등을 추구했으며, 나아가 농업을 집단화하는 실험을 강행하였다. 그 결과 전통 소농경제의 생산력을 훼손하거나 해체함으로써 심각한 식량위기를 초래하였다. 그에 비하자면 한국의 농지개혁은 역사적으로 성장해 온 소농의 생산형태와 생산력을 있는 그대로 계승하였으며, 그로 인해 큰 혼란을 겪지 않고 급속한 증산의 길로 들어설 수 있었다.

또한 농지개혁은 신생 대한민국에 속한 인간들의 정치적 통합을 촉진하는 효과를 발휘하였다. 농촌사회에 잔존하던 양반兩班과 상민常民의 신분 차별이 없어지고 노비류奴婢類의 천민이 자취를 감추었다.[83] 반촌에서 상민들을 양반가의 상여꾼으로 동원하는 관행도 농지개혁을 경계로 소멸하였다. 강요된 공동노동의 관행인 두레도 상민들의 반발로 중단되었다. 농지개혁 이후 농촌사회의 구성원들은 그 신분적 지위에서 보다 자유롭

---

81 우대형(2001), 「농지개혁의 생산성 증대효과 분석」, 『농지개혁 연구』, 240~246쪽.

82 1958년 사회학자 李萬甲은 경기도 6개 촌락을 대상으로 한 조사에서 농지개혁으로 인한 농지소유의 증가로 다수 농가의 생활수준이 개선된 상태임을 확인하였다. 李萬甲(1960), 『韓國農村의 社會構造－京畿道六個村落의 社會學的 硏究』, 韓國硏究圖書館, 127~128쪽.

83 정진상(1995), 「해방직후 사회신분제 유제의 해체: 경남 진양군 두 마을 사례연구」, 『사회과학연구』 13-1, 경상대학교 사회과학연구원, 331~351쪽.

고 평등해졌다. 그렇다고 농촌사회에서 정치적 민주주의가 금방 성숙하지는 않았다. 농지개혁의 가시적 효과는 '유교적 민주화'였다. 상민들도 문중門中을 조성하고, 시제時祭를 지내고, 전국적 규모의 종친회에 가입하고, 부모의 장례를 상여로 모시게 되었다.[84] '유교적 민주화'가 '시민적 민주화'로 대체되는 데는 그 후로도 많은 세월을 기다릴 필요가 있었다. 경쟁적으로 가문의 사회적 지위를 드높이기 위한 소농경제의 전략은 자식 세대에 대한 더 많은 교육 투자를 유도하였다. 그 역시 농지개혁이 허락한 '유교적 민주화'의 효과였다. 그로 인해 두텁게 축적된 인적자본은 1960년대 이후에 펼쳐진 고도성장의 역사에서 밑거름으로 역할을 하였다.

귀속재산의 매각

1949년 12월 귀속재산처리법歸屬財産處理法이 제정되었다. 이 법은 정부가 미군정으로부터 인수한 귀속재산 가운데 국영 또는 공영으로 정한 것 이외의 사업체, 부동산, 동산, 주식 등을 민간에 매각하도록 규정하였다. 전술하였듯이 정부가 미군정으로부터 인수한 귀속재산은 1,812개에 달하는 귀속사업체를 비롯하여 그 규모가 방대하였다. 정부는 그 모두를 효율적으로 관리할 능력이 없었을 뿐 아니라 막대한 재정적자를 메워야만 하였으므로 귀속재산의 매각을 서두르지 않을 수 없었다. 예컨대 1948년 정부의 세입 573억 원에서 조세수입이 차지하는 비중은 10%가 채 되지 않았으며, 나머지 대부분은 미국의 원조나 중앙은행 차입으로 충당되지 않으면 안 되었다. 원조의 공여를 통해 한국정부의 경제정책에 간여하기 시작한 미국도 귀속재산의 매각을 종용하였다.

귀속재산처리법은 귀속재산을 선량하고 능력이 있는 연고자와 종업원, 그리고 농지개혁에 의해 농지를 매수당한 지주에게 우선 매각하도록 규

---

84 오창현(2008), 「농지개혁과 마을 공동체의 변형: 경기동남부의 두 지역을 중심으로」, 『비교문화연구』 14-2, 112쪽.

정하였다. 매각 대금은 최장 15년간 분할 납입하게 했으며, 지주들에게 발행된 지가증권으로도 납입할 수 있게 하였다. 이후 한국전쟁을 거치면서 전시재정 확보, 인플레이션 억제, 군수품의 생산 증대와 같은 긴급한 요구에 밀려 귀속재산의 매각은 한층 속도를 더하였다. 전쟁 이후 1954년 11월에 이루어진 제2차 헌법개정은 중요 산업의 국영 및 공영의 원칙을 폐지하였다. 이로써 귀속재산의 매각 범위가 더욱 넓어졌다.

귀속재산의 매각은 1963년 5월에 종결되었다. 그때까지의 매각 실적은 총 31만 5,642건에 달하였다. 그 결과 국영으로 남은 대한석탄공사와 대한조선공사 등 일부 대기업을 제외하고 대부분의 귀속사업체가 민영화하였다. 신생 대한민국은 계획경제를 동반하는 혼합경제체제를 지향하였다. 그것은 이념적이라기보다 현실적 선택이었다. 그러했던 만큼 정부재정의 궁핍, 미국의 원조 공여, 한국전쟁의 피해, 시급한 전재 복구의 필요성 등과 같은 건국 이후의 정치·경제 추이는 자연스럽게 귀속재산의 대대적 불하를 유도하고 신생국의 경제체제를 민간기업이 주도하는 자유시장경체제로 변모시켜 갔다.

귀속재산의 취득은 상당한 특혜를 의미하였다. 귀속사업체의 불하拂下가격은 시가와 큰 차이가 있었다. 예컨대 조선방직朝鮮紡織 부산공장의 경우, 정부의 사정査定가격은 35억 원이었으나 불하가격은 22억 원에 불과하였다. 삼척시멘트공장의 경우는 사정가격이 7억 원임에 비해 불하가격은 4억 5,000만 원이었다. 귀속사업체의 불하가격은 사정가격에 비해 평균 62%의 수준이었다.[85] 불하대금은 지가증권으로도 납입할 수 있었다. 농지개혁으로 경제적 기반을 상실한 중소지주들은 지가증권을 액면가의 25~70%로 투매하였다. 귀속재산의 매수자들은 증권시장에서 액면가 이하로 지가증권을 구입하여 대금을 납입하였는데, 그에 따른 수익

85 金成斗(1965),『財閥과 貧困 ― 韓國資本主義의 메커니즘과 그 展開』, 百耕文化社, 24쪽.

[표 10-3] 1950년대 주요 대기업체의 기원별 분포

단위: 개, %

업종	구분	주요 대기업체	불하된 귀속업체	국유화된 귀속업체	일정기 조선인이 설립한 기업체	해방 이후 신설 기업체 및 미상
섬유공업	면방직	16	12		1	3
	생사 제조	5	4			1
	모직·견직·인견	10	3			7
	기타 섬유	8	2		1	5
화학공업	고무공업	12	2		2	8
	기타 화학	8	3		1	4
금속 및 기계공업		10	4	4	1	1
음식품료공업		9	3			6
비금속광물제품 제조(요업)		6	2			4
제재 및 목제품공업		3	1		2	
인쇄·출판업, 기타		2				2
총계		89(100)	36(40.4)	4(4.5)	8(9.0)	41(46.1)

출처: 공제욱(1993), 『1950년대 한국의 자본가 연구』, 백산서당, 117쪽.

도 적지 않았다. 최장 15년까지 허용된 대금의 분할 납입도 커다란 특혜였다. 규모가 큰 사업체일수록 장기연불長期延拂의 혜택을 누렸다. 예컨대 최장 15년 연불의 평균 매각대금은 3억 6,790만 환으로서 전체 평균 2,952만 환의 12.5배나 되었다.[86] 그사이 물가는 수십 배나 올랐기 때문에 대규모 귀속사업체의 장기연불은 매수인에게 거저 얻는 것과 다를 바 없는 이득을 안겨 주었다.

그로 인해 귀속재산의 불하는 정경유착政經癒着과 부정부패의 온상으로서 세론世論의 비판을 받았다. 그 같은 문제점이 없지 않았지만 이승만 정부의 과감하고 신속한 귀속재산 불하는 자본축적이 빈약한 한국의 기

86 공제욱(1993), 『1950년대 한국의 자본가 연구』, 백산서당, 97·286쪽

업들이 성장해 갈 수 있는 토대를 마련해 주었다. 1950년대에 활동한 주요 대기업은 상당 부분 귀속사업체의 매수를 성장의 발판으로 하였다.

〈표 10-3〉은 1950년대에 활동한 주요 대기업의 기원을 분류한 것이다. 그에 의하면 주요 대기업 89개 사 가운데 36개 사가 귀속사업체의 불하로 성립하였다. 그 가운데 종업원 500명 이상의 대기업 22개 사의 경우는 15개 사가 귀속사업체에 기원을 두었다.[87] 이들 대기업의 상당수는 직접 또는 인수·합병의 간접 경로를 통해 오늘날의 대규모 기업집단으로 이어지고 있다.[88] 좀 더 긴 시각에서 보면, 오늘날 한국 대기업의 역사적 기원은 일정기에 일본인이 설립한 기업에 있다고 할 수 있다. 이상과 같은 귀속사업체의 역사가 그 점을 이야기해 주고 있다.

한국은행의 설립과 금융시장의 정비

일정기의 조선은행朝鮮銀行은 중앙은행으로서 통화를 발행하였지만 일본은행권日本銀行券을 준비로 확보해야 하는 제도적 굴레로 인해 독자의 발권력을 갖지 못하였다. 미군정은 1946년 2월 일본은행권의 유통을 금지하였다. 이후 한국의 화폐제도는 중앙은행이 정부의 신용으로 통화를 발행하는 관리통화제도管理通貨制度로 이행하였다. 조선은행은 해방 이후에도 중앙은행의 역할을 수행하였다. 조선은행은 독자의 발권력을 갖게 되었으며, 이를 토대로 시중은행과 정부에 대출을 행하였다. 그렇지만 중앙은행의 권한이 법적으로 엄밀히 규정되지 않아 시중은행에 대한 통제력은 그리 효과적이지 않았다. 1949년 6월에 미국 연방준비은행 국제수지국장 블룸필드A. I. Bloomfield가 한국에 파견되어 금융제도를 조사한 뒤 중앙은행으로서 한국은행韓國銀行의 설립을 정부에 건의하였다. 이를 토대로 1950년 5월 한국은행법이 공포되어 구래의 조선은행이 한국은행

87 공제욱(1993), 『1950년대 한국의 자본가 연구』, 117쪽.

88 이한구(2007), 「귀속기업불하가 재벌형성에 미친 영향」, 『경영사학』 43, 187~218쪽.

으로 모습을 바꾸어 중앙은행으로서 재출범하였다.

한국은행은 중앙은행으로서 은행권을 발행하거나 공개시장公開市場의 조작을 통해 통화량을 조정하여 통화가치를 안정시키고, 은행의 은행으로서 시중은행으로부터 예금을 받고 대출을 행하며, 시중은행의 건전성을 감독하고, 국고와 외환 업무를 담당하였다. 한국은행에는 통화, 신용, 외환에 관한 정책을 수립하고 동 은행의 업무, 운영, 관리를 지시하고 감독하는 최고기구로서 금융통화위원회金融通貨委員會가 설치되었다. 당초 블룸필드가 초안을 잡은 한국은행법에서는 미국 연방준비제도의 연방준비이사회를 모방하여 한국은행 총재가 금융통화위원회의 위원장을 맡도록 하였으나, 정부의 금융에 대한 통제 의지가 워낙 강하여 법의 제정 과정에서 결국 재무부장관이 맡게 되었다.[89] 이후 한국의 금융시장은 오랫동안 정부의 통제하에 놓였다.

한국은행 설립 직후 한국전쟁이 발발하였다. 동년 8월 정부는 북한이 조선은행권을 남발할 위험을 막기 위해, 또 북한군이 가지고 내려온 인민은행권 등의 유통을 막기 위해 그때까지 통용해 온 조선은행권을 한국은행권으로 교환하는 긴급조치를 실시하였다(제1차 화폐개혁). 1953년 2월에는 전쟁으로 지나치게 팽창한 통화량을 흡수하여 인플레이션을 억제할 목적으로 화폐가치를 1/100로 절하하고 화폐단위를 원圓에서 환圜으로 바꾸는 개혁을 단행하였다(제2차 화폐개혁). 정부는 구화폐의 97%를 회수하고 그 상당 부분을 봉쇄예금으로 억류하는 데 성공하지만 얼마 가지 못하였다. 한국은행은 금융기관의 자금경색을 해소하기 위해 재할인 한도를 확대할 수밖에 없었고, 그에 따라 통화량이 다시 증가하고 봉쇄예금도 점차 자유예금으로 전환하였다. 제2차 화폐개혁은 결국 실패하였다.[90]

해방 후 민간은행은 식민지기의 조흥은행, 조선상업은행에 더하여 특

---

89 이영훈·배영목·박원암·김석진·연강흠(2004), 『한국의 은행 100년사』, 302~305쪽.
90 이영훈·배영목·박원암·김석진·연강흠(2004), 『한국의 은행 100년사』, 305~306쪽.

수금융기관에 유래하는 조선신탁은행, 상호은행, 조선저축은행 등이 있었다.[91] 이들 특수금융기관은 해방 후 그 영업기반을 상실하여 사실상 국영화하였다. 미군정은 이들 금융기관의 당좌예금 취급을 인정하였으며, 이를 계기로 이들은 민간은행으로 전환하였다. 미군정은 국고금이나 미곡 매수자금을 예치하는 방식으로 이들 민간은행을 지원하였다.[92] 1950년 5월 한국은행법의 제정과 때를 같이하여 블룸필드의 제안에 따라 은행법銀行法이 공포되었다. 은행법은 민간은행이 중앙은행의 감독을 받고, 지불준비금의 일부를 중앙은행에 예치하고, 위험자산을 자기자본의 10배 이상 보유할 수 없으며, 부동산 투기를 삼가는 등, 건전금융의 원칙에 따라 영업하도록 하였다.

이 같은 규제조치로 인해 민간은행은 1954년까지 영업상태가 불안정하였다. 동년 11월 전술한 대로 금융을 포함한 중요 산업의 국영 원칙을 표방한 헌법 제86조를 폐지하는 헌법 개정이 이루어졌다. 그 한 달 전 정부는 사실상 국영화해 있는 민간은행의 민영화 방침을 발표하였다. 정부는 소수 기업의 은행 지배를 우려하여 1인당 입찰한도를 제한했으며, 그로 인해 6차례에 걸친 입찰은 모두 실패하였다. 정부는 입찰조건을 완화할 수밖에 없었다. 그 결과 1956년 2월까지 제일제당의 이병철李秉喆을 비롯한 유력한 기업가들이 4대 민간은행을 불하받았다. 이후 정부는 그동안 급속한 인플레이션에도 불구하고 장부가격으로 눌러 온 민간은행의 자산을 재평가해 주었다. 그에 따라 은행의 자산과 적립금이 부쩍 증가하였으며, 민간은행은 급속하게 영업을 정상화해 갔다.[93]

91 조선신탁은행은 구 朝鮮信託會社로서 이후 韓國信託銀行으로 개칭하였다. 상호은행은 구 朝鮮無盡會社로서 이후 韓國商工銀行으로 개칭하였다가 韓國興業銀行과 합병하여 韓一銀行이 되었다. 조선저축은행은 구 貯蓄銀行으로서 이후 韓國貯蓄銀行으로 개칭하였다가 다시 第一銀行으로 개칭하였다.

92 이영훈·배영목·박원암·김석진·연강흠(2004), 『한국의 은행 100년사』, 278~287쪽.

93 이영훈·배영목·박원암·김석진·연강흠(2004), 『한국의 은행 100년사』, 322~328쪽.

1953년 12월에는 한국산업은행법韓國産業銀行法이 공포되어 한국산업은행이 발족하였다. 동 은행은 중앙은행의 통제를 받지 않고 독자의 권한으로 산업금융을 행하였다. 한국산업은행의 발족에 대해 블룸필드와 한국은행은 강력히 반대했지만, 정부는 장기 산업금융을 행할 국책금융기관이 필요하다는 명분을 내걸고 설립을 강행하였다. 그만큼 한국정부의 금융지배에 대한 의지는 강력하였다. 산업은행은 정부가 불입한 자본금의 20배까지 산업금융채권産業金融債券을 발행할 권리를 부여받았다. 산업은행은 실체적으로 일정기의 식산은행殖産銀行을 계승하는 은행이었다. 결과적으로 한국의 금융시장은 일정기에 조선은행과 식산은행이 경쟁했던 것과 동일한 구조로 재건되었다.[94]

일정기에 식산은행 계열로서 농업금융을 담당하였던 금융조합金融組合은 해방 후 예금인출 사태를 맞아 기능을 정지하였다. 1949년 조선은행의 대출 지원으로 금융조합은 농업금융기관으로 활동을 재개했지만 소량의 생활자금을 단기대출로 행할 뿐 실적이 부진하였다. 후술하듯이 곧 이은 전쟁의 과정에서 현물세 부담이 크게 증가함에 따라 농가경제는 극도로 악화되었다. 그 결과 1930년대 이래 농촌에서 거의 사라졌던 고리사채高利私債가 다시 부활하여 농가경제를 압박하였다. 이에 1956년 그사이 혼란에 빠진 농업에 대한 금융체계를 바로잡고 농가경제를 육성할 목적으로 은행법에 근거하여 일반은행의 하나로서 농업은행農業銀行이 국책금융기관으로 설립되었다. 구래의 금융조합과 금융조합연합회는 해체되었다. 금융조합이 담당해 온 신용업무는 농업은행으로 인계되었으며, 그 밖의 다른 사업은 곧이어 신설된 농업협동조합農業協同組合으로 인계되었다.[95]

다른 한편, 증권시장도 1956년이 되어서야 정상화하였다. 1946년 1월 미군정은 기업의 주식과 사채, 총독부의 국·공채와 지방채까지 거래하면

---

94 이영훈·배영목·박원암·김석진·연강흠(2004), 『한국의 은행 100년사』, 316~322쪽.
95 이영훈·배영목·박원암·김석진·연강흠(2004), 『한국의 은행 100년사』, 320~322쪽.

서 전시통제기구로 역할을 하던 조선증권취인소朝鮮證券取引所를 해산하였다. 이후 증권 거래는 사실상 중단되었다. 증권시장을 재건하려는 증권업자들의 노력은 1949년 대한증권주식회사의 설립으로 이어졌다. 이 회사를 통한 증권 거래는 1949년 말에 건국국채建國國債가 발행되고 1951년부터 지가증권이 대량으로 발행되자 활기를 띄기 시작하였다. 그에 따라 4개의 증권회사가 추가로 생겨났다. 1953년 이들 증권회사는 대한증권협회를 결성하고 정부와 증권거래소 개설을 위한 교섭을 벌였다. 그때까지 증권 거래는 증권회사의 중개로 개인 간의 점두거래店頭去來 방식으로 이루어졌다. 드디어 1956년 3월 대한증권거래소大韓證券去來所가 구 조선증권취인소의 건물에서 다시 개점하였다. 이후 1960년대까지 동 거래소에서 거래된 주요 증권은 국채였다. 낮은 수준의 경제발전을 반영하여 은행을 포함한 상장기업의 수는 고작 11개에 불과하였다.[96] 증권시장은 기업에 자금을 공급하는 발행시장發行市場이기보다는 국·공채의 발행을 돕고 소수 기업의 주식을 거래하는 유통시장流通市場으로서 기능하였다.

3. 한국전쟁과 원조경제의 전개

한국전쟁의 피해

1950년 6월 25일 북한의 기습공격으로 시작된 한국전쟁韓國戰爭은 북한, 소련, 중국의 공산주의 정권이 공모하여 대한민국을 공산진영으로 끌어들일 목적에서 벌인 전쟁이었다. 이들 국가는 1949년 중국공산당이 내전에서 승리하고 소련이 원자폭탄을 보유하게 된 국제정세의 유리한 국면을 맞이하여 중국 내전에서 국민당의 패배를 방치한 미국이 한반도의

96 이영훈·박기주·이명휘·최상오(2005), 『한국의 유가증권 100년사』, 해남, 206~223쪽.

남반부를 지키기 위해 전쟁에 개입하지 않을 것이라는 나름의 합리적 판단에서 전쟁을 도발하였다. 그렇지만 이들의 예측과 달리 미국은 공산주의세력을 현 국경에서 봉쇄한다는 외교·군사노선에 충실하여 한국전쟁에 개입하였다. 이로써 자칫 세계지도에서 그 이름이 사라질 뻔했던 대한민국이 살아남을 수 있었다.

1953년 7월 27일까지 이어진 전쟁은 한국경제에 심대한 인적, 물적 피해를 안겼다. 전쟁으로 인한 인적 피해로서 사망자를 보면 군인과 경찰의 전사자가 23만 1,787명, 민간인 사망자가 37만 3,599명으로서 도합 60만 5,386명이었다. 여기에 군인, 경찰, 민간인의 실종자 35만 4,212명과 피랍자 8만 5,164명을 합하면 인명의 손실은 104만 4,762명이나 되었다. 부상자는 군인과 경찰이 72만 4,579명, 민간인이 22만 9,625명으로서 도합 95만 4,204명이었다. 이들 사망, 실종, 피랍, 부상을 모두 합하면 총 199만 8,966명으로서 1949년의 전체 인구 2,016만 7,000만여 명의 거의 10%에 달하였다.[97]

산업시설의 피해는 제조업의 경우 원상에 비해 평균 40% 이상의 피해를 입었다. 특히 섬유공업의 피해가 커서 시설의 60% 이상이 파괴되었다. 전력업의 경우 발전시설의 80%가 파괴되어 휴전 후 서울의 전기는 미국군의 발전함發電艦에 의존할 수밖에 없는 형편이었다. 전쟁 이후 한국정부의 종합적인 조사에 의하면 전쟁의 피해액은 총 4,106억 환으로서 대략 30억 달러에 달하였다. 이는 1952, 1953 양년의 국민소득 합 4,296억 환과 거의 같은 크기였다. 피해 내역을 보면 건물이 44.6%, 시설이 19.7%이며, 지역별로 서울과 경기가 전체 피해의 52.8%를 차지하였다. 종업원 5인 이상 제조업체의 수는 1949년 3월 5,147개였으나 휴전 직후인 1953년 9월에는 2,474개로 감소하였다. 산업시설의 파괴는 실업자를 크게 증가

97 李大根(2002), 『解放後·1950年代의 經濟』, 257~258쪽.

[표 10-4] 한국은행의 발권액과 물가지수의 추이(1949~1953)

단위: 억 圓, 1953년은 백만 圜, 1947 = 100

연월	1949.12	1950.6	1950.12	1951.6	1951.12	1952. 6	1952.12	1953. 6	1953.12
발권액	714	574	1,904	4,081	5,419	6,501	9,732	12,341	22,084
물가지수	354	284	943	2,021	2,683	3,218	4,818	6,109	10,933

출처: 韓國產業銀行調查部(1955), 『韓國產業經濟十年史』, 488쪽.

시켰다. 1952년 말까지 북한에서 내려온 피난민은 총 68만 5,000명에 달하였으며, 이로 인해 실업난은 더욱 가중되었다. 노동국의 조사에 의하면 실업자는 1952년 말 126만여 명으로 노동력 인구의 15%나 되었다.[98]

전비戰費의 조달을 위한 중앙은행의 통화 남발은 높은 수준의 인플레이션을 유발하였다. 〈표 10-4〉는 1949년 12월 이후 1953년 12월까지 한국은행의 발권액과 물가지수의 추이를 보이고 있다. 1950년 6월까지는 전술한 대로 한미경제안정위원회의 경제안정15원칙에 따라 강력한 긴축정책이 취해졌으며, 그로 인해 발권액과 물가지수는 오히려 하락하였다. 이후 전쟁이 발발하자 정부는 전비를 긴급히 충당하기 위해 대량의 한국은행 차입, 곧 통화 증발을 행하였다. 그 결과 〈표 10-4〉에서 보듯이 1950년 6월에서 12월까지 한국은행의 발권액은 574억 원에서 1,904억 원으로 급증하였다. 정부는 임시조세증징법臨時租稅增徵法을 제정하여 전시세戰時稅를 신설하고 소비세를 중과重課함과 더불어 후술하듯이 농민들로부터 현물 토지세를 징수하였다. 1952년부터는 전비 지출을 위한 특별회계를 설치하였는데, 주요 수입원은 임시조세증징법에 따른 조세수입과 한국은행 차입이었다. 전비 지출의 주요 경로는 유엔군 대여금이었다. 한국정부와 유엔군사령부 사이에 체결된 협약에 따라 유엔군이 전쟁 수행과 관련하여 한국 내에서 지출하는 비용을 위해 원화 공급을 요청하면 한국은행

98 李大根(2002), 『解放後·1950年代의 經濟』, 216~217·241~255·259쪽,

은 그에 자동으로 응하여 통화를 증발하여 지불하였는데, 그것이 유엔군 대여금이다. 그 결과 한국은행의 발권액은 1953년 12월까지 2조 2,084억 원(220억 8,400만 환)으로, 1950년 6월에 비해 38배나 증가하였다. 유엔군 대여금은 통화량 증발의 가장 중요한 원인으로 1951~1952년의 경우 증발 요인의 70% 이상을 차지하였다.[99] 그사이 물가지수도 1950년 6월의 284에서 1953년 12월의 10,933으로 38배 증가하였다. 전술한 대로 정부는 인플레이션을 억제하고 통화가치의 하락을 막기 위해 1953년 2월 화폐개혁을 강행했지만 소기의 성과를 거두지 못하였다.

전시 인플레이션의 피해는 고스란히 농민들에게 전가되었다. 1950년 2월 정부는 농가의 식량과 종자를 제외한 여분의 식량을 강제 매입하도록 한 양곡매입법을 폐지하고 정부가 필요한 일정 양의 식량을 미곡에 한정하여 총생산량의 1/3을 넘지 않는 범위에서 매입할 수 있도록 하는 양곡관리법糧穀管理法을 제정하였다. 도시부 인구에 대한 식량의 균등배급제도 1949년에 세궁민과 공무원·군인에 한정하여 배급하는 중점배급제重點配給制로 이행하였다. 미곡 유통의 자유화를 지향한 이 같은 조치는 한국전쟁의 발발로 후퇴하였다. 1951년 정부는 전쟁 수행에 필요한 군량미를 확보하고, 인플레이션을 진정시키고, 재정의 실질수입을 안정시킨다는 명분을 내걸고 임시토지수득세법臨時土地收得稅法을 제정하였다. 이 법은 토지세의 금납제를 폐지하고 물납제로 바꾸어 미곡 생산량의 15%에서 28%까지의 누진세율로 토지세를 현물 미곡으로 수취하도록 하였다. 정부는 공무원·군인의 월급을 포함하여 재정지출의 일부를 미곡으로 행하였다. 임시토지수득세는 1951~1953년 예산 총수입의 26~38%를 차지하였다.[100] 인플레이션이 급하게 진행되는 상황에서 현물로 토지세를 수취

99 李大根(2002), 『解放後·1950年代의 經濟』, 208~209쪽.

100 정부가 미곡을 매입할 때 적용한 公定價格으로 계산한 비중이다. 실제 市中價格으로 임시토지수득세의 비중을 따지면 26~38%를 훨씬 초과하였을 것이다. 李大根(2002), 『解放後·1950年代의 經濟』, 207쪽 참조.

함은 그만큼 농가의 잉여분을 국가가 수탈함을 의미하였다. 정부는 농민의 부담과 희생으로 재정을 꾸리고 전쟁을 치룬 셈이었다.

경제원조

한국전쟁이 발발하자 유엔은 한국민간구호원조(CRIK원조)를 한국에 제공하였다. 헌옷·밀가루·담요·침대·쌀·소금·메밀·위생상자·고무신·캐러멜 등의 구호물자로 이루어진 이 원조는 1956년까지 도합 4억 5,730만 달러에 달하였다. 전쟁이 발발한 그해, 피난민에게는 하루에 쌀 2홉과 현금 50원이 지급되었다. 200만 명의 피난민과 월남민이 이 원조 덕분에 그해 추운 겨울을 버틸 수 있었다. 뒤이어 1950년 12월 유엔은 한국경제의 재건을 위해 회원국으로부터 총 2억 5,000만 달러의 기금을 갹출하여 유엔한국재건단韓國再建團을 발족시켜 원조를 제공하기 시작하였다(UNKRA원조). 유엔한국재건단은 미국의 전문 용역회사인 네이산협회 Nathan Association에 한국경제의 실태에 대한 조사를 의뢰했으며, 1952년 12월 동 협회는 '한국경제재건예비보고'를 유엔에 제출하였다.

한국전쟁 이전에 미국정부가 제공하던 ECA원조와 사업은 전쟁의 발발로 중단되었다. 미사용 금액은 유엔의 민사처民事處에 이관되어 SEC(Supplies of Economic Cooperation)원조로 집행되었다(ECA-SEC원조). 1953년까지 집행이 완료된 동 원조는 1억 910만 달러에 달하였다. 1953년 4월 미국정부는 한국경제의 실태를 파악하고 필요한 원조의 규모를 측정하기 위해 타스카H. J. Tasca를 단장으로 하는 사절단을 한국에 파견하였다. 사절단은 조사활동을 토대로 한국경제를 육성할 계획서를 미국 대통령에 제출하였다. 동 계획은 향후 3년간 8억 8,300만 달러를 투입하여 제1차 연도에는 교통, 전력, 에너지 등의 인프라를 정비하고, 제2차 연도에는 주택, 교육, 보건, 치산·치수 사업을 행하고, 3차 연도에는 생산성의 제고를 추진함으로써 한국경제의 생산능력을 1940년 수준

[표 10-5] 연도별·종류별 원조의 금액과 내역(1945~1961)

단위: 백만 달러, %

	연도	합계	미국정부				유엔	
			GARIOA	ECA-SEC	FOA-ICA	PL480	CRIK	UNKRA
연도별 원조액	1945	4.9	4.9					
	1946	49.5	49.5					
	1947	175.4	175.4					
	1948	179.6	179.6					
	1949	116.5	92.7	23.8				
	1950	58.7		49.3			9.4	
	1951	106.5		32.0			74.4	0.1
	1952	161.3		3.8			155.5	2.0
	1953	194.2		0.2	5.6		158.8	29.6
	1954	153.8			82.4		50.1	21.3
	1955	236.8			205.8		8.8	22.2
	1956	326.7			271.0	33.0	0.3	22.4
	1957	382.9			323.3	45.5		14.1
	1958	321.2			265.6	47.9		7.7
	1959	222.2			208.3	11.4		2.5
	1960	245.3			225.2	19.9		0.2
	1961	201.5			156.6	44.9		
	총계	3,137.30	502.1	109.1	1,743.8	202.6	457.3	122.1
내역	기술원조	1.2			1.7			6.0
	시설재	22.4	10.0	13.0	30.0		6.0	70.0
	공업원료용 농산물	16.8	2.7	18.3	17.0	63.0	9.0	10.0
	기타원자재	9.7	2.0	5.0	16.0		2.0	
	연료 및 비료	25.9	30	52.2	29.0		17.0	
	최종소비재	19.3	50	10.0	2.0	37.0	57.0	9.0
	기타	4.7	5.3	1.5	4.3		9.0	5.0
	합계	100	100	100	100	100	100	100

출처: 韓國銀行, 『經濟統計年報』 各年度版.

비고: GARIOA원조에는 EROA원조가 포함되어 있다.

으로 회복시키도록 건의하였다. 미국정부는 타스카보고서에 의거하여 휴전과 더불어 대외사업처(FOA)로 하여금 한국에 2억 달러의 원조를 행하도록 하였다. 1955년 미국은 대외사업처를 폐지하고 국무성에 국제협조처(ICA)를 설치하여 FOA원조를 계승케 하였다(FOA-ICA원조). 이와 별도로 1954년 미국정부는 자국의 농산물 가격을 유지하고 후진국의 식량을 원조할 목적에서 공법公法480호로 '농업수출진흥과 원조법'을 제정하였다. 한국은 1956년부터 이 법에 근거한 미국 농산물의 원조를 받았다(PL480원조).

1945년 이래 한국에 주어진 경제원조의 규모와 내역을 제시하면 〈표 10-5〉와 같다. 1945년 이후 1961년까지 총 31억 3,730만 달러의 원조가 한국에 주어졌다. 동 기간 한국은 세계에서 미국의 원조를 가장 많이 받은 나라였다. 가장 규모가 컸던 원조는 1953년부터 주어진 FOA-ICA원조로 17억 4,380만 달러였다. 총 31억여 달러에 달하는 원조의 내역을 보면 연료 및 비료가 25.9%로 가장 많고, 다음으로 시설재 22.4%, 최종소비재 19.3%, 공업원료용 농산물 16.8%의 순서였다. 원조의 내역을 둘러싸고서는 원조를 공여하는 미국정부와 수입하는 한국정부 사이에 상당한 입장의 차이가 있었다.

원조경제체제

1952년 8월 미국 대통령의 특사 마이어C. E. Meyer와 한국정부 사이에 한국경제의 복구와 양국 정부 간의 원활한 협력을 위한 한미경제조정협정韓美經濟調整協定이 체결되었다(일명 마이어협정). 그 결과 한미 양측의 대표 1명씩으로 구성되는 합동경제위원회(CEB)가 서울에 설치되었다. 합동경제위원회는 미국의 대한 원조를 총괄하였을 뿐 아니라, 한국정부와 경제 전반에 걸쳐 협의하고 한국정부가 의무적으로 수용해야 하는 건의를 행할 수 있는 강력한 권한을 가졌다. 합동경제위원회의 미국인 경제조정관은 원조를 지렛대로 하여 한국정부의 경제정책에 커다란 영향력을 행사하였다.

한국정부는 미국정부로부터 당년의 원조액이 결정되어 통보되면 그에 상응하는 물자구매요청서를 작성하여 합동경제위원회에 제출했으며, 경제조정관은 이를 미국의 원조 당국에 전달하였다. 그에 대해 미국의 원조 당국이 구매승인서를 발부하면 경제조정관은 이를 한국정부에 회송하였다. 이후 한국정부의 외자구매처와 한국은행은 물자구매요청서와 구매승인서에 근거하여 소정의 물자를 구매할 업자를 선정하고, 그에게 상공부의 수입허가증에 해당하는 부구매승인副購買承認을 교부하였다. 구매업자는 추첨이나 입찰 등의 방식으로 선정하였다. 선정된 구매업자는 한국정부가 발행한 부구매승인을 미국의 원조 당국에 제출하여 소정의 물자를 미국이나 제3국에서 구매하여 국내로 반입하였다.[101]

마이어협정은 한국정부가 한국은행에 정부 명의의 대충자금특별계정對充資金特別計定을 설치하여 원조 달러에 상당하는 한국화폐를 예치하도록 요구하였다. 한국정부는 한국은행 차입의 형태로 대충자금특별계정에서 자금을 인출하여 재정수입으로 삼고 재정지출을 행하였다. 이후 원조 달러를 배정받은 정부기관이나 구매업자가 그에 상당하는 한국화폐를 한국은행의 외자매입금계정外資買入金計定에 예치하면, 한국은행은 그것으로 대충자금특별계정의 정부차입금을 상쇄하였다.

한국정부가 대충자금을 인출하기 위해서는 합동경제위원회의 승인을 받아야 하였다. 합동경제위원회는 한국정부가 제출한 대충자금의 사용내역과 금액을 두고 한국정부와 협의했으며, 그 과정에서 한국정부와 합동경제위원회 간에 적지 않은 의견 대립이 있었다. 1953년 8월 합동경제위원회의 미국 측 대표로 타일러 우드C. Tyler. Wood가 파견되어 와 타스

101 李大根(2002), 『解放後·1950年代의 經濟』, 301~309쪽.

카보고서에 따른 FOA원조의 실행을 위한 교섭을 한국 측 대표인 국무총리 백두진白斗鎭과 벌였으며, 4개월의 진통 끝에 동년 12월 '경제재건과 재정안정계획에 관한 합동경제위원회협정'이 체결되었다(일명 백·우드협정).

교섭 과정에서 양국은 서로 다른 입장을 고수하였다. 한국 측은 원조자금으로 전력, 비료, 시멘트 등의 기간산업을 재건하고자 했으며, 이에 원조 물자가 시설재 7과 소비재 3의 비율로 구성되어야 한다고 주장하였다. 그에 반해 미국 측은 당면한 악성 인플레이션과 재정적자를 해소하지 않고서는 어떠한 투자도 생산증대의 효과를 거둘 수 없다면서 경제안정의 달성을 최우선 과제로 제시하였다. 미국 측은 정부지출과 은행여신에 상한을 둘 것과 원조 물자를 소비재 7과 시설재 3의 비율로 구성할 것을 주장하였다.

양국 간의 또 하나의 큰 쟁점은 공정환율公定換率의 책정이었다. 1953년 2월 제2차 통화개혁 이후 공정환율은 1달러에 60환으로 정해졌다. 미국 측은 한국화폐가 과대평가되었다고 하면서 1달러에 180환으로 평가절하平價切下할 것을 요구하였다. 환율의 인상은 원조 달러의 민간 불하에서 발생하는 초과이윤과 그에 부수하는 부정부패를 줄이고, 보다 많은 대충자금의 적립을 가능케 하여 재정적자의 해소에 도움이 된다는 논리였다. 그에 대해 한국 측은 실수요자實需要者로서 시설재를 도입하는 기업가의 부담을 줄이고, 한국정부가 받을 유엔군 대여금에 대한 달러 상환액을 늘리기 위해 저환율低換率을 고집하였다. 4개월의 협상으로 난산을 본 백·우드협정은 대부분 미국 측 입장을 반영하는 내용이었다. 동 협정은 한국경제의 부흥을 위해 FOA원조의 30%를 시설재 투자에 투입하고, 나머지를 소비재 확보를 위한 판매용 물자 도입(48.2%)과 구호용 물자 도입(9.8%)에 할당하였다. 공정환율도 미국의 요구에 따라 1달러에 180환으로 결정되었으며, 이후 1955년에 다시 500환으로 절하되었다.

이처럼 1950년대의 원조경제체제는 원조의 공여국인 미국의 의지에 따라 경제안정을 우선하는 원칙에 따라 운영되었다. 그렇다고 한국정부의 입장이 완전히 무시된 것은 아니었다. 한국정부는 원조의 구매처를 자신이 결정할 권한을 완강하게 관철시켰다. 기대에 미치지 못하였지만 원조자금의 30%는 한국정부의 요구대로 기간사업의 건설을 위한 시설재 도입에 충당되었다. 그 외에 후술하듯이 정부는 대충자금을 재원으로 한 재정투융자財政投融資에 있어서 공업화를 위한 자신의 정책을 나름의 의지대로 추구할 수 있었다.

원조의 효과와 평가

한국경제에 대한 미국의 원조는 1953년의 국민소득에서 10% 이상의 비중을 점하는 크기였다. 원조의 비중은 1956년에 최고에 달하여 동년 국민소득의 13.3%를 차지하였다. 1958년 이후 원조는 줄어들기 시작하는데, 그럼에도 불구하고 1960년 국민소득의 7.6%나 되는 여전히 큰 비중이었다. 정부의 재정수입에 있어서 원조로 적립된 대충자금특별계정으로부터의 전입금轉入金이 차지하는 비중은 1954~1959년에 평균 42.5%나 되었으며, 50%를 넘기조차 하였다. 후술하듯이 정부의 재정투융자에 있어서 대충자금이 차지하는 비중은 연평균 60%를 초과하였다. 1950년대의 국민계정國民計定에서 해외저축, 곧 원조는 국내저축의 2~3배 크기였으며, 원조의 고정자본형성固定資本形成에 대한 기여율은 거의 90%에 가까웠다. 전쟁 이후 한국경제가 이룩한 연평균 4~5%의 경제성장은 거의 대부분 원조에 의한 투자로 설명될 수 있다.[102] 미국의 원조는 한국인의 부족한 소비재를 공급함으로써 사회와 정치의 안정을 이루는 데 큰 몫을 하였다. 뿐만 아니라 원조는 전력, 비료, 시멘트 등 기간산업의 건설과 도로, 항만, 통신, 수리시설 등 사회간접자본의 확충에도 적지 않은 기여를

102 李大根(2002), 『解放後·1950年代의 經濟』, 347~351쪽.

하였다.

그럼에도 종래 원조의 경제적 효과에 대한 평가는 비교적 인색한 편이었다. 1950년대 당시부터 일부 경제학자들은 미국의 원조가 후진국의 경제발전을 위해서라기보다는 동서냉전의 일환으로 정치적, 군사적 고려에서 이루어진다고 비판하였다. 그들은 미국의 원조가 한국의 정치적, 경제적 안정만을 중시하여 직접적 생활재료의 공급과 소비재공업의 건설에 주력했으며, 그 결과 생산재공업이 발전하지 못한 파행적인 공업구조가 빚어졌다고 주장하였다. 그들은 면화·밀·보리 등 미국의 잉여농산물이 PL480 원조로 대량 도입됨으로써 한국의 농업에 파괴적인 영향을 미쳤으며, 그에 따라 농업 원료에 바탕을 둔 공업의 발전 가능성을 차단하여 한국경제의 자립적 기초가 훼손되었다고 비판하였다. 나아가 그들은 원조 자금이나 물자의 배분 과정에서 정치, 관료, 기업 간에 특혜와 뇌물과 정치 자금이 오고가는 부정부패의 유착관계가 생겨났으며, 이는 1950년대의 정치적 혼란, 사회적 퇴폐, 도덕적 타락의 원천이 되었다고 주장하였다.[103]

이 같은 비판적 언설은 대부분 부정확한 관찰이거나 단기적인 관점에서 성급하게 내려진 결론으로 여겨진다. 전쟁 후 불과 6년의 짧은 기간에 한국정부가 이룩한 공업화의 성과는 동시대 다른 후진국에 비해 탁월한 것은 아니었지만 평균 이상의 실적이었다. 면방직, 제분, 제당 등 소비재공업의 발전은 국민의 소비생활을 안정시키는 데 기여하였다. 기간산업의 건설은 꽤나 광범하게 의욕적으로 착수되었으며, 그 성과는 1960년대 이후 한국경제의 고도성장에 크게 기여하였다. 예컨대 1950년대에 재건된 면방직, 철강업, 목재업 등은 1960년대에 들어와 수출산업의 선두 주자로서 그 역할을 하였다. 미국 원조에 대한 비판적 견해는 1950년대의 한국경제가 미국을 중심으로 하는 자본주의 세계시장의 국제적 분업구조와

103 洪性囿(1965), 『韓國經濟의 資本蓄積過程』, 高麗大學校出版部, 324~326쪽.

무관하게 토착 원료와 시장에 바탕을 둔 자립적 국가경제로 발전해 갈 수 있으리라는 낙관적인 전망에 기초하였다. 그렇지만 제2차 세계대전 이후 많은 후진국의 개발 경험은 한국보다 훨씬 유리한 자원과 시장 조건을 갖춘 경우에조차 세계시장에서 분리된 자립노선은 실패하였음을 보여 주고 있다. 1950년대의 미국 원조가 한국의 식량·원료 농업이나 지방공업에 미친 부정적인 충격은 한국경제가 적응해 가지 않으면 안 될 세계시장의 새로운 환경으로 고쳐 이해될 필요가 있다. 일정기에 있었던 면작棉作을 위시한 원료 농업의 발전도 한국경제의 자립이 아니라 일본이 중심이 된 동아시아자본주의의 요청에 따른 것이었다. 그에 비해 전후 미국이 중심이 된 새로운 세계시장에서 한국의 원료 농업에 대한 국제적 수요는 거의 전무하였다.

정부로부터 원조 자금과 물자를 배분받은 민간기업가와 상인에게 대규모 초과이윤이 안겨진 것은 부정할 수 없는 사실이다. 정부가 원조 달러를 민간에 불하할 때 적용된 공정환율은 시장 실세환율의 평균 1/3 수준에 불과하였다. 그 같은 상태에서 공정환율로 원조 달러를 배정받아 해외에서 원료·부품을 수입하여 국내시장에 판매하거나 상품을 제조하면 커다란 이익을 누릴 수 있었다. 그렇게 발생한 초과이윤은 1950년대 후반의 국민총생산에서 10.5~15.0%나 되는 막대한 규모였다.[104] 이에 그 배분을 둘러싸고 정치가, 관료, 기업가 사이에 유착 관계가 생겨나고 부정부패가 조장되었는데, 그렇다고 그것의 부작용을 과장해서는 곤란하다. 초과이윤의 배분은 적절하게 생산적으로 통제되었다.

이승만정부가 민간에 달러를 공급하는 원천은 크게 두 가지였다. 하나는 유엔금 대여금을 달러로 상환해 받은 정부보유 달러이며, 다른 하나는 미국의 원조 달러였다. 정부는 정부보유 달러를 민간에 배정함에 있어

104 김낙년(1999), 「1960년대 한국의 경제성장과 정부의 역할」, 『經濟史學』 27, 133쪽.

서 1954년까지는 수입 상품마다 환율을 달리하는 외화대부제도外貨貸付制度를 시행했으며,[105] 1955년 이후에는 입찰제, 추첨제 또는 신청 자격을 소수로 제한한 다음 다량의 국채를 매입하는 자에게 우선 배정하는 국채첨가제國債添加制 등을 실시하였다. 미국의 원조 달러로 해외에서 물자를 구매할 자금의 배분과 관련해서는 물자를 민수용民需用과 실수요자용으로 나눈 다음 역시 입찰제, 추첨제, 국채첨가제 등의 방식을 택하였다. 그에 따라 1959년의 경우 양국 정부의 협약으로 성립한 공정환율 1달러당 500환과 시장환율 1,271환 사이에 크게 말해 원조 달러 실수요자 환율 704환, 원조 달러 민수용 환율 791환, 정부 달러 공매 환율 1,052환이라는 세 수준의 환율이 성립하였다.[106] 정부는 이 같은 복수의 차등환율제를 통하여 공정환율과 실세환율의 차이에서 발생하는 초과이윤의 일부를 흡수하였으며,[107] 나아가 산업 재건에 긴요한 물자에 대해서는 낮은 수준의 실수요자 환율을 베풀어 초과이윤이 생산적으로 투자되도록 유도하였다.

원조의 경제적 효과에 관한 지금까지의 평가는 원조 물자가 도입되어 민간에 배분된 직접적인 효과에만 주목하였다. 그렇지만 한국정부에 무상無償으로 주어진 원조는 민간에 유상有償으로 매각되었으며, 그 대금으로 적립된 대충자금은 한국정부의 재정자금으로 이관되었으며, 그 일부는 다시 사회간접자본과 기간산업의 건설에 투자되었다. 원조에 대한 지금까지의 평가는 이 점에 대한 검토를 소홀히 하였다. 나아가 원조의 효과에 대한 평가가 보다 완전해지기 위해서는 경제원조와는 별개의 경로

---

105 崔相伍(2000),「1950年代 外換制度와 換率政策에 관한 硏究」, 成均館大學校 大學院 經濟學科 博士學位論文, 155~205쪽.

106 김낙년(2002),「1950년대 외환배정과 경제적 지대」,『경제사학』 33, 104~115쪽.

107 김낙년에 의하면 이 같은 복수의 차등환율제로 정부에 흡수된 초과이윤은 1959년 GDP의 2.2%에 상당하였다. 이를 감안할 때 1955~1960년 정부의 외환배정으로 발생한 민간의 초과이윤은 GDP의 8.3%~12.8%로 추정된다. 김낙년(2002),「1950년대 외환배정과 경제적 지대」,『경제사학』 33, 116쪽 참조.

로 주어진 군사원조까지 검토할 필요가 있다. 군사원조의 금액과 내역은 무역·원조의 통계에서 누락되어 그 내역을 자세하게 알 수 없다. 군사원조에 의한 투자나 건설은 한국은행의 국민계정에도 반영되지 않았다.

미국정부의 자료에 의하면 1946~1961년에 걸쳐 앞서 소개한 31억 3,730만 달러의 경제원조 이외에 총 15억 7,300만 달러에 달하는 군사원조가 제공되었다.[108] 군사원조는 여러 가지 경로로 한국경제의 성장에 적지 않게 기여하였다. 그 상당 부분은 군사분계선 지역의 군사용 도로·교량·구조물의 공사에 투입되었다. 한국의 많은 토목·건설회사가 그 공사를 수주하여 성장하였을 뿐 아니라 미국군의 엄격한 감리를 받는 가운데 선진적인 토목·건설 기술을 습득하였다. 또한 군사원조의 일환으로 1950년대에 걸쳐 약 8,000여 명의 장교와 하사관이 해외연수를 다녀왔으며, 그 결과 한국군은 조직과 행정에서 한국사회에서 가장 선진적인 집단으로 성장하였다. 군을 제대한 장교와 하사관은 민간기업의 간부로 활동했으며, 병사들도 병기나 통신기기를 분해하거나 수리하는 훈련을 통해 기술을 축적하였다. 이렇게 군부에서 축적된 인적자본은 1960년대 이후의 고도성장에 적지 않게 기여하였다.[109]

재정투융자

1954년 정부는 대충자금특별회계법을 제정하여 종래 여러 계정으로 분산되어 있던 대충자금의 계정들을 일원화하였다. 1954~1960년 대충자금특별회계의 세출 내역은 〈표 10-6〉과 같다. '일반회계 전출'은 정부 일반회계로의 이전을 말하는데, 국방비에 대한 지원이 그 중심을 이루었다. 1954~1960년 국방비는 당시의 정치적 상황에 규정되어 일반회계의 평균

108 에드워드 S. 메이슨 외(1981), 『韓國經濟·社會의 近代化』, 韓國開發硏究院, 201~202쪽.
109 李大根(2002), 『解放後·1950年代의 經濟』, 514~515쪽.

【표 10-6】 대충자금특별회계의 세출 내역(1954~1960)

단위: 백만 환, %

연도 \ 구분	일반회계 전출	경제부흥회계 전출	융자	기타	합계
1954~1955	14,395	16,254	13,095	5,011	48,755
1956	48,290	35,276	9,138	1,046	93,750
1957	43,461	84,263	17,620	3,431	148,775
1958	46,344	84,598	48,787	3,188	182,917
1959	36,283	52,415	33,689	3,134	125,521
1960	66,500	48,030	14,532	3,991	133,053
합계	255,273 (34.8)	320,836 (43.8)	136,861 (18.7)	19,801 (2.7)	732,771 (100)

출처: 經濟企劃院(1962), 『韓國統計年鑑』, 307쪽.
비고: 기타는 外資特別會計와 徵收金計定으로의 이전, 관리비 및 기타 경비를 말한다.

35.5%라는 큰 비중을 점하였다.[110] '경제부흥특별회계 전출'은 부흥부復興部 산하의 동 회계로의 이전을 말한다. 전술한 대로 기획처는 1950년 1월 한미경제안정위원회가 설치된 후 그 권한과 기능이 크게 위축되었다. 기획처의 처장은 별도로 임명되지 않고 재무부 장관이 겸임하였다. 1955년 2월 정부조직의 개편에 따라 구래의 기획처를 대신하여 미국 원조의 효율적 집행과 전후 부흥을 위한 계획 기능의 강화를 위해 부흥부가 발족하였다. 부흥부는 경제부흥특별회계를 설치하고 대충자금특별회계 예치금의 일정액을 이 회계로 이전시켜 도로·항만·수도·전기 등 사회간접자본의 건설에 주로 투자하였다. 다음, 〈표 10-6〉에서 '융자'는 정부가 설립한 국책금융기관인 산업은행과 농업은행을 통한 공업과 농업에의 대출을 말한다. 이외에 교통·통신, 전매사업, 수산자금, 중소기업융자기금에 대한 소액의 대출도 포함되었다. 표에서 보듯이 1954~1960년 대충자금특별회계의 세출은 총 7,327억 7,100만 환에 달하였다. 그 가운데 정부의 재정투융자財政投融資에 속하는 경제부흥특별회계 전출과 특수금융기관

110 金命潤(1967), 『韓國財政의 構造』, 高麗大學校 亞細亞問題硏究所, 132쪽.

에 대한 융자의 합은 4,576억 9,700만 환으로서 62.5%의 큰 비중을 차지하였다.

정부의 재정투융자는 그 재원이 대충자금만이 아니었다. 그 외에 일반회계의 조세수입, 귀속재산의 매각대금과 농지개혁에 따른 상환자금을 관리하는 특별회계의 잉여금, 그리고 산업부흥국채의 발행 수입 등을 재원으로 하는 재정투융자도 있었다. 경제부흥특별회계가 설치되기 이전인 1953년 회계연도에는 전체 투융자 가운데 조세수입을 재원으로 하는 투융자가 41.7%, 산업부흥국채 수입을 재원으로 하는 투융자가 45.7%로서 거의 대부분을 차지하였다. 동 회계가 설치된 1954년 회계연도에도 산업부흥국채 수입의 비중은 31.7%의 적지 않은 비중이었다. 국채는 인플레이션 성질의 재원으로서 그 발행이 점차 규제되었으며, 경제안정이 강력히 추진된 1958년에는 폐지되었다. 그 대신 대충자금의 비중이 1954년의 43.5%에서 1958년 83.4%, 1959년 74.5%로 크게 증가하였다.[111] 대충자금을 주요 재원으로 하는 정부의 재정투융자는 1953~1960년 정부 일반회계에 비해 평균 30%의 크기였다. 그렇게 1950년대의 이승만정부는 하나의 큰 투자회사投資會社와 같았다. 정부의 재정투융자는 1953~1959년 한국경제의 총고정자본형성에 있어서 평균 54.4%의 큰 기여를 한 것으로 평가되고 있다.[112]

정부의 재정투융자는 산업은행과 농업은행을 창구로 하였다. 산업은행은 정부의 출자금과 대충자금특별회계로부터의 이전 수입 이외에 산업금융채권의 발행 수입을 추가로 확보하였다. 전술한 대로 산업은행은 한국은행의 통제 바깥에서 독자의 권한으로 산업금융채권을 발행할 수 있었다. 1958년 이후 산업은행의 총수입에서 산업금융채권의 수입은 11~15%

111 洪性囿(1965), 『韓國經濟의 資本蓄積過程』, 125쪽.

112 金命潤(1967), 『韓國財政의 構造』, 160쪽.
李大根(2002), 『解放後·1950年代의 經濟』, 404쪽.

를 점하였다. 풍부한 재원으로 인해 1960년 산업은행의 대출은 전체 금융기관이 행한 산업 대출의 67%를 차지하였다. 대출처의 구성을 보면 1957년 공업이 39.7%, 농업이 28%였는데, 이후 1960년까지 농업은행의 농업 대출이 늘어남에 따라 공업 대출이 61.8%로 증가하였다. 산업은행의 대출금리는 제조업 시설자금의 경우 연리 8~12%, 운영자금의 경우 연리 8~15%였는데 이 같은 대출조건은 연리 20% 이상의 사채私債에 비해서는 물론, 연리 평균 18~19%의 일반은행 대출보다 유리하여 기업의 자본축적에 큰 도움이 되었다.

4. 수입대체공업화

전후 부흥

1951년은 전쟁에 따른 파괴와 혼란으로 경제적으로 가장 우울한 한 해였다. 〈그림 10-1〉에서 제시된 대로 해방 이후 한국의 광공업생산은 미군정의 구호원조와 통제정책에 힘입어 1946년의 430억 5,100만 원에서 1949년 816억 7,300만 원으로 회복되었다(1955년 가격). 그 뒤 1951년의 광공업생산은 한국전쟁의 충격으로 586억 600만 원으로 내려앉았다.[113] 매디슨A. Maddison의 추계에 의하면 1951년 한국인의 1인당 GDP는 1990년 가격으로 709달러에 불과하였다. 이는 아시아 16개국 가운데 중국, 인도, 방글라데시, 버마, 네팔, 파키스탄보다는 높지만 일본, 인도네시아, 필리핀, 태국, 타이완, 홍콩, 말레이시아, 싱가포르, 스리랑카보다는 낮은 수준이었다. 아프리카 57개국의 평균 1인당 GDP는 916달러였다.[114]

---

113 박기주·류상윤(2010), 「1940·50년대 광공업 생산통계의 추계와 분석」, 『經濟學硏究』 58-3, 73쪽.

114 A. Maddison(2006), *The World Economy*, OECD, p.562·563·603.

이후 한국경제는 미국의 대규모 경제원조와 정부의 적극적인 재정투융자에 힘입어 비교적 급한 속도로 회복되었다. 〈그림 10-1〉에서 보듯이 광공업생산은 1951년 586억 600만 원에서 1956년 1,871억 100만 원으로 3.2배 증가하였다(1955년 가격). 1956년의 생산액은 일정기에 광공업생산의 정점을 이룬 1941년의 1,688억 9,800만 원을 능가하는 수준이었다. 한국은행에 의한 국민소득의 추계는 1953년부터 시작하고 있다. 그에 의하면 1954~1960년의 경제성장률은 연평균 4.9%의 비교적 높은 수준이었다. 전후의 부흥을 주도한 것은 제조업, 광업, 건설업, 전기·가스·수도업 등의 2차산업이었다. 1954~1960년 2차산업은 연평균 12.5%의 높은 성장률을 보였다. 그 결과 전체 산업에서 2차산업의 비중은 1953년 11.2%에서 1960년 18.2%로 증가하였다.[115] 제조업공장의 수는 휴전 직후인 1953년 9월에 2,474개에 불과했는데, 1955년 8,628개, 1958년 1만 2,971개, 1960년 1만 5,204개로 빠르게 증가하였다. 1953~1960년은 공장 설립의 붐이었다.

제조업의 성장을 주도한 것은 1957년까지 식료, 음료, 섬유, 의복, 신발, 제재, 가구, 인쇄 등의 소비재경공업이었다. 이후 1957~1958년을 경계로 소비재경공업의 비중이 낮아지고 중간재·생산재공업으로서 고무, 화학, 유리, 철강 등의 비중이 커졌다. 그 뒤를 이어 구성비가 낮긴 하지만 석탄, 석유, 전기, 기계, 종이 등의 공업이 성장하였다. 요컨대 1950년대의 부흥은 소비재공업의 수입대체화輸入代替化가 앞서고 중간재·생산재의 수입대체화가 뒤를 잇는 순서를 보였다.

종래 1950년대의 한국경제는 전쟁의 피해와 정치의 혼란으로 빈곤과 실업이 만연한 암울한 시대로 인식되어 왔다. 4·19의거로 실각한 이승만 대통령의 권위주의정치에 대한 비판이 그 시대의 이미지를 어둡게 만

115 韓國銀行(1967), 『韓國의 國民所得計定』, 174~175쪽.

들었다. 1960년대 이후 고도성장을 이끈 정치세력이 의도적으로 1950년대의 성취를 과소평가한 면도 있었다. 여러 가지 정치적 편견이나 매도에도 불구하고 이승만정부는 휴전 후 불과 6년간의 기간에 의외로 볼 만한 성취를 이루었다. 그런데 그 성취는 적지 않은 실패의 대가이기도 하였다. 1950년대의 경제사經濟史는 시장을 대신하여 정부가 자원을 배분할 때 필요 이상의 낭비가 초래될 수 있음을 몇몇 소비재공업을 통해 보여주었다.

소비재공업의 발전

전후의 부흥을 이끈 공업은 섬유공업이었다. 한국전쟁은 섬유공업의 생산시설에 커다란 피해를 안겼다. 면방직업의 경우 방추와 직기의 70% 이상이 파괴되었다. 피해를 면한 공장은 이동하는 전선戰線의 영향 밖이었던 경상북도와 경상남도에 위치한 조선방직 대구공장과 부산공장, 삼호방직 대구공장 뿐이었다. 1950년의 면포 생산은 전년의 1/3 수준으로 떨어졌으며, 국민의 의복 사정은 극도로 악화되었다. 1952년 1월 한국정부와 UNKRA 사이에 섬유공업부흥계획이 성립하였다. 동 계획은 면방직업의 설비규모를 1956년 말까지 방추 39만 8,000추, 직기 8,522대로 확충함을 목표로 하였다. 그에 따라 UNKRA원조 가운데 886만 달러가 방추, 직기, 기타 시설의 도입에 배정되었으며, 그와 별도로 정부보유의 591만 달러도 투자되었다. 이들 자금은 산업은행의 창구를 통해 유리한 조건으로 면방직업체에 융자되었는데, 그에 대해 요구된 업체의 자기자금 부담률은 25%에 불과하였다.

원료 원면原綿은 FOA-ICA원조와 PL480원조로 공급되었는데, 그 규모는 1954~1960년에 총 1억 8,241만 달러의 거액에 달하였다. 그에 따라 국내의 면작이 전면적으로 쇠퇴하였다. 면작은 일정기에 국내 수요 원면의 70%를 공급하였는데, 원조 원면이 도입된 이래 1955년에는 3.2%, 나아가 1960년에는 0.1%에 불과할 정도로 완전히 해체되고 말았다.[116] 정부로부터 위임을 받아 원면을 각 업체에 배급한 것은 1947년에 조직된 대한방직협회大韓紡織協會였다. 1954년 이후 대한방직협회는 원면 수입을 위한 달러를 각 업체에 배분함에 있어서 시설규모를 기준으로 하였다. 1954~1960년 원면 수입 달러의 환율은 실세환율의 절반 수준에 불과하였다.[117] 원면 수입 달러의 취득은 그 자체로 큰 이익이었으며, 이에 업체들은 더 많은 달러를 배정받기 위해 경쟁적으로 시설을 확장하였다. 1956년 정부는 국내 면방직업을 보호하기 위해 외국산 면제품의 수입을 전면 금지하였다.

이 같은 정부의 특혜적 지원에 힘입어 1957년 면방직업은 당초의 계획을 초과하는 방추 44만 552추와 직기 1만 473대의 시설을 갖추게 되었다. 방적紡績공장의 수는 전쟁 이전의 8개에서 1962년까지 16개로, 방직紡織공장의 수는 같은 기간 10개에서 16개로 증가하였다. 면방직업의 종업원 수는 1951년 7,245명에서 1960년 1만 9,682명으로 증가하였다. 1960년 면방직업의 부가가치가 제조업 전체에서 차지하는 비중은 24%에 달하였다. 1950년대 제조업의 성장은 면방직업에 의해 견인되었다.

1957년까지 증설된 방추와 직기의 내력을 보면 일정기에 설치된 일본제 구시설이 55%와 64%의 비중을 점하였다.[118] 전술하였듯이 한국전쟁으로 인해 구시설의 상당 부분은 파괴되었지만 완전히 해체된 것은 아니었다. 이후 부품과 기료機料가 일본에서 수입됨에 따라 파괴된 시설의 상당 부분이 복구, 가동되었다. 예컨대 구시설로서 직기의 경우 1949년 8,970대가 1951년까지 1,883대로 감소하였다가 1957년까지 5,803대로

---

116 金洋和(1990),「1950年代 製造業 大資本의 資本蓄積에 관한 研究－綿紡, 梳毛紡, 製粉 工業을 중심으로－」, 서울대학교 대학원 경제학과 박사학위논문, 14쪽.

117 金洋和(1990),「1950年代 製造業 大資本의 資本蓄積에 관한 研究－綿紡, 梳毛紡, 製粉 工業을 중심으로－」, 54쪽.

118 徐文錫(1998),「해방이후 귀속재산의 변동에 관한 연구」,『경영사학』 17, 253·257쪽.

회복되었다. 일부 연구자는 일제 통치의 유산으로서 생산시설은 한국전쟁의 과정에서 거의 사라져 버렸다고 주장하고 있지만,[119] 전쟁 이후의 복구과정을 무시한 단견이다. UNKRA원조와 정부보유 달러로 도입된 신시설의 76%도 일본제 방추와 직기였다.[120] 기계에 체현된 기술의 발전은 경로의존성path-dependency을 지닌다. 그 점에서 해방 후 한국의 면방직업은 여전히 일본의 면방직업과 깊은 관련성을 유지하였다.

면방직업은 시설을 복구하고 확장하였지만 시장의 결여와 저생산성이라는 문제를 쉽게 극복할 수 없었다. 농촌경제의 피폐로 인해 국내시장은 원천적으로 협소하였다. 업계는 1956년부터 공동으로 수출시장의 개척을 위해 노력하였지만 저생산성으로 인해 채산을 맞출 수 없었다. 출혈수출에 따른 손해는 정부가 보전해 주거나 업계가 공동으로 분담하였다. 저생산성의 기본 원인은 숙련노동의 부족에 있었으며, 그로 인해 외국산 기계와 함께 도입되는 기술조차 소화할 형편이 못되었다. 1955년 20번수番手 1곤당梱當 사용인원은 일본이 8.13명임에 비해 한국은 그 3배인 24.47명이나 되었다. 면방직업이 수지를 맞출 수 있었던 것은 정부에 의해 원료 원면이 값싸게 공급되는 특혜에다 노동자의 장시간 저임금노동을 이용할 수 있었기 때문이다.[121]

그렇지만 1950년대 후반에 들어 면방직업체들은 스프방적으로 생산기반을 다양화하거나 염색 설비를 구비하거나 노후 설비를 개체하는 등, 생산성 제고를 위해 적지 않은 노력을 기울였다. 협회 단위에서는 면방직기술연구회와 원면품선原綿品選기술강습회를 조직하여 선진기술의 정보를

119 허수열(2005), 『개발 없는 개발－일제하, 조선경제 개발의 현상과 본질－』, 은행나무, 327~330쪽.

120 金洋和(1990), 「1950年代 製造業 大資本의 資本蓄積에 관한 硏究－綿紡, 梳毛紡, 製粉 工業을 중심으로－」, 19쪽.

121 金洋和(1990), 「1950年代 製造業 大資本의 資本蓄積에 관한 硏究－綿紡, 梳毛紡, 製粉 工業을 중심으로－」, 41~52쪽.

보급하고 기술교육을 실시하였다. 그 결과 1955~1960년 종업원 1인당 연간 면사 생산량이 5만 8,576파운드에서 10만 8,475파운드로 1.9배나 증가하였다. 같은 기간 종업원 1인당 면포 생산량은 1.7배 증가하였다. 제품의 질도 고급화하여 1955년 23번수 이상의 고급사가 0.9%에 불과했으나 1960년까지 26.8%로 증가하였으며, 그에 따라 고급 세포細布와 복지服地의 생산도 증가하였다.[122] 한국의 면방직업이 1960년 이후 해외 수출시장을 개척할 수 있었던 것은 1950년대 후반에 걸쳐 이같이 생산성 향상과 품질 개선을 위한 업계의 노력이 적지 않았기 때문이다.

면방직업에 비하면 1950년대의 제분업製粉業과 제당업製糖業은 정부의 수요 예측이 잘못된 가운데 업체 간의 협력이 결여되어 무분별한 투자와 출혈 경쟁으로 자원이 낭비된 대표적인 실패작이었다. 일정기의 제분업으로는 소맥의 주산지인 황해도를 중심으로 소수의 일본 회사가 소맥분을 생산하였는데, 그 상당 부분을 만주로 수출하고 국내용은 오히려 부족하여 일본에서 수입하는 실정이었다. 해방 후 대부분의 제분회사가 북한에 위치하고 남한에 있는 소규모 회사들도 전쟁의 피해를 입어 제분업은 사실상 없는 것과 다를 바 없었다. 그러다가 1954년 귀속재산인 조선제분朝鮮製粉 영등포공장이 민간에 불하됨을 계기로 1955년까지 도합 4개의 제분회사가 생겨났다. 정부는 이들 업체에 ICA원조 중의 중소기업자금을 지원하여 일본과 서독에서 최신식 제분시설을 도입하게 하였다. 그럼에도 1955년 말까지 제분업계의 생산능력은 국내 수요량의 절반을 겨우 충당할 정도였다. 이듬해 1956년은 지독한 흉년이었다. 식량 사정이 극히 악화되자 대체식량으로서 소맥의 중요성이 크게 부각되었다. 정부는 제분시설에 이어 원맥原麥 도입에도 원조 자금을 배당하였으며, 이에 일종의 소맥분 붐이 조성되었다. 제분회사들은 앞다투어 시설을 확충하였으며,

122 韓國産業銀行調査部(1962), 『韓國의 産業』, 266~267·273~274쪽.

그 결과 1957년 7월까지 생산능력이 국내 수요의 2.4배에 달하는 과잉시설을 보유하게 되었다.[123] 이후에도 제분시설의 증설이 이어져 1962년 제분업계의 생산능력은 국내 수요의 3배에 달하여 대부분의 공장이 조업을 단축하는 실정이었다.

제당업의 실태도 제분업과 마찬가지였다. 일정기에 제당업은 평양에 공장이 하나 있었을 뿐이다. 해방 후 남한에는 제당업이 전무했으며, 설탕은 전량 수입에 의존하였다. 1953년 제일제당第一製糖이 원당原糖을 정제하여 정당精糖을 생산함에 성공하였다. 이후 1956년까지 총 7개 회사가 난립하여 국내 수요의 5배에 달하는 시설을 보유하게 되었다. 정부는 FOA-ICA 원조로 업체들의 원당 수입을 지원하였다. 그 결과 1960년 7개 회사 중 선발 주자인 제일제당을 비롯한 3개 사만 가동을 유지하고 나머지 4개 사는 휴업 중이었다. "정부의 무정견無定見한 특혜 조치와 그에 편승한 업자의 무계획한 과잉투자"로 제당업은 '만신창이'가 되고 말았다.[124]

1950년대의 제조업 가운데 새로운 공업으로서 높은 수익률과 시장성에서 주목을 받은 것은 합판업合板業이었다. 일정기에 만주에서 원목을 수입하여 합판을 생산하는 일본인 공장이 인천에 하나 있었는데, 해방 후 귀속업체로 민간에 불하되어 대성목재大成木材가 되었다. 한국전쟁 때 대성목재의 시설 일부가 부산으로 소개되면서 동명목재東明木材와 성창기업盛昌企業을 성립시켰다. 원목은 필리핀에서 도입되었다. 1954년 천우사天佑社는 대성목재를 인수한 다음 서독에서 일제보다 우수한 최신식 기계를 도입하여 1957년 유엔군 군납軍納에 성공하였다. 그 과정에서 미8군 합판 기술자의 기술지도가 큰 힘이 되었다. 합판업계는 군납의 성공을 토대로 1959년에는 미국시장으로 진출하였다. 합판업의 성공은 몇 년 후

123 韓國產業銀行調查部(1958),『韓國의 產業ㅡ業種別實態分析ㅡ』1, 373~397쪽.

124 韓國產業銀行調查部(1962),『韓國의 產業』, 203~204쪽.

그 대오가 본격적으로 성립하는 한국 수출산업의 선구를 이루었다.[125]

생산재공업의 건설

1950년대 후반에는 비료, 판유리, 시멘트, 철강 등의 기초 소재나 생산재를 위한 공업이 건설되기 시작하였다. 해방 후 남한에는 화학비료 공장이래야 북삼화학北三化學 삼척공장, 조선화학비료朝鮮化學肥料 인천공장, 왕자제지王子製紙 목포공장의 세 군데 밖에 없었다. 연간 생산능력은 6만 2,500톤에 불과하였으며 그마저 해방 후의 원료난, 전력난, 기술자 부족으로 거의 휴업 상태에 있었다. 그 위에 전쟁으로 인해 시설의 대부분이 파괴되었다. 1956년의 생산량은 고작 7,504톤에 불과하였으며, 그로 인해 1951~1960년에 걸쳐 연평균 70만 톤 이상의 화학비료가 원조 달러로 수입되었다. 1956년의 경우 원조 달러의 25%가 비료 도입에 투입될 정도로 비료 부족으로 인한 외환 부담은 막대하였다.[126]

정부는 1954년에 비료공장의 건설자금으로 FOA원조 2,300만 달러의 원조를 확보하는 데 성공하였다. 1955년 9월 정부는 연산 요소尿素 8만 5,000톤의 충주비료忠州肥料를 착공하였으며, 1958년에 완공할 계획이었다. 그렇지만 공사를 담당한 미국 건설회사와 분규가 생겨 1961년에야 겨우 준공을 보았다. 정부는 충주비료의 건설에서 겪은 시행착오를 귀감으로 삼아 1958년 정부보유 달러를 재원으로 하여 충주비료와 동일 규모의 호남비료湖南肥料 나주공장을 착공하였으며, 1963년부터 가동에 들어갔다.

해방 당시 남한의 시멘트공장은 오노다小野田시멘트의 삼척공장 하나뿐이었다. 이 공장은 1942년 준공 당시 연산 8만 5,000톤의 생산능력을 가졌으나 전시기에 인력과 자재의 부족으로 겨우 1만 7,000톤을 생산하

125 雪峰文化財團設立準備委員會(1981), 『雪峰全澤珤傳記』, 139~142쪽.
韓國産業銀行調査部(1962), 『韓國의 産業』, 393~397쪽.
126 韓國産業銀行調査部(1958), 『韓國의 産業－業種別實態分析－』 1, 188~197·216~222쪽.

였다. 해방 후 이 공장은 귀속업체로서 삼척시멘트로 재편되었는데, 일본인 기술자가 귀국하고 경험이 없는 관리자가 부임함에 따라 노사분규가 발생하고 생산은 마비상태에 빠졌다. 1953년 정부는 UNKRA원조 63만 달러를 확보하여 삼척시멘트의 시설을 보수했으며, 1955년 민간에 불하하였다. 불하 후에도 경영난을 극복하지 못하던 삼척시멘트는 1956년 12월 동양시멘트로 개편되어 정상화의 길에 들어섰다. 때를 같이하여 대한양회大韓洋灰 문경공장이 건설되었는데 역시 UNKRA원조에 의하였다. 두 공장의 건설에 따라 시멘트의 국내 자급이 가능하게 되었다.[127]

해방 후 철강업은 1946년의 강괴鋼塊 생산이 전해의 20%에 불과하였듯이 다른 공업과 마찬가지로 사실상 해체되었다. 일본의 자본과 기술이 떠나고, 만주와 중국에서 들어오던 유연탄과 코크스가 두절되었기 때문이다. 볼 만한 생산시설은 삼척의 삼화제철三和製鐵과 인천의 대한중공업大韓重工業 둘 밖에 없었는데, 그마저 전쟁에 의해 심하게 파괴되었다. 정부는 1952~1953년에 걸쳐 삼화제철의 용광로를 복구하였는데, 수입 연료의 부담으로 채산성이 맞지 않아 조업이 부진하다가 1958년의 민영화 이후에야 정상화하였다. 1961년 삼화제철은 3기의 용광로를 가동하여 연산 선철銑鐵 2만 1,000톤의 능력을 갖추었다. 또한 정부는 1954년 대한중공업의 제강업을 재건하기 위해 서독의 DEMAG회사에 50톤급 평로平爐 1기의 건설을 발주했으며, 1956년 말에 준공하였다. 뒤이어 1957년에는 같은 회사에 연산 12만 톤 분괴압연分塊壓延시설, 연산 10만 톤의 중형中型압연시설 등을 발주하여 1959년 말에 대부분 완공하였다. 이 언저리에서 제선製銑, 제강製鋼, 압연壓延으로 이어지는 철강업의 기본 줄기가 확보되었다.[128]

---

127 韓國産業銀行調査部(1958), 『韓國의 産業 — 業種別實態分析 — 』 1, 231~247쪽.
韓國産業銀行調査部(1962), 『韓國의 産業』, 635~638쪽.

128 金胤亨(1976), 『韓國鐵鋼工業의 成長』, 韓國開發硏究院, 50~64쪽.

이 같은 철강업 재건과 더불어 전후 복구의 활발한 붐을 타고 약 30여 개의 군소 철강공장들이 전국에 널린 전쟁 고철과 수입 설철屑鐵을 원자재로 하여 족생하였다. 군소 철강업은 1958년 이후 삼화제철과 대한중공업의 정상화에 따라 더욱 발전하였으며, 그 결과 1960년에 국내 철강업의 생산시설은 과잉 상태가 되었다. 동년 7월의 보도에 따르면 국내의 철강업자들이 철판의 수입 금지를 요청하면서 두께 32mm 이하의 철판의 경우 국내 연간 수요가 2만 톤인데 생산시설은 3만 4,000톤이며, 이에 아연도철판亞鉛鍍鐵板의 경우 국내 10여 개 업체가 2만 톤의 재고를 쌓아 둔 채 조업 단축에 들어갔다고 하였다.[129] 이들 철강업자들 역시 탈출구를 수출에서 찾았다.

5. 1950년대의 한계

농업의 정체

1950년대의 농업은 정체하였다. 전술한 대로 1953~1960년 한국경제는 연간 4.9% 성장하였으며, 2차산업의 성장률은 12.5%씩이나 되었다. 그에 비해 1차산업 농림어업의 성장률은 2.6%에 불과하였다. 1956년에는 심한 흉년으로 -5.6%의 성장이었으며, 1958년 이후는 사실상 성장이 멈추었다. 예컨대 1958년과 1960년 1차산업의 실질생산은 1965년 가격으로 2,462억 원과 2,439억 원으로서 답보 상태였다.[130]

〈그림 10-2〉에서 보듯이 미곡의 단위토지당 생산량은 1939년의 대흉년을 제외한다면, 1937년 이래 1947년까지 감소하는 추세였으며, 이후 미군정기에 잠시 회복하였으나 다시 한국전쟁의 타격을 받아 감소하였다.

129 『朝鮮日報』 1960년 7월 27일.

130 韓國銀行(1967), 『韓國의 國民所得計定』, 174~175쪽.

【그림 10-2】 미곡, 맥류, 잡곡, 두류의 단위토지당 생산(1937~1960)

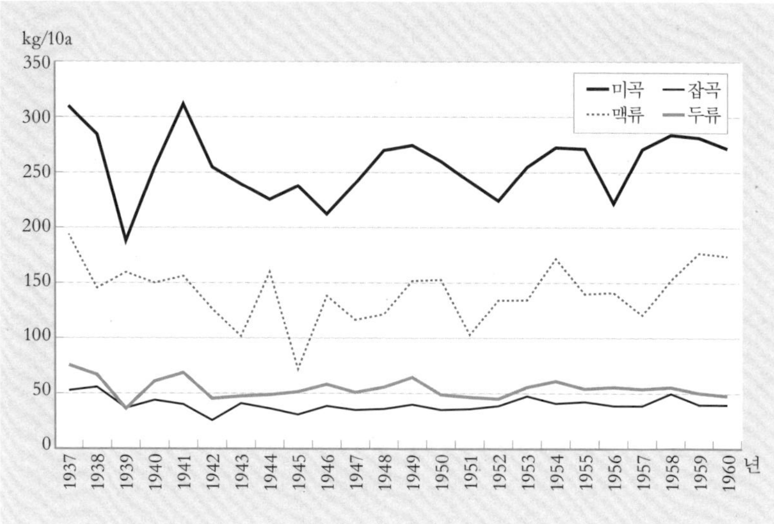

출처: 한국농촌경제연구원 편(2003), 『보정 농업통계표: 1910-2001년』, 229~234쪽.

이후 1958년까지 약간의 회복 추세를 보였으나 1937년의 수준에는 미치지 못하였다. 맥류, 잡곡, 두류의 생산성도 정체하기는 마찬가지였다. 이처럼 주요 곡작의 생산성이 정체한 것은 비료, 농우, 농기구 등의 자재가 부족한 가운데 전쟁과 농지개혁의 혼란 통에 증산을 뒷받침할 권농체제가 해체되었기 때문이다. 예컨대 남한의 농우는 1942년에 106만 2,096두에 달하였으나 1945년 해방을 맞아 59만 7,085두로 격감했으며, 이후 한국전쟁이 발발한 1950년에는 39만 2,660두로까지 감소하였다.[131]

1차산업 농림어업의 취업인구는 1951년 전체 취업인구 가운데 77.5%의 압도적 비중을 차지하였는데, 1960년의 그것은 66.7%였다. 감소하긴 했지만 1차산업의 인구비중은 여전히 지배적이었다. 그러한 1차산업의 생산

131 朝鮮銀行調査部, 『朝鮮經濟年報』 1948年度版, 1~64쪽.
大韓民國農林部, 『農林統計年報』 1953年度版, 104쪽.

과 소득이 정체하였기 때문에 국내시장은 협소하였으며, 그 점은 1950년대의 공업화와 경제성장에 가해진 가장 심각한 제약조건이었다.

농업이 정체한 가장 중요한 원인은 정부가 재정을 확보할 목적에서 농민을 수탈한 데 있었다. 정부는 도시부의 식량을 확보하고 전시 인플레이션을 진정시킬 목적에서 농가에 대한 제반 수취를 현물로 행하였다. 전술한 대로 1951년 정부는 임시토지수득세법을 제정하여 토지세를 현물 미곡으로 수취하였다. 수취율은 생산량의 15~28%에 달하였다. 이와 별도로 농지개혁으로 귀속농지나 일반농지를 분배받은 농가는 생산량의 30%를 상환곡으로 내야 하였다. 또한 정부는 농가에 비료를 공급함에 있어서 그것을 양곡과 바꾸는 양비교환제도糧肥交換制度를 실시하였다. 정부는 이렇게 확보한 양곡으로 국가 기간요원의 월급과 도시 세궁민의 식량을 공급하는 중점배급제를 운영하였다. 다른 한편 정부는 1950년에 제정된 양곡관리법에 따른 양곡의 일반매입을 지속하였다. 정부의 수매가격은 동 기간 시중 미가의 절반 수준에 불과하였다.[132] 이상과 같이 임시토지수득세, 분배농지상환, 양비교환, 일반매입의 여러 경로를 통해 정부가 수집한 양곡은, 맥류를 미곡으로 환산하여 합산할 때, 그것이 정점을 이룬 1955년에 양곡 총생산량의 26.7%나 되었다. 1951~1958년의 평균은 18.5%였다.[133]

정부의 극도로 억압적인 농업정책은 1956년부터 완화되기 시작하였다. 동년 임시토지수득세의 세율이 6~18%로 하향 조정되었으며, 일반매입의 수매가격도 인상되었다. 1957년에는 미곡의 중점배급제가 폐지되었으며, 모든 가계는 미곡을 시장에서 구매해야 하였다. 1960년에는 임시토지수득세가 폐지되었다. 정부의 이 같은 자유화 조치에도 불구하고 농업을 둘러싼 시장의 여건은 전혀 개선되지 않았다. 1956년부터 PL480원조를 통

132 文八龍, 潘性紈, D. H. 퍼킨스(1981), 『韓國의 農村開發』, 韓國開發研究院, 210쪽.
133 金聖昊·全敬植·蔣尙煥·朴錫斗(1989), 『農地改革史研究』, 1048쪽.

해 미국의 잉여농산물이 대량으로 도입되었기 때문이다.

이후 1959년까지 제공된 PL480원조 1억 6,425만 달러의 내역을 보면 밀이 40%, 보리가 19%, 쌀이 16.3%로서 다액을 점하였다. 그 다음이 원면 11.1%, 돈육통조림 5.0%, 엽연초 4.6%의 순서이다.[134] 동 원조로 생산기반에 큰 타격이 가해진 작목은 면작이었다. 원면은 FOA-ICA원조로도 대량 도입되었다. 그로 인해 면화의 재배면적은 1955년 12만 871ha에서 1959년 6만 5,209ha로, 나아가 1965년까지 1만 7,004ha로 급격하게 축소되었다. 면작의 전면적인 쇠퇴는 한국경제가 미국이 주도하는 자본주의 세계체제에 깊숙이 포섭되었음을 상징하였다. 면작 이외에 PL480원조로 인해 생산기반에 큰 타격이 가해진 다른 작목은 관찰되지 않는다. 가장 많이 도입된 밀의 재배면적은 1955년의 7만 4,242ha에서 1959년의 7만 6,870ha로 오히려 증가하였다. 주곡인 쌀의 도입은 1956~1957년에 한하였다. 연초의 재배면적도 감소하지 않았다.[135]

어쨌든 미국 잉여농산물이 대량 도입됨으로써 농산물 가격은 전반적으로 정체하거나 하락하였다. 그에 따라 1957년과 1958년의 경우 미곡의 시장가격이 생산비에도 못 미치는 사태가 벌어졌다. 예컨대 1957년 미곡 1석당(80kg) 생산비는 1,394환임에 비해 시장가격은 1,311환에 불과하였다.[136] PL480원조는 국내의 부족한 식량과 원료를 공급하고 물가를 안정시키는 데 유익한 역할을 했지만, 국내 농업에는 매우 불리한 시장 여건을 조성하였다.

1950년대 농가의 대다수는 경지 규모가 1정보 미만인 영세농이었다. 1953년 총 223만 농가 가운데 1정보 미만의 영세농은 79.1%의 절대 다수를 차지하였다. 농가의 재생산구조에 있어서 상품생산은 정부의 현물

134 李大根(2002), 『解放後·1950年代의 經濟』, 335쪽.

135 한국농촌경제연구원 편(2003), 『보정 농업통계표: 1910-2001년』 231·258·266쪽.

136 文八龍, 潘性紈, D. H. 퍼킨스(1981), 『韓國의 農村開發』, 210쪽.

세 수취로 인해 일정기보다 오히려 후퇴하였다. 1950년대 농가경제의 상품화율은 30% 전후에 불과하였다. 지방에 따라서는 농촌 내부의 거래에서 화폐가 사라지고 미곡 등의 현물이 다시 주요한 거래수단으로 등장하였다.[137] 이렇게 현물경제로 후퇴한 영세농들의 가계는 억압적인 농업정책과 불리한 시장환경에서 거의 대부분 적자를 면치 못하였다. 그 결과 농지개혁으로 분배된 농지의 10.2%가 1957년까지 매각되었다. 특히 3단보 미만의 극영세농極零細農은 분배 농지의 절반 이상을 처분한 것으로 조사되었다. 농지개혁으로 농촌사회에서 자취를 감춘 지주제가 조금씩 부활하고 있었다.

농가의 적자 구조는 다수의 부채농가를 양산하였다. 부채농가의 비율은 이미 1956년에 86.7%나 되었으며, 1959년에는 91.1%로 더욱 증가하였다. 호당 부채의 규모도 1956년의 3만 9,370환에서 1960년의 7만 7,787환으로 증가하였다. 대부조건은 연리 60% 이상의 악성 고리대가 전체 부채의 60~70%에 달하였다. 농촌의 빈궁은 매년 춘궁기에 다수의 절량농가絶糧農家로 그 참상을 드러냈다. 1953년의 경우 3월 말 절량농가는 80만 호, 5월에는 110만 호에나 달하였다. 1954년 정부는 절량농가의 구제를 위해 도합 50만 석의 양곡을 무이자로 대여하였는데, 이를 사환곡社還穀이라 하였다.[138] 농촌사회가 자연경제로 후퇴하면서 19세기에 사라진 조선왕조의 재분배제도가 일시 부활한 셈이었다.

수출의 부진

1950년대의 경제성장을 제약한 또 하나의 조건은 수출의 부진이었

---

137 박이택(2003), 「村落內部契約에 있어서 支給標準과 支給手段(1667-2000)—靈巖 場巖里와 望湖里 洞契의 賻儀 支給品과 支給額을 중심으로—」, 『民族文化硏究』 38, 고려대학교 민족문화연구원, 31~35쪽.

138 박성재(2003), 「해방 이후 농가경제의 변화」, 한국농촌경제연구원 편, 『한국 농촌사회의 변화와 발전』, 303~308쪽.

다. 〈표 10-7〉에서 보듯이 수출은 1950년 944만 달러에서 1953년 4,413만 달러로 증가한 다음, 1954년에는 2,591만 달러로, 나아가 1959년에는 2,065만 달러까지 조금씩 감소하는 추세였다. 1950년대의 수출품에서 가장 중요했던 것은 중석重石이었다. 한국산 중석은 품질이 우수하여 군사공업의 재료로 미국에 수출되었다. 1952년에는 한미중석협정韓美重石協定이 체결되어 국내에서 생산된 중석의 전량이 미국에 의해 특별 구매되었다. 1953년까지 수출이 급증한 것은 중석 수출의 덕분이었다. 1953년의 총수출 4,413만 달러 가운데 중석의 수출은 2,720만 달러나 되었다. 1954년 한미중석협정이 종료됨에 따라 중석의 수출은 감소했는데, 그래도 중석은 유럽 등지로 수출시장을 다변화하면서 1959년까지 제일의 수출품 지위를 유지하였다.

중석 다음의 수출품으로는 1950년대 전반에는 김·선어鮮魚·한천寒天·

[표 10-7] 수출·수입의 추이와 원조수입의 비중(1950~1959)

단위 : 천 달러, %

구분 / 연도	수출	수입			
		일반 수입	원조 수입(A)	합계(B)	A/B
1950	9,443	8,330	58,706	67,036	87.6
1951	15,569	26,116	106,542	132,658	80.3
1952	26,591	54,260	160,535	214,795	74.7
1953	44,135	163,983	191,860	355,843	53.9
1954	25,912	77,863	149,401	227,264	65.7
1955	18,342	81,027	232,787	313,814	74.2
1956	23,056	35,187	319,897	355,084	90.1
1957	22,172	38,979	374,026	413,005	90.6
1958	16,667	44,841	310,975	355,816	87.4
1959	20,650	69,129	210,743	279,872	75.3

출처: 車喆旭(2002),「李承晩政權期 貿易政策과 對日 民間貿易構造」, 釜山大學校 大學院 史學科 博士學位論文, 93쪽에서 작성.

생사生絲가, 1950년대 후반에는 토상흑연土狀黑鉛·오징어·철광석·무연탄이 중요하였다. 수출시장은 미국과 일본이 대부분을 차지하였다. 수출시장에서 미국의 비중은 1953년 47.9%에서 1960년 11%로 감소한 반면, 일본의 비중이 1953년 37.5%에서 1960년 61.6%로 점점 증가하였다. 미국으로는 중석·한천·생사가 수출되었으며, 일본으로는 김·선어·흑연·무연탄 등이 수출되었다. 김·선어 등은 일정기에도 미곡과 비료에 이어 중요한 수출품이었다. 그 점에서 1950년대의 대일 수출은 일정기의 그것과 일정한 연속성을 지니고 있었다.[139]

이승만정부는 헌법이 규정한 대로 대외무역을 정부의 통제하에 두었다. 1950년에 제정된 한국은행법은 민간의 무역업자가 수출로 획득한 모든 외화를 한국은행에 예치하도록 강제하였다. 대외무역과 외환에 대한 정부의 직접적인 통제는 국제수지의 균형과 공업화의 촉진을 목적으로 하였다. 정부는 1949년 수출입할당제를 실시하여 분기 또는 반기마다 수출입의 품목과 수량 또는 그 대상 지역을 지정하여 발표하였다. 수익성이 좋은 수입품의 할당에는 수많은 신청자들이 쇄도한 반면, 수익성이 보장되지 않은 기간산업의 건설에 필요한 기계류 등의 수입 할당에는 신청이 별로 몰리지 않았다. 이에 대처하기 위해 정부는 수출입링크제를 실시하였다. 수출입링크제는 수출 실적이 있는 무역업자에 한하여 수입의 권리를 허락할 뿐 아니라 수출품과 수입품의 종류를 특정하여 상호 연계시키는 것을 말하였다. 예컨대 중석을 수출한 업자는 반드시 각종 기계나 그 부품을 수입해야 하였다. 공업화에 대한 정부의 의지를 반영하는 이 같은 정책에도 불구하고 수출업자가 정부의 방침을 어기고 수익성이 좋은 다른 상품을 수입하여 사회적 물의를 빚기도 하였다. 수출입의 할당제와 링크제는 1955년까지 그 골격을 유지하였다.

---

139 車喆旭(2002), 「李承晚政權期 貿易政策과 對日 民間貿易構造」, 釜山大學校 大學院 史學科 博士學位論文, 94~97쪽.

정부는 공업화에 긴요한 달러를 확보하기 위해 수출을 적극 장려했으며, 이를 위해 다양한 정책을 강구하였다. 정부는 보유 주체와 원천에 따라 달러를 수출불輸出弗, 종교불宗教弗, 경매불競賣弗 등으로 나누어 각기 상이한 환율과 권리를 부여하였다. 수출불은 민간업자가 수출로 벌어들인 달러를, 종교불은 외국으로부터 종교기관에 원조로 주어진 달러를, 경매불은 정부가 보유하는 달러를 민간에 불하하는 달러를 말한다. 정부는 수출불에는 높은 수준의 환율을 적용하여 수출업자의 소득을 지원하였다. 예컨대 1954년 공정환율이 1달러에 180환일 때 수출불에 대해서는 800환의 환율을 적용해 주었다. 또한 정부는 수출불에 특별한 권리를 부여하여 수출불로서만 수입할 수 있는 상품을 지정하였으며 점차 그 범위를 확대하였다. 예컨대 각종 섬유류, 설탕, 비누, 신문용지, 의약품, 영화, 사진재료 등 민간의 인기 소비품으로서 만성적인 부족 상태에 있는 상품들이 그것이었다. 이들 상품은 수입되기만 하면 큰 수익을 보장하였다. 그 외에 1951년 정부는 수출상여제도를 실시하여 민간업자의 수출 실적에 따라 정부가 보유한 달러를 상여금으로 지급하였는데, 이를 특혜불特惠弗이라고 하였다. 특혜불에도 수익성이 좋은 상품을 수입할 수 있는 권리가 부여되었다. 정부는 미국과 일본 이외의 시장으로 수출을 하여 손해를 입을 경우 그것을 메워 주는 구상제도求償制度를 시행하기도 하였다. 민간업자의 수출 실적은 특별외화대부特別外貨貸付라 하여 정부가 때때로 필요한 식량이나 기자재를 도입하거나 시중 통화량을 흡수할 목적으로 보유 중인 달러를 민간에 배정할 때에도 중요한 기준이 되었다.[140]

이 같은 정부의 직접적인 무역통제나 외환관리는 1954년부터 미국의 FOA원조가 제공되기 시작된 후 1955년까지 대부분 폐기되었다. 미국은 수출입 할당제와 링크제의 폐지를 요구하였다. 미국은 민간무역업자들이

140 車喆旭(2002), 「李承晩政權期 貿易政策과 對日 民間貿易構造」, 30~39쪽.

자신이 제공한 원조 달러로써 수익성 있는 상품을 그들이 원하는 나라에서 보다 자유롭게 구매할 수 있도록 허락하라고 압박하였다. 또한 한국정부가 달러를 그 원천에 따라 구분하고 차별하는 정책을 폐기하고 환율을 현실화할 것을 요구하였다. 원조를 받는 한국정부로서는 미국의 이 같은 요구를 수용할 수밖에 없었다. 1955년 정부는 환율을 1달러에 500환으로 현실화하였다. 이후 정부의 환율정책은 원조 달러를 민간에 배정함에 있어서 1달러 500환의 단일 환율을 유지하면서 국채를 첨가 구매하게 하거나 외환세를 부가하는 등의 경쟁입찰의 방식으로 바뀌었다. 그와 더불어 수출입 할당제와 링크제도 폐지되었으며, 수출에 따른 손실을 메워 주는 구상제도도 중단되었다. 다량의 원조 달러가 제공되었기 때문에 수출의 증대를 통해 달러를 획득할 필요성도 많이 줄어들었다. 그 결과 1955년의 수출은 1953년에 비해 절반도 되지 않았다.

그렇다고 이승만정부의 수출 의지가 완전히 꺾인 것은 아니었다. 1956년 상공부는 조만간 미국의 원조가 중단될 경우를 대비하여 수출진흥5개년계획을 수립하였다. 동 계획은 시작 연도인 1957년의 수출을 3,780만 달러로 잡은 다음 매년 20~40%씩 늘려 나가 1961년까지 1억 234만 달러를 달성한다는 목표를 세웠다.[141] 정부는 이를 위해 미국의 압력으로 폐지된 수출입링크제를 부활하거나 수출을 위한 수입에 대해서는 관세를 부과하지 않는 등의 정책을 모색하였다. 1957년에는 수출입 허가제와 할당제의 부활을 주요 내용으로 하는 무역법貿易法이 제정되었으며, 그간 재무부, 상공부, 한국은행으로 권한이 분산되어 혼란을 빚어 온 무역행정이 한국은행 중심으로 정비되었다.

이 같은 정부의 의욕에도 불구하고 1950년대 후반에 걸쳐 수출 실적은 〈표 10-7〉에서 보듯이 전혀 개선되지 않았다. 상공부가 세운 1959년의

141 강광하·이영훈·최상오(2008), 『한국 고도성장기의 정책결정체계—경제기획원과 정책추진기구—』, 150~152쪽.

수출 목표치는 7,055만 달러나 되었지만 실제 수출고는 2,065만 달러에 불과하였다. 게다가 미국의 원조는 1957년 이후 줄어들기 시작하였다. 원조에 의한 수입은 〈표 10-7〉에서 보듯이 1957년 3억 7,402만 달러를 정점으로 하여 1959년까지 2억 1,074만 달러로 감소하였다. 수출은 부진하고 수입은 감소하면서 국내경제는 깊은 불황으로 빠져들었다.

1950년대에 걸쳐 정부의 적극적인 노력에도 불구하고 수출이 부진했던 것은 공업의 생산성이 낮아 수출품의 경쟁력이 빈약하였기 때문이다. 1955년 정부의 조사에 의하면 생사·한천 등 주요 수출품의 달러당 제조원가는 수입품의 달러당 판매가격을 초과하였다.[142] 수출은 그 자체로 적자 수출이었으며, 정부의 각종 특혜로 간신히 버티는 실정이었다. 보다 근본적인 원인은 미국 및 일본과의 갈등으로 인해 한국경제가 안고 있는 국제적 비교우위를 드러낼 만큼 국제시장이 넓고 자유롭지 않은 데 있었다.

미국과의 갈등

이승만 대통령의 대외정책은 북한, 소련, 중국의 공산세력과 잠재적 적국인 일본에 둘러싸인 자국의 군사적 안보를 확고히 하기 위해 그에 관한 미국의 약속과 지원을 체제화함에 사활을 걸었다. 그는 동서냉전의 보루로서 한국이 지니는 군사적, 외교적 가치를 미국에게 끊임없이 강조하였다. 이승만 대통령에게 있어서 일본은 신뢰하기 힘든, 언젠가 한국에 두고 떠난 재산을 찾으러 다시 쳐들어올지 모르는, 잠재적인 적국이었다. 이승만은 일본과의 협조가 자국의 경제발전에 도움이 된다는 사실을 잘 알고 있었지만 일본을 신뢰하지 않았으며, 그런 이유에서 일본과의 관계 정상화를 끝내 거부하였다.

미국은 이 같은 이승만의 대외정책을 납득하지 않았다. 1947년에 소련

142 車喆旭(2002), 「李承晩政權期 貿易政策과 對日 民間貿易構造」, 46쪽.

과의 냉전이 시작되자 미국은 일본이 공업국으로 부흥하는 것을 돕고 일본을 중심으로 동아시아와 태평양의 방어태세를 구축하고자 하였다. 미국은 한국에 대한 원조를 지렛대로 하여 한국이 일본과 협력하는 가운데 일본을 중심으로 하는 동아시아 국제질서에 충실히 통합되기를 요구하였다. 이승만은 이 같은 미국의 동아시아정책에 반발하였으며, 그 일환으로 일본과의 외교적 마찰을 의도적으로 확대하였다.

미국이 한국과 일본의 상호 협력에 대해 관심을 갖게 된 것은 1949년에 한국에 ECA원조를 제공하면서부터였다. 일본의 GHQ에 나와 있는 미국 육군성의 관리들은 한국이 독자의 공업화를 이룩할 가능성은 거의 없으며, 그냥 두면 소련의 지배하에 들어갈 수밖에 없다고 생각하였다. 그들은 그 유력한 대안으로서 일본을 아시아의 공장으로 육성하여 한국과의 경제적 통합을 추진할 필요가 있으며, 그를 위해 한국에 제공되는 ECA원조로 구매될 물자의 70% 이상이 일본에서 구매되어야 한다고 주장하였다. 그에 대해 한국에 나와 있는 ECA당국은 한국정부의 입장을 대변하여 한국인의 공업화를 위한 잠재적인 능력을 평가함과 더불어 일본을 중심으로 한 동아시아경제권의 형성은 미국의 국익에도 부합하지 않는다고 반론하였다.[143] 미국정부는 한국정부의 공업화정책을 어느 정도 용인하면서도 강력한 경제안정 조치를 주문했으며, 그에 필요한 물자를 일본에서 구매하도록 종용하였다. 실제 ECA원조의 약 15%는 일본에서 구매되었다. 1949년 3월 일본의 GHQ는 한국과의 무역을 촉진하기 위해 한국정부와 한일통상협정韓日通商協定을 체결하였다. 이로써 그때까지 금지되어 온 양국 간의 민간무역이 재개되었다. 수출입 대금의 결제는 양국 간에 설치된 청산계정清算計定을 통해 이루어졌는데, 한국은 이 계정을 통

143 李鍾元(1993), 「戰後米國の極東政策と韓國の脫植民地化」, 『近代日本と植民地』 8, 岩波書店, 21~32쪽.

해 500만 달러 한도에서 외상수입을 할 수 있게 되었다.[144]

1951년 9월에 샌프란시스코에서 미국을 위시한 연합국 46개국과 일본 사이에 평화조약이 체결되었다(샌프란시스코조약). 패전국 일본은 이를 통해 그의 주권을 회복하고 국제사회의 평등한 일원으로 복귀하였다. 평화조약과 더불어 미국과 일본 사이에 미일안보조약美日安保條約이 체결되었다. 이 안보조약은 "태평양지역의 국가들에 대한 소련의 군사적 공격을 방위하고 이 지역의 안전을 유지"함을 목적으로 하였다. 이는 자연스럽게 일본 이외의 태평양지역이 일본이 중심이 된 태평양안보체제에 편입될 것을 전제하였다.[145]

이승만 대통령은 미국의 이 같은 동아시아정책에 반발하였다. 그는 미국에 대해 한국과 직접적인 안보조약을 체결할 것을 요구하였다. 당시 이승만은 한국전쟁의 수행과 관련해서도 미국과 심한 갈등을 빚고 있었다. 이승만은 한국전쟁을 민족통일의 호기로 받아들였으며, 미국이 전쟁을 끝까지 수행하여 승리해 줄 것을 희망하였다. 그에 반해 미국은 중국이 참전하여 군사적 승리가 어려운 현실에서 전쟁을 현 전선에서 봉합하는 휴전을 모색하였다. 그에 대해 이승만은 독자적 군사행동의 가능성까지 불사하면서 강력하게 반발하였다. 미국과 이승만의 갈등은 미국이 한국의 군부를 동원하여 이승만을 제거할 작전을 모색할 정도로 심각하였다. 그렇지만 미국은 이승만을 대신할 정치적 리더십을 찾지 못하였으며, 결국 그의 요구를 수용하여 휴전 후 1953년 10월에 한미상호방위조약韓美相互防衛條約을 체결하였다.

한국과 일본의 경제적 통합에 대한 미국의 요구는 1953년에 FOA원조의 실행을 둘러싼 협상 과정에서 더욱 뚜렷하게 제기되었다. 앞서 소개하

144 車喆旭(2002), 「李承晩政權期 貿易政策과 對日 民間貿易構造」, 71쪽.

145 박진희(2008), 『한일회담－제1공화국의 대일정책과 한일회담 전개과정－』, 선인, 70~96쪽. 車喆旭(2002), 「李承晩政權期 貿易政策과 對日 民間貿易構造」, 82쪽.

였듯이 백·우드협정을 체결하는 양국의 줄다리기 과정에서 미국은 한국 정부의 공업화정책을 거부하고 강력한 안정화정책을 주문하였다. 미국은 한국정부가 환율을 현실화하고 무역을 자유화하는 가운데 보다 많은 소비재를 일본에서 구입할 것을 요구하였다. 한국정부는 원조 물자의 70%를 소비재로 충당하고 환율을 현실화하는 것에 동의할 수밖에 없었지만, 원조 물자의 구매권만큼은 완강하게 고수하였다. 그것은 미국의 요구대로 원조 물자의 대부분을 일본에서 구매함으로써 한국경제가 일본경제에 다시 종속되는 것을 방치하지 않겠다는 정책의지의 강력한 표현이었다.

일본과의 대립

샌프란시스코조약에서 일본은 한국의 독립을 승인하였다. 아울러 타이완, 치시마(千島)열도, 태평양군도 등 구 속령에 대한 일체의 권리와 권원權原도 포기하였다(제2조). 아울러 동 조약은 이들 지역의 새로운 국가 및 그의 국민이 일본국 및 그의 국민과의 관계에서 상호 보유한 채권을 포함한 청구권에 대해서는 상호 협의하여 청산할 것을 주문하였다(제4조). 이승만정부는 샌프란시스코조약에 연합국의 일원으로 참가하여 서명하기를 희망하였지만, 연합국에 의해 거부되었다. 그에 따라 일본이 한국의 독립을 승인하였지만, 양국 간에 개재한 채권을 포함한 청구권을 청산하고 국교를 정상화하는 것은 양국 간의 장래의 협의로 남겨지게 되었다.

1951년 10월, 미국의 강력한 종용으로 한국정부와 일본정부 간의 국교를 정상화하기 위한 교섭이 시작되었다. 이후 1965년의 국교정상화에 이르기까지 14년간이나 지루하게 이어진 양국 간의 외교적 교섭에서 가장 어려웠던 것은 청구권請求權 문제였다. 한국정부는 과거 일본의 한국 지배가 부당했으며, 한국인에게 커다란 피해를 안겼음을 강조하였다. 그 전제 위에 한국정부는 일본이 반출한 지금地金, 지은地銀, 문화재와 1945년 8월 9일을 기준으로 한반도와 부속 바다에 있던 일본 및 일본인의 모든 금융자산과 선박으로서 이후 일본으로 반출된 것들에 대한 원상회복을 요구하였다. 전시기에 일본에 동원·징집된 노무자와 군인·군속에 대한 미불 임금의 지급도 요구되었다. 그 모두를 합하면 대략 22억 달러에 달하였다.[146]

이 같은 한국정부의 역사인식과 청구권 주장에 대해 일본정부는 동의하지 않았다. 일본정부는 일본의 한국 지배는 법적으로 정당했으며, 그로 인해 한국의 근대화에 유익한 결과가 초래되었다고 주장하였다. 일본정부는 한국정부의 청구권 주장에 맞서 패전 후 한국에 남겨진 일본인 재산에 대한 청구권을 내세웠다. 일본정부는 미국이 일본 및 일본인 재산을 미군정의 재산으로 귀속시켰지만, 그것이 국제법이 금하는 피점령지 민간인 재산의 박탈을 정당화할 수는 없다고 주장하였다. 양국의 입장 차이는 1953년 10월 제3차 회담에서 최악의 사태로 치달았다. 청구권을 둘러싼 양국 대표의 논쟁 과정에서 일본 측 수석대표 구보타 간이치로久保田貫一郎는 일본의 한국 지배는 한국에 유익한 것이었으며, 한국은 일본이 아니더라도 중국이나 러시아의 지배를 받을 수밖에 없는 형편이었으며, 일본은 한국에 남겨진 그의 재산에 대한 청구권을 갖는다고 주장하였다.[147] 이 유명한 '구보타발언'으로 인해 회담은 결렬되었으며, 이후 오랫동안 중단되었다. 1957년 일본은 '구보타발언'을 취소하고 한국에 대한 청구권을 포기하였다. 이를 계기로 1958년 제4차 회담이 개최되었으나 그 역시 1959년 일본과 북한과의 교섭이 성립하여 일본정부가 재일한국인을 북한으로 송환하기 시작하자 일시 중단되는 파란을 면할 수 없었다.

'구보타발언' 이후 양국의 경제관계는 한층 더 험악해졌다. 정부는 서울과 부산에 대표부를 설치하겠다는 일본의 요청을 거부하였다. 일본의

---

146 박진희(2008), 『한일회담 — 제1공화국의 대일정책과 한일회담 전개과정 —』, 159~161쪽.
147 박진희(2008), 『한일회담 — 제1공화국의 대일정책과 한일회담 전개과정 —』, 178~190쪽.

상사商社와 제품에 대한 신문광고도 금지되었다. 1954년 이후 한국정부는 청산계정의 잔고가 1,500만 달러나 되었음에도 이를 고의로 청산해 주지 않았으며, 이러한 사태는 1960년까지 이어졌다. 이로 인해 청산계정을 이용한 민간무역은 크게 제약될 수밖에 없었다. 1955년 일본이 중국, 북한 등 공산권과 교역을 확대하자 한국정부는 그에 항의하여 대일 교역의 중단을 결행하였다. 그에 따라 수출입 무역은 물론, 여행을 포함한 인적 교류조차 금지되었다. 이 같은 조치는 한국경제에 여러 가지 어려움을 안겼기 때문에 얼마 되지 않아 해제될 수밖에 없었으나, 대일 수출에 대한 사전승인제와 같은 통제는 더욱 강화되었다.[148]

〈표 10-7〉에서 보듯이 1955~1959년에 걸쳐 수출뿐 아니라 일반 수입도 크게 정체하였는데, 그 배경에는 이상과 같은 일본과의 외교적 마찰이 있었다. 한국정부의 완강한 대일본 정책은 오로지 이승만 대통령의 개인적 소신에 기인하였다. 그는 일본을 신뢰하지 않았으며, 한국경제가 일본경제에 종속될 위험성을 경계하여 끝내 일본과의 관계 정상화를 거부하였다. 마찬가지로 일본정부는 한국에 대해 우월의식을 느끼고 있었으며, 한국과의 관계를 정상화할 현실적 필요성을 강하게 느끼지 않았다.

국격國格의 고수

미국과 일본은 이승만 대통령의 이 같은 대외정책을 일방적이며 비현실적인 집착으로, 심하게는 일종의 병리적인 것으로 간주하였다. 그렇지만 거기에는 나름의 합리성이 없지 않았다. 그것은 대한제국의 패망, 식민지로의 추락, 타율적 해방과 분단, 참혹한 전쟁으로 이어진 비극적 역사를 거쳐 태어난 신생국이 확보하고 확인해 가지 않으면 안 될 정체성正體性의 표출이었다. 이승만 대통령의 자아중심적 대외정책은 그의 강력한 반공

148 車喆旭(2002), 「李承晩政權期 貿易政策과 對日 民間貿易構造」, 86~91쪽.

주의反共主義와 더불어 신생국의 혼란스런 정치와 무정견無定見한 국민을 통합하는 커다란 역할을 수행하였다.

1950년대 후반 이승만정부의 경제정책도 유사하게 보다 상위의 정치적 이념에 의해 지배되었다. 1955년 이승만정부는 1953년에 달러당 180환으로 인상한 공정환율을 달러당 500환으로 다시 인상하였다. 1953~1955년 도매물가의 연평균 상승률은 47%나 되었다. 전후 부흥을 위한 재정투융자로 인한 통화 증발이 그같이 높은 수준의 인플레이션을 초래하였다. 정부는 미국의 압력을 받아 환율을 다시 인상하지 않을 수 없었다. 그와 더불어 정부는 1955년 8월을 기준으로 연간 물가상승률이 25%를 초과하면 환율을 다시 조정한다고 약속하였다. 이후 달러당 500환의 환율은 정부가 사수해야 할 국격國格의 상징으로서 모든 경제정책의 중심이 되었다. 신생국의 정치지도자에게 환율은 자국 화폐의 가치와 국부의 크기를 국제적으로 대변하는 위신의 지표로서 영구적이어야 하며 타국의 간섭을 받아서는 안 될 영역으로 간주되었다. 달러당 환율을 500환으로 인상한 이승만정부는 공무원 월급 인상을 취소하고, 재정지출의 증가율을 분기별로 검토하는 등, 강력한 긴축정책에 돌입하였다. 그에 따라 도매물가 상승률은 1957년에 16%로 낮아졌다. 1958년에는 -6.5%의 하락을 보였으며, 1959년에는 다소 회복되었으나 2.6%의 낮은 수준에 머물렀다. 그 사이 경제는 심각한 불황을 경험하였다. 어쨌든 인플레이션을 억제하겠다는 미국과의 약속은 지켜졌으며, 국격의 지표로서 달러당 500환의 환율은 성공적으로 방어되었다.[149]

요컨대 1950년대의 한국경제는 신생국의 자주독립과 국가적 위신을 확보하기 위한 정치에 의해 지배되었다. 1950년대는 1960년대 이후의 경제제일주의와 달리 정치제일주의가 지배하는 시대였다. 그로 인해 초래된

---

149 1950년대 후반 환율정책의 이 같은 지향에 대해서는 다음을 참조. 류상윤(2012), 「이승만정부의 환율정책 재론—안정화 프로그램과 '영구'환율—」, 『경제사학』 53, 115~141쪽.

미국·일본과의 마찰은 한국경제에 잠재한 비교우위를 드러낼 만큼 크고 자유로운 국제시장의 성립을 방해하였다. 1955년을 넘기면서 미국을 중추로 하는 자본주의 세계시장은 변하고 있었다. 서유럽 주요 국가와 일본이 전후 복구를 완료하였다. 1956년 일본정부는 더 이상 '전후戰後'가 아니며 '평화경존平和競存'의 새로운 시대에 접어들었음을 선언하였다. 곧이어 일본은 중화학공업화重化學工業化를 추구하면서 고도성장의 비약을 시작하였다. 미국의 대외정책도 변하기 시작하였다. 미국경제는 더 이상 정치적, 군사적 목적으로 후진국에 대규모 원조를 제공할 여건이 되지 못하였다.

1957년 미국은 가까운 장래에 원조가 삭감될 예정임을 한국정부에 통고하고 그에 대한 대책의 수립을 주문하였다. 1958년 정부는 외자관리법外資管理法을 제정하여 원조를 대신하여 차관을 도입하기 위한 노력을 개시하였다. 1959년에는 최초로 동양시멘트의 시설을 확장할 자금으로서 2억 1,400만 달러를 기채함에 성공하였다. 또한 정부는 종합적인 장기개발계획을 수립하였다. 1958년 부흥부 내에 각계 전문가가 참여하는 산업개발위원회産業開發委員會가 설치되어 1959년 12월에 1960~1962년을 대상으로 한 경제개발3개년계획을 발표하였다. 동 계획은 생산력의 극대화, 국제수지의 개선, 고용기회의 증대, 국민생활수준의 향상, 산업구조의 근대화라는 5대 목적을 제시했으며, 연평균 5.2%의 성장이라는 목표치를 제시하였다. 국제수지의 개선을 위한 수출진흥은 앞서 소개한 상공부의 수출진흥5개년계획에 의존하였다. 동 계획은 민간 주도의 자유시장경제를 추구했으며, 정부의 역할을 최소한으로 억제하였다.[150]

1957년 이후 3년의 시간이 주어졌지만, 이승만정부는 변화하는 국제환경에 성공적으로 적응하지 못하였다. 독립과 국격을 위한 1950년대의 정

---

150 강광하·이영훈·최상오(2008), 『한국 고도성장기의 정책결정체계—경제기획원과 정책추진기구—』, 46~54쪽.

치제일주의는 이승만 대통령의 확집確執만큼이나 변하기 힘든 것이었다. 1959년 말에 발표된 경제개발3개년계획에는 정권 차원의 실행 의지가 담기지 않았으며, 이승만정부가 1960년 4월 19일에 붕괴하기 겨우 1주일 전에야 각의閣議를 통과하였다. 1957년 이후 3년간 한국의 여당과 야당은 1960년의 대통령 선거를 겨냥한 정쟁에 몰입하였다. 이승만은 건국의 원훈元勳이지만 그에게 맡겨진 역사적 책무는 1957년을 전후하여 끝이 나고 있었다. 국내외에 걸쳐 새로운 시대가 열리고 있었으며, 그에 상응하는 젊고 활기찬 새로운 지도력이 요구되고 있었다.

국민교육의 보급과 엘리트집단의 형성

이승만정부하에서 '교육혁명'이라고 불릴 만한 커다란 사회적, 문화적 성취가 있었다. 1950년대의 국민교육이 축적한 인적자본은 1960년대 이후에 전개된 고도경제성장의 토대로서 그 역할을 하였다. 1949년 12월에 교육법教育法이 제정되었다. 이 법은 6년의 초등교육을 의무교육으로 규정하였다. 모든 국민은 그의 자녀가 만 6세가 된 이후 최초의 학년부터 6년간 국민학교國民學校에 취학시킬 의무를 부여받았다. 교육법이 규정한 학제는 의무교육인 국민학교에 이어 중학교 4년, 고등학교 2~4년, 대학 4~6년이었다. 중학교와 고등학교의 수업연한은 1951년까지 각각 3년으로 조정되었다. 대학에는 단과대학과 종합대학이 있었으며, 1950년에 2년 연한의 초급대학이 추가되었다.

이외에 초기의 학제에는 사범학교·사범대학, 기술학교·고등기술학교, 공민학교·고등공민학교가 있었다. 사범학교와 사범대학은 국민학교, 중학교, 고등학교의 교원을 양성하기 위한 학교였다. 3년 연한의 사범학교는 중학교 졸업자가, 2~4년 연한의 사범대학은 사범학교 또는 고등학교 졸업자가 입학하였다. 기술학교는 국민학교 졸업자가 입학하는 3년 연한의 중등학교인데, 교과과정은 농업(축산·양잠·원예 등), 공업(기계수리·자동차·

철도·조선 등), 수산(어로·양식 등), 기타(속기·주산·이발 등)로 짜였다. 고등기술학교 역시 3년 연한으로서 기술학교 또는 중학교 졸업자가 입학하였다. 정부는 공장 또는 사업장이 기술학교와 고등기술학교를 설립하도록 장려하였다.

공민학교公民學校는 초등교육을 받지 못하고 학령을 초과한 자나 일반 성인에게 국민생활에 필요한 보통교육과 공민적 사회교육을 실시할 목적에서 3년 연한으로 설치된 학교이다. 교육법 140조는 1910년 이후 출생한 자로서 한글을 해독하지 못하는 자는 공민학교 성인반의 교육을 받을 의무가 있으며, 해당자의 친권자·후견인·사용인도 그를 취학시킬 의무가 있다고 규정하였다. 그에 따라 시·읍·면장은 관내에 거주하는 공민학교 취학 의무자를 조사하여 취학 30일 전에 통지해야 하였다. 1948년 건국 당시 국민의 문맹률이 어느 정도였는지는 정확히 알 수 없으나 대략 40%의 높은 수준이었다.[151] 신생국의 정부가 공민학교를 사실상 의무교육으로 강제한 것은 문맹 상태의 국민에게 문자를 교육할 목적에서였다. 공민학교 성인반의 교과과정은 국민학교에 준하며, 연간 70일을 넘지 않는 범위에서 문자 해독에 중점을 두도록 하였다. 고등공민학교는 공민학교나 국민학교 졸업자가 취학하는 1~3년 연한의 중등학교였다.

이처럼 신생국의 초기 학제는 국민학교-중학교-고등학교-대학(사범대학 포함)의 정규 경로 이외에 국민학교-중학교-사범학교-사범대학, 국민학교-기술학교-고등기술학교와 같이 실용적으로 설계된 다양한 경로를 포함했으며, 공민학교-고등공민학교와 같이 문맹 상태의 국민에 대한 계몽을 특징으로 하였다.

〈표 10-8〉에서 보듯이 국민학교 수는 1945년 해방 당시에 2,937개였는

---

151 『京鄕新聞』 1948년 11월 25일; 『東亞日報』 1950년 1월 9일. 경기도의 경우 1945년 해방 당시 문맹률이 62%였으나 미군정에 의한 성인교육의 결과 1947년 12월까지 34%로 낮아졌다고 한다. 『京鄕新聞』 1947년 12월 7일 참조.

[표 10-8] 학제별 학교와 학생의 수(1945~1960)

단위: 개, 명

구분	연도	1945	1948	1950	1952	1954	1956	1958	1960
국민학교	학교	2,937	3,443	3,942	3,938	4,056	4,301	4,453	4,602
	학생	1,637,723	2,426,113	2,658,420	2,369,861	2,743,710	2,920,748	3,261,680	3,621,267
중학교	학교		380	395	607	803	999	1,036	1,053
	학생		278,512	380,829	312,071	420,175	458,905	430,288	528,614
고등학교	학교			262	340	468	592	575	635
	학생			3,080	122,559	212,516	274,383	268,280	263,563
대학	학교				41	49	56	61	63
	학생				31,342	64,052	92,676	79,565	97,819
사범학교	학교				17	18	18	18	18
	학생				10,245	13,207	14,123	11,839	9,865
기술학교	학교					87	128	129	148
	학생				2,070		16,663	16,724	16,813
공민학교	학교					3,488	3,228	2,309	2,078
	학생				322,561	288,537	256,951	186,366	174,919

출처: 大韓民國公報處統計局, 『大韓民國統計年鑑』 1952·1953年度版.
內務部統計局, 『大韓民國統計年鑑』 1954~1961年度版.
통계청(1998), 『통계로 본 대한민국 50년의 경제사회상 변화』, 213~216쪽.
朝鮮通信社(1947), 『1948年度版 朝鮮年鑑』, 298쪽.

비고: 1. 대학은 綜合大學, 單科大學, 初級大學을, 기술학교는 技術學校와 高級技術學校를, 공민학교는 公民學校와 高等公民學校를 말한다. 師範大學은 대학에 포함되어 있다.
2. 공란은 관련 자료가 없는 경우이다.

데, 미군정기를 거쳐 1948년에 3,443개나 되었으며, 이후 대한민국 정부 하에서 1960년까지 4,602개로 증가하였다. 학생 수도 1945년의 163만 명에서 1948년의 243만 명, 1960년의 362만 명으로 크게 증가하였다. 적령기 아동의 취학률은 일정기인 1943년에 47%였는데, 해방 이후 이와 같은 급속한 증가에 힘입어 1960년에는 99.8%라는 의무교육제에 걸맞는 완전 취학 상태에 도달하였다.

교육법이 1949년 말에 제정되었지만, 정부가 교육 투자에 열의를 올리는 것은 1955년부터였다. 1954년만 해도 국방비를 포함한 중앙정부의 일반회계 세출에서 문교부文教部 세출이 차지하는 비중은 2%가 못되었다. 이후 미국 원조가 제공되어 정부재정에 다소간의 여유가 생긴 1956년에 이르러 문교부 세출은 11.8%로 크게 늘어났으며, 이후 1959년까지 18.4%로 급속하게 증가하였다. 동 기간 중앙정부의 총재정에서 문교부 재정은 국방부 재정에 이어 제2위의 지위를 점하였다.

정부의 교육 투자가 확충됨에 따라 중·고등학교와 학생의 수가 급하게 증가하였다. 〈표 10-8〉에서 보듯이 1952~1960년에 중학생 수는 31만 명에서 53만 명으로, 고등학생 수는 12만 명에서 26만 명으로 증가하였다. 그래도 1960년에 중학교 취학률은 33.8%, 고등학교 취학률은 19.3%에 불과하였다.[152] 동 기간 대학생 수도 3만 1,342명에서 9만 7,819명으로 3배 이상 증가하였다. 공민학교의 학생 수는 1952년 32만 명 이상이었으나 의무교육인 국민학교 교육이 일반화됨에 따라 1960년까지 그 수가 17만 명으로 줄었다. 국민학교, 중학교, 고등학교의 교원 수도 동 기간 4만 6,460명에서 8만 4,285명으로나 1.8배 증가하였다.[153]

이 같은 정규 교육 이외에 정부는 국민의 문맹 상태를 개선하기 위한 사회교육 정책에 적지 않은 노력을 기울였다. 정부는 1954년부터 1959년까지 해마다 교육구청, 군청, 경찰서 등의 행정력을 동원하여 1~2개월씩 부락별로 한글강습소를 설치하여 문맹퇴치운동을 벌였다. 이에는 각 국민학교에 병설되어 있는 공민학교 성인반이 활용되었다. 문맹률에 관한 전국적인 통계가 확인되는 것은 1955년 말이다. 그에 의하면 전국 총 2,072만 인구 가운데 문맹 인구는 727만 명으로서 35.1%였다. 남자는 29.4%, 여자

152 年央推計 12~14세 인구와 15~17세 인구 대비 중학생과 고등학생 수를 말한다. 통계청(1998), 『통계로 본 대한민국 50년의 경제사회상 변화』, 214~215쪽.

153 內務部統計局, 『大韓民國統計年鑑』, 各年度版.

는 40.6%였다. 그런데 위와 같은 정부의 교육 투자와 계몽활동에 힘입어 불과 4년 뒤인 1959년 말의 문맹률은 10.3%로 낮아져 있었다.[154]

선진 학문을 배우기 위해 해외유학을 떠나는 학생의 대오도 이어졌다. 1951~1959년에 도합 5,021명의 학생들이 여러 선진국으로 유학을 떠났는데, 그 가운데 절대 다수인 4,468명이 미국행을 선택하였다.[155] 1960년대 이후 이들은 학계와 관계에서 지배적인 엘리트집단을 형성하였다. 전후 부흥의 과정에서 정부의 여러 부처에서는 제반 정책을 기획하고 집행하는 능력을 구비한 엘리트 관료집단이 성장하였다. 대체로 그들은 일정기에 고등교육을 받고 은행 등의 경제기구에서 실무 경험을 축적하였으며 건국 이후 관료로 발탁된 자들이었다. 그들은 한국경제에 자문을 행한 미국의 전문가들로부터 훈련을 받았다. 1950년대 한국경제의 발전은 상당 부분 이들 관료집단의 능력과 헌신에 의하였다. 그들은 한국경제가 지속적으로 발전하기 위해서는 장기적인 개발계획을 기획하고 추진할 강력한 기구가 필수적이라고 생각하였다. 이 같은 생각은 5·16군사혁명 이후 경제기획원經濟企劃院의 출범으로 구체화하였다.

군부에서도 새로운 엘리트집단이 성립하고 있었다. 한국전쟁을 치르면서 조직으로서의 군대는 비약적으로 성장하였다. 최대 32만 명에 달했던 미국군이 6만 명의 2개 사단을 남기고 철수하자 한국군이 67만 명의 거대 규모로 팽창하였다. 육군·해군·공군 사관학교, 공병학교, 통신학교, 국방연구원 등이 설립되어 군의 간부 인력을 배출하였다. 약 8,000여 명의 장교들이 군사원조의 일환으로 주로 미국에 파견되어 군사학과 조직관리의 기법을 연수하였다. 1950년대 한국군의 행정체계는 정부의 일반 부처에 비해 훨씬 선진적이었다. 그런 가운데 조국의 근대화에 강렬한 포부를 품은 엘리트 장교집단이 새로운 시대를 감당할 정치세력으로 부상

154 內務部統計局, 『大韓民國統計年鑑』, 1957年度版, 24~25쪽; 1960年度版, 18~19쪽.
155 內務部統計局, 『大韓民國統計年鑑』, 1960年度版, 244쪽.

하고 있었다.

마지막 소농사회: 세대·가족·당내·문중

1950년대 한국사회는 수입대체공업화의 일정한 성과에도 불구하고 기본적으로 1차산업에 토대를 둔 농경사회農耕社會였다. 1956년 전체 인구 2,072만 명 가운데 농가 인구는 1,344만 명으로 65%의 큰 비중을 차지하였다. 농림어업의 취업 비중은 보다 높은 78%였는데, 도시부에서 실업인구가 많았기 때문이다. 220만 호 농가의 평균 경지면적은 0.91정보의 소규모였으며, 2정보 이상을 경작하는 대농大農은 6%에 불과하였다. 농업 이외의 소득원을 지닌 겸업농가는 9%에 지나지 않았다.[156] 1950년대 한국인의 절반 이상은 1정보 미만의 영세한 경지에서 대부분의 생활소득을 구하는 자급적인 소농小農이었다. 농지개혁의 효과로 대다수의 농민은 자작농으로 바뀌어 있었다. 지주제의 지배를 받았던 이전 시대에 비해 생활수준은 개선되어 있었지만, 그들의 대부분은 여전히 생존수준에 머문 가난한 소농들이었다. 1950년대의 농촌은 17세기부터 성립하고 발전해 온 소농사회小農社會의 마지막 단계에 해당한다. 그 소농사회의 구조, 다시 말해 인간들이 상호 의지하고 신뢰하고 갈등하면서 만들어 놓은 규범과 제도의 집합은 한국의 사회적 자본(社會的資本, social capital)의 원천으로서 1960년대 이후 고도성장기의 시장경제체제의 특질을 강하게 규정하였다.

그 소농사회의 기초 단위라 할 수 있는 가족의 규모는 1955년에 이루어진 국세조사國勢調査에 의하면 평균 5.5명이었다. 가족의 형태를 보면, 부부와 미혼자녀로 구성된 부부가족夫婦家族이 60%의 지배적 비중을 차지하였으며, 아버지 부부와 가계를 계승하는 자식의 부부가 동거하는 직계가족直系家族은 34%였다.[157] 직계가족은 부부가족에 비해 적은 비중이었

156 內務部統計局, 『大韓民國統計年鑑』, 1957年度版, 48~51쪽; 1958年度版, 90~91쪽.

157 崔在錫(1994), 『改訂韓國家族硏究』, 一志社, 26·104쪽.

지만 1950년대의 한국인이 지향하는 완성 형태의 가족이었다. 18~19세기에 걸쳐 확대 보급되어 온 직계가족은 20세기에 들어와 한국인의 가장 이상적인 가족형태로 자리 잡았다.

1955년의 국세조사는 법률이 정하고 있는 가족 형태와 무관하게 현실적으로 분거分居하고 있는 세대世帶를 하나의 독립적인 가족으로 파악하였다. 제8장에서 소개한 대로 일정기 1912~1922년에 성립한 민법상의 가족은 호적에서 호戶의 구성원으로 등록된 혈연집단을 말하였다. 호에는 호주戶主가 있어서 구성원의 지위와 그 변동을 결정하거나 승인할 수 있는 권리를 보유하였다. 이 같은 1912년의 민법이 규정한 호주제戶主制 가족공동체家族共同體는 1958년에 제정된 대한민국의 민법에서도 그대로 계승되었다.

경상남도 울주군 언양면의 호적에 관한 연구에 의하면 1961년 호적에 등록된 가족공동체의 구성원은 평균 8.3명에 달하였다. 다시 말해 가족의 법적 형태로서 호는 평균 5.5명의 자연세대가 1.5개 합쳐진 복합적 확대가족擴大家族인 경우가 일반적이었다. 가계를 계승하지 않는 차남 이하의 자식은 대개 결혼과 더불어 본가에서 그리 멀지 않은 곳에 독립적인 세대로 분거하였다. 그들은 호주의 허락을 받아 법적으로 분호分戶할 수도 있지만, 상당 기간 부父나 형兄을 호주로 하는 호의 구성원으로서 머무를 수도 있었다. 언양면 호적에서 이러한 법적 형태로서 가족공동체는 그 구성원이 최대 40명에 달하기도 하였다.[158]

차남 이하의 부부가 동거하면서 실질적인 복합적 확대가족을 이루는 경우도 적지 않았다. 1970년대에 이루어진 강원도 홍천군 산곡리의 주민을 대상으로 한 인류학적 조사에 의하면 1918년 이후에 출생한 25명의 가장들은 평균 20.6세에 결혼을 하였으며, 차남 이하는 결혼 후 7~8년

158 朴二澤(2013), 「20세기 언양지역의 가족구성의 변천 – 언양읍 제적부와 제제부의 분석 –」, 『大東文化硏究』 83, 360~362쪽.

또는 10년 뒤에 본가에서 분가함이 일반적이었다. 그사이 아버지 부부가 죽는 경우가 많지만 장남 부부의 자식이 증가하고 차남 부부의 자식도 태어나기 때문에 가족공동체의 성원은 9명에 이르기까지 증가하였다.[159]

실제 가족과 법적 가족의 차이에서 관찰되는 이 같은 가족구성의 이중성은 1950년대의 한국인에게 있어서 가장 자연스럽고 친밀한 인간관계는 부계父系·동성同姓의 친족집단이었음을 이야기하고 있다. 호적에 등록된 부父-자子-손孫의 가족공동체는 그 친족집단의 최소 단위를 이루었다. 가족공동체의 성원은 설령 분거해 있더라도 사회·경제생활의 모든 과정에서 사실상 하나의 가족으로 강하게 결속하였다. 농구와 농우를 부담 없이 나누어 쓸 수 있는 것은 이들 3대의 가족공동체에 한하는 일이었다.

이 가족공동체의 바깥에 고조高祖를 같이 하는 이른바 당내堂內집단이 존재하였다. 당내집단의 성원들은 고조 이하의 모든 조상, 즉 고조, 증조曾祖와 그의 형제, 조祖와 그의 형제, 부父와 그의 형제에 대한 기제忌祭에 참여할 의무가 있었다. 이외에 당내집단은 성원의 모든 혼례와 장례에 동참하지 않으면 안 되었다. 당내집단의 성원은 제사, 혼례, 장례를 매개로 빈번하게 왕래하고 상호 부조하였으며, 그를 통해 가족과 유사한 공동체 의식을 보유하였다. 그렇지만 제례, 혼례, 장례 이외의 다른 사회·경제생활의 과정에서 당내집단의 공동체적 결속은 그리 강하지 않았다. 당내집단의 본질은 동일 조상을 모시는 제사공동체祭祀共同體였다.

당내집단의 경계 바깥에 위치한 부계·동성의 친족집단은 보통 문중門中이라고 불리었다. 문중은 본질적으로 문화적인 위세威勢집단을 이루었

159 Clark W. Sorensen(1988), *Over the Mountains are Mountains*, University of Washington Press, pp. 175~182. 이 인류학적 연구에서 차남 이하가 결혼 후 길게는 10년이 되어서야 분가하는 것이 그사이 본가와 실제로 동거하였음을 의미하는지, 아니면 실제로는 분거하면서도 법적으로 分戶만 하지 않았을 뿐인지는 명확하지 않다. 산간에 위치한 조그만 마을이었던 만큼 이 둘의 실제적 구분은 무의미하였을 수도 있다. 그런 이유에서 나는 1950년대 한국인의 가족형태는 실제 가족과 법적 가족의 중간에서 유동하는 경우가 일반적이었다고 생각하고 있다.

다. 문중이 그 모습을 드러내는 것은 5대 이상 조상의 묘에서 연간 2회 행하는 묘제墓祭를 통해서였다. 원근 각지에 거주하는 동일 조상의 자손들은 묘제에 참여함으로써 그들이 하나의 친족집단임을 확인하였다. 묘제는 친족집단의 종손宗孫 내지 종파宗派에 의해 주관되었다. 묘제의 비용을 마련하기 위해 친족집단은 공동소유지를 보유하였는데, 그 토지는 보통 종손의 관리하에 있었다. 묘제의 대상이 되는 조상의 수가 많고 사회적 지위가 높은 동족집단은 보통 종계宗契를 구성하였다. 종계에는 유사有司가 있어서 묘제와 기타 문중의 사무를 주관하였다.

1964년에 이루어진 조사에 의하면 경상남도 함양군의 어느 유명한 동족집단은 공동소유지에서 나오는 적지 않은 수입의 대부분을 묘제를 거행하고 족보族譜를 편찬하고 묘비墓碑를 세우는 데 투입하였다.[160] 빈곤한 동족 성원을 도우기 위한 지출은 거의 없었다. 다시 말해 문중 조직은 조선왕조朝鮮王朝의 높은 관직을 지낸 조상에 대한 묘제의 거행과 족보의 편찬 등을 통해 동족집단의 사회적 신분을 드러내기 위한 위세조직에 다름 아니었다. 문중이 거행하는 묘제에 참여하는 동족들은 그를 통해 자신의 원래 신분이 양반임을 과시하였다. 그 외에 동성 친족집단만이 공유하는 공동체적 관계나 의례는 별로 없었다. 농번기에 노동력을 상호 교환하는 품앗이의 결성에서 동족집단이 특별히 근친성을 발휘하지는 않았다.[161] 그 점은 동고조同高祖의 당내집단도 마찬가지였다. 노동·생활 과정에서의 강한 공동체성은 부-자-손의 가족공동체에 고유한 일이었다.

마지막 소농사회: 신분의식·동리·장시

1950년대의 농촌사회에서 문중 조직에 참여하는 사람들, 다시 말해 원래의 신분이 양반兩班인 사람의 수가 어느 정도였는지는 정확하게 알 수

160 崔在錫(1985), 『韓國農村社會研究』, 一志社, 257~266쪽.
161 崔在錫(1985), 『韓國農村社會研究』, 266~272쪽.

없다. 가족공동체를 넘어 당내집단의 존재도 일반적이지는 않았으며, 문중 조직의 경우는 더욱 그러했다고 짐작된다. 양반신분의 사회적 특권은 20세기 전반의 일정기에 인간의 사회적 평등을 규정한 근대적 법제가 성립함에 따라 공식적으로는 해체되었다. 그럼에도 문화적인 위세나 차별로서 양반신분은 일정기에 걸쳐 해소되지 않았으며, 지방과 가문에 따라서는 성원의 사회적 지위를 높이기 위한 친족집단의 전략으로서 재정비되고 강화되는 측면도 있었다.[162] 해방 후에도 양반신분의 위세가 전통적으로 강한 지방에서는 양반과 상민常民의 사회적 차별이 여전했으며, 유명한 반촌班村에는 노비奴婢에 기원하는 천민신분이 잔존하였다. 반상班常의 차별과 천민의 존재가 완전히 해소되는 것은 농지개혁과 한국전쟁이 초래한 사회적, 문화적 변혁 이후라고 지적되고 있다.[163]

1998년에 경상대학교의 사회학자들이 경상남도 산청군과 사천시의 주민 520명을 대상으로 행한 인터뷰 조사에 의하면, 그들의 26.2%는 성씨, 족보, 조상의 관직 등에 근거한 양반의식을 강하게 보유하였다. 그만큼 확실하지는 않지만 자신을 양반신분으로 긍정하는 사람은 15.8%였다.[164] 양반의식의 보유자는 합하여 42%였다. 1950년대의 농촌주민의 신분의식도 이와 크게 다르지 않았을 터이다. 오히려 전통 소농사회의 마지막 단계에서 그들은 더욱 예민하게 그들의 원 신분을 의식하였으며 하급 신분에 대한 차별 감각을 가졌다. 그 같은 신분 감각은 1950년대 소농사회의 제도, 조직, 문화의 모든 것을 깊숙하게 규정하였다.

이 점은 1958년 경기도 광주군과 용인군의 접경부에 위치한 6개 동리

162 池承鍾·金俊亨(1997), 「社會變動과 兩班家門의 對應: 山清郡 丹城面 江樓里 安東權氏家門의 경우」, 『慶南文化硏究』 19, 250~290쪽.

163 정진상(1995), 「해방직후 사회신분제 유제의 해체: 경남 진양군 두 마을 사례연구」, 『사회과학연구』 13-1, 343~ 347쪽.

164 지승종·박승종(2000), 「현대사회의 양반문화에 관한 연구: 양반 가문 의식을 중심으로」, 지승종 외, 『근대사회변동과 양반』, 아세아문화사, 291~292쪽.

를 대상으로 한 사회학적 조사에서 구체적으로 확인되었다. 6개 동리 가운데 2개 동리는 양반신분의 동족집단이 지배하는 이른바 반촌이고, 2개 동리는 여러 성씨의 상민신분으로 구성된 이른바 민촌民村이었다. 이 4개 동리에서는 주민 간의 수평적 결합으로서 협동적 질서가 그런대로 성립해 있었다. 그에 비해 나머지 2개 동리는 양반과 상민의 세력이 비등한 동리였다. 여기서는 주민 간의 알력이 심하여 협동적 질서를 찾아보기 힘들었다. 이 2개 동리는 6개 동리 가운데 마을 골목의 청소 상태가 가장 불량하였다. 협동적 질서가 비교적 발달한 4개의 반촌과 민촌도 잘 단합된 공동체는 아니었다. 반촌을 구성하는 복수의 동족집단 상호 간에는 가문의 위세를 둘러싼 경쟁과 갈등이 잠복해 있었다. 반촌에 거주하는 상민들은 해방 이전에는 양반가의 장례에 동원되어 상여를 매야 했지만, 해방 이후 그러한 노골적인 신분 억압은 사라졌다. 그럼에도 그들은 여전히 마을을 지배하는 양반신분의 암묵적인 차별과 멸시의 대상이었다.

일반적으로 마을은 잘 조직된 단체이거나 자신의 재산과 사업을 보유한 법인法人이 아니었다. 6개 동리 가운데 주민 전체를 포섭하는 조직을 갖춘 곳은 2개 동리뿐이었다. 동리는 지방행정의 말단 단위로 삭막하게 존재할 뿐이었다. 일정기의 관료제적 지방행정체제와 동원체제가 동리의 그러한 특질을 강화하였다. 19세기까지 다수의 동리에서 운영되던 동계洞契는 1950년대 현재 6개 동리 어디에서도 존재하지 않았다. 이전의 동계는 주민의 장례와 혼례를 부조하기 위한 상여, 가마, 사모관대, 차일, 식기 등의 기물과 현금과 토지의 자산을 공유했으며, 철따라 성황제나 산신제를 지내고 농악을 조직하였다. 그러한 동계가 모든 동리에서 사라졌으며, 반촌 1개 동리와 민촌 1개 동리에서 이중회里中會 또는 이중계里中契라는 근대화된 명칭의 단체가 조직되어 주민의 장례와 혼례에 쌀 또는 술의 현물을 부조하는 기능을 수행할 뿐이었다. 이 정도의 빈약한 협동 이외에 동리가 공동의 재산과 사업을 영위하는 예는 관찰되지 않았다.

주민의 자발적인 협동과 신뢰는 이전 시대와 마찬가지로 각종 계契의 형태로 이루어졌다. 6개 동리에서 관찰된 계는 모두 19종이었다. 그 가운데 10종의 계는 장례, 혼례, 회갑연의 상호부조를 위한 것이었다. 그 외에는 의료, 가구, 목돈을 마련하기 위한 계들이었으며, 개울의 둑을 보수할 목적으로 결성된 2개의 수리계水利契가 있었다. 인터뷰 조사의 대상이 된 336명의 가장 가운데 1종 이상의 계에 참여하고 있는 사람은 128명이었다. 나머지 다수의 208명은 혼자서 고독하게 살았다. 계는 어디까지나 신뢰하는 사람끼리 특정의 단일 목적을 수행하기 위해 조직한 결사체였다. 신뢰의 우선적인 대상은 혈연이었으며 그 다음은 동일 신분이었다. 이 둘을 벗어난 신뢰관계는 일반적으로 희박하였다.

그 밖에 동리에는 학교의 사친회師親會, 교회敎會, 4H클럽, 산림조합, 정당과 같은 근대화된 형태의 단체가 있었다. 사친회, 교회, 4H클럽 등은 동리 내부의 조직이지만, 그에 대한 주민의 참여도는 그리 높지 않았다. 나머지 단체들은 동리 밖에서 침투해 온 조직으로서 주민을 동원하는 성격이 강하였다. 면사무소와 같은 지방행정의 기구는 일정기에 비해 그 권위가 약화된 상태였으며, 행정의 성의와 능력도 떨어져 주민의 신뢰를 받지 못하였다. 지방행정의 체계는 주민의 공동체적 생활권역과 동떨어진 경우가 많았다. 광주군에 속하는 5개 동리는 군청 소재지인 경안慶安보다 인근 수원水原이나 멀리 서울과 더 밀접한 연관을 맺었다.[165]

1950년대 농촌 주민의 공동체적 생활권역으로서는 동리보다 닷새마다 열리는 장시場市가 보다 중요한 의의를 지녔다.[166] 1938년 남한만의 장시 수는 895기였다. 이후 전시기戰時期에 장시는 크게 감소했으며, 1945년 해

165 이상 1958년에 이루어진 경기도 광주군과 용인군의 6개 동리를 대상으로 한 조사에 관해서는 다음의 저작을 참고. 李萬甲(1960), 『韓國農村의 社會構造－京畿道六個村落의 社會學的硏究』, 이 저작의 간략한 요약으로서는 다음의 논문을 편리하게 참고할 수 있다. 이만갑(2006), 「1950년대 한국 농촌의 사회구조」, 『해방 전후사의 재인식』 2, 390~429쪽.

166 金永謨(1966), 「農村住民의 共同生活圈의 測定을 爲한 基礎硏究」, 『韓國社會學』 2, 42~52쪽.

방 당시에는 407기에 불과하였다. 이후 조금씩 회복되어 1950년에는 668기로, 1960년까지는 원래 수준에 못 미치지만 826기로 증가하였다. 대부분의 장시는 닷새마다의 5일장이었으며, 장시의 배치와 밀도를 결정하는 가장 중요한 요인은 이전 시대와 마찬가지로 인구수였다.[167] 그러한 연관에서 장시는 여전히 소농의 자급적 재생산구조를 지지하는 단순상품생산單純商品生産의 무대로 기능하였다. 농민들은 대개 월 3~4회 장시에 나가 가정의 잉여생산물을 팔고 비자급 생활재료를 구매하였다. 농민들의 출시는 경제적 목적에서만은 아니었다. 농민들은 그날에 관공서의 용무를 보거나, 친지를 만나 교유하거나, 정치를 비롯한 바깥세상에 관한 정보를 구하거나, 음주와 오락을 즐겼다.

장시를 구성하는 다른 한편의 주체인 상인은 이동상인과 정주상인으로 구분되는데, 이동상인의 수가 훨씬 많았다. 고정적인 점포를 가진 정주상인은 주로 중간시장 이상의 큰 장시에서 성립하였다. 정주상인이라 해도 장시가 열리지 않는 날에 인근의 다른 장시로 출시하는 반이동半移動 또는 통근 상인인 경우가 많았다. 장시를 경영하는 주체는 읍·면의 지방행정단위였다. 장시의 상인들은 일반적으로 조직되어 있지 않았다. 장시에 따라 시장번영회와 같은 조직이 있긴 했으나 장시 운영의 주체로 공인되지 못하였다.[168] 장시를 무대로 한 상인의 제사나 축제도 거행되지 않음이 일반적이었으며, 그것을 상징할 만한 신상神像이나 제각祭閣도 없었다.

장시 상호 간에는 일정기 이래 기층시장-중간시장-중앙시장의 위계가 성립해 있었다. 1950년대 충청북도에서는 51개의 기층시장 위에 8개의 중간시장이 성립하고 그 위에 2개의 중앙시장이 배치되었다. 중간시장과 중앙시장에는 상설점포와 시장이 열려 주변 기층시장을 상대로 도매업을

---

167 이재하·홍순완(1992), 『한국의 場市－정기시장을 중심으로－』, 民音社, 123~128쪽.

168 金成勳(1977), 『韓國農村市場의 制度와 機能硏究－그 史的考察과 構造機能의 分析－』, 國立農業經濟硏究所, 232~246쪽. 이 같은 장시 상인에 관한 관찰은 1975년에 金成勳에 의해 조사된 것이지만, 1950년대에도 마찬가지였을 터이다.

영위하였는데, 중간시장의 도매 기능이 취약하여 장시의 3층 위계는 명확하지 않았다. 개별 장시권에서 사람들의 이동수단은 여전히 도보였다. 기층시장과 중간·중앙시장을 연결하는 것은 1일 운행 회수가 10회 미만인 완행버스였다.[169]

이상과 같이 1950년대 소농사회에서 인간들은 일반적으로 강한 신뢰와 단체로 결속되어 있지 않았다. 17~19세기 전통 소농사회를 통합해 온 질서는 20세기에 들어와 해체되었으며, 대안적 질서는 아직 미성숙의 상태였다. 인간들은 그들의 부조父祖로부터 물려받은 원 신분에 관한 의식에서 동류同類와 연대하고 하류下類를 차별하였다. 그 같은 사회의 짜임새에서 대부분의 농촌 주민은 그들의 가난하고 무기력한 농촌생활에 강한 불만을 품었다. 그러한 농촌 대중의 정치적 정서는 사회적 지위와 계층의 상승에 대한 강렬한 욕구로 표출되었다. 1958년 그들을 방문한 사회학자들에게 경기도 광주군과 용인군의 농민들은 사회적 지위를 개선하는 통로로서 '교육을 통한 지식'을 가장 소중하게 평가하였다.[170] 그 같은 소농사회의 정신문화와 도덕능력은 자녀 교육에 대한 가부장들의 헌신적인 투자로 나타났다.

169 田京淑(1983),「韓國忠淸北道地域における中心地システムの變容に關する硏究」,『地理學評論』56-7, 471~495쪽.

170 李萬甲(1960),『韓國農村의 社會構造—京畿道六個村落의 社會學的硏究』, 170~171쪽.

제11장

대질주

1. 고도성장의 조건

지경학적地經學的 환경의 변화

한국경제는 1963년부터 고도성장을 개시하였다. 1962년 GDP의 성장률은 2.1%에 불과한데, 1963년에 갑자기 9.2%로 튀어 올랐다. 대질주(大疾走, Big Spurt)와도 같은 고도성장은 1997년의 외환위기를 맞을 때까지 이어졌다. 34년간 한국경제의 연간 성장률은 평균 9.1%나 되었다.[1] 이 같

---

1 김낙년 편(2012), 『한국의 장기통계: 국민계정 1911-2010』, 서울대학교출판문화원, 416·424쪽.

은 성장률은 동 기간 세계에서 가장 급속한 것이었다. 1950년대까지 미국의 경제학자들은 한국경제의 미래에 관해 비관적 전망을 내놓기 일쑤였다. 자연자원도 빈약하고 자본축적도 결여한 가운데 부정부패와 정치·사회의 분열이 풍토병처럼 만연한 한국이 정상적인 경제성장을 이루기는 불가능하다고 하였다. 그렇지만 1963년 이후 한국경제는 그러한 일반적 비관론을 비웃기라도 하듯이 고도성장의 길로 질주하였다.

한국경제의 특별한 성취는 무엇보다 세계경제의 환경이 우호적이기 때문에 가능하였다. 세계경제도 같은 기간에 급속한 성장을 이루었다. 개략적인 추계에 의하면 세계경제의 GDP는 1990년 기어리·카미스 가격으로[2] 1962년 9조 1,397억 달러에서 1997년 33조 83억 달러로 3.6배 증가하였다. 좀 더 길게 20세기 후반을 보면, 세계경제의 GDP는 같은 가격으로 1950년의 5조 3,297억 달러에서 2000년 36조 5,018억 달러로 6.8배나 성장하였다.[3] 연평균 3.9%의 성장이다. 이러한 일은 세계경제의 역사에서 전례가 없었다.

제2차 세계대전 이후 자본주의 세계경제가 이전의 비관적 전망을 깨고 커다란 번영을 구가하게 된 가장 중요한 요인은 급속한 기술혁신이었다. 기술혁신은 새로운 소재, 새로운 산업, 새로운 생산방법을 창출하였다. 또한 기술혁신은 고생산성, 고임금, 대량소비, 대량생산, 고이윤, 고투자, 새로운 기술혁신으로 이어지는 호순환好循環을 성립시켰다. 산업민주주의의 성숙은 노동자의 권리와 발언권을 강화하였다. 노동자의 생활수준과 사회적 지위가 개선되자 자본주의를 위협하던 계급투쟁이 종식되었다.

세계경제의 번영을 이끈 또 하나의 중요 요인은 자유무역이었다. 1950~1998년 세계의 수출은 1990년 기어리·카미스 가격으로 210억 달

---

2 다국간의 실질소득을 비교하기 위해 1958년에 Geary와 1972년에 Khamis가 제시한 방식에 따라 작성된 지수가격이 1990년 Geary-Khamis Dollar이다. 이 가격에서 모든 나라의 1달러는 1990년 미국 1달러와 동일한 구매력을 갖는 것으로 평가된다.

3 Angus Maddison(2006), *The World Economy*, OECD, p.613.

러에서 1조 251억 달러로 무려 48.7배나 증가하였다.[4] 동 기간 세계 GDP의 성장은 6.3배이다. 다시 말해 세계무역의 급속한 증가가 세계경제의 성장을 견인하였다. 제2차 세계대전 이후 미국은 세계경제의 안정과 성장을 위해 통화·금융체제로서 국제통화기금(IMF)과 무역체제로서 관세 및 무역에 관한 일반협정(GATT)의 성립을 주도하였다. GATT는 회원국들이 관세율을 인하하고, 어느 나라를 차별하지 않고, 수출입을 제한하지 않는다는 자유무역의 일반적 원칙을 수립하였다.

IMF-GATT체제는 1950년대까지 순조롭게 작동할 수 없었다. 영국, 서독, 일본 등 주요 국가들의 경제가 세계대전으로 엄청난 피해를 보았기 때문이다. 주요 국가들은 미국에 대한 자국의 국제수지를 방어하기 위해 수입허가제를 실시하거나 달러 사용을 제한하는 등의 무역제한정책을 취하였다. 미국도 각국의 그러한 정책을 용인하였다. 나아가 미국은 1958년까지 455억 달러의 비군사非軍事원조를 세계 각국에 제공하여 세계경제의 재건을 지원하였다.[5] 주요 국가들이 전쟁의 피해를 복구하여 미국과 자유무역에 임할 수 있게 된 것은 대체로 1958년부터이다. 미국이 주요 국가의 무역제한정책을 잠정적으로 용인하는 IMF협약의 해당 조항도 1958년에 폐지되었다.

1958년 서유럽 6개 국가가 유럽경제공동체(EEC)를 결성하였다. 그에 자극을 받아 미국은 세계경제에 대한 자국의 헤게모니를 강화할 목적에서 자유무역체제에 박차를 가하였다. 1960~1961년 미국은 39개국이 참가하는 GATT 제5차 라운드를 소집하였으며, 그 결과 미국과 EEC의 관세율이 평균 10% 포인트 인하되었다. 뒤이어 소집된 1963~1967년의 GATT 제6차 라운드는 각국의 관세율을 평균 35%나 인하시켰다.[6] 세계

---

4 Angus Maddison(2006), *The World Economy*, p.360.

5 金宗炫(1984), 『近代經濟史』, 經文社, 462쪽. 군사원조까지 포함하면 총 701억 달러이다.

6 한국경제60년사편찬위원회(2010), 『한국경제60년사 III』, 한국개발연구원, 39쪽.

무역은 더욱 급속하게 팽창하였다. 1952~1963년 세계 수출액의 연평균 성장률은 7.4%인데, 1964~1972년에는 11.6%로 높아졌다.[7]

세계무역은 양적으로 팽창하였을 뿐 아니라 구조적 변화를 보였다. 세계무역에서 농산물과 광산물의 비중이 줄어든 대신, 공산품의 비중이 증가하였다. 그에 따라 농산물과 광산물을 주로 교역해 온 선진국과 후진국의 무역 비중이 줄어들었다. 그 대신 공산품 교역을 중심으로 한 선진국 간의 무역이 확대되었다. 심지어 농산물과 같은 1차 산품의 교역에서도 선진국 간의 무역 비중이 증가하였다. 후진국은 세계무역에서 점점 소외되어 갔으며, 그에 따라 선진국과 후진국 간의 경제적 격차가 확대되었다.[8]

그런 가운데서도 주목할 점은 후진국의 선진국에 대한 공산품 수출이 조금씩 증가하였다는 사실이다. 1950년 선진국은 후진국으로부터 13억 5,000만 달러의 공산품을 수입하였다. 이후 그 액수는 1960년까지 26억 1,000만 달러, 1969년까지 82억 3,000만 달러로 급하게 늘어갔다.[9] 이 같은 현상은 세계무역의 전체 구조에서 부차적인 추세에 불과하였지만, 후진국의 공업화와 관련하여 적지 않은 의미를 지녔다. 선진국이 후진국의 공산품을 수입한 것은 선진국의 산업구조가 고도화함에 따라 섬유, 직물, 의류, 가구, 신발과 같은 소비재를 생산하는 노동집약적 경공업이 사양화해 갔기 때문이다.

세계대전의 종식과 더불어 일본을 중심으로 한 동아시아경제권은 해체되었다. 이후 그에 속했던 일본, 한국, 타이완 등은 차례차례로 미국이 중심이 된 새로운 세계체제에 포섭되어 갔다. 전쟁 이전 일본의 대미 수출품의 주종은 생사生絲였다. 1939년까지도 생사 1종이 일본의 대미 수출의 2/3 이상을 점하였다. 전쟁 이후 일본의 대미 수출은 공업의 재건과

---

7 World Trade Organization(2008), *International Trade Statics 2008*, p.174.

8 金宗炫(1984), 『近代經濟史』, 453~461쪽.

9 金宗炫(1984), 『近代經濟史』, 458쪽.

미국시장의 확장에 맞추어 직물·섬유, 철강, 차량·선박, 기계 등으로 다변화, 고도화해 갔다.[10] 그런 가운데 의류·신발·가구·가방·완구·문방구 등과 같은 잡제품雜製品의 대미 수출도 꾸준히 증가하였다. 1962년 일본의 대미 수출품 가운데 잡제품의 비중은 26%로서 직물·섬유 다음의 큰 비중을 차지하였다.[11] 그때까지 일본의 공업은 노동집약적인 경공업에 중심을 두었다.

일본경제는 1956년을 전후하여 전쟁 이전의 수준을 회복한 다음, 중화학공업화에 착수하였다. 이후 일본경제는 세계자본주의 역사에서 전례가 없는 고도성장을 구가하였다. 1962~1964년의 이른바 올림픽경기 기간에는 연평균 10%라는 놀라운 성장률을 이룩하였다.[12] 일본의 수출상품에서도 구조적 재편이 불가피하였다. 면직물 등 경공업제품의 비중은 줄고, 철강·기계 등의 중화학공업제품의 비중이 증가하였다. 일본의 수출품에서 경공업제품의 비중은 1955년 50%에서 1970년 20%로 감소하였다.[13] 반면 중화학공업제품의 비중은 동 기간 42%에서 73%로 증가하였다. 노동집약적인 공산품의 수출은 추격해 오는 다른 후진국에 넘길 수밖에 없었다.

다른 한편, 미국은 노동집약적 공산품의 수입을 늘리고 있었다. 미국은 1962년 약 13억 달러의 의류·신발 등 잡제품을 수입했는데, 이는 1972년까지 69억 달러로 팽창하였다.[14] 미국을 위시한 선진국에서 팽창한 노동집약적 공산품의 수입시장은 그것을 활용할 수 있는 의지와 능력을 갖춘 후진국에게는 공업화를 위한 절호의 기회였다. 한국은 일본과 가장 인접해 있을 뿐 아니라, 일본의 구 식민지로서 일본경제와 시장, 기술, 인맥 등에

---

10 堀和生(2013), 「戰後東アジアの高度成長」(草稿).

11 UN Comtrade database(http://comtrade.un.org).

12 金宗炫(1991), 『近代日本經濟史』, 比峰出版社, 296쪽.

13 金泳鎬(1988), 『東アジア工業化と世界資本主義 ― 第4世代工業化論 ―』, 東洋經濟新聞社, 84쪽.

14 UN Comtrade database(http://comtrade.un.org).

서 밀접한 연관을 맺고 있었다. 그 일본이 노동집약적 수출산업을 포기할 수밖에 없는 처지가 되었다. 양국의 국교가 정상화하기도 전인 1963년에 한국경제인협회가 보세가공保稅加工조사단을 일본에 파견하여 한국으로 넘어올 공업을 물색한 것은 이와 같은 지경학적(地經學的, geo-economic) 환경의 변화에 촉발되었기 때문이다. 동 조사단에 일본의 기업가들은 숨김없이 말하였다. "일본이 한국에 기대하는 것은 싸고 손쉽게 이용할 수 있는 노동력이다."[15] 당시 한국의 기업가들은 이 같은 공업입지의 국제적 이동을 분봉分蜂 현상에 비유하였다. 그것을 놓쳐서는 안 된다. "바가지를 들어라." 당시 한국경제인협회의 사무국장이 남긴 명구名句이다.[16]

정치세력의 교체

1960년 4월의 학생의거(4·19)와 1961년 5월의 군사쿠데타(5·16)를 거치면서 한국의 정치는 전면적인 세대교체를 보았다. 1950년대의 정치는 독립운동가 출신의 노인 명망가들에 의해 주도되었다. 그들은 조선왕조 말기에 주로 양반가의 자제로 태어난 사람들이었다. 1948년 건국과 동시에 그들은 정부형태를 둘러싸고 지칠 줄 모르는 정쟁에 몰입하였다. 초대 대통령 이승만李承晩은 대통령중심제 정부형태를 선호한 반면, 그와 경쟁한 야당 민주당은 내각책임제 정부형태를 포기하지 않았다. 정부형태를 둘러싼 정쟁은 두 차례의 폭력과 변칙을 동반하는 개헌을 유발하였다. 이승만은 그가 국민에 대해 보유한 카리스마를 동원하여 대통령중심제와 대통령직선제 정부를 관철하였다. 그 과정에서 아무 실권이 없는 부통령副統領까지 국민이 직선하는 세계정치사에서 유례가 없는 파행적 정치제도가 출현하였다.[17] 1960년의 4·19는 이 같은 1950년대 정치의 모순이 빚어낸 일대 경

15 『朝鮮日報』 1963년 5월 9일.

16 金立三(2003), 『초근목피에서 선진국으로의 증언: 金立三 自傳』, 한국경제신문사, 186쪽.

17 이영훈(2013), 『대한민국역사』, 기파랑, 236~239쪽.

착륙硬着陸이었다. 반공, 건국, 농지개혁, 귀속재산 불하, 전쟁의 방어, 한미동맹, 전재戰災 복구, 일본과의 대립으로 점철된 해방 후 한국의 정치사는 오로지 이승만 개인의 카리스마에 의해 주도되었다. 그 이승만이 4·19를 맞아 내각책임제로의 개헌에 동의하는 성명과 더불어 하야하였다.

뒤이어 5·16이 일어날 때까지 민주당의 주도하에 전개된 정치과정은 그들이 지난 12년간 줄기차게 추구해 온 내각책임제 정부형태가 얼마나 한국의 정치 현실과, 또는 그들의 교양 수준과 어울리지 않는 것인가를 적나라하게 보여 주었다. 민주당은 2개 정당으로, 각 정당은 2~3개의 정파로 분열하였다. 그들 간의 권좌를 나누기 위한 정쟁은 내각의 평균수명을 3~4개월로 단축시켰다. 사회는 각 계층의 끊이지 않는 요구와 집단시위로 분열하였다. 이윽고 지하에 잠복해 있던 좌익세력이 대두하여 통일을 위한 북한과의 평화협상을 주장하였다. 생겨난 지 불과 13년의 신생국은 그 전도를 알 수 없는 깊은 불안에 휩쓸렸다. 1961년 2월 서울에 주재한 미국정부의 관리들은 이 나라가 심각한 위기에 빠졌으며, 조만간 공산혁명이나 그와 유사한 극단적인 사태를 맞게 될 것이라고 본국 정부에 보고하였다.[18]

한국의 군대는 1953년 정전停戰 이후 72만 명의 대규모 집단으로 팽창해 있었다. 1950년대에 걸쳐 장교와 하사관을 미국에 보내 연수시키는 프로그램이 가동되었다. 1960년대 초 한국의 군부는 한국사회의 다른 어느 집단보다 유능하고 잘 조직되어 있었다. 군의 수뇌부는 일찍부터 정치화해 있었다. 한국전쟁이 발발하자 군부는 대통령의 통수권 아래에 놓임과 동시에 유엔군사령관의 작전통제도 받는 위치에 서게 되었다. 이 같은 이중의 지배구조는 두 지배력 사이에 갈등이 생길 경우 심각한 문제를 야기하였다. 군부는 선택의 문제에 직면하게 되며, 어떠한 결정이든 그

18 이완범(2006), 『박정희와 한강의 기적—1차5개년계획과 무역입국—』, 선인, 66쪽.

것은 고도의 정치성을 띨 수밖에 없었다. 예컨대 4·19 당시 이승만정부가 군중 시위대를 진압할 수 없었던 것은 군부가 그 같은 지시의 이행을 거부하였기 때문이다. 그 배후에는 군부에 대한 유엔군사령관의 사주使嗾가 있었다고 추측되고 있다. 이같이 정치화된 군부가 4·19 이후의 사회적 혼란과 국가정체國家正體의 위기 상황에서 정치에 개입하리라는 것은 쉽게 예측할 수 있는 일이었다. 군부 내에서도 쿠데타 모의는 공공연한 비밀이었다.[19]

1961년 5월 16일의 미명에 박정희朴正熙 육군소장의 지휘하에 불과 3,600명의 병력이 서울을 기습하여 정부의 주요 기관을 장악하였다. 군부의 쿠데타가 성공한 것은 국무총리를 비롯한 정부의 수뇌부가 어떠한 저항도 시도하지 않았기 때문이다. 고질적인 정쟁으로 민주당정부는 이미 내부에서 붕괴해 있었다. 미국정부는 이틀간의 신중한 관찰 끝에 한국 군부의 쿠데타를 승인하였다. 성공한 쿠데타는 군사혁명으로 바뀌었다. 군사혁명세력은 제2공화국의 헌법과 정부를 해체하고 국가재건최고회의라는 최고 주권기구를 설치하였다. 이 군사정부의 통치는 1963년 12월까지 계속되었다.

1962년 12월에는 민간정부를 세우기 위한 새로운 헌법이 국민투표를 통해 제정되었다. 새로운 헌법은 정부형태를 대통령중심제로 결정하였다. 한국인들은 나라를 세운 지 14년 만에 겨우 그들의 정부형태를 확정하였다. 그에 대해 민주당 출신의 정치가들은 저항하지 않았다. 이승만 초대 대통령은 내각책임제를 주장하는 야당과의 정쟁에서 패배하였지만, 역설적이게도 그의 선택은 그의 하야 후에야 최종적인 승리를 거두었다. 군사혁명 이후 18년간이나 이 나라의 정치와 경제를 주도한 박정희 대통령은 반공주의, 한미동맹, 대통령중심제 정부형태 등, 이승만의 권위주의정치가

19 이영훈(2013), 『대한민국역사』, 285~287쪽.

각인한 국가정체성을 충실하게 계승하였다.[20]

박정희가 이승만을 부정한 것이 있다면 그의 정치제일주의이다. 제10장에서 서술한 대로 이승만 대통령은 그가 세운 신생국의 안전 보장과 독립국으로서의 국격國格 보전을 최우선 과제로 추구하였다. 이승만이 경제개발정책에 소홀했던 것은 아니지만, 그것이 국격 우선의 원칙과 충돌할 때 그는 언제나 후자를 선택하였다. 1956년 이후의 저환율·긴축정책과 대일對日 강경노선이 그 점을 잘 이야기하고 있다. 대조적으로 박정희는 경제제일주의에 충실하였다. 쿠데타 직후 군사혁명위원회의 이름으로 발표된 혁명공약은 제4항에서 "절망과 기아선상에서 허덕이는 민생고를 시급히 해결하고 국가자주경제 재건에 총력을 경주한다"고 선언하였다. 뒤이어 발표된 '혁명정부의 기본경제정책'은 "경제적 후진성의 극복과 국민경제의 균형적 발전을 도모하기 위한 정부의 강력한 계획성을 가미하는 경제체제를 확립"할 것을 천명하였다.[21] 경제제일주의는 박정희가 그의 집권 18년간 추구한 모든 정책의 흔들림 없는 기조를 이루었다.

그에 부응하여 군사정부는 집권 두 달 만인 1961년 7월에 경제기획원經濟企劃院을 설립하였다. 유사한 조직의 설립은 민주당정부에서도 구상되었지만 실천에 옮겨지지 못하였다. 경제기획원 장관은 군사정부의 조직에서 내각수반 다음의 제2위 서열이었다. 그에 비해 이전 정부에 있어서 부흥부復興部 장관의 서열은 제7위였다. 경제기획원 장관은 부총리로서 정부의 경제 관련 부처를 통괄하였다. 경제기획원은 개발계획의 수립, 정부예산의 편성, 외자·기술의 도입과 배분을 핵심 기능으로 하였다. 군사정부는 재무부財務部의 반발을 누르고 예산편성권을 경제기획원으로 옮겼다. 경제기획원은 예산편성권을 지렛대로 하여 정부 각 부처를 그가 수립한 개발계획에 준하여 통제하고 조정하였다.

---

20 이영훈(2013), 『대한민국역사』, 305~307쪽.

21 이완범(2006), 『박정희와 한강의 기적—1차5개년계획과 무역입국—』, 93~97쪽.

전술한 대로 1950년대를 넘기면서 한국을 둘러싼 지경학적 환경이 변화하고 있었다. 한국경제가 의지와 능력만 있다면 무한히 향유할 수 있는 대규모 국제시장이 열리고 있었다. 바로 그 즈음에 한국의 정치가 경제제일주의를 내건 40대의 젊고 유능한 세력으로 세대교체를 이루었음은 더 없이 커다란 행운이었다.

경제개발5개년계획

박정희 군사정부는 1962년 1월 제1차 경제개발5개년계획(이하 1차 5개년계획으로 약칭)을 발표하였다. 경제기획원은 1959년 말 이승만정부가 발표한 경제개발3개년계획과 1961년 4월경 민주당정부가 작성한 미발표의 경제개발5개년계획을 참조하여 불과 80일 만에 의욕적인 개발계획을 작성하였다. 1차 5개년계획은 1966년까지 "자립경제의 달성을 위한 기반을 구축"함을 기본 목적으로 하였다. 이를 위해 내자內資와 외자外資를 합하여 총 3조 2,145억 환圜을, 당시의 공식 환율로는 약 25억 달러에 달하는 거액을, 기간산업基幹產業의 육성에 투자하겠다는 것이 동 계획의 기본 내용이다. 투자자금의 75%는 내자로, 25%는 외자로 충당될 예정이었다.[22]

계획 당국의 진단대로 당시까지 한국경제는 비자립 상태였다. 한국경제의 국제수지는 미국이 제공하는 원조로 방어되었다. 한국정부의 재정수입은 여전히 미국의 원조에 크게 의존하였다. 1961년 한국은 2억 9,704만 달러에 달하는 미국의 원조를 받았으며, 그로부터 발생한 대충자금전입금對充資金轉入金은 전체 재정수입의 31%를 차지하였다. 그때까지 한국경제는 서울에 주재한 미국 원조 당국의 통제로부터 자유롭지 않았다. 이 같은 현실에서 1차 5개년계획은 향후 5년간에도 미국이 한국을 돕기 위해 "현재 수준 이상의 경제 및 군사원조를 제공할 것"이라는 낙관적이고

22 大韓民國政府(1962), 『第1次經濟開發5個年計劃 1962-1966』, 14~15·22~23쪽.

주관적인 전망에 기초하였다. 예컨대 동 계획은 1962~1966년에 걸쳐 누적될 경상수지 적자를 총 14억 3,060만 달러로 예상했으며, 그 가운데 10억 3,720만 달러를 미국의 원조로, 3억 9,340만 달러를 공공·민간차관으로 충당할 작정이었다.

이 같은 전제 위에서 1차 5개년계획은 1, 2, 3차산업에 걸쳐 모두 109개의 건설 프로젝트를 세웠다. 정부의 개발계획은 "민간인의 자유와 창의를 존중하는 자유기업의 원칙을 토대로 하되, 기간 부문과 그 밖의 중요 부문에 대해서는 정부가 직접으로 관여하거나 또는 간접적으로 유도 정책을 쓰는 '지도받는 자본주의체제'로 한다"는 기본 방침에 입각하였다.[23] 예컨대 2차산업에 있어서 정부가 계획한 건설 프로젝트는 42개에 달하는데, 철광과 중석을 개발하고, 시멘트·비료·정유공장과 종합제철소를 세우는 것을 주요 내용으로 하였다. 이렇게 정부가 기간 부문을 건설하면 원재료의 국내 조달이 확보되고 공업 발전의 기초 조건인 시장이 창조되어 민간공업이, 특히 중소공업이 발전하리라는 것이 동 산업정책의 기본 전망이었다.

1차 5개년계획은 연간 성장률을 과거 7년간의 평균 4.7%보다 상당히 높은 7.1%로 상정하였다. 그것을 뒷받침할 총 25억 달러에 달하는 투자자금의 재원으로서 계획 당국은 "과거의 정치적 부패로 말미암은 자본의 낭비의 절약"과 "가용외부자원의 증가", 이 두 가지를 내세웠다.[24] 전자는 국내자본을, 후자는 원조와 차관 등의 외국자본을 겨냥한 것이다. 실제 계획 당국이 정치적 부패에 따른 자본의 낭비를 얼마나 줄일 수 있을지를 추산하거나, 미국이 앞으로도 얼마나 많은 원조를 제공할지를 타진한 적은 없었다. 거대한 투자계획은 오로지 주관적이고 낙관적인 전망에 기초하였다. 실제 계획에 종사한 경제기획원의 어느 관료는 군사정부의 성

---

23 大韓民國政府(1962), 『第1次經濟開發5個年計劃 1962-1966』, 16쪽.

24 大韓民國政府(1962), 『第1次經濟開發5個年計劃 1962-1966』, 14쪽.

급하고 강력한 개발 의욕에 밀려 10년 만에 1인당 국민소득을 2배로 늘릴 성장률을 구한 결과 7.1%라는 수치가 나왔을 뿐이라고 회고하였다.[25] 미국정부는 하등의 상의 없이 작성된 한국정부의 개발계획을 미국의 원조를 획득하기 위한 쇼핑리스트에 불과하다고 혹평하였다.[26]

군사정부는 1차 5개년계획의 발표와 더불어 내외 투자자금을 구하기 위해 동분서주하였다. 1962년 6월 9일 군사정부는 전격적으로 긴급통화조치를 취하였다. 건국 이후 세 번째로 단행된 통화개혁이었다. 그에 따라 기존의 화폐단위 환圜이 현행의 원圓으로 바뀌었다. 10환은 1원으로 교환되었다. 군사정부는 교환을 요구하는 통화의 일부만 교환해 주고, 나머지는 별도 계정의 예금으로 봉쇄한 다음, 산업자금에 충당하고자 하였다. 이를 위해 6개월 이내에 산업개발공사를 설립하고, 봉쇄예금을 동 공사의 주식으로 전환하고, 그에 대해 정부가 10%의 배당을 보증한다는 계획을 세웠다. 통화개혁에 임하여 박정희는 "부정부패 등 음성적으로 축적된 자금이 상당히 온존해 있으나 산업자금화하지 않고 있다"는 성명을 발표하였다.

이 같은 취지의 통화개혁은 심각한 부작용을 맞아 실패하였다. 예상치 못한 충격에 기업 활동이 멈추고 시장이 마비되었다. 봉쇄예금도 기대한 만큼 많지 않았다. 부정부패로 인해 상당 규모의 자금이 민간에 퇴장退藏해 있으리라는 기대는 환상에 불과하였다. 군사정부는 기업가와 미국정부의 거센 항의에 봉착하였다. 미국정부는 거액의 원조를 받고 있는 한국정부가 제멋대로 행동함에 배신감을 느꼈다.[27] 내외의 압력에 밀려 군사정부는 6월 30일 저축성예금의 동결을, 7월 13일 모든 예금의 동결을 해제할 수밖에 없었다.

---

25 강광하·이영훈·최상오(2008), 『한국 고도성장기의 정책결정체계—경제기획원과 정책추진기구—』, KDI, 290쪽.

26 이완범(2006), 『박정희와 한강의 기적—1차5개년계획과 무역입국—』, 132쪽.

27 이완범(2006), 『박정희와 한강의 기적—1차5개년계획과 무역입국—』, 142~143쪽.

뒤이어 군사정부는 '외자도입촉진법' 및 '차관에 대한 지불보증에 관한 법률'을 제정하는 등, 외자를 도입하기 위해 노력하였다. 이들 법률은 정부가 외국의 대주貸主에게 차관의 원리금 상환을 보증할 수 있게 하였다. 다른 나라에서 유례를 찾기 힘든 특별조치에도 불구하고, 1962년에 도입된 차관은 계획치 5,000만 달러에 훨씬 못 미치는 600만 달러에 불과하였다. 또 하나의 외화가득원은 수출이었다. 1차 5개년계획은 1962년의 수출 목표를 6,090만 달러로 잡았으나 실적은 5,480만 달러에 불과하였다. 게다가 1962년 그해의 벼농사는 지독한 가뭄으로 최악의 흉작이었다. 이듬해의 보리농사도 이례적인 흉작이었다. 미국은 식량원조를 지렛대로 군사정부가 하루빨리 민간 정치인에게 정권을 넘기도록 압박을 가하였다. 쿠데타로 집권한 군인들의 군홧발 소리가 중앙청의 복도에 요란하게 울렸지만, 그들은 무엇을 해야 할지, 어디로 가야 할지를 잘 알지 못하였다. 그런데 1962년 12월부터 전혀 예상하지 않았던 곳에서 도움의 손길이 뻗어 왔다.

1차 5개년계획은 그 빈약한 계획성에도 불구하고 1966년까지 연평균 7.9%의 성장률이라는 기대 이상의 큰 성과를 거두었다. 뒤이은 2차 5개년계획은 미국 전문가의 우호적인 자문과 경제 관료들의 향상된 계획 능력으로 작성되었다. 이후 5개년계획은 1987~1991년의 6차 5개년계획까지 이어졌다. 도합 6차례에 걸친 5개년계획이 한국경제의 고도성장에 얼마나 실질적인 도움이 되었는지는 의문이다. 5개년계획은 사회주의의 계획경제와 같은 명령적imperative인 것이 아니었다. 그것은 지시적indicative이었다.[28] 계획의 작성은 한국경제가 안고 있는 문제점을 관민합동으로 점검하고 공동과제를 모색하는 과정으로서 더 큰 의미를 지녔다. 또한 중요한 결정은 계획의 틀 밖에서 이루어지는 경우가 많았다. 예컨대 경부고속도로의 건설은 2차 5개년계획에 없는 사항이었지만 1968년 2월에 착공되었다.

---

28 강광하·이영훈·최상오(2008), 『한국 고도성장기의 정책결정체계—경제기획원과 정책추진기구—』, 71~73쪽.

1950년대의 유산

위기의 군사혁명을 구원한 것은 공산품의 수출이었다. 1962년 12월부터 수출이 갑자기 증가하기 시작하였다. 그달의 수출은 매우 이례적이게도 839만 달러에 달하였다. 이후 1963년 1월부터 수출은 이전과 확실히 달라진 증가 추세를 보였다. 동년 1~4월 신용장 내도액은 3,400만 달러로 전년도 동 기간의 2배나 되었다. 5월 초 상공부장관은 기자들과의 담화에서 "수출 실적이 기록적"이며, 이런 추세라면 금년도 목표치를 달성하는 것은 무난하다고 장담하였다. 그는 수출이 갑자기 증가한 것은 우리나라의 산업구조가 근대화하여 공산품의 수출이 큰 비중을 차지하게 되고, 또 수출선輸出先이 종래의 일본 중심에서 미국, 동남아시아, 홍콩 등으로 다변화했기 때문이라고 하였다.[29] 상공부장관의 예견대로 1963년의 수출 실적은 계획치 7,170만 달러를 훌쩍 넘는 8,380만 달러에 달하였다.

1963년 8~12월 군사정부는 미국정부의 압력을 받아 1964~1966년의 평균 성장률을 5%로 낮추고 투자규모도 축소하는 취지로 1차 5개년계획을 수정하였다. 그렇지만 수출 계획만큼은 이미 급증하기 시작한 추세를 반영하여 당초 계획보다 훨씬 의욕적으로 보완하였다. 〈표 11-1〉은 1차 5개년계획기에 있어서 연도별 상품류별 수출의 원계획, 1963년의 보완계획, 각 연도의 실적을 비교하고 있다.

원계획이 기대했던 수출의 주력 상품은 식료품 및 산 동물, 곧 농수산물과 비식용원료, 곧 광산물이었다. 예컨대 1962년의 목표 수출액은 6,090만 달러인데, 그 가운데 농수산물이 2,010만 달러(33.0%), 광산물이 2,580만 달러(42.4%)로서 합하여 75% 이상의 큰 비중을 차지하였다. 원료별제품, 곧 공산품의 수출 목표는 고작 580만 달러(9.5%)에 불과하였다. 1차 5개년계획을 입안할 1961년까지만 해도 어느 누구도 한국과 같은 후

29 『京鄕新聞』 1963년 5월 2일.

[표 11-1] 1차 5개년계획 기간의 수출 계획과 실적

단위: 백만 달러

연도	구분	식료품 및 산 동물	비식용원료	원료별제품	기계류	잡제품	합계
1962	원계획	20.1	25.8	5.8	-	4.6	60.9
	실적	21.9	19.8	6.2	1.4	2.0	54.8
1963	원계획	23.2	29.4	6.4	-	7.3	71.7
	실적	18.1	26.2	28.1	4.1	6.4	86.8
1964	원계획	27.6	32.2	8.3	-	9.1	84.1
	보완계획	25.5	32.4	46.5	1.0	8.9	120.0
	실적	26.3	31.4	42.3	2.2	13.2	119.1
1965	원계획	31.6	46.9	9.2	-	9.9	105.6
	보완계획	34.0	38.4	67.9	5.0	15.9	170.0
	실적	28.2	37.0	66.4	5.5	34.5	175.1
1966	원계획	35.8	50.9	10.0	-	12.0	117.5
	보완계획	49.8	48.8	85.3	7.2	49.8	250.0
	실적	35.1	40.5	73.6	8.4	52.2	219.0

출처: 1. 원계획: 大韓民國政府(1962), 『第1次經濟開發5個年計劃 1962-1966』, 81~82쪽.
2. 보완계획: 經濟企劃院(1964), 『第1次經濟開發5個年計劃 補完計劃』, 136쪽.
3. 실적: 企劃調整室(1967), 『第1次經濟開發5個年計劃 評價報告書』, 123쪽.

비고: '음료 및 연초', '광물성연료', '화학제품' 등의 상품류가 빠져 있어 합계가 열거 액수와 일치하지 않는다.

진국이 공산품을 수출의 주력 상품으로 삼으리라고는 기대하지 않았다.

제10장에서 서술한 대로 1956년 이승만정부하에서 수출진흥5개년계획이 마련되었다. 동 계획은 일정기日政期 이래의 전통에 따라 수출의 주력 상품을 쌀·김과 같은 농수산물과 중석과 같은 광산물에서 구하였다. 예컨대 동 계획이 설정한 1961년의 수출 목표는 1억 200만 달러인데, 그 가운데 농수산물이 40.5%, 광산물이 32.7%를 점하였다. 1961년 1차 5개년계획을 입안할 때도 계획 당국의 수출시장에 대한 전망은 이 같은 전통의 틀을 벗어나지 못하였다. 1차산업과 부존자원을 열심히 개발하여 부

족한 외화를 벌고 국제수지를 방어하자는 것이 수출진흥정책의 기본 취지였다. 그렇지만 〈표 11-1〉에서 보듯이 이후의 수출시장은 그 같은 전통적 기대로부터 이탈하였다.

농수산물과 광산물의 수출 실적은 1962~1966년 내내 원계획에 미달하였다. 대조적으로 새로운 주력 상품으로 부상한 것은 공산품이었다. 1963년의 공산품 목표치는 640만 달러에 불과했는데, 실적치는 2,810만 달러나 되어 농수산물과 광산물을 능가하였다. 이에 군사정부는 보완계획을 짜면서 공산품의 수출 계획치를 부쩍 올려 잡았다. 그럼에도 1964년 이후의 공산품 수출은 보완계획에 준하는 실적을 거두어 1966년까지 7,360만 달러로 급증하였다. 보완계획 당시까지도 예측하지 못한 시장이 있었는데, 잡제품의 수출시장이다. 의류 등 잡제품의 수출은 1964년부터 보완계획치를 훌쩍 뛰어넘기 시작하여 1966년의 실적은 공산품 다음인 5,220만 달러나 되었다.

이처럼 전혀 예상하지 않았던 수출시장이 크게 열리자 군사정부는 갈 길을 찾은 듯 돌연히 활기를 띠기 시작하였다. 1963년 10월 군사정부를 민간정부로 이양하기 위한 대통령선거가 치러졌다. 그 선거에서 박정희는 경쟁자 윤보선尹潽善에게 겨우 15만 6,000표의 차이로 승리하였다. 수출을 동력으로 하는 고도성장이 1963년 초부터 개시되지 않았더라면, 기대하기 힘든 승리였다. 1963년의 성장률은 전례가 없는 9.1%의 높은 수준이었다. 군사혁명을 위기에서 구한 새로운 수출시장은 앞서 지적한 대로 한국을 둘러싼 지경학적 환경의 변화가 안겨 준 선물이었다.

기회는 그것을 활용할 수 있는 능력이 전제되어야 진정한 기회일 수 있다. 1963년에 새롭게 대두된 수출의 총아寵兒는 철강재, 합판, 면포였다. 제10장에서 서술한 대로 이 세 공업은 전쟁 이후 이승만정부가 일으킨 대표적인 민간공업이었다. 철강재는 가재도구·통·지붕·담장의 재료로 쓰이는 아연도철판을 말하는데 1950년대 말부터 시설 과잉에 빠진 국내 철강업자들은 해외 수출을 시도하였다. 1962년에 일신제강日新製鋼이란 회사가 47만 달러의 처녀수출에 성공하였고,[30] 뒤이어 1963년에 베트남으로 1,211만 달러를 수출하는 대박을 터뜨렸다. 대성목재大成木材를 비롯한 1950년대의 단·합판공업이 미8군의 군납에 성공한 데 이어 미국시장을 개척하는 것은 1960년이다. 동년의 처녀수출은 고작 1만 5,000달러에 불과했지만, 품질이 일본산보다 좋다는 시장의 호평에 힘입어 1963년에 675만 달러라는 제2의 대박을 터뜨렸다. 면방직업 역시 이미 1956년에 시설 과잉에 봉착하여 수출시장의 개척에 나섰다. 1958년부터 시작된 면직물의 수출은 1962년에 이르러 미국시장에만 183만 달러를 수출하여 미국의 통상 당국으로부터 한국산 직물의 수입을 억제하겠다는 통보를 받을 정도였다. 그럼에도 1963년에는 미국시장으로 297만 달러의 면포를 수출함과 동시에 EEC시장까지 개척하여 총 414만 달러라는 제3의 대박을 터트렸다. 박정희 대통령은 한번도 전임 이승만 대통령의 공적을 평가한 적이 없지만, 그의 정부가 최초의 도약을 이룩한 것은 이전 정부가 남긴 값진 유산에 의해서였다. 또 하나의 보다 깊은 역사적 유산이 있었으니, 유능한 기업가집단이다.

기업가집단의 대두

4·19와 5·16을 거치면서 정치세력의 전면적인 세대교체와 더불어 기업가집단이 국정國政의 새로운 파트너로서 대두하였다. 제조업의 공장 수는 1955년에 8,628개에 불과했으나 1963년까지 18,310개로 증가하였다. 그 가운데 종업원 200명 이상의 대기업은 237개였다. 이들 주요 기업가와 그들의 단체는 고도성장기에 걸쳐 정부가 개발정책의 방향을 모색함에 있어서 훌륭한 아이디어를 제공하거나 경제정책의 실행에 있어서 충실한

30 韓國製鋼協會(1985), 『韓國鐵鋼年表, 1945-1984』, 24쪽.

대리인으로서 그 역할을 하였다.

1961년 3월 민주당정부의 장면張勉 국무총리 집무실에서 총리, 주요 각료, 주요 기업가 사이의 비공식 회동이 밤늦은 시간까지 있었다. 이런 일은 이승만정부의 12년간에는 한 번도 없었다. 이를 두고 경제인들은 "일제 강점기간과 광복, 6·25동란 등 온갖 풍상 속에서 정보력과 경영능력을 키워 온 재계가 국가경영의 한 주체로 떠오르기 시작한 것이다"라고 감격해 하였다.[31]

5·16 후 군사정부는 부정부패의 척결이라는 명분으로 주요 기업가 15명을 구속하였다. 뒤이어 부정축재처리법을 제정하여 27명의 기업가에게 475억 환에 달하는 거액의 벌과금을 부과하였다. 구속된 기업가들은 원조 자금을 불하받고도 실패한 기업가는 그냥 두고, 어려운 여건하에서 성공한 기업가들을 부정축재자로 모는 것은 부당하다고 주장하였다. 기업가의 구속과 처벌로 경제사정은 오히려 악화되었다. 군사정부는 경제의 안정과 발전에 기업가의 협력이 필요함을 인식하고 부정축재자 처벌을 완화하였다. 석방된 기업가들에게는 부과된 벌과금으로 기업을 설립할 의무가 부과되었다.

그에 떠밀려 1961년 7월 주요 기업가 14명을 창립 멤버로 하는 경제재건촉진회가 결성되었다. 이 단체는 곧이어 한국경제인협회로 이름을 바꾸었다. 초대 회장에는 삼성그룹의 이병철李秉喆 회장이 선임되었다. 한국경제인협회의 멤버들은 미국과 유럽에 차관을 유치하기 위한 외유에 나섰다. 돌아온 그들은 선진국을 본떠 울산에 정유, 비료, 제철, 기계, 화력발전 등 중요 공업시설을 유치하는 대규모 공업단지를 건설할 것을 군사정부에 건의하였다. 동 공업단지는 1962년 2월에 착공되었다. 뒤이어 전술한 대로 군사정부는 차관의 도입에 정부가 보증을 서는 법률을 제정하

31 金立三(2003), 『초근목피에서 선진국으로의 증언: 金立三 自傳』, 26쪽.

였다. 이는 공업단지의 건설에 필요한 외자를 유치할 필요에서 한국경제인협회가 군사정부에 건의한 아이디어였다.

군사정부와 기업가집단의 빈번한 접촉에도 불구하고 경제개발의 기본 방향은 혼미를 거듭하였다. 혁명세력의 일부와 그에 협력한 대학의 경제학자들은 농업과 중소공업에 기초한 점진적인 공업화와 내자의 동원을 주장하였다. 1962년 6월의 통화개혁은 이들 이른바 자력갱생파에 의해 주도되었다. 통화개혁의 실패와 더불어 이들은 경제정책 일선에서 퇴조하였다.[32] 군사정부는 점점 기업가집단과 엘리트 관료들이 주도하는, 외자의 도입과 대기업의 육성을 기조로 하는, 개발정책으로 경도되어 갔다.

1963년에 들어 예상치 못한 공산품 수출의 증가와 더불어 수출을 경제개발의 동력으로 중시하는 정부와 민간의 분위기는 급물살을 타고 퍼져 나갔다. 그 선두에는 한국경제인협회가 있었다. 동년 3월 한국경제인협회는 산하에 수출산업촉진위원회를 설치하였다. 동 위원회는 발족의 취지를 "근간 선진 제국에서 급등하는 노임으로 인하여 사양화하는 여러 산업을 재빨리 이 나라에 이룩하여 자립경제의 2대 지주의 하나인 국제수지 개선을 위한 기틀을 쌓는 데 도움이 되고자"함이라고 밝혔다.[33] 이렇게 한국을 둘러싼 지경학적 환경의 변화는 국제경제의 정보에 밝은 기업가집단에 의해 가장 먼저 인지되었다.

1963년 한국경제인협회의 이병철 회장은 『한국일보』에 "우리가 잘사는 길"이라는 글을 5회에 걸쳐 연재하였다. 그는 자연자원과 자본축적이 빈곤한 한국경제가 농업부터 시작하는 산업혁명의 고전적 코스를 뒤좇아 갈 여유는 전혀 없으며, 무언가 비상한 수단과 방법을 강구하지 않으면 안 된다고 주장하였다. 그가 제안한 비상수단은 향후 10년간 21~23억 달러의 차관을 도입하여 1,000개의 대규모 공장을 세우자는 것이었다. 그러

32 이완범(2006), 『박정희와 한강의 기적－1차5개년계획과 무역입국－』, 148쪽.
33 全國經濟人聯合會(1983), 『全經聯二十年史』, 178쪽.

면 뒤를 이어 중소공업과 유통업, 나아가 농업이 발전하게 된다는 논리였다.[34] 기업가집단이 공유한 이 같은 창의적인 공업화노선은 이후 박정희 정부에 의한 국가경제의 공학적 건설과 세계경영으로 발전하였다.

1964년에 들어 수출 촉진을 위한 정부의 활동은 한층 조직화하였다. 동년 6월 상공부는 수출진흥종합시책을 발표하였다. 그 주요 내용은 향후 3~5년의 수출 목표를 3억 달러로 책정하고, 이를 달성하기 위해 수출산업의 특화, 수출용 시설 및 원자재의 확보, 외환은행의 창립 등을 실행한다는 것이다. 수출업자에 대해서는 수출소득에 대한 법인세 및 소득세의 80% 감면, 수출용으로 도입되는 원자재에 대한 관세 및 물품세의 면제, 수출용 국산원료에 대한 물품세 감면, 수출장려금의 지급, 수출금융의 확대와 같은 파격적인 혜택이 주어졌다. 1964년의 수출진흥종합시책은 한국정부가 수출을 무역정책으로서가 아니라 산업정책으로서 다루기 시작한 최초의 계기가 되었다.[35]

뒤이어 한국경제인협회는 상공부의 종합시책을 뒷받침하는 "전환기에 선 한국경제의 진로"라는 보고서를 발표하였다. 여기서 한국경제인협회는 우리 경제가 당면한 제1차 목표는 연간 4억 달러의 수출이며, 이는 향후 3~4년의 노력으로 충분히 달성될 수 있으며, 이를 위해 수출산업을 중심으로 산업체제를 개선하고, 시행 중인 1차 5개년계획을 수출진흥계획으로 전면 수정, 보완할 것을 주장하였다.[36] 이렇게 1964년 하반기에는 "수출만이 살 길이다"라는 수출제일주의의 슬로건이 도처에서 높이 걸리고 있었다. 1964년의 수출 실적은 1억 1,910만 달러였다. 그해 8월 박정희 정부는 수출 1억 달러의 고지가 점령되는 날을 '수출의 날'로 기념하기로 결정하였다. 그날은 1964년 11월 30일이었다.

34 李秉喆(1986), 『湖巖自傳』, 中央日報社, 133~141쪽.

35 이영훈·최상오·류상윤·김대현·홍제환·김성남 정리(2013), 『수출진흥확대회의녹취록 I 1971~1974』, 한국개발연구원, 21쪽.

36 全國經濟人聯合會(1983), 『全經聯二十年史』, 180~181·217쪽.

드디어 1965년 1월 박정희 대통령은 국회에서 밝힌 연두교서에서 '증산, 수출, 건설'이라는 개발정책의 행동원리를 발표하였다. 가용한 자원, 노동력, 내·외자를 총동원하여 증산을 이루고, 이로써 수출을 촉진하고, 이로써 자립경제를 위한 공장을 건설하며, 이는 다시 증산-수출-건설의 연쇄과정으로 이어진다는 논리였다. 이러한 개발정책에서 핵심 고리는 수출이었다. 박정희는 수출을 '경제의 생명'으로 삼아 1967년까지 3억 달러의 수출을 달성하겠다고 선언하였다.[37] 1961년 쿠데타로 집권한 군사혁명세력이 그의 개발정책을 확보하기까지는 3~4년의 세월이 소요되었다. 시행착오와 암중모색의 과정에서는 국제경제의 동향과 지경학적 변화에 밝은 한국경제인협회를 위시한 기업가집단의 향도적 역할이 중요하였다.

1968년 한국경제인협회는 전국경제인연합회(이하 전경련全經聯)로 이름을 바꾸었다. 1961년부터 1985년까지 전경련은 정부에 대해 총 780건의 건의를 행하였는데, 가장 빈도가 잦은 분야는 금융 및 자금(162건), 세제(162건), 대외관계(91건)였다. 정부는 전경련 건의의 약 70%를 3년 이내에 수용하였다.[38] 이 같은 정부와 기업가집단의 협력은 고도성장을 이끈 개발체제의 중요한 특질을 이루었다.

일본과의 국교 정상화

고도성장의 개시와 더불어 일본과의 국교 정상화는 더 미룰 수 없는 시대적 과제로 등장하였다. 고도성장의 한편의 동력은 일본경제에서 공급되고 있었다. 4·19 이후 민주당정부는 한일회담을 재개하여 일본과의 국교 정상화에 의욕을 보였지만(제5차 한일회담), 5·16의 발발로 박정희 군사정부에 그 역사적 과제를 넘겼다. 1961년 11월 제6차 한일회담이 열렸

---

37 『京鄕新聞』 1965년 1월 16일.

38 서재진(1991), 『한국의 자본가 계급』, 나남출판, 229쪽
배병휴(1983), 『재계비화』, 동광사, 294쪽.

다. 그렇지만 양국 정부가 국교 정상화를 위한 조약에 서명을 하고 양국 의회가 이를 비준하기까지는 이후에도 근 4년의 세월이 소요되었다. 그만큼 국교의 정상화를 저해하는 요인이 높은 장벽으로 존재하였다. 회담의 주요 쟁점은 한국의 대일 청구권, 재일교포의 법적 지위, 동해상의 어업권이었다. 가장 큰 어려움은 대일 청구권에 있었다. 한국정부가 제출한 청구권의 내역에 대한 양국 정부의 해석과 그를 둘러싼 역사인식에는 메우기 힘든 간격이 있었다.

한국정부는 1952년의 제1차 회담에서 8개 항의 청구권을 제출했지만, 일본정부는 그것을 안건으로 토론하는 것조차 거부해 왔다.[39] 일본정부가 8개 항에 관한 토론에 임하는 것은 1961년의 제6차 회담에서였다.[40] 제1항은 1909~1945년 일본이 조선은행을 통해 반출한 금지금金地金 249톤과 은지금銀地金 67톤을 반환하라는 것이었다. 형식상 적법한 매취買取였지만 강제된 것이므로 무효라는 이유였다. 그에 대해 일본정부는 통상의 상업적 거래로서 적정가격으로 적법하게 매취되었다는 이유에서 거부하였다. 제2항은 한국인이 보유한 일본의 각종 체신예금을 반환하라는 것인데, 그에 대해 일본은 긍정적으로 답변하였다.[41]

---

39 1960년 12월 일본에서 귀국한 제5차 한일회담의 한국 측 대표 유진오는 "일본 측이 종전에 항상 회담의 안건마저도 거부해 오던 대일 재산 청구권 문제에 관하여 명년 봄에 열릴 회담부터 구체적으로 토의하는 데 동의하였다"고 말하였다. 『東亞日報』 1960년 12월 24일.

40 한국정부가 대일 청구권 8개 항의 내역을 공포한 적은 없다. 간혹 신문에 8개 항의 제목 정도가 보도되는 경우가 있었지만, 공식적이거나 정확한 것은 아니었다. 한국정부가 8개 항을 공포하는 것은 1976년 經濟企劃院이 발간한 『請求權資金白書』에서였다. 여기서도 8개 항의 제목만 나열되었지, 세부적인 내역과 금액은 제시되지 않았다. 2005년 한국정부는 전격적으로 韓日會談 관련의 모든 문서를 공개하였다. 그 가운데 8개 항의 내역과 그를 둘러싼 양국 정부의 입장을 정리한 문서가 있다. 1963년 3월 外務部가 작성한 「韓日會談 一般請求權 問題」(분류번호 723.1 JA, 등록번호 752)가 그것이다. 이 문서는 제6차 한일회담 제2~10회 小委員會와 4회에 걸친 專門委員會에서 8개 항의 내역을 둘러싸고 양국 정부의 대표가 벌인 토론을 요약한 것이다. 이하 본문에서 8개 항의 내역과 그를 둘러싼 양국 정부의 입장은 이 문서에 입각한 것이다.

41 外務部(1963), 「韓日會談 一般請求權 問題」, 2-30~2-45.

이어 제3~5항의 청구 요지는 두 가지였다. 하나는 한국에 본사, 본점, 주요 사무실을 둔 조선은행을 비롯한 각종 금융기관 및 회사가 보유한 일본 지점의 재산과, 1945년 8월 9일 이후 이들이 일본으로 이체하거나 송금한 약 87억 엔에 달하는 국채를 비롯한 각종 유가증권과 금품을 반납하라는 것이다. 한국정부가 제시한 관련 근거는 식민지기에 일본 본토와 조선은 법역法域을 달리했으며, 이에 조선에 소재한 제반 금융기관과 회사는 조선의 법에 근거를 둔 조선의 법인이었다는 것이다. 다른 한 가지 근거는 미군정이 이들 기관과 회사의 주식을 미군정의 소유로 귀속시켜 한국정부에 이양하였기 때문에 일본에 소재한 지점의 재산도 주식 지배의 논리에 따라 당연히 한국정부에 귀속된다는 것이었다. 이 같은 한국정부의 주장에 대해 일본정부는 조선에 소재한 각종 금융기관과 회사는 일본의 의회가 제정한 법과 법체계에 근거를 둔 일본인 소유의 기관과 회사였으며, 이에 종전에 임하여 일본회사가 본·지점 사이에 행한 각종 거래에 대해 한국정부가 원상회복을 요구할 권리는 없으며, 나아가 미군정의 귀속 조치는 어디까지나 미군정의 관할지역을 대상으로 한 것으로서 일본에까지 영향력을 미칠 바는 아니었다고 반론하였다.[42]

제3~5항의 또 한 가지 주요 청구는 대략 66만 명에 달하는 군인, 군속, 피징용자에 대한 미불임금의 지불과 사망·상해에 대한 보상 문제였다. 한국정부는 미불임금을 포함하여 보상금으로서 생존자 1인당 200달러, 사망자 1인당 1,650달러, 부상자 1인당 2,000달러를 기준으로 도합 3억 6,400만 달러를 청구하였다. 그에 대해 일본정부는 미불임금에 대해서는 적절한 처리가 필요함에 동의한 다음, 피동원자 및 사망자·부상자의 통계가 상이하고, 생존자에 대한 보상은 일본에서도 행한 바 없고, 사망자와 부상자에 대한 보상은 당시에 이미 관련 원호법援護法에 따라 행해졌

42 外務部(1963), 「韓日會談 一般請求權 問題」, 2-44~2-85.

다고 반론하였다.[43] 결론적으로 일본정부는 한국인이 일본의 정부, 금융기관, 회사에 대해 적법하게 보유한 금융자산이나 미불임금에 대해서는 지불할 용의가 있지만, 그 액수는 그리 크지 않으며, 그것마저 일본이 미국과의 평화조약에서 포기한 한국에 대한 청구권을 고려할 필요가 있다고 주장하였다.[44]

이같이 청구권을 둘러싼 양국의 입장에는 너무나 현격한 차이가 있었기 때문에 청구권을 사실관계와 법률관계에 입각한 재산권의 문제로 다투는 것은 더 이상의 의미가 없었다. 이에 양국 정부는 청구권의 명분과 금액에 관한 정치적 협상을 시도하였다. 명분과 관련해서는 청구권의 테두리를 유지하되, 곧 피해에 대한 순변제純辨濟를 포함하되, 그와 액수를 구분하지 않는 경제협력자금을 포함시킨다는 합의가 도출되었다. 액수와 관련해서는 1962년 11월 양국 수뇌부의 비밀협상이 있었다. 그 결과 일본정부가 10년에 걸쳐 3억 달러의 무상자금無償資金과 2억 달러의 공공차관을 제공하고, 이외에 일본 수출입은행이 1억 달러 이상의 상업차관을 제공하는 것으로 타결을 보았다.[45] 상업차관은 이후 3억 달러로 결정되었다. 주요 장애를 해소한 한일회담은 비교적 순조롭게 진행되었다. 재일교포의 법적 지위와 관련해서는 현주 교포와 그의 자손에게 영주권을 부여하며, 동해의 어업권과 관련해서는 이승만라인을 철폐하고 전관어업수역 12해리 밖에 공동규제수역을 설정한다는 합의가 이루어졌다.

1964년 이 같은 협상의 내용이 공개되자 야당, 언론, 대학가는 밀실홍정에 굴욕외교라 하면서 거세게 반발하였다. 그해 6월에는 4·19 이후 처음으로 서울에서 대규모 군중 시위가 벌어졌다(6·3사태). 민간정부로 막 이행

43 外務部(1963), 「韓日會談 一般請求權 問題」, 2-84~2-105. 청구권 제6~8항은 추후 제1~5항에 포함되지 않은 청구권의 제기가 가능하며, 1945년 이후 청구권에 따르는 제반 과실을 반환하며, 청구권의 반환은 협정 체결 후 6개월 이내로 한다는 내용이다.

44 外務部(1963), 「韓日會談 一般請求權 問題」, 2-116~2-125.

45 外務部(1963), 「韓日會談 一般請求權 問題」, 2-13~2-24.

한 박정희정부는 계엄을 선포하고 군대를 동원하여 군중 시위를 진압하였다. 이를 계기로 박정희 대통령은 점차 권위주의정치로 선회하였다.[46] 그는 일본정부에 청구권 8개 항을 납득시킬 수 없었던 것과 마찬가지로 일본정부와의 협상 결과를 국민에게 납득시키는 데 큰 어려움에 봉착하였다.

이윽고 1965년 6월 한국정부와 일본정부는 양국의 외교관계를 정상화하는 '대한민국과 일본국 간의 기본관계에 관한 조약(기본조약)'과 4개의 부속협정에 서명을 하였다. 기본조약은 1951년 9월 일본이 연합국과 체결한 평화조약과 1948년 12월 유엔의 한국 관계 결의를 상기한다고 하였다. 1951년의 평화조약에서 일본은 한국의 독립을 승인하였다. 동 평화조약에서 한국정부는 연합국의 일원으로 초대받지 못했으며, 이에 한국은 일본에 대해 연합국의 일원으로서 전쟁의 책임을 물을 권리가 없었다. 동 평화조약은 한국과 일본 간에 물적인 채권·채무관계가 존재함을 인정하였다. 1965년의 기본조약은 1952년 이래 양국의 외교적 협상이 이러한 전제 위에서 이루어진 것임을 결과적으로 재확인하였다. 기본조약 제2조는 "1910년 8월 22일 및 그 이전에 대한제국과 대일본제국 간에 체결된 모든 조약과 협정이 이미 무효임을 확인한다"고 하였다. 이 애매한 표현을 통해 일본은 한국의 독립을 승인하였다. 동시에 서명된 '대한민국과 일본국 간의 재산 및 청구권에 관한 문제의 해결과 경제협력에 관한 협정'은 양국 간의 채권·채무관계, 곧 청구권 문제를 해결하고 경제협력을 증

---

46 權威主義政治는 역사의 어느 예외적인 시기에 대중에 대해 카리스마를 갖는 정치인이 출현하고, 대중은 그의 정치적 선택을 遵奉하고, 政治家 사회가 정치적 선택을 둘러싸고 타협이 불가능한 根本主義的 대립을 지속적으로 재생산할 때 성립한다. 1950년대 李承晩 대통령의 '나라만들기' 정치가 이러한 환경에서 권위주의정치로 흐를 수밖에 없었다면, 같은 환경은 朴正熙政府의 성립 이후, 특히 1964~1965년 일본과의 국교정상화를 위한 청구권 문제의 타결을 둘러싸고 재생되었다. 국민의 60% 이상은 박정희 대통령의 선택을 지지했으나 야당, 언론, 대학가는 그에 완강하게 저항하였다. 이후 박정희는 그의 정치적 경쟁자들을 근본적으로 불신하였으며, 그로 인해 그의 정치는 점점 타협이 불가능한 권위주의정치로 변모해 갔다. 한국 정치사에서 권위주의정치가 성립하는 인과와 배경에 관한 이 같은 설명에 대해서는 다음을 참조한다. 이영훈(2014), 『대한민국역사』, 214~236·373~383쪽.

진시키기 위해 일본정부는 한국정부에 3억 달러의 무상자금과 2억 달러의 장기 저리 차관을 제공하며, 이를 통해 1951년의 평화조약이 규정한 청구권을 포함하여 양국 간의 재산, 권리 및 이익에 대한 제반 청구권은 "완전히 그리고 최종적으로 해결"되었다고 천명하였다. 양국이 1948년 12월 유엔의 한국 관계 결의를 존중한다고 한 것은 대한민국이 한반도에서 유일한 합법적 정부임을 일본이 승인한다는 취지인데, 이는 기본조약의 제3조로 성문화하였다.

수수께끼의 정신사

1961년 한국정부가 일본정부에 제시한 8개 항의 청구권 내역이 공개된 것은 이후 43년이 지난 2004년의 일이다. 일본정부의 동의 없이 한국정부가 일방적으로 외교 교섭의 비밀 자료를 공개한 것은 역사가들에겐 환영받을 조치일지 모르나 이 나라 외교사의 치부를 드러냈다는 점에서 차라리 없었으면 좋을 선택이었다. 그 자료들은 내가 2002년 국립중앙박물관이 공개한 18세기 말의 태평성시도太平城市圖에서 느낀 당혹감과 꼭 같은 느낌을 나에게 안겨 주었다. 청구권 8개 항은 그 이전 50년의 역사에서 무슨 일이 벌어졌는지를 전혀 알지 못하는 외교관이나 관변官邊 학자들에 의해 작성되었다.

일정기에 일본이 대량의 금은을 강제로 반출했다는 한국정부의 주장은 유감스럽게도 사실이 아니다. 냉정한 역사가라면 적법하게 매취되었다는 일본 측의 반론에 동조할 수밖에 없다. 운산금광 등 한반도의 유명한 금광은 대부분 미국인, 영국인, 프랑스인의 소유였다. 그들이 대한제국으로부터 취득한 금광 개발권은 일본에 의해서도 존중되어 1930년대까지 건재하였다. 이후 전시기가 되어 서구인이 보유한 제반 광업권은 일본자본에 의해 매수되었다. 서구인과 일본인이 채굴한 금은을 총독부가 무단으로 빼앗아 반출할 도리는 없었다. 일본은행은 조선은행에 금은매입계정을 열고 그를 통해 조선산 금은을 시장거래의 경로로 매취하였다.

조선이 일본과 법역을 달리했다는 한국정부의 주장도 억지이기는 마찬가지이다. 제8장에서 설명했듯이 조선에서 시행된 법률은 총독의 명령, 곧 제령制令에 의함이 기본이지만, 제령은 사후에 천황의 재가를 요하였다. 그 밖에 일본은 조선에도 시행할 법률에 대해서는 이를 칙령으로 공포하였다. 조선은 일본과 상이한 법역이 아니었으며, 잘 정비된 일본 법체계에 충실히 포섭되어 있었다. 대한민국이 국제적 지위에 있어서 해방 후 3년간 한반도의 남부를 통치한 미군정을 계승하는 권력인지도 논란거리이다. 연합국이 보기에 조선은 일본제국의 순전한 영토였으며, 그러한 이유에서 1951년 연합국과 일본과의 평화조약에서 대한민국은 40여 연합국의 일원으로 초대받지 못하였다.

회담 석상에서 일본정부 대표가 한국에 지불할 우편예금과 미불임금이 있지만 우리가 한국에 두고 온 재산을 고려해 달라고 한 발언은 한국정부 대표를 무척이나 당황하게 만들었음이 분명하다. 제10장의 〈표 10-1〉에서 소개했듯이 일본이 한반도에 남기고 간 각종 재산은 1946년 가격으로 총 52억 달러를 넘었다. 그중 22억 달러는 남한에 소재하였다. 미군정이 어떠한 법리와 의도로 일본 정부·회사·개인의 재산을 몰수했는지는 지금도 명확하지 않다. 그에 대한 일본정부의 양해는 일본에 전쟁배상금을 요구하지 않았다는 미국의 강압적 설득에 떠밀린 것이었다. 이승만 대통령은 집권기 내내 일본이 언젠가 제기해 올지 모를 재산 청구권에 촉각을 세웠다. 그가 8개 항의 청구권을 준비해 둔 것은 아마도 그것으로 일본의 대한對韓 청구권을 상각할 요량이었을 가능성이 크다.

1957년 일본정부는 대한 청구권의 포기를 공식 선언하였다. 이후 한국정부의 대일 교섭의 자세는 달라져야 마땅하였다. 그 점에서 1961년 군사혁명 후 박정희 최고회의 의장이 일본을 방문하여 일본 수상과의 회담에서 한국이 보유한 대일 청구권은 우편저금이나 피징용자의 미불임금 등

법적 근거가 있는 것에 국한된다고 합의한 것은[47] 평가할 만한 일이었다. 그렇지만 이 사실이 국내에 보도되자 군사정부는 황급하게 그 사실을 부인할 수밖에 없었다. 정통성이 취약한 군사정부로서는 감당할 수 없는 국민적 분노가 일었던 것이다. 그렇게 양국의 국교 정상화를 가로막은 가장 심각한 애로는 식민지 피지배의 역사를 객관화할 수 없었던 한국인 일반의 역사인식에 잠복해 있었다. 대다수의 한국인들은 일본이 대량의 금은과 쌀을 수탈하였으며, 적정한 보수나 원호도 없이 그들을 공장과 전장으로 끌고 갔다는 일종의 노예기억奴隷記憶에 충실하였다. 한국인들은 피해에 대한 보상으로 일본이 12억 달러, 21억 달러, 또는 27억 달러를 지불할 의무가 있다고 믿었다.[48] 협상의 결과인 3억 달러의 무상자금과 2억 달러의 유상자금은 너무나 굴욕적이었다.

정부가 어렵사리 성사시킨 외교적 타협에 대해 대학 교수를 정점으로 한 한국의 지성사회가 그토록 분노하고 성토했던 배경에는 한국인의 정신사精神史를 오랫동안 지배해 온 어떤 특수한 경향이 자리를 잡고 있었다. 제국주의의 식민지 지배는 상당량의 금액으로 변제되어야 한다고 믿었던 일종의 물질주의적 편향은 세계의 다른 곳에서 유례를 찾기 힘든 독특한 현상이다. 그것을 두고 신생 독립국이 보지할 건강한 자존심이라 하기는 어려울 터이다. 그것은 해방 후 한국인을 결속시킨 유일의 이념으로서 민족주의에 내재한 편견이었을까. 근대문명에 대한 이해의 수준이 낮은 지성의 한계였을까. 시간이 지나면 자연스럽게 해소될 작은 애로에 불과하였을까. 아니면 한국인의 역사에서 언제부터인가 생겨나서 지금도

47 『東亞日報』 1961년 11월 15일.

48 확실하지는 않지만 이승만정부는 일본에 22억 달러에 달하는 청구권을 제시하였다[박진희(2008), 『한일회담—제1공화국의 대일정책과 한일회담 전개과정—』, 159~161쪽]. 1961년 제6차 한일회담이 개시된 후 언론은 4·19 이후 장면정부는 8억 달러를, 5·16 이후 군사정부는 12억 달러를 청구하였다는 기대감을 표명하였다(『京鄕新聞』 1961년 12월 30일). 1964년 한일회담의 결과를 '굴욕외교'라고 비판한 시위대는 청구권 27억 달러를 주장하였다[강준만(2004), 『한국현대사산책 1960년대편 2권』, 인물과 사상사, 289쪽].

장기 지속하는 깊은 정신사적 동향인가. 어쨌든 1960년대 한국의 정치와 지성이 대일 교섭에서 드러낸 물질주의적 편향은 3천 년 이상의 시간을 여행해 온 나그네의 견문으로도 그 역사적 기원을 이해하기 힘든 수수께끼의 하나이다.

원조체제로부터 졸업

1952년에 설치되어 1950년대의 원조경제체제를 이끌어온 한미합동경제위원회(CEB)는 5·16 이후 미국 측의 요구로 폐지되었다. 경제협력의 공식 채널이 무너진 가운데 미국은 군사정부가 작성한 개발계획을 평가하지 않았다. 군사정부가 단행한 통화개혁에 미국은 분노하였다. 미국은 원조를 지렛대로 하여 군사정부의 조속한 민정 이양을 압박하였다. 양국의 협조체제가 복원되는 것은 1963년 7월에 한미경제협력위원회(ECC)가 설치되면서부터이다. ECC는 양국을 대표하는 6명씩의 위원으로 구성되었는데, 한국의 경제기획원 장관과 미국의 유솜(USOM) 처장이 위원회를 대표하였다. 유솜은 1959년 미국정부가 한국에 설치한 원조기구이다.[49] 새롭게 발족한 ECC는 공식적으로는 원조, 재정, 금융, 외환 등에 관해 양국의 대표가 검토, 합의한 것을 한국정부에 건의하는 기구임을 표방하였지만, 운영의 실태는 반드시 그렇지 않았다. 유솜은 ECC를 통해 한국정부의 경제정책에 깊이 간여하였으며, 여전히 재정과 투자 재원의 적지 않은 부분을 원조에 의존하였던 한국정부는 그로부터 자유로울 수 없었다.

1960년대 한국에 공여된 미국 원조는 AID원조와 PL480원조의 두 가지로 이루어졌다. AID원조는 1961년에 제정된 미국의 대외원조법에 근거하여 후진국의 경제개발을 위해 제공되는 원조로서 구래의 ICA원조

49 유솜의 정식 명칭은 United States Operations Mission to Korea이다. 미국정부는 그의 원조 수혜국에 현지 사절단인 유솜을 설치하였다. 한국의 경우 UNKRA원조가 청산 단계에 접어든 1959년에 한미합동경제위원회의 경제조정관실을 유솜으로 개편하였다.

[표 11-2] 1960년대 미국 원조와 정부세입에서의 비중

구분 / 연도	AID (백만 달러)	PL480 (백만 달러)	원조 합계 (백만 달러)	대충자금 세입 (백만 원)	정부세입 (A) (백만 원)	대충자금 전입금(B) (백만 원)	B/A (%)
1961	110.45	186.58	297.03	34,021	51,985	16,103	31.0
1962	124.25	60.65	184.90	29,237	75,550	17,958	23.8
1963	123.84	61.49	185.33	25,629	60,845	15,132	24.9
1964	55.27	39.14	94.41	27,349	63,151	14,997	23.7
1965	52.81	68.14	120.95	36,090	84,384	18,500	21.9
1966	82.92	23.85	106.77	38,415	131,362	25,908	19.7
1967	36.95	42.48	79.43	35,238	178,865	24,571	13.7
1968	40.83	43.68	84.51	27,233	245,164	19,437	7.9
1969	21.88	44.46	66.34	21,059	303,692	15,049	5.0
1970	15.23	30.78	46.01	16,152	406,464	12,655	3.1

출처: 韓國銀行,『經濟統計年報』 1961~1970年度版.
비고: 이 통계연보에서 원조액은 원화로 제시되어 있는데, 각 연도의 평균 환율로 환산하여 달러 표시 원조액을 구하였다.

를 계승한 것이다. 〈표 11-2〉에서 보듯이 1961년의 AID와 PL480 원조는 도합 2억 9,704만 달러이며, 그로부터 조성된 대충자금특별회계의 세입은 총 340억 2,100만 원에 달하였다. 대충자금특별회계에서 정부 일반재정의 세입으로 전입된 금액은 161억 300만 원이며, 이는 일반재정 세입 519억 8,500만 원의 31%를 차지하였다. 이후 원조가 조금씩 줄어들면서 대충자금전입금의 세입 비중도 낮아져 갔다. 그럼에도 1966년까지도 원조 총액이 1억 달러를 넘는 가운데 대충자금전입금의 세입 비중은 19.7%라는 무시할 수 없는 큰 비중을 점하였다.

ECC는 산하에 재정안정위원회를 상설기구로 두었다. ECC 미국대표의 주요 관심은 CEB 이래의 전통에 따라 재정적자와 통화팽창을 초래할 한국정부의 지나친 개발의욕을 억제하는 데 있었다. ECC 미국대표

는 한국정부에 재정안정계획을 제시하였으며, 한국정부가 이를 수락한 연후에야 원조를 공여하였다. ECC의 원조 행정은 한국정부의 재정안정계획과 긴밀히 연동하였다. ECC의 PL480원조는 통화량을 흡수하는 국·공채와 같은 효과를 발휘하였으며, 이에 그 방출 시기는 통화량이 팽창하는 추수기에 맞추어졌다. 경제기획원 장관과 유솜 처장이 정례적으로 만나는 ECC는 1968년까지 20여 차례나 열렸다.

ECC 미국대표는 재정정책을 넘어 금융·외환정책에까지 깊이 개입하였다. 1964~1966년 한국정부가 추진한 금리자유화와 단일변동환율제는 ECC의 요구에 따른 것이다. 나아가 ECC는 한국정부의 미시적 산업정책에까지 개입하였다. 한국정부가 AID원조로 투자가 집행된 공업에 중복 투자하는 일은 유솜 처장의 강력한 권고로 몇 차례나 좌절되었다. 1966년 유솜은 같은 이유로 대한중석大韓重石이 일본 차관을 도입하여 4만 톤 규모의 소다회공장을 건설하려는 계획을 중단시켰다.[50] 1962년에 결정된 한국케이블 건립 계획은 유솜의 방해로 1966년에야 겨우 공장의 준공을 보았다.[51]

이후 유솜의 통제력이 약화된 것은 한국정부의 재정자립도가 커지는 가운데 경제를 예측하고 정책을 입안하는 한국정부의 능력이 유솜을 능가하였기 때문이다. 1967년 재무부장관은 앞으로 재정계획의 수립에 있어서 유솜의 간여를 받지 않겠다고 밝혔다.[52] 1968년 원조의 세입 비중은 7.9%로 떨어졌으며, 1970년의 그것은 3.1%에 불과하였다. 1968년 유솜은 유세이드(USAID)로 명칭을 바꾸어 주한 미국대사관의 기구로 편입되었다. 1970년은 미국의 무상원조가 마지막으로 주어진 해였다. 그해 5월 한국의 경제기획원 장관과 미국의 유세이드 처장은 마지막 원조협정에 서명하였다. 한국 대표는 17년간 주어진 무상원조에 대해 미국정부와 국민에

50 『東亞日報』 1966년 8월 20일.

51 오원철(1996), 『한국형 경제건설 — 엔지니어링 어프로치 —』 1, 기아경제연구소, 94~106쪽.

52 『京鄕新聞』 1967년 11월 8일.

게 깊은 감사를 표하였으며, 미국 대표는 무상원조의 종결은 한국경제의 자립과 지속적 발전의 신호라고 경축하였다. 이를 지켜본 경제기획원의 어느 관리는 17년간의 '무상원조 졸업식'치고는 너무 초라하다고 독백하였다.[53] 나라가 정치적으로 독립한 지 20년이 지나서였다. 경제적으로까지 독립하는 데는 그만큼의 세월이 더 필요하였던 것이다.

2. 국가경제의 건설과 세계경영

수출입국

박정희정부는 일본과의 국교를 정상화시킴과 동시에 베트남전쟁에 군대를 파견하였다. 1964년 9월 140명의 의무반을 선발대로 하여 1965년 3월에는 공병과 수송병 2,000명이, 동년 10월에는 해병대와 육군 2만 명이 베트남으로 갔다. 이후 1973년 철수할 때까지 연인원 35만 명, 연간 평균 4만 명의 병력이 베트남에 주둔하였다. 같은 기간 베트남에 주재한 회사원과 노무자도 연간 평균 1만여 명에 달하였다. 박정희 대통령이 베트남 파병을 결행한 것은 자국의 군사적 안보에 대한 고려에서였다. 베트남전쟁에 깊숙이 말려들어 간 미국은 한국에 주둔한 미국군의 일부를 베트남으로 이동시켰으며, 한국의 베트남 파병은 이를 저지하기 위한 것이었다. 미국은 한국군의 베트남 주둔과 전투에 따른 제반 비용을 부담하였다. 그 외에 미국은 베트남에서 시행하는 건설 및 구호 사업에 소요되는 물자와 용역의 상당 부분을 한국 기업으로부터 구매하였다. 그에 따른 이른바 베트남 특수特需는 장병과 노무자의 송금, 군납 용역과 건설의 수익, 베트남으로의 수출 등을 합하여 10억 2,200만 달러에 달하였다.[54]

---

53 『每日經濟』 1970년 5월 28일.

54 朴根好(1993), 『韓國の經濟發展とベトナム戰爭』, 御茶の水書房. 이외에 베트남 특수의 규모에

1965~1972년 한국경제가 이례적으로 높은 수준의 총요소생산성 증가를 보인 것은 상당 부분 베트남 특수에 기인하는 것으로 해석되고 있다.[55]

또한 박정희정부는 종전에 수입대체공업화輸入代替工業化를 촉진하고 국제수지를 방어하기 위해 취해 온 갖가지 무역제한조치를 포기하거나 완화하였다. 1964년 달러에 대한 공정환율公定換率이 130원에서 256원으로 대폭 인상(평가절하)되었으며, 수입의 권리를 수출의 의무와 연계시킨 수출입링크제가 폐지되었다. 1965년에는 기존의 고정환율제가 변동환율제로 바뀌었으며, 변동의 폭도 점차 확대되었다. 1967년 GATT는 이 같은 무역자유화 정책을 평가하여 한국을 회원국으로 초대하였다. GATT에 가입한 뒤 한국은 기존의 수입허가물종을 열거하는 포지티브제도 positive list system를 수입금지물종을 열거하는 네거티브제도negative list system로 바꾸었으며, 그로 인해 수입개방품목이 3,760개에서 47,128개로 크게 증가하였다. 한국경제의 무역자유화율(수입자동승인품목 수/수입총품목 수)은 1965년의 37%에서 1967년의 60%로 높아졌다.

1964~1967년에 걸친 일본과의 국교 정상화, 베트남 파병, 무역자유화와 같은 국내외 환경의 정비로 인해 한국경제는 드넓은 국제시장에서 그에 잠재한 비교우위를 마음껏 구현할 수 있게 되었다. 1966년부터 한국인들은 수출을 중심 동력으로 하는 그들의 개발전략을 즐겨 수출입국輸出立國이란 구호로 표현하였다.

〈표 11-3〉에서 보듯이 수출은 1965년 1억 7,500만 달러(경상가격)에서 1997년 1,361억 6,400만 달러로 778배나 증가하였다. 연간 증가율은 평균 24.5%이다. 동 기간 수입은 4억 6,300만 달러에서 1,445억 6,160만 달러로 312배 증가하였다. 동 기간 국내총생산은 30억 달러에서 5,323억

관해서는 몇 가지 상이한 추계가 있다. 조재호(2011), 「베트남 파병과 한국경제 성장」, 『社會科學硏究』 50-1, 江原大學校 社會科學硏究所, 139쪽 참조.

55 조재호(2011), 「베트남 파병과 한국경제 성장」, 146~153쪽.

[표 11-3] 수출과 수입의 추이(1965~1997)

단위: 백만 달러, %

구분 연도	국내총생산	수출	수입	수지	내 대일수지	대외의존도
1965	3,000	175	463	-288	-123	25.5
1970	8,100	835	1,984	-1,149	-575	39.2
1975	21,600	5,081	7,274	-2,193	-1,141	65.0
1980	64,300	17,505	22,292	-4,787	-2,818	78.9
1985	98,400	30,283	31,136	-853	-3,017	70.3
1990	270,300	65,016	69,844	-4,828	-5,956	58.2
1995	531,300	125,058	135,119	-10,061	-15,557	59.3
1997	532,300	136,164	144,616	-8,452	-13,136	66.2

출처: 1. 국내총생산: 한국은행 ECOS.
2. 수출과 수입: 韓國貿易協會, 『貿易年鑑』 各年度版, KOTIS Database.
3. 대외의존도: 김낙년 편(2012), 『한국의 장기통계: 국민계정 1911-2010』, 서울대학교출판문화원, 422·430쪽.

비고: 대외의존도는 당년의 국민순소득(GNI)과 수출·수입의 합계를 비교한 것이다.

달러로 177배 증가하였다. 수출과 수입의 증가율이 국내총생산의 증가율보다 훨씬 컸으므로 동 기간 한국경제의 고도성장은 수출과 수입의 급속한 증가에 의해 주도되었다고 이야기할 수 있다. 그에 따라 한국경제의 대외의존도[(수출+수입)/국내총생산]는 1965년 25.5%에서 1997년 66.2%로 높아졌다. 한 세대에 걸친 수출입국의 추구로 한국경제는 높은 수준의 개방체제로 변하였다.

〈표 11-4〉는 1967년 이후 수출의 10대 상품(SITC 2digit)과 각각의 수출 비중을 5년마다 제시한 것이다(1987년 생략). 1967년의 10대 수출품에서는 의류·직물·목제품(합판 등), 잡제품(가발 등), 신발류와 같은 노동집약적인 경공업제품이 주류를 이루었다. 그 외에 금속광(철광·중석 등), 어개류(선어 등), 동물성 원재료(인발人髮 등)와 같은 1차 자원도 주요 수출품에 속하였다. 전술한 대로 이들 1차 자원은 1962년까지만 해도 제1의 수출품이었으나, 이제 경공업제품에 그 지위를 내주었다. 한국은 경공업제품

[표 11-4] 10대 수출상품의 추이(1967~1997)

단위: %

1967년	1972년	1977년
1. 의류 (18.4) 2. 직물용섬유사, 직물 및 섬유제품 (13.4) 3. 목제품 및 코크제품 (13.0) 4. 잡제품 (8.6) 5. 금속광 및 금속설 (8.5) 6. 어개류 및 동조제품 (8.3) 7. 직물섬유*및 설섬유 (6.3) 8. 동물성 및 식물성 원재료 (4.0) 9. 신발류 (2.3) 10. 연초 및 엽연초 (2.2)	1. 의류 (27.2) 2. 직물용섬유사, 직물 및 섬유제품 (10.9) 3. 목제품 및 코크제품 (10.5) 4. 전기기기 (7.7) 5. 잡제품 (7.5) 6. 철 및 강철 (5.7) 7. 어개류 및 동조제품 (4.3) 8. 직물섬유*및 설섬유 (3.8) 9. 신발류 (3.4) 10. 기계류**(2.0)	1. 의류 (20.5) 2. 직물용섬유사, 직물 및 섬유제품(10.8) 3. 전기기기 (9.2) 4. 어개류 및 동조제품 (6.9) 5. 운반용기기류 (6.7) 6. 잡제품 (6.2) 7. 금속제품 (5.7) 8. 신발류 (4.9) 9. 목제품 및 코크제품 (4.2) 10. 철 및 강철 (3.9)
1982년	**1992년**	**1997년**
1. 의류 (17.3) 2. 운반용기기류 (15.4) 3. 직물용섬유사, 직물 및 섬유제품 (10.2) 4. 전기기기 (9.9) 5. 철 및 강철 (8.7) 6. 신발류 (5.3) 7. 금속제품 (5.1) 8. 잡제품 (4.6) 9. 어개류 및 동조제품 (3.5) 10. 비금속광물제품 (2.6)	1. 전기기계장치 및 기기 (14.0) 2. 섬유사, 직물, 직물제품 (10.7) 3. 의복제품 및 의복부속품 (8.8) 4. 통신 및 녹음기기 (8.5) 5. 철 및 강 (5.9) 6. 기타 수송장비 (5.8) 7. 도로 주행 차량 (5.7) 8. 잡제품*** (4.9) 9. 신발 (4.2) 10. 사무용기계 및 자동자료처리장치(4.0)	1. 전기기계장치 및 기기 (19.0) 2. 섬유사, 직물, 직물제품 (9.8) 3. 도로 주행 차량 (9.3) 4. 통신 및 녹음기기 (5.7) 5. 기타 수송장비 (5.5) 6. 사무용기계 및 자동자료처리장치 (4.7) 7. 금**** (4.5) 8. 철 및 강 (4.2) 9. 석유, 석유제품 및 관련 물질 (3.9) 10. 의복제품 및 의복부속품(3.1)

출처: 1967~1982년: 韓國貿易協會,『貿易年鑑』各年度版.
1992, 1997년: KOTIS Database.

비고: 1. SITC 2digit 기준, 1985년 이후 기준의 변동이 있다.
2. *: 絲 또는 직물에 가공한 것 제외. **: 전기기기 제외. ***: 달리 분류되지 않은 잡제품.
****: 금광 및 그 정광 제외.

의 생산에 소요되는 원자재, 부품, 기계설비를 외국에서 수입하여 완제품으로 가공, 조립하여 수출하였다. 원자재, 부품 등의 수입선은 70% 이상이 일본과 미국이었다. 완제품의 수출선은 주로 미국, 일본, 동남아시아인데, 미국과 일본의 비중이 60% 이상이었다.

한국산 경공업제품은 미국시장에서 일본제품을 밀어냈다. 1962~1972년 한국이 미국에 수출한 공산품은 총 222종에 달하였다(SITC 4digit). 동 기간 이들 공산품이 미국의 수입시장에서 차지한 비중을 일본제품의 그것과 비교하면, 한국제품의 비중이 증가하고 일본제품의 비중이 감소한 것이 72종이나 되었다. 예컨대 동 기간 한국산 합판의 비중은 26.3% 증가한 대신, 일본산 합판은 26.2% 감소하였다.[56] 미국시장에서 한국제품이 일본제품을 구축한 것은 한국의 임금 수준이 일본보다 훨씬 저렴하였기 때문이다.

그 같은 비교우위로 인해 경공업제품의 수출 비중은 1964년 45.3%에서 1971년 최고 74.3%까지 증가하였다. 이후 경공업제품의 수출 비중은 감소 추세로 돌아섰으며, 그 대신 중화학공업제품이 수출의 주력품으로 부상하였다. 1972년의 10대 수출품 가운데 전기기기, 철 및 강철, 기계류가 포함된 데서 그 같은 방향으로의 변화를 살필 수 있다. 1960년대 후반부터 전선, 전동기, 변압기 등의 전기기기공업이 민간기업의 주도로 발전하였다. 민간의 철강기업은 외국에서 수입한 설철屑鐵을 철강판으로 제련하여 미국과 중동으로 수출하였다. 기계류는 주로 재봉기裁縫機를 말하였다.

뒤이어 1973년에 포항제철浦項製鐵이 준공을 보았으며, 또한 정부 주도의 중화학공업화가 본격적으로 추진되었다. 그에 따라 중화학공업제품의 수출 비중은 1974년 37.4%에서 1982년 50.8%로, 나아가 1997년 71.7%로까지 증가하였다. 1977년의 10대 수출품 가운데 운반용기기류가 포함된 것은 그 전해부터 현대조선現代造船이 대형 유조선을 수출하였기 때문이다. 1980년대 이후 한국의 수출은 〈표 11-4〉에서 보듯이 전기기기, 통신 및 녹음기기(TV·냉장고·전화기 등), 기타 수송장비(선박), 도로 주행 차량(자동차·트럭), 철 및 강(철강재), 사무용기계 및 자동자료처리장치(컴퓨터·반

---

56 이영훈(2012), 「1960년대 전반 개발전략의 전환과 그것의 경제사적 배경」, 『經濟論集』 51-1, 서울대학교 경제연구소, 115쪽.

도체 등)에 의해 주도되었다.

조립형공업화

이처럼 중화학공업화의 진전에 따라 수출상품의 구성은 고도화해 갔지만, 외국에서 원자재, 부품, 기계를 수입하여 가공, 조립하여 수출하는 무역의 특질은 불식되지 않았다. 예컨대 원자재와 부품을 수입하여 수출자유지역에서 가공, 조립하여 전량 수출하는 보세가공이 전 수출에서 차지하는 비중은 1965년 9.3%에서 1974년 23.9%로 지속적으로 증가하였다. 이후에도 보세가공은 다소간의 기복을 보이는 가운데 1985년에도 19.7%의 적지 않은 비중을 점하였다.[57] 이후 보세가공의 비중은 10% 이하로 크게 줄었다.

〈표 11-5〉는 1965년 이래 수입품의 용도별 구성비의 추이를 보이고 있

[표 11-5] 용도별 수입의 구성(1965~1997)

단위: %

<table>
<tr><th>구분
연도</th><th>내수용
자본재</th><th>수출용
자본재(A)</th><th>곡물·
소비재</th><th>내수용
원자재</th><th>수출용
원자재(B)</th><th>석유</th><th>A+B</th></tr>
<tr><td>1965</td><td colspan="2">12.9</td><td colspan="2">78.6</td><td>2.2</td><td>6.2</td><td></td></tr>
<tr><td>1970</td><td colspan="2">29.7</td><td colspan="2">44.1</td><td>19.5</td><td>6.7</td><td></td></tr>
<tr><td>1975</td><td colspan="2">26.2</td><td>16.5</td><td>19.8</td><td>20.0</td><td>17.5</td><td></td></tr>
<tr><td>1980</td><td colspan="2">23.0</td><td>12.1</td><td>22.6</td><td>17.0</td><td>25.3</td><td></td></tr>
<tr><td>1985</td><td>16.5</td><td>19.1</td><td>8.5</td><td>18.0</td><td>20.0</td><td>17.9</td><td>39.1</td></tr>
<tr><td>1990</td><td>25.3</td><td>10.1</td><td>9.7</td><td>25.6</td><td>19.2</td><td>9.1</td><td>29.3</td></tr>
<tr><td>1995</td><td>29.4</td><td>10.2</td><td>12.5</td><td>28.9</td><td>21.5</td><td>8.0</td><td>31.7</td></tr>
<tr><td>1997</td><td>25.5</td><td>11.7</td><td>12.9</td><td>30.7</td><td>22.2</td><td>12.3</td><td>33.9</td></tr>
</table>

출처: 經濟企劃院, 『主要經濟指標』 1982·1991年度版.
통계청, 『한국주요경제지표』 1998년도판.

57 經濟企劃院, 『主要經濟指標』 各年度版의 '財貨形態別輸入' 참조.

다. 1965년까지만 해도 수출용 원자재의 비중은 2.2% 밖에 되지 않고, 원조 자금에 기초한 곡물, 소비재, 내수용 원자재의 수입이 가장 큰 비중을 차지하였다. 이후 수출주도형공업화가 본격적으로 가동됨에 따라 수출용 원자재의 수입 비중이 1970년까지 19.5%로 크게 증가하였다. 동년의 수출용 자본재의 비중이 얼마인지는 알 수 없으나, 그것이 알려진 최초의 해인 1985년의 상황을 두고 볼 때, 대략 15~20%였다고 짐작된다. 그렇게 수출용 원자재와 자본재의 수입 비중은 35~40%에 달하였다. 이 같은 용도별 수입구조는 이후에도 크게 달라지지 않았다. 1985년 수출용 원자재와 자본재의 수입 비중은 39.1%이며, 1997년에는 33.9%였다. 수출용 자본재와 원자재의 수입선은 주로 미국과 일본이었다.

이처럼 수입의 적지 않은 부분이 수출을 위한 자본재와 원자재이므로 수출의 증가는 수입의 급증을 불렀다. 고도성장에 따라 내수용 자본재와 원자재의 수입도 급증하였다. 국가경제의 산업연관에 있어서 수입중간재투입계수는 1980년까지 증가일로의 추세였다. 그에 따라 고도성장기의 무역수지는 〈표 11-3〉에서 보듯이 적자 기조를 면치 못하였다. 〈표 11-3〉은 대일 무역수지도 제시하고 있다. 그에 의하면 1980년까지는 적자 총액의 절반 이상이 일본과의 무역에서 발생하였다. 1985년 이후에는 대일 적자가 적자 총액을 훨씬 능가하는데, 이는 한국이 일본 이외의 나라에 대해서는 흑자를 누리게 되었으나 유독 일본에 대해서는 심한 적자였음을 이야기하고 있다. 한국이 일본에서 수입한 것은 주로 원자재와 자본재였다. 예컨대 1997년 한국의 대일 수입은 총 279억 달러인데, 그 가운데 원자재가 91억 달러, 자본재가 173억 달러였다.

이 같은 무역수지의 구조는 고도성장기에 걸쳐 한국의 수출산업이 경공업에서 중화학공업으로 고도화해 갔지만, 그에 따라 국가경제의 산업연관과 기업 간의 분업관계가 심화되었지만, 나아가 중국 등의 후발 공업국에 소재와 부품을 수출하기에 이르렀지만, 그에 소요되는 핵심 원자재, 정밀 부품, 고급 기계를 주로 일본에서 수입하는 의존 내지 협력 관계는 극복되기는커녕 점점 더 구조화하는 추세였음을 이야기해 주고 있다. 달리 말해 고도성장기 한국의 공업화는 핵심 원자재, 부품, 기계를 수입하여 가공 내지 조립하는 이른바 조립형공업화組立型工業化의 발전과정이었다.[58]

공업화의 이 같은 유형적 특질은 고급 숙련과 원천 기술의 축적으로 핵심 원자재, 정밀 부품, 고급 기계를 생산하는 공업·기술대국 일본이 인접국으로 존재하는 이웃효과neighborhood effect에 주요 원인이 있었다. 제1장에서 설명한 대로 어느 나라의 경제는 그가 속한 지역경제의 동향에 긴밀히 규정된다. 어느 나라가 수행한 혁신은 가장 가까운 나라에 가장 먼저 전파된다. 인접한 국가는 멀리 떨어진 국가가 누릴 수 없는 특별한 이득을 향유한다. 나는 이같이 어느 나라가 지리적 환경에 기인하여 차별적으로 누리는 경제개발의 유리함을 비교지경학적우위(比較地經學的優位, comparative geo-economic advantage)라고 부른다.

통설적 이해와 달리 조립형공업화는 한국경제의 취약점이라기보다 그가 보유한 비교지경학적우위에 규정된 합리적 선택의 결과라고 할 수 있다. 전술한 대로 제2차 세계대전 이후 일본을 중심으로 한 동아시아경제권은 해체되었으며, 그에 속하였던 한국, 일본, 타이완은 차례로 미국을 중심으로 하는 새로운 세계체제에 편입되었다. 그런데 한국의 미국체제Pax-Americana로의 편입은 자력에 의해서가 아니라 구 종주국인 일본의 생산력을 매개로 한 것이었다. 그 점은 타이완도 마찬가지였다. 그러한 역사적 맥락에서 제2차 세계대전 이후 구 동아시아경제권은 해체되었다기보다 새로운 세계체제하에서 부차적인 지위로 부활하였다고 해야 옳을 것이다.[59]

---

58 핫또리 타미오 지음, 유석춘·이사리 옮김(2007), 『개발의 경제사회학—한국의 경제발전과 사회변동—』, 전통과 현대, 100~108쪽. 원저: 服部民夫(2005), 『開發の經濟社會學—韓国の経済発展と社会変動』, 文眞堂.

59 堀和生(2013), 「戰後東アジアの高度成長」(草稿).

기간산업의 건설

박정희정부는 1차 5개년계획기에 정유, 비료, 시멘트와 같은 기간 부문의 공장을 건설하였다. 1962년에 설립된 대한석유공사는 미국 걸프석유회사의 투자를 유치하여 울산에 하루 3만 5,000배럴을 생산하는 정유공장을 세웠다. 이를 통해 미국 석유회사에 정유 공급을 의존해 왔던 한국경제의 치명적 약점이 해소되었다. 비료공장으로서는 이승만정부하에서 착공된 제1비료(충주), 제2비료(나주)가 1962년까지 준공을 본 데 이어 1966년까지 제3비료(울산), 제4비료(진해), 제5비료(울산)가 추가로 건설되었다. 이로써 비료의 자급자족이 이루어졌다. 시멘트공장은 1961년까지 삼척시멘트, 문경시멘트 두 공장 밖에 없었으나, 1차 5개년계획기에 현대건설, 한일시멘트, 쌍용양회, 충북시멘트의 네 공장이 추가로 건설되었다. 이로써 시멘트의 자급자족도 달성되었다. 이들 공장의 건설을 통해 한국은 그럭저럭 먹고 사는 데 필요한 최소한의 기초재를 확보하게 되었다.

1965년 이후 제1의 수출품으로 부상한 것은 의류였다. 스웨터·와이셔츠·아동복 등 봉제품의 수출이 증가하자 직물과 화학섬유의 수요가 폭발하였다. 수출을 위한 공장의 건설은 철강과 기계의 수요를 유발하였다. 대부분의 원자재와 기계는 일본과 미국에서 수입되었다. 이를 극복하여 자주적 국가경제를 건설하기 위해 1967년에 착수된 2차 5개년계획은 화학, 철강, 기계공업의 건설을 핵심 프로젝트로 채택하였다. 그를 통해 "공업 고도화의 기틀을 잡는 한편, 공업생산을 배가하여 1971년까지 수출 7억 달러를 달성하겠다"는 계획이 공포되었다.[60]

1968년 울산공업단지에 9개 석유화학공장이 착공되었다. 에틸렌, 프로필렌, 브타디엔 등의 기초원료에서부터 합성수지, 합성원료, 합성고무 등의 석유화학제품을 일관 생산하는 콤비나트였다. 투자자금은 내·외자를

60 大韓民國政府(1966), 『第二次經濟開發五個年計劃 1967-1971』, 27쪽.

합하여 약 4,000억 원에 달하였다. 초기에는 외국의 차관을 도입하거나 합작투자를 유치하는 데 적지 않은 어려움이 있었다. 1970년 정부는 석유화학공업육성법을 제정하여 투자자금을 적극 지원하였다. 울산의 석유화학콤비나트는 1972년 10월에 완공을 보았다. 준공식에서 박정희 대통령은 그의 벅찬 감격을 "이 공장들이 준공됨으로써 우리 한국은 아시아 전역에서 뿐 아니라 수에즈운하 이동 지역에 있어서 일본과 더불어 원료에서부터 최종제품까지를 계열적으로 생산하는 완전한 석유화학의 계열 공장 시설을 갖추게 된 두 번째 나라가 되었습니다"라고 토로하였다.[61]

종합제철소의 건설 계획은 1차 5개년계획에 포함되었지만 투자자금을 확보할 수 없어서 무작정 천연遷延되었다. 고도성장의 개시에 따라 철강재 수요가 폭증하였는데, 대부분이 일본에서 수입되고 있었다. 국내의 제철업도 심각한 불균형에 시달리고 있었다. 예컨대 1962년 제선製銑 부문의 생산능력은 4,800톤에 불과한데, 제강製鋼과 압연壓延 능력은 14만 8,000톤과 57만 1,000톤이었다. 정부는 종합제철소의 건설에 자금과 기술을 공급할 국제투자단으로서 대한국제제철차관단(KISA)을 구성하였다. 그렇지만 KISA가 초대한 국제 금융기관들은 한국정부의 제철사업에 투자를 하려 들지 않았다. 종합제철소 건설은 다시 2차 5개년계획의 중심 프로젝트로 포함되지만, 미국 수출입은행 등 국제 금융기관은 끝내 자금과 기술의 제공을 거절하였다. 궁지에 몰린 정부는 1965년의 국교 정상화와 더불어 일본에서 들어오고 있는 청구권 및 경제협력 자금의 일부를 종합제철소 건설에 투입하기로 하고, 그에 관한 일본정부의 동의를 구하였다. 일본정부는 한국의 경제발전을 돕자는 취지에서 그에 동의하였다. 1970년 4월 포항종합제철소(포항제철)가 착공되었다. 그에 투여된 청구권 및 경제협력 자금은 1억 1,948만 달러였다.[62] 1973년 6월 제선 능력 103

61 韓國石油化學工業協會(1977), 『韓國石油化學工業十年史 1967-1976』, 297쪽.

62 청구권 및 경제협력 자금으로서 무상자금 3억 달러와 공공차관 2억 달러는 1965년 이후 10

만 톤(MT)의 포항제철이 완공되었다.

1964년 박정희 대통령은 서독을 방문하였다. 그는 서독 경제의 부흥을 이끈 기간시설인 고속도로에 깊은 인상을 받았다. 고속도로의 건설은 박정희 개인의 복안腹案이었으며, 2차 5개년계획에는 포함되지 않았다. 그가 경부고속도로의 건설 계획을 공식화하는 것은 1967년 11월이다. 건설비는 당초 300억 원으로 추산되었는데, 이는 1968년 정부재정 일반회계의 13%가 넘는 거액이었다. 그로 인해 고속도로의 건설은 적지 않은 논란의 대상이 되었다. 야당의 유력한 정치인들은 경부고속도로가 한국경제를 일본경제에 예속시킬 뿐이라고 주장하였다. 심각한 반대를 무릅쓰면서 경부고속도로는 1968년 2월에 착공되어 1970년 7월에 완공되었다. 여기에도 689만 달러의 청구권 및 경제협력 자금이 투입되었다. 경부고속도로는 전국을 단일시장으로 통합하였다. 한국경제의 대동맥으로서 경부고속도로는 초기 10년간 화물수송에서 16배의 급속한 신장을 보았다.

박정희정부의 행동원리

경제개발을 향한 박정희정부의 행동원리는 이후 오원철吳源哲에 의해 '엔지니어링 어프로치engineering approach', 곧 '공학적 접근'이란 말로 훌륭하게 요약되었다.[63] 오원철은 상공부 관료 출신으로서 1968~1972년의 석유화학공업단지 건설과 뒤이은 중화학공업화에 실무 책임자로서 깊숙이 관여하였다. 엔지니어링 어프로치는 제2차 세계대전 후 거대 공장의 건설을 위한 접근방법으로서 어떤 방법이 가장 합리적인가를 각종 자

년에 걸쳐 분할 도입되었다. 도합 5억 달러의 산업별 용처를 보면 광공업에 총 2억 7,798만 달러의 가장 많은 금액이 투하되었다. 단일 프로젝트로서 가장 컸던 것은 浦項製鐵 건설로서 1억 1,948만 달러였다. 나머지는 대부분이 광공업 원자재의 도입 비용이었다. 그 다음, 사회간접자본 건설에 9,000만 달러 가까이가 투하되었는데, 가장 큰 사업은 昭陽江多目的 댐 건설 2,161만 달러, 철도시설 개량 2,027만 달러, 경부고속도로 건설 689만 달러 등이었다. 經濟企劃院(1976), 『請求權資金白書』, 33쪽.

63 오원철(1996), 『한국형 경제건설—엔지니어링 어프로치—』 3, 기아경제연구소, 259~278쪽.

료와 수치로 정립하는 과학을 말한다.[64] 오원철은 박정희정부가 구현한 엔지니어링 어프로치의 주요 특질을 다음과 같은 몇 가지로 소개하였다.

첫째, 정부와 기업의 더없이 강력한 개발의욕이다. 예컨대 2차 5개년계획은 한국경제의 장기전망에서 수출이 1981년에 13억 달러에 달할 것으로 예측하였지만, 실제 그것이 달성되는 것은 1972년의 일이었다. 당초 계획보다 근 10년이나 앞당겨진 것은 해마다 급증하는 수출의 추세에 자극을 받은 상공부가 매년의 수출 목표를 누적적으로 상향 조정하였기 때문이다.[65] 대질주로의 강렬한 충동과 강력한 추진력은 고도성장기에 대통령을 위시한 모든 경제주체가 공유한 행동원리였다.

둘째, 특정의 정책 목표는 전략적으로 중요한 것일 뿐 아니라 실현 가능한 것이어야 하였다. 이를 위해 모든 목표는 막연한 슬로건이 아니라 특정 기간에 달성되어야 할 특정의 수치로 구체화되었다. 제시된 목표치는 사전에 산업별, 기업별, 지역별 가능치를 검토하고 할당한 결과로 신중하게 도출되었다. 제반 건설 프로젝트도 마찬가지 원리에서 입안되었다. 목표를 달성하기 위한 자금을 비롯한 제반 유인과 수단은 강력하고 충분해야 하였다. 오원철은 이 같은 목표의 전략적 선정과 그를 위한 지원의 전략적 집중을 가리켜 '목돈전략'이라고 재미있게 비유하였다.[66]

셋째, 산업구조의 장기적 개발도 이 같은 공학적 원리에 규정되어 낮은 수준에서 높은 수준으로 추구해 올라가는 단계성과 과학성을 구비하였다. 박정희정부가 처음부터 그러한 장기적 개발계획을 확보한 것은 아니었다. 그렇지만 이 같은 엔지니어링 어프로치의 속성상 박정희정부의 개발정책은 가장 실현성이 높은, 가장 낮은 단계의 정유·비료·시멘트 건설에서부터 시작하여, 그것을 소재로 하는 수출 경공업과 석유화학공업을

64 오원철(1996), 『한국형 경제건설 — 엔지니어링 어프로치 —』 3, 261쪽.

65 오원철(1996), 『한국형 경제건설 — 엔지니어링 어프로치 —』 3, 160~167쪽.

66 오원철(1996), 『한국형 경제건설 — 엔지니어링 어프로치 —』 1, 232~235쪽.

일으키고, 그러한 건설 경험을 바탕으로 중화학공업화에 도전하여 기계기기류의 국산화를 달성하고, 나아가 기술의 자립에 도전하는 단계적 과정을 순차적으로 밟아 갈 수 있었다. 오원철은 이를 가리켜 한국 산업혁명의 4단계 전략이라 하였다.[67]

넷째, 전략적으로 건설되는 주요 공장은 국제경쟁력을 지닐 만큼 충분히 큰 규모여야 하였다. 이를 위해 중요 투자의 선택과 결정은 다른 누구도 아닌 한국정부에 의해 주도적으로 이루어졌다. 외국 전문가의 자문은 들을 필요가 있지만, 그들은 한국경제의 후진적 현실에 구애되어 투자계획의 수립에서 언제나 소극적이었다. 예컨대 울산 석유화학공업단지의 건설을 자문한 미국회사는 에틸렌 연산年產 3만 톤(MT)의 시설을 권하였지만, 당시 세계 일류 회사의 그것은 통상 30만 톤의 규모였다. 박정희정부는 10만 톤의 모험을 선택하였다.[68] 다시 말해 박정희정부의 엔지니어링 어프로치는 세계경영世界經營을 지향하였다. 개발의 슬로건은 자립적 국가경제의 건설이지만, 그 주요 동력은 수출이었으며, 수출의 지속가능성을 위해서 모든 건설과 경영은 세계적이어야 하였다. 반복되는 공장 건설을 통한 엔지니어링 어프로치의 학습은 박정희정부를 사실상 세계경영을 위한 거대한 상사商社 조직으로 이끌어 갔다.

엔지니어링 어프로치는 강력한 정치적 리더십에 의해서만 작동될 수 있었다. 박정희 대통령의 권위주의정치가 그 역할을 담당하였다. 박정희 대통령은 그의 개발 정책과 이념에 동조하는 엘리트 관료, 기업가, 경제단체, 과학자, 교수로 구성된 관민합동의 회의체를 운영하였다. 수출입국의 개발노선이 확정된 1965년부터 박정희 대통령은 매월 상공부가 개최하는 수출진흥확대회의輸出振興擴大會議에 참석하여 회의를 주재하였다. 이

---

67 오원철(1996), 『한국형 경제건설 - 엔지니어링 어프로치 -』 2, 기아경제연구소, 220~225쪽.
오원철(1996), 『한국형 경제건설 - 엔지니어링 어프로치 -』 3, 174~177·268~269쪽.

68 오원철(1996), 『한국형 경제건설 - 엔지니어링 어프로치 -』 3, 46~48쪽.

회의는 1965년 2월부터 1979년 9월까지 총 176개월 동안 도합 153회나 개최되었다. 처음에는 20~30명 정도의 소규모 회의였으나 점차 민간 기업가와 전문가도 참여하는 170여 명의 대규모 회의로 확대되었다. 이 회의는 매월의 수출 실적을 점검하고, 수출의 애로를 타개하고, 세계경제의 동향을 탐지하였다.[69]

수출진흥확대회의와 별도로 박정희 대통령은 매월 경제기획원이 주관하는 월간경제동향보고月間經濟動向報告라는 회의에 참석하였다. 이 회의 역시 1965년부터 시작하여 1979년까지 도합 146회나 열렸다. 월간경제동향보고는 물가와 국제수지 등 국가경제의 거시적 지표를 점검하는 것으로부터 시작하여 개별 산업정책과 공기업의 구조조정에 이르기까지 포괄적인 과제를 다루었다. 이 두 회의의 역사적 공헌은 관계, 업계, 학계가 축적한 고급정보를 광범하게 수집, 분석, 전파함으로써 개발정책의 모색, 입안, 결정, 집행, 조정의 극히 효율적인 체계를 창출한 점에 있었다. 동시대 15년간이나 매월 두 종류의 회의체를 운영한 나라는 세계 어디에도 없었다.[70] 매월 두 회의를 주재한 대통령의 개발에 대한 집념은 더없이 강렬하였다. 그는 반복되는 회의에서 어느덧 최고 수준의 경제학자로 훈련되어 갔다.

금융의 분배

박정희 대통령을 정점으로 하는 고도성장기의 개발체제는 자본을 조성하고 숙련노동과 기술자를 양성하여 전략적으로 배분하였다. 5·16 후의 군사정부는 부정축재자를 처리하는 과정에서 1956년 민간에 불하된 은행을 모두 국유화하였다. 1965년 정부는 1년 만기 정기예금의 금리를 연 15%에서 30%로 대폭 인상하는 금융개혁을 단행하였다. 민간저축이 고

69 이영훈·최상오·류상윤·김대현·홍제환·김성남 정리(2013), 『수출진흥확대회의녹취록 I 1971~1974』, 15~17·23~29쪽.

70 이영훈(2012), 「1960년대 전반 개발전략의 전환과 그것의 경제사적 배경」, 『經濟論集』 51-1, 119쪽.

금리의 사채시장으로 몰리는 것을 막고 은행이 중심이 된 금융시장을 육성하기 위한 취지였다. 그에 따라 민간의 은행저축이 대폭 증가하였다. 1965년 785억 원에 불과하던 은행의 민간예금은 1970년까지 7,897억 원으로 증가하였다.[71]

그렇지만 고도성장에 소요되는 투자자금은 여전히 크게 부족하였다. 1966~1972년 국민총생산에 대비된 투자율은 24.8%의 높은 수준이지만, 국내저축률은 14.8%에 불과하였다. 나머지 모자라는 투자자금은 해외저축으로 충당되었다. 같은 기간 공공차관, 상업차관, 은행차관, 외국인 직접투자, 미국 원조, 일본으로부터의 청구권 및 경제협력 자금을 합하여 총 48억 2,700만 달러의 해외저축이 도입되었다. 공공차관은 11억 5,000만 달러, 상업차관은 19억 5,000만 달러였다. 차관이 대거 유입된 데에는 1966년에 제정된 외자도입법의 영향이 컸다. 이 법은 1962년의 차관 관련법을 대신하여 외국의 직접투자자와 차관 대주貸主에게 훨씬 강화된 지원을 보장하였다. 예컨대 외국인 투자기업에 대해서는 배당금의 대외송금을 보장하였으며, 소득세·법인세·재산세를 감면해 주었다. 또한 현금차관과 자본재·기술의 도입과 관련하여 정부는 원리금, 대금貸金, 기술료와 같은 대외채무의 지불을 보증하였다.

이렇게 조성된 내·외자에 대해 정부는 강력한 통제권을 행사하였다. 1967~1971년 금융기관의 총대출 가운데 정부의 의지에 따라 이루어지는 정책금융政策金融의 비중은 48%의 높은 수준이었다. 정책금융의 비중은 이후 더욱 높아져 1981~1985년에는 68%나 되었다.[72] 고도성장기 한

---

71 1965년의 금리 인상은 1964년의 환율 인상과 더불어 시장의 자율화를 위한 개혁이지만, 자금에 대한 수요가 워낙 컸기 때문에 사채시장을 흡수하는 데 실패하였다. 금리 인상은 기업의 부담만 가중시키는 부작용을 빚어 1970년까지 순차적으로 인하되었다. 동 기간 은행의 예금고가 크게 증가한 것은 경제성장에 따른 소득증대의 효과라고 할 수 있다. 이영훈·배영목·박원암·김석진·연강흠(2004), 『한국의 은행 100년사』, 산하, 375~395쪽 참조.

72 金重雄(1986), 「產業發展과 政策金融」, 『韓國開發硏究』 8-1, 〈표 5〉. 정책금융의 비중은 그 정의와 범위에 따라 다양하게 추계된다. 개발기관의 대출까지 포함한 총대출에서 정책금융이

국의 금융시장은 사실상 정책금융이 지배하는 통제시장이었다. 정부는 국유화된 은행을 통해 국내저축의 배분을 좌우하였을 뿐 아니라, 차관과 직접투자에 대한 인허가와 지불보증을 통해 외자기업의 투자와 경영에 간여하였다. 나아가 민간의 모든 외환은 정부가 지정한 은행에 예치되어야 했으며, 그 사용은 일일이 정부의 허가 대상이었다. 이 같은 금융·외환제도하에서 주요 원료, 부품, 기계를 외국에서 도입해야 했던 기업들의 투자 활동은 사실상 정부의 인허가와 감독의 대상이었다.

정책금융의 다른 중요 부분은 장단기 수출지원금융이었다. 수출업자에게는 단기금융으로 수출품의 제작에 필요한 원자재 구입자금, 생산자금, 완제품 비축자금 등이 지원되었으며, 중장기금융으로는 수출설비자금, 연불수출자금延拂輸出資金 등이 지원되었다. 1970년대 수출금융의 연간 금리는 6~8%로서 일반대출금리 15~24%의 절반도 되지 않았다. 수출금융에서 창출된 렌트, 곧 불로소득은 1970년대에 걸쳐 국민순생산(GNP)의 2~3%에나 달하였다.[73] 이외에 전술한 대로 수출업자들은 조세와 관세의 커다란 혜택을 받았다. 수출업자에게 주어진 금융·세제의 보조금은 1970년대에 걸쳐 공정환율의 평균 22.8%나 되었다.[74] 1970년대의 공정환율은 1달러에 평균 438원이었다. 다시 말해 1970년대의 수출업자는 1달러의 수출에 평균 100원의 보조금을 받았다.

정부가 재량으로 금융을 배분할 경우 혈연, 지연, 학연 등의 연고를 배제하기 힘들어 실패할 가능성이 크다. 많은 후진국에서 정부가 주도한 경제개발은 부정부패에 따른 부작용을 면하기 힘들었다. 한국이 그 부작용을 최소한으로 억누를 수 있었던 것은 전술한 엔지니어링 어프로치에 내

차지하는 비중은 1967~1971년 44.1%, 1982~1986년 55.8%로 계산된다. 이영훈·배영목·박원암·김석진·연강흠(2004), 『한국의 은행 100년사』, 436쪽 참조.

73 Yoon Je Cho(1997), 「韓國の政府介入, レント配分と經濟發展」, 青木昌彦·金瀅基·奧野(藤原)正寬 編, 『東アジア經濟發展と政府の役割—比較制度分析アフローチ—』, 日本經濟新聞社, 241쪽.

74 李憲昶(1999), 『韓國經濟通史』, 法文社, 443쪽.

재한 규율 능력의 덕분이었다. "지원의 대가로 정부는 사적 기업에게 성과의 기준을 부과하였다."[75] 기업은 정부의 지원에 대해 일정한 성과로 보답해야만 하였다. 정부는 시장에서 능력이 검증된 우수한 기업가를 지원의 대상으로 선정하였으며, 그들의 기업 활동은 부여된 기준에 따라 엄격히 평가되었다. 성공한 사업가에는 더 큰 지원이 베풀어졌으며, 실패한 사업가는 차기의 지원 대상에서 배제되었다. 예컨대 수출지원금융은 외국과의 수출계약에 성공하여 신용장을 취득한 업자만을 대상으로 하였다. "국제시장에서 거둔 수출업자의 성과에 연동한 렌트의 배분은 국내기업을 국제경제에 내몰고, 수출 부문에서 강력하게 인적자본 및 물적자본을 동원함에 도움이 되었다."[76]

숙련과 기술의 양성

또한 박정희정부는 숙련노동을 대량으로 양성하였다. 숙련노동의 중심은 기능공이었다. 기능공은 1966년 정부에 의해 "3년 이상 기술직에서의 취업 경험과 6개월 이상의 조직적 훈련을 필요로 하는 직에 종사한 자로서 다양한 업무에 특수 도구를 활용하여 작업을 수행하는 자"로 정의되었다.[77] 학력을 기준으로 말하면 공업고등학교 졸업자에 해당하였다. 2차 5개년계획은 1967~1971년의 계획기간에 15만 6,000명의 기능공이 부족해질 것으로 예측하였다. 부족한 기능공 가운데 6만 8,700명은 공업고등학교 등 교육기관을 통해, 나머지 9만 6,300명은 중학교 졸업자를 대상으로 한 직업훈련을 통해 충당할 계획이었다. 후자의 직업훈련을 지원하기 위해서 1967년 직업훈련법이 제정되었다. 그에 따라 1971년까지 전국 각

---

75 Alice M. Amsden(1989), *Asia's Next Giant—South Korea and Late Industrialization—*, Oxford University Press, p.8.

76 Yoon Je Cho(1997), 「韓國の政府介入, レント配分と經濟發展」, 『東アジア經濟發展と政府の役割—比較制度分析アフローチ—』, 257쪽.

77 全相根(1982), 『한국의 科學技術 開發』, 삶과 꿈, 174~175쪽.

지에 164개 공공 및 사내 직업훈련소가 세워졌다. 이들 훈련소는 중학교 졸업의 저학력 청년들을 대상으로 기계, 주물, 용접, 단조 등 27개 직능의 기능공 훈련을 실시하였다. 정부의 직업훈련 정책은 3차 5개년계획기에 더욱 강하게 추진되었다. 각종 직업훈련소의 수는 1979년까지 695개로 증가하였다. 1967년부터 1981년까지 직업훈련을 받은 사람은 도합 91만여 명에 달하였다.[78]

기능공 양성을 위한 보다 체계적인 이론교육과 실기훈련은 공업고등학교에 의해 이루어졌다. 1966년 공업고등학교 현황은 46개 교에 학생 4만 2,584명과 교원 1,620명이었는데, 이후 1973년까지 64개 교, 학생 8만 8,311명, 교원 3,309명으로 늘어났다. 그사이 공업계 고등학교 졸업생은 총 14만 2,000여 명에 달하였으며, 그중에 8만 6,000여 명이 각종 제조업에 기능공으로 취직하였다.[79] 1973년 박정희 대통령은 중화학공업화를 선포한 다음, 그에 소요되는 대량의 기능공 인력을 확보하기 위해 공업고등학교 교육을 혁명적으로 강화하였다. 공업고등학교는 1973년 64개 교에서 1979년 96개 교로 증가하였다. 신설된 32개 교 가운데 19개 교는 박정희의 특별한 의지에 따라 설립된 기계공업고등학교였다. 전국의 주요 도시에 분포한 기계공고는 기계공업에 필수적인 정밀가공사의 양성을 목적으로 하였다. 박정희는 1979년까지 기계공고의 육성에 126억 원의 거액을 투자하였다. 학생들에게는 장학금과 기숙사의 특혜가 주어졌다. 학생들은 졸업과 동시에 전원 2급 기능사 자격을 취득하고 중공업 부문의 대기업에 취직하였으며, 일정 기간을 근무하면 병역도 면제받았다.

나머지 신설 공업고등학교 가운데 11개 교는 1976년 이후 설립된 시범공업고등학교이며, 12개 교는 특성화공업고등학교였다. 시범공고는 중동

---

78 정택수(2008), 『직업능력개발제도변천사』, 한국직업능력개발원, 131쪽.

79 金容翊(1988), 「工業高等學校 教育의 發展過程」, 서울大學校 大學院 農業教育學科 碩士學位論文, 75쪽. 졸업생 수는 공업고등학교 졸업생만이 아니라 다른 실업계 고등학교의 工業系 졸업생을 포함한 것이다.

진출에 소요되는 기능공을 양성하기 위해 건설업체의 지원으로 만들어진 학교였다. 특성화공고는 전자, 금속, 제철, 화학 등 특정 산업에 종사할 고급 기능공의 양성을 목적으로 하였다. 시범공고와 특성화공고의 학생들에게도 기계공고와 동일한 지원이 이루어졌다. 1974~1979년에 공업계 고등학교를 졸업한 사람은 총 25만여 명에 달하였는데, 그 가운데 대략 10만여 명이 1976년부터 졸업생을 배출한 기계공고, 시범공고, 특성화공고 출신이었다.

박정희 대통령의 기능공 양성 정책은 공업화에 필요한 숙련노동을 확보한다는 산업정책을 넘어 농어촌의 청년들에게 계층 상승의 기회를 제공하는 사회정책이기도 하였다. 공업고등학교 육성은 "당시 사회의 중하층 계층, 특히 농어촌의 계층에게 새롭고 전도가 유망한 직장에 진입할 수 있는 기회를 제공하는 매우 역동적인 교육정책"이었다.[80] 1967~1979년에 걸쳐 공업고등학교와 직업훈련을 통해 양성된 대략 120만 명에 달하는 기능공들은 이전의 별다른 교육 없이 공장으로 직행하여 경공업에 종사한 비숙련노동자들과는 다른 계층이었다. 그들은 1990년대 이후 대기업의 정규직 노동자이거나 중견 간부로서, 또는 소규모 독립적 사업체의 경영자로서 신중산층의 기층을 형성하였다.[81]

또 한 차례의 전환

1973년 1월 박정희 대통령은 중화학공업화의 추진을 선언하였다. 1980년대 초까지 연산年產 조강粗鋼 1,000만 톤, 자동차 50만 대, 선박 500만 톤, 에틸렌 80만 톤 등의 생산능력을 확보하며, 이를 통해 수출 100억 달러와 1인당 GNP 1,000달러를 달성하겠다는 내용이었다. 이 같은 박정희

80 류석춘·김형아(2011), 「1970년대 기능공 양성과 아산 정주영」, 『아산 정주영과 한국경제 발전 모델』, 아산사회복지재단, 126~127쪽.

81 유광호(2013), 「1970-80년대 양성된 중화학공업부문 기능공의 계층이동에 관한 생애사적 연구—(주)풍산 안강공장 사례를 중심으로—」, 연세대학교 대학원 사회학과 박사학위논문.

의 계획에 대해 경제기획원의 관료들은 회의적이었다. 한국경제에 자문을 해 온 IMF와 세계은행(IBRD)도 부정적인 입장이었다. 내외의 반대에 봉착한 박정희는 국무총리 소속의 중화학공업추진위원회를 설치하고 청와대 안에 중화학공업추진위원회기획단을 두었다. 기획단의 단장에는 청와대 경제비서관인 오원철이 임명되었다. 이후 1979년까지 중화학공업화의 추진에서는 오원철이 핵심적 역할을 맡았다.

1973년 6월 동 기획단은 중화학공업육성계획을 발표하였다. 1981년까지 총 88억 달러를 투자하여 철강, 비철금속, 기계공업, 조선, 전자, 화학의 6개 공업을 육성하며, 이로써 1981년까지 수출 100억 달러와 1인당 GNP 983달러를 달성한다는 계획이었다. 6개 공업별 생산능력 목표치와 투자액은 〈표 11-6〉과 같다. 계획대로 중화학공업이 육성되면 1981년 전체 공업에서 중화학공업의 부가가치 비중은 51%로 높아지며, 전체 공산품 수출에서 중화학공업제품의 비중은 65%가 될 전망이었다.

박정희 대통령의 중화학공업화 선언에는 여러 가지 배경과 유인이 복합적으로 작용하였다. 1960년대 말 한국의 군사안보 상황이 갑자기 심각해졌다. 1968년 1월 북한의 특수부대가 박정희를 살해할 목적으로 청와대에 아주 가까운 거리까지 침투하였다. 1969년 미국의 닉슨 대통령은, 미국은 장차 아시아에서 직접적인 군사적 개입을 피하며, 아시아 국가들은 자국의 안보를 위해 보다 자주적인 행동을 취해야 한다는 닉슨독트린을 발표하였다. 1971년 미국은 주한 미국군 중 1개 사단을 철수할 계획을 발표하였다. 박정희는 이 같은 군사안보의 위기에 맞서 자주국방을 위한 방위산업의 건설을 추진하였다. 1970년 7월 주물선鑄物銑공장, 특수강特殊鋼공장, 중기계重機械공장, 조선소를 짓기 위한 4대핵공장건설사업이 비밀리에 착수되었다. 그렇지만 이 사업은 아무런 성과 없이 1971년 11월에 중단되었다. 이 사업의 실패는 병기 제작을 위한 군사공업은 정부에 의해 단기간에 개별적으로 건설될 수는 없고, 장기적으로 민간이 주체가 된 중

【표 11-6】 중화학공업화의 생산·투자계획

부문		1981년 목표	투자(백만 달러, %)				대표기지
			내자	외자	합계	비중	
조강		연산 1,470만 M/T	1,502	674	2,176	24.6	포항
비철금속	동	연산 10만 M/T	222	123	345	3.9	온산
	아연	연산 8만 M/T					
	연	연산 5만 M/T					
	알루미늄	연산 10만 M/T					
기계공업		연산 48억 달러	1,049	1,137	2,186	24.7	창원
조선		연산 545만 G/T 수출 10억 달러	416	352	768	8.7	옥포 죽도
전자		수출 25억 달러	593	599	1,192	13.5	구미
화학	석유정제	일산 125.5만 배럴	1,523	662	2,185	24.7	여천 울산
	석유화학	연산 60만 M/T					
	비료	국제규모(1975년)					
합계			5,305	3,547	8,852	100.0	

출처: 重化學工業推進委員會企劃團(1973), 『重化學工業育成計劃』.
비고: 1. 투자 계획에는 6개 부문 이외 기타 부문이 있으나 이를 제외하였다.
2. 대표기지는 1978년 말 현재 산업기지 개발구역 지정 현황에 따른 것이다.

화학공업화의 유기적 일환으로 건설되지 않으면 안 된다는 교훈을 남겼다. 이후 추진되는 중화학공업화는 공개적으로 방위산업의 건설과 무관하였다. 그렇지만 박정희의 입장에서 그것은 중화학공업화의 숨겨진 목적으로서 집요하게 추구되었다.[82]

1971년 10월 한국경제는 수출 10억 달러의 고지를 넘었다.[83] 정부와 민간은 그 흥분을 감추지 않았다. 그렇지만 추가적인 성장 전망은 불투명하였다. 당시 수출의 주력은 의류·직물·합판·가발과 같은 노동집약적 경공

82 박영구(2012), 『한국의 중화학공업화: 과정과 내용(I)』, 해남, 33~69쪽.

83 정부와 언론은 1970년에 수출 10억 달러를 달성한 것으로 홍보하였는데(『每日經濟』 1970년 12월 30일, 1971년 1월 11일), 실제로는 1971년 10월의 일이었다(『每日經濟』 1971년 10월 28일). 집계 기준의 차이에 따른 혼란이었다.

업제품이었다. 수출의 상당 부분은 조립형 가공무역으로서 그 채산성은 점점 악화되었으며, 그에 따라 무역수지의 적자도 해마다 커지고 있었다. 시장을 우호적으로 개방해 온 미국은 1971년부터 한국 섬유류의 수입을 규제하기 시작하였다. 또한 차관을 도입한 외자기업의 상당수가 부실화하였다. 경영규모의 미달, 제조공정의 낙후, 기업가의 도덕해이 등이 그 원인이었다. 1968년 차관기업 83개 사 중 37개가 부실기업으로 지정되어 은행에 의해 강제 처분되었다. 기업의 수익성이 전반적으로 악화되는 가운데 1972년에 이르러 상당수의 중견기업이 사채시장에서 빌린 자금의 압박으로 도산의 위기에 처하였다. 1972년 8월 박정희는 약 3,203억 원에 달하는 사채의 원리금 상환을 동결하는 비상조치를 내렸다(8·3조치). 사채는 월리 1.35%에 3년 거치 5년 분할상환의 채무로 강제 조정되었다. 1972년의 경제성장률은 1963년 고도성장을 개시한 이래 가장 낮은 4.6%였다.

1972년 5월 박정희 대통령은 수출진흥확대회의에서 정밀 가공된 자동차부품이 새로운 수출품으로 전시되어 있음에 큰 관심을 표하였다. 회의를 마친 뒤 박정희는 오원철 경제비서관에게 수출 100억 달러를 위한 방안을 물었으며, 그에 대해 오원철은 중화학공업화重化學工業化라고 대답하였다. 며칠 뒤 박정희와 그의 핵심 참모들은 중화학공업화의 실제적 가능성을 확인하고 그 추진을 결정하였다.[84] 지금까지 한국경제의 성장과 구조적 특질을 크게 규정하고 있는 중화학공업화의 역사는 이렇게 막을 올렸다. 오원철을 비롯한 참모진은 중화학공업화 계획을 수립하였으며, 전술한 대로 1973년 1월 대통령은 그것의 추진을 공식적으로 선언하였다.

이상과 같이 중화학공업화의 직접적 목적은 수출 100억 달러 달성에 있었다. 수출입국의 슬로건은 이전부터 높이 걸려 있었지만, 이제부터의 그것은 이전과 달랐다. 이전의 그것은 제 발로 찾아온 비교우위를 최대

84 오원철(1996), 『한국형 경제건설 — 엔지니어링 어프로치 —』 7, 기아경제연구소, 457~493쪽.

한 활용한 것이지만, 지금부터의 그것은 가시적이지 않은 비교우위를 동태적으로 모색하는 한층 더 모험적인 것이었다. 박정희는 "수출은 국력의 총화總和" 또는 "전산업全産業의 수출화"라는 슬로건을 내걸고 사실상 전시기戰時期에 준하는 총동원체제를 구축해 갔다.

그렇지만 중화학공업화의 착수는 1973년 1월의 갑작스런 선언만큼이나 단절적인 것은 결코 아니었다. 막연하나마 박정희는 오래전부터 그의 조국이 제철소, 조선소 등 중화학공업으로 무장한 일본과 같은 경제가 되기를 꿈꾸어 왔다. 1971년 7월 3선 대통령으로 취임하면서 그는 "나는 앞으로 중화학공업 시대의 막을 올리고 한강변의 기적을 4대 강에 재현시킬 것이며, 수출입국의 물결을 5대양에 일으키고, 농어촌을 근대화하여 우리나라를 곧 중진국 상위권에 올려놓고야 말 것입니다"라고 다짐하였다.[85] 또한 중화학공업화정책의 상당수는 이전의 개발 경험과 무관하지 않았다. 지난 10년간 석유화학을 비롯한 다수의 공업이 성공적으로 건설되었다. 그 과정에서 외자·기술 도입의 노하우가 축적되었다. 국제경쟁력을 지닌 대규모 공장을 순차적으로 짓는 공학적 건설의 개발방식과 그에 준하는 행동원리는 시행착오를 거치면서 한층 성숙하였다. 그 점에서 박정희의 중화학공업화 선언은 고도성장의 길을 걸어온 한국경제가 성장의 애로에 봉착한 어느 시점에서 택해야 했던 내재적 진화과정 내지 당위적 지향이었다고 할 수 있다.[86]

선발 주자가 그려 놓은 성공적인 추격catch-up의 경로는 한국경제가 향유한 무엇보다 소중한 후발성後發性의 이익이었다. 1970년대 초 한국경제의 현실은 1950년대 중반 일본경제의 그것과 여러모로 비슷하였다. 1957년 중화학공업화에 착수한 일본경제는 이후 10년간 수출 100억 달러의

85 『每日經濟』 1971년 7월 1일.

86 박영구(2012), 『한국의 중화학공업화: 과정과 내용(I)』, 120~128쪽.
이상철(2014), 「중화학공업화 선언 이전의 산업정책」, 박기주 외, 『한국 중화학공업화와 사회의 변화』, 대한민국역사박물관, 95~96쪽.

달성과 함께 일본의 국민소득을 세계 2위로 고양하는 큰 성공을 거두었다. 그 일본이 1970년대에 들어 공해를 유발하거나 노동집약적인 중화학공업을 더 이상 추구하지 않게 되었다. 그것들은 한국으로 옮겨 와야 하였다. 일본의 기업가들은 한국정부의 새로운 선택을 높이 평가하고 협력할 태세를 보였다.[87] 그들은 일본이 중심이 된 동아시아경제권에서 한국경제가 충실한 하청下請의 협력자로 역할해 주기를 기대하였다. 비교지경학적우위가 이러했기 때문에 1973년에 착수된 한국의 중화학공업화는 한국이 1963~1965년에 경험한 개발노선의 전환이 한층 큰 범위와 규모로 재판再版된 것이나 다를 바 없었다.

다만 한 가지 큰 차이가 있었다면 정치적인 것이었다. 1972년 10월 박정희는 전국에 비상계엄을 선포하고, 국회를 해산하고, 모든 정당 및 정치활동을 중지시킨 다음, 헌법을 개정할 것을 선언하였다. 이후 국민투표를 통해 성립한 이른바 유신헌법維新憲法은 대통령의 국민직선제를 폐기하고 선거인단에 의한 간선제를 채택하였다. 이로써 박정희는 사실상 어떠한 국가기구의 통제도 받지 않는 절대권력을 장악하였다. 대의제적 민주주의의 정치원리는 소멸했으며, 명령에 의한 행정이 정치를 대신하였다. 유신체제의 성립은 박정희 개인의 권력욕에서 비롯되었을 수도 있지만, 그것의 경제적 지향은 명백하였다. 박정희의 입장에서 유신의 결행은 중화학공업화의 추진을 위한 것이었다. 유신체제는 경제에 대한 정치의 민주주의적 개입을 일체 차단하였다. 오원철이 정의한 엔지니어링 어프로치는 유신체제하에서 가장 훌륭하게 작동하였다.

중화학공업화의 추진

정부는 중화학공업화에 참여한 기업에 막대한 지원을 베풀었다. 〈표

87 오원철(1996), 『한국형 경제건설 – 엔지니어링 어프로치 –』 7, 464~468쪽. 박영구(2012), 『한국의 중화학공업화: 과정과 내용(Ⅰ)』, 128~133쪽.

11-6>에서 보듯이 6개 공업의 육성을 위해서 각각의 산업기지가 개발되었다. 정부는 산업기지개발공사를 설립하여 토지를 매수하고 공장 부지를 조성한 다음, 기업들에게 헐하게 분양하였다. 도로, 전력, 공업용수, 항만시설의 공급도 동 공사의 책임이었다. 또한 정부는 중화학공업화에 소요되는 투자자금을 공급하였다. 투자자금의 구성은 내자 53억 달러와 외자 35억 달러로 계획되었다. 내자의 조달을 위해 정부는 국민투자기금을 조성하였다. 이를 위한 국민투자기금법은 동 기금이 국민투자채권을 발행하거나 금융기관으로부터 예탁금을 받도록 규정하였다. 각 금융기관은 예금고의 20% 이내를 동 기금에 저리로 예탁해야 하였다. 그에 따른 이자 손실은 정부가 재정으로 보전해 주었다. 이처럼 국민투자기금은 국민의 저축과 조세로 조성되었다. 경제성장의 효과로 국민저축률은 1966~1972년 14.8%에서 1973~1978년 28.8%로 높아졌다.[88] 그렇게 증대된 국내저축이 중화학공업화의 주요 자금원이었다. 1974~1981년에 국민투자기금은 도합 6,734억 원의 자금을 조성하여 중화학공업에 투자하였다.

또한 1973~1978년에 걸쳐 112억 달러의 외자가 도입되었다. 공공차관이 34억 달러, 상업차관이 58억 달러였다. 나머지는 금융기관차입과 직접투자였다. 수출 증대를 통한 국가 신용의 제고는 외자의 풍족한 조성을 가능케 하였다. 많은 후진국이 봉착하였던 설비 도입에 따른 외환의 애로는 수출주도형 개발전략을 취했던 한국에서는 훌륭하게 회피되었다. 차관의 공여국은 대개 미국과 일본이었다. 공공차관은 사회간접자본의 조성에 투여되었으며, 중화학공업화 그 자체에는 주로 상업차관이 투자되었다.

1973년 12월 과학기술처는 중화학공업화에 따라 대량의 기술인력이 부족할 것으로 예상하였다. 그에 의하면 1973~1981년에 기능공이 134만 명이나 부족해지는데, 중화학공업의 부족분은 65만 명이나 되었다. 기

88 財務部·韓國産業銀行(1993), 『韓國外資導入 30年史』, 139쪽.

능공보다 상급의 기술공은 실업고등전문학교나 전문학교 출신인데, 동 기간에 16만여 명이 부족해질 전망이었다. 중화학공업 분야에서만 9만여 명의 부족이 예상되었다. 공과대학 졸업자로 충원되는 과학기술자는 5만 5,000명이 부족할 것으로 예측되었다. 부족한 기술인력을 확보하기 위한 정부정책의 중점은 기능공 확보에 두어졌다. 그와 관련하여 박정희정부가 기울인 노력에 대해서는 앞서 소개하였다.

기술공의 확보를 위한 정부의 노력은 우선 실업고등전문학교와 전문학교의 정원을 늘리는 것으로 나타났다. 1974년 실업고등전문학교와 전문학교의 정원이 4,000명에서 5,160명으로 증가하였다. 1978년에는 실업고등전문학교, 전문학교, 초급대학을 통합하여 전문대학으로 개편하였다. 전문대학에는 2급 기능사 자격을 보유한 기능공도 입학할 수 있었다. 전문대학 졸업자에게는 일반대학에 편입할 기회도 부여되었다. 1979년 전문대학의 규모는 179개 교의 입학정원 7만 8,455명에 달하였다. 과학기술자를 확보하기 위한 정부의 노력은 1974년 이후 몇 차례에 걸친 이학계理學系와 공학계工學系 대학교육의 강화로 나타났다. 이학계·공학계의 학생 수는 1975년 7만 4,410명에서 1978년 11만 3,965만 명으로 크게 늘었다.[89]

정부의 강력한 지원과 통제에도 불구하고 중화학공업화의 실질적 주체는 민간기업이었다. 기업가들은 성공의 가능성이 의심스러운 중화학공업화에 참여하기를 주저하였지만, 정부의 강력한 권유에 떠밀려 점차 적극적인 자세로 돌아섰다. 이후 그들은 공장을 건설하고, 설비를 도입하고, 기술을 개발하고, 제품을 생산하고, 해외로 수출함에 있어서 뛰어난 솜씨를 발휘하였다. 그들은 정부가 지원한 투자자금을 기업 경영의 성공을 통해 상환하지 않으면 안 되었다. 그들의 경쟁 대상은 선진국의 선발 기업들이었다. 그 경쟁에서 살아남기 위해 그들은 생산방법과 기술의 혁신을

89 박영구(2012), 『한국의 중화학공업화: 과정과 내용(II)』, 해남, 238~247쪽.

추구하였다. 1973년 이후 타이완에서도 중화학공업화가 추진되었으나, 정부 소유의 공영기업에 의한 것이었다. 민간기업이 중화학공업화의 주체가 된 것은 다른 개발도상국에서는 찾아보기 힘든 현상이었다.[90]

경제학자들의 비관적인 예측과 달리 중화학공업화는 조기에 낙관적인 실적을 거두었다. 포항제철은 1973년 조업 첫해에 순이익을 거두었다. 중화학공업화는 기계공업의 실적이 상대적으로 부진한 가운데 전반적으로 당초의 목표치를 초과 달성하였다. 1973~1979년 GDP의 연간 성장률은 평균 9.4%의 높은 수준이었으며, 특히 제조업의 성장률은 18.6%의 경이적인 수준을 유지하였다. 수출 100억 달러의 고지는 당초 계획보다 4년 빠른 1977년에 점령되었다. 1인당 국민소득 1,000달러의 약속도 4년 앞당겨 지켜졌다. 다만 전체 공산품 수출에서 중화학공업제품의 비중이 1981년에 65%에 달할 것이라는 전망은 틀렸다. 실제로는 49%였다. 〈표 11-4〉에서 보듯이 1980년대 초까지 10대 수출상품의 상위권은 의류·직물의 경공업제품으로 채워졌다. 경공업제품의 수출경쟁력은 의외로 강하였으며, 쉽사리 중화학공업제품으로 대체되지 않았다. 어쨌든 1970년대 한국의 중화학공업화는 그 속도 면에서 세계경제사에서 전례가 없는 경이로운 수준이었다. 예컨대 공업구조가 고도화하여 경공업과 중화학공업의 부가가치 비율이 5대 1에서 1대 1로 바뀌는 데 영국은 100년 이상, 미국은 60년 이상, 일본은 40년 이상 걸렸지만, 한국은 고작 10년 정도 걸렸을 뿐이다.[91]

한국의 중화학공업화가 성공을 거둔 것은 국가경제의 공학적 건설과 세계경영을 지향한 정부의 개발정책이 과학적이고 강력하였기 때문이다. 정부는 기초시설, 자금, 숙련노동을 풍부하게 지원하였을 뿐 아니라, 독점과 경쟁의 산업정책이나 보호와 개방의 시장정책에서 능숙한 조정의 솜

---

90 박영구(2005), 「구조변동과 중화학공업화」, 이대근 외, 『새로운 한국경제발전사 - 조선후기에서 20세기 고도성장까지 -』, 나남출판, 414~417쪽.

91 박영구(2005), 「구조변동과 중화학공업화」, 『새로운 한국경제발전사 - 조선후기에서 20세기 고도성장까지 -』, 421쪽.

씨를 발휘하였다. 특정 공업에 진입한 최초의 기업은 정부의 보호하에서 독점적 지위를 누리지만, 어느 정도 국제경쟁력을 구비한 단계에 이르러서는 심한 경쟁에 노출되었으며, 나아가 소정액의 수출을 강요당하였다.[92]

보다 근본적인 성공 요인은 중화학공업화의 실질적 주체였던 민간기업의 우수한 능력에 있었다. 조선造船공업의 예에서 보듯이 민간기업은 해외에서 도입한 여러 상이한 체계의 기술을 융합하여 독자의 모델을 창출하는 데 특별한 능력을 과시하였다.[93] 기업가의 뛰어난 국제감각, 임기응변의 능력, 수많은 곤란과 실패를 극복해 가는 불굴의 의지가 그러한 일을 가능케 하였다. 기술자와 기능공 집단은 해외에서 도입된 기술을 학습하고 자기류自己流로 개량하는 데 커다란 능력을 발휘하였다. 기업가와 종업원들은 박정희 대통령이 내건 '조국근대화祖國近代化' 또는 '산업보국産業報國'이라는 개발의 슬로건에 동감하였다. 정부, 기업가, 종업원의 상호관계는 이념을 공유함으로써 기대할 수 있는 호혜와 협동의 미덕으로 통합되었다. "한국 중화학공업화의 세 주체인 국가, 기능공, 기업은 상호 배태되고 완성적인 동기로 일반화된 호혜성을 구현했다고 볼 수 있다."[94] 바로 그 점이야말로 환상으로 내걸린 중화학공업화를 현실로 바꾼 진언공력眞言功力이었다.

혼란과 조정

1979년은 커다란 혼란의 조짐으로 출발하였다. 1978년 12월의 이란혁명은 국제적으로 제2차 석유파동을 야기하였다. 그에 따라 한국의 도입

92 李相哲(1998), 「韓國의 後發産業化와 産業政策－化學纖維産業의 事例를 中心으로－」, 『經濟發展硏究』 4-1, 115~147쪽.

93 배석만(2011), 「현대중공업의 초창기 조선기술 도입과 정착과정 연구」, 『경영사학』 26-3, 181~214쪽.

94 유광호(2013), 「1970-80년대 양성된 중화학공업부문 기능공의 계층이동에 관한 생애사적 연구－(주)풍산 안강공장 사례를 중심으로－」, 152쪽.

유가는 1978년 배럴당 13달러에서 1979년 18달러, 1980년 31달러로 치솟았다. 한국경제는 심각한 인플레이션 압력에 직면하였다. 소비자물가는 1979년에 19%, 1980년에 29%나 올랐다. 경제적 혼란은 정치적 혼란으로 가중되었다. 1979년 10월 26일 박정희 대통령이 측근인 중앙정보부장에 의해 살해되는 비극적 사건이 발생하였다. 이로써 7년을 끌어온 유신체제가 붕괴하였다. 전술한 대로 박정희가 유신을 결행한 경제적 목적은 중화학공업화의 추진에 있었으며, 그것은 1979년까지 적지 않은 성과를 거두고 있었다. 그럼에도 유신체제가 붕괴한 것은 그것이 인간의 또 하나의 자연적 욕망인 정치를, 곧 권력의 평등한 배분을 극도로 억압하였기 때문이다. 유신체제는 1977년부터 내외의 심각한 도전에 직면하였으며, 그로 인한 정치적 긴장은 끝내 1979년 10월의 파탄으로 이어졌다. 이후 대략 2년간 한국경제는 큰 혼란에 빠졌다. 1979년의 GDP 성장률은 연말 2개월의 혼란에도 불구하고 8.4%였는데, 1980년에는 -1.9%라는 최악의 실적을 면치 못하였다.

1979년 12월 전두환全斗煥을 중심으로 한 신군부新軍部가 새로운 집권세력으로 부상하였다. 신군부의 등장과 함께 경제정책의 주도권을 회복한 경제기획원의 관료들은 박정희의 중화학공업화 정책이 과잉투자로 인한 효율성의 저하와 부문 간의 심각한 불균형을 초래했다고 비판하였다. 박정희의 개발정책에서 소외되어 온 경제학자들도 그에 동조하였다. 1980년 8월 중화학공업추진위원회와 중화학공업추진위원회기획단이 해체되었다. 뒤이어 1981년 2월까지 3차례에 걸쳐 발전설비, 자동차, 디젤엔진, 중전기기重電機器, 전자교환기, 동제련銅製鍊 부문을 대상으로 해당 기업을 통합하거나 사업부를 교환하는 이른바 투자조정이 단행되었다. 기업의 의사에 반하여 강요된 투자조정은 적지 않은 비용을 지불하였다. 발전설비업체인 현대양행의 경우 1년 남짓한 기간에 3차례나 주인이 바뀌는 난맥상을 빚었다. 승용차 부분에서는 현대자동차, 새한자동차, 기아자동차

3개 사 체제에서 현대가 새한을 통합하고 기아는 버스, 트럭, 특장차 등의 상용차 생산을 전담하는 조정이 이루어졌다. 이 조정은 새한과 합작한 미국의 제너럴모터스(GM)가 반발함으로써 실패하였다. 승용차 생산은 현대와 새한의 2개 사 체제로 되었으며, 이후 1987년 기아가 다시 승용차 생산에 진입함으로써 원래의 3개 사 체제로 돌아가고 말았다. 자동차산업의 원상회복은 신군부의 투자조정이 "1980년의 경제적 위기에 대한 인위적인 응급책에 지나지 않으며 오히려 역효과를 가져온 면이 많았다"[95]는 비판에 힘을 실어 주고 있다.

박정희의 중화학공업화 투자가 과잉이라는 관료와 경제학자들의 비판이 과연 정당한 것인지는 회의적이다. 미국에서 경제학 교육을 받은 그들은 경제의 성장과 발전은 정부보다 민간에 의해, 다시 말해 시장의 자율적 조정 기능으로 이루어져야 한다고 믿었다. 그 시장은 원리적으로 국내시장을 말하였다. 그들은 국내시장의 조화로운 확충을 바람직한 개발과 성장의 모델로 간주하였다. 해외시장은 국내시장을 보완하는 것으로 그 역할이 설정되었다. 그에 반해 전술한 대로 박정희의 개발정책은 기본적으로 세계경영을 지향하였다. 그는 중화학공업 부문에서 국제경쟁력을 갖춘 대규모 공장을 건설하고, 그것을 통한 수출의 확대를 성장의 동력으로 삼았다. 관료와 경제학자들은 박정희의 이 같은 개발정책의 논리와 현실적 성과를 인정하려 들지 않았다. 그들이 보기에 박정희의 개발정책은 지나치게 모험적이고 불균형의 모순으로 가득 찬 것이었다. 논쟁의 정답은 이론이 아니라 역사에 있었다. 이후 1990년대 전반까지 민간기업에 의해 세계경영의 일환으로 이루어진 중화학공업 투자는 박정희 시대의 그것을 훨씬 능가하였다. 박정희 시대의 투자는 한층 더 큰 규모의 후속 투자를 위한 마중물에 불과하였다. 과잉투자는 원래 없었으며, 필요했던 것

95 金光模(1988), 『韓國의 産業發展과 重化學工業化政策』, 地球文化社, 102·105~106쪽.

은 약간의 단기적 조정이었을 뿐이다.

1981년 2월에 발족한 전두환정부는 당면한 인플레이션의 억제를 최우선 과제로 삼았다. 전두환정부는 재정을 동결하고, 통화를 긴축하고, 금리를 인하하였다. 또한 전두환정부는 임금을 억제하였는데, 이를 위해 노동법을 개정하여 노동자의 쟁의권을 약화시키고, 노동쟁의에 제3자가 개입하는 것을 금지하였다. 초창기 4년간 전두환정부의 정치는 매우 억압적이었다. 1980년 10월에 개정된 헌법에서 대통령제는 임기 7년의 단임과 선거인단에 의한 간접선거로 규정되었다. 새로운 헌법은 대통령이 국회 해산권을 가지며, 국회 의석의 1/3을 전국구로 하고, 전국구의 2/3는 제1당이 차지하게 하였다. 전두환 대통령은 여러 면에서 박정희의 유신체제와 권위주의정치를 계승하였다.

전두환정부의 강력한 긴축정책은 1982년부터 효과를 발휘하였다. 물가 상승률은 1981년의 21.3%에서 1982년의 7.1%, 1983년의 3.4%로 낮아졌다. 이때에 이르러 비로소 지난 20년간 지속된 연간 10~15%의 높은 수준의 만성적 인플레이션이 진압되었다. 이 점은 전두환정부가 이룩한 가장 볼 만한 업적에 속하였다. 1985년까지 별다른 산업정책이 강구되거나 대규모 투자가 이루어지지 않았지만, 한국경제는 그사이 체질을 강화하였다. 역시 수출이 중요한 활력소였다. 1981~1982년 210억 달러에서 정체한 수출은 1983년부터 다시 급등하여 1985년에는 300억 달러, 1988년에는 600억 달러를 넘었다. 수출의 주력 부대는 1970년대가 건설한 중화학공업이었다. 중화학공업제품의 수출이 경공업제품을 능가하는 것은 1982년부터이다. 10년 뒤 1992년 한국의 수출은 총 766억 달러인데, 그 가운데 63%가 중화학공업제품이었다. 동년의 주요 수출품은 〈표 11-4〉에서 보듯이 전자기계장치, 통신 및 녹음기기, 철 및 강, 수송장비, 차량, 사무용기기 등이었다.

1986년에 발효된 공업발전법은 한국 시장경제의 역사에서 커다란 획을 그었다. 이 법의 제정과 더불어 1960년대 이래 기계, 조선, 전자, 철강, 비철금속, 석유화학, 섬유 등 7개 공업의 진흥을 위해 정부의 개입과 통제를 정당화해 온 기계공업진흥법(1967) 등 7개 법률이 폐지되었다. 예컨대 이들 7개 법률은 정부가 특정 공업의 육성계획을 공지하고, 동 사업에 참여하기를 희망하는 사업자를 등록케 하고, 소수의 사업자를 선별하여 지원함을 기본 취지로 하였다. 새로운 공업발전법 제3조는 "공업의 발전은 개인의 창의를 바탕으로 자율과 경쟁에 의함을 원칙으로 한다"고 하였다. 정부에게 부여된 역할은 더 이상 진입을 제한하거나 선별된 소수의 사업자를 지원하는 것이 아니라, 유망공업과 사양공업을 심의하여 구분하고, 해당 공업의 사업자단체의 요청을 받아 기술개발과 구조조정을 위한 금융과 조세상의 지원을 행하는 것으로 바뀌었다.

이처럼 공업발전법은 "개방·자율·경쟁을 기반으로 시장경제원리를 정착시키겠다는 의도"에서 제정되었다.[96] 그렇다고 공업발전법이 시장경제의 원리를 신봉하는 관료와 경제학자들에 의해 돌출적으로 창제된 것은 아니었다. 새로운 법은 1960년대 이래 고도성장을 이끌어 온 정부의 행동원리가 더 이상 직접적인 개입과 통제를 용인하지 않을 정도로 민간기업 부문이 성장하고 성숙하자 그에 맞추어 스스로를 조정, 개량한 결과라 해야 옳을 것이다. 국가경제의 공학적 건설과 세계경영이라는 고도성장기 경제정책의 기조에는 어느 단계에 이르러 이 같은 개량을 요구하는 프로그램이 배태해 있었다.[97]

그리하여 공업발전법을 계기로 정부의 개입과 통제가 사라진 것은 결코 아니었다. 예컨대 이 법이 공포되자 석유화학공업에서 민간기업의 과도한 진입이 이루어졌다. 이에 상공부는 1988년에 석유화학공업에 대한 투자합리화 방안을 제정하여 신규 투자의 과열을 억제하였다. 동 공업에

---

96 李弘圭(1985), 「工業發展法 制定의 意義」, 『石油化學』 9, 韓國石油化學工業協會, 16쪽.

97 오원철(1996), 『한국형 경제건설—엔지니어링 어프로치—』 3, 268~269쪽.

서 투자의 자유화가 이루어지는 것은 동 합리화 방안이 폐기되는 1995년 이후의 일이다. 이처럼 국가경제의 공학적 건설을 위한 계획과 시장, 통제와 자율, 독점과 경쟁의 상반된 정책을 시의적절하게 구사하는 정부의 행동원리는 공업발전법의 공포 이후에도 여전하였다. 대체로 말하여 전두환정부(1981~1987)와 노태우盧泰愚정부(1988~1992)에 이르기까지 정부의 통합적 역할은 건전하게 작동하였다. 그사이 한국경제는 고도성장의 대질주를 계속하였다. 1986년부터는 이른바 3저호황低好況이라는 국제경제의 유리한 여건이 조성되었다. 국제유가가 급하게 하락하고, 풍족한 오일머니로 국제금리가 하락하고, 일본의 엔화와 서독의 마르크화가 크게 절상되었다. 그에 힘입어 한국경제는 1986~1988년 연평균 12.1%의 성장이라는 공전절후空前絶後의 대호황을 누렸다.

각개약진各個躍進

중화학공업화도 이 기간에 큰 진전을 보았다. 1973년에 연산 조강粗鋼 103만 톤(MT)의 능력으로 완공을 본 포항제철은 1983년 5월까지 3차례의 추가적인 시설 확장을 통해 910만 톤의 생산능력을 보유하였다. 초창기 포항제철의 건설과 조업은 일본 기술에 크게 의존하였다. 이후 포항제철은 전문 인력을 양성하고 생산·설비의 각종 자료를 축적하여 1980~1983년의 제4기 설비 확장에서는 종합기술계획의 수립, 구매사양서購買仕樣書의 작성, 설계도면의 검토 등을 스스로 수행할 수 있는 능력을 갖추게 되었다. 1980년을 전후하여 포항제철은 제품의 톤당 노동시간 수와 종합실수율綜合實收率 등에서 일본을 제외한 다른 선진국을 능가하였다.[98]

1982년부터 포항제철은 전라남도 광양에 또 하나의 종합제철소를 건설하였다. 1987년에 270만 톤으로 준공을 본 이 제철소는 1992년까지 3

98 송성수(2002), 「한국 철강산업의 기술능력 발전과정—1960-1990년대의 포항제철—」, 서울대학교 대학원 과학사 및 과학철학 협동과정 박사학위논문, 146~149쪽.

차례 시설을 확장하여 1,140만 톤의 생산능력을 갖추었다. 1992년 포항제철은 도합 2,080만 톤의 생산능력으로 세계 6위의 제철기업으로 부상하였다. 광양의 제철소는 거의 포항제철의 자체 능력으로 건설되었다. 고로高爐, 전로轉爐, 연주連鑄, 압연壓延의 시설은 여러 나라에서 다변적으로 도입되어 포항제철의 기술로 조립되었다. 외국에서 도입한 기술은 아직 완전성이 검증되지 않은 최선진 기술이었는데, 포항제철은 이를 자체 개발로 보완하여 자기류로 응용하였다.[99] 1990년경 포항제철의 기술수준과 생산성은 한때 그의 선생이었던 일본의 제철업과 동일한 수준에 도달하였다. 다만 고급강만큼은 상대적 후진성을 면치 못하였는데, 이는 그에 대한 국내 수요가 크지 않아 개발의 경제적 유인이 적었기 때문이다.[100]

석유화학은 철강에 이어 전후방 산업연관이 큰 공업이다. 1972년 울산의 석유화학공업단지가 완공되었지만, 에틸렌 기준 연산 10만 톤(MT)에 불과하여 급증하는 국내 수요를 충족할 수 없었다. 이에 1976년 연산 35만 톤의 전라남도 여천 석유화학공업단지가 착공되어 1979년에 준공되었다. 이후 제2차 석유파동으로 심각한 침체를 겪은 석유화학공업은 1986년 이후 국내경제의 성장세로 수요가 증가하고 투자와 진입의 자유가 허용되자 다시 활발한 투자를 보게 되었다. 석유화학에의 대규모 투자는 1992년 충청남도 대산에 제3의 석유화학공업단지가 완공됨으로써 일단락을 보았다. 그사이 석유화학에서는 선경, 럭키, 삼성, 현대 등 한국을 대표하는 대규모 기업집단이 참가하여 투자를 주도하였다. 석유화학의 생산능력은 1990년 에틸렌 기준 100만 톤을 넘었으며, 1994년에는 430만 톤, 나아가 1998년에는 세계 3위의 500만 톤에 달하였다. 에틸렌 등의 기초원료에서 생산되는 합성수지, 합성원료, 합성고무 등 3대 석유화학제품의 생산

99 송성수(2002), 「한국 철강산업의 기술능력 발전과정 - 1960-1990년대의 포항제철 -」, 222~230쪽.

100 송성수(2002), 「한국 철강산업의 기술능력 발전과정 - 1960-1990년대의 포항제철 -」, 231~238쪽.

량은 1972년의 9만 톤에서 1982년의 118만 톤, 1992년의 680만 톤으로 비약적으로 증가하였다.[101] 이후 한국은 석유화학제품의 상당 부분을 수출하였는데, 주요 수출선은 개혁·개방 이후 고도성장에 접어든 중국이었다.

자동차산업은 1970년대 전반까지 미국과 일본의 자동차회사로부터 그 회사 모델의 대부분의 부품을 수입하여 조립하는 녹다운knock down 체제로서 연간 생산량도 1만 대 전후에 불과하였다. 전기轉機가 마련된 것은 1973~1975년이다. 1973년 일찍부터 자동차산업의 꿈을 키워 온 기아자동차가 경기도 소하리에 엔진, 차체, 주물, 조립 공장을 세워 자동차의 일관공정 생산체제를 구축하였다. 자동차모델은 일본 마쓰시타松下의 브리사로 역시 녹다운이지만, 1975년까지 국산화율 98%를 달성한다는 야심찬 계획이었다. 1974년 1월 박정희정부는 중화학공업화정책의 일환으로 장기자동차공업진흥계획을 발표하였다. 95% 이상의 부품을 국산화한 한국형 자동차를 1975년부터 연산 5만 대 이상을 생산하여 새로운 수출시장을 개척한다는 내용이었다. 자동차회사들은 이 계획에 맞추어 한국형 자동차의 생산계획을 제출해야 하였다. 1975년 현대자동차는 이탈리아와 일본으로부터 디자인, 엔진 등의 기술을 도입하여 포니라는 고유 모델의 자동차를 제작하는 데 성공하였다. 이로써 한국은 세계에서 16번째로 자동차 고유 모델을 확보한 나라가 되었다.[102] 기아자동차, 현대자동차, GM코리아(이후 새한자동차) 3개 사의 승용차 생산은 1975년 1만 8,400대에 불과하였지만 1979년까지 11만 3,600대로 증가하였다. 이후 제2차 석유파동에 따른 불황과 신군부의 강압적 투자조정의 시련을 겪은 자동차산업은 1985년부터 재도약을 개시하였다. 1985~1987년 현대는 울산에 연산 45만 대의 공장을 건설하였다. 승용차 생산은 1985년의 26만 대에

101 한국석유화학공업협회(2010), 『통계로 보는 석유화학산업 40년사』, 30~34쪽.

102 한국자동차공업협회·한국자동차공업협동조합(2005), 『한국자동차산업50년사』, 204~212쪽.

서 1996년의 226만 대로 연평균 24%나 급성장하였다. 1985년에 현대자동차 1,050대의 포니엑셀 승용차를 미국시장에 수출하는 데 성공하였다. 승용차 수출 역시 1985년 12만 대에서 1996년 106만 대로 급팽창하였다. 이즈음 한국은 세계 5위의 자동차 생산국으로 발돋움하였다.[103]

1970년 조선업의 설비능력은 18만 7,000톤(GT)에 불과하였으며, 최대 건조 가능 선박도 1만 2,000톤을 넘지 않았다. 수출산업으로서 조선업의 출발은 1972년 현대조선중공업이 울산에 설비능력 50만 톤의 조선소를 건설하면서부터이다. 1973년에 준공을 본 이 조선소는 곧이어 100만 톤으로 시설을 확장하였다. 이 조선소는 규모에서나 초현대식 설비에서 세계 최고의 수준이었다. 뒤이어 삼성중공업과 대우조선이 조선업에 진출하여 1983년까지 각각 2개의 도크를 건설하였다. 1985년 한국 조선업의 설비능력은 450만 톤으로서 일본 다음의 세계 2위였다. 1973년에 준공된 현대조선중공업은 1979년까지 대형유조선 10척을 수주하는 볼 만한 실적을 거두지만, 1979년 제2차 석유파동에 따른 세계적인 조선업 불황으로 설비가동률이 40%에도 미치지 못하는 호된 시련에 봉착하였다. 이 기간 현대조선중공업은 원가절감, TQC활동을 통한 품질개선, 특수선·LNG선·군함 등 고부가가치선高附加價値船으로의 생산 다변화, 플랜트 수출과 같은 경영 다각화를 통해 체질을 강화하였다.[104] 1986년 이후 3저호황과 함께 조선업은 본격적인 도약을 개시하였다. 1985년 134만 톤의 수주량은 1990년 574만 톤, 1995년 776만 톤으로 급증하였다. 1995년의 수주량은 세계 총수주량의 30.4%에 해당하였다.[105] 1993년 이후 현대, 삼성, 대우 3대 조선사는 도크를 추가 건설하였으며, 1995년 한국 조선업의 생산능력은 650만 톤에 달하였다.[106] 1999년을 전후하여 한국 조선업

103 한국자동차공업협회·한국자동차공업협동조합(2005), 『한국자동차산업50년사』, 345쪽.
104 현대중공업주식회사(1992), 『현대중공업사』, 642~686쪽.
105 한국조선공업협회(2005), 『한국의 조선산업—성장과 과제—』, 494쪽.
106 이경묵·박승엽(2013), 『한국 조선산업의 성공요인』, 서울대학교출판문화원, 84쪽.

은 수주량, 건조량, 수주잔량 모두에서 일본을 제치고 세계 제1의 조선국으로 등극하였다.

전자산업은 통상 가정용 전자(가전家電), 산업용 전자(산전産電), 전자부품(부품部品)의 세 부문으로 이루어진다. 1975년 이전까지 한국의 전자산업은 라디오, 흑백TV와 같은 가전과 반도체와 같은 부품의 두 부문으로 이루어졌다. 전화교환기, PC와 같은 산전 부문의 비중은 얼마 되지 않았다. 예컨대 1971년 전자산업의 총생산은 1억 3,800만 달러인데, 가전이 25%, 부품이 61%, 산전이 14%를 차지하였다.[107] 외국인업체들이 생산한 부품은 거의 전량 수출되었다. 다시 말해 단순조립의 가공무역이었다. 전자산업이 이 같은 유치한 수준에서 벗어나는 것은 중화학공업화정책으로 정부의 전자산업에 대한 지원이 본격화하고, 임금이 올라 외국인업체들이 조금씩 철수하면서부터이다. 그에 따라 금성사, 삼성전자, 대우전자와 같은 국내의 대표적인 업체들이 부품과 산전 부문으로 진입하였다. 국내 업체들은 외국의 선진 기술을 적극 도입하였다. 전자산업의 기술 도입은 1967~1976년에는 87건에 불과하였지만, 1977~1986년에는 490건, 1987~1991년에는 788건이나 되었다. 도입된 기술은 대개 조립가공적 성격이 강하거나 기술적 경로가 분명한 표준화된 성숙기술成熟技術이었다. 국내 업체들은 어렵지 않게 그것을 대량생산체제로 응용하였으며, 여기에는 전자업체들이 소속한 기업집단 내의 수직적 계열관계가 경쟁력으로 작용하였다.[108]

전자산업의 총생산은 1975년의 8억 6,000만 달러에서 1985년의 73억 달러, 1995년의 637억 달러로 연평균 26%의 놀라운 신장률을 보였다.[109]

---

107 金容福(1995), 「韓國 電子産業의 發展메카니즘에 관한 硏究—電子企業群과 外國資本의 關係를 中心으로—」, 서울大學校 大學院 經濟學科 博士學位論文, 20쪽.

108 金容福(1995), 「韓國 電子産業의 發展메카니즘에 관한 硏究—電子企業群과 外國資本의 關係를 中心으로—」, 108~145쪽.

109 한국전자산업진흥회(1999), 『전자산업40년사 1959~1999』, 669쪽.

가전은 컬러TV, VTR, 전자레인지, 부품은 반도체, 산전은 PC가 주종을 이루었다. 전자제품은 65% 이상이 수출품이었다. 1980년대 후반 전체 수출산업에서 전자산업은 수위의 비중을 차지하였다. 1993년 전자산업의 수출 비중은 24%나 되었으며, 단일 품목으로서 반도체는 1990년 이후 수출품 제1의 지위에서 내려오지 않았다. 1993년 한국 전자산업의 총생산량은 세계 6위, 가전은 세계 3위에 위치하였으며, 특히 삼성전자는 메모리 분야와 D램 분야에서 세계 1위의 기업으로 군림하게 되었다.[110]

대규모 기업집단의 성장

고도성장의 과정에서 흔히 재벌財閥로 불리는 대규모 기업집단이 성장하였다. 재벌은 "외형적으로는 독립해 있으나 실질적으로는 1인 또는 그 가족에 의해 지배되어 자본, 인사, 경영전략 등의 면에서 체계적으로 통합된 가운데 복수의 비관련 시장에서 활동하는 다수 독과점 기업들의 집단"으로 정의되고 있다.[111] 재벌의 기원은 1950년대로 올라간다. 당시 제1의 재벌은 이병철을 총수로 하는 삼성그룹이었다. 1960년 삼성그룹은 삼성물산, 제일제당, 제일모직을 위시한 19개의 계열사를 거느렸다. 일반적으로 재벌의 성장은 귀속재산의 불하, 원조 달러의 배정, 수입 허가와 같은 정부로부터의 특혜에 기인하는 바가 컸다. 이로 인해 재벌은 정경유착과 부정부패의 상징으로 널리 알려졌다. 그렇지만 이후 전개된 재벌의 역사는 그 같은 정치적 비판이 재벌의 본질과 일치하지 않음을 이야기해 주고 있다.

1950~1960년대 재벌의 주요 업종은 방직, 식료품, 시멘트, 비료, 유리, 백화점, 무역 등의 경공업과 유통업이었다. 그들의 상당 부분은 1963년

---

110 金容福(1995),「韓國 電子産業의 發展메카니즘에 관한 硏究－電子企業群과 外國資本의 關係를 中心으로－」, 15쪽.

111 이근 외(2007),『해방 이후 한국기업의 진화 I』, 서울대학교출판부, 16쪽.

이후 개시된 고도성장과 산업구조의 변화에 적응하지 못하고 쇠퇴하거나 해체되었다. 예컨대 1960년의 10대 재벌 가운데 1971년까지 그 지위를 유지한 재벌은 4개에 불과하였다.[112] 그러한 변화는 이후에도 마찬가지였다. 기술과 생산방법에서 혁신을 수행하지 못하고 기존의 지위에 안주하거나 부정한 재산을 추구한 재벌은 오래 존속할 수 없었다. 1960년 제2위의 재벌인 삼호방직은 총수의 경영부실과 부정으로 1973년 정부의 부실기업 정리에 의해 소멸하였다. 1972년 제4위의 재벌인 신진자동차가 미국 기업과의 녹다운체제에 안주하다가 부실화한 것도 또 하나의 좋은 예이다. 신진자동차는 미국의 GM과 합작하여 GM코리아로 바뀌었으나 여전히 부실을 면치 못하였다. GM코리아는 산업은행에 인수되어 새한자동차로 바뀐 다음, 대우자동차로 재출범하였다.

재벌의 본격적 성장은 1973년에 착수된 중화학공업화부터였다. 1979년 10대 재벌의 계열사는 도합 254개에 달하였다. 1972년 이들 그룹의 계열사는 75개에 불과하였다.[113] 7년 만에 계열사가 3.4배나 팽창한 것이다. 전술한 대로 정부는 중요 공업의 육성 계획에 참여할 소수의 기업을 선별하고 지원하였다. 성공한 기업에게는 또 다른 기회와 지원이 베풀어졌다. 그렇게 정부의 지원과 기업의 성과가 '호혜互惠의 원리'로[114] 교환되었던 국가경제의 공학적 건설 방식은 시장에서 이미 성공한 소수의 대기업에게 급속한 성장의 기회를 제공하였다. 그들은 중소기업이나 신참기업과 달리 정부가 제시한 까다로운 성과 기준을 충족시킬 수 있는 자금력, 기술력, 무엇보다 프로젝트 수행 능력을 보유하였다.

전두환정부는 박정희정부의 이 같은 개발방식을 수정하였다. 1980년에 개정된 헌법은 "독과점의 폐단은 적절히 규제·조정한다"는 조항(120조)을

112 이한구(2010), 『한국재벌사』(개정판), 대명출판사, 67·169쪽.

113 이한구(2010), 『한국재벌사』(개정판), 192쪽.

114 Alice M. Amsden(1989), *Asia's Next Giant—South Korea and Late Industrialization—*, p.8.

신설하였다. 그와 동시에 독점규제 및 공정거래에 관한 법률(공정거래법)이 제정되었다. 이 법은 소수 사업자에 의한 독과점 가격, 진입 제한, 기업결합, 부당한 공동행위를 금지하는 일반적 의미의 독점금지법으로 제정되었다. 재벌이 규제의 대상으로 적시되는 것은 1986년의 공정거래법 개정에 의해서였다. 거기서 재벌은 공식적으로 '대규모 기업집단'으로 칭해졌다. 개정된 공정거래법과 시행령은 동일인이 사실상 그 사업 내용을 지배하는 회사의 집단을 '기업집단'으로 규정한 다음, 매년 4월 1일 기준으로 계열사의 자산총액 합계액이 4,000억 원 이상인 기업집단을 '대규모 기업집단'으로 지정하였다. 시행 첫해인 1987년에 지정된 대규모 기업집단은 33개에 달하였는데, 이후 경제규모의 확대에 따라 1992년에는 78개로 증가하였다. 이에 1993년부터는 전년도 자산총액 합계액이 30위까지인 집단만을 대규모 기업집단로 지정하였다. 대규모 기업집단으로 지정되면 계열사 간의 상호출자와 채무보증이 금지되었다. 그 외에 계열사 주식에 대한 의결권 행사 금지 등, 일반 회사에 적용되지 않는 각종 규제를 받게 되었다. 이로 인해 재벌들은 이전과 상이한 제도적 환경에 놓이게 되었다.[115]

그럼에도 불구하고 대규모 기업집단의 성장세는 이후에도 멈추지 않았다. 그들은 이전과 마찬가지로 비관련 부문으로 계열사를 확장해 갔다. 1987년, 이후 30대 재벌로 분류된 대규모 기업집단의 계열사는 도합 490개로서 평균 16.3개였다. 1997년 그들의 계열사는 도합 819개, 평균 27.4개로 팽창하였다. 영위 업종은 평균 19.8개였다. 동 기간 삼성, 현대, LG, SK, 한진 등 상위 5대 재벌의 계열사는 평균 34개에서 52개로 증가하였다.[116]

이 같은 팽창의 결과 대규모 기업집단의 경제력 집중도는 점점 커졌다. 이와 관련해서는 전체 기업의 매출액과 대규모 기업집단의 매출액이 자

115 송원근·이상호(2005), 『재벌의 사업구조와 경제력 집중』, 나남출판, 45~46쪽.
116 송원근·이상호(2005), 『재벌의 사업구조와 경제력 집중』, 52~56쪽.

주 비교되고 있다. 30대 기업집단의 매출이 전체 기업의 매출 가운데 차지하는 비중은 1987년에 이미 46.0%의 극히 높은 수준에 달해 있었다. 이 수치는 1989년에 48.5%의 최고치를 기록한 뒤에 1990년에는 41.0%로 낮아졌다가 1997년까지 47.1%로 다시 증가하였다. 이외에 국가경제가 생산한 부가가치 총액(GDP)에서 30대 기업집단이 차지하는 비중을 살피면 1987년 11.5%에서 1995년 15.0%의 최고치에 달한 다음, 1997년에는 12.7%로서 조금 낮아졌지만 여전히 매우 높은 수준이었다.[117] 1995년 농업, 축산업, 임업, 수산업의 1차산업이 국가경제에서 차지하는 비중은 4.8%이다. 동년 30대 기업집단은 1차산업의 3.1배나 되는 큰 비중을 과시하였다.

정부의 규제에도 불구하고 1997년까지 대규모 기업집단의 성장세가 멈추지 않은 것은 대규모 기업집단이 보유한 경쟁력 때문이다. 그에 대해 경제학자들은 시장불완전설과 자원·능력공유설로 설명하고 있다.[118] 시장불완전설은 시장이 투자자금이나 인적자본을 충분히 공급하지 못할 때 시장을 보완하거나 대체하는 조직으로서 기업집단이 발생한다는 것이다. 1960~1970년대에 기업에 투자자금을 넉넉히 공급할 금융시장은 성립해 있지 않았다. 자본축적의 수준이 낮았을 뿐 아니라 기업의 투자계획을 심사할 수 있는 능력을 보유한 금융기관이 존재하지 않았다. 이에 기업집단은 상호출자와 채무보증이라는 내부금융시장을 조성하여 모기업의 자본금을 극대로 활용하는 금융기법을 만들어 냈다. 기업집단의 내부금융시장은 기업집단의 장기적이고 모험적인 투자를 가능케 하였다. 잘 알려진 대로 삼성그룹이 삼성전자를 설립하여 전자산업에 진입한 것은 그룹 전체의 자금력이 뒷받침되지 않았다면 불가능한 일이었다.

자원·능력공유설에서 기업집단은 자본조직일 뿐 아니라 혁신을 수행

117 이윤호(2005), 『재벌의 재무구조와 자금조달』, 나남출판, 332~336쪽.
118 이근 외(2007), 『해방 이후 한국기업의 진화 I』, 15~21쪽.

하는 인적조직으로 간주된다. 대기업의 사원들은 대형 프로젝트를 반복 수행하는 과정에서 새로운 사업을 기획하고 실행할 수 있는 종합적 능력을 키운다. 예컨대 1973년에 설립된 현대조선중공업은 원래 1970년 현대건설의 조선사업부로 출발하였다. 토목에서 훈련을 받은 인재들은 조선이라는 상이한 부문에서도 능력을 발휘할 수 있었다. 대기업이 비관련 부문으로 다각화하는 것은 이 같은 인적 능력을 보유했기 때문이다. 또한 대기업이 보유한 정보력, 기술력, 브랜드 인지도, 대중적 신뢰도는 대기업이 자회사를 설립할 때 성공 확률을 높인다. 이른바 재벌효과가 그것이다. 일부 경제학자는 재벌효과가 실제로 작용함을, 다시 말해 기업집단 차원의 자원 공유와 내부 거래가 그에 속한 개별 기업의 수익성을 끌어올림을 실증하였다.[119]

3. 고도성장기의 농촌과 도시

농가 계층구조의 변동

고도성장기에 도시부에서의 급속한 공업화는 여러 가지 경로로 농업과 농촌에 커다란 영향을 미쳤다. 급속한 공업화에는 대량의 노동력이 필요하였으며, 그 주요 공급원은 농촌인구였다. 공업화가 농촌에 미친 직접적 충격은 급격한 인구유출로 나타났다. 1965~1990년에 걸쳐 도합 700만 명의 15세 이상 인구가 농촌을 떠나 도시로 몰려들었다. 그 결과 〈표 11-7〉에서 보듯이 농가의 수는 1962년의 240만여 호에서 1999년에 139만여 호로 42%나 감소하였다. 농가의 인구수는 1962년 1,496만여 명에

119 Chang, S. J. and Hong, J.(2000), Economic Performance of Group−affiliated Companies in Korea: Intra−Group Resource Sharing and Internal Business Transactions, *Academy of Management Journal* 43, pp.429~448.

서 1999년 421만여 명으로 72% 감소하였다. 호수에 비해 인구수의 감소가 더 커서 농가의 호당 인구는 1962년 6.22명에서 1999년 3.02명으로 절반 이하로 작아졌다. 이 같은 농촌인구의 감소는 다른 나라에서 비슷한 예를 찾기 힘들만큼 급격하였다. 예컨대 농업의 취업자 비중이 40%에서 16%로 감소한 데 걸린 기간은 영국이 70년 이상, 미국이 95년, 일본 31년이었음에 비해 한국은 14년에 불과하였다.[120]

농촌을 떠난 인구의 다수는 청년층이었다. 1965~1985년 이농 인구의 50~60%가 15~29세의 청년층이었다.[121] 청년들이 떠나자 농촌인구는 점점 노령화하였다. 1970년 농촌인구에서 60세 이상의 비중은 7.9%인데, 2000년에는 36.2%가 되었다. 동 기간 40대 미만 인구의 감소율은 85%로 그 비율이 컸는데, 특히 14세 미만의 어린이는 627만 명에서 44만 명으로 93%나 감소하였다.[122] 농촌은 어린아이의 울음소리를 듣기 힘든, 장기적으로 농업 노동력이 재생산될지 불확실한, 불임不妊의 공간으로 변하였다.

경지면적은 〈표 11-7〉에서 보듯이 1962년의 205만여ha에서 1972년의 225만여ha로 증가하였다. 1960년대에 걸쳐 개간과 간척이 진행되었기 때문이다. 경지면적은 이후 공업화에 따른 도시부의 확장과 공장·도로 용지의 팽창으로 1999년까지 189만여ha로 감소하였다. 그러나 동 기간 경지면적의 감소보다 농호農戶의 감소가 더 급하였기 때문에 호당 경지면적은 1962년의 0.86ha에서 1999년의 1.36ha로 증가하였다.

경지의 규모를 기준으로 한 농가의 계층구조는 시기별로 상이하였다. 0.5ha 미만의 하층농 비중은 1962년의 41.2%에서 1992년의 29.7%로 지속적으로 감소하였다. 인구유출이 이들 계층에서 가장 격심하였기 때문이

120 이정환(1998), 『농업의 구조 전환 그 시작과 끝』, 한국농촌경제연구원, 26쪽.

121 박진도(2003), 「이농의 전개과정과 그 의미」, 한국농촌경제연구원 편, 『한국 농촌사회의 변화와 발전』, 86쪽.

122 박성재(2003), 「해방 이후 농가경제의 변화」, 『한국 농촌사회의 변화와 발전』, 292~293쪽.

[표 11-7] 농업 인구와 경지의 변동(1962~1999)

구분 / 연도	농가 수 (천 호)	농가 인구 (천 명)	호당 인구 (명)	경지 면적 (천ha)	호당 경지 (ha)	업종별 농가 구성 (%)		경지규모별 농가 구성(%)				
						전업	겸업	0.5ha 미만	0.5~1.0ha	1.0~2.0ha	2.0~3.0ha	3.0ha 이상
1962	2,404	14,957	6.22	2,058	0.86	90.9	9.1	41.2	32.0	20.7	5.9	0.3
1972	2,461	14,678	5.96	2,252	0.92	85.1	14.9	36.0	31.6	26.1	4.8	1.5
1982	2,009	9,721	4.84	2,178	1.08	81.5	18.5	31.1	36.3	27.3	4.1	1.2
1992	1,645	5,727	3.48	2,072	1.26	63.4	36.6	29.7	30.3	29.3	7.5	3.1
1999	1,393	4,214	3.02	1,899	1.36	64.6	35.4	34.7	27.9	24.9	7.4	5.2

출처: 유영봉(2003), 「한국 농업의 성장과정과 그 원천: 1951-2000」, 한국농촌경제연구원 편, 『한국 농촌사회의 변화와 발전』, 94·100쪽.
비고: 기준 연도 중심 3개년 이동평균치이다.

다. 반면 0.5~1.0ha과 1.0~2.0ha의 중농층은 쉽사리 그들의 고향을 떠나려 하지 않았다. 여기서 중농中農이라 함은 "자신의 가족과 함께 통상 경작할 수 있기보다는 크지 않고, 가족을 부양할 수 있기보다는 작지 않은 땅의 자작농 혹은 소작농"의 상한과 하한을 이루는 층이다. 1970년대에 있어서 그 상한과 하한은 0.5ha와 2.0ha였다.[123] 이같이 정의되는 중농은 내가 이 책에서 17세기 이래 1950년대까지 그 성립과 발전의 과정을 추적해 온 소농小農이라는 역사적 범주와 다르지 않다. 이들 소농적 중농층에서는 가족 구성원의 일부가 도시로 이주하는 단신單身 이농의 경우가 많았다. 이는 농가의 생활비를 줄여 농가의 안정성을 드높임에 기여하였다.

그 결과 농가의 계층구조에서 중농층의 비중은 0.5~1.0ha의 경우 1980년대 전반까지, 1.0~2.0ha의 경우 1990년대 전반까지 증가하였다. 연후에 중농층의 비중은 감소 추세로 돌아섰다. 그 대신 2.0~3.0ha와 3.0ha 이상의 상층농 비중이 늘어나는데, 특히 1990년대 전반 이

123 박진도(2003), 「해방 후 농가계층구조의 변화」, 『한국 농촌사회의 변화와 발전』, 398쪽.

후 3.0ha 이상 상층농의 증가가 두드러졌다. 1990년대 이후의 추세로서 주목할 만한 것은 그때까지 감소하고 있던 0.5ha 이하의 하층농 비중이 1992년 29.7%에서 1999년 34.7%로 증가하였다는 점이다. 이와 같이 1960년대 이후 농가의 계층구조는 1980년대까지 하층농의 급격한 감소와 중농층 집중 경향을 보인 다음, 1990년대 이후 중농층이 감소하고 상층농과 하층농이 증가하는 양극분화의 추세에 접어들었다.[124]

농가 계층구조의 변동은 농업기술, 농가의 소비수준과 생활양식, 농촌 노동시장과 같은 여러 조건에 규정된다. 1980년대 전반까지 농업기술의 발전은 비료, 개량종자, 농약, 제초제와 같은 투입요소의 증가와 경운기, 탈곡기와 같은 소형 농기계의 보급에 의존하였다. 농업 노동과정의 대부분은 여전히 수노동手勞動으로 이루어졌다. 1980년대 전반까지 농업기술의 발전은 노동집약적 소농농법小農農法의 개량에 머물렀다. 동 기간의 중농층 집중 경향은 이 같은 기술 조건에 기인하였다. 그에 비해 1980년대 후반부터 트랙터, 이앙기, 콤바인과 같은 대형 농기계의 보급이 급속히 확대되고, 그에 기초한 수도작의 일관작업체제가 크게 진전하였다. 수도작의 주요 생산과정에서 기계화율은 80% 이상의 높은 수준에 달하였다. 기계화는 2.0ha 이상의 상층농에 의해 주도되었다. 상층농은 기계화에 참여하지 못한 중·하층농에 비해 단보당 생산비에서 유리하였으며, 이는 계층구조의 양극분화를 촉진하였다.

양극분화와 더불어 농지의 임대차가 활발해졌다. 전체 농지에서 소작지의 비율은 1960년에 11.2%, 1970년에 17.6%에 불과하였으나, 이후 급격한 이농의 추세와 더불어 1990년까지 38.6%로 증가하였다. 1949년의 농지개혁으로 성립한 자작농체제는 이즈음에 이르러 사실상 와해되었다. 소작지 비율은 2000년까지 43.6%로 더욱 증가하는데, 이는 기계화에 참

124 박진도(2003), 「해방 후 농가계층구조의 변화」, 『한국 농촌사회의 변화와 발전』, 392~406쪽.

여하지 못한 중층농이 경지의 일부를 소작지로 방출하였기 때문이다. 소작지의 주요 임차인은 상층농이었다. 2000년 5ha 이상 최상층의 경지 가운데 67.5%가 소작지였다.

이처럼 1990년대 이후 기계화된 대규모 농가가 발달하지만, 이들을 선진국형의 자본가적 기업농企業農이라 평가하기는 어렵다. 상층농의 농업경영에 있어서 임노동, 이윤, 지대의 범주는 명확하게 성립하지 않았다. 그들의 농업경영은 최대 이윤보다 최대 소득을 추구하는 소득원리所得原理에 의해 규정되었으며, 그러한 한에서 여전히 전통 소농경영의 범주에 머물렀다. 기계화에 따라 중농층의 경작 상한이 확대되었다. 아울러 농가의 생활양식도 현저히 도시화하였다. 그에 따라 중농층의 소비 상한도 높아졌다. 1990년대 이후 기계화된 대규모 농가의 성장은 본질적으로 전통 소농경제의 연장선 위에서 벌어진 중농 상한의 상승을 의미하였다.[125]

농촌 노동시장의 발전이 낮은 수준에 머문 것도 자본가적 기업농의 성장을 제약하였다. 공업화에 따라 농외農外에서 소득을 벌어들이는 겸업농兼業農이 늘어났다. 〈표 11-7〉에서 보듯이 겸업농의 비중은 1962년 9.1%에서 1992년 36.6%로 증가하였다. 그렇지만 이후 1999년까지 35.4%로 정체하였다. 겸업농이라 해도 농외소득이 농업소득에 못 미치는 제1종 겸업농이 지배적이었다. 농외소득이 농업소득을 능가하는 제2종 겸업농은 1%도 되지 않았다. 겸업농의 발전 수준이 낮은 것은 약간의 국제비교를 통해서 쉽게 확인할 수 있는 일이다. 2000년 일본과 타이완의 농가는 대부분 제2종 겸업농으로서 농외소득이 농가소득의 82~86%라는 큰 비중을 차지하였다.[126]

겸업농의 발전 수준이 매우 낮은 것은 이 책의 지금까지의 서술에서 명확하듯이 역사적으로 농촌공업이 발전한 시대와 경험이 없기 때문이다.

125 박진도(2003), 「해방 후 농가계층구조의 변화」, 『한국 농촌사회의 변화와 발전』, 398·407쪽.
126 이동필(2003), 「농외소득 저위의 원인」, 『한국 농촌사회의 변화와 발전』, 323쪽.

1960년대 이후의 급속한 공업화는 도시부에서 전개된 대기업 주도의 수출주도형공업화였다. 그 점에서 한국의 공업화는 외국 자본과 기술의 도입에 기초한 이식移植공업화와 더불어 전통 공업이 근대화하는 복선複線의 경로를 걸은 일본이나 여러 선진국의 공업화 유형과 판이하였다. 선진국에서 전통 공업의 근대화는 농외 노동시장의 창출과 겸업 기회의 확장을 통해 농업인구가 농촌 현지에서 공업 부문으로 이동할 수 있는 점진적인 경로를 제공하였다. 선진국의 겸업을 통한 탈농脫農은 인구를 농촌에 머물게 함으로써 농촌에서 새로운 산업과 문화가 싹틀 수 있는 터전을 보존하였다.

공업화의 전통을 결여한 한국의 농촌에서 이 같은 선진적인 탈농의 경로는 크게 제약되었다. 그 결과 1999년까지 전체 농가의 88%가 여전히 농업에 농가소득의 대부분을 의지하는 2ha 미만의 중·하층농으로 적체하였다. 그들이 차지한 경지는 전체 경지의 60% 이상으로 여전히 큰 비중이었다. 이농의 대열에 참가하지 못한 이들 계층은 1990년대 이후 더욱 노령화하였다. 1990년대 이후 경지 0.5ha 미만 하층농의 비중이 증가한 것은 노령화한 중농층이 경지의 일부를 소작지로 방출한 결과이다. 역사적 범주에서 그들은 전통적인 소농경영에 속하였다. 이 같은 범주가 농업의 중심부로 적체해 있는 한, 자본가적 기업농의 성장에는 한계가 있을 수밖에 없었다.

공학적 전환의 실패

농가의 계층구조에서 근본적인 변화는 없었지만, 고도성장기 한국의 농업이 경험한 생산구성의 변화는 심대하였다. 〈표 11-8〉은 1960년대 이래 농축산업의 연도별 총생산액과 생산구성의 추이를 1994~1996년 가격으로 제시한 것이다. 1990년대 말까지 생산구성상의 두드러진 변화는 주곡인 미곡을 비롯하여 맥류·두류·서류薯類 등 식량작물의 비중이 크

[표 11-8] 농축산업 총생산 및 생산구성의 추이(1962~1999)

단위: 조 원, %

구분 / 연도	총생산	생산구성											
		경종작물								축산			잠견
		소계	미곡	맥류 잡곡	두류	서류	채소류	과실류	기타	소계	가축	축산물	
1962	9.90	84.6	50.6	10.5	3.1	7.4	9.0	2.1	1.9	15.0	14.1	0.9	0.4
1972	14.39	86.2	41.4	10.6	3.1	7.4	15.1	4.2	4.5	12.3	10.8	1.4	1.5
1982	18.55	83.8	41.3	4.6	2.8	3.8	19.2	8.0	4.1	15.7	12.4	3.2	0.5
1992	22.09	77.0	34.3	1.7	1.7	2.0	23.5	10.3	3.4	22.9	16.9	6.0	0.1
1999	25.24	74.7	30.3	0.9	1.0	2.0	25.9	12.1	2.5	25.3	18.7	6.6	0.0

출처: 유영봉(2003), 「한국 농업의 성장과정과 그 원천: 1951-2000」, 한국농촌경제연구원 편, 『한국 농촌사회의 변화와 발전』, 98쪽.
비고: 기준연도 중심 3개년 이동평균치이다.

게 줄고, 그를 대체하여 채소·과실·축산과 같은 환금성이 높은 원예농업 내지 시설농업이 발달하였다는 사실이다.

초기 10년간, 1962~1972년에는 미곡의 생산 비중이 줄고, 그만큼 채소와 과실의 생산 비중이 증가하지만, 생산구성상의 본질적인 변화는 없었다. 자급적 소농경영을 뒷받침하는 맥류·두류·서류 등의 보조식료의 비중은 완고하게 일정 수준을 유지하였다. 축산은 오히려 감소하였다. 동 기간 정부의 농업정책은 식량자급을 제1의 목표로 하였다. 이를 위해 산지의 개간이나 연안의 간척을 통해 농지를 확장하고, 화학공업을 육성하여 비료와 농약의 공급을 확대하였다. 농촌에 공급된 화학비료는 1961년 31만 톤에서 1972년 65만 톤으로 증가하였다. 1970년대에 들어 식량증산을 위한 정부의 노력은 다수확품종의 개발과 보급으로 이어졌다. 비료와 종자개량의 효과로 10a당 벼 생산량은 1962년 265kg에서 1970년 327kg, 1977년 488kg에 달하였다.[127] 1977년 벼농사의 생산성은 세계 최

127 한국농촌경제연구원 편(2003), 『보정 농업통계표: 1910-2001년』, 229쪽.

고 수준이었다. 1970년대 전반에 이르러 한국의 농촌은 절대빈곤의 오랜 굴레에서 해방되었다.

1972~1982년에는 미곡의 비중은 변함이 없는 가운데 맥류·두류·서류 등이 쇠퇴하고 그만큼 채소와 과일류가 증가하는 생산구성의 변화가 있었다. 농가는 점점 상업화의 물결에 포섭되어 갔다. 농가의 총수입에서 현금수입의 비중은 1960년 36%에서 1970년 50%, 1980년 54%로 높아졌다. 농가소득이 증대함에 따라 농가의 식료비 지출, 곧 엥겔지수는 1962년 56%에서 1970년 46%로 낮아졌다. 그렇지만 크게 말해 1970년대의 농촌은 전통 소농사회小農社會를 크게 벗어나지 않았다. 농업생산성의 상승은 전술한 대로 토지·비료와 같은 투입요소의 증가에 따른 소농농법의 계열에 속하였다. 1980년에도 현물수입의 비중, 곧 시장을 통하지 않은 농가의 자급률은 46%나 되었다. 1975년의 엥겔지수는 47%로 1970년보다 오히려 조금 높았다. 5일마다 열리는 장시는 1960년 826기에서 1975년 1,047기로 증가하였다. 장시를 무대로 한 소농들의 교환경제와 사회·문화생활의 전통적 리듬은 1975년까지 오히려 강화되었다.

이후 농촌생활의 모든 것이 달라지기 시작하였다. 이농의 물결이 가속화하여 인구당 경지면적이 뚜렷한 증가 추세로 돌아섰다. 장시는 1988년까지 758기로 크게 감소하였다. 소농경제를 지탱한 인구, 토지, 농법, 시장 등의 모든 환경이 새로운 것으로 급속히 대체되어 갔다. 1980년대 중반 이후 농업의 생산구성에서는 미곡을 비롯한 제반 곡작의 쇠퇴가 뚜렷하였으며, 그를 대신하여 채소와 과일류가, 나아가 축산류가 크게 증가하였다. 1999년 한국의 농업생산은 〈표 11-8〉에서 보듯이 미곡, 채소·과실, 축산이 각각 30%, 38%, 25%의 비중으로 정립鼎立하는 구조를 이루었다.

이 같은 생산구성의 변화는 생산요소의 구조적 결합에서 질적인 전환을 동반하였다. 1970년대까지 농업생산성의 증가는 토지·종자·비료·농약 등 생산요소의 증투增投에 따른 '생물화학적 기술진보'에 의하였다. 그에 비해 1980년대 중반 이후의 그것은 기계와 시설이 노동을 대체하는 '기계공학적 기술진보'에 의하였다.[128] 1980년 이후 트랙터, 콤바인 등 대형 농기계가 급속히 보급되었다. 1980년 트랙터와 콤바인의 보급은 전국적으로 2,664대와 1,211대에 불과하였으나, 1999년까지 7만 6,146대와 8만 4,002대로 급속히 증가하였다. 가액 기준으로 농기계의 보급 속도는 1982~1992년에 연간 13.6%의 높은 수준이었다. 채소, 과실, 축산에서는 비닐·유리 온실을 비롯한 고가의 시설과 장비가 도입되었다.

1980년대 중반 이후 상층농을 중심으로 급하게 전개된 기계공학적 농법으로의 전환이 농업의 선진화에 어느 정도 기여하였는지는 회의적이다. 〈표 11-8〉에서 보듯이 농축산업 총생산액은 1962~1972년에 1.5배, 1972~1982년에 1.3배 증가한 데 비해 농업의 기계화가 크게 진전된 1982~1992년에는 1.2배 증가함에 그쳤다. 국민계정國民計定에서 농축산업이 생산한 총소득(부가가치)의 연간 증가율은 1962~1982년의 3.5%에 비해 1982~1999년에는 보다 낮은 2.7% 수준이었다.[129]

1975년 농업소득과 농외소득을 합한 농가소득은 도시근로자 가구의 소득보다 높았다. 후자를 100이라 할 때 전자는 111이었다. 이 비율은 해마다 조금씩 변동하지만 1985년까지 크게 변하지 않았다. 1985년의 그것은 113이었다. 이후 2000년까지 이 비율은 81로 낮아져 있었다.[130] 그사이 15년간 도시근로자에 비한 농가의 상대소득은 지속적으로 하락하였다. 동 기간 한국의 농업이 실패한 가장 뚜렷한 지표로서 부채농가負債農家의 급증을 들 수 있다. 소득에 대비된 부채비율은 1970년대까지만 해도 10% 이하의 건전한 수준이었다. 그것이 1980년대 중반에 30%대, 1990년대 초반에 40%대, 2000년을 전후에서는 87%의 높은 수준에 달하였다.

---

128 유영봉(2003), 「한국 농업의 성장과정과 그 원천: 1951-2000」, 『한국 농촌사회의 변화와 발전』, 107쪽.

129 김낙년 편(2012), 『한국의 장기통계: 국민계정 1911-2010』, 454~457쪽.

130 박성재(2003), 「해방 이후 농가경제의 변화」, 『한국 농촌사회의 변화와 발전』, 296쪽.

1998년 농가수지의 잉여가 부채 원리元利의 상환에 못 미치는 농가는 전체 부채농가의 무려 49%나 되었다.[131]

부채가 누적된 원인을 분해하면, 1998년의 경우, 영농의 실패에 따른 생산성부채가 76%, 가계수지의 적자에 따른 가계성부채가 16%를 차지하였다[132] 나머지 8%는 원리금 상환을 위한 부채였다. 생산성부채는 고액의 시설 투자와 기계 구입에 따른 것이었다. 공학적 전환을 주도한 정부의 농업정책은 과학성과 현장성을 결여하였으며, 결과에 대해 무책임하였다. 농가는 충분한 기술과 정보를 결여한 채 고액의 시설과 기계를 무분별하게 구매하였다. 모험적 투자에 대한 마을 단위의 공동체적 대응은 없었다. 주요 차입원은 정부가 농협을 통해 제공한 저리의 정책금융이었다. 1990년대에 들어 농축산물 시장이 개방되었다. 가격 수준은 낮아지고 가격 변동은 더욱 불안정해졌다. 농가의 무분별한 생산과 공급 증대는 몇 차례 심각한 가격 폭락을 야기하였으며, 그때마다 농가의 부채는 누적되었다.

가계성부채는 주로 하층 농가에서 발생하였다. 1980년대 이후 농가의 생활양식이 급속히 도시화하였다. 소득수준이 높아짐에 따라 엥겔지수는 1975년의 47.3%에서 2000년의 20.2%로 크게 낮아졌다. 그 대신 미용, 의료, 교통·통신, 교제·증여, 관혼상제 등 가계잡비의 비중이 25%에서 55%로 높아졌다. 그 가운데 가장 큰 것은 교제·증여와 관혼상제로서 낭비적이거나 의례적이었다.[133] 고도성장기 한국의 농업은 절반의 성공에 머물렀다. 절반의 실패는 정부의 실패만이 아니었다. 새로운 생산과 시장의 환경에 공동으로 대응할 수 없었던 사회의 실패이기도 하였다.

---

131 박성재(2003), 「해방 이후 농가경제의 변화」, 『한국 농촌사회의 변화와 발전』, 300·319쪽.

132 吳根和(2003), 「農家負債의 發生原因과 解消方案에 관한 硏究」, 高麗大學校 政策大學院 經濟政策學科 碩士學位論文, 12쪽.

133 박성재(2003), 「해방 이후 농가경제의 변화」, 『한국 농촌사회의 변화와 발전』, 298쪽.

국토의 개발

고도성장은 토지, 인구, 수자원, 임야, 기타 국토자원을 개발, 보전하기 위한 도시계획, 농지정리, 산림녹화, 도로건설을 비롯한 국토이용의 체계에 커다란 변화를 초래하였다. 최초의 가시적인 변화는 포항, 울산, 마산에서와 같은 대규모 임해臨海공업단지의 건설로 나타났다. 1968년부터는 고속도로를 닦기 시작하였다. 식량자급을 제1의 목표로 추구한 1960년대의 농업정책은 1962년과 1967년의 극심한 한발을 계기로 농업용수의 개발에 박차를 가하였다. 당시 전국의 130만여ha 가운데 상습적으로 가뭄의 피해를 입는 논은 54만여ha나 되었다. 1965년 전천후全天候 농업용수원개발계획이 수립되었다. 그에 따라 1973년까지 수리안전답의 비율을 85%로 끌어올릴 목적에서 양수장, 보, 저수지, 관정管井의 개발이 본격화되었다.

농업용수의 개발은 도시화와 공업화의 진전에 따라 공업용수와 생활용수를 포괄한 수자원의 종합적 개발계획으로 이어졌다. 1968년부터 4대강유역종합개발계획이 추진되었다. 한강, 낙동강, 금강, 영산강의 4대강 유역은 국토 면적의 64%, 경지면적의 54%, 인구·산림·수자원 부존량의 60% 이상을 차지하였다. 동 계획은 이들 지역에 다목적댐, 하구언河口堰, 관개시설을 건설하고, 하천을 개수하고, 조림과 사방砂防 사업을 행하여 상습적으로 되풀이되는 한해와 홍수 피해의 근원을 제거함과 아울러, 수요 증대가 예상되는 농업용수를 비롯한 각종 용수의 확보를 목적으로 하였다.[134] 그에 따라 1970년대에 걸쳐 한강 유역에서는 소양댐과 충주댐이, 낙동강 유역에서는 안동댐을 비롯한 5개 댐이, 금강 상류에서는 대청댐이 건설되었다. 대청댐이 없었더라면 이후 내륙권에서 펼쳐진 대전, 청주, 천안 등 대도시의 발전은 불가능하였을 터이다.

---

134 大韓民國政府(1971),『國土綜合開發計劃 1972-1981』, 89~92쪽.

종래 서해로 흘러가는 강 유역의 저지대를 위한 용수원의 개발은 기술적으로 거의 불가능한 것으로 여겨졌다. 그러한 선입견을 깨는 공사가 1973~1981년에 걸쳐 영산강 유역에서 벌어졌다. 서해의 높은 조류潮流와 영산강의 하류河流가 만나는 이 지역에서 가뭄과 홍수의 피해는 천형天刑과도 같은 것이었다. 이를 다스리기 위한 역사적 공사는 상류역에 담양댐, 장성댐, 광주댐을 건설하고 하류역에 대규모 하구언을 설치하는 것으로 마무리되었다. 서해로부터의 조류를 막고 내륙의 하천수를 담수호淡水湖로 저장하는 혁신적 아이디어는 1973년 아산호, 1979년 삽교호, 1984년 대호, 1990년 금강호의 준공으로 이어졌다.

이 같은 대규모 수자원의 개발 공사와 더불어 전개된 전국 각지의 하천개수, 배수개선, 경지정리의 효과로 1979년 수리안전답의 비율이 86%로 개선되었다. 1980년에는 전국의 수리시설이 보유한 내한능력耐旱能力이 엄밀히 재평가되었다. 그 결과 10년 빈도의 대가뭄에 견딜 수 있는 논은 18%에 불과한 것으로 드러났다. 재평가된 수리안전답의 비율은 60%대로 낮아졌다. 정부는 이를 1990년까지 90%로 개선하기 위한 사업을 벌였다. 이를 위해 종래의 지표수地表水 중심을 넘어 지하수가 암반관정巖盤管井, 지하댐, 방사상집수정放射狀集水井의 방식으로 활발하게 개발되었다.[135]

1971년 국토종합개발계획이 마련되었다. 거기서는 공업단지와 고속도로의 건설, 4대강유역종합개발과 같은 1960년대의 경험을 토대로 철도, 도로, 항만, 통신, 공업단지, 수자원 등 사회간접자본의 지역 간의 적정한 배치, 도시로의 인구집중을 방지하기 위한 공업의 지방 분산, 농수산업 생산기반의 확충, 공해 방지 등 국토이용과 국민생활 전반에 걸친 장기의 청사진이 제시되었다. 박정희 대통령은 국토종합개발계획을 통해 “푸른 산, 맑은 물이 흐르는 하천, 계획된 도시, 정리된 농토, 구분된 공업지, 그

135 전운성(2003), 「농업생산기반 정비 사업의 전개」, 한국농촌경제연구원 편, 『한국농업구조의 변화와 발전』, 514~515쪽.

사이를 누비는 넓은 도로, 홍수와 한해를 모르고 생산과 수출이 늘어나는 복스러운 국토"의 개발을 꿈꾸었다.[136] 그 모든 계획과 성취를 여기서 소개할 여유는 없다. 그 가운데 박정희의 집념과 추진이 가장 두드러진 부문은 '푸른 산'이었다.

남한의 산림은 해방 후 사회·정치의 혼란에 따른 남벌과 도벌로 급속히 황폐해졌다. "한국의 해방은 많은 사람들에게 벌목 허가증을 발부해 준 결과를 낳았다." 뒤이은 전쟁의 파괴도 산림의 황폐화를 부추겼다. 1955년 전국의 산림 667만ha 가운데 무입목지, 곧 민둥산은 300만ha로 45%나 되는 큰 비중이었다. 이는 1910년대의 무입목지 비중 26%를 훨씬 능가하는 수준이었다. 전국의 입목축적立木蓄積 역시 1910년대에 못 미쳤다. 미군정과 이승만정부는 조림사업에 적지 않은 노력을 기울였지만 과도하게 진행된 남벌과 도벌에 따른 황폐화를 막지 못하였다. 도시와 농촌 가릴 것 없이 사람의 손이 닿는 곳이라면 모두 벌거숭이 붉은 산이 되었고, 가뭄과 홍수가 연례행사처럼 찾아왔다.[137]

1961년 군사정부는 그때까지 이어져 온 총독부의 삼림령을 폐지하고 이후 산림행정의 모법이 되는 산림법을 제정하였다. 산림법은 동리민으로 하여금 산림계山林契를 조직할 의무를 부여하였다. 이후 산림계는 조림과 산림보호 사업에서 일선 조직으로서 그 역할을 하였다. 또한 군사정부는 임산물 단속에 관한 법률을 제정하여 도벌을 5대 사회악의 하나로 규정하였다. 강력한 단속은 이후 전개된 산림정책의 가장 중요한 수단이었다.

1960년대의 산림정책에서는 사방사업과 연료림燃料林의 조성이 중요하였다. 사방사업은 심각하게 황폐된 산림에서 수행하는 토목공사와 인공조림을 말하는데, 1960년대에 걸쳐 50만ha의 황폐지에서 실시되었다. 1960

136 大韓民國政府(1971), 『國土綜合開發計劃 1972-1981』, X쪽.
137 이우연(2010), 『한국의 산림 소유제도와 정책의 역사, 1600-1987』, 일조각, 359~364쪽.

년 이후 도시민의 연료는 점차 무연탄과 가스로 대체되어 갔다. 그렇지만 농가의 연료는 여전히 임산 연료가 주를 이루었기 때문에 그에 대한 대책이 필요하였다. 정부는 동리마다 일정 면적의 근처 임야를 연료림으로 지정하고, 아카시아 등의 속성수速成樹를 공동으로 재식하고 그로부터 연료를 벨 수 있게 하였다. 1960년대에 조성된 연료림은 80만ha를 넘는 대규모였다. 그 결과 1972년까지 전국의 무입목지는 12.5%로 많이 줄어들었다. 그렇지만 입목축적은 11.02m³/ha으로서 1961년의 10.51m³/ha에 비해 거의 개선되지 않았다. 여전히 70% 이상의 입목지는 낙엽 등 지피물地被物이 채취된 상태로서 빗물을 저류할 수 없는 관목지灌木地 상태였다.

대대적인 조림은 1973년부터 착수된 치산녹화10개년계획을 통해 이루어졌다. 제1차 계획은 1982년까지 100만ha에서 조림을 실시한다는 목표를 세웠다. 1967년에 설립된 산림청山林廳은 그때까지 농림부農林部의 외청外廳으로 있었는데, 치산녹화계획과 더불어 내무부內務部 산하로 이관되었다. 당시 농촌에서는 새마을운동이 벌어지고 있었다. 박정희 대통령이 산림청을 내무부 산하로 옮긴 것은 새마을운동의 주무 관청이 내무부이기 때문이다. 이후 나무심기는 새마을운동의 일환으로 전국의 마을, 직장, 단체, 기관이 참가하는 국민운동으로 전개되었다

치산녹화의 일선에서는 산림계의 역할이 두드러졌다. 산림계의 역할은 거의 초헌법적이었다. 산림의 86%는 사유림이었다. 1961년에 제정된 산림법은 산림의 소유자는 시군 단위의 산림조합이 세운 조림계획에 따라 사업을 집행해야 하고, 그렇지 않을 경우 소유자의 의사와 관계없이 동리민의 산림계가 조림을 대집행代執行하는 권한을 갖도록 규정하였다. 산림법은 조림에 따른 수익을 산림계에 8할, 소유자에 2할로 분배하도록 정하였는데, 이 비율은 이후 9대 1로 바뀌었다.[138] 제1차 치산녹화10개년계획은 4년을 앞당

138 이우연(2010), 『한국의 산림 소유제도와 정책의 역사, 1600-1987』, 372~378쪽.

겨 1978년에 100만ha의 조림 목표를 달성하였다. 박정희 대통령이 사망한 1979년에 전국의 무입목지는 6.8%로 줄어 있었으며, 입목축적은 17.85m^3/ha로 개선된 상태였다. 이후 1997년까지 두 차례 더 시행된 산림녹화10개년계획을 통해 총 248만ha의 조림이 이루어졌다. 1997년의 입목축적은 52.91m^3/ha의 높은 수준이었다. 한국의 산림은 이전의 헐벗었던 모습을 기억하는 외국인으로서는 상상할 수 없을 만큼 급속하게 푸르러졌다.

수자원 개발과 치산녹화의 볼 만한 성과에도 불구하고 1971년부터 착수된 국토종합개발계획은 소기의 성과를 거두지 못하였다. 1991년까지 두 차례에 걸친 국토종합개발계획은 고속도로를 656km에서 1,551km로, 도로 포장률을 14%에서 72%로, 항만 하역능력을 1,900만 톤에서 2억 2,400만 톤으로, 상수 보급률을 35%에서 79%로, 하수 처리율을 0%에서 31%로, 주택 재고를 439만 호에서 734만 호로, 그리고 입목축적을 10.7m^3/ha에서 39.8m^3/ha로 개선하였다. 그러한 양적인 성취에도 불구하고 국토의 균형발전이라는 질적 목표에서의 성적은 초라하였다. 1990년 국토의 12%에 불과한 수도권으로 집중된 인구는 43%, 제조업 종업원은 49%, 금융대출은 63%, 대기업 본사는 96%에 달하였다.[139] 대질주의 고도성장은 소용돌이의 핵처럼 수도권으로 인구와 각종 자원을 흡인하였으며, 거기서 창출된 거대한 집적효과는 국토종합개발계획이 추구한 균형발전을 무색하게 만들었다.

가족과 여성의 전진

대질주와 같은 고도성장은 가족, 마을, 직장 등 일상생활과 노동의 공간에서, 거기서 전개되는 협동·신뢰·갈등의 원리에서, 어떠한 변화를 초래하였던가. 총인구가 1960년 2,500만 명에서 1997년 4,599만 명으로 증가

139 大韓民國政府(1992), 『第3次 國土綜合開發計劃 1992-2001』, 26~27쪽.

하는 사이에 도시인구는 1960년 1,041만 명(41.6%)에서 1997년 4,024만 명(89.2%)으로 더욱 급하게 팽창하였다. 도시화와 더불어 가족형태는 크게 바뀌었다. 우선 가족의 평균 규모가 1960년 5.5명에서 1990년 3.7명으로 줄어들었다. 가족 중 일부가 도시에 떨어져 살거나 농촌에 잔류하는 분거가족分居家族이 늘었기 때문이다. 독신이나 부부만으로 이루어진 1세대가족이 1960년 7.5%에서 1990년 21.2%로 증가하였다. 같은 기간 3대가 함께 모여 사는 대가족의 비중은 28.5%에서 12.5%로 떨어졌다. 이러한 변화 가운데 한국인의 표준적인 가족형태는 부부와 성혼한 1쌍의 자식부부로 이루어진 전통적인 직계가족直系家族에서 부부와 미성년의 자녀로 이루어진 핵가족核家族으로 변모하였다.[140]

가족제 및 혼인제와 관련해서는 1961~1962년 군사정부가 수행한 몇 가지 개혁이 그것의 선진화에 기여하였다. 1961년 6월 군사정부는 축첩蓄妾 관행을 축출하였다. 축첩제는 일정기에 근대적 민법과 호적제의 시행으로 이미 공적 영역에서는 폐지되었지만, 사실상 공인된 관행으로서 1950년대까지 건재하였다. 건국 이후 정부와 여성운동단체는 축첩 행위를 근절하고자 노력했지만, 큰 효과를 거두지 못하였다. 당시까지 어느 정도의 남성이 첩을 두었는지는 정확하게 알 수 없다. 남부 지방 4개 마을에 관한 최재석崔在錫의 조사에 의하면, 성인 남성의 7.7%가 혼외자婚外子를 두었다.[141] 혼외자를 두지 않은, 성애性愛의 충족만을 위한 축첩 행위는 그보다 더 많았다고 짐작된다. 1961년 6월 박정희 군사정부의 철퇴를 맞아 중앙정부 내무부에서만 추방된 공무원이 511명에 달하였다. 충청남

---

140 교과서포럼(2008), 『대안교과서 한국 근·현대사』, 기파랑, 232쪽.

141 사회학자 최재석은 경상북도 예천군과 영천군, 충청남도 천원군, 전라남도 곡성군에 속한 4개 부락을 대상으로 그 마을 출신의 대학생을 동원한 간접조사의 방식으로 婚外 출생의 실태를 조사하였다. 그에 따르면, 4개 마을의 1945년 해방 이전의 주민과 1968년 현재의 주민을 합한 총 431호에서 혼외자를 둔 호는 33호였다. 혼외자를 출생한 여자는 대부분 妾이었다. 崔在錫(1975), 『韓國農村社會硏究』, 一志社, 153~159쪽.

도에서는 456명, 경상북도에서는 111명이었다.[142] 이를 계기로 한국사에서 천년을 넘게 이어져 온 중혼重婚의 풍습이 사회의 공식 영역에서 자취를 감추었다. 그와 더불어 중혼의 위협과 모욕으로부터 여성의 인권이 크게 해방되었다.

1962년 12월에는 민법과 가족법의 개정이 이루어져 법정분가제法定分家制가 실시되었다. 이는 "대가족제도를 부부중심의 가족제도로 전환하기 위하여 가家를 계승하여야 할 호주 상속인이 아닌 가족은 혼인함과 동시에 당연히 분가되도록 한" 개혁이었다.[143] 이전까지의 가족형태는 법적으로 대가족인 경우가 많았다. 이전의 가족법은 차남 이하가 혼인을 하고 실질적인 분가를 하더라도 독립적인 호로 분가할 것을 강요하지 않았다. 제8장에서 소개한 대로 이러한 법적 대가족으로서 호주제 가족공동체는 일정기에 일본 민법의 도입을 통해 생겨났다. 호주제 가족공동체는 건국 후에도 일정기의 민법을 의용하는 과정에서 존속하였다. 1962년 군사정부에 의한 법정분가제의 실시는 호주제 가족공동체를 해체하고, 소규모 직계가족을 한국인의 지배적 가족형태로 확립시켰다. 예컨대 경상남도 울주군 언양면에서 호적상의 가족원은 1910년 4.66명에서 지속적으로 증가하여 1961년 8.32명의 최대치에 이르렀다. 호당 가족원이 20명 이상인 대가족은 1930년대까지만 해도 구경하기 힘들었는데, 1961년까지 근 120개로 증가하였다. 이후 법정분가제의 실시에 따라 호당 가족원은 1975년까지 6.63명으로 줄고, 20명 이상의 대가족의 수도 20개 이하로 줄었다.[144]

가족법의 개정에 따른 호주제 가족공동체의 해체는 그와 밀접한 원리로 강화되어 온 부계父系 친족집단을 약화시키기 시작하였다. 개인, 여성, 가족은 오랫동안 그를 억압해 온 가부장적 친족집단으로부터 해방되어

142 『京鄕新聞』 1961년 6월 8, 11일; 『東亞日報』 1961년 6월 17일.

143 鄭光鉉(1967), 『韓國家族法研究』 I, 서울大學校出版部, 510쪽.

144 朴二澤(2013), 「20세기 언양지역의 가족구성의 변천－언양읍 제적부와 재제부의 분석－」, 『大東文化研究』 83, 360~364쪽.

갔다. 핵가족의 발달은 개인주의 정신문화의 발전을 자극하였다. 가족은 부부가 애정에 기초하여 평등한 관계를 이루는 생활공동체로 변모하였다. 여성이 가족과 친족집단의 굴레에서 해방됨에 따라 여성의 사회 진출이 크게 늘어났다. 1955년 의사·교사 등 전문직에 종사하는 여성의 수가 남성 100명을 기준으로 할 때 18명에 불과했으나, 1990년에는 61명이나 되었다. 관공서와 회사 등에서 사무직에 종사하는 여성의 수도 1955년 남성 100명에 7명에 불과했으나, 1990년까지 52명으로 증가하였다.[145]

사회의 성격

그렇게 보다 문명화한 인간들이 사회생활의 각 영역에서 모색하고 실천한 협동의 질서나 원리에서 큰 변화가 있었다고 생각하면 오산이다. 1965년 어느 젊은 미국인 인류학자 부부가 충청남도 서산군 해미면 석포리에서 1년간 머물렀다. 석포리는 유교적 윤리로 잘 통합된 몇 개의 친족집단으로 이루어졌다. 마을에는 상호 간의 염치와 배려로 잘 조절된 평화로운 질서가 성립해 있었다. 해방, 분단, 건국, 전쟁으로 이어진 격동의 정치사에서 인간들을 반목, 충돌, 나아가 살육의 비극으로 몰아넣은 이념의 대립은 역사의 기억으로 물러나 있었다. 주민 간에 혹 발생하는 분쟁은 이웃 어른의 조정으로 "우리 한번 잘 살아보자"라는 악수와 함께 쉽게 해소되었다. 그렇지만 1년에 걸친 노력에도 불구하고 그 미국인 인류학자는 석포리가 하나의 지연적地緣的 실체로서 연대하는 현상을 관찰할 수 없었다. 마을은 공동의 이해관계로 뭉친 단체가 아니었다. 마을을 보호하는 방조제에서 소의 방목은 금물이었다. 그럼에도 불구하고 마을은 방목을 고집하는 어느 촌민을 제어할 능력이 없었다. 정부가 마을에 내려준 어촌개량자금은 전과자 출신의 어느 부적격자에게 배당되었다. 어느

---

145 교과서포럼(2008), 『대안교과서 한국 근·현대사』, 232쪽.

누구도 자신이야말로 적격자라고 주장하는 그 사람을 제어할 수 없었다. 마을회의는 선량한 이웃관계를 해치지 않으려는 조심스런 배려에서 운영되었다. 마을에서 공공의 영역은 확실하지 않았으며, 공公과 사私의 구분은 불투명하였다.[146]

10년 뒤 다른 어느 미국인 인류학자가 강원도 춘천시 서남쪽의 산곡리라는 마을을 조사하였다. 그가 마을구조에 대해 내린 결론은 이전 연구자와 별로 다르지 않았다. 산곡리는 공동의 재산과 신앙으로 뭉쳐진 법인法人이라기보다 출입이 자유로운, 친족적 유대와 상호 근접성에서 발생하는 편익의 단위일 뿐이었다.[147] 주민 상호 간의 협동은 해마다 파트너를 달리하는 품앗이 수준에서 그치고 있었다. 일반적으로 말해 1960~1970년대 한국의 농촌사회는 공동의 이해관계로 뭉친 단체라기보다 선량하고 편리한 이웃관계의 누적으로 존재하였다.

그런 가운데 농촌 일상생활의 저변에서는 때때로 무관심과 반목과 갈등이 불쑥불쑥 그 고약한 모습을 드러내곤 하였다. 인간들의 사회적 지위를 차별하였던 반상제班常制 신분질서의 유제는 아직도 곳곳에 남아 있었다. 어느 일본인 사회학자가 방문한 전라북도의 어느 마을에서는 두 친족집단 간의 주종主從 관계가 1970년대 후반까지도 이어지고 있었다.[148] 경기도의 어느 마을에서는 수백 년 동안 그 마을을 지배해 온 명문 양반가의 농사를 위한 하민下民들의 두레가 1970년대까지도 행해졌다.[149] 경기

146 Vincent S. R. Brandt(1971), *A Korean Village—Between Farm and Sea—*, Harvard University Press.
이영훈(2014), 「한국사회의 역사적 특질—한국형 시장경제체제의 비교제도적 토대—」, 이영훈 엮음, 『한국형 시장경제체제』, 서울대학교출판문화원, 406~407쪽.

147 Clark W. Sorenson(1981), *Over the mountains are mountains*, University of Washington Press, p.51.

148 핫또리 타미오 지음, 유석춘·이사리 옮김(2007), 『개발의 경제사회학—한국의 경제발전과 사회변동—』, 40쪽.

149 오창현(2008), 「농지개혁과 마을 공동체의 변형; 경기동남부의 두 지역을 중심으로」, 『비교문화연구』 14-2, 100쪽.

도의 어느 다른 마을에서는 1980년대까지 원 신분을 달리하는 주민으로 구성된 2개의 혼상계婚喪契가 대립하였다.[150]

단체를 결여한 농촌 마을은 그들의 구성원이 이주한 도시 마을에서 그대로 재현되었다. 도시로 이주한 젊은이들은 일정 기간의 학업이나 직업훈련을 거친 다음, 공장을 위시한 근대적 부문에 쉽사리 취업을 하였다. 근대적 부문에 적응할 수 없는 장년층은 음식·숙박업, 소매업, 운반업을 비롯한 도시잡업부에 정착하였다. 한국에서는 다른 후진국의 대도시에서 관찰되는, 근대적 부문과 단절된, 비공식 부문이 발달하지 않았다.[151] 도시에서의 급속한 공업화는 농촌에서 옮겨 온 대량의 인구에게 풍부한 일자리를 제공하였다. 도시잡업부는 비공식 부문이라기보다 근대적 부문에 종사하는 도시민을 위한 근대적 서비스산업이었다.

도시로의 이농을 포함하여 고도성장기 한국의 인구는 극히 높은 수준의 유동성을 보였다. 농촌에서는 읍邑·면面을, 도시에서는 동洞을 경계로 한 전국의 연간 인구이동률은 1970년대에 17.3%, 1980년대에 22.2%, 1990년대에 19.8%에 달하였다. 같은 기간 대부분의 한국인은 4~5년마다 주민등록지를 옮겼다. 인구이동은 농촌에서 도시로만이 아니었다. 인구는 도시에서 도시로, 도시에서 농촌으로도 이동하였다. 그 자세한 실태가 최초로 밝혀진 1995년의 경우, 전국의 연간 인구이동률은 19.9%인데, 시市·도道 내의 시市·군郡·구區 내 이동이 7.4%, 시·도 내의 시·군·구 간 이동이 6.2%, 시·도 간의 이동이 6.3%였다. 같은 해의 서울을 보면 구 내의 이동은 6.3%, 다른 구로의 이동은 8.7%, 다른 시·도로부터의 전입은 5.3%, 다른 시·도로의 전출은 8.3%였다.[152]

이처럼 고도성장기 한국인들은 보다 좋은 직장과 주거를 찾아 마치 철

150 강성복 엮음(1992), 『용화리의 역사와 민속 ― 충남 금산군 제원면 용화리 사례연구 ―』, 금산문화원, 118~123쪽.

151 박진도(2003), 「이농의 전개과정과 그 의미」, 『한국 농촌사회의 변화와 발전』, 91~93쪽.

152 통계청, 「국내인구이동통계」(http://kosis.kr).

새 무리처럼 유동하였다. 인구를 한곳에 정착시킬 만한 강한 지연의 단체는 도시의 어디에도 존재하지 않았다. 도시는 낯선 사람들이 군집한 익명성의 대중사회大衆社會였다. 농촌에서도 그러하지만 도시에서도 인간을 삭막한 대중사회로부터 구한 최후의 안식처는 가족과 그를 둘러싼 친족이었다. 역설적이게도 고도성장기의 한국인들은 산업화한 도시의 공간에서 그들이 선대 조상으로부터 물려받은, 가족의 생존과 번영을 사회생활의 제1의 목적으로 추구하는, 전통 소농사회의 생활윤리를 익숙하게 재현하였다.

1965년 사회학자 최재석은 지금도 읽을 가치가 충분한 『韓國人의 社會的 性格』이란 고전을 출간하였다. 이 책에서 그는 한국인의 사회적 행동을 설명하는 기본 원리를 가족주의家族主義에서 찾았다. 사회는 가족의 확장 형태였다. 가족생활에서와 마찬가지로 사람들은 예민하게 상호 간의 서열을 의식하면서 높은 지위의 감투를 추구하였다. 가족의 경계가 명확하듯이 사람들은 그의 사회생활에서 친밀한 집단과 소원한 집단을 잘도 구분하였다. 친밀한 집단을 대표하는 것은 동족, 동향, 동창이었다. 가족주의 사회에서 자립적 개인이란 범주는 결여되었다. 인간들은 개체로서 독립하기 이전에 그를 보호하고 이끌어 줄 집단을 지향하였다. 이는 사회생활의 곳곳에서 공公과 사私의 혼동, 이성과 감성의 혼동, 그에 따른 분쟁을 일상화하였다.[153]

익명성의 대중사회에서 무연無緣의 인간들이 갈등하거나 충돌한 정도는 확실히 인접국이나 동일 수준의 다른 나라에 비해 과도하였다. 1998년의 『사법연감』에 의하면, 1987~1997년 인구증가는 11.2%이나 소송 건수의 증가는 106%나 되었다. 1997년 한 해 동안 3.2명당 1명이 소송 관계

---

153 崔在錫(1965), 『韓國人의 社會的 性格 : 주로 言語生活의 分析에 의한 接近』, 民潮社.
이영훈(2014), 「한국사회의 역사적 특질 – 한국형 시장경제체제의 비교제도적 토대 –」, 『한국형 시장경제체제』, 409쪽.

로 법원을 이용하였다.[154] 여러 수준의 사회적, 문화적 차이가 그 배경을 이루겠지만, 나는 인간을 사회적으로 안돈시키는 단체의 결여가 가장 중요한 원인이라고 생각한다. 일본사회는 지연과 직능의 단체로 짜인 사회이다. 2003년 일본의 인구이동률은 한국의 4~5분지 1에 불과하였다.[155] 일본의 인구당 민사소송의 건수는 한국의 약 1/3에 지나지 않았다.[156]

새마을운동

박정희정부는 1968년부터 경제개발의 우선순위에서 밀려 있던 농업과 농촌 개발에 힘을 쏟기 시작하였다. 건국 이래 농업정책은 줄곧 저미가低米價의 기조를 유지하였다. 도시민과 노동자의 생활 안정을 위해 지배적 산업인 농업의 희생을 강요해 온 것이다. 전통적인 저미가 정책은 1968년 이후 고미가高米價 정책으로 돌아섰다. 경제성장의 과실로 어느 정도의 재정적 여유가 생기자 농업을 지지하기 시작한 것이다. 1968~1972년 정부는 추곡秋穀의 수매가격을 연평균 25%씩 인상하였다. 이는 같은 기간의 물가상승률 15%를 넘는 수준이어서 농가경제의 개선에 도움이 되었다. 농촌 개발을 위한 박정희 대통령의 의지와 구상은 1972년에 착수된 새마을운동으로 구체화하였다.

1971년 정부는 새마을가꾸기사업의 일환으로 전국 3만 3,000여 개 마을에 시멘트 335부대씩을 내려보냈다. 정부는 그 용도에 대해 10개 사업을 예시한 다음, 마을이 자율적으로 알아서 사용하도록 하였다. 그 결과는 마을마다 가지각색이었다. 어느 마을에서는 긴요하게 공동시설을 짓거나 마을 앞 개천에 다리를 놓는 데 투입했는가 하면, 다른 어느 마을에

154 이은영(1999), 「한국의 계약문화」, 『법과 사회』 16·17, 291쪽.

155 2003년 한국에서 읍·면·동을 경계로 한 인구이동률은 19.7%였다. 그에 비해 일본에서 시·구·정·촌을 단위로 한 인구이동은 4.7%였다. 통계청, 『2013년 국내인구이동통계연보』, 7쪽.

156 1997년 한국과 일본의 민사·행정 소송은 각각 268만여 건인데(한국: 法院行政處, 『司法年鑑』, 1998, 일본: 裁判所, 『司法統計』, 平成 9年), 일본의 총인구는 한국의 약 3배이다.

서는 집집마다 나누어 주거나 심지어 방치하는 가운데 시멘트가 굳어 버린 경우도 있었다.

1971년 9월 박정희 대통령은 새마을운동의 추진을 천명하였다. 다음해 정부는 전해의 실적이 비교적 양호한 1만 6,600개 마을을 선별하여 시멘트 500부대와 철근 1톤씩을 내려보내 환경구조의 개선에 쓰도록 하였다. 전해의 실적이 나쁜 나머지 절반의 마을은 지원 대상에서 제외되었다. 그랬더니 그 가운데 6,108개 마을이 자진해서 사업에 참여하였다. 정부에 의한 차별적 지원이 마을의 사회적 위신을 차별하자 주민의 단결을 촉구한 셈이었다. 새마을운동은 이렇게 닻을 올렸다.

새마을운동은 범정부적으로 추진되었다. 중앙정부에는 새마을중앙협의회가 설치되었다. 동 협의회에는 내무부장관을 위원장으로 하여 각 부의 차관, 청장, 농협·수협중앙회의 부회장 등이 참석하였다. 유사하게 도에는 도새마을협의회, 군에는 군새마을협의회가 조직되었다. 맨 아래의 마을에는 이동里洞개발위원회가 조직되어 새마을운동을 일선에서 추진하였다. 1973년 정부는 전국 3만 4,665개 마을을 리더십과 공동사업의 존재 여부 등을 기준으로 하여 2,307개의 자립마을, 1만 3,943개의 자조自助마을, 1만 8,415개의 기초마을로 구분하였다.[157] 기초마을은 마을의 리더십과 공동사업이 없는 저개발 상태의 마을을 의미하였다.

각 마을에는 그 등급에 적합한 사업이 요구되고 정부의 지원도 그에 맞추어 제공되었다. 기초마을이 자조마을로, 자조마을이 자립마을로 승격하기 위해서는 충족해야 할 기준이 명시되었다. 예컨대 자립마을이 되기 위해서는 마을의 간선도로가 닦여야 하고, 지붕과 담장의 80% 이상이 개량되어야 하고, 농경지의 수리율이 85% 이상이어야 하고, 마을 주변의 세천細川이 정비되어야 하고, 회관·창고·작업장 등 공동시설을 2건 이상 구

157 내무부(1980), 『새마을운동10년사』(자료편), 22쪽.

비해야 하고, 마을기금을 100만 원 이상 조성해야 하고, 농외소득사업을 벌여 호당 소득이 140만 원 이상이어야 하였다. 이같이 마을마다 등급이 부여되고 승격 기준이 제시되자 새마을운동은 요원의 불길처럼 일어났다. 실적이 우수한 마을에는 대통령의 하사금이 내려졌는데, 그 또한 마을 간의 심한 경쟁을 부추겼다. 새마을운동은 한국인들이 그들의 사회적 지위나 정치적 위신과 관련된 계기를 중심으로 해서는 얼마나 열정적으로 단결할 수 있는지를 잘 보여 주었다.

새마을운동 이전의 마을이 어떠한 상태였는지는 새마을운동에 참가한 농민들이 남긴 방대한 기록을 참고할 수 있다. "당시 우리 마을은 처음 오신 손님은 집 찾아가기도 힘든 좁고 꾸불꾸불한 마을 안길과 논둑, 그리고 초가집이며 썩고 쓰러져 가는 울타리에, 외양간의 배설물이 마당에 넘쳐흐르는 환경에, 오뉴월 보릿고개가 되면 장리쌀로 연명하는 가난한 생활 속에서 낙후와 침체를 벗어나지 못한 실의에 찬 마을이었다." "이러한 생활 속에서도 유학을 숭상하고 천농賤農의 폐습과 내가 똑똑하여 마을을 지배하겠다는 씨족의 권력 다툼에 서로 헐뜯고 매일 같이 음주와 싸움으로 분열과 불신 속에 살고 있었다."[158] 이 같은 회고는 다소간의 과장을 내포하겠지만, 대다수 농촌 주민들의 일상적 생활감각을 비교적 충실하게 대변하였다. 전국 3만 4,665개 마을 가운데 리더십과 공동사업을 보유한 자립마을이 고작 2,307개임은 부정할 수 없는 현실이었다.

조금 전에 지적한 대로 한국의 전통 마을은 일반적으로 공동이해에 기초한 단체가 아니었다. 그 같은 상태에서 새마을운동이 추구한 가장 의미 있는 변혁은 마을을 공유재산과 공동사업의 주체로, 곧 법인으로 재편성하는 것이었다. 새마을운동에 의해 전국의 모든 마을은 마을규약에 기초한 주민의 총회로 그 성격이 바뀌었다. 총회는 지도자를 선발했으며,

158 내무부(1980), 『새마을운동10년사』(자료편), 180~181쪽.

공동사업을 계획하고 추진했으며, 그와 관련된 예산과 결산을 심사했으며, 그 잉여금을 공동기금으로 비축했으며, 마을회관과 작업장 등을 공동명의로 소유하였다. 공유시설을 마련하기 위해 주민들은 조금씩 농지를 갹출하였다. 공동사업으로 얻은 수익의 일부는 또 다른 사업을 위한 마을기금으로 축적되었다. 마을이라는 사업체가 성공하기 위해서 주민들은 근면, 자조, 협동이라는 새마을정신으로 단결하였다.

새마을운동은 동시대의 고도경제성장에 못지않은 인상적인 성과를 남겼다. 박정희 대통령이 사망한 1979년까지 전국 3만 4,871개 마을 가운데 3만 3,893개 마을이(97%) 자립마을로 승격하였다. 나머지 976개 마을은 자조마을이었으며, 가장 후진적인 기초마을은 남김없이 사라졌다. 그와 더불어 농촌의 생활환경은 크게 개선되었다. 1970년 전기가 들어온 마을은 전체의 20%에 불과하였는데 1978년에는 98%나 되었다. 새롭게 닦이거나 확장된 마을길에는 자동차와 경운기가 통행하였다. 새마을운동에 투자된 자원 중 가장 비중이 큰 것은 소득증대 분야로서 총투자액의 44%를 차지하였다. 농로 개설, 창고 건설 등의 생산기반 조성 분야는 21%이며, 복지·환경 분야는 29%였다. 이 같은 투자에 힘입어 농가소득이 증가하였다. 1966~1973년 농가소득은 도시근로자가구소득의 83%에 불과했으나 1974~1979년에는 109%로서 오히려 농가소득이 도시근로자가구소득을 능가하였다.

박정희 대통령의 새마을운동은 농촌에서 어촌으로, 나아가 공장으로, 도시생활로 확산해 갔다. 1979년 전국의 3,174개 어촌은 법인격을 부여받은 1,439개의 어촌계漁村契로 조직되었으며, 그 가운데 865개가 자립어촌이었다.[159] 공장새마을운동은 환경미화, 복지 개선, 생산성 향상, 지역사회 협력을 주요 과제로 하였으며, 주로 대기업들이 참가하여 정부의 평가

159 내무부(1980), 『새마을운동10년사』 (자료편), 362쪽.

대상이 되었다. 박정희가 공장새마을운동을 통해 추구한 기업의 이상형은 노사가 함께 생산성을 올리고, 함께 불황을 극복해 가는 동고동락의 공동체였다.[160]

새마을운동은 단지 농어민과 근로자의 소득을 늘리고 생활환경을 개선하는 운동만이 아니었다. "퇴폐된 국민도의와 민족정기를 진작시킨다." 1961년 군사혁명 당시 박정희가 내건 혁명공약의 하나이다. 새마을운동은 그 공약에 준하여 인간과 사회를 개조하고자 하였던 일대 정신운동이었다. 그가 지휘한 고도성장의 경제정책이 국가경제의 공학적 건설을 추구하였다면, 새마을운동은 그에 상응하는 사회공학社會工學이었다. 그는 그가 설계한 "푸른 산, 맑은 물이 흐르는 하천, 계획된 도시, 정리된 농토, 구분된 공업지"의 국토에 인간들이 서로 신뢰하고 협동하는 공동체사회가 들어서기를 꿈꾸었다. 그의 사회공학 실험은 그의 권위주의정치가 붕괴됨과 더불어 중단되었다. 농촌과 어촌과 공장은 서서히 이전 상태로 되돌아갔다. 새마을운동은 오로지 박정희의 개성적 인격과 이념으로 추진된, 너무나 작위적인 실험이었다. 그렇지만 단기간의 사회공학이 거둔 인상적인 성과는 역설적이게도 한국사회에 잠재한 신뢰와 협동의 열정이 어떠한 계기와 원리로 분출될 수 있는지를 잘 보여 주었다.

노동시장의 특질

1910년대 이래 근대적 전환이 개시된 지 반세기가 지났지만 보통 사람들의 일상적 노동과 사회적 교제를 규정한 가치와 원리에서는 놀라울 정도로 변화가 적었다. 전술한 대로 농촌에서건 도시에서건 사회는 전통 소농사회의 충실한 재판이었다. 진정한 의미의 시민사회市民社會는 아직 지

160 공장새마을운동의 이념과 지향에 관한 박정희 대통령의 발언에 대해서는 다음을 참조할 수 있다. 이영훈·최상오·류상윤·김대현·홍제환·김성남 정리(2013), 『수출진흥확대회의 녹취록』 III, 338~344쪽.

평선 너머에 있었다. 그 사회에서 인간들이 가족의 사회적 지위를 개선할 수 있는 가장 확실한 통로는 교육이었다. 일정기 이래 교육은 한국인들이 사회적 지위를 개선할 수 있는 고속도로로서 그 역할을 하였다. "조선왕조의 성균관成均館과 과거제科擧制가 수행하였던 관료의 선발과 훈련의 기능은 오늘날 약간의 현대적인 옷을 입은 채 국립 서울대학교에서 재현되고 있다."[161] 서울대학교를 포함한 일류 대학을 졸업하고 각종 국가고시에 합격하는 것은 조선왕조가 베푼 과거에 급제하는 것과 진배없는 개인과 가문의 영광이었다.

재벌의 성장은 잘 교육된 인적자본이 계층 상승의 기회를 노리며 잔뜩 웅크리고 있는 한국사회의 짜임새에서 정부 관료제를 대체하는 또 하나의 중앙집권적 위신과 위계의 창출을 의미하였다. 정부와 재벌은 경제개발의 이념과 수단을 공유하였다. 재벌은 정부를 정점으로 하는 고도성장을 이끈 개발체제에서 유력 부서와 같은 것이었다. 재벌 기업에 취직하는 것은 대학을 졸업한 엘리트 청년들이 또 하나의 국가고시에 합격하는 것과 같은 출세의 관문이었다.

계층 상승의 기회를 추구함에 있어서 교육 다음으로 중요하였던 것은 동족, 동창, 동향과 같은 집단연고였다. 집단연고는 좋은 교육의 기회를 누리지 못한 하층민일수록 더욱 소중한 자산으로 관리되었다. 1980년대 초 어느 중견기업이 서울에서 차로 1시간 거리의 교외로 공장을 이전하였다. 그럼에도 종업원들은 공장을 따라 이사를 하지 않았다. 그들은 회사가 제공한 통근버스로 출퇴근을 하였다. 그 버스에 동승한 어느 일본인 사회학자에게 종업원들은 그들이 공장을 따라 이사하지 않은 이유는 더 유리한 일자리에 관한 정보의 네트워크에서 벗어나기 싫어서라고 대답하였다. 그 사회학자는 예전 공장에 가깝고 노동자들이 많이 사는 동네의

---

161 그레고리 헨더슨 저, 박행웅·이종삼 옮김(2000), 『소용돌이의 한국정치』, 한울아카데미, 320쪽.

한 술집이 그 네트워크의 중심임을 알아냈다. 어느 날 그 중견기업은 '종업원 모집' 광고를 냈다. 행인이 별로 없는 도로변의 공장 정문에 A4 1장의 광고지를 붙였을 뿐이었다. 그럼에도 면접 당일에 많은 구직자들이 몰려왔다. 종업원의 절반 이상은 전라북도의 어느 고등학교 출신이었다. 구직자들은 이미 공장에 취업해 있는 동창을 통해 종업원 모집에 관한 정보를 얻었다. 회사의 광고도 그러한 정보의 네트워크를 전제한 값싸고 편리한 방식이었다.[162]

나는 이 일화 하나만으로도 고도성장기 한국인들의 사회생활을 규정하였던 계기와 원리가 어떠한 것인지, 그 대부분을 잘 설명할 수 있다고 생각한다. 더 나은 일자리 정보는 동창과 동향이라는 집단연고의 네트워크를 통해 흘렀다. 도시에서 형성된 익명성의 대중사회에서 사람들은 자신의 정체를 포함하여 다른 사람의 정체를 규정하고 평가함에 있어서 그러한 집단연고에 의존할 수밖에 없었다. 다른 대안적 범주로서 단체나 신뢰조직은 별로 존재하지 않았다. 그들이 떠나온 농촌사회가 원래 그러하였다. 그 결과 오늘날 한국인들을 가장 힘들게 하는, 출신지를 기준으로 사람을 구분하고 차별하는, 지역감정이 생겨났다.[163]

급속한 공업화는 경제활동인구의 취업구조를 근대화하였다. 1963년 각종 제조업의 종업원은 월평균 40만 2,000명으로 전 산업 취업인구의 7.9%였다. 그 수는 1997년까지 289만 7,700명으로 늘었다. 취업인구의 비중은 21.3%였다. 그렇게 급속히 불어난 노동자 계층의 사회적 특질이 어떠한지는 뜨거운 논쟁거리이다. 상이한 관점에도 불구하고 다음과 같은 몇 가지 사실은 널리 공유되었다. 우선 노동자의 취업상태는 일반적으로 매우 유동적이었다. 1970년 제조업 노동자의 월평균 이직률은 6%의

162 핫또리 타미오 지음, 유석춘·이사리 옮김(2007), 『개발의 경제사회학—한국의 경제발전과 사회변동—』, 184~186쪽.

163 송복(1990), 『한국사회의 갈등구조』, 현대문학, 269~279쪽.

높은 수준이었는데, 이후 점차 낮아지긴 했지만 1994년에도 3.1%의 비교적 높은 수준에 머물렀다. 제조업 노동자의 평균근속연수는 1980년 2.5년에서 1993년 4.3년으로 길어지긴 했지만, 다른 나라에 비해 여전히 짧았다. 예컨대 1993년 일본 노동자의 평균근속연수는 12.5년이었다. 근속연수는 기업 규모에 따라 격차가 있었다. 1980년 종업원 500명 이상 대기업에서의 근속연수는 3.4년임에 비해 30~99명 소기업에서의 근속연수는 2.0년에 불과하였다. 이 격차는 점점 확대되는 추세였다. 1993년 전자는 7.4년, 후자는 3.0년이었다.[164]

일반적으로 장기근속은 결여되었다기보다 선호되지 않았다. 노동자의 임금체계는 단기근속을 유인하는 구조였다. 근속연수와 경력연수가 같을 경우 임금의 차이는 거의 없었다. 그리하여 어느 노동자가 한 기업에 장기근속할 경우의 임금과 다른 기업으로 이동할 경우의 임금이 거의 동일하여 전직轉職의 불리함이 없었다. 또한 임금체계는 일반적으로 하후상박형下厚上薄型이었다. 1993년 임금인상 방식에 관한 조사에 의하면 하후상박 기업이 54%, 일률 인상이 33%, 개인별 격차가 7%였다. 흥미롭게도 대기업일수록 하후상박형이 많았다. 예컨대 종업원 1,000명 이상의 대기업에서 임금의 하후상박형 인상은 조사 대상 전 기업의 평균 54%를 훨씬 초과하는 72%나 되었다. 경제성장에 따라 기업 규모별 임금 수준에 격차가 발생하였으며, 그에 따라 전술한 대로 대기업 노동자의 근속연수는 중소기업에 비해 길어지고 있었다. 그럼에도 그들은 단기근속을 유인하는 임금체계를 선호하였다. 그것은 대기업 노동조합의 지도자들이 대개 20~30대 청년이기 때문이었다.[165] 노동자와 조합의 지도자들이 하후상박형 임금체계를 선호하였음은 그들 대부분이 어느 공장에 장기근속

164 白弼圭(1996), 『韓國勞使關係の新構造』, 日本經濟評論社, 115~117쪽.

165 白弼圭(1996), 『韓國勞使關係の新構造』, 127~132쪽.

하는 노동자로 그들의 인생을 설계하지 않았음을 이야기해 주고 있다.[166]

노동자의 숙련도는 전반적으로 낮은 수준이었다. 1991년 생산직 노동자의 78%는 단순반복작업을 행하는 단순기능직급에 속하였다. 한국노동연구원의 조사에 의하면 숙련공이 되는 데 필요한 기간은 조사에 응한 기업의 84%에서 3년 이하였다. 조사에 응한 노동자들은 신입사원으로서 자신에 부과된 작업의 숙련을 취득하는 데는 8개월이면 족하다고 하였다. 그들이 작업반의 모든 작업의 숙련을 취득하는 데 걸리는 시간은 1년 반 정도라고 대답하였다. 이처럼 숙련과 미숙련의 골이 깊지 않은 가운데 기업은 그가 필요로 하는 숙련을 경력노동자의 채용을 통해 확보하였다. 조사에 응한 대부분의 기업은 단순기능직급으로서 하급 종업원, 기능직급(기능사2급)으로서 반장(기사보), 숙련기능직급(기능사1급)으로서 직장(기사, 기장), 기술공직급으로서 계장(기사장), 기술자직급으로서 과장 등의 모든 직급에서 신규채용자의 50% 이상을 경력노동자로 채우고 있었다.[167]

이 사실은 기업이 필요로 하는 숙련이 기업 내부에서 기업 특수적으로 형성되는 것이 아니라 기업 외부의 학교나 직업훈련소에서 범용적으로 교육된 것임을 이야기하고 있다. 전술한 대로 한국의 고도성장은 조립형 공업화의 길을 밟았다. 주요 기계, 부품, 원재료는 수입되었으며, 선진 기술도 그것들에 체화된 형태로 도입되었다. 그 기술은 단기간의 훈련으로 그에 요구되는 숙련을 쉽게 체득할 수 있는 표준화된 성숙기술이었다. 이 같은 생산조건에 규정되어 고도성장기 한국의 노동시장에서는 각급의 숙련을 기업 외부에서 확보하는 외부노동시장外部勞動市場이 주류를 이루었다. 기업 내부에서 숙련이 축적되고 각급 숙련이 내부 승진으로 확보되는 내부노동시장內部勞動市場의 발전은 미약하였다. 노동시장의 이 같은 특질로 인해 작업장 내의 노무관리는 일반적으로 권위주의적 방식이었다. 작

166 李榮薰(2000), 『韓國 市場經濟와 民主主義의 歷史的 特質』, 韓國開發硏究院, 112쪽.

167 白弼圭(1996), 『韓國勞使關係の新構造』, 139~141쪽.

업량, 작업속도, 작업시간 등은 회사에 의해 일방적으로 결정되어 하달되었으며, 반장 등 현장 감독자의 통제하에서 수행되었다. 하급 종업원들에게 강요된 인사고과의 가장 중요한 기준은 명령에 대한 순응도였다.[168]

노동운동

이상과 같은 노동시장의 특질을 전제할 때, 고도성장기의 노동자사회를 정치이념이나 생활문화를 공유한 계급class으로 정의할 수 있을지는 의문이다. 계급의 의미와 구성을 다양하게 재해석함으로써 한국의 노동자들에게 체제 변혁의 주력으로서 계급의 영혼을 불어넣고자 하였던 마르크스주의자들의 집요한 노력은 결국 실패하였다. 그럼에도 고도성장기의 정부와 자본가단체는 근로조건의 개선을 위한 노동자들의 집단적 움직임을 억압하였다. 노동자들의 단체행동은 자본의 순조로운 축적을 방해할 뿐 아니라, 사회·경제체제의 전복을 노리는 급진적 정치세력의 음모와 결부될 가능성이 크다는 이유에서 불온하게 간주되었다. 고도성장기의 노동자사회가 진정 계급이었던 것은 그들을 계급으로 동원하고자 하였던 좌파 정치세력과 그들을 계급으로 간주하고 억압하였던 우파 정치세력의 대립과정에서였다.

1953년 이승만정부하에서 제정된 최초의 노동조합법은 노동자들이 조합을 결성하고 단체교섭과 단체행동을 할 권리에 대해 비교적 관대하였다. 5·16 이후 박정희정부는 기존의 노동조합을 해체하고, 공무원과 교원의 노동조합 활동을 금지하였다. 1963년 개정된 노동조합법은 신고증의 발급이라는 절차를 신설함으로써 노동조합 설립의 자유를 제약하였다. 노동조합의 활동에 행정 관청이 개입할 여지는 확대되었으며, 노사협조를 위한 노사협의회의 설치가 강제되었다.[169] 해체된 노동조합은 1963년

168 李榮薰(2000),『韓國 市場經濟와 民主主義의 歷史的 特質』, 112~113쪽.

169 임종률(1985),「노동법의 제문제」, 박현채 외,『한국자본주의와 노동문제』, 돌베개, 183~185쪽.

16개 산별노조, 313개 지부, 1,820개 분회의 형태로 재건되었다. 조합원은 22만 4,000명이었다. 16개 산별노조 위에는 한국노총韓國勞總이 기존의 대한노총大韓勞總을 대신하여 노동조합의 전국 연맹체로, 정부에 협조하는 어용단체로 조직되었다.

박정희정부가 특이하게도 노동조합을 산별노조-지부-분회의 계통으로 재건한 것은 노동조합의 활동을 효율적으로 통제할 목적에서였다. 그럼에도 산별노조는 노동운동을 활성화하는 데 도움이 되었다. 노동조합은 1971년까지 446개 지부, 3,061개 분회, 49만 7,000명 조합원으로 조직을 확장하였다. 1960년대 후반에는 매년 100건 내외의 노동쟁의가 일었는데, 쟁의당 참여 노동자는 산별노조의 동원력에 힘입어 평균 1,500명의 대규모였다. 쟁의에 따른 노동손실 일수는 연평균 50일이었다.

1972년에 성립한 유신체제는 노동운동을 강하게 억압하였다. 1973년에 개정된 노동조합법은 종전의 태도를 바꾸어 산별노조를 억압하고 기업별 노조를 노동조직의 단위로 인정하였다. 유신체제가 발포한 국가보위에 관한 특별조치법은, 노동조합의 단체교섭권과 단체행동권의 행사는 미리 주무 관청에 조정을 신청하고 그 결정에 따르도록 강요하였다.[170] 1979년까지 노동조합의 조직은 분회 4,394개에 조합원 수 108만여 명으로 늘었다. 노동조합의 조직률(조합원 수/피용자 수)도 1970년 12.6%에서 1979년 16.8%로 개선되었다. 그렇지만 유신체제의 억압을 받아 노동운동은 전반적으로 정체하였다. 1975~1979년 연간 100여 건의 노동쟁의가 발생하였는데, 참여 노동자는 쟁의당 95명 전후로 1960년대에 비해 1/10 이하였다. 쟁의에 따른 노동손실 일수도 연평균 14일에 불과하였다.

유신체제하의 노동쟁의는 섬유공업을 중심으로 한 노동집약적 경공업에서 빈발하였다. 한국경제의 가장 취약한 고리인 그 부문에서의 노동쟁

170 임종률(1985), 「노동법의 제문제」, 『한국자본주의와 노동문제』, 185~186쪽.

의는 주로 저임금과 회사의 부당한 처우에 항거하는 여성 근로자들의 생존투쟁으로 전개되었다. 유신체제에 저항하면서 노동자를 체제 변혁의 힘으로 동원하고자 하였던 종교단체와 정치세력의 지원을 받아 노동쟁의는 쉽사리 전국적 이목을 집중하는 정치투쟁으로 승화하였다. 1979년 8월 가발공장 YH무역의 여성 노동자들이 회사의 폐업 조치에 항의하여 야당 당사에서 농성을 벌였다. 경찰의 강경한 진압과정에서 여성 노동자 1명이 사망하였다. 이 사건은 그해 10월 유신체제가 붕괴하는 데 적지 않은 역할을 하였다.

뒤를 이은 전두환정부는 노동운동에 대해 적대적이었다. 1980년 신군부는 노동조합의 급진적인 간부들을 체포하였으며, 주요 노동운동가 1,000여 명의 블랙리스트를 작성하여 기업들에게 해고와 취업 거부를 강요하였다. 1980년에 개정된 노동조합법은 노조 설립의 요건을 강화하고, 직권 중재의 범위를 확대하고, 노동쟁의에 대한 제3자 개입을 금지하였다. 전두환정부하에서 노동운동은 침체하였다. 1986년의 조합원 총수는 103만여 명으로서 1979년의 108만여 명에 미달하였으며, 조직률도 1979년보다 낮은 12.3% 수준이었다.

대투쟁의 귀결

박정희와 전두환 두 대통령으로 이어진 권위주의정치는 1987년 6월에 막을 내렸다. 대통령직선제를 요구한 야당과 비판적 정치세력은 일반 국민의 지지를 대규모 군중 시위로 조직해 내는 데 성공하였다. 군부 출신의 집권세력은 대통령직선제 요구를 극적으로 수용함으로써 그때까지 전도가 암울하였던 한국의 정치체제를 민주적 형태로 연착륙시키는 데 성공하였다. 이 같은 정치적 변혁과 보조를 같이하면서 노동운동이 크게 고조되었다. 1986년에 276건, 참가인원 4만 7,000명, 노동손실 72일에 불과하던 노동쟁의가 1987년에 무려 3,749건, 126만 2,000명, 6,947일로 폭발하였다. 이후 잦아들긴 했지만 노동쟁의는 1988년에 1,873건, 1989년에 1,616건으로 1987년 이전의 연간 100~200건에 비할 바가 아니었다. 쟁의의 주요 내용은 임금인상, 근로조건 개선, 단체협약 체결 등이었다. 노동조합의 수는 1986년 2,658개에서[171] 1989년 7,861개로, 조합원 수는 1986년 103만 명에서 1989년 193만 명으로, 조직률도 1986년 12.3%에서 1989년 18.6%로 각기 최고 수준에 달하였다.

흔히들 노동자 대투쟁으로 불리는 1987~1989년 노동쟁의는 이전에 볼 수 없었던 몇 가지 전향적 양상을 드러냈다. 종전의 노동쟁의는 대개 노동집약적 경공업에서 가장 열악한 처지에 놓인 여성 노동자들에 의해 주도되었다. 그에 비해 새로운 노동쟁의는 중화학공업의 대기업에까지, 나아가 각종 서비스업이나 사무직에까지 확산하면서 남성 노동자를 중심세력으로 하였다. 나아가 종전의 노동쟁의가 개별 기업을 단위로 하였다면, 새로운 노동쟁의에서는 산업 단위 내지 지역 단위의 노동자 연대가 지도적 역할을 담당하게 되었다.

1986년 12월에 개정된 노동조합법은 제3자 개입 금지를 완화하여 총연합단체인 노동조합 또는 노동조합이 가입한 산업별 노동조합은 제3자로 보지 않는다고 하였다. 또한 단위 노동조합은 해당 관청에 신고한 뒤, 다시 말해 해당 관청의 허가를 얻지 않고도 상위의 연합단체에 근로조건의 교섭을 위임할 수 있도록 하였다. 이러한 법 개정에 지지되어 업종별, 지역별 노동자 연대가 촉진되었다. 제조업 생산직 노동조합은 1987년 말까지 17개 지역노조협의회를 조직하여 630개 노동조합에 26만 노동자를 결집시켰다. 서비스업 사무직 노동조합도 1987년 말까지 13개 업종별 노동조합협의회를 결성하여 690개 노동조합에 17만 노동자를 조직하였다. 이

171 기업별 노조를 말한다. 1980년 전두환정부는 기존의 공장 단위의 노조, 곧 분회를 기업별 노조로 통폐합하였다. 그 결과 노동조합의 수가 1979년 4,394개에서 1980년 2,618개로 줄어들었다.

들 지역별, 업종별 협의체는 1993년 전국노동조합대표자대회로 결집하였으며, 1995년에는 861개 노동조합에 42만 명의 조합원을 포괄한 민주노총民主勞總을 노동자의 새로운 전국적 연대로 출범시키는 데 성공하였다. 이후 민주노총은 기존의 전국적 연대인 한국노총과 경쟁하면서 세력을 확산하였다. 민주노총의 조합원은 1995년 42만 명에서 2002년 68만 명으로 증가한 반면, 한국노총의 조합원은 1995년 121만 명에서 2002년 87만 명으로 감소하였다.[172]

새로운 연대를 추진한 노동운동가들은 "자본주의 부정과 사회주의 건설"을 지향하였다. 그들이 '노동해방'과 '평등사회'의 구호를 내걸었을 때 그것은 자본주의적 계급관계의 폐지와 사회주의체제의 건설을 의미하였다.[173] 고도성장기에 걸쳐 한국 자본주의체제의 전복과 그를 통한 민족통일의 성취를 꿈꾸는 급진적 이념의 정치세력이 은밀하게 성장하였다. 권위주의적 개발체제에 대한 민주적 저항이 그들의 은밀한 성장을 지원하였다. 그들의 혁명가적 열정은 1980년대에 들어 학계, 문화·예술계, 노동운동계에 상당한 세력의 지지기반을 구축함에 성공하였다. 노동자 대투쟁과 전국적 범위의 노동조직의 출현은 그들의 기획과 선동에 의한 것이었다.

그렇지만 노동운동의 새로운 주력으로 부상한 대기업의 남성 노동자들은 결코 급진적 정치세력이 기대한 전투적인 노동계급이 아니었다. 그들이 '노동해방'의 구호에 열띤 반응을 보인 것은 "자본가들에 대해 억눌렸던 울분을 배설하는 감정적 표상"이었다.[174] 어느 정도 울분이 해소되자 그들은 다시 작업장으로 복귀하였다. 노동쟁의 건수는 1990년부터 1986년 이전 수준으로 잦아들었다. 다만 대기업이 쟁의의 새로운 무대가

172 조돈문(2011), 『노동계급 형성과 민주노조운동의 사회학』, 후마니타스, 129~130·133쪽.
173 조돈문(2011), 『노동계급 형성과 민주노조운동의 사회학』, 131쪽.
174 조돈문(2011), 『노동계급 형성과 민주노조운동의 사회학』, 131쪽.

된 만큼 참여인원과 노동손실 일수는 이전에 비해 한층 더 컸다. 그렇지만 노동조합 세력은 조합 수, 조합원 수, 조직률 등의 모든 지표에서 1989년을 정점으로 쇠퇴하였다. 조직률은 1989년의 18.6%를 정점으로 하여 1996년의 12.3%, 2006년의 10.3%로 지속적으로 하락하였다.

노동자 대투쟁을 선동한 급진적 정치세력의 탄식을 자아내면서 노동운동은 점점 보수화하였다. 제조업 대기업과 서비스업 공기업에서 정규직 종업원들은 그들의 기득권을 보호하기 위해 노동조합에 참여하였다. 그들은 비정규직 내지 일용직 노동자에 대한 차별을 용인했으며, 그들을 조합원으로 맞아들이길 거부하였다. 그들은 높은 수준의 임금과 양호한 근로조건을 제공하는 사용주와의 개별적 단체교섭에 만족했으며, 열악한 환경에 놓인 중소기업의 노동자들과는 연대하려 들지 않았다.[175]

1987~1989년의 노동자 대투쟁이 대기업 노동자들의 한풀이였음은 역설적으로 고도성장기에 걸쳐 그들의 경제적 처지가 꾸준히 개선되어 왔음을 이야기해 주고 있다. 노동과 임금에 관한 정밀한 추계는 노동자들의 임금이 노동생산성의 증가 추세에 맞추어 착실히 인상되어 왔음을 보이고 있다.[176] 모든 직급에 걸친 높은 이직률이 이야기하듯이 노동시장은 매우 경쟁적이었다. 그러한 시장에서 양질의 노동력을 안정적으로 확보하기 위해서는 생산성 상승에 준하는 임금 상승이 지속적으로 요구되었다. 노동자 대투쟁은 빈곤에 따른 경제적 투쟁이 아니었다. 그것은 기본적으로 정치적인 계기와 심리적인 동기에서 촉발되었다. 전술한 대로 한국의 노동시장은 외부노동시장이다. 그 시장이 불가피하게 요구한 권위주의적 노무관리는 현장 책임자인 숙련공까지 포함하여 그들의 사회적, 정치적 지위에 대한 불만을 자아냈다. 노동자 대투쟁은 노동자들이 그들의 개선

175 정이환(2011), 『경제위기와 고용체제 — 한국과 일본의 비교 —』, 한울, 307~314쪽.

176 박덕제(2005), 「노동정책과 노사관계」, 『새로운 한국경제발전사 — 조선후기에서 20세기 고도성장까지 —』, 483~486쪽.

된 경제적 처지에 상응하는 사회적, 정치적 대우를 그들의 사용자에게 집단시위로 요구한 현상에 다름 아니었다.

투쟁의 결과 그들은 사용자와 대등한 지위에 놓인 그들의 새로운 신분을 확인하였다. 그들은 그 기쁨과 보람을 그들만의 기득권으로 껴안았다. 역사적으로 형성된 그들의 개성은 혁명을 꿈꾸는 노동계급일 수 없었다. 그들은 관료제적 위계로 짜인 사회의 계층구조에서 보다 나은 신분적 지위로 올라가기 위해 어떠한 노력과 투쟁도 불사할 태세가 되어 있는, 지난 수세기에 걸친 사회경제사에서 그 생활가치와 행동전략이 성숙해 온, 그 맬서스시대를 살아남은, 영악하기 짝이 없는 소시민층이었다. 1960~1970년대의 한국인들을 홍기시켰던 '조국근대화'나 '산업보국'과 같은 거대 구호는 어느덧 사라지고 없었다. 그를 대신하여 민주제 정치가 노동자들의 신분을 개선할 수 있는 합법적인 경로와 수단을 제공하자, 그것은 경제력과 조직력을 갖춘 대기업 노동자들에 의해 가장 먼저 향유되었다. 그 점에서 고도성장기의 노동운동은 1970년대의 새마을운동과 마찬가지로 한국인들이 그들의 사회적, 정치적 위신과 관련된 계기를 중심으로 해서는 얼마나 열정적으로 단결할 수 있는지를 잘 보여 주었다.

4. 중진국 상위권으로의 진입

'한강변의 기적'

1963~1997년에 걸친 연평균 9.1%의 고도성장으로 한국경제는 괄목할 만한 성취를 이루었다. 〈표 11-9〉에 나와 있듯이 1인당 GDP는 1962년의 87달러에서 1997년 1만 1,583달러로 증가하였다(경상가격). 실질소득은 2005년 가격으로 1962년 1,125만 원에서 1997년 1억 3,308만 원으로 11.8배 증가하였다. 국민소득의 지출구성을 보면 소비가 97.6%에서

[표 11-9] 국민소득, 지출구성, 산업구조의 추이(1962~1997)

구분 \ 연도	인구 (천 명)	GDP (억 달러, 명목)	1인당 GDP (달러, 명목)	1인당 GDP (만 원, 2005년 가격)	국민소득 지출구성(%)				산업구조(%)			
					소비	투자	수출	(공제) 수입	농림어업	제조업	건설업	서비스업
1962	26,513	23	87	1,125	97.6	13.8	5.1	16.8	39.8	12.4	3.5	41.0
1967	30,131	42	139	1,489	90.2	21.8	11.5	22.2	33.2	17.3	4.2	42.1
1972	33,505	108	322	2,171	83.8	21.1	18.9	23.9	28.6	20.0	4.0	44.9
1977	36,412	382	1,049	3,416	72.2	28.2	29.7	30.9	24.2	23.9	5.3	43.7
1982	39,326	775	1,971	4,315	73.8	28.1	31.8	35.2	15.6	24.9	7.3	48.4
1987	41,622	1,434	3,445	6,805	61.6	28.7	37.6	30.4	10.5	29.5	6.4	49.5
1992	43,748	3,381	7,728	9,787	63.1	36.0	26.8	27.0	7.5	25.9	10.7	53.3
1997	45,954	5,323	11,583	13,308	65.0	34.6	31.7	32.2	5.3	25.4	10.4	56.5

출처: 김낙년 편(2012), 『한국의 장기통계: 국민계정 1911-2010』, 서울대학교출판문화원, 415~427·519~520쪽.

비고: 산업구조의 합계가 100%가 안 되는 것은 광업과 전기·가스·수도사업이 빠져 있기 때문이다.

65.0%로 줄고, 투자가 13.8%에서 34.6%, 수출이 5.1%에서 31.7%로 늘었다. 곧, 투자와 수출이 고도성장을 이끌었다. 투자와 수출에 따른 총수요의 급속한 증가가 수입을 포함한 총공급의 급속한 증가를 부르는 호순환이 34년간 이어졌다. 그사이 국가경제의 산업구조도 선진형으로 고도화하여 농림어업이 39.8%에서 5.3%로 줄고, 제조업과 건설업이 15.9%에서 35.8%로, 서비스업이 41.0%에서 56.5%로 늘었다.

이 같은 성취로 인해 한국경제의 국제적 위상은 크게 달라졌다. 세계은행 데이터베이스에 의하면, 1962년 한국의 1인당 GDP는 그것이 알려진 104개국 가운데 86위였다. 한국은 캄보디아(84위), 나이지리아(85위), 케냐(87위), 방글라데시(88위)와 함께 빈국의 대열에 속하였다. 1997년 한국의 1인당 GDP는 그것이 알려진 192개국 가운데 43위였다. 인구가 5,323만 명이나 되어 GDP의 규모는 192개국 가운데 11위의 상위권에 속하였다.[177] 한국경제를 중진국中進國 상위권에 올려놓겠다는, 1971년 3선 대통령에 취임하면서 박정희가 제시한 꿈의 약속은 1990년대가 되어 현실화되었다.

〈표 11-10〉은 매디슨 데이터베이스가 제시하는, 1990년 가격으로 실질화된, 20개국의 1인당 GDP 추세이다. 동 데이터베이스에 의하면 1962~1997년 147개국의 1인당 GDP는 평균 1.96배 증가하였다. 이에 미치지 못하는 나라들이 있는데, 북한(1.0배), 필리핀(1.5배), 소련(1.0배), 아르헨티나(1.5배), 쿠바(1.1배), 가나(0.9배) 등이다. 이 나라들은 1970년대 또는 1980년대까지는 조금씩 성장하다가 이후 후퇴하는 공통의 현상을 보였다. 세계의 대부분이 번영을 향해 달린 그 시기에 그로부터 이탈한 대오이다. 잘 알려진 대로 공산주의, 포퓰리즘, 부정부패, 정치적 분열과 같은 제도의 실패가 그 원인이었다. 한국은 이러한 위험이나 유혹을 훌륭하게 회피하였다.

같은 기간 한국의 1인당 소득은 10.8배 증가하였는데, 이는 표에 제시된 20개국뿐 아니라, 매디슨 데이터베이스가 포괄하는 147개국 가운데서도 가장 높은 수준이다. 그 다음으로 타이완이 10.1배, 싱가포르가 8.0배이다. 세계의 언론은 표에서 빠진 홍콩을 포함하여 이들 네 나라를 곧잘 '아시아의 네 마리 용龍'이라 하였다. 동 기간 인도는 상대적으로 정체하였으며, 중국은 개혁·개방을 이룬 1970년대 후반부터 도약하기 시작하였다. 동 기간 세계경제를 리드한 미국, 독일 등의 선진국은 2~3배의 정상적인 성장을 구가하였다.

고도성장기의 한국인들은 즐겨 그들이 이룩한 성취를 '한강변의 기적'이라고 자랑하였다. 이 말이 처음 언론을 탈 때만 해도 그것은 일종의 넋두리였다. 1960년은 쥐의 해였다. 그해 정월 초하루 『동아일보』는 서독은

---

177 World Bank, World Development Indicators(http://data.worldbank.org).

【표 11-10】 주요 20개국 1인당 GDP(1962~1997)

단위: 1990 Int. GK$

연도＼국가	한국	북한	일본	타이완	싱가포르	중국	필리핀	인도	미국	영국
1962 (A)	1,245	1,122	4,777	1,459	2,520	550	1,537	758	11,905	8,865
1967	1,645	1,483	7,152	2,070	3,163	707	1,690	807	14,330	10,049
1972	2,456	2,561	10,734	3,113	5,460	798	1,853	834	15,944	11,294
1977	3,775	2,841	12,064	4,236	7,224	894	2,211	937	17,567	12,384
1982	4,557	2,841	14,078	5,590	9,654	1,186	2,421	985	18,325	12,955
1987	6,916	2,841	16,251	8,598	11,743	1,737	2,019	1,125	21,788	15,393
1992	9,877	2,578	19,440	11,304	15,167	2,132	2,099	1,350	23,285	16,133
1997 (B)	13,501	1,176	20,617	14,696	20,231	3,013	2,331	1,675	26,074	19,115
B/A	10.8	1.0	4.3	10.1	8.0	5.5	1.5	2.2	2.2	2.2

연도＼국가	프랑스	독일	스웨덴	스페인	그리스	오스트레일리아	소련	아르헨티나	쿠바	가나
1962 (A)	8,067	8,222	9,469	3,800	3,499	9,027	4,140	5,677	2,046	1,416
1967	9,907	9,397	11,219	5,334	4,951	10,733	4,963	6,399	2,248	1,339
1972	12,264	11,481	13,002	7,099	7,400	12,404	5,643	7,635	2,096	1,402
1977	13,913	13,072	14,004	8,833	8,255	13,546	6,454	8,304	2,520	1,181
1982	15,132	14,040	15,058	9,293	8,879	14,412	6,536	7,246	2,890	1,042
1987	16,158	15,701	16,949	10,520	9,375	16,293	6,952	7,298	2,982	1,007
1992	17,880	16,891	16,969	12,413	10,201	16,989	5,474	7,384	2,216	1,112
1997 (B)	18,690	17,709	18,375	13,912	10,902	19,612	3,993	8,615	2,152	1,248
B/A	2.3	2.2	1.9	3.7	3.1	2.2	1.0	1.5	1.1	0.9

출처: www.ggdc.net/maddison/maddison-project/home.htm

패전의 잿더미에서 '라인강변의 기적'을 일으켰는데, 우리는 아직 전기가 부족하여 송전을 통제하고 있으니, 어두컴컴한 곳만 찾아드는 쥐와 같은 신세라, 언제 '한강변의 기적'이 일어나 쥐구멍에 볕들 날 있겠는가라는 가십을 게재하였다.[178] 고도성장의 질주와 더불어 이 같은 신세한탄은 말끔히 가셨다. '한강변의 기적'은 한국경제의 특별한 성취를 상징하는 일종의 국민적 슬로건으로서 널리 인구人口에 회자膾炙되었다. 그런데 무엇이 기적을 불러왔던가.

역사적 조망

자연이나 사회에서 기적은 없다. 아무리 특별해 보이는 성취라 해도 특정의 환경과 여건이 허락한, 일어날 만한 일이 일어난 것뿐이다. 한국인이 좀 더 현명하였더라면 '한강변의 기적'은 그 역사적 종점인 1997년을 넘어 좀 더 길게 지속할 수도 있었다. 경제현상의 수량적 분석에 능한 경제학자들은 경제성장률을 양적인 생산요소의 증가율과 질적인 총요소생산성總要素生產性의 증가율로 분해하는 성장회계분석成長會計分析의 방식으로 한국경제의 성장요인을 해부하였다. 이를 위해 노동, 중간재, 자본재 등 생산요소의 투입량과 증가율이 측정되었다. 경제성장률에서 생산요소의 증가율로 설명되지 않은 잔차殘差는 기술개발이나 규모의 경제에 따른 총요소생산성의 증가율로 간주된다. 가장 널리 알려진 한국개발연구원의 추계에 따르면, 1963~1995년의 평균 경제성장률 가운데 56%는 생산요소의 투입 증가에 따른 양적 성장의 몫이고, 나머지 44%는 기술개발이나 규모의 경제에 따른 질적 성장의 몫이다.[179] 고도성장기 한국경제의 성취는 노동이나 원료만 잔뜩 퍼부은, 조만간의 한계가 불가피한, 저질의

178 『東亞日報』 1960년 1월 1일.

179 Kwang Suk Kim & Sung Duk Hong(1997), *Accounting for Rapid Economic Growth in Korea 1963-1995*, Korean Development Institute, p.129.

성장만은 아니었다.[180] 그런데 성장회계분석은 성장의 요인을 사후적으로 분해해서 보일 뿐, 성장을 가능케 한 배경과 조건에 대한 구조적이거나 역사적인 이해는 아니다. 투입된 노동, 중간재, 자본재에는 역사적으로 축적된 제도나 사회적 자본의 효과가 녹아 있다. 선진국에서 수입된 중간재에는 선진국의 기술과 제도가 스며 있다. 성장회계분석은 생산요소로부터 그러한 질적 요소를 분리해 낼 수 없다. 양적 성장과 질적 성장은 원래 구분이 불가능한 것이다.

이 책은 한국경제의 역사를 3천 년 이상이나 소급하여 추구해 온 덕분에 좀 더 구조적이고 역사적인 시각에서 고도성장기를 조망할 수 있는 비교우위를 안고 있다. 지속적인 경제성장을 위한 가장 중요한 조건은 제1장에서 강조한 대로 시장경제체제市場經濟體制의 정립이다. 그것이야말로 운명의 갈림길이었다. 역사적 경험과 배경을 공유하는 남한과 북한이 〈표 11-10〉에서와 같이 1997년에 이르러 무려 12배의 소득 격차를 보이게 된 것은 북한의 정치가들이 어리석게도 시장경제체제로부터 이탈하였기 때문이다. 남한이 계속 머물기를 선택하였던 그 경제체제는 제8장에서 설명한 대로 일정기日政期에 걸쳐 일본으로부터 이식된 것이다. 자기 노동과 투자의 과실을 자기의 권리로 향유하는 재산권제도를 비롯하여 거래비용을 줄이는 제반 시장기구가 들어서는 것도 1910~1920년대의 일이다.

생산 증가율이 인구 증가율을 지속적으로 능가하는 근대적 경제성장이 개시되는 것도 그때부터이다. 최근 경제사 연구자들은 1911~2010년의 100년에 걸친 1인당 실질소득의 추이를 추계함에 성공하였다. 〈그림 11-1〉이 그것이다. 1911년 남한의 1인당 GDP는 2005년 가격으로 87만 원이다. 그것이 1941년에 166만 원으로 증가하였다. 북한의 1인당 GDP

180 동아시아 제국의 경제성장을 총요소생산성의 증가 없이 요소 투입만으로 이루어진 저질의 성장이라고 평가한 것으로는 다음 논문이 선구이다. 그에 의하면 동아시아 경제는 정경유착, 관치금융 등으로 얼룩진 '패거리자본주의crony capitalism'에 불과하다. Paul Krugman(1994), The Myth of Asia's Miracle, *Foreign Affairs* 73-6, pp.62~78.

[그림 11-1] 1인당 GDP의 추이(1911~2010)

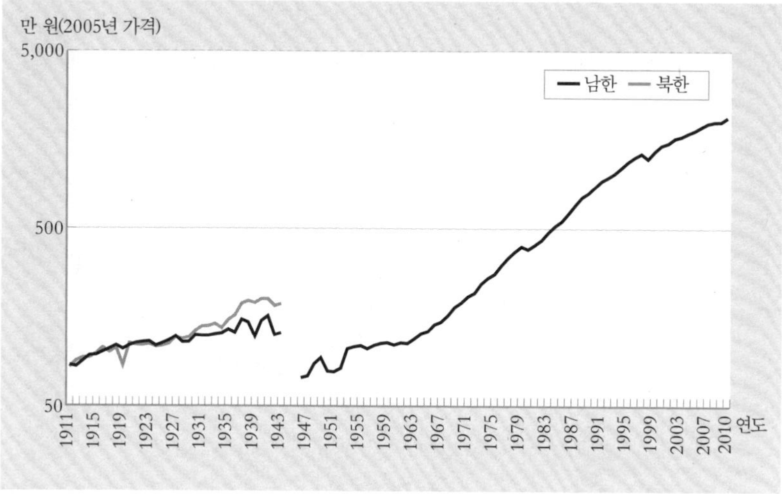

출처: 김낙년 편(2012), 『한국의 장기통계: 국민계정 1911-2010』, 서울대학교출판문화원, 518~521쪽.

는 1930년대 이후 남한보다 가파르게 상승하여 1941년에 206만 원이나 되었다. 해방을 맞이하여 남한의 소득은 1946년까지 72만 원으로 급락하는데, 이는 1911년보다 낮은 수준이다. 일본을 중심부로 하는 거대한 경제순환의 해체가 얼마나 큰 충격이었는지를 이로써 여실히 살필 수 있다. 뒤이은 한국전쟁의 파괴로 1950년대까지 한국경제는 상대적으로 정체하였다. 이후 남한의 경제가 1941년의 수준을 회복하는 것은 1968년의 일이다. 다시 말해 해방, 분단, 전쟁에 따른 깊은 단절이 있기는 하지만, 근대적 경제성장의 역사는 1910년대부터였다.

생산구조의 면에서도 동일한 현상을 확인할 수 있다. 〈그림 11-2〉는 1911~2010년에 걸친 산업구조의 변동 추세이다. 통계의 결여로 1941~1952년의 단절기가 있지만, 이전과 이후의 추세가 연속적임은 〈그림 11-1〉과 마찬가지이다. 예컨대 농림어업의 비중은 1911년 67.8%에서 1940년 42%로 낮아졌다. 이후 1953년~1964년의 그것은 1940년보다 높

[그림 11-2] 산업구조의 장기변동(1911~2010)

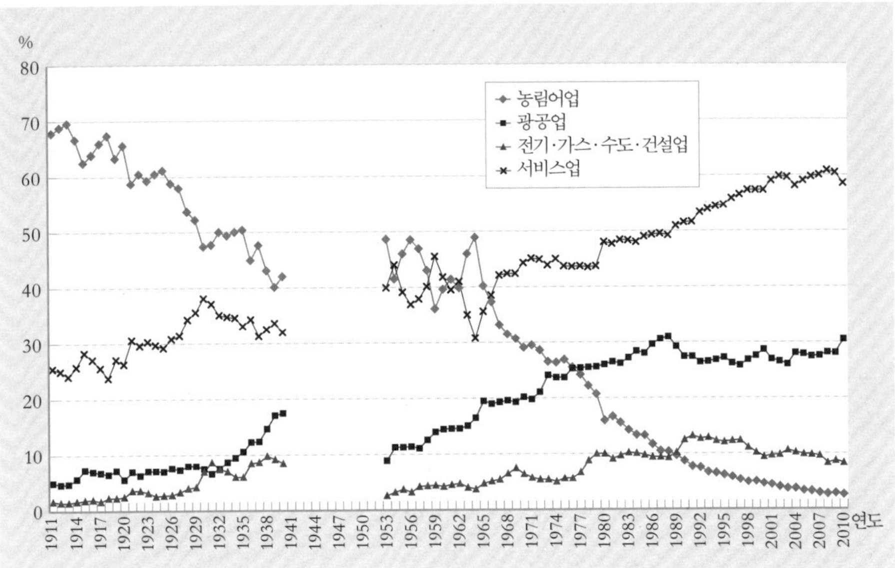

출처: 김낙년 편(2012), 『한국의 장기통계: 국민계정 1911-2010』, 서울대학교출판문화원, 410~411·418~ 419·426~427쪽.

으며, 1965년 이후가 되어서야 지속적으로 감소하였다. 그렇다고 1950년대가 불임의 시대였던 것은 아니다. 해방, 분단, 전쟁으로 산산조각이 난 경제순환을 복구한 것은 미국이 공여한 막대한 원조였다. 그에 따라 면공업, 철공업 등의 기초공업이 건설되었는데, 이들은 1960년대 이후 도약의 발판으로 작용하였다.

한국을 둘러싼 국제경제의 질서도 이전과 유사한 형태로 복구되었다. 한국이 미국이 주도하는 새로운 세계체제에 편입된 것은 일본이 중심이 된 동아시아경제권의 복구와 재편을 통해서였다. 한국경제의 고도성장은 핵심 소재, 부품, 설비를 일본에 의존하는 조립형공업화의 경로였다. 그러한 지역경제의 분업 구조를 비롯하여 수출의 증가가 투자의 확대를 부르는 성장경로에 이르기까지 일정기와 1960년대 이후는 두 시대를 통과해 온 시간 여행자에게 기시감旣視感을 불러일으킬 정도로 유사하다.

고도성장을 이끈 제1의 공로자는 누가 뭐래도 기업가들이었다. 수출주도형공업화의 아이디어는 기업가들의 머리에서 나왔다. 국제경쟁력을 구비한 대규모 공장을 건설하고, 선진 기술을 도입하여 독자의 기술로 개량하고, 대량생산의 공정을 구축하고, 해외시장을 개척한 기업가능력은 일정기와 1950년대에 걸쳐 꾸준하게 축적되어 온 것이다. 보다 근본적인 인적자본은 17~19세기의 소농사회小農社會가 남긴 역사적 유산에 속하였다. 인구의 대다수가 소규모 농경과 초보적 시장경제의 조건에서 소가족의 생존을 자기 계획과 책임으로 수행하는 소농사회의 경험은 이후 근대문명의 기제가 이식될 때 근대적 경제성장의 가장 근본적인 조건이라 할 환경 변화에 대한 적응 능력, 장시간의 노동 능력, 숙련 개발의 능력, 미래를 계획하고 대비하는 능력 등을 풍부하게 발산하는 역사적 토양을 이루었다. 17~19세기 세계에서 소농사회가 성립한 곳은 서유럽, 일본, 중국의 양쯔 강 하류역, 조선 남부로 국한되었다.[181]

박정희 대통령을 위시한 고도성장기의 정치가들은 자주 그들이 아무것도 없는 허허벌판에서 신천지를 개척하고 있다고 주장하였다. 그것은 지나친 과장이었다. 17~19세기의 소농사회가, 일정이, 미군정이, 이승만정부가 남긴 역사적 유산은 컸다. 1950년대의 한국을 두고 세계의 최빈국이라고 평가하는 것은 온당하지 않다.[182] 경제순환이 파괴되어 소득수준이 크게 낮아졌을 뿐, 그 사회에 축적된 성장의 잠재력은 이미 중진국 수준이었다. 그렇다고 고도성장기의 한국 정치가 수행한 창조적 역할을 폄하할 생각은 전혀 없다. 박정희를 정점으로 한 고도성장의 개발체제는 이 사회에 내재한 성장의 잠재력을 최대한으로 동원하고 실현하는 데 더없이 뛰어난 솜씨를 발휘하였다. 여러 후진국의 정치가 벗어나기 힘들었던

181 中村哲·박섭 편저(2005), 『동아시아 근대경제의 형성과 발전—동아시아 자본주의 형성사 I—』, 신서원, 18~19쪽.

182 李大根(2015), 『歸屬財産 硏究—植民地 遺産과 韓國經濟의 進路—』, 이숲, 31~32쪽.

포퓰리즘과 부정부패의 유혹은 고도성장기의 한국에서는 훌륭하게 억제되었다. 국가경제는 공학적 방식으로 건설되었지만 세계경영을 지향하였던 이유로 시장경제의 효율성을 잃지 않았다. 정부-기업-노동자의 삼각관계에는 호혜적이며 상호 고양적인 유인체계가 작동하였다. 그것을 육성, 관리, 개량하였던 당대 정치가들의 도덕적, 실무적 능력은 이후 한국인들이 다시 누리기 힘든 높은 수준의 사회통합을 가져왔다. 흔히들 그 시대의 사회를 권위주의정치에 억눌린 암울한 정경으로 그리고 있지만 커다란 착각이다. 그것은 박정희 대통령의 개발독재開發獨裁에 저항한 소수 정치세력에 의해 조성되어 널리 유포되어 온 것이다. 그 시대를 산 대부분의 한국인들은 정부-기업-노동자의 상호 유인적 성장체제에 포섭되어 그들의 인생과 가족을 위해 활발하게 노동하고 헌신하였다. 사회는 의외로 밝았으며 역동적이었다.

적하滴下 효과

자본, 기술, 숙련, 기업가 자질이 부족한 후발국의 공업화는 자생적으로 이루어질 수 없고 국가의 도움과 지도를 받아 위로부터 유도된다. 후발국은 선발국의 공업화가 겪었던 시행착오를 회피할 수 있다. 또한 후발국은 기성체제의 저항이 적기 때문에 새로운 산업과 기술에 대한 적응력이 높다. 이른바 '후발성後發性의 이익'이다. 후발국의 공업화는 일반적으로 국가가 은행자본을 동원하여 신산업에 대규모 투자를 행함으로써 그에게 잠재해 있는 '후발성의 이익'을 실현하는 방식으로 이루어진다.[183] 미국 하버드대학의 알렉산더 거센크론Alexander Gerschenkron이 이 같은 후발국의 공업화 모델을 책으로 출간한 것은 1962년이다.[184]

---

183 金宗炫 編著(1996), 『工業化의 諸類型(I)—東·西洋의 歷史的 經驗—』, 經文社, 22~24쪽.

184 Alexander Gerschenkron(1962), *Economic Backwardness in Historical Perspective*, The Belknap Press of Harvard University Press.

1963년 한국의 이병철이 그와 꼭 같은 주장을 펼친 것은 그가 하버드 대학에 유학을 해서가 아니었다. 그의 기업가로서의 경험과 예지에서 우러나온 창의적인 발상이었다. 앞서 소개한 대로 그는, 우리는 산업혁명의 고전적 코스를 좇아갈 여유가 없으며, 우선 외자를 도입하여 대규모 공장부터 지어야 한다고 주장하였다. 그러면 중소공업이, 유통업이, 농업이 차례로 발전한다는 논리였다. 그가 제안한 하향식top-down 내지 적하식(滴下式, trickling down) 공업화의 구상은 이후 하나씩 현실로 바뀌었다.

〈표 11-11〉은 1960년 이후 제조업에 종사하는 사업체 수의 종업원 규모별 추이이다. 1960년의 사업체 총수는 1만 5,204개이다. 그것이 1996년까지 9만 7,144개로 6.4배 증가하였다. 1960년 종업원 500명 이상의 대기업은 고작 32개인데, 1989년까지 693개로 늘었다. 〈그림 11-3〉은 1960년의 5개 규모별 사업체 수를 모두 1이라 할 때 이후 규모별로 어떠한 속도의 변화가 나타났는지를 시각적으로 잘 보여 주고 있다. 가장 먼저 급하게 증가한 것은 500명 이상의 대기업이다. 그 다음이 200~499명의 사업체이다. 규모별의 순서와 증가율의 순서가 일치하고 있다. 1969년 이후 5~9명의 영세사업체 수가 줄고 있는데, 이는 급속히 증가하는 대규모 사업체가 영세사업체의 노동력까지 빨아들였기 때문이다. 1970년대 후반 이후 대규모 사업체의 증가율은 느려지고, 그 대신 하위 2개 구간 소규모 사업체의 증가율이 빨라졌다. 1989년 이후면 상위 3개 구간의 사업체 수는 줄고, 하위 2개 구간의 사업체 수가 급증하였다.

대규모 사업체의 증가가 선행한 다음 중소사업체가 뒤따라 증가한 한 편의 원인은 대기업과 중소기업 간의 수급受給 관계가 심화된 데에 있었다. 1960~1980년대에 대기업은 다수의 종업원을 대규모 조립라인에 배치한 노동집약적 경공업제품의 수출산업에서 전형적으로 발전하였다. 초기에는 원자재와 부품의 상당 부분이 외국에서 수입되었지만, 점차 국내의 중소기업이 그것을 개발하여 공급하는 관계로 대체되었다. 조립가공

【표 11-11】 종업원 규모별 제조업 사업체 수(1960~1996)

단위: 개

구분 \ 연도	1960	1969	1976	1982	1989	1996
500인 이상	32	229	544	575	693	471
200~499	105	417	939	1,182	1,405	1,142
50~199	695	1,744	3,630	5,188	8,297	7,400
10~49	5,946	7,472	9,749	17,119	35,728	44,102
5~9	8,426	15,249	10,095	12,735	19,561	44,029
합계	15,204	25,111	24,957	36,799	65,684	97,144

출처: 韓國産業銀行, 經濟企劃院, 『鑛工業統計調査報告書』 各年度版.

【그림 11-3】 종업원 규모별 제조업 사업체 수의 상대적 변동(1960~1996)

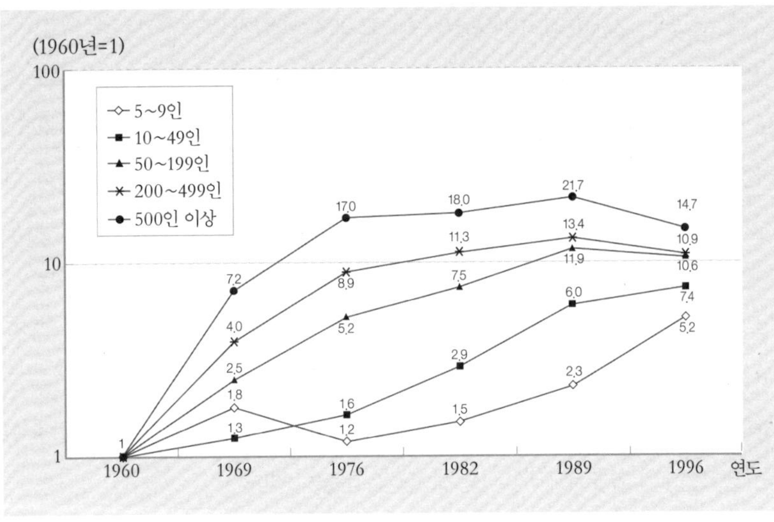

의 공정이 길어지고 복잡해질수록 그 일부를 중소기업이 담당하는 기업 간의 기술, 소재, 부품, 디자인, 포장 등의 수급 연관은 깊어졌다. 중소기업 중에서 다른 기업과 수급 관계를 맺은 기업의 비중은 〈그림 11-4〉에서 보듯이 1969년에만 해도 12%에 불과하였다. 당시까지 한국경제는 상

【그림 11-4】 중소 제조업체의 수급업체율과 수출기여율(1965~1997)

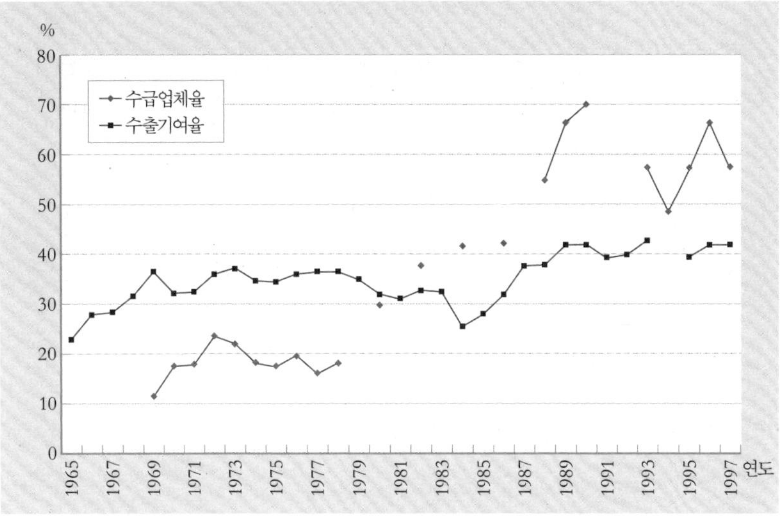

출처: 1. 수급업체율: 상공부, 중소기업은행, 중소기업협동조합중앙회, 『중소기업실태조사보고』 각 연도판.
2. 수출기여율: 중소기업진흥공단, 『중소기업경제지표』 각 연도판; 중소기업진흥공단, 『중소기업경제·경영지표』 각 연도판; 중소기업청, 「중소기업수출입통계」(통계ID: A10064).

호 연관으로 짜인 기업 및 산업의 생태계를 보유하지 못하였다. 수급업체의 비중은 1970년대 중반 이후 지속적으로 증가하여 1990년에는 70%라는 가장 높은 수준에 도달하였다. 이 같은 기업 간 연관의 심화는 상당 부분 대기업과 중소기업 간의 관계로서 같은 기간 중소기업의 수를 크게 늘리는 유인으로 작용하였다.

국가경제에서 중소기업이 수행한 역할은 수급 관계에 그치지 않았다. 중소기업은 직접 수출의 일익을 담당하였다. 〈그림 11-4〉에서 보듯이 중소기업의 수출기여율은 전반적으로 증가하는 추세였다. 1965년 중소기업은 전체 수출의 23%를 수출했는데, 1969년까지 36%로 증가하였다. 중소기업이 직접 수출시장에 뛰어들 수 있었던 것은 당시의 수출 주력품이 의류를 위시한 노동집약적 경공업제품이었기 때문이다. 이후 중소기업의 수출기여율은 제자리걸음을 걷다가 1980년대 전반에 25%로 감소하였다.

【표 11-12】 중간투입계수(국산, 수입)의 추이(1963~1995)

연도 \ 구분	중간재투입	국산	수입	비경쟁수입
1963	0.3855	0.3385	0.0470	0.0361
1966	0.3750	0.3320	0.0430	0.0406
1970	0.4573	0.3642	0.0931	
1975	0.5368	0.3994	0.1375	
1980	0.6036	0.4612	0.1424	
1985	0.5865	0.4575	0.1290	
1990	0.5723	0.4645	0.1078	
1995	0.5534	0.4447	0.1087	

출처: 한국은행,「산업연관표」 각 연도.
비고: 1963, 1966년의 비경쟁수입은 원조에 의한 수입을 말한다.

이는 종합무역상사의 발달이라는 수출 경로의 변화 때문으로 보인다. 중소기업이 직접 해외시장을 개척하는 능력에는 한계가 있었다. 중소기업의 수출기여율은 1980년대 중반 이후 다시 증가하여 1989년 이후 40%를 넘었다. 이는 섬유사, 직물, 직물제품 등 경공업제품이 여전히 주요 수출품을 차지한 가운데 중소기업의 해외마케팅 능력이 제고되고, 나아가 중소기업의 수출 역량이 전기·기계장치를 비롯한 중화학공업제품에까지 확장된 결과로 보인다.

고도성장기의 한국경제는 대기업의 뒤를 따라 중소기업이 발달하는 적하식의 경로로 점차 국가경제의 자립도를 높여 갔다. 〈표 11-12〉는 한국은행이 정기적으로 작성한 산업연관표産業聯關表에서 중간투입계수中間投入係數의 추이를 보여 주고 있다. 어느 산업의 중간투입계수는 동 산업의 최종수요가 1단위 증가할 때 이를 충족하기 위해 동 산업이 투입하는 원재료 및 연료 등의 중간투입물과 노동 및 자본 등의 본원적 투입물을 합한 총투입에서 중간투입이 차지하는 비율을 말한다. 중간투입계수는 중간재의 산지에 따라 국산투입계수와 수입투입계수로 분해된다. 표에 제시된 중간투입계수는 전 산업에서 최종수요의 1단위 증가가 유발하는 중간재 투입량으로서 전 산업의 상호 연관 수준을 대변한다.

중간투입계수는 1963년의 0.3855에서 1980년의 0.6036으로 지속적으로 증가하였다. 같은 기간 국산투입계수와 수입투입계수도 마찬가지로 증가하였다. 이는 전 산업의 상호 연관이 급히 심화되는 추세 가운데 국산 중간재만이 아니라 수입 중간재에 대한 의존도 커졌음을 이야기하고 있다. 어쨌든 같은 기간 전 산업의 전·후방연쇄효과를 통한 국가경제의 자립도는 점점 제고되었다. 1980년 이후 중간투입계수가 낮아진 것은 노동과 자본 등 본원적 투입에 따른 피용자보수나 영업이익 등 부가가치의 비중이 커졌기 때문이다. 그런 가운데도 수입투입계수가 1980년의 0.1424에서 1995년의 0.1087로 낮아져 국가경제의 내포적 자립도는 계속 높아지는 추세를 보였다.

중산층의 성립

한 세대에 걸친 고도성장은 한국인의 삶의 질을 크게 개선하였다. 1일 섭취열량은 1962년 1,943kcal에서 1996년 2,957kcal로 증가하였다. 17세 남자의 신장은 1965년 163.7cm에서 1996년 172.0cm로 커졌다. 의사 1인당 인구는 1962년 2,747명에서 1996년 767명으로 개선되었다. 국민의 평균수명은 1960년 52.4세에서 1995년 73.5세로 길어졌다. 한국인은 기아와 질병의 오랜 굴레에서 드디어 해방되었다. 교육수준에도 큰 개선이 있었다. 초등학생의 중학교 진학률은 1963년만 해도 49.5%의 낮은 수준이었는데, 1985년에는 99.2%가 되어 거의 전원이 중학교에 진학하였다. 1985년 고등학교 진학률은 90.7%, 대학교 진학률은 36.4%였다.[185]

주택용 전화는 1962년만 해도 전국에 4만 4,000대로 일부 상류층에

185 통계청(1998), 『통계로 본 대한민국 50년의 경제사회상 변화』, 94·219·234·239·240쪽.

한하는 사치재였는데, 1987년에 700만 대를 넘어 대부분의 가정에 설치되었다. 1960년대 초반 냉장고·피아노·자가용은 최상류층의 상징으로, 카메라·전축·TV는 중산층의 자랑으로 여겨졌는데, 역시 1980년대까지 전 계층의 내구소비재로 일반화하였다. 자동차의 경우 국산 승용차의 연간 내수 판매대수가 1983년 10만 대에서 1989년 50만 대, 1994년 100만 대로 급증하였다. 전국의 승용차 수는 1995년 577만 대에 달하여 꿈의 마이카시대를 열었다.

1970년대까지 인구의 다수가 거주한 농촌의 주택은 제6장에서 소개한 바 있는 전통한옥의 구조 그대로였다. 울타리를 들어서면 마당이 있고 마당을 통해 ㅡ자형이거나 ㄴ자형으로 지은 3칸 내지 5칸 가옥의 각 방으로 들어가는 구조였다. 주택의 중심은 안방과 결합된 부엌인데, 오랜 전통의 반지하식이었다. 부엌과 안방이 긴밀히 결합된 것은 취사연료와 난방연료가 구분되지 않았기 때문이다. 대부분의 농촌 주택은 초가지붕이었는데, 새마을운동의 과정에서 슬레이트지붕으로 바뀌었다. 도시의 주민은 개량한옥에서 살았는데, 그 구조는 전통한옥과 크게 다르지 않았다. 도시에는 일정기 이래 주택영단住宅營團 등의 공동단체가 지은 공영주택이 있었는데, 전국적으로 대략 100만 호에 달하였다. 공영주택은 한옥과 달리 현관이 설치되고 단열單列 혹은 복열複列로 배치된 마루를 통해 각 방으로 들어가는 구조였다.

1970년대에 들어 도시 중산층의 주택은 지하실을 둔 단층 내지 이층 양옥으로 변하였다. 농촌 부유층의 주택도 마찬가지 변화를 보였다. 나아가 아파트가 도시 중산층의 주택으로 널리 보급되었다. 새로운 형태의 주택에서는 취사와 난방이 분리되었다. 부엌은 입식으로 가족의 식사 공간으로 바뀌었다. 마루는 거실로 바뀌어 가족의 단란 공간을 이루었다. 변소가 주택의 일부로 통합되어 세면대와 욕조가 함께 있는 화장실로 바뀌었다.[186] 가족형태가 소규모 핵가족으로 진화하자 주택의 공간과 시설도

[표 11-13] 한국사회 계급구성의 변화(1960~2000)

단위: %

<table>
<tr><th colspan="2">계급 / 연도</th><th colspan="2">1960</th><th colspan="2">1970</th><th colspan="2">1980</th><th colspan="2">1990</th><th colspan="2">2000</th></tr>
<tr><td rowspan="3">중간 계급</td><td>중상계급</td><td rowspan="3">20.5</td><td>0.9</td><td rowspan="3">30.3</td><td>1.3</td><td rowspan="3">40.3</td><td>1.8</td><td rowspan="3">45.6</td><td>1.9</td><td rowspan="3">53.0</td><td>4.3</td></tr>
<tr><td>신중간계급</td><td>6.6</td><td>14.2</td><td>17.7</td><td>25.5</td><td>23.9</td></tr>
<tr><td>구중간계급</td><td>13.0</td><td>14.8</td><td>20.8</td><td>18.2</td><td>24.8</td></tr>
<tr><td colspan="2">근로계급</td><td colspan="2">8.9</td><td colspan="2">16.9</td><td colspan="2">22.6</td><td colspan="2">30.6</td><td colspan="2">29.7</td></tr>
<tr><td colspan="2">도시하류계급</td><td colspan="2">6.6</td><td colspan="2">8.0</td><td colspan="2">5.9</td><td colspan="2">6.2</td><td colspan="2">7.6</td></tr>
<tr><td colspan="2">독립자영농계급</td><td colspan="2">40.0</td><td colspan="2">28.0</td><td colspan="2">23.2</td><td colspan="2">12.7</td><td colspan="2">8.9</td></tr>
<tr><td colspan="2">농촌하류계급</td><td colspan="2">24.0</td><td colspan="2">16.7</td><td colspan="2">8.1</td><td colspan="2">4.8</td><td colspan="2">0.8</td></tr>
<tr><td colspan="2">합계</td><td colspan="2">100.0</td><td colspan="2">100.0</td><td colspan="2">100.0</td><td colspan="2">100.0</td><td colspan="2">100.0</td></tr>
</table>

출처: 홍두승(2005), 『한국의 중산층』, 서울대학교출판부, 66쪽.

그에 상응하는 형태로 재배치되었다.

급속한 산업화는 사회의 계급 내지 계층 구조를 근대적 형태로 재편하였다. 〈표 11-13〉에서 보듯이 독립자영농과 하류농민은 1960년의 64%에서 1990년의 17.5%, 2000년의 9.7%로 감소하였다. 그 대신 도시의 근로계층이 8.9%에서 30.6%, 29.7%로 증가하였다. 의사·변호사·엔지니어·회사원·공무원 등 전문기술직과 관리행정직에 종사하는 신新중간계층은 동 기간 6.6%에서 25.5%, 23.9%로 증가하였다. 판매·서비스업에 소규모 자영업으로 종사하는 구舊중간계층도 동 기간 13.0%에서 18.2%, 24.8%로 증가하였다. 신구 중간계층은 1990년 전체 인구의 43.7%로서 가장 큰 비중을 차지하였다. 한국은 1950년대까지 농민이 인구의 다수를 점한 농업사회였으나 1990년대에 이르러 신구 중간계층이 사회의 계층구조에서 다수를 점하는 근대화된 구조로 바뀌었다. 1980년대 중반이 되면 스스로를 중산층으로 의식하는 사람이 전체 인구의 75%를 넘었다.[187]

186 교과서포럼(2008), 『대안교과서 한국 근·현대사』, 230~231쪽.

187 홍두승(2005), 『한국의 중산층』, 서울대학교출판부, 65~87·109~117쪽.

이 중산층의 가치관, 생활윤리, 정치의식은 서구의 시민적 중산층의 그것과 같지 않았다. 고도성장의 과정에서 한국의 중산층은 너무나 급하게 형성되었다. 도시부 중산층의 상당 부분은 전통 소농사회 출신이었다. 도시와 농촌은 아직 굵은 탯줄로 이어져 있었다. 사회는 본질적으로 가족의 확장 형태였다. 사회를 통합한 관료제적 위계는 가족과 친족의 질서에 기반을 두었다. 그 관료제적 위계에서 사람들의 신뢰 관계는 친족, 동향, 동창 등의 연고를 매개로 형성되고 관리되었다. 개인, 자유, 독립, 법치와 같은 시민사회의 진정한 가치는 아직 한국 중산층의 일상적 생활윤리로 뿌리를 내리지 못한 상태였다. 한국의 중산층이 안고 있는 가족주의, 집단주의, 연고주의의 속성은 점차 성장하는 개인주의, 자유주의, 법치주의와 뒤섞여 어색하고 혼란스런 구조를 형성하였다. 1988년 이후 이 같은 가치 구조의 중산층이 정치적 주권을 행사하는 시대가 열렸다. 알게 모르게 한국의 경제체제는 그에 깊숙이 규정되기 시작하였다.

개발체제의 해체

1990년대에 들어 한국경제가 이룩한 성취는 국제적인 찬탄의 대상이 되었다. 전통적으로 경제발전에 있어서 정부의 역할을 높이 평가하지 않은 신고전파新古典派 경제학자들은 한국정부의 산업정책이 특별히 '시장친화적market friendly'이었다고 높이 평가하였다.[188] 신고전파적 전통에 회의적인 경제학자들은 산업정책의 역할을 보다 강조하여 정부가 시장을 '지배govern'하거나 '인도lead'했다고 주장하였다.[189] 신제도학파新制度學派로 불리는 일군의 경제학자들은 경제개발을 내적 동력으로 실현하는 정부, 기업, 민간단체의 지속적 상호관계로서 경제체제의 특질에 주목하

---

188 World Bank(1993), *The East Asian Miracle*, Oxford University Press.

189 Alice M. Amsden(1989), *Asia's Next Giant—South Korea and Late Industrialization—*. Robert Wade(1990), *Governing the Market: Economic Theory and the Role of Government in East Asian Industrialization*, Princeton University Press.

였다.[190] 이 같은 학술적 동향은 한국인들로 하여금 그들이 무언가 독창적인, 다른 후진국에 전파할 만한, 경제개발의 시스템을 고안했다는 생각을 하게 만들었다. 고도성장기의 개발체제는 '한국형 경제시스템'으로서 '한국형 경제건설'을 이루었다는 인식이 널리 확산되었다.

고도성장을 이끈 개발체제가 얼마나 또는 어떻게 '한국형'인지 나는 선뜻 동의하기 힘들다. '한국형'이 성립하기 위해서는 고도성장기 정부, 기업, 노동자의 상호 신뢰하고 협동한 행동원리가 한국인의 사회·경제생활에서 역사적으로 성숙해 온, 한국의 제도와 문화에 깊이 배태해 있는, 그래서 앞으로도 이어질, 어떤 특성의 자연스런 발로일 필요가 있다. 그 점에서 나는 회의적이다. 앞서 역사적 조망에서 피력하였듯이 한국의 고도성장은 수많은 역사적 요인이, 장기적이거나 단기적인, 필연적이거나 우연적인 요인들이 중첩한 결과로 생겨난 현상이다. 철학자들의 표현을 빌리면 여러 요인으로 과잉결정된over-determined 그 시대 고유의 역사적 현상이었다.

한국경제가 대기업을 우선적으로 육성함으로써 그에 잠재한 '후발성의 이익'을 극대로 실현하였던 것은, 결과적으로 거셴크론의 개발모델을 가장 훌륭하게 실천하였던 것은,[191] 역사적으로 형성된 성장의 초기 조건에 제약되어서였다. 한국과 마찬가지로 커다란 성취를 이룬 타이완은 선진국이 구축한 국제적 분업질서에 충실히 적응하면서 그것을 보완하는 개발전략을 추구하였다.[192] 그와 달리 한국은 선진국과 동일한 경제구조를 확보하기 위한 개발전략을 추구하였다. 그것은 한국이 특별히 용감해서가 아니라 타이완과 같은 보완전략을 추구하는 데 필요한 중소기업의 전

190 Masahiko Aoki, Hyung-ki Kim, and Masahiro Okuno-Fujiwara edt.(1997), *The Role of Government in East Asian Economic Development: Comparative Institutional Analysis*, Clarendon Press.

191 李濟民(1999),「後發産業化의 歷史的 類型과 韓國의 經濟發展」,『經濟史學』 26, 71~94쪽.

192 신장섭·장하준(2004),『주식회사 한국의 구조조정』, 창비, 33~48쪽.

통이 없었기 때문이다. 기업가들이 수출주도형 전략을 고안한 것은 특별히 현명해서라기보다 선발 일본경제가 자연스럽게 그 길을 인도하였기 때문이다. 그럼에도 한국이 일본을 협력의 대상이 아니라 추격의 대상으로 삼은 것은, 그리하여 그들의 개발의욕이 더없이 강력했던 것은, 반일反日 민족주의라는 집단정서에 이끌렸기 때문이다. 정부-기업-민간의 협력이 긴밀하였던 것은 한국인의 역사에서 이례적이라고 할 정신세계를 보유한 어느 정치가의 특별한 리더십에 의해서였다.

1979년 박정희 대통령의 갑작스런 죽음과 뒤이은 혼란을 겪으면서 한국의 경제주체들은 너나 할 것 없이 자율화自律化와 개방開放이야말로 당면한 시대적 과제라고 주장하였다. 그렇지만 막상 가야 할 길이 어딘지, 과연 소기의 성과를 거둘 수 있을지는 누구도 잘 알지 못하였다. 사람들은 익숙하게 행동해 온 대로 행동할 수밖에 없었으며, 미래를 예측하고 대비하는 능력에는 한계가 있었다. 자율화와 개방은 장기적 당위성에도 불구하고 단기적으로는 혼란과 방임으로 이어졌으며, 이는 국제시장을 배회하는 탐욕스런 포식자에게 국부國富를 침탈당할 수 있는 기회를 제공하였다. 자율화와 개방은 시행착오의 새로운 학습과정이었으며, 고도성장의 개발체제는 그 과정에서 서서히 해체되어 갔다.

자율화의 신호탄은 금융시장에서 먼저 올랐다. 1980년 12월 정부는 은행을 민영화하기 시작하였다. 그에 따라 1961년에 국영화된 일반은행이 차례로 민영화하였다. 은행의 설립도 자유화하였다. 1981년까지 일반은행은 5개로 국한되었는데, 1995년까지 15개로 증가하였다. 제2금융권이라 불린 비은행금융기관도 부쩍 증가하였다. 1981년까지 제2금융권은 10개의 투자금융회사와 6개의 종합금융회사에 불과하였는데, 1982~1983년에 12개의 투자금융회사, 58개의 상호신용금고, 1개의 투자신탁회사가 설립되었다. 1987~1990년에는 23개의 생명보험회사가 신설되었다. 금융시장에 있어서 제2금융권의 비중은 1980년대 중반부터 제1금융권을 능가하였다.

금융기관이 증설되고 다양한 금융상품이 개발됨에 따라 금융시장이 크게 팽창하였다. 금융연관비율金融聯關比率, 곧 명목국민소득 대비 금융자산스톡의 비율은 1970년대 내내 2.7 전후에서 정체하였는데, 1980년대에 부쩍 증가하여 1993년에 4.9로 높아졌다.[193] 금융시장의 가격 지표인 금리는 오랫동안 정부의 통제하에 있었다. 정부는 은행금리銀行金利를 실세금리實勢金利보다 낮은 수준으로 유지함으로써 기업의 금융 부담을 줄여 왔다. 그에 따른 금융시장의 왜곡을 시정하기 위한 금리의 자율화는 1980년대에 걸쳐 몇 차례 시도되었지만, 부작용이 너무 커서 곧바로 중단되고 말았다. 금리자율화를 위한 실질적 개혁은 1991~1995년 4단계에 걸쳐 신중하게 추진되었다. 그 결과 1995년 각종 여신금리의 90%가, 각종 수신금리의 55%가 자율화하였다. 은행금리와 실세금리와의 격차도 많이 줄었다. 1980년 일반은행의 대출금리는 20%인데, 사채시장의 금리는 44.9%로서 2.2배나 높았다. 그에 비해 1995년에는 각각 9.5~12.5%와 15.3%로서 격차가 많이 줄었다.[194] 금융시장은 크게 팽창하였을 뿐 아니라 통합적 시장으로 성숙하였다.

그렇지만 자율화의 효과는 형식에 머물렀으며, 선진적 금융시장의 내실과는 거리가 멀었다. 정부는 은행을 민영화하였지만, 대기업의 은행 지배를 막기 위해 동일인의 주식 소유한도를 4% 이내로 제한하였다. 그 결과는 주인 없는 은행이었다. 은행장의 임명은 은행장추천위원회에서 했지만, 위원회의 구성은 정부의 의지에 구속되었다. 은행은 여전히 정부의 통제하에 있었다. 그런 가운데 정부가 정책의지에 따라 금융자원을 배분하는 오랜 관행은 수그러들지 않았다. 한국은행의 통화 공급은 여전히 정부의 강한 영향력 아래에 놓였다. 1980년대에 걸쳐 정부는 구조조정과 산

193 尹錫範·洪性讚·禹大亨·金東昱(1995), 『韓國近代金融史硏究』, 世經社, 406~410쪽.
194 이영훈·배영목·박원암·김석진·연강흠(2004), 『한국의 은행 100년사』, 546~550쪽.

업합리화의 명분으로 또는 부실화한 은행을 위한 구제금융救濟金融의 필요성에 떠밀려 한국은행의 일반은행 대출을 증가시켰다. 일반은행의 한국은행 차입은 1981년 2조 4,156억 원에서 1993년 12조 7,528억 원으로 지속적으로 증가하였다. 정책금융政策金融의 비율은 1988~1990년에도 48%나 되었으며, 1990년대에 들어서도 줄지 않았다.[195]

은행을 비롯한 금융기관이 새로운 사업의 수익성을 평가하고, 차입자를 감시하고, 분산투자를 통해 범위範圍의 경제를 창출하는 능력에도 별다른 개선이 없었다. 전술한 대로 1986년 공업발전법이 제정되었다. 이를 계기로 정부가 특정 산업을 육성하기 위해 기업의 투자를 통제하고 나아가 경영에까지 간여해 온 오랜 관행이 중단되었다. 그러자 기업의 투자 수요가 봇물이 터지듯이 증대하였다. 마침 3저 호황의 유리한 국면이었다. 중국시장도 열리고 있었다. 고도성장의 신화에 사로잡힌 기업가들은 열광적으로 투자에 몰입하였다. 국민소득 대비 총투자(고정자본형성)의 연간 증가율은 1981~1985년에는 평균 8.1%였는데, 1986~1990년에는 17.4%로 튀어 올랐다. 은행은 팽창하는 대출수요에 전통적인 방식으로 대응하였다. 은행은 투자의 수익성을 평가하기보다 차입자의 상환능력에 의존하였으며, 그에 따라 은행대출은 담보 제공과 상호 보증의 능력이 큰 대기업과 기업집단에 집중되었다.

대량의 투자는 기업의 수익성을 떨어뜨려 기업의 자기자본수익률은 1986~1988년 10.6% 수준에서 1991~1993년 4.5%로 하락하였다. 그에 따라 은행의 수익률도 하락하였으며, 부실대출不實貸出이 누적되었다. 5대 시중은행의 자기자본수익률은 1989년 7.4%를 최고점으로 하여 1995년 3.1%로까지 추락하였다. 5대 시중은행의 부실대출은 1985년에 6,910억 원이었는데, 1987~1988년에 2조 3,000억 원 이상으로 급증하였다. 이후

195 이영훈·배영목·박원암·김석진·연강흠(2004), 『한국의 은행 100년사』, 522~525쪽.

한국은행의 구제금융을 받아 1990~1991년에 1조 4,000억 원으로 줄었지만, 1993년에는 다시 2조 원을 돌파하였다.[196] 기업의 무분별한 투자와 그에 따른 은행의 부실화는 조정의 책무를 진 관료사회의 분노를 일으켰다. 관료들은 점점 그들의 영향력으로부터 멀어지는 기업가들이 무책임한 행동을 하고 있다고 비판하였다. 경제주체 간의 협력과 조정을 이끌어 낸 개발체제의 행동원리는 현저히 이완되어 갔다.

이전의 개발체제가 구현한 호혜적 유인과 엄격한 규율은 노동시장에서도 뚜렷하게 해체되었다. 1963~2000년에 걸친 실질노동투입, 노동의 한계생산성, 실질임금의 증가율을 새롭게 추계한 연구에 따르면, 일반적 예상과 달리 1988년 이전 권위주의 시절에 노동의 한계생산성과 실질임금의 증가율은 일치하였다. 노동시장은 의외로 경쟁적이었으며, 권위주의적 억압은 오히려 경쟁을 촉진하는 역할을 수행하였다. 새로운 추계에 따르면 1987~1989년의 노동자 대투쟁을 겪은 이후 실질임금의 증가율은 노동의 한계생산성 증가율을 능가하기 시작하였다. 이 같은 추세는 1998년 외환위기外換危機에 따른 강제적 조정을 받기까지 이어졌다. 임금은 시장원리에 의한 경쟁가격競爭價格에서 단체교섭에 의한 협상가격協商價格으로 변질되었다. 이 같은 가격기구價格機構의 왜곡은 그것을 경험한 대부분의 나라에서 경제성장률을 떨어뜨렸다.[197]

1987~1989년을 넘기면서 고도성장의 동력이 떨어지는 추세는 여러 거시적 지표에서 동시다발로 나타났다. 3년 이동평균으로 본 GDP 성장률은 1988년을 구조적 단절점으로 하여 하락 추세로 꺾이기 시작하였다.[198] 산업연관표에서 피용자보수투입계수는 1986년 0.1697에서 1990년 0.1924, 1995년 0.2156으로 지속적으로 상승하였다. 경제가 활력을 잃어

196 이영훈·배영목·박원암·김석진·연강흠(2004), 『한국의 은행 100년사』, 525~529쪽.

197 Ki Seong Park(2007), Industrial Relations and Economic Growth in Korea, *Pacific Economic Review* 12-5, pp.711~723.

198 좌승희(2006), 『新국부론』, 굿인포메이션, 256~261쪽.

가는 추세는 〈그림 11-3〉에서도 뚜렷이 관찰되고 있다. 1989년을 넘기면서 종업원 50~199명, 200~499명, 500명 이상을 고용한 제조업체의 수가 절대적으로 줄어들기 시작하였다. 그 원인이 자세하게 밝혀진 적은 없지만, 종업원을 대규모로 고용함에 따른 비용과 위험이 이전 시대와 달라진 것만은 분명한 시대가 되었다.

미망迷妄

1993년 2월 오랜 세월 야당 정치인으로서 박정희와 전두환 대통령의 권위주의정치에 저항해 온 김영삼金泳三이 대통령에 취임하였다. 한국의 야당은 고도성장의 초기부터 박정희의 개발정책에 비판적이었다. 1965년 야당은 박정희의 수출주도형 개발정책에 맞서 중산층을 우선적으로 육성하고 이를 위해 100만 안정 농가를 창설할 것을 주장하였다.[199] 이 같은 야당의 개발정책의 기조는 1967년과 1971년의 대통령선거를 맞이하여 대중경제론大衆經濟論으로 발전하였다. 대중경제론은 당시의 한국경제를 외국자본과 대기업이 중소기업, 농민, 노동자를 억압하는 종속경제로 규정하였다.[200] 이후 대중경제론은 박정희와 전두환의 권위주의정치에 저항하는 이른바 민주화운동民主化運動의 정서적 토대가 되었다. 그 토대에서 정치적으로 성장한 새로운 대통령은 경제 문제를 순수하게 기능적으로 다루기보다 정경유착, 부정부패와 같은 정치적 시각에서 접근함에 익숙한 사람이었다.[201] 그는 이미 심하게 요동하는 고도성장의 개발체제를 연착륙시킬 의지나 능력을 결여하였다. 경제를 정치적으로 접근한 결과, 그의 집권 5년간에 경제기획원(이후 재정경제원財政經濟院) 장관을 거쳐 간 사람은 무려 7명에 달하였다.

---

199 『東亞日報』 1965년 1월 29일.

200 이영훈(2013), 『대한민국역사』, 376~379쪽.

201 『京鄕新聞』 「秘錄 文民經濟(1)」, 1998년 6월 15일.

김영삼이 대통령에 당선되기 이전부터 그의 주변에는 경제학자 출신으로서 권력을 추구하는 교수들이 자문 집단을 형성해 있었다. 그들은 1992년부터 시행 중인 제7차 경제사회개발5개년계획을 대체하는 신新경제5개년계획을 새로운 정부의 정책으로 준비하였다. 집권 후 그들을 대표하는 한 사람은 대통령의 경제수석비서관에 임명되었다. 그와 더불어 1962년부터 7차례나 이어져 온 5개년개발계획체제가 부정되었다. 5개년개발계획은 전술한 대로 한국경제가 나아갈 방향을 민간에 제시하는 지시적indicative 역할을 수행하였다. 계획의 수립 과정은 관계, 업계, 학계, 기타 사회 각계의 고급 정보를 취합하는 통합적 기능을 발휘하였다. 30년을 이어 온 개발계획체제는 시대의 변화에 맞추어 적절히 개선되면서 계승될 바였다. 그럼에도 불구하고 불과 몇 사람의 대학 교수가 집권을 목적으로 입안한 계획으로 대체되면서 폐기되고 만 것은 야당 출신 집권세력의 기존 개발체제에 대한 부정적 선입견이 아니고서는 설명하기 힘든 현상이었다.

교수 출신의 경제 권력은 1992년부터 현저히 악화된 경기를 돌이키기 위해 과감한 부양정책을 시행하였다. 그에 반해 정부의 엘리트 관료들은 과잉투자에 따른 부작용을 걷어 내는 합리화와 구조조정을 우선 과제로 간주하였다. 신경제5개년계획은 관료사회의 저항으로 그 출발이 순조로울 수 없었다. 1994년 경제기획원은 새로운 국제환경에서 새로운 진로를 모색한다는 명분을 걸고 국책연구기관을 총동원하여 경제국제화10개년계획을 마련하기 시작하였다. 세간의 여론은 자존심이 상한 경제기획원이 신경제5개년계획을 무산시키기 위해 벌이는 프로젝트라고 해석하였다.[202] 그해 10월 대통령 경제수석비서관이 경제기획원 출신의 관료로 교체되었다. 이후 신경제5개년계획은 폐기되었다. 동년 11월 김영삼 대통령

202 『한겨레』 1994년 8월 6일.

은 해외순방 중에 새로운 국정 방향으로 이른바 세계화世界化를 선언하였다. 세계 무대에서 커진 경제 규모에 걸맞는 새로운 역할을 찾아야 한다는 것이 그 명분이었다.

세계화의 국정 방향은 동년 12월 경제기획원과 재무부를 재정경제원으로 통합하는 성급하고도 과격한 조치로 이어졌다. 기획과 예산을 담당한 경제기획원과 금융과 세제를 담당한 재무부를 통합한 것은, 여러 관료들의 공통된 지적대로, 두고두고 후회할 커다란 실책이었다. 재정경제원 장관이자 부총리는 구 재무부 업무의 결제와 번거로운 행사에 참석하느라 나라경제의 전반적 흐름을 조용히 살필 겨를을 전혀 갖지 못하였다. 온갖 권한과 업무를 집중한 공룡恐龍 부처의 경제정책은 견제와 균형을 상실하였다.

세계화에 따른 또 하나의 부실정책은 선진국 클럽이라 불리는 경제협력개발기구(OECD)에의 가입이었다. 1988년 OECD가 한국을 회원국으로 초청하였을 때, 노태우정부는 금융시장의 개방에 따른 부작용을 우려하여 정중하게 사양하였다. 그러나 김영삼정부의 경제팀은 처음부터 OECD행을 그들의 신경제계획에 포함시켰다. 세계화의 선포는 그들의 당초 계획을 가속 추진하는 계기가 되었다. 1995년 2월 정부는 OECD에 가입을 신청하였으며, 1996년 12월 29번째 회원국으로 초청되었다. 그 사이 선진국의 조건을 충족하기 위한 정부의 노력은 알게 모르게 경제정책의 운용을 제약하였다. 1인당 국민소득과 국부의 크기를 측정하는 달러 대비 환율은 무역수지의 대규모 적자에도 불구하고 낮은 수준에서 안정되어야 하였다. 그 덕분에 한국의 1인당 국민소득은 1995년 말에 1만 달러를 넘었다. 그로 인해 빚어진 선진국 환상은 더욱 커다란 거품을 조성하였다. 아무래도 OECD 가입은 성급하게 터뜨린 샴페인이었다.

1996년 재정경제원은 관민 싱크탱크를 총동원하여 '21세기 한국경제의 비전과 발전전략'을 대통령에 보고하였다. 그의 세계화 구상에 그럴듯하게 대응하기 위해서였다. 그를 통해 2020년까지 "창의와 활력이 넘치는 선진경제"를 조성하여 GDP를 4조 달러로 증가시켜 7대 경제대국經濟大國에 진입한다는 장밋빛 청사진이 펼쳐졌다.[203] 돌이켜 보면 전략이나 행동계획을 결여한 미망迷妄이었다. 그해 연말 재정경제원의 새로운 장관으로 취임한 사람은 이 발전전략과는 별개인 '21세기 국가과제'로서 21개의 개혁안을 선정하고 그 추진에 집착하였다.[204]

이처럼 30년 전통의 5개년개발계획체제를 부정한 위에 대통령, 경제장관, 경제수석의 개인적 발상으로 장·단기 경제계획이 정치이벤트처럼 발표되는 가운데, 고도성장을 이끈 개발체제의 신중하고 강력한 기획, 집행, 조정의 능력은 옛이야기가 되고 말았다. 한국의 개발체제는 김영삼정부하에서 거의 해체되고 말았다.[205] 파국을 향한 불길한 그림자가 슬슬 한국경제에 드리우고 있었다. 가장 심각한 정책의 난조는 금융시장의 개방과 국제화의 방면에서 빚어졌다. 1990년을 전후하여 미국을 위시한 선진국으로부터 금융시장을 개방하라는 압력이 더욱 거세졌다. 1988년 노태우정부는 자본시장 국제화의 추진 계획을 발표하였다. 그에 따라 1992년부터 외국인의 국내 주식투자가 허용되었다. 투자한도도 종목당 발행주식의 10%에서 20%로 1996년까지 단계적으로 확대되었다. 1994년에는 외국인의 국공채와 회사채에 대한 투자가 허용되었고, 1995년에는 주가지수선물거래株價指數先物去來가 개설됨에 따라 그에 대한 외국인 투자도 허용되었다.

1993년 말에 타결된 우루과이라운드에서 정부는 금융시장의 보다 구체적인 개방 계획을 제출하였다. 그에 앞서 동년 4~6월 정부는 신경제5개년계획에 따라 금융시장의 자율화와 개방에 관한 포괄적인 계획을 잇

203 『매일경제』 1996년 5월 7일.

204 『매일경제』 1997년 5월 9일.

205 신장섭·장하준(2004), 『주식회사 한국의 구조조정』, 115~121쪽.

달아 발표하였다. 국내 금융기관이 해외로 진출하여 다양한 국제금융을 취급할 수 있는 길이 열렸다. 해외 금융기관의 외화증권外貨證券 발행에 대해서는 신고제로의 전환, 발행 요건의 완화, 발행 한도의 폐지 등의 자유화 조치가 취해졌다. 동시에 금융기관의 해외 진출이 적극 장려되어 일반은행의 해외 지점·법인이 늘고, 그를 통한 은행의 해외차입이 증가하였다. 1995년에는 가이드라인에 준하는 해외 상업차관의 도입이 정부의 승인 없이도 가능하게 되었다. 국제금융에 종사할 비은행금융기관으로서 종합금융회사綜合金融會社의 설립도 적극 인허되었다. 대부분의 투자금융회사가 종합금융회사로 전환하여 1994년에 6개에 불과하던 종합금융회사가 1996년까지 30개로 대폭 늘어났다.

1996년 말이면 대량의 외국인자본이 국내의 주식시장과 은행시장에 진입해 있었다. 역의 방향으로 다수의 국내 금융기관이 해외로 진출하여 대량의 외화증권을 발행하였다. 그들은 해외에서 조성한 자금을 국내 본사로 유입시키거나 현지에서 대출하였다. 주요 활동무대는 동남아시아시장이었다. 1985년 플라자합의 이후 강세로 돌아선 일본 엔화는 동남아시아시장을 주요 투자대상으로 하였다. 미국에서 빠져나온 일본의 달러 자금도 동남아시아시장에 몰려 있었다. 한국의 금융기관은 자금이 넘치는 동남아시아시장에서 주로 일본자금을 유리한 조건으로 차입하였다. 국제금융의 경험이나 기법이 미숙한 한국의 금융기관들은 그 위험성을 잘 알지 못하였다. 대량의 해외 차입과 대출이 성행하였지만, 그 수량을 파악하고 건전성을 감독할 국내의 사령탑은 존재하지 않았다.

외환위기

1997년 11월 22일 정부는 외환보유外換保有의 부족으로 대외지불 불능의 위기에 빠졌으며 이에 IMF에 구제금융을 신청하겠다고 발표하였다. 그에 놀란 외국인자본이 대거 빠져나가자 한국은행의 외환보유고는 바닥을 드러냈다. IMF는 350억 달러를 긴급 지원하였지만 위기는 수그러들지 않았다. 위기는 그해 연말 미국정부가 나서서 외국은행에 대한 한국의 230억 달러 상당의 채무상환을 유예시킴으로써 가까스로 진정되었다. 그사이 환율은 1997년 8월 달러당 896원에서 1998년 1월 1,701원으로 치솟았다. 그로 인해 원자재를 수입하거나 외환으로 기계설비금융을 받은 기업부터 도산하기 시작하였다. 1997년 12월부터 이듬해 2월까지 무려 1만여 업체들이 부도를 냈다. 그로 인해 약 68만여 명의 실업자가 발생하였다. 길거리의 지하도에는 보금자리를 잃은 노숙자들이 즐비하였다. 대다수 한국인들은 한국전쟁 당시의 피난민과 같은 난민의 출현에 커다란 충격을 받았다.

도산과 실업의 고통은 1998년 8월까지 이어졌다. 동년 1월부터 한국경제는 IMF의 관리체제하에 들었다. IMF는 외환위기外換危機의 원인이 은행과 기업의 방만한 투자에 따른 부실의 누적에 있다고 진단하고, 또 외국인자본의 유출을 저지할 의도에서 큰 폭의 금리 인상을 요구하였다. 한국은행의 단기 콜 금리는 30% 이상으로, 은행의 기업대출 금리는 위기 이전의 11%에서 19%로 상승하였다. 은행은 IMF가 강요한 자기자본비율(BIS)을 충족하기 위해 기업에 대한 여신을 회수하기 시작하였다. 1998년 그해에 15조 원 이상의 기업자금이 회수되었다. 그에 따라 3월부터 8월까지 1만 2,000여 업체가 추가로 도산하였다. 더 이상 견딜 수 없을 정도로 불황의 폐해가 심각하자 8월 이후 IMF는 금리를 내리기 시작하였다. 이후 기업의 부도율은 예년의 수준으로 돌아갔다. 실업률은 이후에도 계속 올라 1999년 2월 최고 8.8%에 달하였다.

도대체 이 미증유의 국난國難은 어떻게 발생한 것인가. 처음 몇 년간 IMF와 그에 협조한 관료들은 물론 대다수의 경제학자들은 한국경제의 구조적 모순에서 그 원인을 찾았다. 재벌의 탐욕스러운 사업 확장과 무분별한 투자가 수익성을 악화시키고 은행의 부실을 초래한 것이 이윽고 대외신인도對外信認度를 하락시켜 위기를 자초하였다는 것이다. 세월이 흐르면서 이 같은 이해의 문제점이 드러났다. 위기 이전 기업의 부채율은 국제적 기준에서 특별히 높지 않음이 분명해졌다. 기업의 자기자본수익률이 악화되어 낮은 수준이었음은 사실이지만, 금융비용을 제하기 이전의 영업수익률은 꽤나 높은 수준이었다. 몇몇 대기업의 부도로 금융시장에 위기가 조성된 적은 이전에도 몇 차례 있었지만, 대외적 위기로까지 번지지는 않았다. 1997년 이전의 기업 부실도 관리할 만한 것이었다. 위기를 몰고 온 직접적 원인은 1993년부터 과격하게 추진된 금융자유화金融自由化의 프로그램이 잘못 설계된 데에 있었다.[206]

첫째, 정부는 금융산업 자체의 선진화에는 무관심하였다. 1992년부터 외국인의 주식투자가 허용되었지만 금융산업을 보호한다는 명분에서, 실제로는 은행에 대한 정부의 통제를 놓지 않으려는 의도에서, 외국인의 은행주식 취득은 허용되지 않았다. 그것이 허용되는 것은 1998년 IMF관리체제하에서이다. 일찍부터 외국의 유수 은행자본을 장기성 직접투자로 유치하여 선진적인 금융기법을 익혔더라면 은행의 급격한 부실화는 막을 수 있었을 터이다. 정부는 경쟁력 있는 대규모 금융기관을 양성하지는 않고, 경쟁력을 결여한 소규모 금융기관을 무분별하게 양산하였다. 외환위기를 초래한 주역은 1994년 갑자기 30개로 불어난 재벌계 종합금융회사였다.

둘째, 국제금융에 대한 정부의 감독이 허술하고 비체계적이었다. 외국인자본이 주식시장과 은행시장에 들어오고, 해외로 나간 은행과 종합금융회사의 차입이 증가하여 한국의 대외부채는 1992년 428억 달러에서 1997년 9월 1,197억 달러로 팽창하였다. 그 가운데 55%는 1년 미만의 단기부채였다. 정부는 오랜 관행에 따라 장기차입에 대해서는 갖가지 까다

206 신장섭·장하준(2004), 『주식회사 한국의 구조조정』, 79~97쪽.

로운 조건을 부과하였지만, 새롭게 펼쳐진 단기차입에 대해서는 조건이나 한도를 묻지 않았다. 이같이 두서를 잃은 정책으로 금융기관이 단기차입을 선호함은 너무나 당연하였다. 그 위에 정부는 대외부채의 실태와 규모를 정확히 파악하지 못하였다. 재정경제원이 생겨나는 과정에서 구 재무부의 국제금융국國際金融局이 사라졌다. 금융에 대한 감독권은 재정경제원과 한국은행에 분산되어 있었으며, 두 기관은 헤게모니를 다투었다.

치명적인 결함은 해외로 진출한 금융기관이 현지에서 차입하여 현지에 대출한 오프쇼어offshore에 대해 정부는 아무런 정보를 갖고 있지 않았다는 점이다. 위기 이후에야 밝혀진 바이지만, 1997년 9월 오프쇼어의 규모는 509억 달러에 상당하였으며, 그중 75%가 단기부채였다. 그리하여 1997년 9월 한국의 대외부채는 총 1,706억 달러에 달하였으며, 그중 1,040억 달러는 상황에 따라 언제든지 이탈할 수 있는 단기부채였다.[207] 당시 중앙은행의 외환보유고는 330억 달러에 불과하였다. 정부는 그가 새롭게 펼쳐 놓은 단기성 국제금융시장에 대비하여 얼마만큼의 외환보유고가 적절한지에 대해 아무런 생각이 없었다. 그런 가운데 1997년 8월 위기의 조짐이 나타나자 정부는 태연하게도 금융기관의 대외부채 상환을 보증한다고 공포하였다.[208] 정보에 밝은 국제금융의 포식자들이 한국경제가 위기의 가시권에 들었음을 알아차리는 것은 시간 문제였다.

한국의 외환위기는 1997년 3월부터 약 10개월간 동아시아 각국을 엄습한 외환위기의 일환이었다. 태국에서 발생한 위기의 태풍이 필리핀, 인도네시아를 거쳐 한국으로까지 북상하도록 유도한 것은 한국정부의 두서를 잃은 금융제도와 금융정책이었다. 잠재적 위기를 현실화한 촉매는 이미 현저히 통합적 규범력을 상실한 한국의 정치와 관료집단이었다. 그해 1

207 Kim, In-Jun and Rhee, Youngseop(1998), The Korean Currency Crisis and the IMF Program: An Insider's View, *Seoul Journal of Economics* 11-4, p.359.

208 이제민(2007), 「한국의 외환위기 — 원인, 해결과정과 결과 —」, 『경제발전연구』 13-2, 7~10쪽.

월과 6월에 발생한 한보철강과 기아자동차의 부도를 처리하는 과정은 정부의 경제정책이 포퓰리즘의 정치에 의해 얼마나 심하게 오염된 상태인지를 국제시장에 폭로하였다. 위기 이후에 이루어진 베테랑 기자의 정밀한 추적에 의하면 경제정책을 총괄하는 재정경제원장관을 위시하여 책임 부서의 엘리트 관료들은 위기가 코앞에 닥칠 때까지도 그것을 인지하지 못하였다. 시장을 방어하기 위한 환율과 금리의 조정이 기민하게 펼쳐져야 할 기간에 그들은 한가롭게도 금융시장을 선진화하기 위한 제도개혁에 몰두하였다. 한마디로 외환위기는 "기업의 실패, 금융의 실패, 정책의 실패, 경제외교의 실패 등 시스템 전체가 총체적으로 붕괴한" 결과에 다름 아니었다.[209]

구제금융을 빌미로 한국경제를 통제한 IMF는 지나치게 과격한 금융긴축金融緊縮을 강요함으로써 기업 부문에 너무 많은 피해를 안기는 실수를 범하였다. 한국에서 범한 IMF의 실수는 이후 IMF가 다른 나라의 경제에 개입할 때 다시 범하지 말아야 할 교훈으로 남았다. IMF가 통화·금융정책을 넘어 산업·기업정책에까지, 심지어 무역정책에까지 깊이 개입한 것은 일종의 내정간섭內政干涉이었다. IMF가 기업에 강요한 부채율 200% 이하라는 기준은 아무런 근거도 없는 즉흥적 발상이었다. 은행의 BIS를 8%로 높인 것은 은행의 기업금융을 마비시켜 불황을 필요 이상으로 심화시켰다. 강요된 부채율과 BIS를 충족하기 위해 기업과 은행은 보유 자산을 팔아야 했으며, 살 사람은 외국인뿐이었다. 개략적인 추계에 의하면 2007년 상반기까지 3,000억 달러의 국내 자산이 외국인의 수중으로 넘어갔다.[210]

IMF의 지나친 개입과 통제에 한국의 정치와 관료집단은 저항하지 않

---

209 정규재·김성택(1998), 『이 사람들 정말 큰일 내겠군』, 한국경제신문사, 375쪽.

210 이제민(2007), 「한국의 외환위기—원인, 해결과정과 결과—」, 『경제발전연구』 13-2, 20~23쪽.

았다. 위기의 와중에서 들어선 김대중金大中정부는 오히려 외세의 개입을 개혁의 호기로 환영하였다. 위기의 초래에 가장 큰 책임이 있는 관료들은 오히려 더욱 큰 권한을 부여받았다. 그들의 대부분은 미국의 정책기관에서 연수한 경험을 갖거나 미국 대학에서 경제학의 높은 학위를 취득한 자들이었다. 그들은 영미형英美型의 경제시스템을 한국이 지향할 선진적인 체제로 간주하였다. 그들은 그들의 선배 세대가 구축한 개발체제에 냉소적이었다. 그 개발체제를 업그레이드함에 있어서 자율화와 개방은 올바른 방향이었다. 그렇지만 자율화와 개방의 목적지가 영미형의 경제시스템이란 보장은 어디에도 없었다. 당위와 현실 사이에는 쉽게 바뀌지 않는 제도와 문화의 역사적 경로의존성(經路依存性, path-dependency)이 가로놓여 있다. 그 점에 대한 관료사회의 이해와 고민은 없었다. 그들은 정신적으로 영미형 시스템에 포획되어 있었다.

관료들은 재벌이 중복된 사업 부문을 교환하거나 통합하도록 강하게 압박하였다. 그 과정에서 "신흥국 출신 세계 최대 다국적기업"으로 떠올랐던 대우大宇그룹이 해체되었다. 일찍부터 세계경영을 추구해 온 대우그룹은 해체 당시 세계 각국에 100개의 생산공장을 운영하였다. 대우그룹의 부채가 1997년 28조 7,000억 원에서 1998년 43조 9,000억 원으로 팽창한 것이 위험천만한 공격적 경영 때문인지, 아니면 관료들의 의도적인 금융조이기의 결과인지는 앞으로 규명되어야 할 연구과제이다. 당시 전경련全經聯의 회장도 겸한 대우그룹의 김우중金宇中 회장은 통상적인 단기 수출금융마저 차단되었다고 회고하였다.[211] 한 가지 분명한 것은 김우중과 엘리트 관료 사이에 당면한 위기의 이해와 처방에서 심한 견해차가 있었다는 사실이다. 김우중은 전통적인 개발체제의 행동원리를 대변하였다. 그는 공격적인 수출과 외환보유의 축적으로 정부가 IMF관리체제에

---

211 신장섭(2014), 『김우중과의 대화』, 북스코프, 167~181쪽.

서 하루빨리 벗어나야 한다고 주장했으며, 관료들은 기업과 금융의 투명하고 공정한 지배구조를 정립하는 제도개혁을 당면한 과제로 추구하였다. 어쨌든 석연치 않은 이유로 1999년 대우그룹은 해체되었다. 자산가치가 적어도 100억 달러 이상으로 평가되었던 대우자동차는 단돈 10억 달러에 미국의 GM에 넘겨졌다. 대우그룹의 해체는 당시 "세계 역사상 최대 규모의 기업파산"으로 기록되었다.[212] 고도성장을 이끈 한편의 주역인 대규모 기업집단은 관료들의 헤게모니 앞에서 완전히 무릎을 꿇었다. 이로써 "1990년대의 자유화 시행 이후 그나마 남아 있던 한국의 전통적 경제시스템의 잔재들이 파괴되었다."[213] 여기서 34년을 이어 온 대질주의 드라마는 쓸쓸히 종막을 고하였다.

212 신장섭(2014), 『김우중과의 대화』, 11쪽.
213 신장섭·장하준(2004), 『주식회사 한국의 구조조정』, 210쪽.

제12장

역사의 굴레

1. 한국경제의 양상

이례적으로 높은 대외의존도

외환위기外換危機 이후 한국경제는 구조조정을 강요한 IMF의 구실대로, 또는 그것을 수용한 정치가와 관료의 소망대로, 외형상 투명하고 공정한 영미형英美型 시스템으로 전환해 갔다. 지금까지의 전환 과정에서 한국경제는 알게 모르게 상호정합적인 몇 가지 두드러진 특징을 띠게 되었다. 그렇지만 그것들은 영미형 시스템과 거리가 멀었다. 그것들은 가깝게는 고도성장기가 남긴 유산이면서 멀게는 오래전부터 한국인들이 익숙

[그림 12-1] GDP성장률, 투자증가율, 대외의존도의 추이(1994~2014)

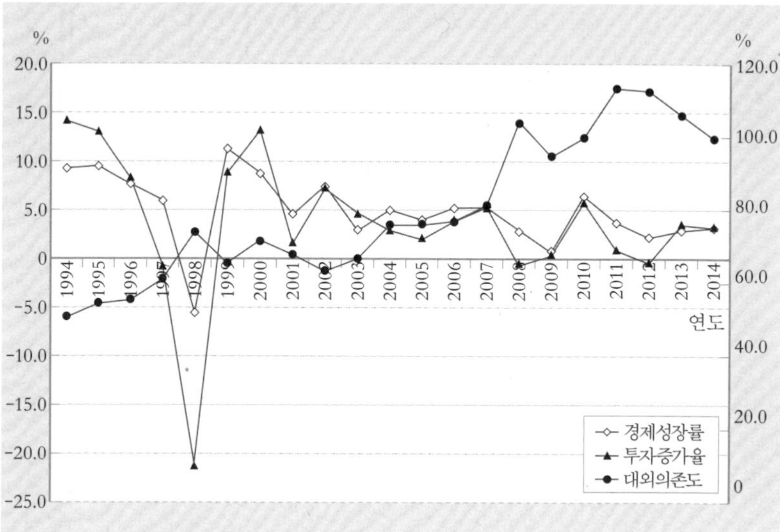

출처: 한국은행, 「국민계정」(http://ecos.bok.or.kr).
비고: 左軸은 성장률과 투자증가율, 右軸은 대외의존도이다.

하게 실천해 온 제도적, 문화적 규범의 산물이었다. 그런 점에서 그것들이야말로 우리가 진정 한국적 시스템으로 불러야 할 경제체제의 표상일지 모른다. 그 같은 문제의식에서 지난 17년간 한국경제가 구현해 온 몇 가지 두드러진 특징을 살피도록 하자.

외환위기를 계기로 한국경제는 감속성장減速成長 내지 저성장低成長의 추세에 접어들었다. 1997~2014년 연간 경제성장률은 평균 4.3%인데, 이는 고도성장기(1963~1997)의 절반 이하이다. 〈그림 12-1〉에서 보듯이 성장률은 하락하는 추세이다. 성장률은 1999~2000년의 10.1%를 고점으로 한 다음 2013~2014년 3.1%로까지 지속적으로 하락하였다. 감속성장 추세의 기본 원인은 투자의 부진이다. 지출국민소득에 있어서 투자(총고정자본형성)의 비중은 1994~1995년 37.3%에서 2013~2014년 29.2%로 낮아졌다. 〈그림 12-1〉은 1994~2014년에 걸친 투자증가율의 추이도 보이고 있는데, 경제성장률과 마찬가지로 하락하는 추세이다. 1994~1995년의 투자증가율은 13.5%인데 2013~2014년까지 3.2%로 낮아졌다.

외환위기의 와중에서 15개 일반은행과 30개 종합금융회사를 비롯한 거의 모든 금융기관이 퇴출 또는 상호합병의 대상이 되었다. 은행 중에서는 5개가 퇴출되었으며, 2개가 외국인자본에 매각되었다. 주식시장도 크게 개방되어 외국인주식의 비중이 2001년 37%로 높아졌다. 외국인의 은행주식 소유도 허용되었다. 그 결과 구조조정 과정에서 최대 은행으로 부상한 국민은행 주식의 70% 이상이 외국인 소유로 되었다. 삼성전자, 포스코, 현대자동차 등 우량기업 주식의 50% 이상도 외국인 소유가 되었다. 금융시장이 사실상 외국인의 지배하에 들게 됨으로써 기업과 정부가 고투자高投資의 위험을 공유하면서 새로운 시장과 산업을 역동적으로 개척한 고도성장기 개발체제의 가장 중요한 축이 붕괴되었다. 기업은 영미식으로 이윤의 상당 부분을 주주를 위한 배당금으로 분배하였다. 투자는 기업가의 경영권을 위협하지 않는 수준에서 안전성 위주로 관리되었다. 은행도 마찬가지였다. 은행의 여신은 기업금융보다 가계금융이나 소비금융에 치중하였다. 그 결과 저투자와 감속성장이 초래되었다.

그런 가운데 경제성장을 뒷받침한 것은 수출이다. 수출은 1994년 960억 달러에서 2013년 5,596억 달러로 급증하였다. 국민총소득(GNI)에서 수출이 차지하는 비중은 1994~1995년의 26%에서 2013~2014년의 54%로 증가하였다. 통상적으로 한 나라의 개방 수준을 대변하는 GNI 대비 수출입의 비중, 곧 대외의존도對外依存度는 동 기간 53%에서 103%로 증가하였다. 〈그림 12-1〉에서 보듯이 대외의존도는 2007년 이후 빠른 속도로 상승하여 2011년에는 114%의 최고봉에 도달하였다. 이는 이례적이라고 할 수밖에 없을 정도로 높은 수준이다. 2011년 GNI가 1조 달러(경상 US달러) 이상인 나라는 한국을 포함하여 미국, 중국, 일본 등 모두 15개국이다. 그 가운데 한국은 14위의 규모이다. 한국을 제외한 14개국의 대외의존도는 평균 43%이다. 1위의 미국은 24%, 2위의 중국은 46%, 3위인 일본은 26%이다. 그에 비해 한국은 무려 95%이다.[1] 한국 다음으로 대외의존도가 높은 나라는 독일인데, 69%이다. 내가 한국경제의 대외의존도가 이례적으로 높다고 한 것은 이처럼 다른 나라에 비해 비정상적이라고 해도 좋을 정도로 높기 때문이다.

한국보다 국가경제의 규모가 작지만 대외의존도가 훨씬 높은 나라들이 많이 있다. 홍콩(346%), 싱가포르(297%)와 같은 항시국가港市國家이거나 네덜란드(112%), 룩셈부르크(123%)와 같이 17세기 이래 무역으로 국가경제를 일으켜 온 나라들이다. 한국은 1950년대까지만 해도 소농사회小農社會였다. 고도성장을 이끈 주역들이 이들 항시국가나 무역국가를 발전의 모델로 삼은 적은 없다. 그들은 자립적 국가경제의 건설을 지향하였다. 그럼에도 외환위기 이후 불과 15년의 짧은 기간에 누구도 의도하지 않은 결과로 가장 높은 수준의 개방체제로 이행하였다. 그 점이 내가 이례적이라고 평가한 또 하나의 이유이다. 한 가지 이유가 더 있다면, 개방체제에 걸맞은 정신문화가 성숙해 있지 않다는 점이다. 나중에 구체적으로 소개하겠지만, 한국인이 외국인을 기피하는 정도는 국제적으로 높은 수준이다. 강한 민족주의는 오늘날 한국의 정치, 사회, 문화를 제약하는 가장 큰 걸림돌이다. 그럼에도 경제만큼은 세계에서 가장 높은 수준의 개방체제로 영위되고 있다. 이 어긋남을 어떻게 이해해야 좋은가.

대기업 주도의 저연관 성장

2014년의 수출은 5,727억 달러이다. 주력품을 열거하면 전기제품(24%), 자동차(13%), 기계·컴퓨터(11%), 석유·석탄(9%), 선박(7%), 광학기기(6%), 플

---

1 한국은행 국민계정상의 해외의존도 114%보다 낮은 것은 세계은행 데이터베이스(World Bank, World Development Indicators)에서 수출입 무역은 상품거래만을 대상으로 하기 때문이다. 한국은행의 114%는 국외수취 및 국외지급 요소소득을 포함한 수치이다.

[그림 12-2] 중소기업의 수출 비중(1995~2013)

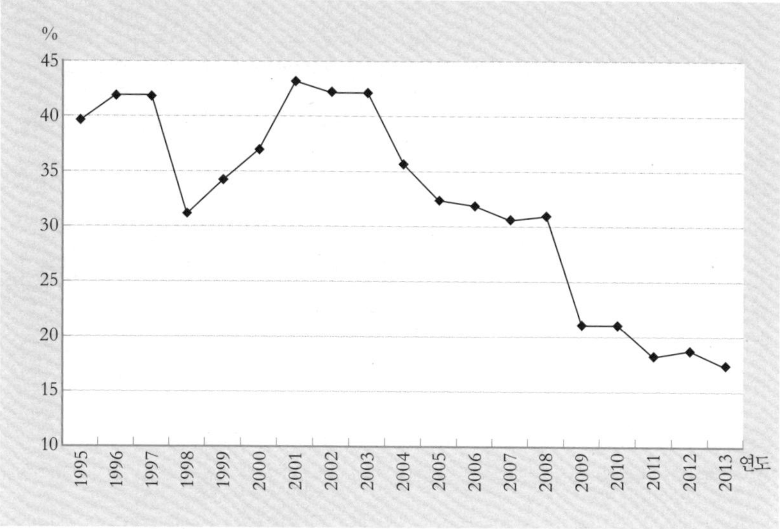

출처: 1995~2008년: 중소기업청, 「중소기업수출통계」.
2009~2012년: 중소기업중앙회, 『2013년 중소기업위상지표』.
2013년: 『전자신문』 2014년 10월 12일.

라스틱(6%) 등이다. 이들 7대 제품이 전 수출의 76%을 차지하고 있다. 그 모두 1990년대 전반까지 건설된 중화학공업의 산물이다. 고도성장기 기업의 왕성한 투자는 외환위기를 불렀다고 매도되었지만, 지금까지 한국경제를 지탱하는 굵은 기둥으로 버티고 있다. 수출의 주력 부대는 당연히 이들 중화학공업에 종사하는 대기업이다. 〈그림 12-2〉는 1995년 이후 중소기업의 수출 비중이 어떠한 추이인지를 보여 주고 있다. 제11장에서 소개한 대로 중소기업의 수출 비중은 고도성장기에 걸쳐 꾸준하게 상승하였다. 1995~1996년 중소기업의 수출 비중은 41%이다. 1997~1998년 외환위기의 충격으로 중소기업의 수출 비중은 31%로 급하게 감소하는데, 2001~2003년까지 다시 원래의 수준을 회복하였다. 2004년 이후 중소기업의 수출 비중은 다시 급하게 하락하여 2013년에는 17%에 불과하게 되었

[표 12-1] 수출의 고용 및 부가가치 유발계수(1995~2013)

구분 \ 연도	1995	1998	2000	2003	2005	2007	2009	2011	2013
고용유발계수	22.2	12.5	10.9	9.4	8.0	7.2	6.5	5.3	5.8
부가가치 유발계수	0.698	0.646	0.633	0.647	0.617	0.600	0.561	0.542	0.541

출처: 한국은행, 「산업연관표」(http://ecos.bok.or.kr).

다. 그만큼 대기업의 수출 비중이 급하게 늘어 2013년에는 83%나 되었다.

2000년대에 들어 중소기업이 국제경쟁력을 잃고 수출시장에서 밀려난 것은 한국을 둘러싼 지경학적地經學的 조건이 변하였기 때문이다. 후발국 중국경제가 한국경제를 추격하기 시작하였으며, 가장 먼저 추격을 당한 것은 중소기업이 담당해 온 노동집약적 부분의 수출시장이었다. 반면에 기술·자본집약적인 중화학공업에 있어서 대기업의 국제경쟁력은 건재하였으며, 부상하는 중국경제는 오히려 대기업의 수출시장을 대폭 확장해 주었다.

수출시장에서 중소기업이 밀려나고 수출산업의 중심이 기술·자본집약적 중화학공업으로 옮겨 감에 따라 국가경제에서 수출의 역할이 달라졌다. 우선 수출이 유발하는 고용효과가 크게 감소하였다. 〈표 12-1〉은 1995~2013년에 걸친 수출의 고용유발계수雇傭誘發係數 추이를 보여 주고 있다. 고용유발계수는 수출이 10억 원 증가함에 따라 유발된 고용인의 수를 말한다. 1995년 22.2명이던 유발계수가 외환위기를 겪으면서 1998년에 12.5명으로 급감한 뒤 해마다 조금씩 감소하여 2013년까지 5.8명으로 줄었다. 뿐만 아니라 수출과 다른 산업과의 연관성이 점점 약화되었다. 〈표 12-1〉은 동 기간 수출의 부가가치유발계수附加價值誘發係數 추이도 보여 주고 있다. 이는 수출 수요 1단위 증가가 국내 다른 산업에서 부가가치를 유발하는 정도의 합을 나타낸다. 중간에 반등하는 짧은 기간이 있긴 하지만, 수출의 부가가치유발계수는 1995년의 0.698에서

2013년의 0.541로 지속적으로 하락하였다. 이는 전기제품 등 주요 수출 산업이 국내에서 생산되지 않는 핵심 원자재, 부품, 기계장치를 해외에서 수입하거나, 비용 절감을 위해 저가의 원자재와 부품을 해외에서 수입하는 관계가 외환위기 이후 강화되어 왔음을 이야기하고 있다. 그로 인해 한국 수출의 부가가치유발계수는 대부분의 원자재, 부품, 기계장치를 자국에서 자급하는 일본의 70%에 불과하다고 지적되고 있다.[2]

성장의 주력인 수출의 산업연관성이 떨어짐에 따라 동 기간 국가경제의 전반적 산업연관産業聯關도 약화되었다. 제11장에서 지적한 대로 전 산업의 수입중간재투입계수는 1980년의 0.1424에서 1995년의 0.1087로 지속적으로 개선되어 왔다. 그것이 외환위기 이후 역의 추세로 돌아서서 2013년까지 0.1599로 지속적으로 악화되었다. 외환위기 이후 한국경제는 수출을 주요 동력으로 하여 성장을 지속하였지만, 그 과정에서 국가경제의 내포적 자립성이랄까 구조적 연관이 약화되는 비용을 치렀다. 대기업의 성장이 중소기업의 성장을 부른 고도성장기의 적하滴下효과도 현저하게 약화되었다. 중소기업 중에서 수급업체受給業體의 비중은 1998~1999년의 66%에서 2010~2011년의 44%로 2/3 수준으로 떨어졌다.[3] 그만큼 대기업과 중소기업이 따로 노는 신종 이중구조二重構造랄까 양극화兩極化랄까 바람직하지 않은 현상이 생겨났다.

무역수지의 반전

〈그림 12-3〉은 1965~2013년에 걸친 무역수지와 대일對日 무역수지의 추이를 제시하고 있다. 무역수지는 1997년까지 1986~1989년의 4개년을 제외하고는 줄곧 적자 기조를 면치 못하였으며, 적자폭은 증대하는 추세

---

2 金泰琪·許裁準(2008), 「韓國 經濟에서 나타난 輸出과 內需의 連繫性 弱化와 政策課題」, 『經濟論集』 47-2·3, 서울대학교 경제연구소, 320쪽.

3 상공부, 중소기업은행, 중소기업협동조합, 『중소기업실태조사보고』 각 연도판.

[그림 12-3] 무역수지와 대일 무역수지(1965~2013)

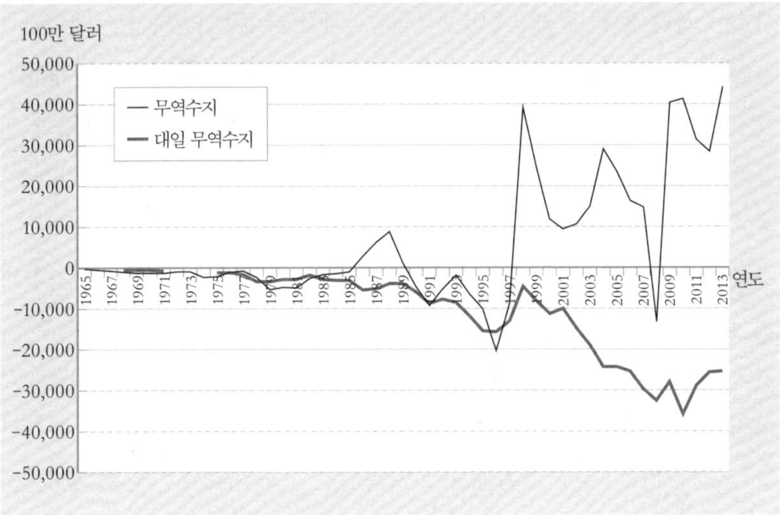

출처: 한국무역협회, 「무역정보통계시스템」(http://stat.kita.net).

였다. 특히 1994~1996년에 급속하게 커진 적자는 1997년의 위기를 몰고 왔다. 함께 제시된 대일 무역수지의 추세는 1997년까지 무역수지 적자의 대부분이 대일 적자였음을 보여 주고 있다. 제11장에서 지적한 대로 한국 경제의 고도성장은 주요 원자재, 부품, 기계를 일본에서 수입하는 조립형 공업화組立型工業化의 유형으로 출발하였다. 이 같은 성장의 유형은 1997년까지 크게 달라지지 않았으며, 그에 따라 대일 적자는 경제성장과 더불어 커지는 추세였다.

외환위기를 겪은 이후 무역수지는 이전과 크게 달라진 모습이었다. 무역수지가 흑자로 돌아선 것이다. 해마다 큰 진폭을 보이긴 하지만 연간 200~400억 달러에 달하는, 이전에는 상상하기 힘들었던, 큰 폭의 흑자를 누리게 되었다. 국가경제의 질적 지표가 점점 악화되어 온 시기에 어떻게 해서 대폭의 흑자를 누리게 되었을까. 그에 관해서는 우선 대일 적자 역시 큰 폭으로 증가하였음에 주목할 필요가 있다. 2010년 대일 적자

[표 12-2] 수입의 성질별 구성(1997~2012)

단위: %

구분 \ 연도	1997	2000	2003	2006	2009	2012
총수입	100	100	100	100	100	100
내 수출용	35.0	45.0	41.6	40.7	40.3	39.1
원자재 수입	52.9	50.8	50.1	56.5	57.6	63.2
내 수출용	22.2	26.5	23.2	26.1	25.6	28.0
자본재 수입	37.2	40.2	37.4	32.7	32.2	27.0
내 수출용	11.7	17.1	16.8	13.4	13.9	10.6
소비재 수입	9.7	8.7	11.8	10.2	10.1	9.8
내 수출용	1.1	1.4	1.5	1.1	0.9	0.6

출처: 한국무역협회, 「무역정보통계시스템」(http://stat.kita.net).
비고: '기타' 수입을 제외하여 원자재, 자본재, 소비재 수입의 합이 100이 되지 않는다.

는 319억 달러이다. 한국은 다른 모든 나라에 대해서는 흑자이다. 동년의 무역수지 흑자는 412억 달러이다. 결과적으로 한국은 다른 모든 나라를 상대로 731억 달러의 흑자를 본 다음, 그중 319억 달러를 일본에 지불한 셈이다.

〈표 12-2〉는 1997~2012년 수입의 성질별 구성의 추이이다. 1997년 총수입에서 있어서 수출용 수입의 비중은 35%인데, 2000년까지 45%로 증가하였다. 이후 감소 추세로 돌아섰으나 2012년에도 39%로 1997년보다 높다. 2000년 이후 수출용 수입의 비중이 감소한 것은 수출용 자본재 수입의 감소 때문이다. 그 기간에 수출용 원자재의 수입 비중은 오히려 늘었다. 이를 고려하면 수출용 자본재의 비중이 줄어든 것은 자본재의 국내 자급도가 높아진 결과라기보다 동 기간의 투자 부진 때문일 가능성이 크다. 어쨌든 원자재, 부품, 기계를 수입하여 가공, 조립하는 한국경제의 성장 유형은 외환위기 이후에도 달라지지 않았다. 오히려 한국경제가 위기를 탈출하는 과정에서 그러한 성장 유형은 다른 차원으로 심화하였다.

한국의 무역수지가 큰 폭의 흑자로 돌아선 것에 대해서는 별도의 자세한 설명이 요구된다. 위기를 계기로 환율이 크게 올랐기 때문이라는 설명은 불충분하다. 환율 인상은 수출경쟁력을 제고하지만, 수입품 가격도 올린다. 대일 무역정책의 변화가 큰 요인으로 작용하였음은 부정할 수 없는 사실이다. 1977년 정부는 대일 적자가 커지자 수입선다변화輸入先多邊化 정책을 실시하였다. 특정 수입품의 수입선이 특정 국가로 집중됨에 따른 국가경제의 종속성을 견제하기 위해서였다. 수입선다변화의 주요 표적은 물론 일본이었다. 정부는 1990년대 전반까지 250여 개 품목을 동 정책의 대상으로 지정하여 대일 적자를 관리하였다. 1995년 OECD 가입을 신청한 정부는 OECD국가로부터 불공정을 이유로 동 정책을 중단하라는 압력을 받았다. 머뭇거리는 한국정부의 손을 비틀어 수입선다변화 정책을 포기하게 만든 것은 위기 이후 구조조정의 칼날을 휘두른 IMF이다. 1999년 수입선다변화정책이 전면 폐기되었다. 이후 이와 같이 대일 적자가 눈덩이처럼 불어났다. 그렇지만 이 같은 무역정책의 변화는 대일 적자의 증폭을 설명할 수 있지만, 대폭의 흑자를 설명하기는 어렵다.

중류中流에 서다

1990년대 중반 이후 한국경제를 둘러싼 지경학적 조건이 크게 달라졌다. 인구 15억의 중국이 세계무역에 적극 참여하기 시작하였다. 1995~2000년에 걸쳐 중국의 수출은 1,415억 달러에서 1조 2,840억 달러로 증가하였으며, 세계의 수출 총액에서 차지하는 비중도 2.5%에서 9.4%로 크게 늘었다. 그에 따라 이전까지 세계무역을 주도한 미국, EU, 일본의 비중이 상대적으로 줄었다. 다른 한편, 다국적기업多國籍企業을 중심으로 생산과정의 국제적 분산이나 수직적 통합이 크게 진전하였다. 그로 인해 국제간의 중간재 교역이 크게 증가하였다. 어느 나라의 수출품이 다른 나라의 수출산업의 중간재로 투입되면, 세계의 수출 규모는 중간재의 이중계산으로 실제 이상으로 부풀려진다. 그렇게 부풀려진 수출이 2009년 세계 수출 총량의 26%에나 달하였다. 중간재를 많이 수출하는 나라는 부가가치의 국제적 흐름에서 상류上流에 위치한다. 반대로 중간재를 많이 수입하는 나라는 하류下流에 놓인다. 1990년대 중반 이후 중국은 이같이 중층화한 세계무역 구조에서 맨 하류로 파고들었다.[4]

세계무역에서 중간재 교역이 증가하자 세계무역기구(WTO)와 OECD가 각국의 무역통계와 산업연관표의 정보를 이용하여 중간재와 부가가치의 국제적 흐름을 알려 주는 데이터베이스를 구축하였다. 〈표 12-3〉은 그 데이터베이스를 토대로 작성된 것으로서 2009년 중간재의 국제적 흐름을 보여 주고 있다. 표에서 한국, 미국, 일본, 중국 이외의 다른 나라는 지역 단위로 묶여 있다. ASEAN+2는 ASEAN 가입 국가들과 홍콩, 싱가포르를 말한다. EU-15는 유럽연합의 원가입 15개국을 말한다. EU-추가는 유럽연합에 추가로 가입한 동유럽의 여러 나라를 말한다. RoW는 나머지 국가들로서(Rest of World) 캐나다, 멕시코를 비롯한 중남미 국가, 사우디아라비아 등 중동국가, 그리고 러시아, 인도, 호주, 남아프리카 등이다. 전방연관(前方聯關, forward linkage)는 어느 나라의 수출액 중에서 다른 나라의 수출산업에 중간재로 투입된 비율을, 후방연관(後方聯關, backward linkage)는 어느 나라의 수출액 중에서 다른 나라로부터 조달된 중간재의 비율을 말한다. 전방연관이 후방연관보다 큰 나라는 부가가치의 국제적 흐름에서 상류에 위치한다. 반대로 후방연관이 전방연관보다 크면 하류에 놓이는 셈이다.

2009년 7개 국가와 지역에서 전방연관이 후방연관보다 커서 상류에 위치한 곳은 미국, 일본과 RoW이다. RoW가 그러한 것은 자원이 풍부하기 때문이다. 나머지 국가와 지역은 후방연관이 전방연관보다 커서 하류에

4 김낙년(2015), 「세계와 한국의 무역 동향, 1948~2013」, 박경로·김낙년·이상철·박기주·김두얼·임동민, 『한국의 무역 성장과 경제·사회변화』, 대한민국역사박물관, 62~90쪽.

【표 12-3】 지역 간 수출의 전방 및 후방 연관(2009)

단위: 10억 달러, %

	수출액	전후방연관	한국	미국	일본	중국	ASEAN+2	EU-15	EU-추가	RoW	합계
한국	401.2	전방연관		1.3	1.0	9.4	5.0	2.9	1.3	2.7	23.7
		후방연관		4.6	5.1	4.8	5.2	4.8	0.4	15.7	40.6
미국	1,458.2	전방연관	1.3		0.9	3.2	4.1	10.2	0.8	6.9	27.4
		후방연관	0.3		0.9	0.9	0.8	2.4	0.1	5.8	11.3
일본	618.0	전방연관	3.3	2.1		9.1	7.9	5.2	1.2	3.3	32.2
		후방연관	0.6	2.2		1.7	2.3	2.0	0.2	5.8	14.8
중국	1,284.0	전방연관	1.5	1.0	0.8		3.4	3.3	0.7	2.0	12.8
		후방연관	2.9	3.6	4.4		6.1	4.9	0.4	10.3	32.6
ASEAN+2	1,139.2	전방연관	1.8	1.0	1.3	6.8	5.7	4.0	0.8	2.6	24.0
		후방연관	1.8	5.2	4.3	3.9	5.7	5.5	0.4	10.0	36.7
EU-15	4,697.4	전방연관	0.4	0.7	0.3	1.3	1.3	12.4	1.9	2.8	21.2
		후방연관	0.2	3.2	0.7	0.9	1.0	12.4	1.4	7.5	27.3
EU-추가	569.3	전방연관	0.3	0.4	0.2	1.0	0.8	11.6	3.3	1.8	19.3
		후방연관	0.9	2.1	1.3	1.7	1.6	15.3	3.3	8.1	34.4
RoW	2,584.3	전방연관	2.4	3.3	1.4	5.1	4.4	13.7	1.8	2.8	34.9
		후방연관	0.4	3.9	0.8	1.0	1.1	5.0	0.4	2.8	15.5

출처: 김낙년(2015), 「세계와 한국의 무역 동향, 1948~2013」, 박경로·김낙년·이상철·박기주·김두얼·임동민, 『한국의 무역 성장과 경제·사회변화』, 대한민국역사박물관, 68쪽.

비고: 전방연관은 수출액 중에서 다른 나라의 수출품 생산에서 중간재로 사용되는 비율을, 후방연관은 자국의 수출액 중에서 다른 나라로부터 조달된 중간재의 비율을 말한다.

자리를 잡고 있다. 한국은 후방연관 40.6%이[5] 전방연관 23.7%보다 커서 국제적으로 하류에 속한다. 특히 미국, 일본, EU-15, RoW에 대해 그러하다. 그런데 중국과 ASEAN+2에 대해서 만큼은 전방연관이 후방연관보다 커서 상류에 자리하고 있다. 다시 말해 한국경제는 미국·일본→한국→중국·동남아시아로 이어지는 부가가치의 국제적 흐름에서 중류中流

5 〈표 12-2〉에서 제시된 총수입 중 수출용 수입의 비중 40.3%와 약간의 차이를 보이고 있다. 통계 처리상의 어긋남으로 보인다.

에 서 있는 셈이다. 중국은 모든 나라와 지역에 대해 후방연관이 전방연관보다 커서 국제적으로 맨 하류에 놓인 처지이다.

위기 이후의 한국경제가 대폭의 무역흑자를 누리게 된 것은 이 같은 세계무역의 구조변동에서 중류에 설 수 있었기 때문이다. 1990년대 중반 이후 중국이 세계경제의 맨 하류를 파고들자 한국의 중화학공업은 중국의 수출산업에 대량의 중간재를 공급하게 되었다. 동남아시아에 대해서도 마찬가지였다. 중국과 동남아시아의 수출산업이 폭발적으로 성장하자 이들 시장을 향한 한국의 수출도 급하게 늘어났으며, 이는 한국의 대일 중간재 수입을 증폭시켰다. 일본→한국→중국·동남아시아로 이어진 부가가치의 사슬에 관해서는 연구가 충분하지 않다. 〈표 12-3〉에서 보듯이 한국은 여러 나라와 지역으로부터 중간재를 수입하였다. 그런 가운데 일본에서 수입된 중간재만큼은 고기술高技術과 고숙련高熟練의 원자재, 부품, 기계로서 한국 수출산업에 있어서 다른 지역으로부터 수입된 중간재와는 그 역할이 달랐다고 보인다.

〈표 12-4〉는 2013년 한국의 10대 수출품과 9종의 주요 대일 수입품이다. 10대 수출품은 2013년 총수출의 86%를 차지하고 있다. 9종의 대일 수입품은 수입 순위 1~11위에 해당하는데, 동년 대일 수입 총량의 78%를 차지하고 있다. 이들 모두는 선박 1종을 제외하면 상대방에서 그 짝을 찾을 수 있다. 다시 말해 2013년 한국의 주력 수출품과 대일 주력 수입품은 거의 모두가 동종의 품목이다. 동종 품목의 수출 대비 대일 수입은 수출 1위인 전기제품의 경우 7.2%, 3위인 기계·컴퓨터의 경우 17.2%이다. 9위인 철강의 경우는 35.5%의 가장 높은 수준이다.

수출과 동종인 품목의 수입 수요가 어떻게 생겨난 것인지는 2013년 산업연관표상의 수입투입계수輸入投入係數를 통해 살필 수 있다. 산업연관표는 어느 산업의 최종수요가 1단위 증가할 때 유발되는 수입중간재의 증가분이 국내 어느 산업으로부터의 수요에 기인하는지를 보이고 있다. 산

[표 12-4] 2013년 주요 수출품과 주요 대일 수입품

단위: 천 달러, %

분류	수출액(A)	대일 수입액(B)	수입 순위	B/A
전기제품	135,497,123	9,789,938	2	7.2
자동차	72,771,813	1,497,208	9	2.1
기계·컴퓨터	59,318,363	10,190,716	1	17.2
석유·석탄	54,112,787	3,395,019	7	6.3
광학기기	35,943,226	4,258,202	5	11.8
선박	35,869,754			
플라스틱	31,172,468	4,247,786	6	13.6
유기화합물	24,856,006	5,020,685	4	20.2
철강	22,269,931	7,906,163	3	35.5
철강제품	11,179,899	1,202,126	11	10.8

출처: 관세청, 「무역통계」(https//unipass.customs.go.kr:38030/ets/).

업연관표의 산업분류와 무역통계의 산업분류가 일치하지 않아 세밀한 분석은 별도의 연구과제이지만, 주요 수출품과 동종인 수입품의 수요가 상당 부분 수출산업 자체에서 발생한 것임을 쉽게 확인할 수 있다. 예컨대 반도체의 수입계수는 0.393인데, 그중 0.182는 국내 동종 반도체산업의 수요에 기인한 것이다. 다시 말해 수입 반도체의 46%가 국내 반도체산업의 중간재로 투입되고 있다. 이런 식으로 철강의 43%, 플라스틱의 34%, 일반목적용기계의 56%, 특수목적기계의 27%, 전기장비의 40%, 컴퓨터 및 주변기기의 32%, 정밀기기의 44%가 동종 산업의 중간재 수요로 수입되고 있다.

이 같은 산업연관표로부터의 정보를 전제하면 〈표 12-4〉에서와 같이 한국의 주요 수출품과 주요 대일 수입품의 품목이 일치하는 현상의 의미는 분명하다. 요컨대 한국의 주요 수출산업은 기술적 애로로 인해, 또는 시장적 제약으로 인해 국내에서 확보할 수 없는 핵심 부품, 원자재, 기계를 2013년에도 여전히 대일 수입에 의존하고 있다. 양국 간의 그러한 중

[그림 12-4] **수출부가가치율의 국제비교**(2009년 기준)

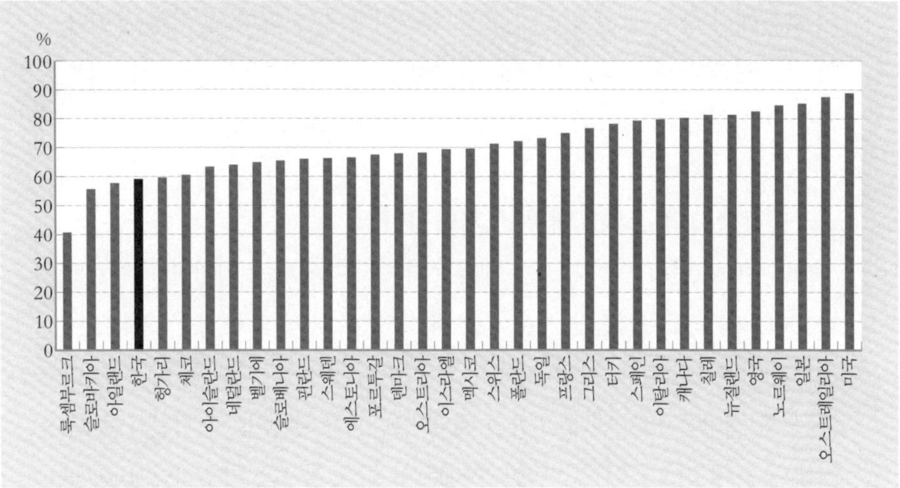

출처: OECD.Stat(http://stats.oecd.org).

간재 내지 부가가치의 흐름은 1960년대 이래 한국경제의 성장 유형을 규정한 조건이기도 하였지만, 기술과 시장 환경의 변화에 따라 상이한 형태로 고도화, 첨단화하는 가운데 1990년대 중반 이후 새롭게 펼쳐진 세계경제의 중층적 구조에서 한국경제를 중류에 서게 만든 한국의 비교지경학적우위(比較地經學的優位, comparative geo-economic advantage)이기도 하였다.

중류에 서 있는 만큼 수출산업이 창출하는 부가가치는 그리 클 수가 없다. 기술 이전에 따른 사용료나 특허료를 고려하면 더욱 그렇다. 〈그림 12-4〉는 2009년 기준 OECD 34개국의 수출부가가치율(輸出附加價値率, value added exports ratio)을 비교하고 있다. 수출부가가치율은 총수출에서 새롭게 창출된 국내 부가가치의 비율을 말한다. 한국은 59.4%로 꼴찌에서 네 번째이다. 1~3위의 미국, 오스트레일리아, 일본은 85~89%의 높은 수준이다. 2012년 한국의 수출입 무역은 1조 752억 달러로서 OECD

가운데 7위이다. 이처럼 무역대국貿易大國이기는 하지만 국제적 부가가치의 흐름에서 중류에 서 있는 연고로 실속이 없기는 속이 빈 강정 꼴이다. 앞서 소개한 대로 외환위기 이후 국가경제의 내포적內包的 자립도를 대변하는 여러 지표는 지속적으로 악화하는 추세를 보이고 있다.

국가경쟁력의 중핵: 대규모 기업집단

1997~1998년의 외환위기는 대규모 기업집단에게는 엄청난 재앙이었다. 30대 대규모 기업집단 가운데 15개가 외환위기의 와중에서 그룹이 해체되거나 축소되었다. 21위 이하의 그룹은 거의 전멸하다시피 하였다. 이들 신흥 재벌은 1980년대 후반의 호경기에 건설, 부동산, 전기전자, 금속, 기계 부문에 진출하여 공격적인 투자로 사세社勢를 확장하였지만, 1992년 이후의 불경기에 심각한 부실을 안게 되었다. 외환위기에 따른 금융경색은 재무구조가 취약한, 투자자금을 주로 제2금융권에 의존한, 이들 중하위 기업집단에 가장 심각한 타격을 가하였다.[6] 외환위기는 한국의 기업가들에게 미경험과 비전문 부문으로의 무분별한 투자가 얼마나 잔인한 시장의 징벌을 부르는지를 뼈저리게 가르쳐 주었다.

위기 이후 대규모 기업집단의 경영형태와 지배구조에는 많은 변화가 생겼다. 정부의 요구에 따라 30대 그룹의 부채비율은 2009년까지 200% 이하로 낮아졌다. 이를 위해 정부는 계열사 간의 연결재무제표聯結財務諸表의 작성을 강요하였으며, 이는 그룹의 지배구조를 투명하게 개선하는 데 기여하였다. 그 밖에 그룹 총수의 전횡을 견제하기 위해 감사위원회, 사외이사제, 집단소송제, 집중투표제가 도입되었다. 또한 계열사 간의 상호출자를 통한 가공자본의 창출을 억제하고, 자회사의 독립·책임경영을 강화할 목적에서 지주회사제持主會社制가 장려되었다. 이후 2008년까지 28

6 이한구(2010), 『개정판 한국재벌사』, 대명출판사, 522~524쪽.

개 그룹이 지주회사체제로 전환하였다. 전술한 대로 금융시장이 크게 개방되는 통에 대기업 주식의 상당 부분을 외국인이 소유하게 되었다. 그에 따라 기업의 투자와 배당 정책은 주주株主 우선의 방향으로 선회하였다. 위기 이후 기업의 지배구조와 경영행태는 현저히 영미형으로 전환하였다.

그 과정에서 재계 1위의 현대그룹이 창업자의 사망에 따른 자식, 형제간의 상속으로 13개 집단으로 분할하였다. 재계 3위의 LG그룹도 비슷한 원인으로 크게 3개 그룹으로 나뉘었다. 이런 일은 창업자의 사망에 따른 상속이 오래전에 이루어진 삼성그룹에서도 마찬가지였다. 한국의 상속제는 전통적으로 형제간의 분할상속이다. 창업자의 사망에 따른 그룹의 분할은 전통에 충실히 규정된 문화적 현상이다. 1945년 이전 일본의 재벌은 이와 상이하였다. 일본의 상속제는 전통적으로 단독상속제이다. 그에 규정되어 일본의 재벌은 세대교체에 따른 그룹의 분할을 겪지 않았다. 일본의 재벌은 대가大家를 중심으로 한 친족집단이 중심적 지주회사를 지배하는 형태로 큰 집단을 형성하였다. 문자 그대로 족벌체제族閥體制였다. 한국의 문화는 족벌체제와 맞지 않는다. 여러 그룹의 분할상속으로 그 점이 명백해졌기 때문에, 나는 재벌이란 일본에서 기원한 용어를 한국 대규모 기업집단의 별칭으로 계속 사용하기는 곤란하다고 생각한다.

2011년 공정거래위원회公正去來委員會가 지정한 대규모 기업집단은 63개이며, 그에 소속된 기업은 1,831개이다. 2012년 한국의 상위 200개 대기업 가운데 171개가 이들 63개 기업집단에 속해 있다. 2011년 30대 기업집단에 속한, 금융업과 비외감非外監 기업을 제외한, 기업들의 자산총액은 금융업과 정부·개인 소유의 자산을 제외한 전체 비금융非金融 법인자산의 39.3%를 차지하고 있다. 30대 기업집단의 매출도 마찬가지 기준에서 38.9%의 큰 비중을 점하고 있다.[7] 1996년의 그것은 48.3%로 가장 높

7 이윤호(2005), 『재벌의 재무구조와 자금조달』, 나남출판, 334쪽.

은 수준이었다. 30대 기업집단의 경제력 집중은 위기 이후 완화되었다고 하지만, 그래도 여전히 높은 수준을 유지하고 있다. 위기 이후 한국경제의 성장을 이끈 것은 수출이다. 앞서 소개하였듯이 2004년 이후 대기업의 수출기여도가 크게 높아졌다. 그만큼 대규모 기업집단의 성장 주체로서의 역할도 점점 중요해졌다.

대규모 기업집단은 오늘날 한국경제가 보유한 국가경쟁력國家競爭力의 중핵中核을 이루고 있다. 한국 기업이 미국에서 취득한 특허는 1981년 17개에서 2010년 11,671개로 급증하였다. 그 결과 2010년 한국은 미국 특허 기준으로 미국, 일본, 독일 다음의 기술 강국이 되었다. 그런데 미국 특허의 거의 60%는 최대 5대 기업에 의해 출원된 것이다.[8] 2008년 『포춘Fortune』이 선정한 세계의 500대 기업 가운데 15개가 한국의 대기업이다. 대기업의 발전에 관한 한 한국은 상당한 정도로 선진국 수준에 근접해 있다.

그럼에도 국가경제에서 대규모 기업집단이 수행하는 역할에 대해서는 상이한 해석이 대립하고 있다. 다중의 한국인이 대규모 기업집단에 드러내는 비판적이거나 적대적인 인식이 그에 합당한 경험적 근거를 갖추고 있는지는 의문인 경우가 많다. 대규모 기업집단이 비정상적인 기업형태라는 통념은 재고될 필요가 있다. 기업집단은 시장경제제도가 성숙하지 않은 여러 후진국에서, 동유럽의 체제이행국가體制移行國家들에서, 상당히 보편적인 존재로 관찰된다. 제11장에서 소개한 대로 기업집단은 시장의 불완전함이나 공백을 메우기 위한 대체조직으로 발전한다. 기업집단은 내부금융시장을 창출함으로써 투자자금을 확보하고 나아가 장기투자의 위험성을 집단 내의 여러 기업으로 분산시킨다. 기업집단은 기업 간의 자원과 능력을 공유함으로써 새로운 사업을 성공시키는 범위의 경제

8 Keun Lee(2013), *Schumpeterian Analysis of Economic Catch-up—Knowledge, Path-Creation, and the Middle-Income Trap—*, Cambridge University Press, p.52·196.

economy of scope를 실현한다. 이 같은 이유로 기업집단은 스웨덴을 비롯한 여러 선진국에서도 오래전에 성립하여 환경의 변화에 따라 역할을 바꾸면서 존속해 온 것으로 지적되고 있다.[9]

대규모 기업집단의 경제력 집중이 비정상적으로 과도하다는 대중적 비판도 그에 관한 국제적 비교가 선행되었더라면 적절한 수준에서 자제될 만하였다. 그에 관한 연구는 최근에야 이루어졌다. 예컨대 상위 20대 기업의 매출집중도에서 한국은 미국·일본·타이완보다는 높지만, 영국·독일과는 비슷한 수준이고, 프랑스·스웨덴보다는 낮다. 또한 상위 20대 기업의 자산집중도에서 한국은 스웨덴·프랑스·독일보다 낮으며, 영국과 비슷하고, 일본·타이완·미국보다는 높다. 매출집중도의 국제적 비교에서 고려해야 할 점은 국가경제의 대외의존도이다. 쉽게 이해할 수 있듯이 대외의존도가 높은 나라에서 대기업의 매출집중도는 그렇지 않은 나라보다 높다. 대기업 매출의 상당 부분이 해외시장에서 발생하고, 해외시장의 규모에는 제약이 없기 때문이다. 앞서 소개하였듯이 한국경제의 대외의존도는 이례적으로 높은 수준이다. 2011년 30대 기업집단이 보이는 비금융업에서의 매출집중도는 38.9%이다. 해외에서 발생한 대기업의 매출을 공제하면 어떻게 될까. 28.9%로 낮아진다고 한다.[10] 국제적으로 결코 이례적이라 할 수 없는 수준이다.

영세사업체의 과밀과 적체

주의 깊은 관찰자라면 이 나라 경제의 특질이 대규모 기업집단이 아니라 그 대척對蹠을 이루는 소규모 기업의 군락群落에 있음을 쉽사리 알

9 Asli M. Colpan, Takashi Hikino, James R. Lincoln edt.(2010), *The Oxford Handbook of Business Groups*, Oxford University Press, pp.1~9.
이건범(2014), 「한국 대규모 기업집단의 특징과 전망」, 이영훈 엮음, 『한국형 시장경제체제』 서울대학교출판문화원, 88~91쪽.

10 황인학·최원락(2013), 「경제력집중 통계의 진실」, KERI정책제언 13-04, 13쪽.

[표 12-5] 사업체의 종사자 규모별 분포(1993, 2012)

단위: 개, 명, %

구분 종사자 규모	전 산업				제조업			
	1993년		2012년		1993년		2012년	
	사업체 수	종사자 수	사업체 수	종사자 수	사업체 수	종사자 수	사업체 수	종사자 수
계	2,304,250 (100.00)	12,245,073 (100.00)	3,602,476 (100.00)	18,569,355 (100.00)	281,590 (100.00)	3,884,496 (100.00)	360,394 (100.00)	3,715,162 (100.00)
1~9명	2,148,392 (93.24)	4,777,779 (39.02)	3,329,636 (92.43)	7,639,701 (41.14)	226,603 (80.47)	722,800 (18.61)	296,483 (82.27)	921,091 (24.79)
10~49명	129,795 (5.63)	2,652,472 (21.66)	229,346 (6.37)	4,446,073 (23.94)	45,084 (16.01)	956,925 (24.63)	53,790 (14.93)	1,108,169 (29.83)
50~299명	23,257 (1.01)	2,247,522 (18.35)	40,151 (1.11)	3,895,021 (20.98)	8,680 (3.08)	867,469 (22.33)	9,434 (2.62)	961,325 (25.88)
300~999명	2,201 (0.10)	1,048,343 (8.56)	2,800 (0.08)	1,381,787 (7.44)	924 (0.33)	456,131 (11.74)	566 (0.16)	271,480 (7.31)
1,000명 이상	605 (0.03)	1,518,957 (12.40)	543 (0.02)	1,206,773 (6.50)	299 (0.11)	881,171 (22.68)	121 (0.03)	453,097 (12.20)

출처: 통계청, 「전국사업체조사」(http://www.kostat.go.kr/survey/saup/).

아차릴 것이다. 한국경제는 다른 나라에 비해 영세 규모의 사업체事業體가 과밀한 가운데 적체하는 특질을 보이고 있다. 〈표 12-5〉는 1993년과 2012년 전 산업에 걸친 사업체의 종사자 규모별 분포를 비교하고 있다. 사업체 총수의 분포에서 가장 두드러진 변화는 종사자 1~9명의 영세 사업체가 214만 개(93.2%)에서 332만 개(92.4%)로, 동 종사자가 477만 명(39%)에서 763만 명(41.1%)으로 팽창하였다는 점이다. 대조적으로 최상위 구간인 1,000명 이상의 대기업은 605개(0.03%)에서 543개(0.02%)로, 종사자는 151만 명(12.4%)에서 120만 명(6.5%)으로 감소하였다. 절대수뿐 아니라 상대적 비중도 줄었다. 차상위 300~999명의 대기업은 2,201개(0.1%)에서 2,800개(0.08%)로, 종사자는 104만 명(8.6%)에서 138만 명(7.4%)으로 늘었다. 차상위 구간의 대기업이 증가한 것은 통신, 교육서비스, 사업서비스, 공공행정, 건설업, 보건 및 사회복지사업 분야에서이다. 그와 달리 제조업製造業 분야에서 종사자 300명 이상의 대기업은 1,223개(0.4%)에서 687개(0.2%)로, 종사자는 133만 명(34.4%)에서 72만 명(19.5%)으로 절대적으로나 상대적으로 크게 감소하였다. 반면 1~9명의 영세 제조업체는 22만 6,000개(80.5%)에서 29만 6,000개(82.3%)로, 종사자는 72만 명(18.6%)에서 92만 명(24.8%)으로 절대적으로나 상대적으로나 늘었다.

제11장에서 지적하였듯이 제조업 부문에서 대기업의 수가 감소하는 추세는 1989년부터이다(〈표 11-11〉, 〈그림 11-3〉). 1988년 대기업은 1,318개를 헤아렸는데, 〈표 12-5〉와 같이 2012년까지 687개로 거의 절반으로 줄었다. 그 대신 종업원 1~9명 내지 10~49명의 제조업체가 급하게 증가하였다. 1989년을 전환점으로 하여 제조업에서 대기업 수가 줄고, 영세 소기업 수가 증가한 이유가 무엇인지에 관해서는 아직 연구가 이루어져 있지 않다. 1987~1989년의 노동자 대투쟁이 직접적 계기라는 가설은, 즉 기업이 대량의 노동자를 고용함에 따른 정치적 위험이 커졌다는 가설은 유력해 보이지만 검증된 적이 없다. 대기업에 대한 각종 규제가 심해지고, 중소기업에 대한 각종 지원이 강화된 탓이라는 가설도 생각해 봄직하다. 그 같은 환경은 대기업으로 하여금 공장 규모를 축소하거나 분산시켜 중소기업으로 내려오게 하는 유인을 제공한다. 또한 중소기업이 성장의 어느 단계에서 대기업으로 진입하기를 주저하게 만드는 유인이 되기도 한다. 이 같은 가설은 언론을 통해 자주 보도되었지만 믿을 만한 경험적 연구를 통해 검증되지 않았다. 중소기업에 대한 정부의 과도한 지원이 영세소기업의 증가를 부추겼다는 가설은 사실이 아닌듯하다. 그렇다면 정부로부터 각종 융자를 받은 기업이 늘어나 영세 소기업의 부채비율이 증가해야 하는데, 실제로는 낮아지는 추세이기 때문이다.[11] 이 사실은 영세 소

11 조덕희(2013), 「제조업의 영세소기업 편중 현상에 관한 연구」, 산업연구원 연구보고서 2013-660, 105~106쪽.

기업의 증가가 주로 정부의 지원 대상이 되지 않는 부문에서 소규모 자기 자본에 의한 창업의 형태임을 이야기하고 있다.

대기업의 주력 업종이 노동절약적인 IT산업으로 바뀌었기 때문이라는 기술 요인의 가설도 설득력이 커 보이지 않는다. 다른 나라에서도 대기업의 주력 업종이 IT산업으로 바뀌었지만 대기업의 비중은 감소하지 않거나 오히려 증가하기 때문이다. 일본의 경우, 탈공업화脫工業化의 영향으로 1995~2010년 제조업의 사업체 수와 종사자 수는 절대적으로 감소하였다. 그럼에도 대기업의 상대적 비중은 오히려 증가하였다. 종사자 300명 이상 제조업 대기업의 수적 비중은 1995~2010년에 0.97%에서 1.46%로, 종사자 비중은 26.1%에서 31.1%로 늘었다.[12] 미국의 경우, 종사자 500명 이상 제조업 대기업의 수적 비중은 1998~2011년에 1.52%에서 1.38%로, 종사자 비중은 58.6%에서 54.7%로 줄었는데, 그리 두드러진 감소라고 보기 어렵다. 오히려 제조업을 포함한 전 산업에서 500명 이상 대기업의 종사자 비중은 같은 기간 47.2%에서 51.5%로 증가하였다.[13] 좀 더 폭넓은 비교가 요구되지만, 1990년대 이후 제조업에서 대기업이 절대적으로나 상대적으로 크게 감소한 것은 별로 일반적이지 않은, 한국만의 특질일 수 있다.

영세 제조업체의 증가가 대기업과의 억압적인 수급受給 관계 때문이라는 가설도 성립하기 힘들어 보인다. 앞서 지적하였듯이 중소기업 중에서 수급업체의 비중은 2000년대 이후 줄곧 하락하는 추세이다. 뿐만 아니라 2013년 수급업체의 모기업 수는 평균 8.4개인데, 중소기업이 6.9개, 대기업이 1.5개이다.[14] 다시 말해 중소 수급업체와 관계하는 기업은 대기업만이 아니다. 어쨌든 아직 잘 알지 못하는 어떤 요인들의 복합적인 작용

12 日本中小企業廳(2012), 附屬統計資料 表8.

13 U. S. Small Business Administration(https://www.sba.gov).

14 중소기업청·중소기업중앙회(2013), 『2013 중소기업실태조사결과』 I, 264쪽.

에 의해 1989년 이후 제조업에서 대기업은 크게 줄고 영세 소기업은 크게 늘었다. 그 결과 오늘날 한국경제는 국제적 비교에서 영세 제조업체가 과밀하다는 특질을 띠고 있다. 〈표 12-5〉에서 보듯이 2012년 보통 소상공인小商工人으로 불리는 종업원 1~9명의 제조업체는 29만여 개로서 제조업체 총수에서 82.3%이다. 비슷한 시기 미국은 49.3%, 독일은 60.5%, 일본은 69.7%이다. 그에 종사하는 종업원의 비중은 한국이 24.8%임에 비해 미국은 4.7%, 독일은 5%, 일본은 13.8%이다. 나아가 이들 영세 제조업체는 발전성을 결여하여 차상위 구간으로 올라가기보다 원래의 구간에서 적체하는 경우가 일반적이라고 지적되고 있다.[15]

제조업을 포함한 전 산업에서 영세사업체로의 편중 정도도 마찬가지이다. 앞서 소개한 대로 종사자 1~9명 사업체의 수적 비중은 92.5%, 종사자 비중은 41.1%인데, 이 역시 국제적으로 과도한 편이다. 〈그림 12-5〉는 서비스업에서 보통 자영업자自營業者로 불리는 종사자 1~9명 영세사업체의 종사자 비중을 1인당 GDP를 기준으로 비교한 것이다. 한국은 28.8%로서 7.0%의 미국, 11.6%의 독일 등의 선진국에 비해서는 물론, OECD 국가들의 평균 15.9%보다 월등히 높다. 한국은 39.1%의 터키, 35.5%의 그리스, 34.3%의 멕시코와 함께 자영업이 비대한 국가군을 형성하고 있다.[16] 자영업의 절반 이상은 도매 및 소매업, 운수업, 숙박 및 음식점업, 부동산업 및 임대업, 수리 및 개인서비스 등의 전통 서비스업이다. 사회계층에서 구중산층에 속하는 이들 전통 서비스업은 한국경제의 고도성장에도 불구하고 자본-임노동 관계로 분해되지 않았으며, 양적으로는 오히려 증가해 왔다.[17] 농촌에서 도시로의 인구이동이 워낙 급하였을 뿐 아니라, 2000년

15 조덕희(2013), 「제조업의 영세소기업 편중 현상에 관한 연구」, 35~52·80~90쪽.

16 김창욱·김정근(2014), 「한국 자영업 부문의 현황과 구조적 특성」, 『한국형 시장경제체제』, 147~149쪽.

17 핫또리 타미오 지음, 유석춘·이사리 옮김(2007), 『개발의 경제사회학 — 한국의 경제발전과 사회변동 —』, 전통과 현대, 173~174쪽.

[그림 12-5] OECD 국가의 1인당 GDP와 자영업 부문 비중과의 상관관계(2010년 기준)

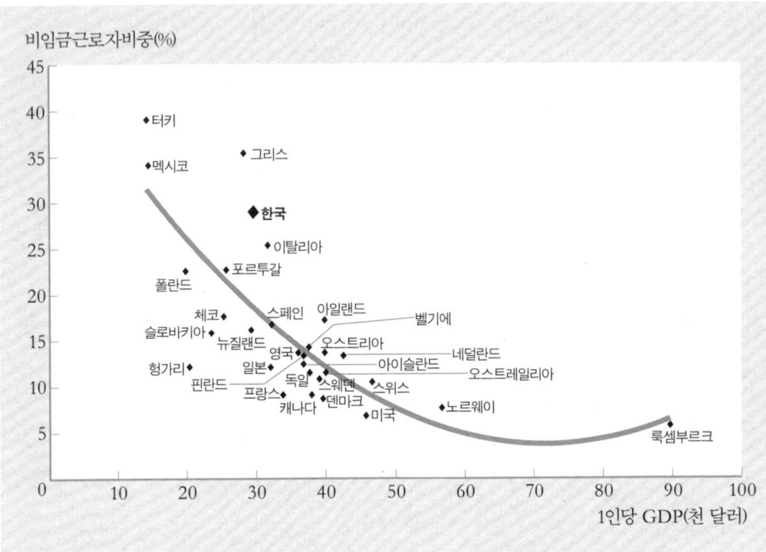

출처: 김창욱·김정근(2014), 「한국 자영업 부문의 현황과 구조적 특성」, 이영훈 엮음, 『한국형 시장경제체제』, 서울대학교출판문화원, 148쪽.

대 이후 감속성장의 추세에 따라 노동시장에서 조기적으로 퇴출된 자들이 자영업자로 누적되었기 때문이다. 대도시에서 과밀하게 적체된 영세 자영업자는 상호 간에 비생산적인 밀어내기식 경쟁에 빠져 있으며, 그 결과 낮은 이익률, 높은 부채율, 낮은 생존율의 병폐를 드러내고 있다.

노동시장의 불균형

노동시장의 질을 대변하는 여러 지표에서 한국은 OECD 국가들 중에 최고 아니면 최저의 극단을 보이고 있다. 2009년 종업원의 평균근속연수는 정규직定規職의 경우 평균 6.2년인데, 이는 OECD에서 가장 짧은 편이다. 비정규직非定規職이나 기간제期間制의 근속연수는 2년이 채 되지 않는다. 나아가 전체 피용자 가운데 1년 미만 근속자의 비율이 36.2%로서 OECD 가운데 단연 최고이다. 반면 10년 이상 장기근속자의 비중은 16.9%로서 OECD 가운데 최하이다. 특정 시점에서 측정한 근속연수는 단기간의 취업과 실업을 반복하는 불안정 고용의 실태를 충분히 반영할 수 없다. 이를 포착하기 위해 경제활동인구조사를 패널로 연결하여 분석한 결과, 2006년에 취업을 경험한 사람 가운데 같은 직장에 1년 이상 취업을 한 사람은 53.7%에 불과한 것으로 확인되었다. 이는 임금노동자 가운데 절반 남짓만이 1년 내내 같은 직장에서 일하고 있음을 보여 주는 것이다. 고용의 질이 좋지 않음은 임금 수준에서도 잘 나타나 있다. 2009년 저임금 노동자의 비율은 25.7%로 OECD 가운데 가장 높다. 성별 임금의 격차는 평균 39%로 OECD 가운데 최고이다.[18]

노동시장의 실태가 이렇게 열악한 것은 앞서 지적한 대로 제조업을 포함한 전 산업에서 영세사업체가 과밀하게 적체하는 현상과 밀접한 연관이 있다. 바로 거기가 비정규직과 저임금의 온상이다. 예컨대 2011년 종업원 1~4명의 사업체에서 82.5%의 종업원이, 5~9명의 사업체에서는 63.0%의 종업원이 비정규직이다. 그에 비해 300명 이상의 대기업에서 비정규직은 16.5%에 지나지 않는다. 대기업의 노동자는 대개 정규직 노동자로서 근속연수가 10년 이상에 달하는 반면, 영세사업체의 노동자는 거의 비정규직으로 근속연수가 1년에 미치지 못하는 경우가 태반이다. 대기업과 영세사업체는 임금 수준에서도 현격한 격차를 보이고 있다. 2009년 종업원 300명 이상 대기업의 시간당 임금을 100으로 할 때 종업원 30~99명은 51.2, 10~29명은 48.7, 5~9명은 46.0에 불과하다.[19] 대기업과 중소기업 간에 고용의 질이 이처럼 현격한 격차를 보이는 것은 생산성에서 커다란 격차가 있기 때문이다. 2009년 종업원 300명 이상 대기업과

---

18 황덕순(2011), 「한국의 복지국가 발전과 노동」, 『經濟論集』 50-3, 서울대학교 경제연구소, 309~311쪽.

19 황인학·최원락(2013), 「경제력집중 통계의 진실」, 58~65쪽.

종업원 10명 이상 중소기업의 1인당 부가가치의 격차는 3.2배이다. 이는 국제적 비교에서도 심한 편이다. 예컨대 2007년 EU 15개국에서 대기업과 중소기업의 1인당 부가가치의 격차는 평균 1.68배이다.[20]

이처럼 한국의 노동시장은 고용의 질, 임금, 생산성 등에서 대기업과 중소기업 간의 커다란 격차로 이루어진 분절성分節性 내지 이중구조二重構造를 특징으로 하고 있다. 대기업의 노동자는 고임금의 정규직으로서 잘 조직된 노동조합의 보호를 받고 있다. 반면에 중소기업의 노동자는 저임금의 비정규직으로서 조직되어 있지 않다. 노동조합의 조직률은 1989년에 19.8%의 정점을 찍은 뒤 2005년의 10.3%까지 지속적으로 하락하였다. 조합원 수 역시 1989년의 193만 명을 정점으로 한 뒤 2005년까지 150만여 명으로 감소하였다. 노동조합은 고용량의 증가를 따라잡지 못할 뿐 아니라 기존의 조직마저 온전하게 유지하지 못하였다.[21] 한국의 노동조합 조직률은 터키, 프랑스, 에스토니아, 미국과 함께 OECD에서 가장 낮은 편에 속한다.[22]

노동시장이 안고 있는 또 하나의 큰 문제는 인력 수급需給의 불균형이 심하다는 사실이다. 2006년 15~64세의 고용률은 64%로서 OECD 평균 66%보다 낮다. 특히 24세 이하 청년층의 고용률이 미국, 영국, 독일, 일본보다 14~30% 포인트나 낮음이 특징적이다. 이는 청년층 생산가능인구의 절반 이상이 비경제활동인구로서 통학 중이거나 취업시험 준비를 하기 때문이다. 2007년 청년층 비경제활동인구 532만 명 가운데 419만 명이 통학 중이며, 나머지 가운데 53만 명이 각종 공무원, 전문직, 기업체, 언론사, 교원 등이 되기 위한 고시나 취업시험을 준비하는 이른바 공시족

---

20 신기동·김군수·김을식·이정훈(2012), 「대·중소기업 동반성장의 새로운 시각」, 『이슈&진단』 37, 경기개발연구원, 3쪽.

21 조성재·정준호·황선웅(2008), 『한국경제와 노동체제의 변화』, 한국노동연구원, 97~98쪽.

22 황덕순(2011), 「한국의 복지국가 발전과 노동」, 『經濟論集』 50-3, 316쪽.

公試族이다.[23]

반면 중소기업은 인력난에 시달리고 있다. 2006년 전체 사업장의 인력 부족률은 2.7%인데, 10~29명의 소규모 사업장에서는 3.2%로 더 높고, 직종에 따라서는 7.2%에 달하기도 한다. 부족한 인력의 상당 부분은 외국인 근로자로 충당되고 있다. 2007년 외국인 근로자는 전체 취업자의 1.8%를 차지하며, 그들의 대부분은 이른바 3D 업종의 영세사업체에 종사하고 있다. 비숙련공뿐 아니라 숙련공도 점점 부족해지고 있다. 이는 기존의 인력이 고령화하는 가운데 고학력자의 제조업 기피로 숙련과 지식을 갖춘 인력의 공급이 줄기 때문이다. 2005년 제조업 6개 산업에 종사하는 근로자의 평균연령과 근속연수는 1차금속의 경우 40.1세에 9.8년, 기계운송장비 제조업의 경우 39.3세에 11.0년이다. 젊은 기능공의 충원이 제대로 되지 않기 때문에 나타나는 이 같은 기능 인력의 고령화 현상은 장차 이들이 퇴직할 때 산업 현장에서 숙련이 제대로 전수되지 않을 문제를 예고하고 있다.[24]

이 같은 인력 수급의 불균형은 1990년대 이후에 지속된 교육정책의 혼란에 그 원인이 있다. 잘 알려진 대로 한국의 대학 진학률은 세계에서 가장 높아서 한때 80%를 초과하였다. 그렇지만 이들 고등교육의 이수자들이 자기 전공 분야에서 직장을 구하는 비율은 그리 높지 않다. 2004년도 노동패널조사를 이용한 분석에 의하면 전문대졸 취업자의 63%, 4년제 대졸 취업자의 58%가 전공과 무관한 일을 하고 있으며, 정규직의 67%, 비정규직의 77%가 자신의 교육 수준보다 낮은 곳에 하향 취업했다고 응답하였다.

노동시장과 교육시장의 이 같은 불균형으로 인해 근로자의 숙련도는 전반적으로 낮은 편이다. 숙련과 비숙련의 골도 대개 3~4년의 근속으로

23 박덕제(2007), 「인력의 원활한 수급과 생산성 향상」, 남성일 외, 『한국의 노동 어떻게 할 것인가?』, 서강대학교출판부, 33~35쪽.

24 박덕제(2007), 「인력의 원활한 수급과 생산성 향상」, 『한국의 노동 어떻게 할 것인가?』, 37~40쪽.

메워질 만큼 그리 깊지 않다. 대부분의 기업은 근로자의 숙련도를 높이는 데 투자를 하고 있지 않으며, 필요한 숙련공을 외부노동시장을 통해 구하고 있다. 소수의 대기업만이 근로자에게 기업특수적 숙련의 경로를 제공하고 있을 뿐이다. 일반적으로 한국의 기업들은 근로자의 숙련 형성을 추구하지 않는데, 그것은 근로자의 생산과정에 대한 발언권이 강화되는 것을 꺼리기 때문이다. 그로 인해 한국 근로자의 1인당 노동생산성은 국제적으로 낮은 수준이다. 예컨대 전 산업 근로자의 1인당 생산성은 미국의 약 60%이다. 서비스업의 생산성 격차는 더욱 두드러져 수송·통신의 경우는 50%, 도·소매업과 숙박·음식업의 경우는 25%에 불과하다.[25]

소득분배의 악화

외환위기 이후 감속성장의 추세가 이어지고, 성장의 동력이 수출로 제한되고, 수출시장에서 중소기업이 밀려나고, 수출의 주력품이 대기업에 의한 자본·기술집약적 중화학공업품으로 집중되고, 수출의 고용·생산유발효과가 감소하고, 국가경제의 산업연관이 하락하고, 노동시장에 있어서 대기업과 중소기업의 격차가 확대되고, 저임금과 단기근속의 온상으로서 영세사업체가 과밀하게 적체하는 등, 국가경제의 질적 지표가 전반적으로 악화됨에 따라 매우 당연하게도 소득분배所得分配의 구조 역시 악화되었다.

〈그림 12-6〉은 통계청이 매년 가계동향조사家計動向調査의 결과로 발표하는 가구소득家口所得의 불평등정도를 나타내는 지니계수의 추이이다. 2002년까지는 2인 이상의 도시가구만을 대상으로 하였으며, 2003년 이후 2인 이상 비농가(농어가 및 1인가구 제외)로, 2006년 이후 1인가구를 포함한 전체 가구(농어가 제외)로 그 조사 대상이 확대되었다. 〈그림 12-6〉에는 2003년 이후 조사 대상이 확대된 결과까지 제시되어 있다. 조사 대

25 박덕제(2007), 「인력의 원활한 수급과 생산성 향상」, 『한국의 노동 어떻게 할 것인가?』, 41쪽.

[그림 12-6] 가구소득의 불평등지수(1990~2011)

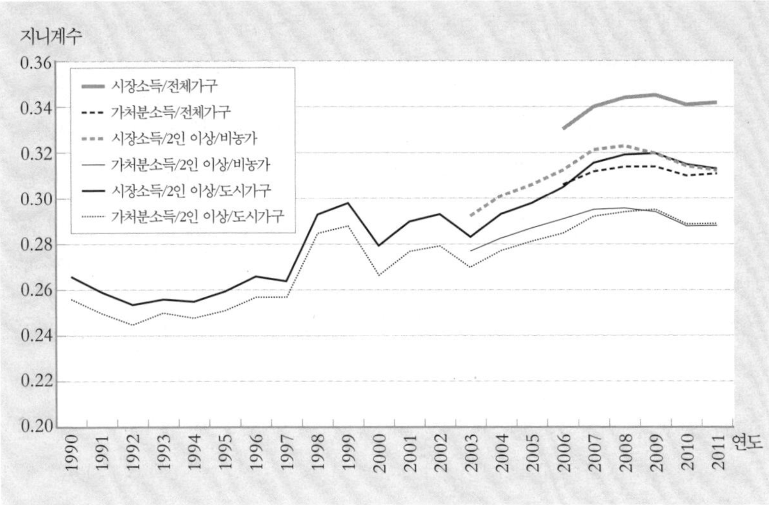

출처: 김낙년(2014),「한국의 소득분배—장기추이와 국제비교—」, 이영훈 엮음,『한국형 시장경제체제』, 서울대학교출판문화원, 250쪽.

상이 확대됨에 따라 지니계수가 높아짐은 당연한 현상이다. 소득에는 시장소득市場所得과 가처분소득可處分所得 두 가지가 있는데, 시장소득에서 소득세所得稅 등을 공제한 것이 가처분소득이다. 지니계수에서 양자의 차이는 조세에 따른 소득재분배所得再分配 효과를 나타낸다.

소득분배의 불평등도는 높은 수요가 높은 투자를 부르고, 그에 따라 대량의 일자리가 창출되고 실질임금이 올라가는 고도성장의 호순환好循環이 작동한 기간에는 낮은 수준에서 안정되었다. 한국의 소득분배는 국제적으로 모범을 이루었다. 소득분배가 악화하는 것은 〈그림 12-6〉에서 보듯이 1997년 이후이다. 2인 이상 도시가구의 시장소득 기준 지니계수가 1996년 이전의 0.26에서 2009년까지 0.32로 높아졌다. 2000년 이후의 지니계수는 통계청의 고소득가구에 대한 조사가 부실하여 실제보다 불평등정도를 과소평가하고 있다고 지적되고 있다. 이를 감안하여 다시 추계한 전체 가구를 대상으로 한 시장소득의 지니계수는 0.4를 초과하고 있다. 통계청의 지니계수는 2009년 이후 소득분배가 다소 개선되고 있음을 보이고 있지만, 수정된 추계에서는 그 점도 명확하지 않다.[26]

위기 이후 소득분배가 악화되어 온 추세는 국세청의 소득세 자료를 이용한 추계에서도 확인되고 있다. 그에 의하면 소득세 납부 상위 0.1% 계층의 소득집중도는 1980~1990년대에 걸쳐 2% 전후의 수준에서 안정적이었다가 2000년 이후 급속히 상승하여 2010년에는 4%를 초과하였다. 그 결과 한국은 미국과 영국보다는 덜하지만 일본과 프랑스보다는 심한 불평등 구조를 안게 되었다. 위기 이후 한국의 소득분배 구조는 영미형을 따라가고 있다. 소득분배가 악화된 데에는 앞서 열거한 여러 가지 국가경제적 요인 이외에 기업의 지배구조가 영미형으로 바뀜에 따라 대기업 CEO의 연봉이 크게 인상되었다는 점, 그럼에도 소득세의 누진구조가 완화되어 왔다는 점이 추가적 원인으로 지적되고 있다.[27]

추격의 한계

어느 기업이나 국가가 성장을 거듭하여 선발 기업이나 국가를 따라잡는 것을 가리켜 경제학자들은 추격(追擊, catch-up)이라 부르고 있다. 추격에는 간격을 좁히는 수렴收斂과 아예 넘어서 버리는 추월追越의 두 가지가 있다. 성공적인 추격을 위해서는 성장의 일반적 조건을 넘어서 무언가 특별한 노력이 필요하다. 후발자는 선발자가 걸었던 길을 열심히 좇아가서는 곤란하다. 그래서는 약간의 수렴이 가능할지 모르나 더 이상은 허락되지 않는다. 후발자는 선발자가 밟았던 여러 단계의 하나를 생략하거나 아예 다른 경로를 개척할 필요가 있다. 다른 경로를 개척할 경우 후발자는 선발자를 추월해 버릴 수도 있다. 이 같은 일은 특별한 환경에서만 가

26 김낙년(2014), 「한국의 소득분배 — 장기추이와 국제비교」, 『한국형 시장경제체제』, 253~267쪽.
27 김낙년(2014), 「한국의 소득분배 — 장기추이와 국제비교」, 『한국형 시장경제체제』, 267~287쪽.

능하다. 화학공업이나 금속·기계공업처럼 장기간의 시행착오를 거쳐 기술과 숙련이 암묵적暗默的 형태로 축적되는 산업에서 후발자가 선발자를 추격하는 일은 매우 힘들거나 거의 불가능하다. 반면에 전기·전자공업처럼 기술수명이 짧고 기술체제가 명시적明示的이어서 표준화하기 쉬운 산업에서 후발자는 대규모 연구개발투자를 통해 선발자가 밟은 단계를 생략하거나 새로운 경로를 개발하여 추격에 성공할 수 있다.[28]

한국의 몇몇 대기업이 일본의 선발자를 성공적으로 추격하였던 것은 이 같은 기술체제의 변화에 따른 기회의 창이 열렸기 때문이다. 현대자동차가 카뷰레터 엔진을 생략하고 전자분사식 엔진을 개발하거나, 삼성전자가 16K D-RAM을 생략하고 64K, 256K D-RAM을 개발한 것은 단계생략형 추격에 속한다. 1990년대 후반 디지털시대가 열리자 한국의 TV산업이 재빨리 디지털TV를 개발하여 아날로그 기술에 집착하는 일본의 선발자를 넘어선 것은 경로개척형의 추격에 속한다.

이런 식으로 기회의 창이 열리자 그에 기민하게 대응하여 일본의 선발자를 추월한 기업으로 삼성전자의 예가 널리 알려져 있다. 삼성전자의 생산성은 1990년대 후반에 일본의 마쓰시타와 동일한 수준에 도달하였으며 2000년 이후 마쓰시타를 추월하였다. 이렇게 추월에까지 성공한 사례는 그리 많지 않다. 현대자동차는 1990년대 후반 일본의 선발자 도요타에 근접한 적이 있지만, 이후 차이를 좁히지 못하고 있다. 포스코는 1990년대 전반 신일본제철을 잠시 추월하였지만, 이후 차이가 벌어져 추격이 후퇴한 사례가 되었다.[29]

2004년 양국의 상장上場 제조기업의 총요소생산성을 비교분석한 연구에 따르면, 한국 기업의 10% 정도가 일본의 경쟁상대를 추월해 있는 것

---

28 이근 외(2008), 『기업간 추격의 경제학』, 21세기북스, 15~36쪽.
이근 외(2013), 『국가의 추격, 추월, 추락』, 서울대학교출판문화원, 1~23쪽.

29 이근 외(2008), 『기업간 추격의 경제학』, 37~47쪽.

[그림 12-7] **한국 상장 제조기업의 일본 기업에 대한 생산성 추격**(1985~2004)

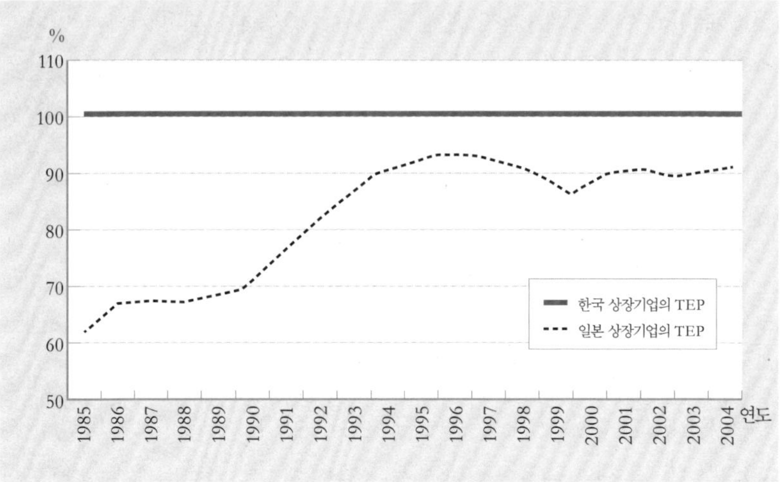

출처: Moosup Jung, Keun Lee, and Kyosi Fukao(2008), Total Factor Productivity of Korean Firms and Catching up with the Japanese Firms, *Seoul Journal of Economics* 21-1, p.114.

으로 나타났다. 식료품, 완구, 목재, 가구, 유리 등에서 그러하였다. 일본에 비해 생산성 격차가 10% 이내로 수렴한 기업군은 석유·석탄, 가공금속, 기계·컴퓨터, 전기·전자, 조선 등이다. 국가경쟁력의 중심을 이루는 이들 공업에서 한국은 일본의 경쟁자를 미세한 차이로 따라잡고 있다. 대략 50%의 기업이 여기에 속해 있다. 반면에 직물, 의류, 제지, 자동차, 정밀기계 등 기술체제가 암묵적인 공업에서는 20~40%의 생산성 격차가 그대로 유지되고 있다. 나아가 추격에 실패한 그룹도 있다. 인쇄·출판, 철강, 고무, 고급플라스틱 등이다. 이들 산업은 한때 상당한 정도로 따라잡았다가 더욱 격차가 벌어졌다. 이렇게 간격을 좁히지 못하거나 후퇴한 그룹에 대략 40%의 기업이 속해 있다.

한국의 상장 제조기업이 일본의 경쟁상대를 추격한 전반적 추세는 〈그림 12-7〉과 같다. 1985~2004년 각 연도 일본 기업의 총요소생산성 평균을 100이라 할 때, 각 연도 한국 기업의 총요소생산성 평균을 표시한 것이다. 한국 기업은 1995년까지 일본 기업을 10% 이내의 격차로 추격하였으나 위기를 경과하면서 약간 후퇴하였으며, 이후 10% 격차에서 횡보橫步를 하고 있다.[30] 어디까지나 상장 대기업을 대상으로 한 분석이다. 그 아래에는 비상장非上場 중소기업의 두터운 층이 깔려 있다. 그에 관한 연구가 부재하지만, 그 층위에서 형성된 양국 간의 격차는 10% 이상으로 훨씬 클 것으로 짐작된다.

어느 나라가 다른 나라를 성공적으로 추격하는 것은 개별 기업의 경우보다 훨씬 힘들고 예외적인 일이다. 개별 기업과 달리 경제성장을 규정하는 요인이 정치, 사회, 문화에 걸쳐 훨씬 복잡하고 다양한 가운데 지속적인 조정과 통합이 매우 힘들기 때문이다. 고도성장은 자본, 기술, 노동 등 생산요소의 수급에 불균형을 일으키기 마련이며, 모자라는 요소는 해외에서 순조롭게 공급될 필요가 있다. 해외의 선발자는 후발자의 추격을 경계하여 요소의 공급을 제한하거나 까다로운 조건을 붙인다. 국제시장은 금융과 통화의 최종 공급자가 구축한 보이지 않는 질서에 의해 규율된다. 그에 대한 도전이나 무시는 심각한 징벌을 초래한다. 일본경제가 무섭게 치고 올라오자 1985년 미국, 영국, 독일, 프랑스가 플라자합의를 강요하여 일본의 상승세를 꺾어 버린 것이 그 한 가지 예이다. 〈그림 12-8〉에서 보듯이 일본경제는 1992년까지 미국을 거의 따라잡았으나, 이후 횡보를 거듭하여 추격에서 후퇴하였다. 그와 꼭 같지 않지만 1997년 한국이 당한 외환위기外換危機도 국제사회로부터의 징벌적 성격이 강하였다. 그 이전 몇 년간 김영삼정부가 대외교섭에서 보인 무성의하거나 오만한 자세가 미국 월가의 보복을 불렀다는 지적은[31] 사실에 가까울 것이다.

고도성장이 불러오는 대내적 불균형은 경제주체 간의 정치적 긴장을

30 Moosup Jung, Keun Lee, and Kyosi Fukao(2008), Total Factor Productivity of the Korean Firms and Catching up with the Japanese Firms, *Seoul Journal of Economics* 21-1, pp.90~137.

31 정규재·김성택(1998), 『이 사람들 정말 큰일내겠군』, 한국경제신문사, 133~134·217~219쪽.

[그림 12-8] 한국, 일본, 미국의 1인당 GDP(1960~2014)

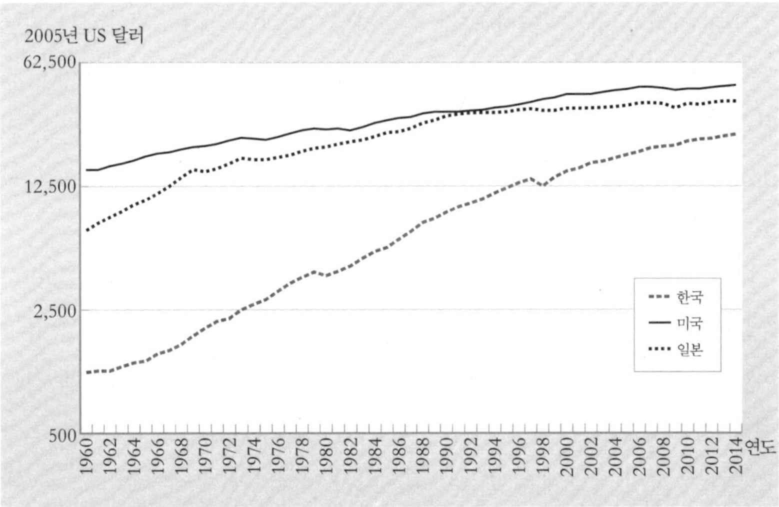

출처: World Bank, World Development Indicators(http://data.worldbank.org/data-catalog/world-development-indicators).

유발하며, 이는 고도성장의 개발체제를 해체시키는 힘으로 작용하게 마련이다. 1960년대 중반 한국정부는 국제시장에서 기회의 창이 열리자 해외의 자본과 기술을 도입하여 자국의 풍부한 저임금 노동과 양질의 기업가 능력을 결합하여 조립형공업화組立型工業化와 수출주도형輸出主導型의 경로로 국가경제를 공학적으로 건설하는 개발체제를 구축하는 데 성공하였다. 이렇게 출범한 국가적國家的 혁신체제革新體制는 1970년대에 들어 한층 모험적인 중화학공업화에서 가장 볼 만한 성공을 거두었다. 관료-기업가-노동자 사이에는 상호 유인적인 행동원리가 작동하였으며, 고도성장은 그에 참가한 모든 경제주체에게 기대 이상의 큰 선물을 안겼다. 그렇지만 고도성장의 개발체제는 자기유지적인 순환으로 정착하기 힘들었다. 권위주의정치가 그것을 조직, 관리한 중핵적 요소였기 때문이다. 1980년대 후반에 들어 권위주의정치가 종식되자 한국의 볼 만한 국가적 혁신체제는 파열음을 내기 시작하였으며, 1990년대 중반까지 거의 해체되어 버렸다.

1997~1998년의 위기를 경과한 이후 감속의 추세에서나마 한국경제의 성장을 지탱한 것은 무언가 볼 만한 국가적 혁신체제가 재건되었기 때문이 아니다. 기술수명이 짧고 기술체제가 명시적인 중화학공업 부문에서 새로운 기회의 창이 열리자 그 부문의 대기업이 추가적인 추격에 성공하는 가운데 대외적 순환에서 미국·일본→한국→중국·동남아시아로 흐르는 부가가치의 흐름이 창출되었기 때문이다. 고도성장의 개발체제가 남긴 유산으로 한국은 그 국제적 흐름에서 첨단조립尖端組立의 중류中流에 서게 되었지만, 국가경제의 내포적 자립도를 대변하는 여러 가지 지표는 지속적으로 악화되어 왔다.

이즈음 한국경제가 이어 온 추격의 속도는 현저히 느려졌다. 〈그림 12-8〉은 1960~2014년에 걸친 한국, 일본, 미국의 1인당 실질GDP의 추이이다. 1960년 한국은 일본의 16% 수준에 불과하였다. 그러했던 나라가 2014년에는 65%까지 추격하는 데 성공하였다. 그림의 종축은 로그간격으로서 추세선의 기울기는 성장률, 곧 추격의 속도를 대변한다. 그림은 한국경제가 외환위기를 겪은 뒤 추격의 속도가 둔화하는 가운데 미국 및 일본 경제와의 간격을 좀처럼 좁히지 못하는 추격의 한계 상황을 보여 주고 있다.

2. 한국형 시장경제

자본주의의 다양성

1990년대에 들어 자본주의, 곧 시장경제체제는 나라마다 그 모습이 다양한 가운데 몇 가지 유형으로 구분된다는 논의가 국제적으로 확산되었다.[32] 이하 '자본주의의 다양성Varieties of Capitalism'의 영문 이니셜을 취하여 VoC 논의라고 부른다. 그에 관심을 갖는 이유는 한국이 어떠한 유형인가라는 문제에 적지 않은 시사를 얻을 수 있기 때문이다. 이미 많은 연구자들이 VoC 논의를 소개하고 한국의 유형에 관한 소견을 표명하였다. 지금 이 절의 서술은 그것들의 종합인 셈이다.[33]

VoC 논의는 기업企業의 전략적 행동을 비교의 준거로 중시하고 있다. 자본주의 시장경제에서 기업이야말로 가장 중요한 행위자이다. 기업은 안으로는 주주, 종업원, 노동조합과 밖으로는 부품·원료의 공급자, 경쟁기업, 소비자, 협회, 정부 등과 지속적으로 관계를 맺는다. 기업의 본질은 관계적이다. 그 모든 관계에는 정보情報의 불충분성과 비대칭성非對稱性에 기인하는 계약의 불완전성, 도덕적 해이, 배신, 꾀부림의 위험이 도사리고 있다. 기업은 성공하기 위해서 이 모든 위험을 훌륭하게 조정하지 않으면 안 된다.

기업이 조정에 성공해야 할 주요 관계는 다섯 가지이다. 첫째는 노동조합과 임금을 비롯한 근로조건에 관한 협상이다. 협상의 과제, 방식, 효력은 양자의 관계가 우호적이냐 적대적이냐, 계약적이냐 협약적이냐에 따라 상이하다. 둘째는 기업에 필요한 숙련노동을 확보하기 위한 직업훈련의 문제이다. 숙련의 내용은 훈련의 주체에 따라 달라진다. 기업이나 기업가단체인 협회가 주체라면 숙련은 기업특수적이거나 산업특수적이 된다. 기술계 학교나 대학이 주체라면 어느 기업이나 산업에도 적응할 수 있

---

32 Peter Hall and David Soskice eds.(2001), *Varieties of Capitalism: The Institutional Foundations of Comparative Advantage*, Oxford University Press.
Bob Hancké eds.(2009), *Debating Varieties of Capitalism*, Oxford University Press.

33 이하 본 '한국형 시장경제' 절의 서술은 2014년에 출간된 이영훈 엮음, 『한국형 시장경제체제』(서울대학교출판문화원)에서 내가 집필한 제1장 「총론: 한국형 시장경제체제를 찾아서」와 제11장 「한국사회의 역사적 특질: 한국형 시장경제체제의 비교제도적 토대」와 상당 부분 겹치고 있다. 실은 이 두 논문을 쓰게 된 동기는 지금의 이 절을 채우기 위함이었다. 혹 제기될지 모를 자기표절 혐의에 대해서는 이 같은 전후 사정의 해명으로 대신한다.

는 범용적 숙련이 교육된다. 셋째는 기업자금을 안정적으로 확보하기 위한 금융시장과의 관계이다. 기업자금은 크게 보아 은행과 개인 투자자의 두 경로로 공급된다. 어느 쪽인가에 따라 서로를 신뢰, 감시하는 원리와 제도가 달라진다. 넷째는 기업 간 관계의 문제이다. 원료와 부품의 공급자, 제품의 판매자, 기술의 제공자, 나아가 제품과 기술의 표준을 설정하는 기관과의 관계는 새로운 기술과 제품을 개발하고 전파하는 데 중요한 역할을 한다. 다섯째는 종업원과의 관계이다. 유능한 종업원이 사무실에서, 생산라인에서, 마케팅에서 취득한 숙련, 기술, 정보를 어느 정도 기업과 공유하는가, 도덕적 해이와 역선택逆選擇이 자주 발생하는 이 영역에서 종업원의 참여와 발언을 이끌어 내는 원리는 무엇인가가 이 관계에서 생기는 주요 문제이다.

이 같은 기업의 조정 활동은 제도institution를 전제하며 그에 제약된다. 제도는 경제활동의 주체들이 공유하고 준수하는 일련의 공식적, 비공식적 규범의 집합이다. 재산권을 보호하고, 정보를 감리하고, 거래비용을 절감하는 제반 법제와 기구로 짜인 공식적 제도는 기업이 수행할 성공적 조정의 필요조건이다. 그렇지만 공식적 제도만으로는 조정의 성공이 보장되지 않는다. 다중多重플레이어의 반복게임에서는 신뢰할 만한 약속을 유도하는 제도의 명시적인 존재에도 불구하고 플레이어들은 어느 것도 선택할 수 있는 복수의 균형에 자주 봉착한다. 게임을 안정적 균형으로 이끌기 위해서는 무언가 다른 추가적인 조건이 필요하다. 그것은 특정한 상황에서 다른 플레이어들이 어떠한 선택을 할지에 대한 공유된 예상, 다시 말해 특정의 선택을 적절한 것으로 평가하는 공동의 질서 감각이다. 그것은 역사적으로 형성된 비공식적 규범으로서 곧 문화이다. 역사와 문화에 대한 이해는 경제체제의 비교적 특질을 분석하는 관문에 해당한다.

이 같은 관점에서 VoC 논의는 동일한 충격에 대한 기업의 대응 방식이 나라에 따라 상이함에 주목하고 있다. 예컨대 환율이 상승하여 수입품의 가격이 올랐다 하자. 영국의 기업은 오른 가격 그대로 소비자에게 팔아 기업의 수익률을 유지하지만, 독일의 기업은 오르기 전의 가격으로 팔아 기존의 시장점유율을 유지하고자 한다. 이 같은 차이는 영국과 독일의 제도적 환경이 다르고 그에 따라 외부 충격에 대한 기업의 조정 방식이 상이하기 때문에 생긴다. 영국에서 기업은 자본시장에서 투자를 직접 유치하며, 투자자는 기업의 수익률과 배당에 큰 관심을 갖는다. 이에 경영자는 가격 인상의 요인을 소비자에 전가하여 기존의 수익률과 배당을 유지하는 조정 방식을 선호한다. 그에 따라 시장점유율이 감소하면 종업원을 감소시키면 된다. 영국의 기업은 호황기에 종업원을 고용하고 불황기에 종업원을 해고함에 자유롭다. 이에 종업원의 근속연수는 길지 않으며, 노동조합의 조직률은 낮다. 숙련의 형성은 노동자 자신의 책임과 투자에 의한다. 기업은 그가 필요로 하는 숙련과 기술을 시장에서 고용한다. 대학은 수준 높은 교양교육을 실시하여 어느 직종이나 산업에도 적응할 수 있는 양질의 졸업생을 시장에 공급한다. 기업 간의 장기적인 거래는 없으며, 이에 기업가단체의 활동도 미약하다. 시장의 질서를 바로잡는 역할은 정부의 몫으로 맡겨져 있다.

대조적으로 독일의 기업은 은행과의 장기적이며 고정적인 거래를 통해 자금을 확보한다. 은행은 기업의 장기수익률에 관심을 가지며, 기술개발이나 영업 전략과 관련된 기업의 내부 정보를 공유하면서 기업 경영에 개입한다. 이에 기업은 단기수익률에 매여 가격 인상의 요인을 소비자에 전가하지 않으며, 오히려 시장점유율의 유지와 확장에 더 큰 관심을 기울인다. 독일 기업의 그러한 조정 방식은 노동자를 쉽게 해고할 수 없는 노동시장의 사정과 깊은 관련이 있다. 독일에서 노동조합의 조직률은 매우 높으며, 노동조합은 기업 경영에 강력한 발언권을 행사하고 있다. 숙련은 기업이나 협회가 제공하는 훈련과정에서 기업 또는 산업 특수적인 형태로 이루어진다. 학교 교육도 그러하다. 학교는 이미 중등과정에서부터 기업과 밀접한 협동을 통해 기업 또는 산업 특수적 기술을 학생에게 전수한다. 기업은 협회로 잘 단합되어 있으며, 이에 기업이 훈련시킨 숙련노동이 다른 기업에 탈취당할 위험성은 없다.

이처럼 기업이 행하는 주요 조정과 관련된 각 부문의 제도들은 상호 정합성을 지닌다. VoC 논의는 이를 가리켜 제도적 보완성institutional complementarity이라 부르고 있다. VoC 논의는 제도적 보완성의 원리를 준거로 하여 자본주의 경제체제를 크게 두 가지 유형으로 구분한다. 하나는 자유시장경제(Liberal Market Economy, 이하 LME로 약칭)이고, 다른 하나는 조정시장경제(Coordinated Market Economy, 이하 CME로 약칭)이다. LME에 속하는 나라는 미국, 영국, 캐나다, 오스트레일리아, 뉴질랜드, 아일랜드이고, CME에 속하는 나라는 독일, 일본, 스위스, 네덜란드, 벨기에, 스웨덴, 노르웨이, 덴마크, 핀란드, 오스트리아이다. LME에서 제도적 보완성의 원리는 공정한 경쟁, 계약, 그리고 기업의 조직 원리로서 위계이다. 반면 CME의 원리는 협약과 그에 기초한 전략적 협동이다. CME에서 기업은 위계라기보다 경영자와 노동자의 협약체이다.

두 유형의 구분은 어디까지나 이념형으로서 설명의 편의를 위해 현실의 다양성을 단순화한, 실체적이라기보다 개념적인 것이다. 나라마다 제도적 보완성의 원리와 조정 방식은 그의 역사와 문화에 기인하는 제도적 환경의 차이에 따라 다양할 수밖에 없다. 순수한 형태의 LME와 CME는 존재하지 않는다. LME를 대표하는 미국과 영국에도 협약에 기초한 전략적 조정의 역할은 작지 않으며, CME를 대표하는 독일과 일본에서도 시장을 통한 경쟁은 치열하다. 또한 LME와 CME 어디에도 속하지 않는 나라가 많다. 프랑스, 이탈리아, 스페인, 포르투갈, 그리스, 터키 등이 그러한 나라들이다. 이들 나라는 대개 전체 산업에서 농업의 비중이 큰 가운데, 재정과 금융을 수단으로 하여 국가가 경제에 개입하는 정도가 강하다는 공통의 특징을 보이고 있다. 이 그룹은 LME와 CME에 비해 제도적 보완성이 떨어진다. VoC 논의는 이들에 대해 복합시장경제(Mixed Market Economy, 이하 MME로 약칭)라고 이름을 붙이고 있다. 나아가 세계에는 LME, CME, MME 어디로도 분류될 수 없는 나라가 많이 있다. VoC 논의는 대개 OECD에 속한 30여 나라를 대상으로 하고 있다. 나머지 190여 국가는 시장경제의 제도적 기초가 불확실한 가운데 어떤 유형을 가졌다 하기 힘들 정도로 제도적 보완성이 떨어지는 나라가 대부분이다.

VoC 논의는 나라에 따라 상이한 사회정책에 관해서도 설명력을 갖는다. 예컨대 LME에서는 노동시장이 유연하기 때문에 실업급여의 수준은 그리 높지 않으며, 그 대신 정부는 실업자에게 취업 훈련의 기회를 다양하게 제공한다. 반면 CME에서는 숙련이 기업·산업 특수적이기 때문에 실업자가 재취업할 기회가 많지 않다. 이에 정부는 높은 수준의 실업급여를 제공하고 있다. 나아가 VoC 논의는 나라마다 상이한 기술혁신의 경로와 비교우위산업의 배치도 설명한다. 기술혁신에는 급속한 개발과 혁신적 디자인을 특징으로 하는 급진적 혁신과 기존 생산라인의 개선이나 숙련의 축적을 전제하는 점진적 혁신이 있다. VoC 논의는 LME에서는 급진적 혁신이, CME에서는 점진적 혁신이 유리함을 미국과 독일이 보유한 비교우위산업의 대조를 통해 설명하고 있다. VoC 논의는 이 같은 차이를 유발하는 제도의 구조를 비교제도우위comparative institutional advantage라고 부르고 있다. 비교제도우위는 자본과 산업의 국제적 이동이나 그에 따른 산업 또는 기업 클러스터의 형성과도 밀접한 연관이 있다.[34]

VoC 논의는 적지 않은 비판의 대상이 되었다. 가장 일반적인 비판은 이른바 수렴설이다. LME와 CME는 점점 거세지는 글로벌리즘의 물결에 밀려 결국 하나의 혼성 또는 잡종으로 수렴할 것이라는 전망이다.

---

34 이상의 서술은 Hall과 Soskice가 2001년에 편집, 출간한 *Varieties of Capitalism*의 Introduction을 요약한 것이다.

그에 대해 VoC 논의를 주도하는 연구자들은 1980~1990년대에 걸쳐 CME에서 일어난 상당한 정도의 글로벌화에도 불구하고 CME 고유의 전략적 조정을 나타내는 제반 지표는 강건하게 유지되었다고 주장하고 있다.[35] 그들이 수용하는 한 가지 비판은 그들이 국가의 역할을 경시했다는 점이다. LME와 CME에서 국가는 경제에 직접 개입하지 않으며, 경제와 공정하고 적당하게 먼 거리를 두고 있다. 국가는 시장이 스스로 생산하지 못하거나 부족하게 생산하는 질서와 생산요소를 공급하며, 나아가 사회복지의 공급을 통해 경제체제의 안전판으로 역할을 하고 있을 뿐이다. 그렇지만 LME, CME와 무관한 대부분의 나라에서 국가는 자원의 주요 배분자로서 경제에 깊숙이 개입하고 있다. 그 편이 훨씬 더 보편적이다. 더욱이 LME와 CME에서조차 제 나름의 보완성을 갖는 시장제도가 생겨나는 역사적 과정에서 국가의 역할은 적지 않았다. 독일에서는 19세기 후반 격심한 계급투쟁으로 체제의 위기가 심화되자 국가가 주도적으로 계급 간의 타협을 촉구하는 개혁을 행하였으며, 그 결과 오늘날과 같은 독일 고유의 CME가 성립하였다. LME를 대표하는 미국에서도 19세기 말과 20세기 초에 독점기업의 시장지배력이 지나치게 커지자 의회가 독점금지법을 제정하여 개입한 결과로 오늘날의 미국형 LME가 생겨났다.

VoC 논의에 대한 여러 비판은 시장경제의 유형은 기업을 주체로 한 조정의 방식만이 아니라 국가와 사회와의 관계, 그것을 규정하는 사회의 조직 상태도 포함하는 복합적 기준에서 이루어져야 함을 권고한 셈이었다. VoC 논의의 주도자들은 이 같은 비판을 우호적으로 수용하여 시장경제의 유형을 〈그림 12-9〉에서와 같이 네 가지 유형으로 확장하였다.[36] 그림

35 Peter Hall and Daniel Gingerich(2009), Varieties of Capitalism and Institutional Complementarities in the Political Economy: An Empirical Analysis, *Debating Varieties of Capitalism*, pp.135~179.

36 Bob Hancké eds.(2009), *Debating Varieties of Capitalism*, p.291. 당초 Hall과 Soskice가

[그림 12-9] 시장경제의 네 가지 유형

		국가-경제관계	
		밀접	적당한 거리
이익단체	분산적	**국가주의** 1990년대 이전 프랑스	**자유시장** 영국, 발틱 국가들
	조직적	**보상국가** 이탈리아, 스페인 동유럽의 체제이행국가들	**조정시장** 독일 슬로베니아

출처: Bob Haucké eds.(2009), Debating Varieties of Capitalism, p.291.

에서 횡축은 국가와 경제의 관계, 곧 국가가 경제에 밀접히 개입하는가, 아니면 적당한 거리로 분리되어 있는가를 구분한다. 종축은 사회의 상태가 조직적인가 분산적인가, 곧 사회가 공동체나 결사체로 긴밀히 조직되어 있는가 여부를 구분한다. 자유시장과 조정시장은 기존의 LME와 CME이다. 이 두 선진적 유형에서 국가는 공통으로 경제와 적당하고 공정한 거리를 두고 있지만, 사회의 조직 상태에서 차이를 보이고 있다. 이 같은 차이는 두 유형이 기업의 조정 방식에서 보이는 차이를 규정하고 있다.

국가주의(國家主義, statism)를 대표하는 나라는 1990년 이전의 프랑스로 지목되고 있다. 여기서 기업과 노동자를 포함한 사회는 단체로 조직되어 있지 않으며, 이에 정부는 관료제를 통해 시장에 깊숙이 개입하고 통

행한 분류와 두드러진 차이는 덴마크, 노르웨이, 스웨덴, 핀란드 등 발틱 국가들이 CME에서 LME로 분류되었다는 것이다.

제하고 있다.[37] 보상국가(補償國家, compensating state)에 속한 나라는 이탈리아, 스페인, 그리고 동유럽의 체제이행국가들이다. 이들 나라에서 사회는 비교적 잘 조직되어 있어서 정부의 경제에 대한 개입은 직접적이지 않다. 그렇지만 사회를 구성하는 단체는 대체로 규모가 작고 상호 갈등적이어서 혁신의 능력이 크지 않고 경제적 성취에서 정체적이다. 정부는 사회로부터 제기되는 높은 수준의 욕구에 사로잡혀 강한 재정적 보상을 행하고 있다.

결국 VoC 논의는 한 나라의 경제체제의 성립과 발전이 얼마나 역사적으로 경로의존적(經路依存的, path-dependent)인가를 잘 드러낸 셈이다. 역사적으로 형성된 사람들의 행동원리는 잘 바뀌지 않는다. 그 점에서 역사는 유산이기도 하지만 동시에 굴레이다. 한국의 시장경제는 어떠한 유형에 속할까. VoC 논의의 연구자들은 한국이 일본과 여러모로 닮았다 하여 CME로 분류하기도 하였는데, 한국을 잘 알지 못하는 상태에서 그러했다고 하겠다. 한국의 몇몇 연구자들은 한국의 유형을 MME로 분류하였는데,[38] 위와 같이 확장된 모델을 염두에 두면서 논의를 좀 더 진전시킬 필요가 있다.

한국인의 가치관

1981년 미국 미시간대학 로널드 잉글하트Ronald F. Inglehart 교수의 주도로 세계 각 지역 주민의 가치관에 관한 조사가 시작되었다. 2010~2014년까지 5년 간격으로 6차례 반복되어 온 이 국제적 조사는 6개 대륙의 80

---

37 Hancké는 1990년 이후 프랑스에서는 산업의 구조조정이 정부가 아니라 대기업에 의해 주도되고 있어서 경제체제의 특질이 변하고 있다고 주장한다. Bob Hancké(2001), Revisiting the French Model: Coordination and Restructuring in French Industry, *Varieties of Capitalism: The Institutional Foundations of Comparative Advantage*, pp.307~334.

38 조성재·정준호·황선웅(2008), 『한국경제와 노동체제의 변화』.
정이환(2011), 『경제위기와 고용체제 — 한국과 일본의 비교 —』, 한울, 56~93쪽.

개국 이상을 포괄하고 있다. 동 조사가 구축한 방대한 데이터베이스는[39] 한국인의 가치관과 행동원리가 지닌 특질을 세계적 범위에서 훌륭하게 드러내고 있다. 그에 관한 국내의 소개와 연구는 적지 않다. 여기서는 그 동안의 연구 성과를 참조하면서 2010~2014년의 조사 결과를 소개한다. 비교 대상은 동아시아 4개국(한국, 일본, 중국, 타이완), 동남아시아 4개국(필리핀, 말레이시아, 태국, 싱가포르), 앵글로색슨 3개국(미국, 오스트레일리아, 뉴질랜드), 유럽 3개국(독일, 네덜란드, 스웨덴), 지중해·동유럽 3개국(스페인, 폴란드, 터키), 중남미 1개국(멕시코)이다.

한국인은 두드러지게 성취成就 지향적이다. 인생에 있어서 일work이 매우 중요하다고 대답한 비율은 18개국 평균이 54.3%임에 비해 한국은 60.8%이다. 대조적으로 여가餘暇가 매우 중요하다고 대답한 비율은 30.8%로서 18개국 평균인 37.8% 이하이다. 이 점은 부모가 자식 교육에서 중요하게 가르치는 가치의 목록에서도 잘 드러나 있다. 열심히 일해라, 책임감을 가져라, 절약해라, 목적을 세우고 참고 견디라는 가치의 교육에서 한국의 부모는 1~4위의 높은 열성을 보이고 있다. 한국인들은 어릴 때부터 어떤 목적을 세우고 참고 견디면서 열심히 노력하도록 교육을 받고 있다. 그 결과 정신적 긴장이 매우 높은 삶을 살고 있다. 행복한가라는 질문에 강하게 그렇다고 대답한 비율은 15.2%로서 19개국 가운데 꼴찌이다(평균 34.3%). 건강한가라는 질문에 강하게 그렇다고 대답한 비율은 14.9%로서 일본 다음으로 꼴찌이다(평균 24.8%).

한국인이 높은 정신적 긴장으로 성취하고자 하는 목적은 어떠한 성질의 것인가. 〈표 12-6〉은 2005년의 조사 결과를 토대로 작성된 것으로서 국가별 물질주의 성향 정도를 비교하고 있다. 인생의 행복에 있어서 부富가 얼마나 중요한가라는 질문에 대해 중요하다고 대답한 한국인의 비율

39 World Value Survey Database(http://www.worldvaluessurvey.org/WVSContents.jsp).

[표 12-6] 국가별 물질주의의 정도

항목		한국	스위스	스페인	멕시코	타이완	OECD
부의 중시 정도 높음(1) ⇔ 낮음(6)		4.433	4.894	4.266	4.817	4.414	4.443
물질주의 지표 높음(1) ⇔ 낮음(5)		1.888	2.850	2.265	2.344	1.122	2.476
직장 선택 시 최우선 고려	높은 소득 (%)	23.6	12.9	29.2	19.7	16.6	20.9
	안정성 (%)	57.4	20.2	41.7	39.0	48.5	32.8
	동료 (%)	5.8	15.7	14.8	10.9	17.6	15.2
	보람 (%)	13.2	51.2	14.3	30.4	17.3	31.1

출처: 김병연(2011),「한국 기업과 사회의 경쟁력: 함정과 부족」, 김광억·김병연·이재열·전재성·홍기현,『한국 기업과 사회의 경쟁력』, 서울대학교출판문화원, 31쪽.

은 국제적으로 평균 수준이다. 이는 부를 경시하는 정신주의적 교육을 받은 탓에 생긴 형식적 반응으로서 생활의 실제적 지향과는 거리가 있는 것으로 지적된다.[40] 표에 제시된 '물질주의 지표'는 물질주의의 정도를 측정하기 위한 여러 질문에서 종합적으로 산출된 것이다. 거기서 한국은 타이완과 더불어 물질주의적 성향을 두드러지게 보이고 있다.[41] 이는 직장을 선택할 때 최우선으로 고려하는 사항이 무엇인가라는 질문에 대해 높은 소득과 안정성을 중시하는 퍼센티지가 OECD 국가들의 평균에 비해서는 물론, 타이완에 비해서도 월등하게 높음에서 잘 드러나 있다. 대조적

40 김병연(2014),「한국의 시장경제: 제도의 부정합성과 가치관의 혼란」,『한국형 시장경제체제』, 356~357쪽.

41 김병연이 2005년도 세계가치관조사에서 물질주의 성향을 측정하는 지표로서 경제성장, 경제안정, 인플레이션 감소, 질서 유지, 범죄 척결, 튼튼한 국방 등이 중요하다고 응답한 사람들의 비중과 탈물질주의 성향을 측정하는 지표로서 언론의 자유, 정부정책 결정에 대한 국민 참여의 확대, 직장에서의 참여 확대, 아름다운 도시 및 농촌 환경, 더욱 인간적인 사회, 돈보다는 아이디어가 중시되는 사회 등이 중요하다고 응답한 사람들의 비중을 종합적으로 고려해서 만든 지표이다. 김병연(2011),「한국 기업과 사회의 경쟁력: 함정과 부족」, 김광억·김병연·이재열·전재성·홍기현,『한국 기업과 사회의 경쟁력』, 서울대학교출판문화원, 31쪽.

으로 동료와 보람을 중시하는 응답률은 가장 낮은 수준을 보이고 있다.

요컨대 한국인은 많은 재산과 안정된 지위를 위한 물질주의적 성취를 위해 어릴 때부터 열심히 일하고, 저축하고, 참고 견디는 가치관을 주입받고 있다. 그러한 구조의 가치관은 다른 사람과의 관계에서 협력보다는 경쟁을 유발한다. 이는 부모가 자식에게 중요하게 가르치는 가치의 목록에서 다시 확인되고 있다. 예컨대 타인에 대한 관용을 가르치는 부모의 비중은 18개국 평균이 70.4%임에 비해 한국은 40.8%로서 두드러지게 꼴찌이다. 이타심에 대한 교육도 마찬가지이다. 반면 자기표현self-expression에 적극적이도록, 쉽게 말해 기죽지 말라고 가르치는 부모의 비율은 18개국 평균이 29.0%임에 비해 49.4%로서 제2위의 높은 수준이다.

기죽지 말고 경쟁하여 성취하라는 부모의 교육은 사회생활에 있어서 타인과의 협력을 저해하기 마련이다. 〈표 12-7〉은 2010~2014년의 조사결과로 한국인의 단체 가입률을 국제적으로 비교하고 있다. 노동조합과 정당에 가입한 정도는 18개국 가운데 하위 3~5위이다. 인권·자선단체 가입률도 하위권이다. 이처럼 한국인이 공동의 목적을 위해 잘 알지 못하는 타인과 협력하는 정도는 국제적으로 낮은 수준이다. 그런 가운데 사회적 소수에 대해서는 강한 반감이나 배타적 태도를 드러내고 있다. 〈표 12-7〉에 제시된 '살기 싫은 이웃률'이 그 지표이다. 한국인이 다른 인종, 에이즈환자, 외국인노동자, 동성애자, 미혼부부를 살기 싫은 이웃으로 지목한 정도는 18개국에서 최고 수준이다.

이상과 같이 세계가치관조사는 한국인의 사회화社會化 정도가 국제적으로 낮은 수준임을 보여 주고 있다. 이 책의 제10장에서 지적한 대로 대다수 한국인은 1950년대까지 소농사회小農社會에 속하였다. 사회·경제생활의 제1의 목표는 가족의 생존과 친족의 번영에 두어져 있었다. 협력의 대상은 친족집단과 동리민의 범위에 한정되었다. 고도성장기에 걸쳐 인구의 상당 부분이 갑작스레 도시로 몰려들었다. 제11장에서 서술한 대로

[표 12-7] 국가별 사회화의 정도

단위: %

구분 / 국가	단체 가입률			살기 싫은 이웃률				
	노동조합	정당	인권·자선단체	타인종	에이즈환자	외국인노동자	동성애자	미혼부부
한국	6.7	5.5	9.8	34.1	88.5	44.2	79.8	50.6
중국	7.0	6.9	2.0	10.5	73.2	12.2	52.7	17.0
일본	10.3	5.2	3.1	22.3		36.3		21.4
타이완	31.9	21.3	41.8	8.4	62.7	20.2	40.8	12.3
말레이시아	14.9	17.0	11.3	31.3	59.5	59.7	58.7	52.3
필리핀	20.3	21.4	30.3	21.6	74.8	14.1	27.9	21.6
싱가포르	11.9	7.9	11.9	12.6	42.9	35.8	31.6	15.1
태국	12.5	11.3	17.0	39.7	45.9	58.2	39.8	18.3
오스트레일리아	20.9	10.0	31.6	5.0	15.3	10.5	13.4	1.8
뉴질랜드	17.8	15.0	34.6	2.9	16.8	5.9	14.7	1.9
미국	15.8	43.3	29.8	5.6	13.4	13.6	20.4	6.6
독일	12.0	7.4	13.3	14.8	24.0	21.4	22.4	9.3
네덜란드	18.7	5.6	15.9	8.2	9.7	19.6	6.9	0.6
스웨덴	47.9	12.1	28.8	2.8	6.4	3.5	4.2	0.3
폴란드	11.3	4.2	7.7	5.5	25.6	7.2	39.6	3.5
스페인	5.7	3.7	7.4	4.8	12.3	7.5	5.1	1.3
터키	2.2	4.8	2.4	35.8	74.9	30.5	85.4	65.4
멕시코	14.1	18.4	20.2	10.2	16.2	11.6	23.2	10.5
평균	15.7	12.3	17.7	15.3	38.9	22.9	33.3	17.2

출처: World Value Survey Database(http://www.worldvaluessurvey.org)(2010~2014).

고도성장기의 도시에서는 극히 유동적인 대중사회大衆社會가 형성되었다. 인간들이 믿고 의지한 것은 혈연, 지연, 학연과 같은 집단연고였다. 이 같은 역사에 구애되어 2010년 현재 한국인이 그의 동포, 외국인, 사회적 소수와의 관계에서 개방적이고 우호적으로 사회화한 정도는 국제적으로 낮은 수준이다.

한국인의 재산과 지위를 추구하는 물질주의적 가치관은 고도성장의 개발체제와 순접의 관계를 이루었다. 고도성장이 새로운 일자리와 높은 소득의 기회를 담뿍 제공하자 한국인의 물질주의적 가치관은 한껏 부풀어 올랐다. 권위주의정치의 교육정책은 표준화된 인간을 대량으로 생산하는 단선적單線的 학제學制와 평준화平準化를 추구하였다. 1968년 중학교 평준화가, 1974년 고등학교 평준화가 이루어졌다. 1980년에는 대학 정원이 대폭 늘었다. 그때마다 중학교, 고등학교, 대학교의 진학률이 급하게 상승하였다.[42] 고도성장기의 교육이념은 "우리도 한번 잘살아 보자"는 물질주의와 "우리는 민족중흥民族中興의 역사적 사명을 띠고 이 땅에 태어났다"는 민족주의가 결합한 구조였다. 고도성장의 개발체제는 한국인의 높은 교육열에 충분한 보상을 행하였으며, 그 과정에서 한국인의 물질주의적 가치관은 민족주의의 깃발 아래서 한껏 순기능을 발휘하였다.

그렇지만 그 좋은 시절은 1997~1998년의 외환위기를 계기로 끝이 났다. 새로운 일자리와 높은 소득의 기회는 점점 줄었다. 그럼에도 불구하고 평준화된 단선적 학제를 따라 고학력을 취득한 인구는 계속 늘었다. 그럴수록 기성세대의 물질주의적 가치관은 높은 교육열로 나타나 그들의 자녀를 더없이 치열한 경쟁의 대열로 밀어 넣었다. 사회적 신뢰와 협동의 지수는 점점 낮아져갔다. 1985년 세계가치관조사가 "대다수의 사람을 믿을 수 있는가"라는 질문을 던졌을 때 38%의 한국인이 그렇다고 대답하였다. 그것이 1990년에는 34.2%로, 1995년에는 30.3%로 하락하여 2010년에는 26.5%까지 낮아졌다. 오늘날 한국은 국제적 비교에서 저신뢰低信

42 오성철(2015), 「한국인의 교육열과 국가」, 오성철·강일국·박환보·김영화·장상수·황병주·이윤미, 『대한민국 교육 70년』, 대한민국역사박물관, 62~66쪽.

賴 사회에 속하고 있다.[43]

중간형 사회론의 문제점

크든 작든 모든 사회에는 사람들이 서로 의지하고 협력하는 질서가 있다. 나라와 지역에 따라, 그리고 시대에 따라, 그 질서는 같지 않다. 현대 한국사회의 질서는 어떠한 특질을 지니는가. 이 같은 질문에 한국의 사회과학자들은 대답이 궁하다. 그들은 영국과 미국이 어떠한 사회인지, 그와 대조되는 독일과 스웨덴이 어떠한 사회인지에 대해서는 소상히 알고 있다. 인근의 일본과 중국이 어떠한 사회인지에 대해서는 한층 더 전문적이다. 그런데 막상 그들의 사회가 어떠한 질서인지에 대해서는 어려워한다. 그들은 오늘날의 한국이 저신뢰 사회라는 국내외의 지적에 동의한다. 그와 동시에 19세기까지만 해도 공동체共同體에 바탕을 둔 고신뢰高信賴 사회였는데, 20세기에 들어 일제日帝의 지배를 받는 통에 또는 고도성장기 권위주의정치의 해독을 입어 저신뢰 사회로 변질하였다고 개탄한다.[44] 이 책을 정독해 온 독자라면 이 같은 통속적이면서도 규범적인 역사인식이 얼마나 철저하게 경험적 근거를 결여한 것인지를 알아차렸을 터이다.

1947년 중국의 저명한 사회학자 페이샤오퉁費孝通은 서양사회가 안팎의 경계가 명확히 그어진 단체團體를 단위 구성으로 하여 그것을 차곡차곡 쌓은 짜임새를 갖는다면, 중국사회는 마치 수면에 돌을 던질 때 생기는 파문과 같은 자아중심自我中心의 사회라고 하였다. 영향력이 큰 사람의 파문은 현縣과 성省의 범위를 넘을 수도 있지만, 보잘 것 없는 사람의

43 2009년 이동원과 정갑영이 계산해 낸 한국사회의 신뢰지수는 OECD 29개국 가운데 24위이다. 이동원·정갑영 외(2009), 『제3의 자본』, 삼성경제연구소, 181쪽.

44 김지희(2001), 「한국사회의 신뢰수준」, 김우택·김지희 편, 『한국 사회 신뢰와 불신의 구조: 미시적 접근』, 小花, 275쪽.
임현진(2009), 「21세기 한국의 발전모델 탐색: 소강(小康) 강중국(强中國) 발전모델을 향하여」, 박삼옥·양승목·윤영관·이근·임현진, 『지속가능한 한국발전모델과 성장동력』, 서울대학교출판문화원, 16~20쪽.

파문은 두세 사람에 그친다. 중국사회는 이같이 각 사람이 만들어 내는 파문의 중첩으로 짜인다. 페이샤오퉁은 이 같은 중국사회의 짜임새를 차서격국差序格局이라 하였다.[45] 오늘날의 국제학계는 이 같은 중국사회의 짜임새格局를 꽌시(關係, guānxi)라는 훨씬 널리 알려진 말로 설명하고 있다. 꽌시는 두 사람 간의 상호 투자를 통해 지지되는 호혜적 신뢰관계를 말한다. 꽌시는 호혜적이지만 평등하지는 않다. 꽌시는 두 사람만의 선별적selective이고 구성적인constitutive 관계로서 단체의 멤버들이 공유하는 내포적nested이며 포괄적인inclusive 관계와 구분된다. 꽌시는 중국사회에서 거래와 계약의 안정을 지지하는 제도적 보완으로서 역사적으로 형성, 발전해 왔다.[46]

페이샤오퉁의 중국사회론을 의식하면서 일본의 역사학자 기시모토 미오岸本美緒는 중국과 대비되는 일본사회의 짜임새를 단체격국團體格局에 비유하였다.[47] 제6장에서 설명한 대로 17~19세기 일본사회는 무사, 농민, 공인, 상인이 직능職能에 기초한 단체에 소속하고, 단체가 상하 위계로 치밀하게 쌓인 구조를 이루었다. 단체의 멤버들은 협동적 산출물의 공정한 배분이 기대되는 한 마치 공동의 목적을 가진 것처럼 행동하였다. 이 같은 근세 일본사회의 짜임새는 20세기에 들어서도 크게 변하지 않았다. 그 위에 회사주의會社主義, 종신고용終身雇傭, 연공서열年功序列로 대표되는 일본형 자본주의가 성립하였다. 일본에서 회사는 기업주와 종업원 간의 공동 생존과 번영을 위한 단체와 같다. 사회의 짜임새가 상이한 중국

45 페이샤오퉁 원저, 이경규 역(1995), 『중국 사회의 기본 구조』, 一潮閣, 28~39쪽: 원저 費孝通(1947), 『鄉土中國』.

46 Masahiko Aoki(2013), Historical Sources of Institutional Trajectories in Economic Development: China, Japan and Korea Compared, *Socio-Economic Review* 11-2, pp.241~246.

47 기시모토 미오·미야지마 히로시 지음, 김현영·문순실 옮김(2003), 『조선과 중국: 근세 오백년을 가다』, 역사비평사, 409쪽: 원저 岸本美緒·宮嶋博史(1998), 『世界の歷史: 明淸と李朝の時代』 12, 中央公論社.

[그림 12-10] 중국사회와 일본사회의 짜임새

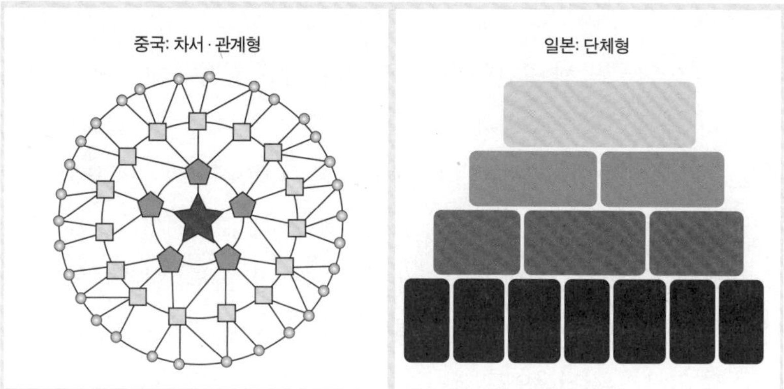

출처: 이영훈, 「한국사회의 역사적 특질: 한국형 시장경제체제의 비교제도적 토대」, 이영훈 엮음, 『한국형 시장경제체제』, 서울대학교출판문화원, 404쪽.

에서 회사의 성질은 이와 같지 않다. 중국에서 회사는 기업가와 종업원이 상이한 지분과 역할로 맺어진 쌍무적인 계약관계이다. 경제학자들은 역사적으로 상이한 일본과 중국 사회의 짜임새가 오늘날 양국의 기업과 시장거래를 얼마나 상이한 형태로 편성하는지를 흥미롭게 설명하고 있다.[48]

이상과 같은 중국사회와 일본사회의 짜임새는 〈그림 12-10〉과 같은 모양으로 그릴 수 있다. 그렇다면 한국사회의 짜임새는 어떠한 모양일까. 바로 이 질문에 한국의 사회과학자들은 대답이 궁하다. 흔히들 듣는 대답은 한국은 일본과 중국의 중간형中間型이라는 것이다. 이 문제에 관해 가장 진지한 관심을 표명해 온 연구자는 미야지마 히로시宮嶋博史이다. 미야지마에 의하면 한국의 사회단체는 중국적 원리와 일본적 원리를 능숙하게 결합한, 양쪽의 장점을 모두 흡수한, 중간형에 해당한다. 따라서 한국의 전통사회는 일본의 단체와 같은 조직의 안정성을 구가하면서도 중국

48 Masahiko Aoki(2013), Historical Sources of Institutional Trajectories in Economic Development: China, Japan and Korea Compared, *Socio-Economic Review* 11-2, pp.233~263쪽.

의 꽌시와 같은 상황의 변화에 유연하게 대처할 수 있는 능력을 동시에 보유하였다.[49]

그런데 엄밀히 말해 중간형이란 무엇인가. 과연 있기나 한 것인가. 내가 미야지마의 중간형 사회론에 회의적인 이유는 한국의 전통사회를 전체 구조로 다루지 않았다는 점이다. 미야지마는 양반신분의 친족집단이 주도한 동계洞契나 족계族契를 비롯한 각종 결사체에 주목하였다. 그런데 전통 한국사회는 양반신분만의 사회가 아니었다. 인간들의 신분이 양반-상민-노비의 위계로 나뉘고 지배와 차별이 극심한 사회였다. 그 점에 전통 중국 및 일본과 결정적으로 상이하였다. 15~19세기 조선왕조의 백성 지배는 신분 차별을 동반한 개별인신지배체제個別人身支配體制였다. 나는 동시대 중국과 일본에서 찾아보기 힘든 조선왕조 고유의 지배체제가 그 사회에서 보다 나은 지위를 추구한 인간들의 행동원리를 얼마나 깊숙이 규정해 왔는지를, 그 지배체제가 형성, 발전, 해체해 온 전 과정과 더불어, 이 책을 통해 주의 깊게 추적해 왔다. 바로 지금 이 순간의 결론적 서술을 위해서였다. 그 모든 것을 여기서 새삼 소개하거나 요약할 필요는 없을 듯하다.

요컨대 조선왕조의 개별인신지배체제는 동일한 지연地緣이나 직능에 기초한 단체의 결성을 저해하였다. 안정적으로 존속한 단체는 그들만의 특권을 추구하거나 아래 신분에 대한 지배를 공고히 하기 위한 양반사회兩班社會의 결사체에 한하였다. 상민과 노비 신분의 하층민은 그들의 사회경제적 처지를 개선하기 위해 양반사회와 대립적인 그들만의 사회를 추구하기보다 양반사회와 동질의 생활문화와 신분의 취득을 지향하였다. 그러한 유교적 전환Confucian Transformation은 20세기에 들어 멈추지 않았다. 오히려 20세기와 더불어 개시된 근대적 전환과 맞물려 동 세기 말까지 가

49 미야지마 히로시(2013), 『나의 한국사 공부』, 너머북스, 211~243쪽.

속화하였다. 그 과정에서 앞서 살핀 바와 같은 물질주의적 성취 지향의 개성적 인간형이, 단체의 밀도가 희박한 저신뢰의 사회형이 생겨났다.

나는 미야지마의 한국사회론은 다분히 관념적이고 비역사적이라고 생각한다. 그의 한국사회론에는 신분제의 굴레로부터 해방되기 위해 대다수 한국인들이 벌였던 고투苦鬪의 역사가, 20세기 후반까지 이어진 그 리얼한 삶의 역사가, 누락되어 있다. 한국 전통사회가 일본과 중국 사회의 장점을 능숙하게 결합하여 안정성과 유연성을 겸비하였다면, 왜 그 사회만 제국주의시대에 이르러 식민지植民地라는 가장 비참한 상태로 전락하고 말았던가. 나아가 어찌하여 오늘날의 한국은 일본보다 또 중국보다 저신뢰의 사회인가. 예컨대 2010년에 이루어진 세계가치관조사에서 "대부분의 사람을 믿을 수 있는가"라는 질문에 긍정적으로 대답한 비율은 한국에서 26.5%임에 비해, 일본에서는 35.9%, 중국에서는 60.3%이다.[50] 미야지마의 한국사회론에는 현대 한국사회가 우리에게 던져 묻는 이 같은 지적 고뇌가 담겨 있지 않다. 그는 외국인으로서는 기묘하게도 현대 한국인의 민족주의 정서에 포섭되어 있다.

나선사회螺旋社會

한국사회의 전체 구조를 누구보다 열심히 예리하게 관찰한 사람으로서 나는 그레고리 헨더슨Gregory Henderson을 꼽고 싶다. 1947년부터 도합 7년간 주한 미국대사관의 문정관文政官으로 근무한 그가 전국의 140개 군 가운데 방문하지 않은 곳은 1개 군에 불과하였다. 반복되는 여행에서 그가 관찰한 한국사회의 특질은 한마디로 동질성(同質性, homogeneity)이다. 한국은 인종, 자연환경, 언어, 종교, 생활문화에서 세계의 어느 나라에

50 중국사회가 고신뢰를 보이는 것은 일반적 이해와 상이한데, 中國共產黨을 중추로 하는 정부권력이 건전한 통합력을 발휘하고 있는 상태에서 충분히 있을 수 있는 일이라고 생각한다. 권위주의정치하의 고도성장기 한국이 의외로 높은 신뢰도를 보인 것도 마찬가지 관점에서 이해될 수 있다.

서도 유례를 찾기 힘든 동질성을 과시하고 있다. 그러한 자연적, 인문적 토양에서 한국은 일찍부터 통일국가를 성립시키고 중앙집권적 정치체제를 강고하게 유지해 왔다. 한국사회의 동질성은 역사적으로 강화되어 왔다. 상인과 수공업자는 천시되었으며, 전문적인 직능으로 뭉친 단체는 소멸하였다. 한국사회는 점점 농촌 일변도로 동질화하였다.

그가 각종 문헌을 통해 고찰한 한국의 전통사회는 인간들이 양반, 중인, 상민, 천민의 위계로 질서정연하게 구분된 신분사회였다. 각 신분은 공동의 이해로 뭉친 계급class이 아니었다. 신분의 경계는 모호했으며, 넘나듦이 가능하였다. 이 같은 사회의 특질에서 원자화된 개인들은 그의 사회적 지위를 개선하기 위한 유일한 통로로서 중앙권력을 추구하였다. 중앙으로 올라가기 위해서는 과거제科擧制라는 공식적 통로만이 아니라 혈연, 학연, 지연 등의 비공식적인 집단연고集團緣故가 중요하였다. 중앙정부는 권력자들에게 출세의 기회를 제공한 집단연고에 기인하는 몇 개의 당파로 분열되었다. 조선왕조는 외관상의 강력한 중앙집권성에도 불구하고 상층부에 잠재한 분열적 계기로 인해 권력의 응집성에서 취약성을 드러냈다. 헨더슨은 이같이 원자화된 개인이 집단연고를 매개로 중앙권력을 경쟁적으로 추구하는 한국사회의 짜임새를 전국을 휘감는 거대한 소용돌이vortex에 비유하였다. 헨더슨이 관찰한 한국사회는 조선시대나 1950년대나 단극單極의 소용돌이에 휘말린, 원자화된 개체로 구성된, 직능의 단체를 결여한, 개체 상호 간의 관계는 주로 국가권력에 대한 관계로 규정되는, 비정형성非定型性과 고립을 특징으로 하는 대중사회大衆社會이다.[51]

1968년에 발표된 헨더슨의 한국사회론은 한국인의 자치 능력을 폄하하거나 비관하는 서구인의 편견을 어느 정도 내포하였다. 그의 소용돌이

---

51 그레고리 헨더슨 지음, 박행웅·이종삼 옮김(2000), 『소용돌이의 한국정치』, 한울아카데미: 원저 Gregory Henderson(1968), *Korea: The Politics of the Vortex*, Harvard University Press.

비유는 한국인의 민족적 자존심을 건드렸다. 지난 47년간 한국의 연구자들은 철저하게 헨더슨을 무시하였다. 그렇지만 그의 때때로 지나친 문학적 은유와 직관을 배제한다면, 그의 부지런한 관찰과 광범한 독서가 도달한 한국사회의 특질에 나는 공감하고 있다. 헨더슨에게 부족한 점이 있다면 한국적 소용돌이가 역사적으로 형성, 강화되어 온 과정을 실증적으로 좀 더 명확히 하는 작업이다. 바로 그 점을 나는 이 책을 통해 보완해 왔다고 생각한다. 헨더슨의 소용돌이는 한국인의 언어 감각에서 그 진의를 이해하기 쉽지 않은 말이다. 또한 신분사회가 지닌 경직성을 고려하면 19세기 이전 사회의 중앙지향성을 소용돌이의 격렬함으로 비유하기는 무리인 듯하다. 나는 넓은 아래에서 좁은 위로 말려 올라가는 나선螺旋이라는 비유가 언어감각의 중립성에서나 기하학적 규칙성에서 보다 적절하다고 생각한다. 요컨대 역사적으로 형성된 한국사회의 구조적 특질은 나선형이다. 앞서 설명한 중국과 일본 사회의 짜임새와 대비되는 한국사회의 짜임새는 나선사회螺旋社會이다. 그림으로 제시하면 〈그림 12-11〉과 같다.

여기서 나선의 층위는 사회적 지위와 신분을 대변한다. 인간들은 나선을 따라 위로, 단극의 중앙으로, 올라간다. 아래에 있는 보잘 것 없는 지위의 인간은 작은 점으로, 위에 있는 볼 만한 지위의 인간은 높을수록 더 큰 크기의 사각형, 원형, 삼각형으로 그려져 있다. 상이한 층위의 인간들을 연결하는 선은 그들의 개별적 관계를 말한다. 그 선을 둘러싼 타원형의 검정색은 혈연, 지연, 학연 등의 집단연고를 나타낸다. 나선을 순서대로 따라가서는 보다 높이 올라가기 어렵기 때문에 층위 간의 도약이 필요하다. 그것을 매개하는 것이 이 같은 개별적 관계이거나 집단연고이다. 한국인의 개별적 관계는 중국인의 꽌시와 유사하나 꽌시만큼 안정적이지 않다. 개별적 관계는 나선상의 위치가 달라짐에 따라 끊어지기 쉬워 불안정하다. 두 사람이 장기에 걸쳐 상호 지지하는 신뢰관계는 한국에서 드문 현상이다. 집단연고는 일정 자격의 멤버십으로 구성되는 일본의 단체

[그림 12-11] 한국사회의 짜임새: 나선형

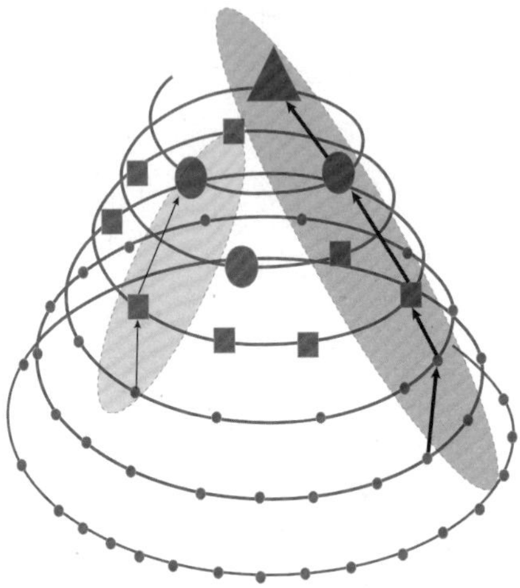

출처: 이영훈,「한국사회의 역사적 특질: 한국형 시장경제체제의 비교제도적 토대」, 이영훈 엮음,『한국형 시장경제체제』, 서울대학교출판문화원, 405쪽.

와 같지 않다. 집단연고는 대부분의 성원에게 생득적이거나 우연적이거나 무임승차無賃乘車로 향유되는 기회이다. 집단연고가 지닌 이 같은 속성으로 인해 성원들은 제한된 기회를 위해 상호 경쟁하고 기회주의적으로 행동한다. 현대 한국인들은 이 같은 짜임새의 사회에서 살아남기 위해 악전고투를 벌이고 있다.

한 세대에 걸친 고도성장이 이 같은 사회의 전통적 짜임새를 해체하거나 바꾸지는 못하였다. 헨더슨은 고도성장의 과정에서 대기업이 출현하는 것을 보고 이 나라가 정치 중심의 단극자장單極磁場에서 진정한 의미의 다원사회多元社會로 이행하고 있다고 긍정적으로 평가하였다.[52] 정치로부터 상대적으로 자율적인 민간사회가 성장한 것은 어김없는 사실이다. 그렇다고 나선형의 전통적인 짜임새가 흐트러진 것은 아니었다. 고도성

52 그레고리 헨더슨 지음, 박행웅·이종삼 옮김(2000),『소용돌이의 한국정치』, 302쪽.

장기에 걸쳐 사회의 나선구조는 위로 크게 부풀어 올랐을 뿐이다. 대기업에 대한 정치의 우월성, 곧 정치 중심의 단극성은 해소되지 않았다. 대기업은 정치에 비해 여전히 열등 신분이다. 그렇지만 그들은 아래에 놓인 중소기업에 대해서는 우월 신분이다. 마찬가지로 중앙은 지방에 대해 우월 신분이고, 지방은 중앙에 비해 열등 신분이다.

이 같은 사회의 나선구조를 해체하고자 한 것이 박정희朴正熙 대통령이 추진한 새마을운동이다. 제11장에서 설명한 대로 새마을운동은 전국의 농어촌 마을을 공동사업의 법인法人으로 편성하였다. 도시에서 전개된 새마을운동도 동일한 취지였다. 인간을 주어진 지연과 직능에서 안돈시키고자 했던 그 거대한 사회공학社會工學은 박정희의 죽음과 더불어 허무로 돌아갔다. 전국의 마을은 다시 이전 상태로 복귀하였다. 1990년대에 이루어진 전라북도 남원 지역에 관한 혼다 히로시本田洋의 관찰은 농촌사회의 구조가 이전 시대와 별반 다를 바 없음을 전해 주고 있다. 마을은 사회적 경계와 협동적 활동의 지연적 기반을 이루고 있지만, 성원의 자격을 제한하거나 가입 및 탈퇴에 관한 규제를 두지 않는 개방적이며 유동적인 조직이다. 동리의 공유재산도 공동체의 지속성을 보장하기보다는 상황에 따라 용이하게 분할할 수 있는 쌀, 현금, 전답 등으로 보유하였다. 동리의 공공물은 그것을 활용하고 유지할 의지와 능력이 있는 사람이 존재하는 한에서 조직되는 협력의 한 형태였다.[53]

고도성장이 끝나자 부풀어진 사회의 나선구조는 그 자리에서 굳어 버렸다. 더 높은 지위로 올라갈 기회는 슬슬 닫혔다. 높은 곳에 위치한 사람은 기득권을 놓지 않으려 하며, 낮은 곳에 놓인 사람은 그에 대해 불만의 소리를 높였다. 헨더슨의 별로 유쾌하지 않은 지적대로 한국적 소용돌이의 역사는 상층부의 권력 엘리트들의 당파가 주도하는 비생산적인 도

53 本田洋(2002),「韓國の地域社會における地緣性と共同性—南原地域の事例から—」, 伊藤亞人·韓敬九 編,『韓日社會組織の比較』, 慶應義塾大學出版會, 243~273쪽.

덕논쟁으로 일관되어 왔다. 1987년 민주화시대가 열리자 이 같은 도덕논쟁의 전통이 부활하였다. 민중의 불만을 등에 업고 권력을 장악한 정치엘리트는 기회와 소득의 평등을 기치로 내걸고 대규모 기업집단을 억누르면서 중소기업이 주도하는 성장의 새로운 바람을 일으키고자 노력하였다. 그렇지만 지금까지 근 30년간 볼 만한 성과는 없었다. 중소기업은 우수한 젊은이가 그의 몸과 마음을 안돈시킬 단체가 아니었다. 중소기업은 사회적으로 열등 신분이다. 중소기업 육성정책은 한국인이 그의 역사로부터 물려받은 나선사회의 짜임새와 친숙한 발전의 경로가 아니었다.

자유주의의 결여

21세기 초의 한국인들은 어떠한 경제체제를 영위하였던가. 이 같은 연구과제가 주어질 때 후대의 학자들은 이 나라의 헌법憲法부터 살피게 될 것이다. 헌법은 인간들이 사회를 어떠한 질서로 규율한 것인가에 관한 최고 수준의 정치적 협약이다. 제9장에서 지적한 대로 1948년에 제정된 최초의 헌법은 이 나라의 역사와 전통에서 도출된 것이 아니라 여러 선진국의 헌법을 절충하여 만들어졌다. 경제체제와 관련하여 주요 참고가 된 것은 독일 바이마르공화국의 헌법이었다. 최초의 헌법은 재산권과 관련하여 대륙법大陸法의 전통에 따라 그것의 공공성을 강조하였다. 재산권은 보장되지만 그 행사는 공공복리에 적합해야 한다는 최초 헌법의 규정은 이후 9차례에 걸친 헌법 개정에서 원형 그대로 잘 보전되어 현행 헌법에 이르고 있다.

최초의 헌법은 국가의 정체正體와 국민의 권리·의무를 선포하고(제1~2장), 국회·정부·법원의 조직을 규정한 다음(제3~5장), 독특하게도 '경제'라는 제목의 장을 열었다(제6장). 연후에 중요 자원을 국유로 하고, 운수·통신·금융·보험·전기 등 중요 산업을 국·공영으로 하고, 대외무역을 국가의 통제하에 두고, 공공의 필요에 의해 사영기업을 국유 또는 공유로 이전하거나 그 경영을 관리할 수 있다는 조항을 두었다. 제9장에서 지적한 대로 이 나라를 세운 정치세력은 나라의 경제체제를 혼합경제체제로 구상하였다. 최초의 헌법이 지닌 혼합경제적 특질은 국민의 의무와 권리를 규정한 제2장에서 사기업私企業의 근로자는 기업 이익을 균점均霑할 권리를 갖는다는 조항을 설치한 데서 더없이 뚜렷하게 부각되었다.

중요 산업을 국·공유로 한다든가, 무역을 국가가 통제한다든가, 사기업을 국·공유로 이전할 수 있다는 조항은 1954년의 제2차 헌법개정에서 폐기되거나 수정되었다. 근로자의 이익균점권은 1962년의 제5차 헌법개정에서 폐기되었다. 이로써 이 나라의 경제체제가 자유기업주의自由企業主義에 입각해 있음이 명확해졌다. 그럼에도 최초의 헌법에 각인된 혼합경제적 특질은 결코 완전하게 불식되지 않았다. 헌법의 경제장經濟章은 1987년의 제9차 헌법개정에 이르기까지 존속하였으며, 오히려 수정, 보완되는 과정에서 혼합경제적 특질을 강화해 왔다. 오늘날 세계의 여러 선진국 가운데 헌법에 경제장을 설치한 예는 그리 일반적이지 않다.[54] 헌법상의 경제장은 이 나라가 건국 당초부터 경제를 국가체제의 긴요한 일환으로 중시해 왔음을 상징하고 있다. 다시 말해 이 나라에서 재산권과 시장거래로 영위되는 경제활동은 처음부터 자율적인 사회의 영역이 아니었다. 경제는 나라의 구성원 모두가 골고루 잘살아야 한다는 민족사회주의 이념을 실현하기 위한 국가 통치활동의 중요 대상으로서 정부가 온갖 통제와 규제로 간섭해야 마땅할 영역으로 간주되어 왔다.

그러한 한에서 개인의 재산권도 헌법의 규정 그대로 공공복리에 제약되는 상대적 가치에 머물렀다. 16~18세기 서유럽의 근대문명이 발견한 자연법적 질서로서 개인의 재산권은 이 나라에서는 지금도 여전히 애매하거나 불확실한 가치이다. 돌이켜보면, 고도성장의 역사에서 공공복리

54 최초의 헌법이 모델로 했던 바이마르공화국헌법에서 제2장 제5절로 설정된 '경제활동'은 제2차 세계대전 이후의 독일연방공화국헌법에서 폐기되었다.

의 이름으로 정치가 개인과 기업의 재산권을 공연하게 짓밟은 일은 한두 번이 아니었다. 1961년 군사혁명세력은 대부분의 유명한 기업가를 부정부패세력으로 구속하고 재산의 출연을 강요하였다. 그 같은 일은 1980년 신군부新軍部가 등장할 때도 똑같이 되풀이되었다. 1972년 대통령은 도산의 위기에 몰린 기업들을 구하기 위해 사채의 원리금 상환을 동결하는 비상조치를 내렸다. 사채업자의 재산권은 노골적으로 부정되었다. 1974년 중화학공업화의 추진을 위해 조성된 국민투자기금國民投資基金도 크게 보아 국민의 재산권을 침해하였다. 시중은행의 예금을 강제로 할당하여 조성된 이 기금은 대기업에 저금리로 융자되었으며, 그에 따른 시중은행의 손실은 국민의 세금으로 메워졌기 때문이다. 1971~1977년 8차례에 걸쳐 전국 14개 도시권에 그린벨트를 설정한 것도 마찬가지였다. 토지의 소유자에게 어떠한 보상 조치도 없이 행해진 이 조치가 위헌 판결을 받게 되는 것은 매우 늦은 1998년의 일이다. 그렇지만 국가의 이 모든 강압적 조치는 헌법이 표방한 공공복리의 이름으로 정당화되었으며, 국민의 전폭적인 지지를 받기까지 하였다.

1954년과 1962년의 헌법 개정으로 자유기업주의가 들어섰다. 그렇지만 사기업을 국가의 공기公器로 간주하는 한국인 일반의 인식이나 감각에는 큰 변화가 없었다. 고도성장기에 기업가들은 산업보국產業報國의 이념으로 정부의 개발정책에 적극 부응하였다. 종업원도 그들의 사회경제적 처지가 개선되는 한 그 같은 이념을 공유하였다. 정부-기업-종업원이 개발이념을 공유하면서 호혜적 유인체계로 행동한 고도성장기에 걸쳐 기업을 국가의 공기로 간주하는 경향은 오히려 강화되었다. 2000년대 이래 감속성장의 시기에 이 같은 기업관은 기업에 대한 각종 사회적 요구의 증대로 나타났다. 그 한편의 결과가 기업이 비자발적으로 부담하는 준조세準租稅이다.

준조세는 기업이 조세법정주의租稅法定主義에 따라 부담하는 법인세 등

정규의 조세 이외에 각종 법령에 준하여 납부하는 특별부담금,[55] 사회보험료(국민연금·고용보험·의료보험·산재보험 등), 행정제재금(과징금·과태료·이행강제금 등), 행정요금(행정수수료·사용료 등), 자발적인 기부금·성금·각종 협회비를 말한다. 2003년 기업이 부담하는 준조세는 23조 원으로 법인세에 육박하는 규모이다. 전경련全經聯의 조사에 의하면 대기업의 준조세는 2000년 1사당 평균 177억 원으로 법인세의 28%에 상당하였다. 중소기업의 준조세 부담은 더욱 무거웠다. 2005년 중소기업은 1사당 평균 1억 2,494만 원의 준조세를 부담하였는데, 이는 중소기업의 당기순이익의 45%, 연구개발비의 98%에 상당하는 크기였다.[56] 미국, 일본, 유럽 등의 선진국에서는 준조세가 거의 없으며, 기업의 모든 부담은 조세로 일원화되어 있다. 이 나라에서 기업이 부담하는 준조세가 법인세에 버금갈 정도로 팽창한 것은 조세법정주의의 전제가 되는 사유재산권의 원리와 그에 입각한 기업관이 국민적 가치로 확립되어 있지 않기 때문이다. 기업을 국가의 공기로 간주하는 기업관은 2015년까지도 크게 개선되지 않았다. 예컨대 동년 여야 정치권은 한·중자유무역협정을 국회가 비준하는 대가로 피해가 예상되는 농어촌을 위해 농어촌상생협력기금을 조성하며, 이를 위해 민간기업으로부터 매년 1,000억 원씩 10년 동안 1조 원을 걷기로 합의하였다.

마찬가지로 1962년의 제5차 헌법 개정에서 사기업 근로자의 이익균점권 조항이 삭제되었지만, 그 정신은 결코 소멸하지 않았다. 근로자의 이익균점권은 헌법이 개정될 때마다 그 부활이 논의되었다. 1987년의 제9차 헌법 개정에서도 마찬가지였다. 당시의 야당은 이익균점권의 부활을 제안

55 특별부담금은 조세성부담금(국외여행자납부금 등), 수익자부담금(집단에너지공급시설 건설비용부담금 등), 원인자부담금(하수도원인자부담금 등), 유도성부과금(장애인고용부담금 등)을 말한다. 신종익(2006), 『준조세의 실태와 정비방안』, 한국경제연구원, 16쪽.

56 손원익·정재호·김형준·김상헌(2004), 『기업의 준조세 부담과 정책방향』, 한국조세연구원. 신종익(2006), 『준조세의 실태와 정비방안』.

했으며, 헌법개정안을 작성한 여당과 야당 각 4인의 8인 정치회담은 그 정신을 개정 헌법에 반영하되 조문화는 하지 않기로 합의하였다.[57] 그리하여 현행 헌법의 경제장이 탄생하였다.

경제장의 첫 조인 제119조는 제1항에서 "대한민국의 경제질서는 개인과 기업의 경제상의 자유와 창의를 존중함을 기본으로 한다"고 한 다음, 제2항에서 "국가는 균형 있는 국민경제의 성장 및 안정과 적정한 소득의 분배를 유지하고, 시장의 지배와 경제력의 남용을 방지하며, 경제주체 간의 조화를 통한 경제의 민주화를 위하여 경제에 관한 규제와 조정을 할 수 있다"고 하였다. 엄밀히 말해 이 두 항은 헌법의 기본 질서에서 상호모순적이다. 그럼에도 1987년 그에 대한 최소한의 논쟁도 제기되지 않았음은, 당시 헌법 개정을 주도한 여야 정치 엘리트와 그에 자문한 헌법학자는 물론, 사회 구성원 대다수의 정신세계가 최초의 헌법이 표방한 민족사회주의의 이념에 깊이 포섭된 가운데 각종 국가주의적 규제를 자연스럽게 수용해 왔기 때문이다. 자유, 개인, 독립과 같은 근세 서유럽에서 발원한 정치철학의 요소는 이 땅에 그것들이 도입된 역사가 100년이 넘지만, 여전히 대다수 한국인들에게 낯선 손님으로 머물러 있다.

제119조 이하에서 헌법은 경제에 대한 국가의 각종 규제를 의무화하고 있다. 건국 당시부터 내려온 몇 가지를 제외하고 소개하면 다음과 같다. 국가는 농업 및 어업을 보호, 육성해야 하며(제123조 1항), 지역 간의 균형 발전을 위해 지역경제를 육성해야 하며(동 2항), 중소기업을 보호, 육성해야 하며(동 3항), 농수산물의 유통구조를 개선해야 하며(동 4항), 농어민과 중소기업의 자조조직을 육성해야 하며(동 5항), 소비자보호운동을 보장해야 하며(제124조), 대외무역을 육성해야 하며(제125조), 과학기술의 혁신에 노력해야 한다(제127조 1항). 요컨대 현행 헌법은 대기업을 제외한 모든 경

57 황승흠(2001), 「제헌헌법상의 근로자의 이익균점권의 헌법화과정에 관한 연구」, 『공법연구』 31-2, 299~320쪽.

제주체가 국가의 보호와 육성의 대상임을 천명하고 있다. 대기업을 대상으로 해서는 "시장의 지배와 경제력의 남용을 방지"한다는(제119조) 명분으로 각종 규제를 정당화하였다. 결과적으로 현행 헌법은 국가에 의해 보호, 육성되거나 통제되지 않은 경제주체는 단 하나도 존재하지 않음을 명확히 하고 있다. 아마도 후대의 학자들은 이 나라가 건국 이래 줄곧 그들의 전통에 충실한 국가주의적國家主義的 경제체제를 영위해 왔다는 결론을 내리는 데 아무런 어려움을 느끼지 않을 것이다.

정부의 규제를 의무로 규정한 헌법의 경제장은 외환위기 이후 감속성장의 시기에 각종 경제적 불균형이 심해지자 진가를 발휘하였다. 기업에 대한 정부규제의 건수는 2000년 6,912건에서 2006년 8,084건으로 늘었다. 이후 더욱 급하게 증가하여 2009년에는 11,050건, 2013년에는 14,796건이나 되었다.[58] 정부가 펼쳐 놓은 규제의 그물망은 국제적으로도 명성이 높다. 2013년 OECD는 상품시장에 관한 정부규제의 강도를 국제적으로 비교한 보고서를 발표하였다. 그에 의하면 한국은 OECD 33개국 가운데 제4위로 정부규제가 강한 나라이다. 동 보고서는 한국을 터키, 이스라엘, 멕시코, 그리스, 슬로베니아, 폴란드와 함께 '가장 억제적most restrictive'인 국가군으로 분류하였다.[59]

국가주의 시장경제

이제 이 책의 마지막 과제에 도전할 차례이다. 한국의 시장경제는 어떠한 유형에 속하는가. VoC 논의의 방법론에 따라 기업의 조정 방식에 관한 고찰로 시작하자. 우선 살펴볼 것은 기업의 소유형태이다. 한국의 기업은 압도적으로 개인 또는 가족의 소유이다. 1991년 전 산업의 사업체

58 전국경제인연합회(2013), 「우리나라 규제현황과 개선방향」, 규제개혁시리즈(2013. 6).

59 OECD(2014), *The 2013 update of the OECD's database on product market regulation*, p.16(www.oecd.org/eco/reform).

는 211만 개이다. 그 가운데 개인사업체는 196만 개로서 92.7%이다. 법인 형태의 사업체는 총 8만 5,487개인데, 주식회사가 8만 1,418개로 95.2%의 절대 다수를 차지한다. 나머지 4.8%가 합명·합자·유한회사로서 비공개적인 파트너십 회사이다.[60] 주식회사의 지배구조가 전반적으로 어떠한지에 관해 참고할 자료는 없지만, 대개 개인이나 가족의 소유로서 1인 지배구조임에는 의심의 여지가 없다.

1991년 미국의 경우 법인 사업체는 총 532만 개인데, 주식회사가 380만 개로 71%, 파트너십이 152만 개로 29%를 차지하고 있다.[61] 1990년 독일의 경우 법인 사업체는 총 52만 3,000개인데, 합명·합자·유한회사가 52만 2,000개로서 거의 전부인 99.7%이다. 주식회사 및 주식합자회사는 고작 1,717개로서 0.3%에 불과하다.[62] 이후 2011년까지 주식회사 및 주식합자회사는 1만 8,000여 개로 증가하나 그래도 전체 법인의 1.6%에 불과하다.[63] 1996년 일본의 경우 법인 사업체는 총 167만 개인데, 주식회사가 79만 개, 유한회사가 85만 개, 합자·합명회사 등이 2만 7,000개로서 주식회사의 비중이 48%이다.[64] 미국으로 대표되는 자유시장경제에서 주식회사가, 독일로 대표되는 조정시장경제에서 파트너십 회사가 상대적으로 더 발달한 것은 납득할 수 있는 일이다. 그런데 한국은 주식회사의 보급 정도에서 미국을 훨씬 능가하고 있다. 미국처럼 개인주의나 계약의 문화가 더 발달해서는 아닐 터이다. 그 이유가 무엇인지에 관해서는 아직 연구가 이루어지지 않은 상태이다. 어쨌든 한국에서 개인 간의 신뢰에 기초한 파트너십 사업체는 극히 소수이다. 앞서 지적하였듯이 한국사회에서 개인

60 통계청(1992), 『1991 총사업체통계조사보고서』 제1권(전국편).

61 Susan B. Carter, Scott Sigmund Gartner, Michael R. Haines, Alan L. Olmstead, Richard Sutch, Gavin Wright eds.(2003), *Historical Statistics of the United States* 3, Cambridge University Press, p.498.

62 중소기업진흥공단(1994), 『중소기업경제·경영지표』(1994년판), 209쪽.

63 한국상사법학회, 「회사법 제정을 위한 법정책적 연구」, 2014년 법무부 연구용역보고서, 124쪽.

64 (日本)総務省統計局, 「平成 8年 事業所·企業統計調査報告」(http://www.stat.go.jp/data).

간의 장기에 걸친 고정적 신뢰관계는 드문 현상이다. 바로 그 점이 이 나라의 회사형태를 온통 1인 지배의 주식회사로 만든 한 가지 중요 원인이라고 생각된다.

기업 상호 간의 조정도 대개 마찬가지이다. 이 나라의 경제가 기업 간의 협력과 조정이라는 이전에 경험하지 못한 과제에 봉착하는 것은 1970년대의 중화학공업화 과정에서이다. 생산과정의 우회도가 큰 중화학공업화의 원만한 추진을 위해서는 대기업에 소재와 부품을 공급하는 중소기업의 건전한 역할이 필수적이다. 그러한 취지에서 1975년 중소기업계열화촉진법이 제정되었다. 그에 따라 대기업과 중소기업이 수급受給할 업종과 품목이 지정되었다. 모기업母企業과 계열기업系列企業에게는 공동사업계획서의 작성이 요구되었다. 계열기업은 모기업과의 대등한 협상을 위해 계열기업협의회系列企業協議會로 조직되었으며, 모기업의 계열기업에 대한 부당행위는 금지되었다. 정부가 중소기업계열화촉진법을 제정할 때 모델로 삼은 것은 일본의 기업 간 수급관계였다. 동 촉진법은 일본의 관련법을 그대로 옮겨 온 것이었다. 그 결과는 대체로 실패였다. 기본 원인은 대기업과 중소기업 간의 신뢰가 원래 빈약한 데 있었다. 대기업은 수급 중소기업을 종속기업으로 간주했으며, 중소기업의 기술과 품질을 신뢰하지 않았으며, 자금과 기술을 지도하지 않았으며, 납품에 대한 결제를 미루었으며, 수급 기업을 병합하여 기업조직을 확장코자 하였다. 중소기업 역시 대기업을 신뢰하지 않았으며, 장기간의 고정거래가 그를 종속시킬 위험성을 처음부터 경계하였다. 동 촉진법이 요구한 공동사업계획서는 형식에 불과하였으며, 계열기업협의회의 활동은 미미하였다.[65] 그 당연한 결과로 정부의 규제는 강화되었다. 1975년 동 촉진법이 금지한 대기업의 부당행위는 6가지이지만, 1993년까지 5차례의 개정을 거치면서 그 수는 11가지

65 金周祥(1991), 「製造中小企業 系列化促進政策의 改善方向에 關한 硏究: 企業間 協力行爲와 利益分配를 中心으로」, 서울대학교 행정대학원 행정학과 석사학위논문, 74~91쪽.

로 증가하였다.

중소기업 상호 간의 협력과 조정을 위해 1961년 중소기업협동조합中小企業協同組合이 관련법의 제정에 따라 조직되었다. 협동조합의 설립은 법률이 정하는 요건에 따라야 했으며, 주무관청의 설립 인가를 받아야 하였다. 이후 지금까지 중소기업협동조합은 크게 말해 정부의 중소기업정책을 대행하는 기구로서 역할을 하였다. 정부의 중소기업 지원금은 협동조합의 창구를 통해 분배되었으며, 협동조합은 중소기업의 애로 사항을 정부에 건의하였다. 동종의 업종에 종사하는 중소기업이 자발적으로 공동의 기금과 기구를 조성하여 기술을 개발, 훈련하거나 시장·상권·브랜드를 개척하거나, 경기변동에 상호 보험적으로 대처하는 문자 그대로 협동조합으로서의 활동은 거의 없었다. 조직률도 낮아 2015년 말 전국의 36만 제조업 중소기업 가운데 전국조합 또는 지방조합 등 487개 협동조합에 직접 가입한 업체는 3만 3,000여 개로서 10%가 되지 않는다.[66]

규모가 훨씬 큰 농업협동조합農業協同組合은 중소기업협동조합보다 활동 범위가 넓고 조직적이다. 1995년 이래 한국의 농업은 실질총생산이 증가함에도 불구하고 농가의 실질총소득은 감소하는 기이한 현상을 보이고 있다. 이는 농축산물의 유통·가공 과정에서 창출되는 부가가치의 상당 부분이 대형 식료품가공업체나 대형 소매유통업체로 흡수되기 때문이다. 농업협동조합이 유통·가공 과정에서 행하는 역할은 개선되어 왔지만 여전히 여러 선진국에 비해 크게 낮은 편이다. 농가의 출하를 단순 대행하는 업무를 넘어 농가를 조직하여 생산물의 공동 선별選別, 매취買取, 가공, 상품 및 브랜드 마케팅, 가격협상 등의 실질적 유통기능에 있어서 농업협동조합의 비중은 품목별로 큰 차이가 있는 가운데 전반적으로

66 제조업 사업체 수는 〈표 12-5〉를, 제조업 협동조합 수와 조합원 수는 중소기업협동조합 홈페이지(https://johap.kbiz.or.kr/home/index.jsp)를 참조.

10~30%에 불과하다고 지적되고 있다.[67]

자발적인 단체로 조직되어 있지 않기는 종업원 1~9명의 소상공인小商工人도 마찬가지이다. 서울의 동대문 일대에 3만 여 의류 제조·판매업체가 밀집한 시장에서 그 좋은 예를 발견할 수 있다. 외형상 세계 굴지의 의류산업 클러스터를 이루는 이곳에 시장의 질서를 규율할 상인단체가 존재하지 않는다. 상가마다 층별로 운영위원회나 번영회가 조직되어 있긴 하지만, 상가 건물 주인과 관리비를 협상하거나 세무서와 세금 관계를 교섭하는 정도로 그 업무가 국한되고 있다. 그것마저도 대표의 선출 과정이 비민주적이고 운영 실태가 불투명하여 분쟁이 자주 제기되고 있다. 상인·제조업자들은 점포의 운영을 둘러싼 디자인-봉제-도매-소매의 종적 네트워크에서는 신용과 성실의 의무를 다하지만, 혹 자신의 이익을 침해할 가능성이 있는 동일 업종의 상인과 횡적 네트워크를 구축함에는 소극적이거나 비협조적이다. 201명의 상인을 대상으로 한 어느 조사에서 동종의 업자와 사업 정보를 교류한 경험이 있다고 대답한 사람은 63명에 지나지 않았다. 내가 만난 어느 상인은 이웃 점포의 주인이 누구인지를 알지 못하였다. 이 시장의 가장 큰 병폐는 다른 상인이 개발한 디자인을 무단으로 복제하는 것이다. 이 무임승차의 폐단이 좀처럼 수그러들지 않는 것은 자발적으로 시장의 질서를 규율할 단체가 부재하기 때문이다.[68]

다음으로 기업과 근로자와의 조정을 살펴보자. 앞서 지적했듯이 한국의 노동시장은 기능, 숙련, 기술을 기업 밖에서 구하는 외부노동시장이다. 노동시장의 이 같은 특질은 학제가 단선적인 가운데 고학력자를 대량으로 배출해 온 평준화 교육정책과 밀접한 연관을 갖는다. 이 점에서 한국의 노동시장은 미국과 같은 자유시장경제의 유형에 속한다. 노동조합의

67 이명헌(2014), 「한국 식료 부가가치 사슬의 특징: 시장지배력과 협동조합을 중심으로」 『한국형 시장경제체제』, 172~201쪽.

68 李榮薰(2004), 「東大門市場의 經濟史的 메시지」, 『經濟論集』 43-2, 103~129쪽.

조직률은 미국과 함께 OECD 국가 가운데 가장 낮은 편에 속하고 있다. 그렇지만 노동시장의 실태를 자세히 살피면 그렇게만 이야기할 수 없는 특질을 관찰할 수 있다. 노동생산성이나 임금 수준에서 대기업과 중소기업, 조합원과 비조합원, 정규직과 비정규직 사이에는 심한 격차가 있다. 동일 작업장에서 동일 직무를 수행해도 정규직 조합원과 비정규직 비조합원의 임금 수준에는 큰 차이가 있다. 이 점에서 한국의 노동시장은 노동의 이동이 자유로운 가운데 전 직장에 걸쳐 능력에 따른 단일의 보수체계가 성립해 있는 미국의 통합적 노동시장과 크게 구분된다.

대기업의 정규직 근로자는 1987년 이후 민주화시대가 제공한 여러 가지 권리를 그들만의 노동조합을 조직하는 데 활용하였다. 대기업, 공기업, 대형 서비스업체의 정규직 노동자를 주요 구성원으로 하는 노동조합은 비조직 근로자에 비해 높은 보수와 좋은 근로환경을 누리고 있다. 기업과 노동조합의 단체교섭은 개별 기업 단위로 이루어진다. 개별 노동조합의 상위 단체로서 산업별 노동조합이 있지만, 기업가단체와 산업별 노동조합의 연대 임금 교섭은 일어나지 않는다. 그것은 대기업 노동조합이 임금 수준이 낮은 중소기업 노동조합과 연대할 경우 손해를 보기 때문이다.[69] 노동조합은 비정규직과도 연대를 하지 않는다. 노동조합은 정규직 근로자의 기득권을 고수하는 조직으로 변질해 있다. 심지어 적지 않은 수의 대기업 노동조합은 종업원의 신규 채용에 있어서 조합원의 자녀를 우대하는 단체교섭을 성립시키기도 하였다.

기업의 임금체계는 일반적으로 근속연수勤續年數에 기초한 연공형年功型이며, 그 점에서 독일·일본의 노동시장과 유사하다. 그렇지만 숙련의 축적과 그에 대한 평가를 전제하고 있지 않다는 점에서 다르다. 한국의 연공임금은 호봉제號俸制와 상여금賞與金의 형태로 경직적으로 운영되며,

69 정이환(2011), 『경제위기와 고용체제 — 한국과 일본의 비교 —』, 182~202쪽.

그 점에서 숙련에 따라 임금을 차별하는 일본의 연공임금과 차이를 보인다.[70] 이 같은 임금체계는 노동조합의 경직적인 교섭자세에 기인하기도 하지만, 숙련을 기업 외부에서 구하는 기업의 노무정책과도 연관이 있다. 기업은 핵심 소재, 부품, 설비를 수입에 의존하고 있다. 대기업의 기술혁신은 생산라인에서 축적된 암묵적 숙련이 아니라 대학을 졸업한 소수의 우수한 기술자가 실험실에서 행하는 급진적인 설계와 실험에 의함이 보통이다. 대기업은 종업원의 숙련 형성을 기대하거나 지원하지 않으며, 기존 생산설비를 높은 수준의 수치제어數値制御와 자동화自動化를 구현하는 수입품으로 교체하는 식으로 생산성의 상승을 추구하고 있다.

요컨대 한국의 노동시장은 개인의 능력에 대한 평가와 자유계약에 기초한 영미형의 시장도 아닐 뿐더러 기업과 근로자가 공동의 목적으로 몰입하는 독일·일본형의 시장도 아니다. 한국의 노동시장은 임금 및 근로조건에서 격차가 구조화된 이중노동시장이다.[71] 이 시장에서 정규직 조직 근로자와 비정규직 비조직 근로자는 일종의 신분적 위계로 분절分節되어 있다. 민주화시대에 노동계층이 상이한 신분으로 분열했음은 이 책이 지금까지 설명해 온 한국인의 물질주의, 나선형 사회, 감속성장에 따른 불균형 심화 등의 사회경제적 조건을 종합적으로 고려하면 쉽게 이해할 수 있는 현상이다.

기업과 금융시장의 관계는 외환위기를 경과하면서 크게 바뀌었다. 오늘날 한국의 금융시장은 종래의 은행을 통한 간접금융間接金融을 대신하여 주식과 회사채의 발생을 통한 직접금융直接金融이 중심을 이루고 있다. 예금은행 총자산 대비 주식시장 주가총액의 비율로 보아 한국은 국제적으로 미국, 영국, 캐나다, 오스트레일리아와 같은 직접금융의 그룹에 속해

70 정이환(2011), 『경제위기와 고용체제 – 한국과 일본의 비교 –』, 94~138쪽.
71 조우현·황수경(2016), 『새로운 노동경제학』, 法文社, 362~367쪽.

있다.[72] 그렇지만 은행을 통한 간접금융은 비중이 줄어들긴 하였지만 기업을 선별하고 통제하는 능력을 키우면서 직접금융의 자본시장과 경쟁하면서 상호 보완적으로 기능한다고 분석되고 있다. 기업자금의 공급에 있어서 자본시장이 은행시장보다 반드시 우월하다고 할 수 없는 가운데, 한국의 금융시장은 아직 그 유형적 특질이 분명치 않은 부정형不定型의 상태에 있다.[73]

경제에 대한 국가의 역할에 대해서는 바로 앞 절에서 상술하였다. 이 나라에서 정부는 경제로부터 적당한 거리로 공정하게 떨어져 있는 영미형과 독일·일본형의 정부가 아니다. 이 나라에서 정부는 공공복리의 명분으로 경제에 대한 각종 개입과 통제를 헌법적 의무로 부여받고 있다. 정부의 개입을 부르고 또 정당화하는 근원적 요인은 역사적이다. 곧 이 나라에서 사회는 민간의 자율적 질서로 조직되어 있지 않다. 사회의 짜임새는 신분적 층위의 나선형으로 짜여 있다. 그리하여 기업과 기업의 관계, 기업과 근로자의 관계는 저신뢰低信賴와 저조정低調整의 비협조적非協助的 게임이 일반적이다. 이제 결론을 내릴 수 있을 듯하다. 나라마다 시장경제의 형태가 상이하여 이 나라에 한국형 시장경제라 할 만한 것이 있다면, 그것은 〈그림 12-9〉에서 제시한 자유시장, 조정시장, 국가주의, 보상국가의 네 유형 가운데 국가주의임이 분명하다.

한국 시장경제의 국가주의적 특질은 시기에 따라 그 역할을 달리하였다. 고도성장기에 있어서 국가주의는 국가경제의 공학적 건설과 세계경영이라는 국가적 혁신체제를 꾸려 나가는 긍정적인 역할을 수행하였다. 고도성장을 이끈 국가적 혁신체제는 이 나라에 역사적으로 축적되어 온 성장잠재력을 정부-기업-근로자의 상호 유인체계로 조직하고 동원하였다. 민주화시대에 들어 권위주의정치가 부정됨에 따라 국가적 혁신체제는 해

72 조성재·정준호·황순웅(2007), 『한국경제와 노동체제의 변화』, 61쪽.

73 김동환(2012) 「한국 금융시스템의 비교제도분석: 은행 vs 시장」, 한국금융연구원.

체되었으며, 그 혼란의 과정에서 외환위기가 엄습하였다. 이후 감속성장의 추세에서 한국경제는 국가적 조정체계를 상실한 가운데 산업 간, 기업 간, 계층 간 불균형의 심화를 맞았다. 산업정책이 포기된 가운데 국제적 부가가치 흐름의 중류中流에 자연스럽게 몸을 맡겼다. 그 덕분에 그럭저럭 중진국 상위권의 위세를 유지하였지만, 국가경제의 내포적 자립성이 저하하고, 추격의 한계를 드러내는 비용을 치러야 하였다. 불균형의 심화에 맞추어 포괄적 조정능력을 상실한 정부는 대증적對症的인 규제를 남발하였으며, 그 결과 한국경제는 국제적으로 가장 시장 억압적인 그룹에 속하게 되었다. 위기 이후 한국의 국가주의는 성장의 굴레로 그 역사적 역할을 바꾸었다.

〈그림 12-12〉는 오늘날 한국경제 또는 한국사회의 구조적 특질이 국제적으로 어떠한 위상인가를 시각적으로 잘 보여 주고 있다. OECD를 비롯한 여러 국제기구와 연구기관이 생산한 자료로부터 OECD 국가들의 구조적 균열의 정도와 그것을 조정하는 역량을 교차 비교한 것이다. 종축은 각종 갈등의 종합지수로서 구조적 균열의 정도를 나타낸다. 각종 갈등은 소득분배의 불균등으로 측정되는 계층갈등, 노사분규 일수 등으로 측정되는 노사갈등, 지역 간 인구 및 소득의 격차로 측정되는 지역갈등, 노인 부양비의 크기 및 청·장년 고용률의 차이로 측정되는 세대갈등으로 이루어져 있다. 횡축은 갈등 관리 역량의 종합지수이다. 정치적 조정능력, 시장제도의 합리성, 사회통합의 정도, 문화적 관용의 수준, 법·제도 기반의 공고성을 나타내는 각종 지표를 종합적으로 검토한 결과이다.[74]

OECD 평균을 기준으로 나뉜 제1사분면은 고균열-고조정의 그룹으로 영미 국가들이 여기에 속한다. 갈등 수준이 높지만 조정능력도 높으며, 그리하여 갈등이 혁신의 동력이기도 한 나라들이다. 제4사분면은 저

---

74 김선빈(2014), 「한국 사회갈등의 진단과 통합 촉진 자원으로서 신뢰」, 『한국형 시장경제체제』, 306~316쪽.

[그림 12-12] OECD 국가들의 구조적 균열과 갈등 관리 역량의 교차 분포

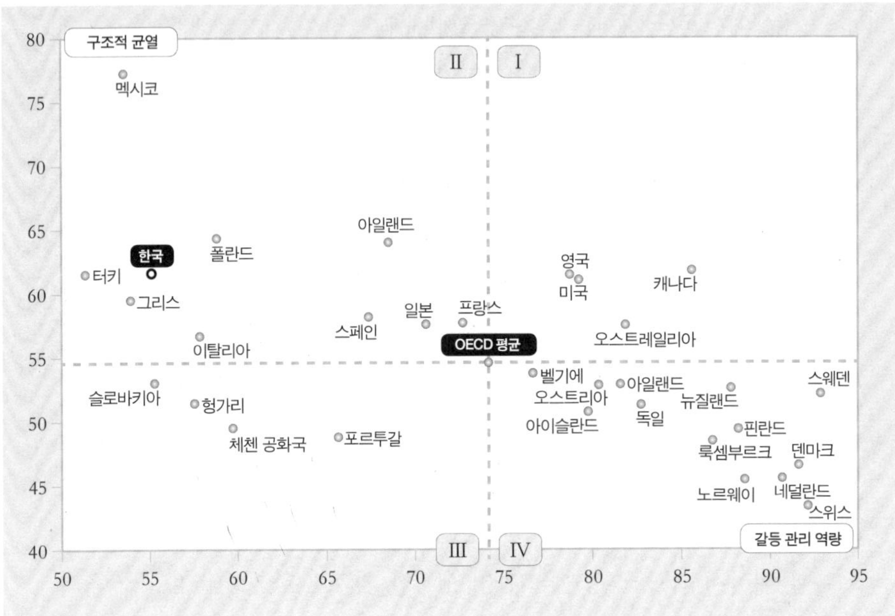

출처: 김선빈(2014), 「한국 사회갈등의 진단과 통합 촉진 자원으로서 신뢰」, 이영훈 엮음, 『한국형 시장경제체제』, 서울대학교 출판문화원, 316쪽.

균열-고조정의 그룹으로서 독일·오스트리아와 같은 유럽 대륙의 국가와 스웨덴·노르웨이 등의 발틱 국가로 구성되어 있다. 맨 오른쪽 아래의 스위스, 네덜란드, 덴마크, 노르웨이는 균열이 가장 낮고 조정능력이 가장 높은 이상적 국가들인데, 예부터 영토나 인구가 작은 가운데 개인주의와 더불어 사회적 협약이 높은 수준으로 발달한 나라들이다. 이들 나라와 대척을 이루는 것이 제2사분면의 고균열-저조정의 그룹이다. 우리 한국이 여기에 속해 있다. 균열 수준이 이상치라 할 멕시코를 제외하면, 한국은 폴란드·터키·그리스와 함께 고균열-저조정의 그룹을 이루고 있다. 제3사분면은 저균열-저조정의 그룹으로서 동유럽의 체제이행국가들이 여기에 속하고 있다.

〈그림 12-12〉를 〈그림 12-9〉에서 제시된 시장경제의 유형 구분과 대조하면, 나라별 소속에 어긋남이 있긴 하지만 대체로 일치하는 흥미로운 관계를 확인할 수 있다. 제1사분면의 나라들은 영미형의 자유시장에, 제4사분면의 나라들은 독일형의 조정시장과 발틱형의 자유시장에 속하고 있다. 제2사분면의 나라들은 국가주의에, 제3사분면의 나라들은 보상국가에 해당한다. 한국이 국가경제의 여러 질적 지표에서 자주 터키, 폴란드, 그리스와 같은 그룹을 이루는 것은 조금도 이상한 현상이 아니다. 앞서 소개한 대로 이들 나라는 세계의 주요 국가에서 가장 억압적 규제를 가진 나라로 평가되고 있다.

요컨대 오늘날 이 나라의 시장경제체제는 그의 사회와 문화에 배태된 요인에 규정되어 국가주의國家主義의 특질을 강하게 드러내고 있다. 한국형 시장경제를 정의하자면 국가주의 시장경제이다. 한국이 그의 경제체제를 국가주의로 이끈 역사적 경로나 역사의 굴레로부터 탈출할 수 있다면, 그러한 혁신을 자신의 책무로 실천하는 훌륭한 정치적 리더십이 출현할 수 있다면, 이 나라가 걸어가야 할 방향은 조정시장경제보다 자유시장경제 쪽이라고 생각된다. 그 편이 한국인의 역사와 훨씬 더 친화적이다. '자유와 정의의 법'이 널리 교육된다면, 정부의 온갖 규제와 통제가 해소된다면, 공정한 법치가 강력하게 행해진다면, 이 나라의 자아중심적인 인간들은 자유시장경제의 기본 원리인 경쟁, 계약, 위계의 덕목을 실천함에 있어서 커다란 능력을 발휘할 것이다. 왜냐하면 그와 유사한 덕목으로 짜인 나선형 구조의 사회에서 수 세기 동안 단련되어 왔기 때문이다. 이 나라가 조정시장경제로 곧바로 나아가기는 힘들다고 생각한다. 독일형의 조정시장경제를 이 나라가 지향할 모델이라고 주장하는 목소리도 가끔 들리지만, 사회·문화의 토양에서 영미·발틱형의 자유시장경제보다 거리가 멀기 때문에 설득력이 크지 않다. 그렇지만 인류의 역사는 전쟁이나 공황이나 국망國亡과 같은 수준의 충격이 가해지지 않은 이상, 인간들이 사회를 특정한 방향으로 밀어 온 진화의 경로를 이탈하는 것이 얼마나 힘든 일인지를 잘 보여 주고 있다. 아마도 이 나라는 1950~1970년대에 커다란 성취를 자랑하였던 그리스가 이후 보여 준 최악의 경로를 피할 수 있다면, 그런 정도의 국민적 상식이 건재해 준다면, 국가주의 시장경제의 틀에서 심하게 갈등하면서 전진과 후퇴를 반복해 갈 것이다.

시간여행을 마치며

여기서 나의 오랜 세월을 이어온 한국경제사 시간여행은 끝을 맺는다. 기원전 10세기 전후의 취락에 관한 이야기에서 시작하였으니 3천 년을 넘는 시간을 여행한 셈이다. 나는 많은 것을 보았다. 한반도에서 전개된 인간들의 경제생활이 남긴 유적이나 기록 가운데 중요한 것들은 거의 살핀 셈이다. 내가 본 것들의 상당 부분은 나보다 앞선 여행자들이 이미 살핀 것이다. 선발자의 안내가 없었다면 나는 결코 그렇게 멀리까지 소급하여 시간여행을 떠날 수 없었을 것이다. 제1시대(기원전 3세기~기원후 7세기)에 관한 나의 관찰과 서술은 그 시대의 세대, 취락, 권력에 관한 뛰어난 고고학적 내지 문헌학적 연구성과가 없었다면 가능한 일이 아니었다. 그렇지만 그 시대의 경제생활에 관한 구체적 소묘는 나의 몫으로 남아 있었다. 제2~4시대에서도 마찬가지였다. 각 시대마다 내가 발견하거나 새롭게 해석한 사실은 적지 않다. 나의 긴 시간여행은 힘들었지만, 기쁨과 보람이 충일한 하루하루였다.

나보다 앞선 여행자들은 단위 시대에 머무는 경우가 많았다. 제1시대 연구자들은 그 시대 안에서 맴돌았다. 제2시대(8~14세기) 연구자들도 마찬가지여서, 그들 가운데 제1시대와 제3시대(15~19세기)를 아는 사람은 별로 없었다. 마찬가지로 제3시대 연구자들은 제2시대와 제4시대(20~21세기)를 알지 못하였다. 연구자가 자신의 전공 시대를 떠나 다른 시대를 기웃거려서는 안 된다는 무언의 금기가 있었던 셈이다. 그런 탓인지 선발자들의 관찰 가운데는 좁고 닫힌 시각에 기인하는 잘못이 적지 않았다. 그 결과 전후하는 두 시대가 합리적인 인과로 설명되지 못하였다. 제1~4시대에 걸친 경제생활의 역사가 길고 연속적인 흐름으로 뚫리지 않았다. 통상의 한국사 저술은 경제적 토대를 결여한 정치사와 문화사의 연대기적 나열에 머물렀다.

역사는 무한한 시간의 흐름이다. 무한한 인과의 연쇄이다. 그래서 현실은 어디까지나 역사적 현실이며, 역사는 어디까지나 현실적 역사이다. 역사는 아무리 까마득히 먼 고대사라 할지라도 이 인과의 무한 연쇄에서 현실과 관계한다. 나의 긴 시간여행은 이 같은 인과의 연쇄에 추동된 존재론적 의문에서 출발하였다. 나는 누구며, 어디서 왔다가 어디로 가는가. 나는 언젠가 까마득한 옛날에 한반도에 진입하여 어느 골짜기에 터를 잡았을 나의 조상을 찾아 길을 나섰다.

제1장에서 설명한 대로 인간의 경제활동은 인구와 자연환경, 가족과 소농, 소유와 신분, 지배와 통합, 신뢰와 갈등, 제도, 지경학적 조건 등 실로 다양한 요인이 복합적으로 작용하는 과정이다. 나는 그 복합적 과정에서 경제활동의 주체로서 개별 인간의 가족적, 사회적 존재형태가 어떻게 진화해 왔는가, 어떠한 굴곡을 겪는 가운데 오늘날의 극히 개성적인 한국인으로 이어졌는가를 나의 긴 시간여행에서 관찰의 주요 대상으로 삼았다. 역사가 남긴 각종 유적이나 기록은 이 같은 새로운 시각의 여행자를 환영해 주었다. 나는 선발자가 잘못 설정한 그것들의 역사적 좌표를 바로 잡았다. 잘못 그려진 이정표를 따라 걷다가 미로를 헤맨 적도 많았다. 나는 그것들을 바로 돌려놓았다. 그랬더니 각종 유적과 기록에 생명의 숨길이 불어넣어졌다. 그들은 손에 손을 잡고 나에게 가야 할 길을 지시하였다. 그렇게 해서 제1~4시대를 관통하는 길이 열렸다. 그 길이 어떠한 것인지는 1권 제1장의 3절과 2권의 머리말에서 요약해 두었다. 물론 아직은 나만의 길이다. 이 길이 앞으로 사람들이 많이 다닐 크고 넓은 길이 될지,

아니면 잡초만 무성하게 덮인 오솔길로 버려질지는 알 수 없다. 어쨌든 나그네는 먼 길을 걸어왔다.

나는 제3시대인 15~19세기의 연구에 많은 세월과 정력을 투하하였다. 제4시대의 일부인 1948년부터 시작하는 대한민국 경제의 역사에 관해 내가 본격적인 관심을 갖게 된 것은 불과 수년 전이다. 나는 두 가지 사실에 놀랐다. 대한민국의 사회와 문화는 어찌도 제3시대의 그것과 연속적인가. 이 사실은 시간여행의 마지막 국면에서 역사에 대한 나의 문제의식을 계발하는 데 강력한 촉매로 작용하였다. 그러한 시각에서 나는 오늘날 한국의 경제체제가 입각한 사회와 문화의 토대를, 그것에 체현된 비교사적 특질을 그런대로 실감나게 잡아낼 수 있었다.

다른 한 가지, 나를 놀라게 한 것은 불과 70년 밖에 되지 않은 이 나라 경제사에 관해 종합적이고 체계적인 저작을 찾기 힘들다는 사실이다. 대부분의 저작은 개별 산업, 시장, 정책, 정부를 단위로 한 단편적 고찰을 넘지 못하고 있다. 경제학자들은 일반적으로 지난 70년간 이 나라의 경제에서 무슨 일이 언제, 왜, 어떻게 일어났는지를 잘 알지 못한다. 한국의 경제학은 철저하게 몰역사적이다. 평판이 높은 경제학자일수록 연필과 종이로만 연구하는 성향이 강하다. 인접한 정치학, 사회학, 인류학에서도 사정은 마찬가지로 보인다. 예컨대 정치학자들은 한국정치사의 흐름을 나름의 방법론으로 정리한 개설서를 들고 있지 않다. 사회학자들도 마찬가지이다. 한국의 사회과학은 그들이 발을 딛고 있는 현실에 대해 설명력을 결여한 구름 위의 환상으로 떠돌고 있다.

한국경제는 감속성장의 장기추세를 벗어나지 못하고 있다. 이대로라면 조만간 연간 성장률이 1%대로 추락할 것이 분명하다. 이 글을 쓰고 있는 2016년 10월, 나라 경제의 앞날에 대한 위구감이 사방에 만연하다. 모두가 불평과 걱정이 담긴 목소리로 정치의 무능력, 관료의 무사안일, 대기업의 경제력 집중을 탓하고 있다. 그 모두 적실하지 않거나 대중적 진단 이상이 아니다. 그것들로는 아무것도 해결할 수 없다. 위기감이 깊을수록 차분히 지난 세월에 무슨 일이 왜, 어떻게 일어났는지를 살펴야 한다. 역사로부터 한 시대를 이끌거나 망쳐버린 지혜와 어리석음을 배워야 한다. 이 나라 경제를 건전한 성장의 추세로 반전시킬 정치적 지도력은 역사에 대한 깊은 성찰에서 얻어지는 예지와 용기로부터 생성된다. 이 책이 제시하는 이 나라 경제의 역사적 흐름과 특질이 그러한 정치적 지도력을 모색하는 한국인들의 노력에 만에 하나라도 도움이 된다면 나로서는 더 이상의 큰 보람이 있을 수 없다.

나그네는 다시 길을 떠나야 한다. 왔던 길을 되돌아가야 한다. 그리고선 잘못 본 것들을 바로 잡아야 하고, 대충 본 것들을 꼼꼼히 살펴야 하고, 미처 보지 못한 것들의 제자리를 찾아 주어야 한다. 책의 원고를 읽은 여러분들이 고맙게도 그러한 지적을 해 주셨다. 다시 길을 떠나면 언제나 그러했듯이 길을 잃고 헤맬 터이다. 깊은 덤불을 헤치거나 계곡을 맴돌거나 절벽에 부딪히거나 높은 벼랑 끝에 서게 될 것이다. 그렇지만 길은 있고 기어코 찾기 마련이다. 여행을 떠나는 사람에게 가장 소중한 것은 그러한 믿음이다. 전혀 엉뚱한 맥락이지만 판타지 영화 '반지의 제왕'에서 악의 근원을 파괴하기 위해 길을 떠난 호빗족의 프로도와 그의 친구들은 그러한 믿음에 충실하였다. 여기까지 읽어 준 분들께 감사드린다. 그런 심정에서 프로도와 그의 친구들이 길이 막힐 때마다 불렀다고 여겨지는 영화의 주제가를 들려드린다. 새로운 성장의 길을 찾기 위해 고군분투하는 한국인 모두에게 바치는 희망의 서사시이기도 하다.

되게 하소서

저녁별이 그대를 비추게 하소서
어둠이 드리워질 때
그대의 마음 참되게 하소서
외로운 길을 걷고 있어요
오! 그대는 얼마나 멀리 집을 떠나 있나요

어둠이 밀려왔지만
믿음을 가져요
길을 찾을 수 있을 거예요
어둠이 드리워졌지만
그 약속이 그대 안에 살아있어요

망령의 외침이 사라지게 하소서
동이 틀 때까지
여정을 멈추지 말아요
밤이 물러가면
그대 일어나 태양을 볼 거예요

어둠이 밀려왔지만
믿음을 가져요
길을 찾을 수 있을 거예요
어둠이 드리워졌지만
그 약속이 그대 안에 살아있어요

May it be

May it be an evening star
Shines down upon you
May it be when darkness falls
Your heart will be true
You walk a lonely road
Oh! How far you are from home

Mornië utúlië(Darkness has come)
Believe and you will find your way
Mornië alantië(Darkness has fallen)
A promise lives within you now

May it be the shadow's call will fly away
May it be you journey on
To light the day
When the night is overcome
You may rise to find the sun

Mornië utúlië(Darkness has come)
Believe and you will find your way
Mornië alantië(Darkness has fallen)
A promise lives within you now

한국경제사 Ⅱ

참고문헌

1. 자료

1945년 이전

『光武十年四月日全羅北道萬頃郡各堤內冒耕執賭小名成册』.
(大韓帝國)內閣法制局官報課, 『官報』.
統監府, 『統監府統計年報』 各年度版.
第一銀行(1909), 『韓國貨幣整理報告書』.
朝鮮銀行, 『朝鮮銀行統計月報』 各年度版.
朝鮮殖產銀行, 『朝鮮金融事情概觀』 各年度版.
朝鮮總督府, 『朝鮮總督府統計年報』 各年度版.
朝鮮總督府殖產局(1922), 『朝鮮の灌漑及開墾事業』.
朝鮮總督府(1931), 『朝鮮の聚落』(前篇).
朝鮮總督府(1935), 『施政二十五年史』.
朝鮮總督府(1940), 『國勢調查參考統計表 第五卷』.
朝鮮總督府(1941), 『農業統計表』.
朝鮮總督府企劃部(1941), 『朝鮮農業人口二関スル資料(其二)』.
朝鮮總督府農林局(1941), 『朝鮮米穀要覽』.
朝鮮總督府財務局, 『朝鮮金融事項參考書』 各年度版.
朝鮮總督府臨時土地調查局(1918), 『朝鮮土地調查事業報告書』.
朝鮮取引所(1939), 『朝鮮取引所年報』.
日本窒素肥料株式會社(1937), 『日本窒素肥料事業概觀』.
『新民法戶籍法』(1898).
『齋藤實文書』.
『朝鮮戶籍必携集』(1930).
『利川郡募加面面勢一覽』.
『朝鮮日報』.

1945년 이후

經濟企劃院(1964), 『第1次經濟開發5個年計劃 補完計劃』.
經濟企劃院(1976), 『請求權資金白書』.
經濟企劃院, 『主要經濟指標』 各年度版.
經濟企劃院, 『韓國統計年鑑』 各年度版.
관세청, 「무역통계」(http://unipass.customs.go.kr:38030/ets/).
企劃調整室(1967), 『第1次經濟開發5個年計劃 評價報告書』.
국사편찬위원회·1종도서연구개발위원회(1990), 『고등학교 국사』.
김한종 외(2003), 『고등학교 한국근·현대사』, ㈜금성출판사.
내무부(1980), 『새마을운동10년사』(자료편).
內務部統計局, 『大韓民國統計年鑑』 各年度版.
大韓民國公報處統計局, 『大韓民國統計年鑑』 1952·1953年度版.
大韓民國農林部, 『農林統計年報』 1953年度版.
大韓民國政府(1962), 『第1次經濟開發5個年計劃 1962-1966』.
大韓民國政府(1966), 『第二次經濟開發五個年計劃 1967-1971』.
大韓民國政府(1971), 『國土綜合開發計劃 1972~1981』.
大韓民國政府(1992), 『第3次 國土綜合開發計劃 1992~2001』.
法院行政處, 『司法年鑑』 各年度版.
상공부, 중소기업은행, 중소기업협동조합중앙회, 『중소기업실태조사보고』 각 연도판.
중소기업진흥공단, 『중소기업경제지표』 각 연도판.
중소기업진흥공단, 『중소기업경제·경영지표』 각 연도판.
生命保險協會(2000), 『生命保險協會五十年史』.
雪峰文化財團設立準備委員會(1981), 『雪峰全澤珤傳記』.
損害保險史料編纂委員會(1987), 『朝鮮保險統計年報 1910年-1943年』, 大韓損害保險協會.
外務部(1963), 「韓日會談 一般請求權 問題」.
李秉喆(1986), 『湖巖自傳』, 中央日報社.
이영훈·최상오·류상윤·김대현·홍제환·김성남 정리(2013), 『수출진흥확대회의 녹취록』 I~III, 한국개발연구원.
日本裁判所, 『司法統計』 平成 9年.
日本中小企業廳(2012), 『附屬統計資料』.
日本総務省統計局, 「平成8年 事業所·企業統計調査報告」(http://www.stat.go.jp/data).
일제강점하강제동원피해진상규명위원회(2006), 『강제동원기증자료집』.
財務部·韓國産業銀行(1993), 『韓國外資導入 30年史』.
全國經濟人聯合會(1983), 『全經聯二十年史』.
朝鮮經濟通信社(1949), 『朝鮮經濟統計要覽』.
朝鮮銀行調査部, 『朝鮮經濟年報』 1948年度版.

朝鮮通信社(1947), 『1948年度版 朝鮮年鑑』.
중소기업진흥공단(1994), 『중소기업경제·경영지표』(1994년판).
중소기업청·중소기업중앙회(2013), 『2013 중소기업실태조사결과』.
중소기업중앙회(2013), 『2013년 중소기업위상지표』.
중소기업청, 「중소기업수출입통계」 각 연도.
重化學工業推進委員會企劃團(1973), 『重化學工業育成計劃』.
통계청(1992), 『1991 총사업체통계조사보고서』 제1권(전국편).
통계청, 「전국사업체조사」(http://kostat.go.kr/survey/saup/).
통계청(1998), 『통계로 본 대한민국 50년의 경제사회상 변화』.
통계청, 『한국주요경제지표』 1998년도판.
통계청, 『2013년 국내인구이동통계연보』.
통계청, 「국내인구이동통계」(http://kosis.kr).
한국농촌경제연구원(2003), 『보정 농업통계표: 1910-2001년』.
韓國貿易協會, 『貿易年鑑』 各年度版.
한국무역협회, KOTIS Database.
한국무역협회, 「무역정보통계시스템」(http://stat.kita.net).
韓國法制硏究會 編(1971), 『美軍政法令總攬』(國文篇).
韓國産業銀行調査部(1955), 『韓國産業銀行十年史』.
韓國産業銀行調査部(1958), 『韓國의 産業—業種別實態分析—』第1輯.
韓國産業銀行調査部(1962), 『韓國의 産業』.
韓國産業銀行, 經濟企劃院, 『鑛工業統計調査報告書』 各年度版.
韓國石油化學工業協會(1977), 『韓國石油化學工業十年史 1967-1976』.
한국석유화학공업협회(2010), 『통계로 보는 석유화학산업 40년사』.
韓國銀行(1967), 『韓國의 國民所得計定』.
韓國銀行, 『經濟統計年報』 各年度版.
한국은행, 「국민계정」 각 연도.
한국은행, 「산업연관표」 각 연도.
한국은행, ECOS(http://ecos.bok.or.kr/).
한국자동차공업협회·한국자동차공업협동조합(2005), 『한국자동차산업50년사』.
한국전자산업진흥회(1999), 『전자산업40년사 1959~1999』.
韓國製鋼協會(1985), 『韓國鐵鋼年表, 1945-1984』.
한국조선공업협회(2005), 『한국의 조선산업 — 성장과 과제 —』.
한국학중앙연구원 편(2005), 『해방 당시 한국 소재 일본인 자산 관련 자료』.
현대중공업주식회사(1992), 『현대중공업사』.
『京鄕新聞』.
『東亞日報』.

『每日經濟』.
『朝鮮日報』.
『한겨레』.
『전자신문』.
Maddison Database(www.ggdc.net/maddison/maddison-project/home.htm).
OECD.stat(http://stats.oecd.org).
OECD(2014), *The 2013 update of the OCED's database on product market regulation* (www.oecd.org/eco/reform).
Susan B. Carter, Scott Sigmund Gartner, Michael R. Haines, Alan L. Olmstead, Richard Sutch, Gavin Wright eds.(2003), *Historical Statistics of United States* 3, Cambridge University Press.
UN Comtrade database(http://comtrade.un.org).
World Bank, World Development Indicators(http://data.worldbank.org).
World Trade Organization(2008), *International Trade Statics 2008.*
World Values Survey Database(http://www.worldvaluessurvey.org).

2. 저서

한글

강광하·이영훈·최상오(2008), 『한국 고도성장기의 정책결정체계 — 경제기획원과 정책추진기구 —』, KDI.
강성복 엮음(1992), 『용화리의 역사와 민속 — 충남 금산군 제원면 용화리 사례연구 —』, 금산문화원.
강준만(2004), 『한국현대사산책 1960년대편 2권』, 인물과 사상사,
高昌鉉(1997), 『法學原論』, 博英社.
공제욱(1993), 『1950년대 한국의 자본가 연구』, 백산서당.
교과서포럼(2008), 『대안교과서 한국 근·현대사』, 기파랑.
金光模(1988), 『韓國의 産業發展과 重化學工業化政策』, 地球文化社.
김광억·김병연·이재열·전재성·홍기현(2011), 『한국 기업과 사회의 경쟁력』, 서울대학교출판문화원.
김기원(1990), 『미군정기의 경제구조 -귀속기업체의 처리와 노동자 자주관리운동을 중심으로-』, 푸른산.
김낙년(2003), 『일제 하 한국경제』, 해남.
김낙년 편(2006), 『한국의 경제성장 1910-1945』, 서울대학교출판부.
김낙년 편(2012), 『한국의 장기통계: 국민계정 1911-2010』, 서울대학교출판문화원.

金命潤(1967), 『韓國財政의 構造』, 高麗大學校 亞細亞問題硏究所.

金成斗(1965), 『財閥과 貧困 -韓國資本主義의 메커니즘과 그 展開』, 百耕文化社.

金聖昊·全敬植·蔣尙煥·朴錫斗(1989), 『農地改革史硏究』, 韓國農村經濟硏究院.

金成勳(1977), 『韓國農村市場의 制度와 機能硏究－그 私的考察과 構造機能의 分析－』, 國立農業經濟硏究所.

金榮秀(2000), 『韓國憲法史』, 學文社.

金玉根(1987), 『朝鮮王朝財政史硏究』 (II), 一潮閣.

김우택·김지희 편(2011), 『한국 사회 신뢰와 불신의 구조: 미시적 접근』, 小花.

金胤亨(1976), 『韓國鐵鋼工業의 成長』, 韓國開發硏究院.

김인호(1998), 『태평양전쟁기 조선공업연구』, 신서원.

金立三(2003), 『초근목피에서 선진국으로의 증언: 金立三 自傳』, 한국경제신문사, 186쪽.

金宗炫(1984), 『近代經濟史』, 經文社.

金宗炫(1991), 『近代日本經濟史』, 比峰出版社.

金宗炫 編著(1996), 『工業化의 諸類型(I)－東·西洋의 歷史的 經驗－』, 經文社.

김학준(2008), 『북한의 역사』 1, 서울대학교출판부.

金鴻植 외(1997), 『조선토지조사사업의 연구』, 민음사.

남성일 외(2007), 『한국의 노동 어떻게 할 것인가?』, 서강대학교출판부.

文八龍, 潘性紈, D. H. 퍼킨스(1981), 『韓國의 農村開發』, 韓國開發硏究院.

미야지마 히로시(2013), 『나의 한국사 공부』, 너머북스.

박섭(1997), 『한국근대의 농업변동－농민경영의 성장과 농업구조의 변동－』, 一潮閣.

박경로·김낙년·이상철·박기주·김두얼·임동민 지음(2015), 『한국의 무역 성장과 경제·사회변화』, 대한민국역사박물관.

박삼옥·양승목·윤영관·이근·임현진(2009), 『지속가능한 한국발전모델과 성장동력』, 서울대학교출판문화원.

박영구(2012), 『한국의 중화학공업화: 과정과 내용(I·II)』, 해남.

박은숙(2007), 『서울의 시장』, 서울특별시시사편찬위원회.

박이택(2008), 『한국 통신사업에 있어서 지배구조와 고용구조 1876-1945』, 한국학술정보(주).

박지향·김철·김일영·이영훈 엮음(2006), 『해방 전후사의 재인식』 1·2, 책세상.

박진희(2008), 『한일회담－제1공화국의 對日정책과 한일회담 전개과정－』, 선인.

박현채·김형기 외(1985), 『한국자본주의와 노동문제』, 돌베개.

배병휴(1983), 『재계비화』, 동광사.

裵永穆(2002), 『韓國金融史 1876-1959』, 개신.

사계절 편집부 편(1983), 『韓國近代經濟史硏究』, 사계절.

서재진(1991), 『한국의 자본가 계급』, 나남출판.

손원익·정재호·김형준·김상헌(2004), 『기업의 준조세 부담과 정책방향』, 한국조세연구원.

손인수(1992), 『미군정과 교육정책』, 민영사.
송복(1990), 『한국사회의 갈등구조』, 현대문학.
송원근·이상호(2005), 『재벌의 사업구조와 경제력 집중』, 나남출판.
愼鏞廈(1982), 『朝鮮土地調査事業硏究』, 知識産業社.
신장섭·장하준(2004), 『주식회사 한국의 구조조정』, 창비.
신장섭(2014), 『김우중과의 대화』, 북스코프.
신종익(2006), 『준조세의 실태와 정비방안』, 한국경제연구원.
安秉直·李大根·中村哲·梶村秀樹 編(1989), 『近代朝鮮의 經濟構造』, 比峰出版社.
安秉直·中村哲 共編(1993), 『近代朝鮮 工業化의 硏究－1930-1945』, 一潮閣.
安秉直·李榮薰 編著(2001), 『맛질의 農民들－韓國近世村落生活史－』, 一潮閣.
양동안(2001), 『대한민국건국사』, 현음사.
에드워드 S. 메이슨 외(1981), 『韓國經濟·社會의 近代化』, 韓國開發硏究院.
吳斗煥(1991), 『韓國近代貨幣史』, 韓國硏究院.
오성철(2000), 『식민지 초등 교육의 형성』, 교육과학사.
오성철·강일국·박환보·김영화·장상수·황병주·이윤미(2015), 『대한민국 교육 70년』, 대한민국역사박물관.
오원철(1996), 『한국형 경제건설－엔지니어링 어프로치－』 1~7, 기아경제연구소.
禹大亨(2001), 『韓國近代農業史의 構造』, 韓國硏究院.
兪仁浩(1975), 『韓國農地制度硏究』, 栢文堂.
兪鎭午(1980), 『憲法起草回顧錄』, 一潮閣.
尹錫範·洪性讚·禹大亨·金東昱(1995), 『韓國近代金融史硏究』, 世經社.
이경묵·박승엽(2013), 『한국 조선산업의 성공요인』, 서울대학교출판문화원.
이근 외(2007), 『해방 이후 한국기업의 진화 I』, 서울대학교출판부.
이근 외(2008), 『기업간 추격의 경제학』, 21세기북스.
이근 외(2013), 『국가의 추격, 추월, 추락』, 서울대학교출판문화원.
이나미(2001), 『한국 자유주의의 기원』, 책세상.
李大根(2002), 『解放後·1950年代의 經濟』, 삼성경제연구소.
이대근 외(2005), 『새로운 한국경제발전사』, 나남출판.
李大根(2015), 『歸屬財産 硏究－植民地 遺産과 韓國經濟의 進路－』, 이숲.
이동원·정갑영 외(2009), 『제3의 자본』, 삼성경제연구소.
李萬甲(1960), 『韓國農村의 社會構造－京畿道六個村落의 社會學的硏究』, 韓國硏究圖書館.
이승일(2008), 『조선총독부 법제 정책－일제의 식민지통치와 조선민사령－』, 역사비평사.
李榮薰·張矢遠·宮嶋博史·松本武祝(1992), 『近代朝鮮水利組合硏究』, 一潮閣.
李榮薰(2000), 『韓國 市場經濟와 民主主義의 歷史的 特質』, 韓國開發硏究院.
이영훈 편(2004), 『수량경제사로 다시 본 조선후기』, 서울대학교출판부.
이영훈·배영목·박원암·김석진·연강흠 공저(2004), 『한국의 은행100년사』, 산하.

이영훈(2013),『대한민국역사』, 기파랑.
이영훈 엮음(2014),『한국형 시장경제체제』, 서울대학교출판문화원.
이완범(2006),『박정희와 한강의 기적－1차5개년계획과 무역입국－』, 선인.
이우연(2010),『한국의 산림 소유제도와 정책의 역사, 1600-1987』, 일조각.
이윤호(2005),『재벌의 재무구조와 자금조달』, 나남출판.
이재하·홍순완 지음(1992),『한국의 場市－정기시장을 중심으로－』, 民音社.
이정환(1998),『농업의 구조 전환 그 시작과 끝』, 한국농촌경제연구원.
이종은(2011),『평등, 자유, 권리』, 책세상.
이한구(2010),『개정판 한국재벌사』, 대명출판사.
李憲昶(1999),『韓國經濟通史』, 法文社.
印貞植(1949),『朝鮮農業經濟論』, 博文出版社.
全相根(1982),『한국의 科學技術 開發』, 삶과 꿈.
전우용(2011),『한국회사의 탄생』, 서울대학교출판문화원.
鄭光鉉(1967),『韓國家族法研究』 I, 서울大學校出版部.
정규재·김성택(1998),『이 사람들 정말 큰일 내겠군』, 한국경제신문사.
鄭勝振(2003),『韓國近世地域經濟史－全羅道 靈光郡 一帶의 事例－』, 景仁文化社.
정용욱(2003),『해방 전후 미국의 대한정책』, 서울대학교출판부.
정이환(2011),『경제위기와 고용체제－한국과 일본의 비교－』, 한울.
정일화(2010),『카이로선언』, 선한약속.
정재정(1999),『일제침략과 한국철도(1892-1945)』, 서울대학교출판부.
정택수(2008),『직업능력개발제도변천사』, 한국직업능력개발원.
趙璣濬(1973),『韓國企業家史』, 博英社.
조돈문(2011),『노동계급 형성과 민주노조운동의 사회학』, 후마니타스.
趙炳贊(1992),『韓國市場經濟史』, 東國大學校出版部.
조석곤(2003),『한국 근대 토지제도의 형성』, 해남.
조성재·정준호·황선웅(2008),『한국경제와 노동체제의 변화』, 한국노동연구원.
조우현·황수경(2016),『새로운 노동경제학』, 法文社.
좌승희(2006),『新국부론』, 굿인포메이션.
주익종(2008),『대군의 척후－일제 하의 경성방직과 김성수·김연수－』, 푸른역사.
中村哲·박섭 편저(2005),『동아시아 근대경제의 형성과 발전－동아시아 자본주의 형성사 I－』, 신서원.
지승종 외(2000),『근대사회변동과 양반』, 아세아문화사.
최영희 외(1999),『미군정기 한국의 사회변동과 사회사』 1, 한림대학교출판부.
崔在錫(1965),『韓國人의 社會的 性格 : 주로 言語生活의 分析에 의한 接近』, 民潮社.
崔在錫(1975),『韓國農村社會研究』, 一志社.
崔在錫(1994),『改訂韓國家族研究』, 一志社, 26, 104쪽.

한국경제60년사편찬위원회(2010), 『한국경제60년사 III』, 한국개발연구원.
한국농촌경제연구원 편(2003), 『보정 농업통계표: 1910-2001년』.
한국농촌경제연구원 편(2003), 『한국 농촌사회의 변화와 발전』.
한국농촌경제연구원 편(2003), 『한국 농업구조의 변화와 발전』.
한규설(2001), 『漁業經濟史를 통해 본 韓國漁業制度 變遷의 100年』, 선학사.
허수열(2005), 『개발 없는 개발 — 일제하, 조선경제 개발의 현상과 본질 —』, 은행나무.
홍두승(2005), 『한국의 중산층』, 서울대학교출판부.
洪性囿(1965), 『韓國經濟의 資本蓄積過程』, 高麗大學校出版部.
洪性讚(1992), 『韓國近代農村社會의 變動과 地主層』, 지식산업사.
홍성찬 편(2001), 『농지개혁 연구』, 연세대학교 출판부.

영문

Alexander Gerschenkron(1962), *Economic Backwardness in Historical Perspective,* The Belknap Press of Harvard University Press.

Alice M. Amsden(1989), *Asia's Next Giant –South Korea and Late Industrialization–,* Oxford University Press.

Angus Maddison(2006), *The World Economy*, OECD.

Asli M. Colpan, Takashi Hikino, James R. Lincoln eds.(2010), *The Oxford Handbook of Business Groups,* Oxford University Press.

Bob Hancké eds.(2009), *Debating Varieties of Capitalism,* Oxford University Press.

Carter J. Eckert(1991), *Offspring of Empire: The Kochang Kims and the Colonial Origins of Korean Capitalism,* University of Washington Press.

Clark W. Sorensen(1988), *Over the Mountains are Mountains,* University of Washington Press.

G. William Skinner(1964, 1965), *Marketing and Social Structure in Rural China*, Association for Asian Studies.

Gregory Henderson(1968), *Korea: The Politics of the Vortex*, Harvard University Press.

Keun Lee(2013), *Schumpeterian Analysis of Economic Catch-up — Knowledge, Path-Creation, and the Middle-Income Trap —*, Cambridge University Press.

Kwang Suk Kim & Sung Duk Hong(1997), *Accounting for Rapid Economic Growth in Korea 1963-1995,* Korean Development Institute.

Masahiko Aoki, Hyung-ki Kim, and Masahiro Okuno-Fujiwara edt.(1997), *The Role of Government in East Asian Economic Development: Comparative Institutional Analysis,* Clarendon Press.

Peter Hall and David Soskice eds.(2001), *Varieties of Capitalism: The Institutional*

Foundations of Comparative Advantage, Oxford University Press.

Robert Wade(1990), *Governing the Market: Economic Theory and the Role of Government in East Asian Industrialization,* Princeton University Press.

Sang Chul Suh(1978), *Growth and Structural Changes in the Korean Economy 1910-1940,* Cambridge: Harvard University Press.

Tai Hwan Kwon et el.(1975), *The Population of Korea,* The Population and Development Studies Center, Seoul National University.

Tai Hwan Kwon(1977), *Demography of Korea – Population Change and Its Components 1925-1966-*, Seoul National University Press.

Vincent S. R. Brandt(1971), *A Korean Village –Between Farm and Sea-*, Harvard University Press.

World Bank(1993), *The East Asian Miracle,* Oxford University Press.

일문

姜在彦 編(1985),『朝鮮における日窒コンツェルン』, 不二出版.

溝口敏行·梅村又次 編(1988),『舊日本植民地經濟統計 ― 推計と分析 ―』, 東洋經濟新報社.

堀和生(1995),『朝鮮工業化の史的分析 ― 日本資本主義と植民地經濟 ―』, 有斐閣.

宮嶋博史(1991),『朝鮮土地調査事業史の研究』, 東京大學 東洋文化研究所.

金泳鎬(1988),『東アジア工業化と世界資本主義 ― 第4世代工業化論 ―』, 東洋經濟新聞社.

金哲(1965),『韓國の人口と經濟』, 岩波書店.

木村光彦·安部桂司(2003),『北朝鮮の軍事工業化 ― 帝國の戰爭から金日成の戰爭へ』, 知泉書館.

文定昌(1941),『朝鮮の市場』, 日本評論社.

朴慶植 編(1975),『在日朝鮮人關係資料集成』 第4卷, 三一書房.

朴根好(1993),『韓國の經濟發展とベトナム戦争』, 御茶の水書房.

朴在一(1957),『在日朝鮮人に関する綜合調査研究』, 新紀元社.

白弼圭(1996),『韓國勞使關係の新構造』, 日本經濟評論社.

服部民夫(2005),『開發の經濟社會學 ― 韓國の經濟發展と社會變容 ―』, 文眞堂.

森山茂德(1987),『近代日韓關係史研究 ― 朝鮮植民地化と國際關係 ―』, 東京大學出版會.

小林英夫 編(1994),『植民地への企業進出 ― 朝鮮會社令の分析 ―』, 柏書房.

小早川九郎(1960),『朝鮮農業發達史』(發達篇), 朝鮮農會.

新城道彦(2015),『朝鮮王公族 ― 帝國日本の準皇族 ―』, 中央公論新社.

岸本美緒·宮嶋博史(1998),『世界の歷史: 明淸と李朝の時代』 12, 中央公論社.

櫻井浩(1976),『韓國農地改革の再檢討』, アジア経済研究所.

外村大(2004),『在日朝鮮人社會の歷史的研究』, 綠蔭書房.

日本窒素肥料株式會社(1937),『日本窒素肥料事業大觀』.

青木昌彦·金瀅基·奧野(藤原)正寬 編(1997), 『東アジア經濟發展と政府の役割－比較制度分析アフローチ－』, 日本經濟新聞社.
村上勝彦·富田晶子·橋谷弘·並木眞人(1984), 『植民地期朝鮮社會經濟の統計的硏究(1)』, 東京經大學會誌第136號所載拔刷.
現代日本産業發達史硏究會(1968), 『現代日本産業發達史』[VIII 化學工業(上)].

3. 번역서

강정택 지음, 박동성 옮김, 이문웅 엮음(2008), 『식민지 조선의 농업사회와 농업경제』, YBM Si-sa.
그레고리 헨더슨 지음, 박행웅·이종삼 옮김(2000), 『소용돌이의 한국정치』, 한울아카데미, 105쪽.
기무라 미쓰히코·아베 게이지 지음, 차문석·박정진 옮김(2009), 『전쟁이 만든 나라, 북한의 군사공업화』, 미지북스.
기시모토 미오·미야지마 히로시 지음, 김현영·문순실 옮김(2003), 『조선과 중국: 근세 오백년을 가다』, 역사비평사.
모리야마 시게노리 지음, 김세민 옮김(1994), 『近代韓日關係史硏究－조선식민지화와 국제관계－』, 玄音社.
스키너 G. 윌리엄 지음, 양필승 옮김(2000), 『中國의 傳統市場』, 신서원.
이사벨라 버드 비숍 지음, 이인화 옮김(1994), 『한국과 그 이웃나라들』, 살림.
카터 J. 에커트 지음, 주익종 옮김(2008), 『제국의 후예－고창 김씨가와 한국자본주의의 식민지적 기원 1876-1945－』, 푸른역사.
핫또리 타미오 지음, 유석춘·이사리 옮김(2007), 『개발의 경제사회학』, 전통과 현대.
호리 가즈오 지음, 주익종 옮김(2003), 『한국 근대의 공업화－일본 자본주의와의 관계－』, 전통과 현대.
훼이샤오통 원저, 이경규 역(1995), 『중국 사회의 기본 구조』, 一潮閣.

4. 논문

한글

강정민(2005), 「제헌헌법의 자유주의 이념적 성격」, 『정치사상연구』 11-2, 83~105쪽.
古川宣子(1995), 「日帝時代 普通學校體制의 形成」, 서울대학교 대학원 교육학과 박사학위논문, 1~197쪽.
堀和生(1983), 「일제하 조선에 있어서 식민지 농업정책－1920년대 식민지지주제의 형성

ㅡ」, 사계절 편집부 편, 『韓國近代經濟史硏究』, 사계절, 331~374쪽.

宮嶋博史(1992), 「植民地期 朝鮮水利組合의 全體像과 類型把握을 위하여」, 李榮薰·張矢遠·宮嶋博史·松本武祝, 『近代朝鮮水利組合硏究』, 一潮閣, 1~66쪽.

기무라 미쓰히코(2006), 「파시즘에서 공산주의로ㅡ북한 집산주의 경제정책의 연속성과 발전」, 박지향·김철·김일영·이영훈 엮음, 『해방 전후사의 재인식』 1, 책세상, 737~764쪽.

김낙년(1999), 「1960년대 한국의 경제성장과 정부의 역할」, 『經濟史學』 27, 115~150쪽.

김낙년(2002), 「1950년대 외환배정과 경제적 지대」, 『경제사학』 33, 93~122쪽.

김낙년(2004), 「식민지기 조선의 '국제수지' 추계」, 『경제사학』 37, 3~50쪽.

김낙년(2008), 「일제시기 우리나라 GDP의 도별 분할」, 『경제사학』 45, 3~43쪽.

김낙년(2014), 「한국의 소득분배ㅡ장기추이와 국제비교」, 이영훈 엮음, 『한국형 시장경제체제』, 245~291쪽.

김낙년(2015), 「세계와 한국의 무역 동향, 1948~2013」, 박경로·김낙년·이상철·박기주·김두얼·임동민, 『한국의 무역 성장과 경제·사회변화』, 대한민국역사박물관, 39~95쪽.

김대현(2007), 「식민지기 전력기관의 보급과 중소공업의 발달」, 서울대학교 대학원 경제학부 석사학위논문, 1~64쪽.

김대현(2012), 「한국 근대의 금융과 투자」, 서울대학교 대학원 경제학부 박사학위논문, 1~186쪽.

김동환(2012) 「한국 금융시스템의 비교제도분석: 은행 vs 시장」, KIF연구보고서 2012-04, 한국금융연구원.

김두섭(1999), 「미군정기 남한인구의 재구성」, 최영희 외, 『미군정기 한국의 사회변동과 사회사』 1, 한림대학교출판부, 145~166쪽.

김병연(2011), 「한국 기업과 사회의 경쟁력: 함정과 부족」, 김광억·김병연·이재열·전재성·홍기현, 『한국 기업과 사회의 경쟁력』, 서울대학교출판문화원, 1~40쪽.

김병연(2014), 「한국의 시장경제: 제도의 부정합성과 가치관의 혼란」, 이영훈 엮음, 『한국형 시장경제체제』, 333~365쪽.

金炳台(1981), 「農地改革의 평가와 반성」, 김병태 외, 『한국경제의 전개과정』, 돌베개, 35~65쪽.

김선빈(2014), 「한국 사회갈등의 진단과 통합 촉진 자원으로서 신뢰」, 이영훈 엮음, 『한국형 시장경제체제』, 293~334쪽.

김성남(2008), 「식민지기 일본으로의 인구유출에 관한 사례연구ㅡ현 울산광역시 울주군 삼동면 사례ㅡ」, 서울대학교 대학원 경제학부 석사학위논문, 1~59쪽.

김성보(2001), 「입법과 실행과정을 통해 본 남한 농지개혁의 성격」, 홍성찬 편, 『농지개혁 연구』, 연세대학교 출판부, 121~163쪽.

金洋和(1990), 「1950年代 製造業 大資本의 資本蓄積에 관한 硏究ㅡ綿紡, 梳毛紡, 製粉 工業을 중심으로ㅡ」, 서울대학교 대학원 경제학과 박사학위논문, 1~266쪽.

金永謨(1966),「農村住民의 共同生活圈의 測定을 爲한 基礎硏究」,『韓國社會學』2, 42~53쪽.
金容福(1995),「韓國 電子産業의 發展메카니즘에 관한 硏究—電子企業群과 外國資本의 關係를 中心으로—」, 서울大學校 大學院 經濟學科 博士學位論文, 1~237쪽.
金容燮(1978),「韓末·日帝下의 地主制—事例4: 古阜 金氏家의 地主經營과 資本轉換-」,『韓國史硏究』19, 65~135쪽.
金容翊(1988),「工業高等學校 敎育의 發展過程」, 서울大學校 大學院 農業敎育學科 碩士學位論文, 1~99쪽.
김용일(1994),「미군정기 조선교육심의회에 관한 교육정치학적 고찰」,『敎育問題硏究』6, 313~345쪽.
金載昊(1997),「甲午改革이후 近代的 財政制度의 形成過程에 관한 硏究」, 서울대학교 대학원 경제학부 박사학위논문, 1~432쪽.
金載昊(1997),「韓末 宮房田의 地代—『國有地調査書抄』의 分析—」, 金鴻植 외,『조선토지조사사업의 연구』, 민음사, 249~296쪽.
김재호·박기주(2004),「농촌 이자율의 장기변동, 1742-1953」, 이영훈 편,『수량경제사로 다시 본 조선후기』, 서울대학교출판부, 109~145쪽.
金周祥(1991),「製造中小企業 系列化促進政策의 改善方向에 關한 硏究: 企業間 協力行爲와 利益分配를 中心으로」, 서울대학교 행정대학원 행정학과 석사학위논문, 1~106쪽.
金重雄(1986),「産業發展과 政策金融」,『韓國開發硏究』8-1, 한국개발연구원, 43~76쪽.
김지희(2001),「한국사회의 신뢰수준」, 김우택·김지희 편,『한국 사회 신뢰와 불신의 구조: 미시적 접근』, 小花, 237~275쪽.
김창욱·김정근(2014),「한국 자영업 부문의 현황과 구조적 특성」, 이영훈 엮음,『한국형 시장경제체제』, 133~169쪽.
金泰堪·許裁準(2008),「韓國 經濟에서 나타난 輸出과 內需의 連繫性 弱化와 政策課題」,『經濟論集』47-2·3, 서울대학교 경제연구소, 315~334쪽.
金孝全(1986),「韓國憲法과 바이마르 憲法」,『公法硏究』14, 7~48쪽.
나미키 마사히토(2006),「식민지 시기 조선인의 정치 참여—해방 후사와 관련해서—」, 박지향·김철·김일영·이영훈 엮음,『해방 전후사의 재인식』1, 책세상, 655~697쪽.
柳尙潤(2009),「高度成長期以前 韓國 中小織物業의 展開過程, 1910-1960」, 서울대학교 대학원 경제학과 박사학위논문, 1~194쪽.
류상윤(2012),「이승만 정부의 환율정책 재론—안정화 프로그램과 '영구'환율—」,『경제사학』53, 115~141쪽.
류석춘·김형아(2011),「1970년대 기능공 양성과 아산 정주영」,『아산 정주영과 한국경제 발전 모델』, 아산사회복지재단, 99~146쪽.
柳璲鉉(1987),「第1共和國 憲法制定過程」,『한국의 사회와 문화』7, 181~243쪽.
木村光彦(1989),「定期市」, 安秉直·李大根·中村哲·梶村秀樹 編,『近代朝鮮의 經濟構造』, 比峰出版社, 286~307쪽.

미즈바야시 다케시(水林彪)(2009), 「日本近代法體系의 歷史的 特質－帝國憲法(1889년)·明治民法(1898년)體制論－」, 『法史學硏究』 40, 43~62쪽.

朴基炷(1998), 「朝鮮에서의 金鑛業 發展과 朝鮮人鑛業家」, 서울대학교 대학원 경제학과 박사학위논문, 1~273쪽.

朴基炷(2000), 「1930年代 朝鮮의 産業變化와 人口移動」, 『經濟史學』 28, 73~104쪽.

박기주(2007), 「식민지기 경성부의 영업소득 불균등」, 『경제사학』 43, 67~95쪽.

박기주·류상윤(2010), 「1940·50년대 광공업 생산통계의 추계와 분석」, 『經濟學硏究』 58-3, 37~74쪽.

박기주(2012), 「식민지기 조선인 초등교육 확대의 통계적 분석」, 『경제사학』 52, 87~116쪽.

박덕제(2005), 「노동정책과 노사관계」, 이대근 외, 『새로운 한국경제발전사』, 나남출판, 463~492쪽.

박덕제(2007), 「인력의 원활한 수급과 생산성 향상」, 남성일 외, 『한국의 노동 어떻게 할 것인가?』, 서강대학교출판부, 31~65쪽.

朴錫斗(1997), 「土地調査事業에 대한 地主家의 認識과 對應－全南 求禮郡 柳氏家의 事例를 중심으로－」, 金鴻植 외, 『조선토지조사사업의 연구』, 민음사, 449~504쪽.

朴宣姬(1994), 「全北地域 定期市場의 特性과 變化－朝鮮後期에서 日帝時代까지－」, 『地理敎育論集』 34, 79~102쪽.

박성재(2003), 「해방 이후 농가경제의 변화」, 농촌경제연구원 편, 『한국 농촌사회의 변화와 발전』, 289~321쪽.

박영구(2005), 「구조변동과 중화학공업화」, 이대근 외, 『새로운 한국경제발전사－조선후기에서 20세기 고도성장까지－』, 나남출판, 403~428쪽.

박이택(2003), 「村落內部契約에 있어서 支給標準과 支給手段(1667-2000)－靈巖 場巖里와 望湖里 洞契의 賻儀 支給品과 支給額을 중심으로－」, 『民族文化硏究』 38, 고려대학교민족문화연구원, 1~39쪽.

朴二澤(2013), 「20세기 언양지역의 가족구성의 변천－언양읍 제적부와 재제부의 분석－」, 『대동문화연구』 83, 347~386쪽.

박진도(2003), 「이농의 전개과정과 그 의미」, 한국농촌경제연구원 편, 『한국 농촌사회의 변화와 발전』, 79~101쪽.

박진도(2003), 「해방 후 농가계층구조의 변화」, 한국농촌경제연구원 편, 『한국 농촌사회의 변화와 발전』, 390~411쪽.

배석만(1994), 「1950년대 大韓造船公社의 자본축적 시도와 실패원인－자본축적과정에서 歸屬企業體의 역할 분석－」, 『釜山史學』 25·26, 1994, 157~202쪽.

배석만(2008), 「태평양전쟁기 조선총독부의 국책조선소 건설 추진과 그 귀결－朝鮮造船工業株式會社의 사례－」, 『韓國史硏究』 143, 377~413쪽.

배석만(2009), 「일제시기 조선기계제작소(朝鮮機械製作所)의 설립과 경영(1937-1945)」,

『인천학연구』 10, 167~194쪽.

배석만(2011), 「현대중공업의 초창기 조선기술 도입과 정착과정 연구」, 『경영사학』 26-3, 181~214쪽.

徐文錫(1998), 「해방이후 귀속재산의 변동에 관한 연구」, 『경영사학』 17, 237~265쪽.

孫炳圭(2006), 「한말·일제초 제주 하모리의 호구파악 — 光武戶籍과 民籍簿 비교 분석 —」, 『大東文化硏究』 54, 1~39쪽.

孫炳圭(2007), 「民籍法의 '戶' 규정과 변화 — 일본의 明治戶籍法 시행경험과 '朝鮮慣習'에 대한 이해로부터 —」, 『大東文化硏究』 57, 81~115쪽.

宋慶殷(2013), 「韓國에서의 近代的 漁業權 形成과 法制化」, 서울大學校 大學院 經濟學部 博士學位論文, 1~312쪽.

송성수(2002), 「한국 철강산업의 기술능력 발전과정 — 1960-1990년대의 포항제철 —」, 서울대학교 대학원 과학사 및 과학철학 협동과정 박사학위논문, 1~335쪽.

신기동·김군수·김을식·이정훈(2012), 「대·중소기업 동반성장의 새로운 시각」, 『이슈&진단』 37, 경기개발연구원, 1~21쪽.

신명직(2006), 「식민지 근대 도시의 일상과 만문만화」, 박지향·김철·김일영·이영훈 엮음, 『해방 전후사의 재인식』 1, 책세상, 229~291쪽.

辛容玉(2006), 「大韓民國 憲法上 經濟秩序의 起源과 展開(1945~1954)」, 高麗大學校 大學院 史學科 博士學位論文, 1~394쪽.

安秉直(1988), 「日本窒素における朝鮮人勞動者階級の成長に關する硏究」, 『朝鮮史硏究會論文集』 25, 157~201쪽.

安秉直(1989), 「植民地朝鮮의 雇傭構造에 관한 硏究 — 1930년대의 工業化를 중심으로 —」, 安秉直·李大根·中村哲·梶村秀樹 編, 『近代朝鮮의 經濟構造』, 388~431쪽.

楊尙弦(1997), 「大韓帝國期 內藏院 財政管理 硏究 — 人蔘, 鑛山, 庖肆, 海稅를 중심으로 —」, 서울대학교 대학원 국사학과 박사학위논문, 1~337쪽.

吳根和(2003), 「農家負債의 發生原因과 解消方案에 관한 硏究」, 高麗大學校 政策大學院 經濟政策學科 碩士學位論文, 1~76쪽.

오성철(2015), 「한국인의 교육열과 국가」, 오성철·강일국·박환보·김영화·장상수·황병주·이윤미, 『대한민국 교육 70년』, 대한민국역사박물관, 13~78쪽.

오창현(2008), 「농지개혁과 마을 공동체의 변형: 경기동남부의 두 지역을 중심으로」, 『비교문화연구』 14-2, 77~121쪽.

우대형(2001), 「농지개혁의 생산성 증대효과 분석」, 홍성찬 편, 『농지개혁 연구』, 225~246쪽.

우대형(2015), 「일제하 미곡생산성의 추이에 관한 재검토」, 『경제사학』 58, 53~93쪽.

禹明東(1987), 「日帝下 朝鮮財政의 構造와 性格」, 고려대학교 대학원 경제학과 박사학위논문, 1~166쪽.

유광호(2013), 「1970-80년대 양성된 중화학공업부문 기능공의 계층이동에 관한 생애사적 연구—(주)풍산 안강공장 사례를 중심으로—」, 연세대학교 대학원 사회학과 박사학위논문, 1~179쪽.

유영봉(2003), 「한국 농업의 성장과정과 그 원천: 1951-2000」, 한국농촌경제연구원 편, 『한국 농업구조의 변화와 발전』, 88~112쪽.

이건범(2014), 「한국 대규모 기업집단의 특징과 전망」, 이영훈 엮음, 『한국형 시장경제체제』, 서울대학교출판문화원, 77~102쪽.

이동필(2003), 「농외소득 저위의 원인」, 한국농촌경제연구원 편, 『한국 농촌사회의 변화와 발전』, 322~362쪽.

이만갑(2006), 「1950년대 한국 농촌의 사회구조」, 박지향·김철·김일영·이영훈 엮음, 『해방 전후사의 재인식』 2, 책세상, 390~429쪽.

이명헌(2014), 「한국 식료 부가가치 사슬의 특징: 시장지배력과 협동조합을 중심으로」, 이영훈 엮음, 『한국형 시장경제체제』, 서울대학교출판문화원, 171~201쪽.

李明輝(2000), 「植民地期 朝鮮의 株式會社와 株式市場 硏究」, 성균관대학교 대학원 경제학과 박사학위논문, 1~361쪽.

李相哲(1998), 「韓國의 後發産業化와 産業政策—化學纖維産業의 事例를 中心으로—」, 『經濟發展硏究』 4-1, 115~147쪽.

이상철(2014), 「중화학공업화 선언 이전의 산업정책」, 박기주 외, 『한국 중화학공업화와 사회의 변화』, 대한민국역사박물관, 53~98쪽.

李淵植(2009), 「解放 後 韓半島 居住 日本人 歸還에 關한 硏究」, 서울市立大學校 大學院 國史學科 博士學位論文, 1~394쪽.

李榮薰(1992), 「馬九坪水利組合의 展開過程과 歷史的 意義」, 李榮薰·張矢遠·宮嶋博史·松本武祝, 『近代朝鮮水利組合硏究』, 一潮閣, 118~188쪽.

李榮薰(1995), 「開港期 地主制의 一存在形態와 그 停滯的 危機의 實相」, 『經濟史學』 9, 361~429쪽.

李榮薰(1997), 「土地調査事業의 收奪性 再檢討」, 金鴻植 외, 『조선토지조사사업의 연구』, 505~547쪽.

李榮薰(2001), 「18·19세기 大渚里의 臣分構成과 自治秩序」, 安秉直·李榮薰 編著, 『맛질의 農民들—韓國近世村落生活史—』, 一潮閣, 245~299쪽.

李榮薰(2004), 「東大門市場의 經濟史的 메시지」, 『經濟論集』 43-2, 103~129쪽.

이영훈(2005), 「국사 교과서에 그려진 일제의 수탈성과 그 신화성」, 『시대정신』 28, 156~189쪽.

이영훈(2009), 「성리학 전통에 비친 대한민국의 건국」, 『정신문화연구』 32-2, 31~57쪽.

이영훈(2010), 「대전환의 한국사적 조건」, 『時代精神』 46, 149~178쪽.

이영훈(2012), 「1960년대 전반 개발전략의 전환과 그것의 경제사적 배경」, 『經濟論集』 51-1, 서울대학교 경제연구소, 107~123쪽.

이영훈(2014), 「한국사회의 역사적 특질—한국형 시장경제체제의 비교제도적 토대—」,

이영훈 엮음, 『한국형 시장경제체제』, 서울대학교출판문화원, 367~427쪽.

이영훈(2015), 「20세기 전반 彥陽의 小農社會」, 『經濟論集』 54-1, 서울대학교 경제연구소, 75~181쪽.

이영훈·박이택(2004), 「농촌 미곡시장과 전국적 시장통합, 1713-1937」, 이영훈 편, 『수량경제사로 다시 본 조선후기』, 225~300쪽.

이우연(2015), 「戰時期 일본의 조선인 노무동원과 탄광의 노동환경」, 낙성대경제연구소 워킹페이퍼 2015-10.

이우연(2016), 「戰時期(1937-1945) 일본으로 노무동원된 조선인 炭·鑛夫의 임금과 민족 간 격차」, 『경제사학』 40-2, 153~185쪽.

이우연·차명수(2007), 「식민지 조선의 임금 수준과 구조」, 『경제사학』 43, 41~66쪽.

이윤상(1996), 「1894-1910년 재정 제도와 운영의 변화」, 서울대학교 대학원 국사학과 박사학위논문, 1~367쪽.

이은영(1999), 「한국의 계약문화」, 『법과 사회』 16·17, 273~295쪽.

이정식(2006), 「냉전의 전개과정과 한반도 분단의 고착화 — 스탈린의 한반도 정책, 1945」, 박지향·김철·김일영·이영훈 엮음(2006), 『해방 전후사의 재인식』 2, 책세상, 13~56쪽.

李濟民(1999), 「後發產業化의 歷史的 類型과 韓國의 經濟發展」, 『經濟史學』 26, 71~94쪽.

이제민(2007), 「한국의 외환위기 — 원인, 해결과정과 결과 —」, 『경제발전연구』 13(2), 1~42쪽.

李鍾元(1993), 「戰後米國の極東政策と韓國の脫植民地化」, 『近代日本と植民地』 8, 岩波書店, 3~38쪽.

이한구(2007), 「귀속기업불하가 재벌형성에 미친 영향」, 『경영사학』 43, 187~218쪽.

李弘圭(1985), 「工業發展法 制定의 意義」, 『石油化學』 9, 韓國石油化學工業協會, 16~19쪽.

임종률(1985), 「노동법의 제문제」, 박현채·김형기 외, 『한국자본주의와 노동문제』, 돌베개, 179~203쪽.

임현진(2009), 「21세기 한국의 발전모델 탐색: 소강(小康) 강중국(强中國) 발전모델을 향하여」, 박삼옥·양승목·윤영관·이근·임현진, 『지속가능한 한국발전모델과 성장동력』, 서울대학교출판문화원, 1~46쪽.

장동진(2005), 「대한민국 제헌과정에서 나타난 자유주의 — 정부형태, 기본권, 경제제도를 중심으로 —」, 『정치사상연구』 11집 2호, 63~81쪽.

蔣尙煥(1985), 「農地改革 過程에 관한 實證的 硏究」, 연세대학교 대학원 경제학과 석사학위논문, 1~229쪽.

張矢遠(1980), 「日帝下 農民層 分解의 樣相과 그 性格」, 차기벽 편, 『일제의 한국 식민통치』, 정음사, 169~227쪽.

張矢遠(1989), 「日帝下 大地主의 存在形態에 관한 硏究」, 서울대학교 대학원 경제학과 박사학위논문, 1~319쪽.

田剛秀(1993), 「植民地 朝鮮의 米穀政策에 관한 硏究 — 1930-45년을 중심으로 —」, 서울

대학교 대학원 경제학과 박사학위논문, 1~232쪽.
田剛秀(1995),「1940년대 韓國의 米穀統制政策」,『經濟史學』 19, 217~252쪽.
전국경제인연합회(2013),「우리나라 규제현황과 개선방향」, 규제개혁시리즈.
전운성(2003),「농업생산기반 정비 사업의 전개」, 한국농촌경제연구원 편,『한국농업구조의 변화와 발전』, 481~523쪽.
정긍식(2008),「한국의 호주제도에 대한 역사적 성찰」,『식민주의의 정치적 유산』(서울대학교 역사연구소 국제학술대회발표논문집), 205~233쪽.
鄭文鍾(1993),「1930年代 朝鮮에서의 農業政策에 관한 研究—農家經濟安定化政策을 中心으로—」, 서울대학교 대학원 경제학과 박사학위논문, 1~286쪽.
정병욱(2003),「해방직후 일본인 잔류자들—식민지배의 연속과 단절—」,『역사비평』 64, 129~149쪽.
정안기(2014),「1930년대 電力國策, '朝鮮送電(주)'의 연구」,『東方學志』 166, 83~226쪽.
정안기(2014),「1930년대 朝鮮型特殊會社, '朝鮮林業開發(주)의 연구」,『경제사학』 57, 39~79쪽.
정안기(2014),「1930년대 조선형특수회사, '조선중공업(주)'의 연구」,『사회와 역사』 102, 231~275쪽.
정안기(2016),「1930년대 식민지 공업화와 조선형특수회사 연구—조선압록강수력발전(주)의 사례—」(초고).
鄭然宙(1986),「우리 憲法上 經濟條項의 變遷에 관한 研究」, 연세대학교 대학원 법학과 석사학위논문, 1~94쪽.
정요근(2014),「GIS 기법의 활용을 통한 조선후기 越境地의 복원」,『歷史學報』 224, 109~162쪽.
鄭在貞(1989),「朝鮮總督府 鐵道局의 雇傭構造」, 安秉直·李大根·中村哲·梶村秀樹 編,『近代朝鮮의 經濟構造』, 432~471쪽.
정진상(1995),「해방직후 사회신분제 유제의 해체: 경남 진양군 두 마을 사례연구」,『사회과학연구』 13-1, 경상대학교 사회과학연구원, 331~351쪽.
조덕희(2013),「제조업의 영세소기업 편중 현상에 관한 연구」, 산업연구원보고서 2013-660.
조석곤(2005),「토지대장으로 살펴본 토지소유구조의 변화—김제시 죽산면의 사례를 중심으로—」,『동향과 전망』 65, 293~322쪽.
조석곤(2005),「토지대장으로 살펴본 토지소유구조의 변화—원주시 호저면의 사례를 중심으로—」,『농촌경제』 28-2, 1~23쪽.
조영준(2009),「19-20세기 보부상 조직에 대한 재평가—元洪州六郡商務右社를 중심으로—」,『경제사학』 47, 39~77쪽.
조재호(2011),「베트남 파병과 한국경제 성장」,『社會科學研究』 50-1, 江原大學校 社會科學研究所, 131~158쪽.

朱益鍾(1991), 「日帝下 朝鮮人 會社資本의 動向」, 『經濟史學』 15, 31~66쪽.

朱益鍾(1994), 「日帝下 平壤의 메리야스工業에 관한 硏究」, 서울대학교 대학원 경제학과 박사학위논문, 1~253쪽.

朱益鍾(1998), 「1930년대 중엽 이후 朝鮮人 中等學校의 擴充」, 『經濟史學』 24, 97~137쪽.

주익종(2006), 「민간소비지출의 추계」, 김낙년 편, 『한국의 경제성장 1910-1945』, 서울대학교출판부, 193~213쪽.

池承鍾·金俊亨(1997), 「社會變動과 兩班家門의 對應: 山淸郡 丹城面 江樓里 安東權氏家門의 경우」, 『慶南文化硏究』 19-1, 217~294쪽.

지승종·박재홍(2000), 「현대사회의 양반문화에 관한 연구: 양반 가문 의식을 중심으로」, 지승종 외, 『근대사회변동과 양반』, 아세아문화사, 273~315쪽.

차명수(2006), 「경제성장·소득분배·구조변화」, 김낙년 편, 『한국의 경제성장 1910-1945』, 서울대학교출판부, 299~341쪽.

차명수·황준석(2015), 「1910년대에 쌀 생산은 정체하였나?」, 『경제사학』 59, 77~104쪽.

차철욱(1998), 「미군정기 민간무역정책과 무역업자의 활동」, 『文化傳統論集』 6, 慶星大學校 韓國學硏究所, 113~132쪽.

車喆旭(1998), 「미군정기 한일무역의 성격」, 『釜大史學』 22, 359~388쪽.

車喆旭(2002), 「李承晩政權期 貿易政策과 對日 民間貿易構造」, 釜山大學校大學院史學科博士學位論文, 1~214쪽.

崔相伍(2000), 「1950年代 外換制度와 換率政策에 관한 硏究」, 成均館大學校 大學院 經濟學科 博士學位論文, 1~229쪽

카터 J. 에커트(2006), 「식민지 말기 조선의 총력전·공업화·사회변화」, 박지향·김철·김일영·이영훈 엮음, 『해방 전후사의 재인식』 1, 책세상, 601~654쪽.

한국상사법학회, 「회사법 제정을 위한 법정책적 연구」, 2014년 법무부 연구용역보고서.

許粹烈(1981), 「日帝下 實質賃金(變動)推計」, 『經濟史學』 5, 213~246쪽.

許粹烈(1989), 「日帝下 朝鮮人會社 및 朝鮮人重役의 分析」, 安秉直·李大根·中村哲·梶村秀樹 編, 『近代朝鮮의 經濟構造』, 比峰出版社, 354~387쪽.

許粹烈(1993), 「日帝下 朝鮮人工場의 動向—1930年代 『朝鮮工場名簿』分析을 中心으로—」, 安秉直·中村哲 共編, 『近代朝鮮 工業化의 硏究—1930-1945』, 一潮閣, 106~143쪽.

홍양희(2005), 「植民地時期 戶籍制度와 家族制度의 變容」, 『史學硏究』 79, 167~205쪽.

홍제환·이영훈(2008), 「일제 말기 조선 농촌의 경제동향, 1935-1944—경북 예천군 용문면 소토지소유자 증가 추세를 중심으로—」, 『경제사학』 45, 109~141쪽.

황덕순(2011), 「한국의 복지국가 발전과 노동」, 『經濟論集』 50-3, 서울대학교 경제연구소, 295~337쪽.

黃承欽(2001), 「제헌헌법상의 근로자의 이익균점권의 헌법화과정에 관한 연구」, 『公法硏究』 31-2, 299~320쪽.

황인학·최원락(2013),「경제력집중 통계의 진실」, KERI정책제언13-04.

영문

Bob Hancké(2001), Revisiting the French Model: Coordination and Restructuring in French Industry, Peter Hall and David Soskice eds., *Varieties of Capitalism: The Institutional Foundations of Comparative Advantage,* pp.307~334.

Chang, S. J. and Hong, J.(2000), Economic Performance of Group-affiliated Companies in Korea: Intra-Group Resource Sharing and Internal Business Transactions, *Academy of Management Journal* 43, pp.429~448.

Duol Kim, Heejin Park(2011), Measuring living standards from the lowest: Height of the male *Hangryu* deceased in colonial Korea, *Explorations in Economic History* 48, pp.590~599.

Ki Seong Park(2007), Industrial Relations and Economic Growth in Korea, *Pacific Economic Review* 12-5, pp.711~723.

Kim, In-Jun and Rhee, Youngseop(1998), The Korean Currency Crisis and the IMF Program: An Insider's View, *Seoul Journal of Economics* 11-4, pp.351~380.

Masahiko Aoki(2013), Historical Sources of Institutional Trajectories in Economic Development: China, Japan and Korea Compared, *Socio-Economic Review* 11-2, pp.233~263.

Moosup Jung, Keun Lee, and Kyosi Fukao(2008), Total Factor Productivity of the Korean Firms and Catching up with the Japanese Firms, *Seoul Journal of Economics* 21-1, pp.90~140.

Paul Krugman(1994), The Myth of Asia's Miracle, *Foreign Affairs* 73-6, pp.62~78.

Peter Hall and Daniel Gingerich(2009), Varieties of Capitalism and Institutional Complementarities in the Political Economy: An Empirical Analysis, Bob Hancké eds., *Debating Varieties of Capitalism,* pp.135~179.

일문

Yoon Je Cho(1997),「韓國の政府介入, レント配分と經濟發展」, 青木昌彦·金瀅基·奥野(藤原)正寛 編,『東アジア經濟發展と政府の役割 ― 比較制度分析アフローチ ―』, 日本經濟新聞社, 235~259쪽.

姜德上(1965),「貨幣整理事業に関する研究ノート」,『駿台史學』17, 118~139쪽.

姜鋌澤(1939),「朝鮮農業おける生産システムの分化」,『農業經濟硏究』15-3, 74~89쪽.

橋谷弘(1990),「植民地都市としてのソウル」,『歴史學硏究』614, 7~15·63쪽.

橋谷弘(1992),「NIEs都市ソウルの形成」,『朝鮮史硏究會論文集』30, 121~147쪽.

堀和生(2010),「東アジアにおける資本主義の形成 ― 日本帝国の歴史的性格 ―」,『社会経済

史学』 76-3, 27~51쪽.

堀和生(2013),「戰後東アジアの高度成長」(草稿).

金子文夫(1994),「植民地·占領地支配」, 大石嘉一郎 編,『日本帝國主義史』 3(第二次大戰期), 東京大學出版會, 399~439쪽.

金子文夫(2007),「占領地·植民地支配」, 石井寬治, 原朗, 武田晴人 編,『日本經濟史』 4(戰時·戰後期), 東京大學出版會, 191~259쪽.

金翼漢(1996),「植民地期朝鮮における地方支配體制の構築過程と農村社會變動」, 東京大學大學院 人文社會系硏究科 東アジア歷史社會專門分野 博士學位論文.

稻葉岩吉(1925),「朝鮮社會史ノ斷面(下)」,『東亞經濟硏究』 9-3, 40~64쪽.

尾高煌之助(1975),「日本統治下における朝鮮の勞動經濟」,『經濟硏究』 26-2, 145~158쪽.

梶村秀樹(1967),「日帝時代(前半期)平壤メリヤス工業の展開過程」,『朝鮮史硏究會論文集』 3, 114~140쪽.

梶村秀樹(1968),「日帝時代(後半期)平壤メリヤス工業の展開過程」,『朝鮮史硏究會論文集』 5, 146~168쪽.

朴文圭(1933),「農村社會分化の起點としての土地調査事業に就て」, 京城帝國大學法文學會,『朝鮮社會經濟史硏究』, 刀江書院, 521~567쪽.

裵錫滿(2006),「日中戰爭期朝鮮重工業株式會社の設立と経営」,『朝鮮史硏究會論文集』 44, 133~158쪽.

本田洋(2002), 「韓國の地域社會における地緣性と共同性 ― 南原地域の事例から ―」, 伊藤亞人·韓敬九 編,『韓日社會組織の比較』, 慶應義塾大學出版會, 243~273쪽.

三輪宗弘(2004),『太平洋戰爭と石油 ― 戰略物資の軍事と經濟 ―』, 日本經濟評論社, 97~121쪽.

李在茂(1955),「朝鮮における'土地調査事業'の實體」, 東京大學社會科學硏究所,『社會科學硏究』 7-5, 22~58쪽.

田京淑(1983),「韓國忠淸北道地域における中心地システムの變容に關する硏究」,『地理學評論』 56-7, 471~495쪽.

坂本悠一(1998),「福岡県における朝鮮人移民社会の成立ー戦間期の北九州工業地帯を中心としてー」,『靑丘學術論集』 13, 129~251쪽.

河合和男(1979),「'産米增殖計劃'と植民地農業の展開」,『朝鮮史叢』 2, 3~56쪽.

한국경제사 II

찾아보기

1. 기호 -은 다음의 경우를 가리킨다.
   예1: 가족, 가족결합, 가족의 개념을 가족, -결합, -의 개념으로 표기
   예2: 기업의 부도율, 기업의 부채율을 기업의 부도율, -부채율로 표기
2. 외래어이거나 생소하거나 다른 의미로 혼동될 수 있는 경우에 영어나 한자를 병기한다.
3. 인명은 모두 영어나 한자를 병기한다.
4. 알파벳의 배치는 한글 음순에 따른다.

ㄱ

ㄴ

ㄷ

ㄹ

ㅁ

ㅂ

ㅇ

ㅈ

ㅊ

ㅋ

ㅌ

ㅍ

ㅎ

이영훈李榮薰

서울대학교 사회과학대학 경제학과를 졸업하고 같은 학교 대학원에서 경제학박사학위를 받았다(1985). 지곡서당芝谷書堂에서 한문을 공부하였다(1977~1982). 한신대학교 경제학과 교수, 성균관대학교 경제학부 교수를 거쳐 서울대학교 경제학부 교수로 정년 퇴직하였다. 경제사학회, 한국고문서학회, 한국제도경제학회 회장을 역임하였다. 주요 저서로는 『朝鮮後期社會經濟史』(한길사, 1988), 『수량경제사로 다시 본 조선후기』(공저, 서울대학교출판부, 2004), 『대한민국역사』(기파랑, 2013) 등이 있다. 청람상靑藍賞(한국경제학회, 1990), 경암학술상耕岩學術賞(경암교육문화재단, 2013), Coghlan Prize(Australian Economic History Review, 2015) 등을 수상하였다.

한국경제사 Ⅱ

근대의 이식과 전통의 탈바꿈

1판 1쇄 펴낸날 2016년 12월 20일
1판 3쇄 펴낸날 2019년 8월 28일

지은이 | 이영훈
펴낸이 | 김시연

펴낸곳 | (주)일조각
등록 | 1953년 9월 3일 제300-1953-1호(구 : 제1-298호)
주소 | 03176 서울시 종로구 경희궁길 39
전화 | 02-734-3545 / 02-733-8811(편집부)
02-733-5430 / 02-733-5431(영업부)
팩스 | 02-735-9994(편집부) / 02-738-5857(영업부)
이메일 | ilchokak@hanmail.net
홈페이지 | www.ilchokak.co.kr

ISBN 978-89-337-0724-1 94320
ISBN 978-89-337-0722-7 (전2권)

값 45,000원

* 이 도서의 국립중앙도서관 출판예정도서목록(CIP)은 서지정보유통지원시스템 홈페이지(http://seoji.nl.go.kr)와 국가자료공동목록시스템(http://www.nl.go.kr/kolisnet)에서 이용하실 수 있습니다.
(CIP제어번호 : CIP2016029764)